ITALIA

1: 300 000

GW01275890

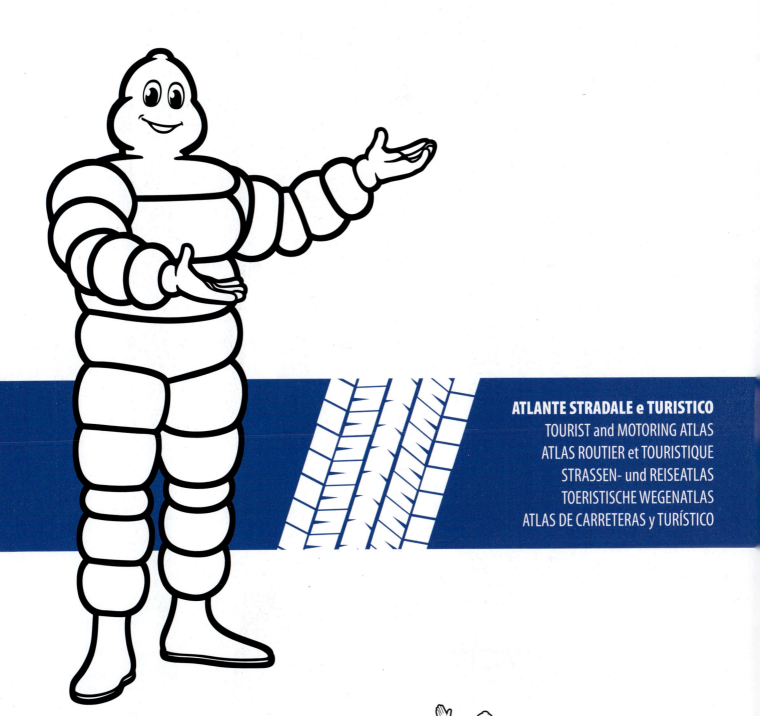

ATLANTE STRADALE e TURISTICO
TOURIST and MOTORING ATLAS
ATLAS ROUTIER et TOURISTIQUE
STRASSEN- und REISEATLAS
TOERISTISCHE WEGENATLAS
ATLAS DE CARRETERAS y TURÍSTICO

MICHELIN

Grandi itinerari
Route planning
Grands itinéraires
Reiseplanung
Grote verbindingswegen
Información general

Sommario
Contents / Sommaire / Inhaltsübersicht / Inhoud / Sumario

Copertina interna: Quadro d'insieme
Inside front cover: Key to map pages
Intérieur de couverture : Tableau d'assemblage / Umschlaginnenseite: Übersicht
Binnenzijde van het omslag: Overzichtskaart / Portada interior: Mapa índice

1

Legenda
Key / Légende / Zeichenerklärung / Verklaring van de tekens / Signos convencionales

2 - 121

Italia 1: 300 000   **2 - 91**
Italy / Italie / Italien / Italië / Italia

Sicilia 1: 300 000   **92 - 107**
Sicily / Sicile / Sicilien / Sicilië / Sicilia

Sardegna 1: 300 000   **108 - 121**
Sardinia / Sardaigne / Sardinien / Sardinië / Cerdeña

122 - 158

Indice completo
Index of place names / Index des localités / Ortsverzeichnis / Plaatsnamenregister / Índice

159 - 211

Piante di città
Town plans / Plans de ville / Stadtpläne
Stadsplattegronden / Planos de ciudades

212

Distanze
Distances / Distances
Entfernungen / Afstanden / Distâncias

Legenda | Key | Légende

Strade | Roads | Routes

Autostrada	Motorway	Autoroute
Doppia carreggiata di tipo autostradale	Dual carriageway with motorway characteristics	Double chaussée de type autoroutier
Svincoli: completo, parziale	Interchanges : complete, limited	Échangeurs : complet, partiels
Svincoli numerati	Interchange numbers	Numéros d'échangeurs
Area di servizio - Alberghi	Service area - Hotels	Aire de service - Hôtels
Restaurant of zelfbediening	Restaurant or self-service	Restaurant ou libre-service
Strada di collegamento internazionale o nazionale	International and national road network	Route de liaison internationale ou nationale
Strada di collegamento interregionale o di disimpegno	Interregional and less congested road	Route de liaison interrégionale ou de dégagement
Strada rivestita - non rivestita	Road surfaced - unsurfaced	Route revêtue - non revêtue
Strada per carri, sentiero	Rough track, footpath	Chemin d'exploitation, sentier
Autostrada, strada in costruzione (data di apertura prevista)	Motorway, road under construction (when available: with scheduled opening date)	Autoroute, route en construction (le cas échéant : date de mise en service prévue)

Larghezza delle strade | Road widths | Largeur des routes

Carreggiate separate	Dual carriageway	Chaussées séparées
4 corsie - 2 corsie larghe	4 lanes - 2 wide lanes	4 voies - 2 voies larges
2 o più corsie - 2 corsie strette	2 or more lanes - 2 narrow lanes	2 voies ou plus - 2 voies étroites

Distanze | Distances | Distances

(totali e parziali)	(total and intermediate)	(totalisées et partielles)
tratto a pedaggio su autostrada	Toll roads on motorway	Section à péage sur autoroute
tratto esente da pedaggio su autostrada	Toll-free section on motorway	Section libre sur autoroute
Su strada	on road	sur route

Numerazione - Segnaletica | Numbering - Signs | Numérotation - Signalisation

Strada europea - Autostrada	European route - Motorway	Route européenne - Autoroute
Strada federale	Federal road	Route fédérale

E 54   A 96
SS 36   SR 25   SP 25

Ostacoli | Obstacles | Obstacles

Forte pendenza (salita nel senso della freccia)	Steep hill (ascent in direction of the arrow)	Forte déclivité (flèches dans le sens de la montée)
Passo - Altitudine	Pass and its height above sea level - Altitude	Col et sa cote d'altitude - Altitude
Percorso difficile o pericoloso	Difficult or dangerous section of road	Parcours difficile ou dangereux
Passaggi della strada: a livello, cavalcavia, sottopassaggio	Level crossing: railway passing, under road, over road	Passages de la route: à niveau, supérieur, inférieur
Casello - Strada a senso unico	Toll barrier - One way road	Barrière de péage - Route à sens unique
Strada vietata - Strada a circolazione regolamentata	Prohibited road - Road subject to restrictions	Route interdite - Route réglementée
Innevamento: probabile periodo di chiusura	Snowbound, impassable road during the period shown	Enneigement : période probable de fermeture
Strada con divieto di accesso per le roulottes	Caravans prohibited on this road	Route interdite aux caravanes

7-12%   +12%
793   (560)
12-5

Trasporti | Transportation | Transports

Ferrovia	Railway	Voie ferrée
Aeroporto - Aerodromo	Airport - Airfield	Aéroport - Aérodrome
Trasporto auto: (stagionale in rosso)	Transportation of vehicles: (seasonal services in red)	Transport des autos : (liaison saisonnière en rouge)
su traghetto	by boat	par bateau
su chiatta (carico massimo in t.)	by ferry (load limit in tons)	par bac (charge maximum en tonnes)
Traghetto per pedoni e biciclette	Ferry (passengers and cycles only)	Bac pour piétons et cycles

15   15

Risorse - Amministrazione | Accommodation - Administration | Hébergement - Administration

Capoluogo amministrativo	Administrative district seat	Capitale de division administrative
Confini amministrativi	Administrative boundaries	Limites administratives
Zona franca	Free zone	Zone franche
Frontiera: Dogana - Dogana con limitazioni	National boundary: Customs post - Secondary customs post	Frontière : Douane - Douane avec restriction

R   P

Sport - Divertimento | Sport & Recreation Facilities | Sports - Loisirs

Golf - Ippodromo	Golf course - Horse racetrack	Golf - Hippodrome
Circuito Automobilistico - Porto turistico	Racing circuit - Pleasure boat harbour	Circuit automobile - Port de plaisance
Spiaggia - Parco divertimenti	Beach - Country park	Plage - Parc récréatif
Parco con animali, zoo	Safari park, zoo	Parc animalier, zoo
Albergo isolato	Secluded hotel or restaurant	Hôtel ou restaurant isolé
Rifugio - Campeggio	Mountain refuge hut - Caravan and camping sites	Refuge de montagne - Camping, caravaning
Funicolare, funivia, seggiovia	Funicular, cable car, chairlift	Funiculaire, téléphérique, télésiège
Ferrovia a cremagliera	Rack railway	Voie à crémaillère

Mete e luoghi d'interesse | Sights | Curiosités

Principali luoghi d'interesse, vedere LA GUIDA VERDE	Principal sights: see THE GREEN GUIDE	Principales curiosités : voir LE GUIDE VERT
Chioggia (▲) / Malcesine ○	Chioggia (▲) / Malcesine ○	Chioggia (▲) / Malcesine ○
Località o siti interessanti, luoghi di soggiorno	Towns or places of interest, Places to stay	Localités ou sites intéressants, lieux de séjour
Edificio religioso - Castello, fortezza	Religious building - Historic house, castle	Édifice religieux - Château, forteresse
Rovine - Monumento megalitico	Ruins - Prehistoric monument	Ruines - Monument mégalithique
Grotta - Ossario - Necropoli etrusca	Cave - Ossuary - Etruscan necropolis	Grotte - Ossuaire - Nécropole étrusque
Giardino, parco - Altri luoghi d'interesse	Garden, park - Other places of interest	Jardin, parc - Autres curiosités
Palazzo, villa - Vestigia greco-romane	Palace, villa - Greek or roman ruins	Palais, villa - Vestiges gréco-romains
Scavi archeologici - Nuraghe	Archaeological excavations - Nuraghe	Fouilles archéologiques - Nuraghe
Panorama - Vista	Panoramic view - Viewpoint	Panorama - Point de vue
Percorso pittoresco	Scenic route	Parcours pittoresque

Simboli vari | Other signs | Signes divers

Teleferica industriale	Industrial cable way	Transporteur industriel aérien
Industrie	Industrial activity	Industries
Torre o pilone per telecomunicazioni - Raffineria	Telecommunications tower or mast - Refinery	Tour ou pylône de télécommunications - Raffinerie
Pozzo petrolifero o gas naturale - Centrale elettrica	Oil or gas well - Power station	Puits de pétrole ou de gaz - Centrale électrique
Miniera - Cava - Faro	Mine - Quarry - Lighthouse	Mine - Carrière - Phare
Diga - Cimitero militare	Dam - Military cemetery	Barrage - Cimetière militaire
Parco nazionale - Parco naturale	National park - Nature park	Parc national - Parc naturel

Zeichenerklärung

Straßen
Autobahn
Schnellstraße mit getrennten Fahrbahnen
Anschlussstellen: Voll - bzw. Teilanschlussstellen
Anschlussstellennummern
Tankstelle mit Raststätte - Hotel
Restaurant / SB-Restaurant
Internationale bzw.nationale Hauptverkehrsstraße
Überregionale Verbindungsstraße oder Umleitungsstrecke
Straße mit Belag - ohne Belag
Wirtschaftsweg, Pfad
Autobahn, Straße im Bau
(ggf. voraussichtliches Datum der Verkehrsfreigabe)

Straßenbreiten
Getrennte Fahrbahnen
4 Fahrspuren - 2 breite Fahrspuren
2 oder mehr Fahrspuren - 2 schmale Fahrspuren

Straßenentfernungen
(Gesamt- und Teilentfernungen)
Mautstrecke auf der Autobahn
Mautfreie Strecke auf der Autobahn

auf der Straße

Nummerierung - Wegweisung
Europastraße - Autobahn — E 54   A 96
Bundesstraße — SS 36   SR 25   SP 25

Verkehrshindernisse
Starke Steigung — 7-12%   +12%
(Steigung in Pfeilrichtung)
Pass mit Höhenangabe - Höhe — 793   (560)
Schwierige oder gefährliche Strecke
Bahnübergänge:
schnienengleich - Unterführung - Überführung
Mautstelle - Einbahnstraße
Gesperrte Straße - Straße mit Verkehrsbeschränkungen
Eingeschneite Straße: voraussichtl.Wintersperre — 12·5
Für Wohnanhänger gesperrt

Verkehrsmittel
Bahnlinie
Flughafen - Flugplatz
Autotransport: (rotes Zeichen: saisonbedingte Verbindung)
per Schiff
per Fähre (Höchstbelastung in t) — 15   15
Fähre für Personen und Fahrräder

Unterkunft - Verwaltung
Verwaltungshauptstadt — R   P
Verwaltungsgrenzen
Freizone
Staatsgrenze:
Zoll - Zollstation mit Einschränkungen

Sport - Freizeit
Golfplatz - Pferderennbahn
Rennstrecke - Yachthafen
Badestrand - Erholungspark
Tierpark, Zoo Fernwanderweg
Abgelegenes Hotel oder Restaurant
Schutzhütte - Campingplatz
Standseilbahn, Seilbahn, Sessellift
Zahnradbahn

Sehenswürdigkeiten
Hauptsehenswürdigkeiten: siehe GRÜNER REISEFÜHRER
Sehenswerte Orte, Ferienorte — Chioggia (▲)   Malcesine ○
Sakral-Bau - Schloss, Burg, Festung
Ruine - Vorgeschichtliches Steindenkmal
Höhle - Ossarium - Etruskiche Nekropole
Garten, Park - Sonstige Sehenswürdigkeit
Palast, Villa - Griechische, römische Ruinen
Ausgrabungen - Nuraghe
Rundblick - Aussichtspunkt
Landschaftlich schöne Streck

Sonstige Zeichen
Industrieschwebebahn
Industrieanlagen
Funk-, Sendeturm - Raffinerie
Erdöl-, Erdgasförderstelle - Kraftwerk
Bergwerk - Steinbruch - Leuchtturm
Staudamm - Soldatenfriedhof
Nationalpark - Naturpark

Verklaring van de tekens

Wegen
Autosnelweg
Gescheiden rijbanen van het type autosnelweg
Aansluitingen: volledig, gedeeltelijk
Afritnummers
Serviceplaats - Hotels
Restaurant of zelfbediening
Internationale of nationale verbindingsweg
Interregionale verbindingsweg
Verharde weg - onverharde weg
Landbouwweg, pad
Autosnelweg in aanleg, weg in aanleg
(indien bekend: datum openstelling)

Breedte van de wegen
Gescheiden rijbanen
4 rijstroken - 2 brede rijstroken
2 of meer rijstroken - 2 smalle rijstroken

Afstanden
(totaal en gedeeltelijk)
Gedeelte met tol op autosnelwegen
Tolvrij gedeelte op autosnelwegen

op andere wegen

Wegnummers - Bewegwijzering
Europaweg - Autosnelweg — E 54   A 96
Federale weg

Hindernissen
Steile helling — 7-12%   +12%
(pijlen in de richting van de helling)
Bergpas en hoogte boven de zeespiegel - Hoogte — 793   (560)
Moeilijk of gevaarlijk traject
Wegovergangen:
gelijkvloers, overheen, onderdoor
Tol - Weg met eenrichtingsverkeer
Verboden weg - Beperkt opengestelde weg
Sneeuw: vermoedelijke sluitingsperiode — 12·5
Verboden voor caravans

Vervoer
Spoorweg
Luchthaven - Vliegveld
Vervoer van auto's: (tijdens het seizoen: rood teken)
per boot
per veerpont (maximum draagvermogen in t.) — 15   15
Veerpont voor voetgangers en fietsers

Verblijf - Administratie
Hoofdplaats van administratief gebied — R   P
Administratieve grenzen
Vrije zone
Staatsgrens:
Douanekantoor - Douanekantoor met beperkte bevoegdheden

Sport - Recreatie
Golfterrein - Renbaan
Autocircuit - Jachthaven
Strand - Recreatiepark
Safaripark, dierentuin
Afgelegen hotel
Berghut - Kampeerterrein
Kabelspoor, kabelbaan, stoeltjeslift
Tandradbaan

Bezienswaardigheden
Belangrijkste bezienswaardigheden: zie DE GROENE GIDS
Interessante steden of plaatsen, vakantieoorden — Chioggia (▲)   Malcesine ○
Kerkelijk gebouw - Kasteel, vesting
Ruïne - Megaliet
Grot - Ossuarium - Etruskische necropool
Tuin, park - Andere bezienswaardigheden
Paleis, villa - Grieks-Romeinse overblijfselen
Archeologische opgravingen - Nuraghe
Panorama - Uitzichtpunt
Schilderachtig traject

Diverse tekens
Kabelvrachtvervoer
Industrie
Telecommunicatietoren of -mast - Raffinaderij
Olie- of gasput - Elektriciteitscentrale
Mijn - Steengroeve - Vuurtoren
Stuwdam - Militaire begraafplaats
Nationaal park - Natuurpark

Signos convencionales

Carreteras
Autopista
Autovía
Enlaces: completo, parciales
Números de los accesos
Áreas de servicio - Hotel
Restaurant o auto servicio
Carretera de comunicación internacional o nacional
Carretera de comunicación interregional o alternativo
Carretera asfaltada - sin asfaltar
Camino agrícola, sendero
Autopista, carretera en construcción
(en su caso: fecha prevista de entrada en servicio)

Ancho de las carreteras
Calzadas separadas
Cuatro carriles - Dos carriles anchos
Dos carriles o más - Dos carriles estrechos

Distancias
(totales y parciales)
Tramo de peaje en autopista
Tramo libre en autopista

en carretera

Numeración - Señalización
Carretera europea - Autopista — E 54   A 96
Carretera federal — SS 36   SR 25   SP 25

Obstáculos
Pendiente Pronunciada (las flechas indican el sentido del ascenso) — 7-12%   +12%
Puerto - Altitud — 793   (560)
Recorrido difícil o peligroso
Pasos de la carretera:
a nivel, superior, inferior
Barrera de peaje - Carretera de sentido único
Tramo prohibido - Carretera restringida
Nevada: Período probable de cierre — 12·5
Carretera prohibida a las caravanas

Transportes
Línea férrea
Aeropuerto - Aeródromo
Transporte de coches: (Enlace de temporada: signo rojo)
por barco
por barcaza (carga máxima en toneladas) — 15   15
Barcaza para el paso de peatones

Alojamiento - Administración
Capital de división administrativa — R   P
Limites administrativos
Zona franca
Frontera:
Aduanas - Aduana con restricciones

Deportes - Ocio
Golf - Hipódromo
Circuito de velocidad - Puerto deportivo
Playa - Zona recreativa
Reserva de animales, zoo
Hotel aislado
Refugio de montaña - Camping
Funicular, Teleférico, telesilla
Línea de cremallera

Curiosidades
Principales curiosidades: ver LA GUÍA VERDE
Localidad o lugar interesante, lugar para quedarse — Chioggia (▲)   Malcesine ○
Edificio religioso - Castillo, fortaleza
Ruinas - Monumento megalítico
Cueva - Osario - Necrópolis etrusca
Jardín, parque - Curiosidades diversas
Palacio, villa - Vestigios grecorromanos
Restos arqueologicos - Nuraghe
Vista panorámica - Vista parcial
Recorrido pintoresco

Signos diversos
Transportador industrial aéreo
Industrias
Torreta o poste de telecomunicación - Refinería
Pozos de petróleo o de gas - Central eléctrica
Mina - Cantera - Faro
Presa - Cementerio militar
Parco nacional - Parque natural

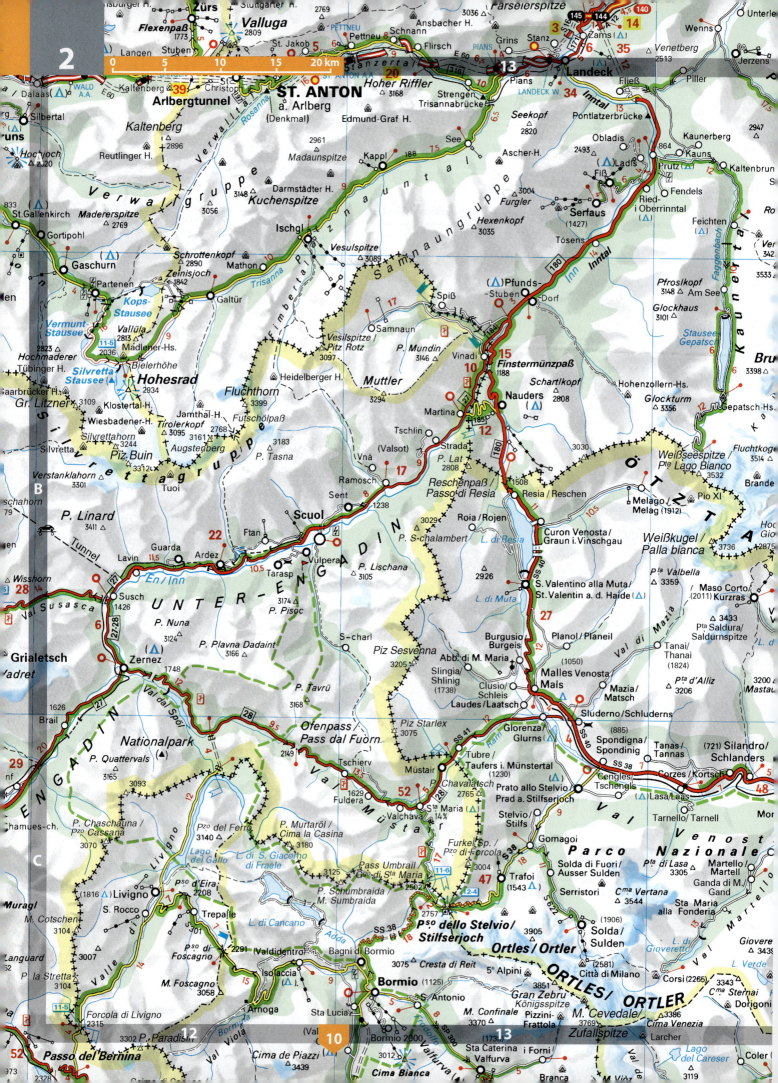

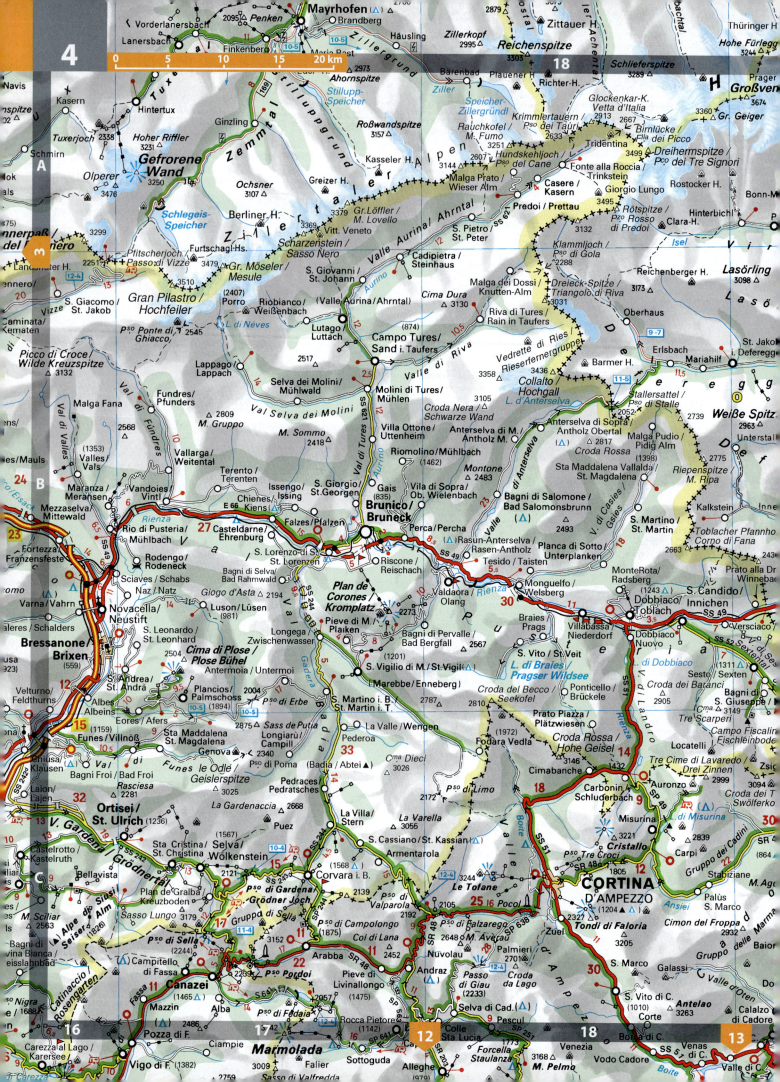

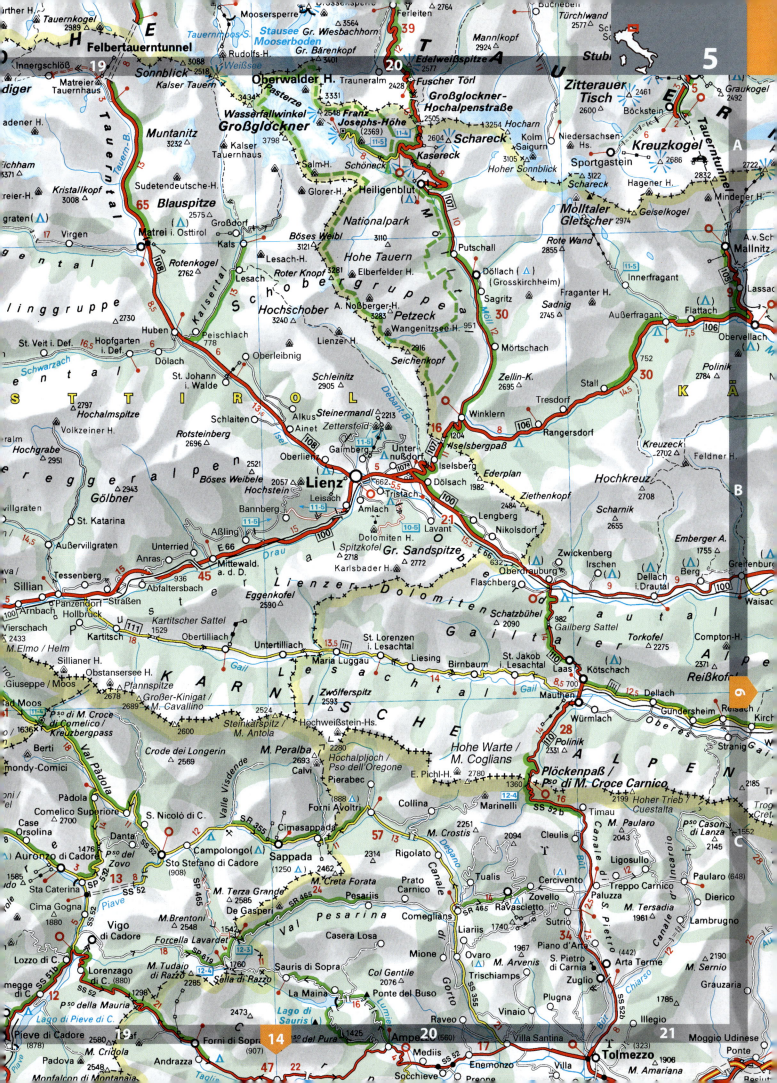

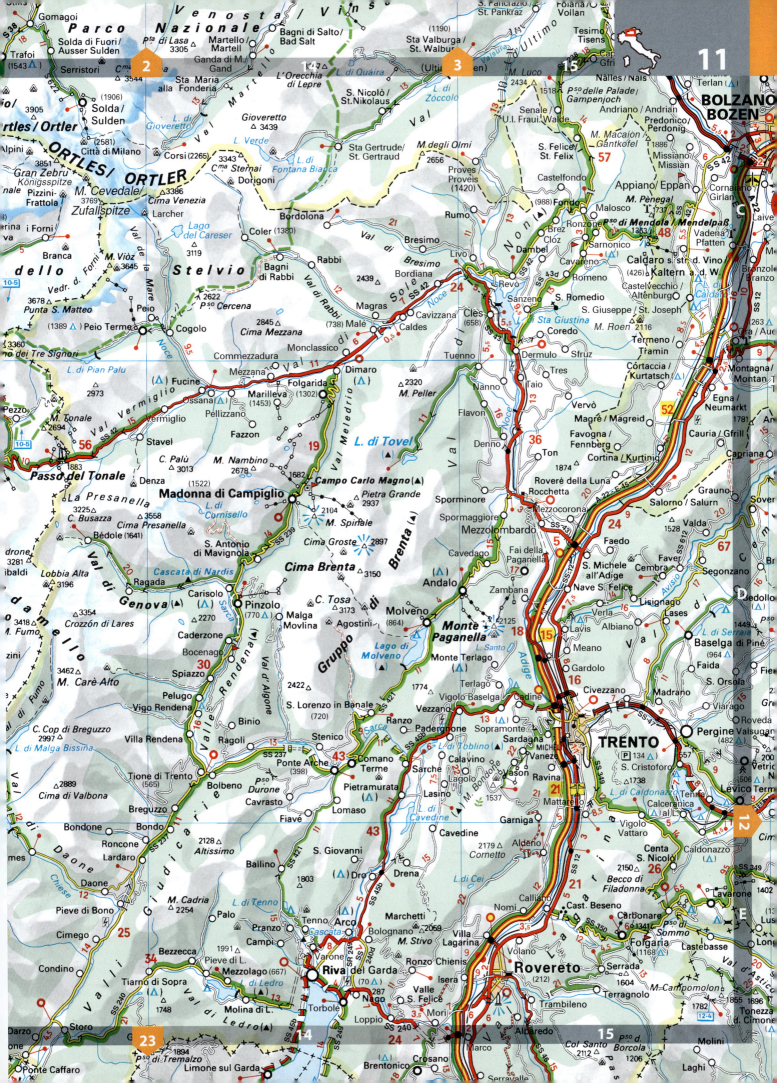

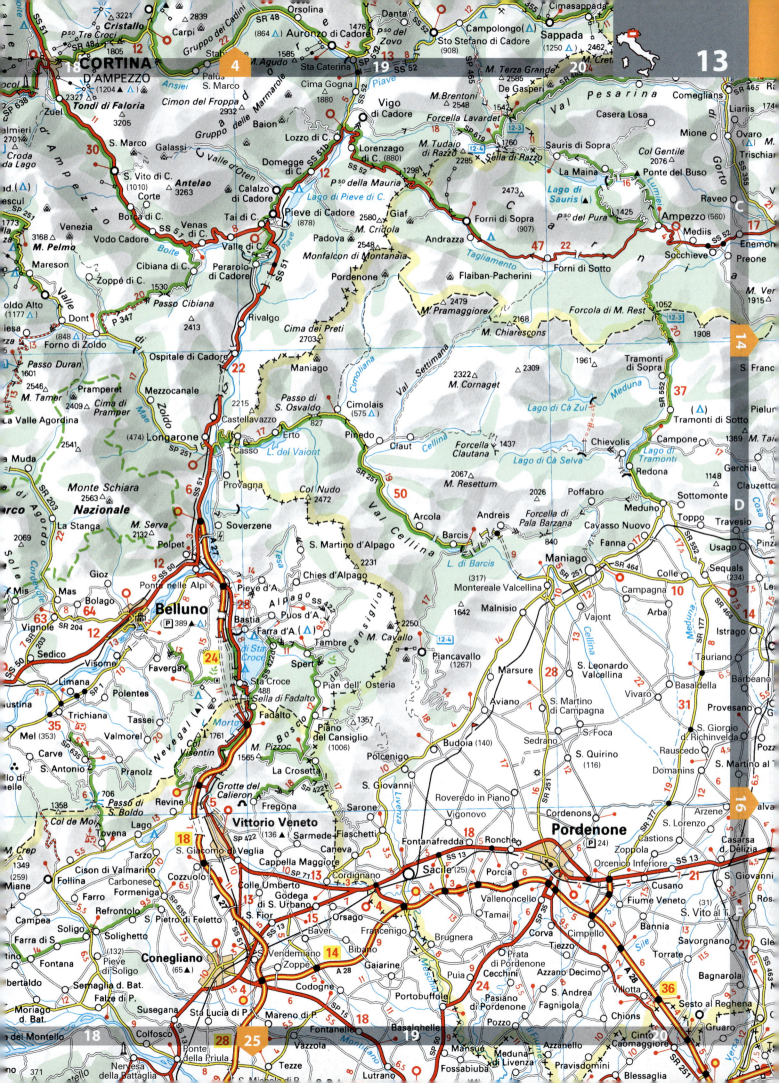

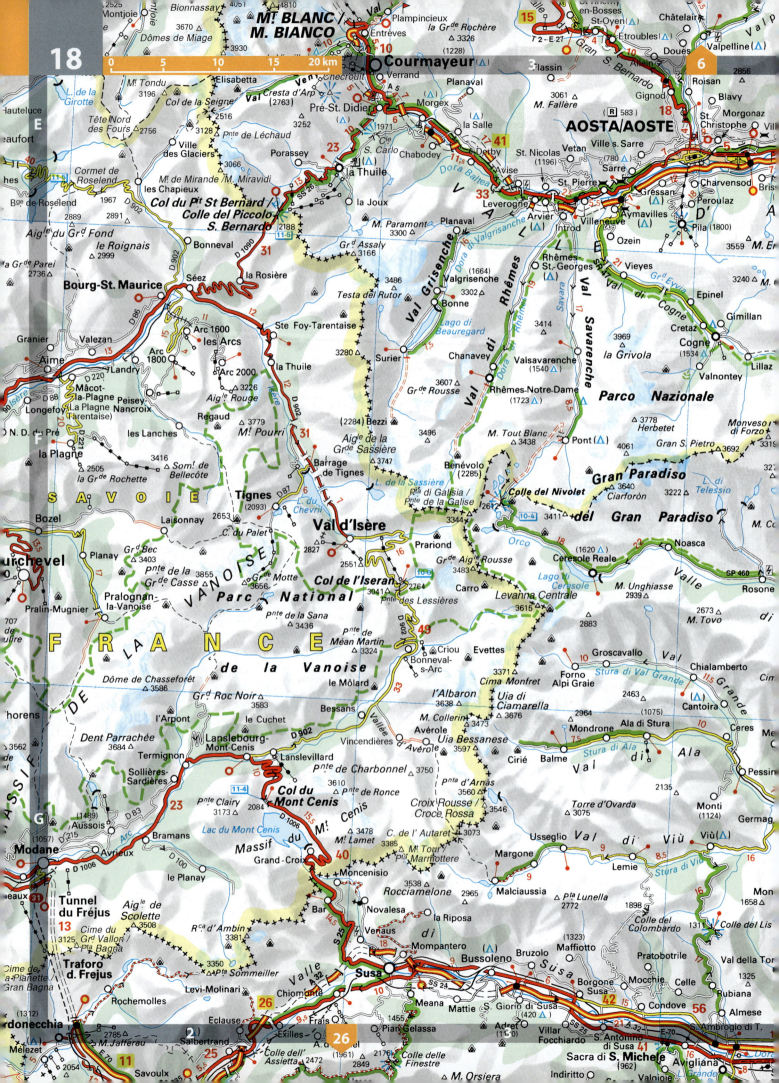

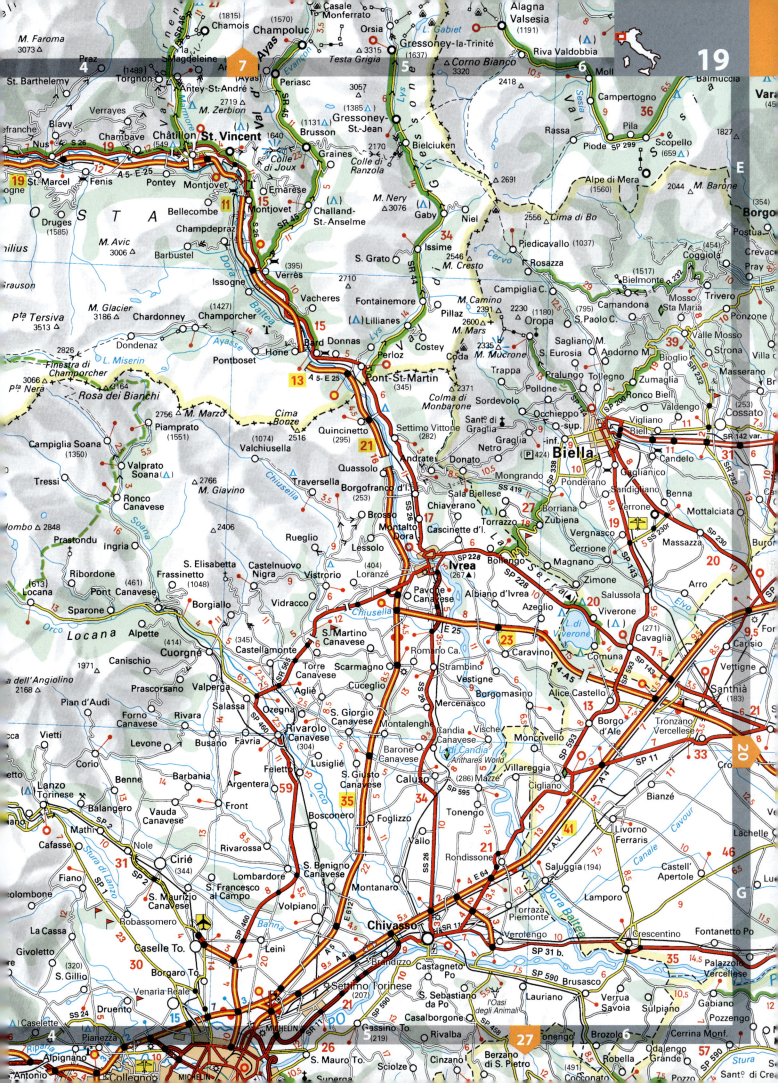

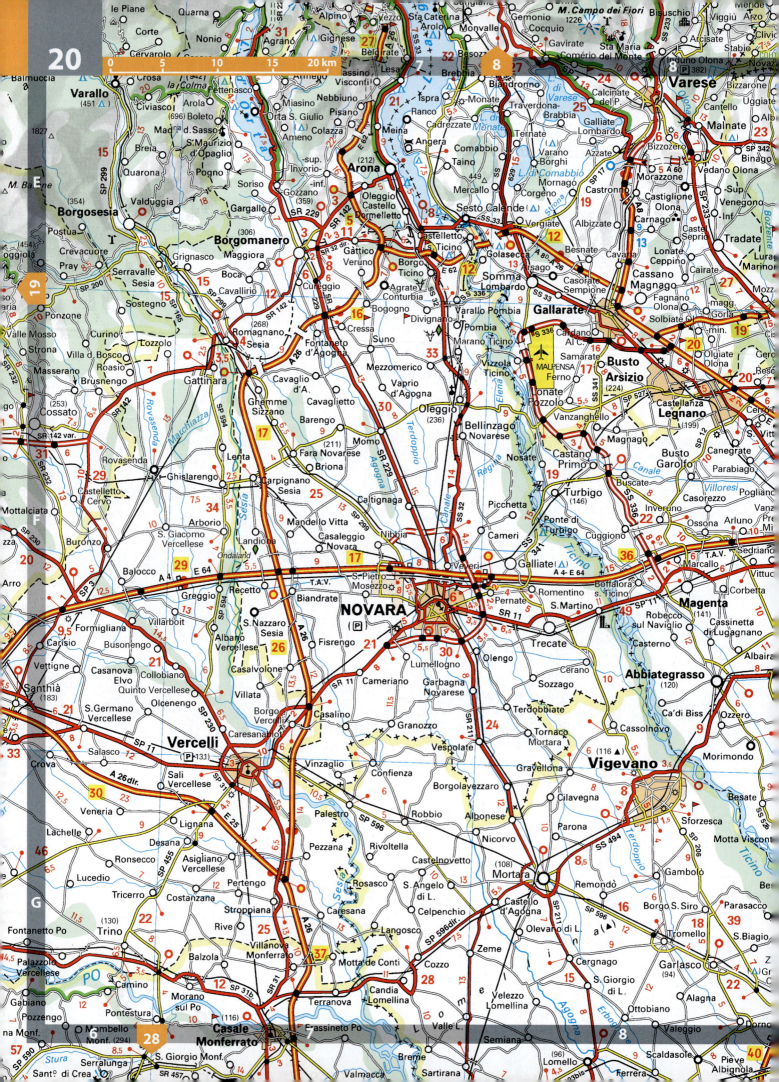

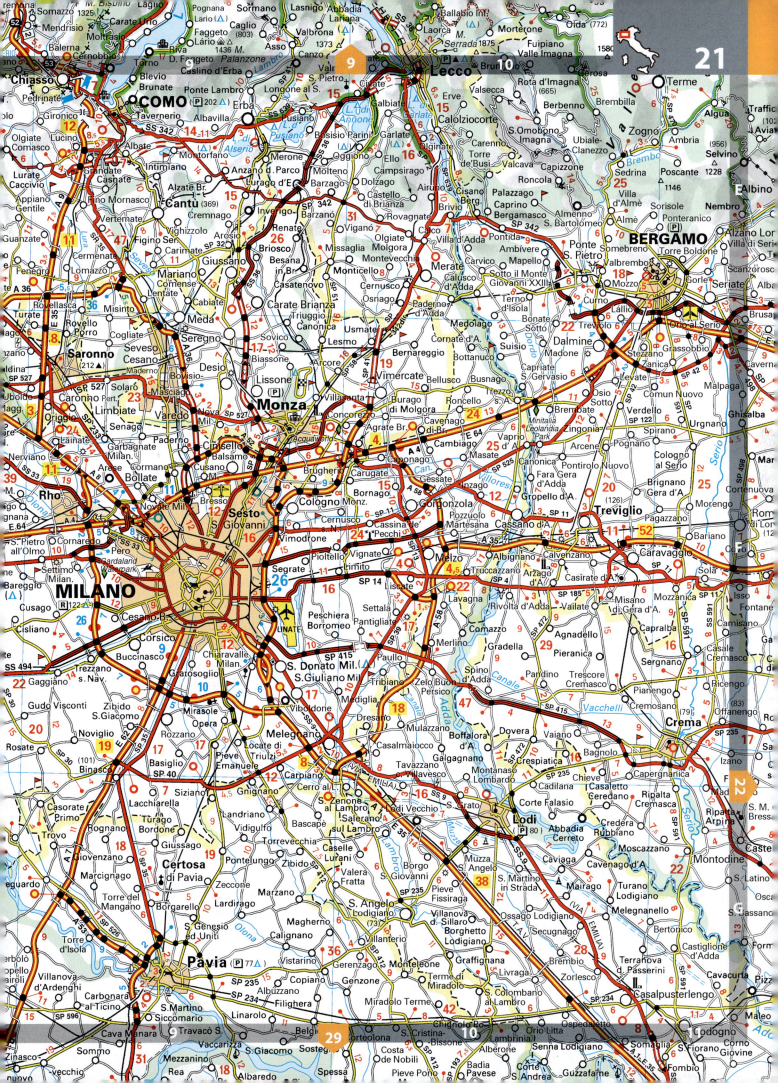

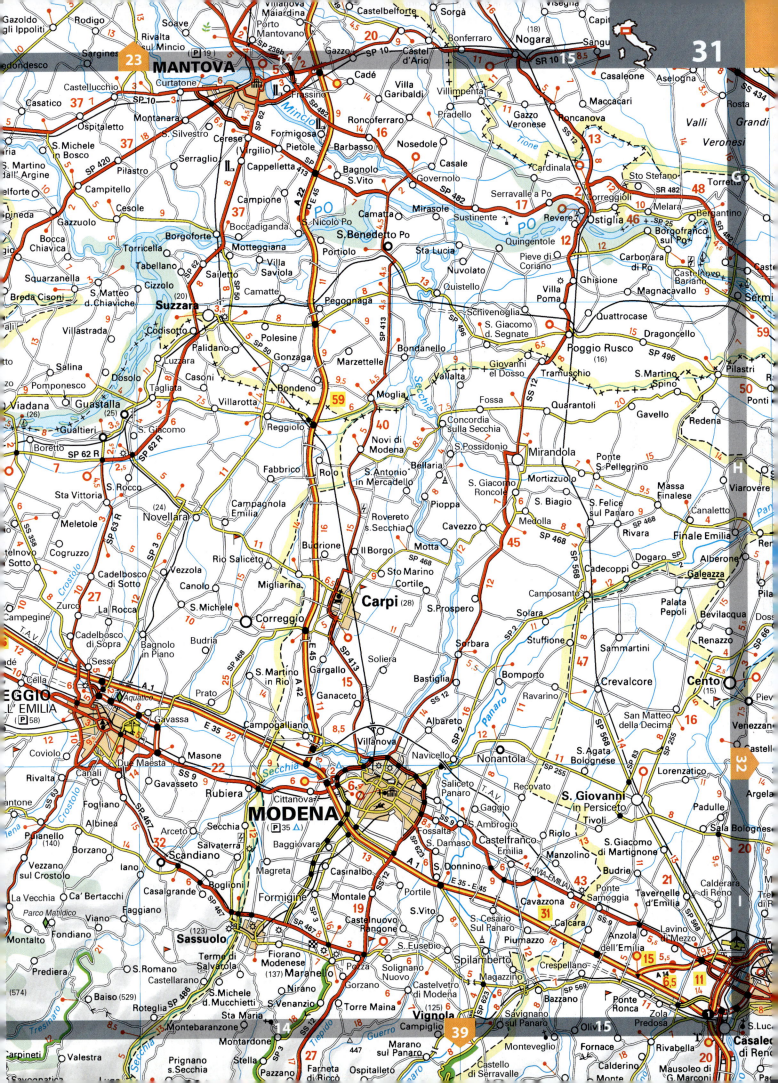

Foce d. Brenta
Foce d. Adige

18 • 25 • 19

G

26
Consoli
Cantarana
Ca' Bianca
Martinelle
S. Anna
Rosapineta
Rosolina Mare (▲ △)
ADIGE
S-Pietro
Cavanella d'Adige
Ca' Briani
Caleri
Tornova
Norge Polesine
Rosolina
Isola Albarella
Albarella
Foce del Po di Levante
Loreo
SP 45
Porto Levante
Bianco
Cavanella Po
Donada
Ca' Cappello
Po di Levante
Scanarello
Foce del Po di Maistra
Bottrighe
Mazzorno
Porto Viro
Contarina
Taglio di Po
Boccasette
Isola d'Ariano
Piano
Ca' Venier
Po di Maistra
Ca' Zuliani
Pila
Bocche d. Po d. Pila
31
28
Ariano nel Polesine (4)
Riva
Tolle
Po di Pila
Po di Venezia
no Ferrarese
Segalare
Porto Tolle (△)
Polesine Camerini
Massenzatica
Ferrarese
Mesola
Isola della Donzella
Ca' Mello
Scardovari
Isola di Polesine
Po di Tolle
Bonifica
n
ezzogoro
Italba
Bosco Mesola
Oca
Gnocca
Sacca d. Scardovari
Bonelli
SP 68
Codigoro
Abbª di Pomposa
Bosco d. Mesola
Cassella
Gnocchetta
Bocca del Po delle Tolle
SP 68
6
Taglio d. Falce
Goro
Po di Goro
Fiscaglia
Volano
Gorino
Bocche del Po di Gnocca
Vaccolino
Lido di Volano
Marozzo
Valle Bertuzzi
Bacucco
Bocca del Po di Goro
SP 15
Centrale
Lagosanto
Lido d. Nazioni
16
Volania
S. Giuseppe
Lido di Pomposa
Spina
Lido d. Scacchi
Comacchio
Porto Garibaldi
Saline
Lido d.Estensi
Lidi Ferraresi (▲)
Lido di Spina
Comacchio
Foce del Reno
strino
Anita
Cippo di A. Garibaldi
Mandriole
Casal Borsetti
Reno
S. Alberto
Cruser
Corelli
Savarna
Lamone
Marina Romea
Alfonsine
Porto Corsini
Torri
Pineta S. Viale
Marina di Ravenna
lezzano
39
18 • 41 • 19
ilanova
Carmerlona
Borgo
Punta Marina

H

I

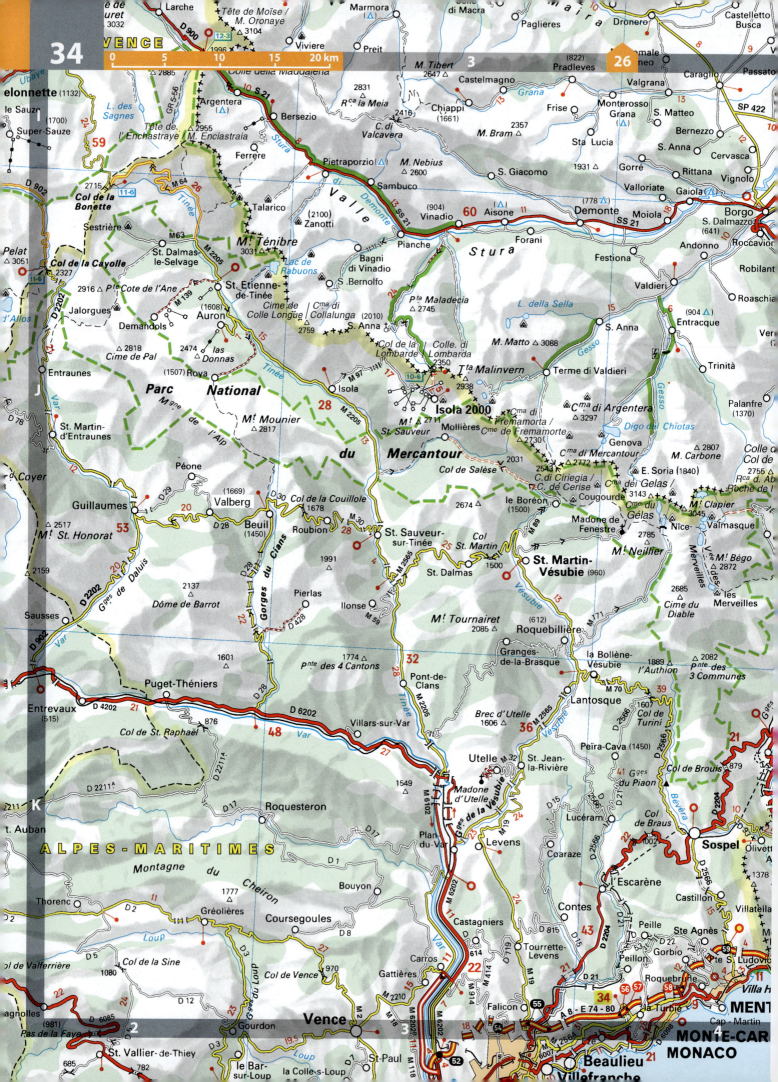

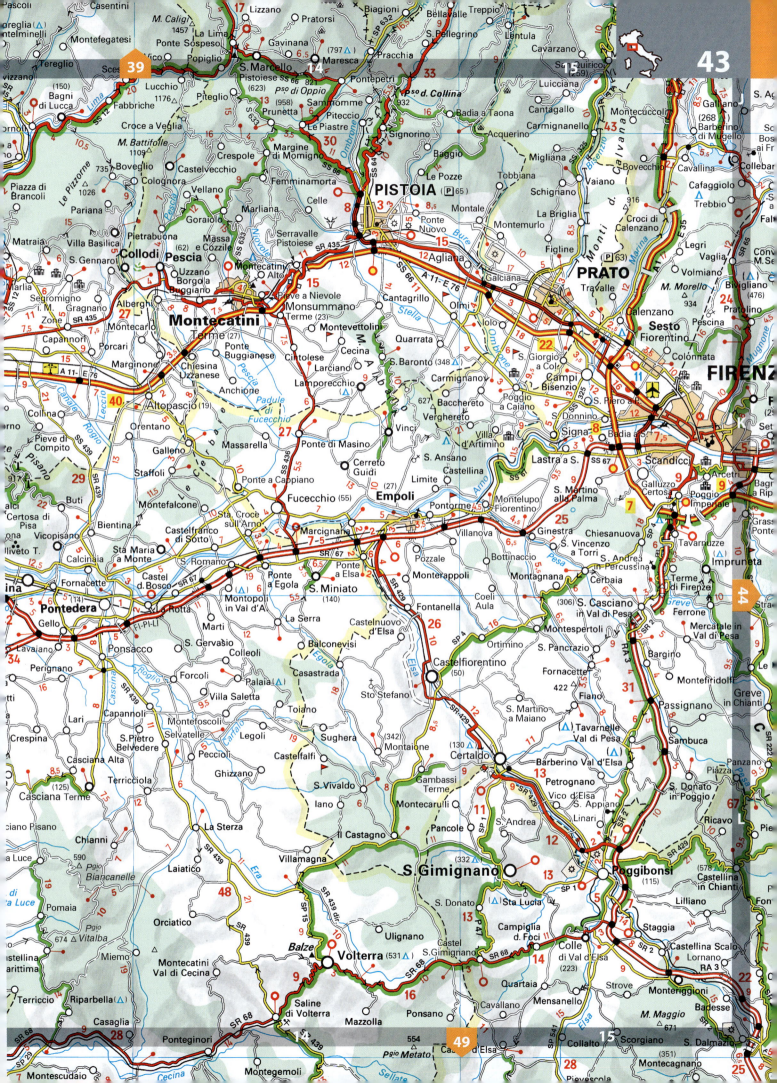

K

Zara, Cesme
Vis, Bar
Stari Grad

Zadar
Šibenik
Durrës
Igoumenitsa
Pátra

arina di Montemarciano
Rocca Priora
Falconara (Δ)
Marittima
Palombina
Torrette
Castelferretti
2,5
A 14
Camerata
Picena
Montesicuro
Agugliano
(203)
Polverigi
360
Offagna
Rustico
S. Paterniano
Casenuove
Osimo
(265)
Padiglione
Campocavallo
Montoro
Filottrano
(270)
Montefano
Bagnola
terianova
Montecassiano
(215)
56
Conv.to di
Forano
Sambucheto
Montelupone
Vito
Helvia
Ricina
Abb.e di
ta Maria in Selva
(342)
Villa Potenza

Pinocchio
Montacuto
SS 16
17
12
17

ANCONA (R)
Pietralacroce
M. dei Corvi
236
Portonovo
Sta Maria di P
Badia di S. Pietro
572
Angeli
Camerano
M. Conero
Sirolo (Δ)
Numana (Δ)
Marcelli
Osimo
Stazione
SS 16
Castelfidardo
19
15
A 14
Loreto
(125)
SP 77
Recanati (293)
SP 571
Potenza Picena
Montecanepino
Montecosaro
Civitanova
Alta

Porto Recanati (Δ)

26
17
Porto Potenza Picena (Δ)

Fontespina

L

Marche (▲ Δ)

Civitanov

M

Morrovalle
S. Claudio
al Chienti
Borgo di Staz.
Montecosaro

Musone
Fiumicella
Potenza
A 14-E 55

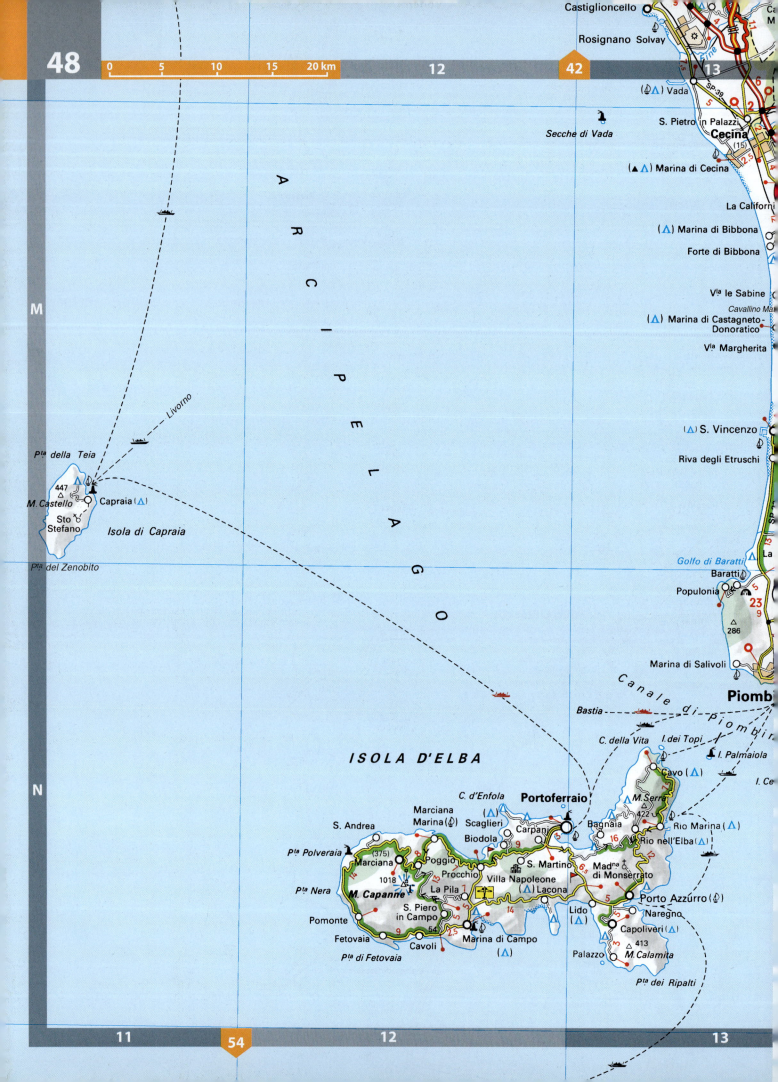

0   5   10   15   20 km

Castiglioncello

Rosignano Solvay

(⚓🔺) Vada

Secche di Vada

S. Pietro in Palazzi

Cecina
(15)

(▲ 🔺) Marina di Cecina

La Californi

(🔺) Marina di Bibbona

Forte di Bibbona

V.la le Sabine

Cavallino Ma

(🔺) Marina di Castagneto-
Donoratico

V.la Margherita

A
R
C
I
P
E
L
A
G
O

M

Livorno

P.ta della Teia

447
△
M.Castello ○ Capraia (🔺)
Sto ⚓
Stefano
Isola di Capraia

P.ta del Zenobito

(🔺) S. Vincenzo

Riva degli Etruschi

Golfo di Baratti

Baratti ⚓
Populonia
23
9
△
286

Marina di Salivoli

Piombi

Canale di piombi

Bastia

C. della Vita

I. dei Topi

🔺 I. Palmaiola

I. Ce

N

ISOLA D'ELBA

Cavo (🔺)

▲ M.Serra
422

C. d'Enfola
(🔺)
Portoferraio

Marciana
Marina (⚓)
Scaglieri
Biodola
Carpani
9
Bagnaia
16
Rio Marina (🔺)
Rio nell'Elba (🔺)

S. Andrea

P.ta Polveraia
(375)
Marciana
1018
△
Poggio
Procchio
S. Martino
Mad.na
di Monserrato

P.ta Nera

M.Capanne
La Pila
Villa Napoleone
(🔺) Lacona

S. Piero
in Campo
14
Porto Azzurro (⚓)

Pomonte
Lido
(🔺)
Naregno

Fetovaia
54
Capoliveri (🔺)

Cavoli
Marina di Campo
413
△
M.Calamita

P.ta di Fetovaia
(🔺)
Palazzo
P.ta dei Ripalti

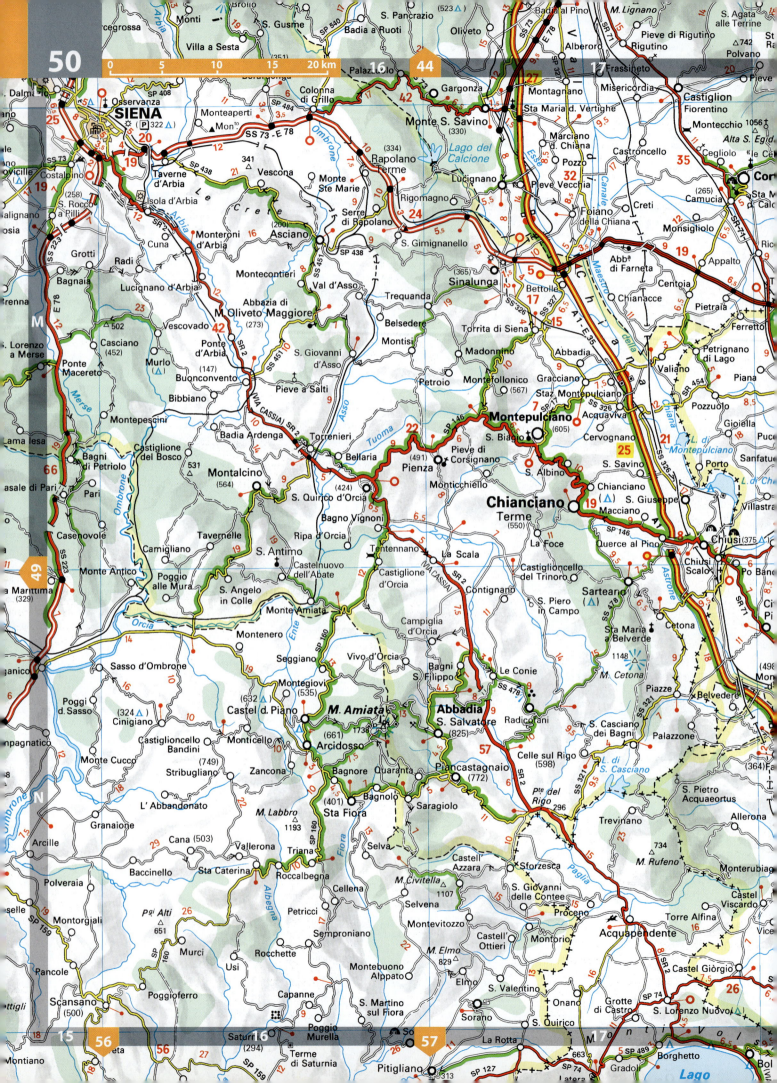

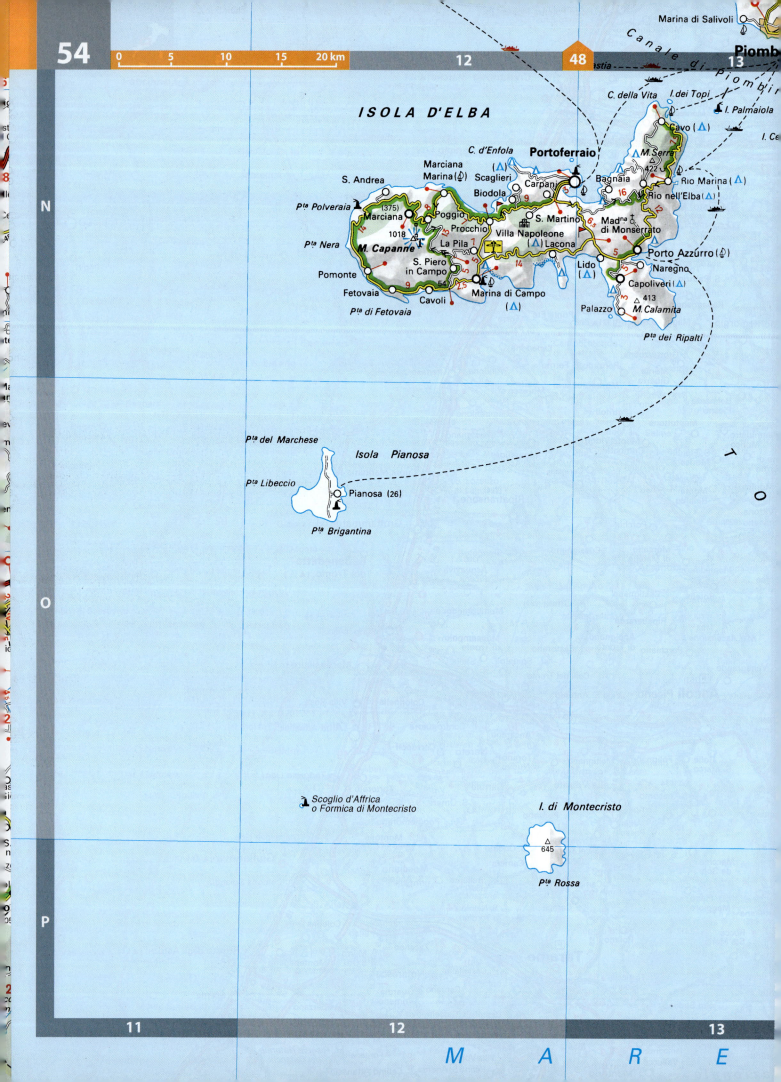

O

P

Q

Marina di S. Vito (▲ ⚓)

Vito Chietino

SS 16

19

Rocca Giovanni

S. Giovanni in Venere

Fossacesia Marina

SS 524

Fossacesia

Torino di Sangro Marina (▲)

5.5

4

SS 652

10   11

9.5

Lido di Casalbordino

A 14   15

3

Torino di Sangro

3   Porto di Vasto

Porto di Vasto

SS 154

Villalfonsina

28   14

Paglieta

SS 364   2.5

SS

E 55   17

Casalbordino (203 ▲)

Pollutri

Vasto (144 ▲ △)

△ 314

10

Scerni

32

Marina di Vasto

SS 364

18

Monteodorisio

6

Osento   8

S. Giacomo

7

S. Salvo Marina

Marina di Montenero

Cupello

SS 16

Atessa (433)

Casalanguida

SP 212   323   9

S. Salvo

Petacciato Marina

24

Termoli
(▲ △)

Sinello   19   12

Gissi

Treste   634   Lentella

9.5

22   A 14   13

Petacciato

Carpineto Sinello

Furci

591   S. Buono

9.5

5.5   SP 163

15

SP 168

Lido di Campomarino (△)

Guilmi

4

Fresagrandinaria

9.5

Trigno   8   S. Giacomo degli Schiavoni

SP 168   6

SS 87

Campomarino

Monti

dei

Montazzoli   (740) Liscia

Palmoli

9.5   Mafalda   (273 △)

Montenero di Bisaccia   Sinarca   16

SS 16

Marina

(868)

Dogliola

705   SP 163   7   (369)   Guglionesi

Portocannone

Cliternia Nuova

Fraine

Tufillo   SP 161   SP 161

25   65   Caravaggio

S. Felice del Molise

Tavenna   Montecilfone   66   27   31

109

Palata

Celenza   Bifferno   27   SP 161   24

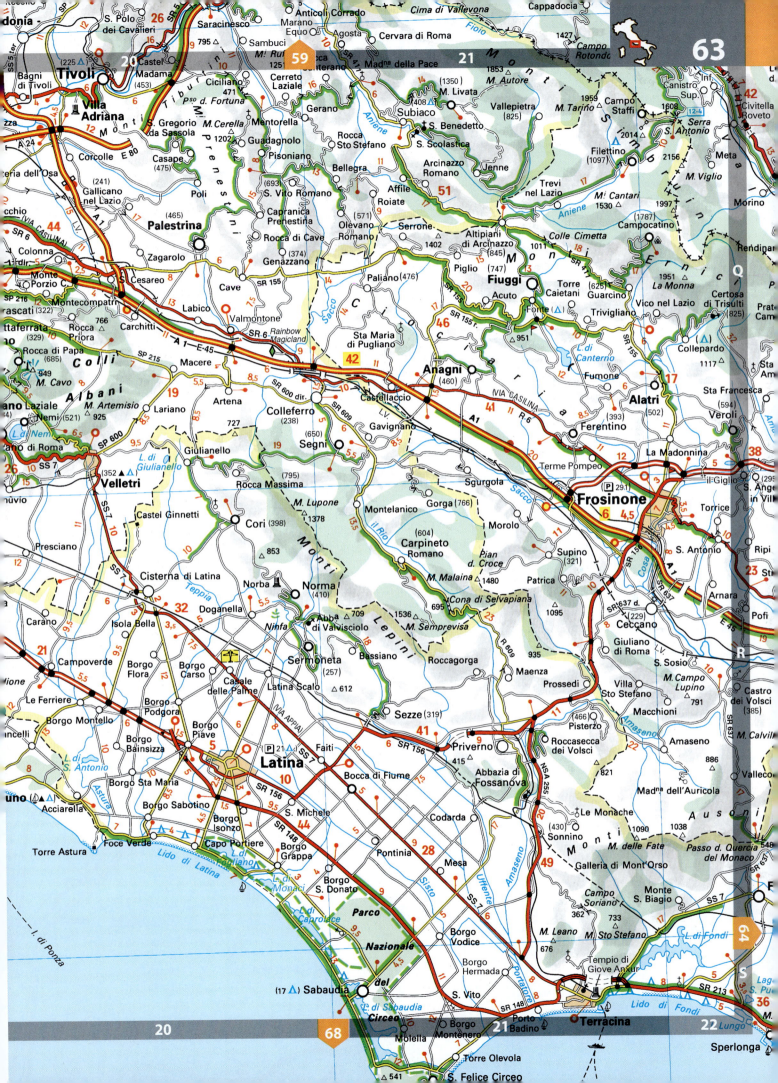

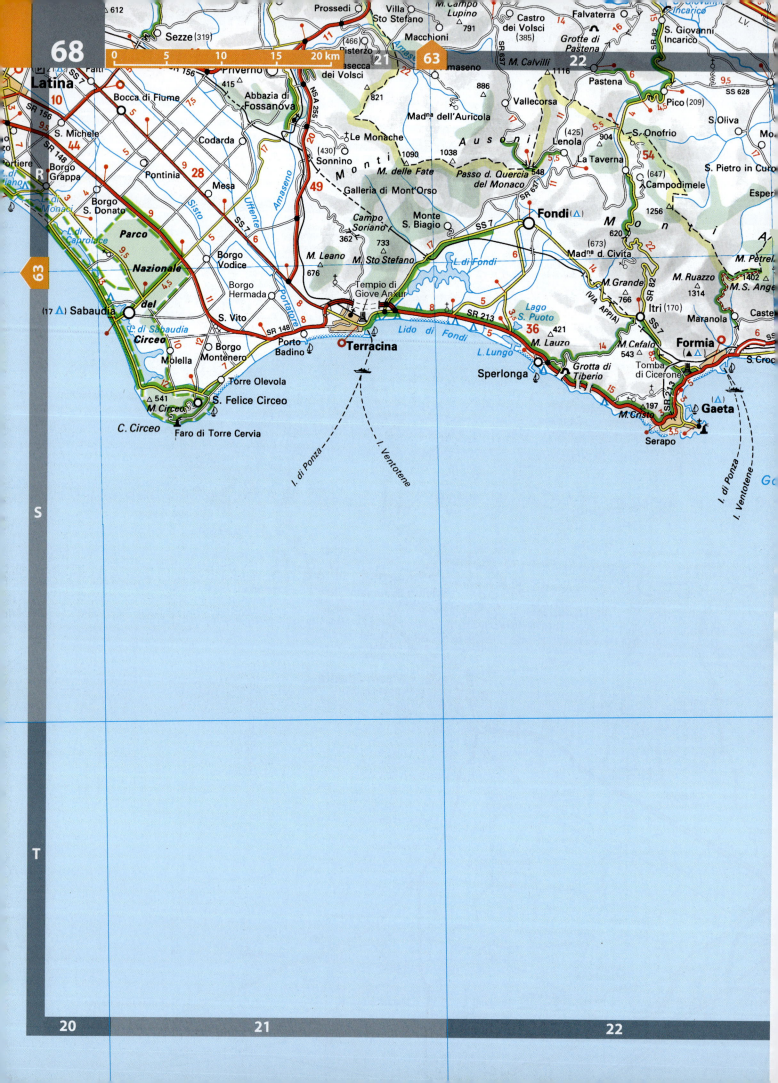

Kefállloniá
Igoumenítsa
Pátra
Kérkira

Penne

Brindisi (P ▲ ⚓)
I. S. Andrea
CASALE
Capo Bianco
C. di Torre Cavallo

Mass.
Villanova
Pta d. Contessa

Torre Mattarelle

Lido Cerano

ass.
marini

rito
Torre S. Gennaro
Tuturano
Lindinuso
2,5
2
4
Casalabate
38
14
Tre Rinalda
S. Pietro
Vernotico
Torchiarolo
Tre Chianca
(36)
4,5
5,5
8
Cellino
S. Marco
10
SS 605
7,5
SP 357
6
Abbª
Sta Maria
di Cerrate
3,5
Case
Simini
Frigole
naci
7
Squinzano
SS 613
Villa
Baldassarri
SP 365
5
Trepuzzi
4
3
13
Borgo Piave
Campi
Salentina
SS 7ter
4
SP 357
8
5,5
S. Cataldo
Guagnano
4
5
3
3
Surbo
12
7
50
Novoli
6
SP 364
2
Salice
Salentino
4
5
Lecce (P 51 △)
Acaia
Torre Specchia
7,5
Carmiano
Arnesano
13
Vanze
SP 366
Masseria
Marchioni
6,5
Monteroni
di Lecce
Merine
Struda
S. Foca
Veglie
(49)
5,5
S. Pietro
in Lama
Leguile
Cavallino
Pisignano
Acquarica
di Lecce
10
Roca Vecchia
core
11
Leverano
15
S. Cesario
di Lecce
Lizzanello
Vernole
15
Torre dell'Orso
Mass. Salmenta
S. Donato
di L.
Caprarica
di L.
Castri
di L.
Melendugno (△) 35
S. Andrea
Copertino (34)
SS 101
36
SS 16
83
orgagne
Calimera
Frassanito
Galugnano
Martignano

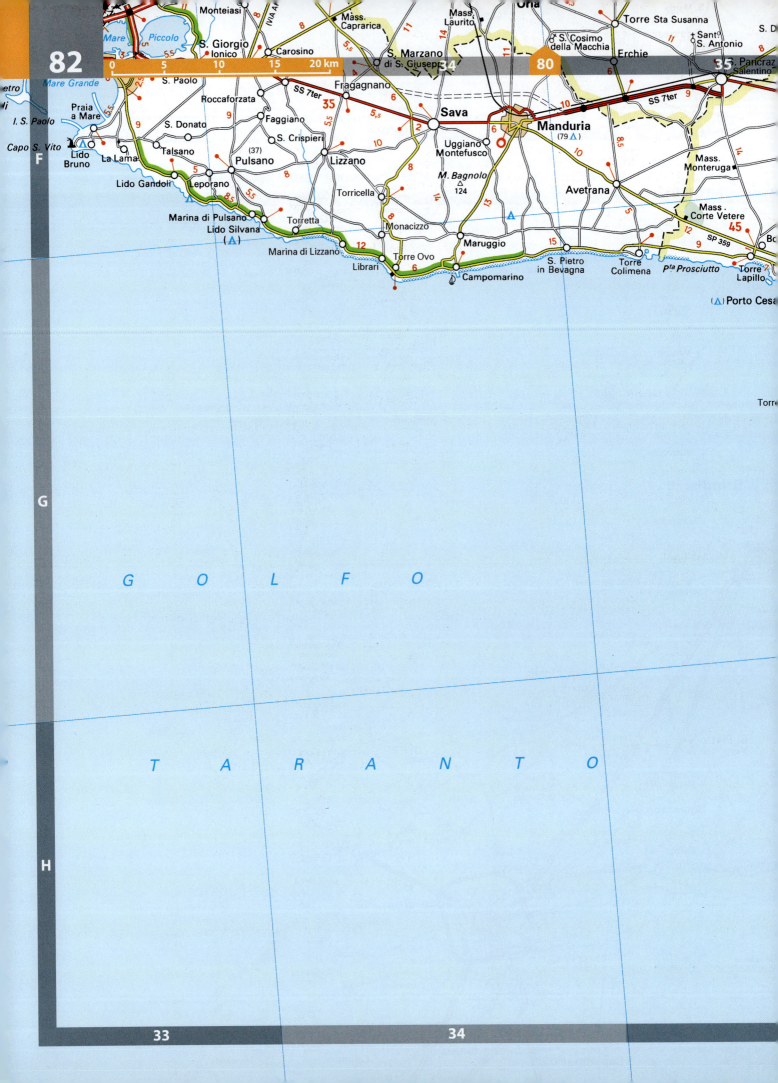

Mare Grande

I. S. Paolo

Capo S. Vito

F

Praia a Mare

Lido Bruno

La Lama

Talsano

Lido Gandoli

Leporano

S. Paolo

S. Donato

Roccaforzata

Faggiano

Pulsano (37)

S. Crispieri

Marina di Pulsano

Lido Silvana

Torretta

Marina di Lizzano

Librari

Torre Ovo

Monteiasi

S. Giorgio Ionico

Carosino

Fragagnano

SS 7ter

Mass. Caprarica

S. Marzano di S. Giuseppe

Sava

Uggiano Montefusco

Lizzano

Torricella

Monacizzo

Maruggio

Campomarino

S. Pietro in Bevagna

Mass. Laurito

S. Cosimo della Macchia

Erchie

Manduria (79)

M. Bagnolo 124

Avetrana

Torre Colimena

P.ta Prosciutto

Torre Lapillo

Porto Cesa

Torre Sta Susanna

S. Antonio

S. Pancraz Salentino

Mass. Monteruga

Mass. Corte Vetere

SP 359

G

GOLFO

TARANTO

H

33

34

80

35

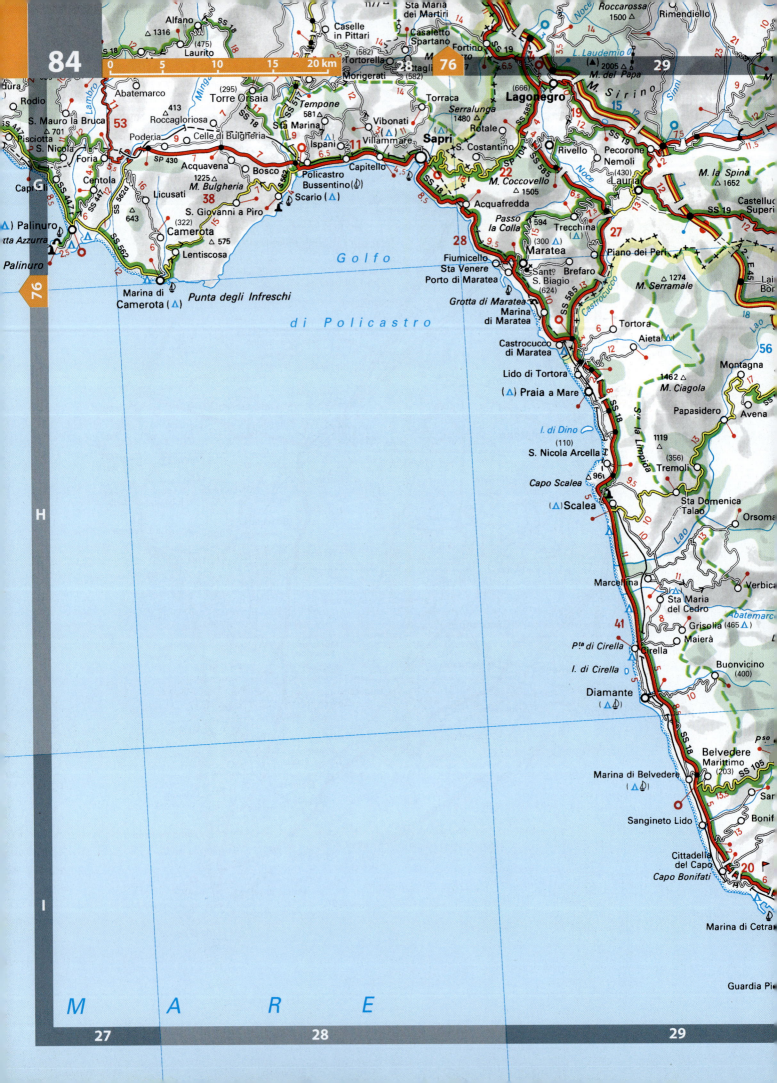

Capo Trionto

Lido S. Angelo (△)

12

Mirto Crosia

SS 106- E 90

4,5

7,5

Foresta

Rossano

Amica

(35)

Rossano (275 △)

15

Crosia

Calopezzati

St. di Pietrapaola

10,5

SS 531

SS 106

448 △

20

3,5

St. di Mandatoriccio-Campana

183

Paludi

(384)

Cropalati

E 90 6

Cariati Marina

23

Caloveto

Pta Fiume Nicà

962

10

Pietrapaola (△)

Cariati

Destro

S. Morello

624

Mandatoriccio

S 177

18

SS 383

SS 108 ter

13

Crucoli Torretta

16

Scala Coeli

11

2,5

Terravecchia

5

5

Longobucco (△)

59

9

Crucoli

Campana

(617)

Pta Alice

M. Serino

△ 948

8

6

Cappella

Crucoli

Cirò

10

13

M. Sordillo

△ 1601

Bocchigliero

(872)

Cirò Marina (△ ♦)

1651

SS 282

938

11

14

77

2

23

529

7,5

S. Anastasia

M. Lelo

Umbriatico

(422)

54

Mezzocampo

127

M. Suvaro

Lipuda

631

SS 106

Torre Melissa

nale

1708

△ 1616

1001

-1454

17

8

Calabria

5

Carfizzi

E 90

6

Melissa

Savelli

(1014 △)

Verzino

(549)

11

Pino Grande

Germano

Pallagorio

S. Nicola dell'Alto

5,5

Strongoli

(342 △)

△ 1730

Le Murgie

404

8,5

28

SS 107

E 846

SS 492

645

L. Vodurno

Palla Palla

5,5

Zinga

Casabona

6

Marina di Strongoli

(1049)

Castelsilano

Arvo

9,5

6

SS 492

Fasana

43

Cagno

20

528

Belvedere di Spinello

△ 189

Bucchi

Montenero

△ 1881

Infantino

Caccuri

Bagni di Repole

5,5

9

Croce di Agnara

Rocca di Neto

7,5

Gabella Grande

1371

Trepidò-Sott.

Sta Rania

8

Neto

10

38

Altilia

10

29

SS 107- E 846

1745

Cotronei

(530)

M

Sta Severina

(326)

13

Parco Nazionale

44

Roccabernarda

5,5

Pagliarelle

22

Scandale

21

della

M. Gariglione

△ 1765

SS 109

Calabria

Petilia Policastro

(436)

Foresta

S. Mauro Marchesato

Crotone (P)

Tirivolo

△ 1723

M. Femminamorta

13

SS 109 ter

260

Filippa

Mesoraca

SS 109

6,5

Papanice

SS 106

Buturo

1240

Arietta

33

E 90

159

1402

Petrona

Cutro

Santo Hera Lacinia

Crocchio

(218 △)

Capo Colonna

Cerva

Marcedusa

Termine Grosso

S. Anna

Salica

Taverna

Albi (710)

Belcastro (△)

Rosito

Magisano

70

Andali

Vermica

Vil. Turistico

S. Giovanni

Sersale

Zagarise (778)

SS 180

Isola di Capo Rizzuto (96)

Capo Cimiti

Fossato Serralta Sellia (560)

Cropani

S. Leonardo di Cutro

31

Pentone

32

Campolongo

33

S. Elia

89

Steccato

SS 106- E 90

14

Crichi

Soveria Simeri

Simeri

Botricello

E 90

Pontegrande

Calabricata

Magisano
70
S. Giovanni
Fossato Serralta
Sellia
Pentone
Andali
Sersale
Zagarise
(778) SS 180
Rosito
Cropani
32
S. Leonardo
di Cutro
SS 109
33 31
Isol
di C
(96)

Basile
74
S. Elia
Crichi
Simeri
Steccato
Campolongo
SS 106 E 90
Le Castella
Capo Rizzuto
14
15
Pontegrande
Soveria Simeri
Botricello
E 90
SS 106
Calabricata
Cropani Marina
Capo Rizzuto

Catanzaro
(R) 343
11
Sellia Marina
SS 106
E 90
33

iano
ingiano
La Petrizia
33

SS 19

Le Croci
5,5
Sta Maria
S. Floro

K

SS 384
rgia
Catanzaro Lido
Roccella
SS 106
7,5
SS 181

Staletti
Copanello
Pta di Staletti
ontauro
28

Montepaone Lido

Soverato (△)
3,5

Marina di Davoli
(293)
6,5

S. Andrea Apostolo
d. Ionio
S. Andrea Apostolo
d. Ionio Marina
D I   S Q U I L L A C E
onio
Isca Marina
5,5
5,5

Badolato Marina
Badolato
(215 △)
28
Sta Caterina
d. Ionio
SS 106 E 90
9
Sta Caterina d. Ionio Marina (△)
Marina di S. Antonio
5,5

L

(408)
5,5
Vinciarello
5,5

SS 110
Caulonia
Punta Stilo
vio
Monasterace
alle
Monasterace Marina

Riace
SS 106 E 90
Riace Marina

27
SS 106 E 90
5

ina di Caulonia

M

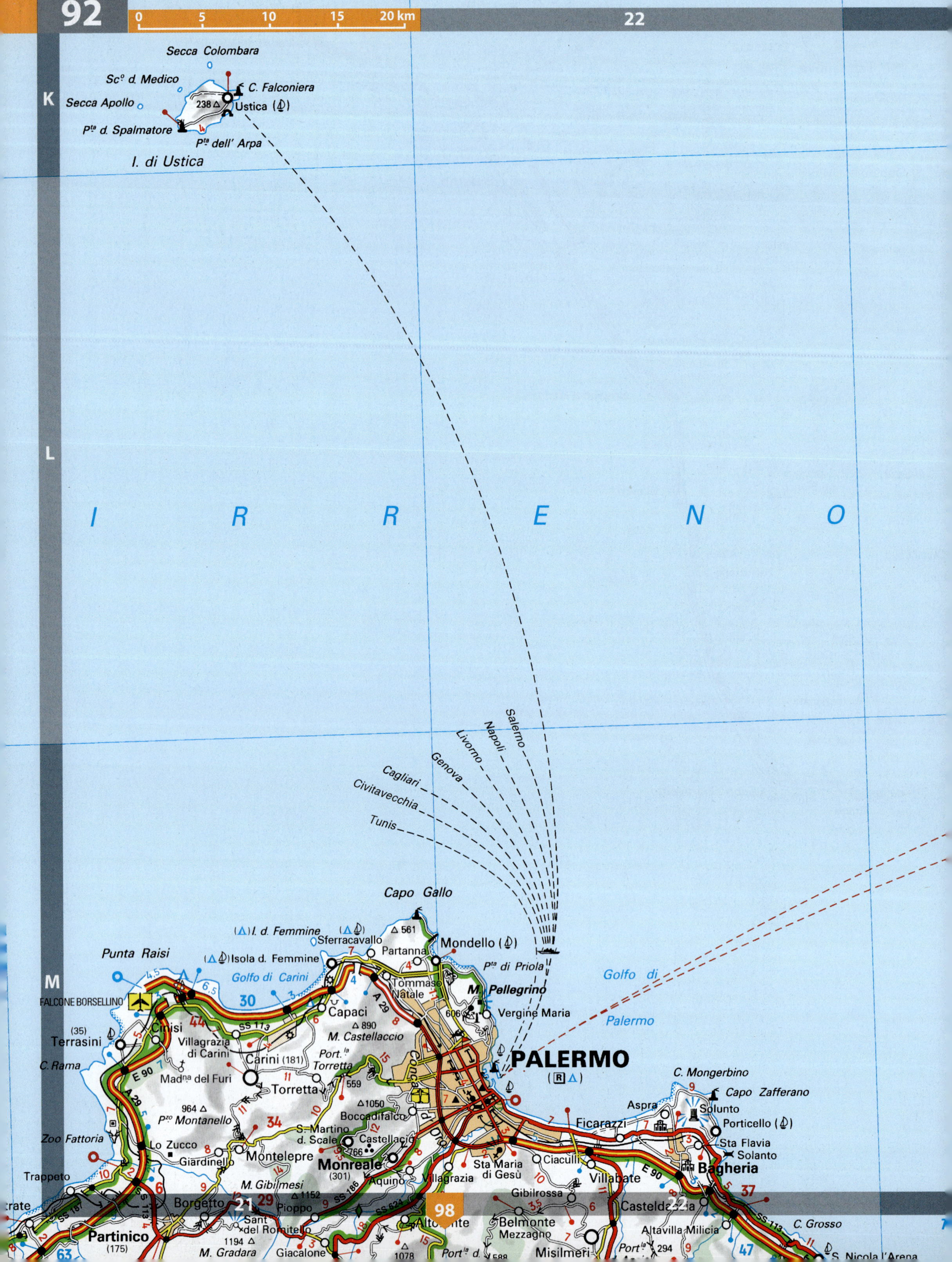

0   5   10   15   20 km

K

Secca Colombara

Sc° d. Medico

Secca Apollo

238 △

C. Falconiera

Ustica (⚓)

P.ta d. Spalmatore

P.ta dell' Arpa

I. di Ustica

L

T I R R E N O

Salerno

Napoli

Livorno

Genova

Cagliari

Civitavecchia

Tunis

Capo Gallo

(△) I. d. Femmine

Isola d. Femmine

Sferracavallo

△ 561

Mondello (⚓)

Partanna

P.ta di Priola

M

Punta Raisi

FALCONE BORSELLINO

Golfo di Carini

30

Tommaso Natale

M. Pellegrino

606 △

Golfo di

Vergine Maria

Palermo

Terrasini

(35)

Cinisi

44

SS 113

A 29

Capaci

△ 890

M. Castellaccio

PALERMO

(Ⓡ △)

C. Rama

Villagrazia di Carini

Carini (181)

Port.la Torretta

559

C. Mongerbino

Capo Zafferano

Mad.na del Furi

E 90

Torretta

11

△ 1050

Aspra

Solunto

Ficarazzi

Porticello (⚓)

Zoo Fattoria

964 △

P.zo Montanello

Boccadifalco

S=Martino d. Scale

Castellaccio

Sta Flavia

Solanto

Lo Zucco

34

△ 766

Trappeto

Giardinello

Montelepre

Monreale

(301)

Villabate

Bagheria

Sta Maria di Gesù

Ciaculli

Borgetto

M. Gibilmesi

△ 1152

Pioppo

Aquino

△ 1194

Villagrazia

Gibilrossa

Castelda

37

C. Grosso

Partinico

(175)

Sant del Romitello

Giacalone

M. Gradara

1078

Belmonte Mezzagno

Misilmeri

Altavilla Milicia

S. Nicola l'Arena

63

47

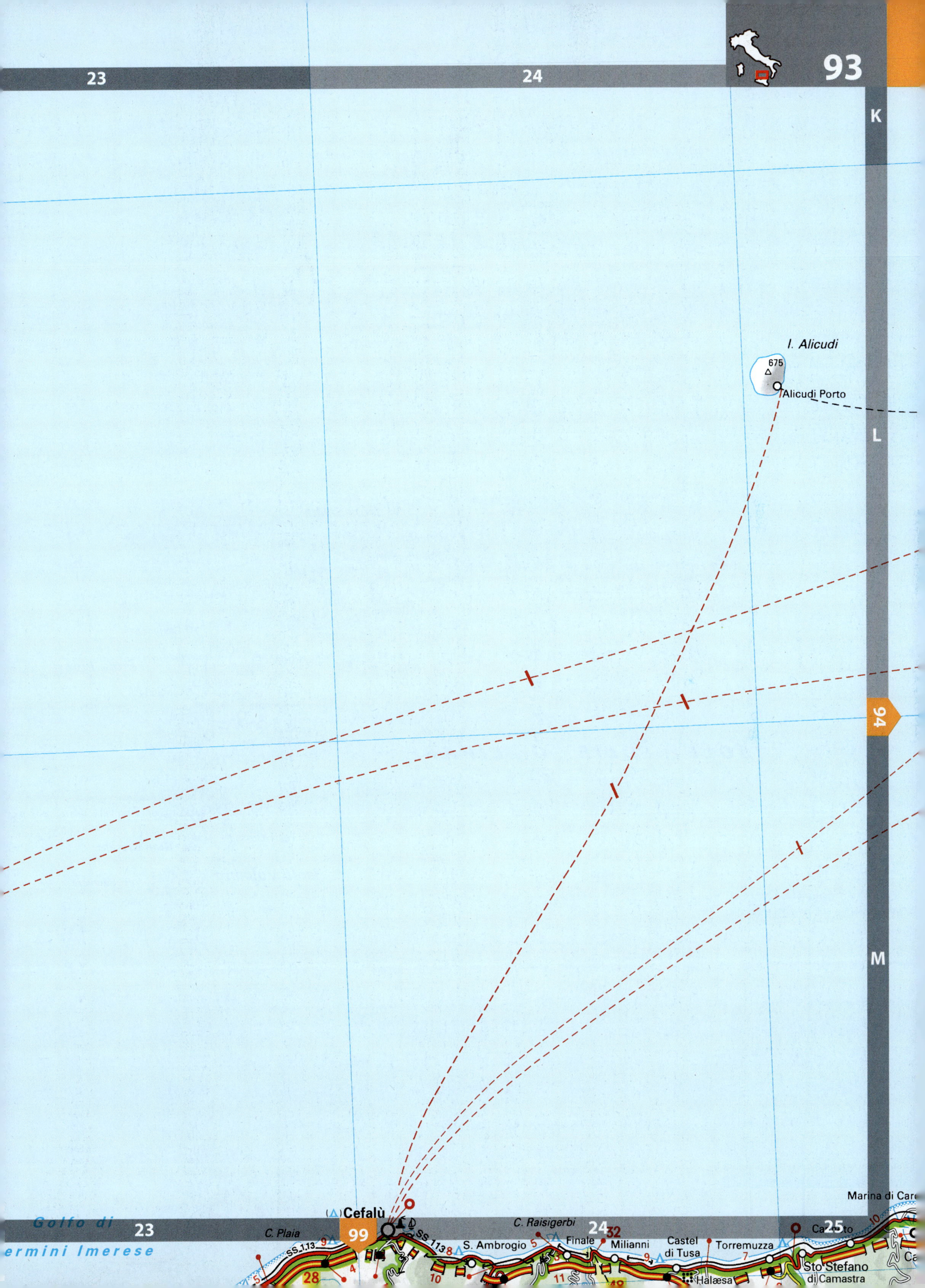

I. Alicudi

675
△
○ Alicudi Porto

Marina di Care

Golfo di 23

ermini Imerese

(△) **Cefalù**

C. Plaia

SS.113 9

SS.113 8

S. Ambrogio

C. Raisigerbi 24 32

Finale

Milianni

Castel di Tusa

Torremuzza

Ca...to

5

28

4

10

5

9

Halæsa

11

7

Sto Stefano di Camastra

10

Ca

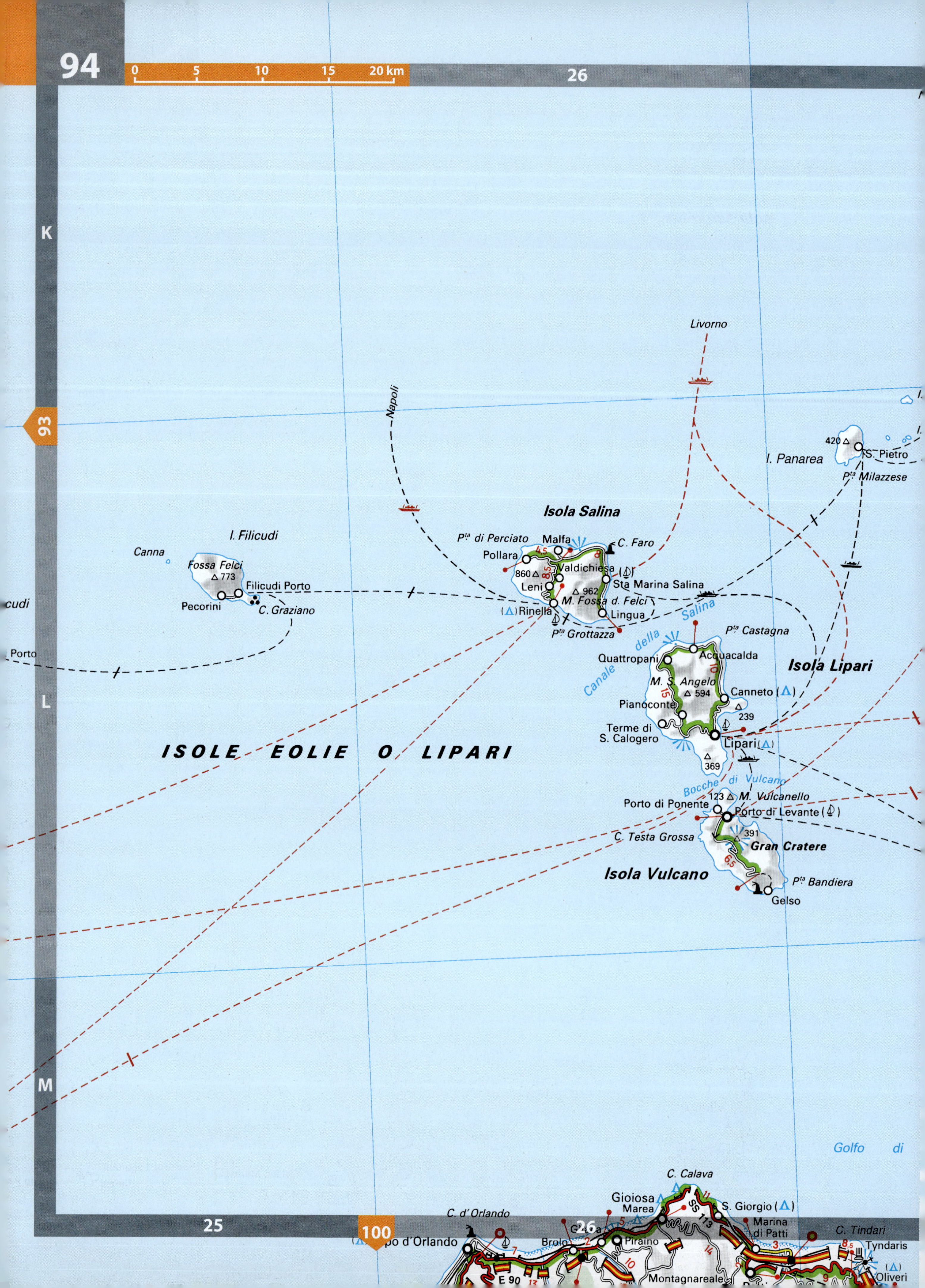

0 5 10 15 20 km

K

93

Livorno

Napoli

I. Panarea
420 △ S. Pietro
P.ta Milazzese

Isola Salina

P.ta di Perciato · Malfa · C. Faro
Pollara
8
4.5
Valdichiesa (⚓)
860 △ 8.5
Leni · Sta Marina Salina
△ 962
M. Fossa d. Felci
(△) Rinella · Lingua
P.ta Grottazza · Salina

I. Filicudi
Canna
Fossa Felci
△ 773
Filicudi Porto
Pecorini
C. Graziano

cudi

Porto

L

P.ta Castagna
Quattropani · Acquacalda
Canale della Salina
Isola Lipari
M. S. Angelo
15 △ 594 · Canneto (△)
Pianoconte
239
Terme di
S. Calogero · Lipari (△)
10
369

I S O L E   E O L I E   O   L I P A R I

Bocche di Vulcano
123 △ M. Vulcanello
Porto di Ponente · Porto di Levante (⚓)
C. Testa Grossa
△ 391
Gran Cratere
6.5

Isola Vulcano · P.ta Bandiera

Gelso

M

Golfo di

C. Calava
Gioiosa
Marea · S. Giorgio (△)
SS 113

25
C. d'Orlando
(△) 26a 5
Capo d'Orlando · Brolo 2 · Piraino · C. Tindari
7 · Marina di Patti · 3 · 8.5 Tyndaris
E 90 12 · Montagnareale · 10 · 14 · 9 (△) Oliveri

K

Tr

Sta ......nica

88

S. Nicolo

Capo Vaticano
(124)

L

G O L F O

Marina di G

DI GIOIA

Taure
(

(228)
Palmi
Capo Barbi
Marina di Palmi
579
S. Eli..

90

Ceramida

Pellegrina

S. Bartolo — L. Strombolicchio

S. Vincenzo

Reggio di Calabria

ciara del Fuoco ▲

924

Ginostra il Vancori

P.ta Lena

Isola Stromboli

Basiluzzo

isca Bianca

I. Stromboli

I. Vulcano

C. Rasocolmo

Sparta

Bagnara Calabra

(50)

S. Saba SS 113d.

Messina

Costa

38 SS.18

Massa

Mortelle C. Peloro

S. Giorgio

Rodia Castanea

Faro Sup.

d. Furie

Torre Faro

Scilla

Favazzina

C. di Milazzo

Golfo di Milazzo

Porticello-

Sta Trada

Solano

Divieto

A 20-E 90

M. Ciccia

Ganzirri-

A 2-E 45

Croce al

Villafranca Tirrena 3

SS 113 17

609

Canitello

32

Melia

Promontario

Spadafora

40

Pace

Campo

S. Roberto

M

Tono

Gesso

Calabro

16

7 14

9,5

Villa

11

SS 670 29

Milazzo (△) Scala

31

S. Giovanni

Rosali

(511) S. Alessio

Fossazzo

Valdina 13

Saponara 13

Concessa

Calanna

in Aspr.

S. Pietro

Grazia

Venetico

9

Catona

SS 184

38

Gallico Laganadi

Patti

4,5

Roccavaldina

3

Gallico Marina

10

Calderà

Pace 8

Condro

Rometta

Stefa

Olivarella d. Mela

(600)

P

MESSINA

Archi

in As

8,5

Meri S. Filippo

1130

Gallico Marina

Orti

1056

27 S. Giorgio

Antennamare

28 29

101 Pier

Larderia

Tremestieri

Terreti

Niceto

Barcellona STA LUCIA

Pellegrino

Vinco

Pozzo di Gotto del Mela

Mili S. Pietro

REGGIO

S. Biagio (215)

DI CALABRIA

Mosorrofa

Terme Sica

Vigliatore

M

ISOLE

P.ta del Sar

M. Cofa

G. di Bonagia

Cust

I. Asinelli   Tonnara Bonagia (⚓)

Pizzolungo   S. Andrea
                                         Bonagia

Lido di S. Giuliano   (751)   Erice   Crocev

(P) **Trapani**   Valderice

Cagliari

C. Grosso   I. Colombata   Saline   SS 187   Croce

I. Levanzo   Xitta

Grotta del   I. Maraone   Napola   Dattilo
Genovese   278   I. Formica   Paceco

Levanzo   Nubia

P.ta Mugnone   P.ta Troia   Palma   Pietretagliate

686   Cast.   Marausa

M. Falcone   Lido Marausa

Marettimo   *EGADI*   P.ta Faraglione

P.ta Libeccio   P.ta Sottile   314   VINCENZO FLORIO   Rilievo

P.ta Bassana   M. Sta Caterina   Favignana (△)   Birgi Novo

I. Marettimo   Saline

I. Favignana   P.ta Marsala   Birgi   Vecchi   105

N   I. S. Pantaleo   230

I. Grande   Mozia   Granatello

Isole d.   Ss. Filippo
Stagnone   e Giacomo   Madonna
                                        d. Cava

P.ta d' Alga   Tabaccaro   Paolini   Borgo R

Tunis   I. di Pantelleria   C. Lilibeo o Boeo   Nuccio   Matarocco

(▲ △) **Marsala**   Digerbato   Ciavolo   SS 188

Ponte

Lido Mediterraneo   Sto Padre d. Perriere

Lido Delfino   Terrenove

Lido Signorino   Strasatti   Borgata Costiera

P.ta Parrino   SS 115

Petrosino   Borgata Costiera

Pizzolato   19

C. Feto

(△) **Mazara** del Vallo

Pantelleria   8.5   Cala Cinque Denti

Cuddie Rosse   56   P.ta Spadillo

Sesi   Bagno   Gadir
              289   dell'Acqua

P.ta Fram   S. Vito   Khamma   P.ta Tracino

Sataria   Siba   M.na Grande   Tracino

P.ta d. Tre Pietre   836   M. Gibele
                         700

Scauri   560   10.5   20

Nica   P.to Dietro Isola

Balata dei Turchi

I. di Pantelleria

Torretta-Granitola

Kartib

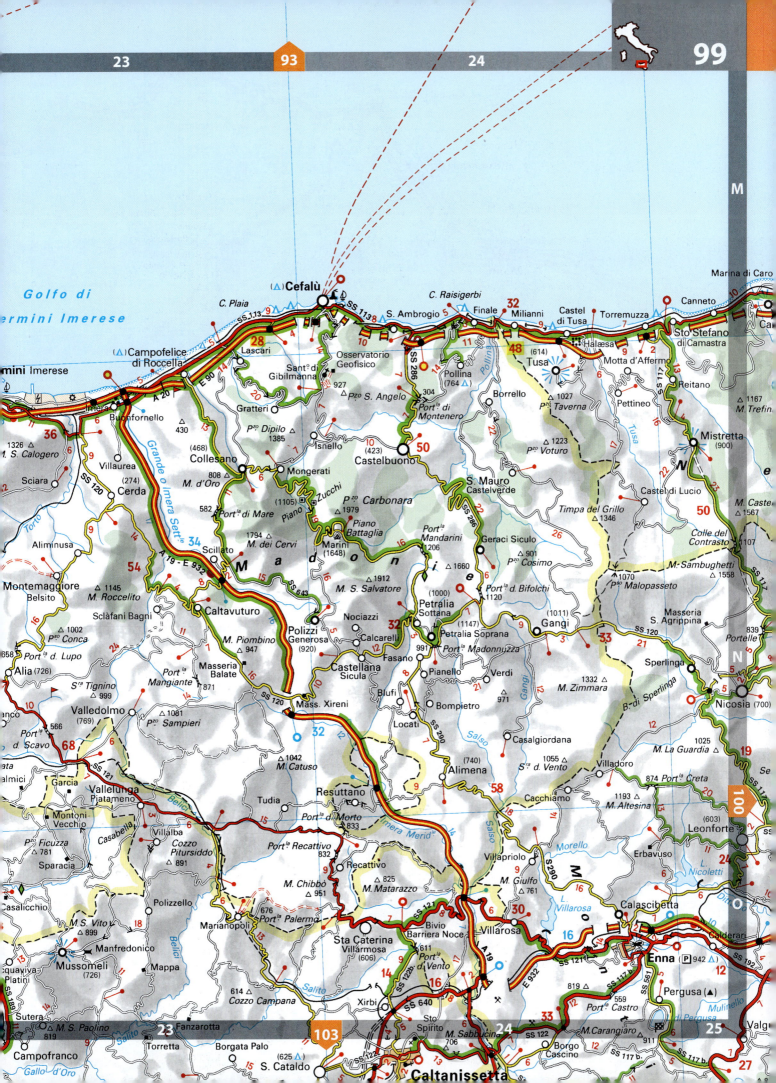

Porto Palo

M. Cirami
516 △
△ 950
P.zo Telegrafo
Burgio
Villafránca Sicula

Quisquina
△ 1246
P.zo d. Rondine
(503)

SS 624
R.ca Ficuzza
(949)
Caltabellotta
L. Favara

P.zo la Menta
910 △
Lago di Magazzolo

Alessandria della Roc
(533)

98

M. S. Nicola
△ 519

22

0   5   10   15   20 km

327 △
S. Anna
icca Sicula
SS 386
Port.a Tanabuto
544 △

Monte Kronio
386
S. Calogero
15

Bivio Tamburello
Calamonaci
596 △

Cianciana
(390)

16

C. S. Marco
Sciacca
(60)
76 △
S. Giorgio
SS 115
6
8.5
Cast.
Ribera
(233 △)
22

S. Biagio
Platani
Platani
S. Angelo Muxaro

83
29

Secca Grande
Borgo Bonsignore
3
2.5
E 931
4

M. Sara
434 △

M. Iazzo Vecchio △ 587
(180)
Cattolica Eraclea

M. le Fosse
△ 653

S. Elisa

9.5

M Giafaglione
(420)

Raffadali
loppolo Giancaxi
C. Salar
Vulca
Ma

Eraclea Minoa
C. Bianco
Bovo Marina
4
4
Montallegro
M. Sedita
△ 428
△ 362

12
10

M. Suzza
253
509 △
Giardina Gallotti
15

47
11

Port.a Milione
9
Siculiana
16
Montaperto

(△) Siculiana Marina
SS 115
△ 338
P 326 △
Agrigento
Villase

Realmonte
19

Capo Rossello
P.ta Grande
Porto Empedocle

S. Leon

Lido Can

R R A N E O

O

P

Q

Porto Empedocle
P.ta Paranzello
Linosa
195 M. Vulcano
I. di Linosa
P.ta Calcarella

Lampedusa

I S O L E   P E L Á G I E

12°40

I. di Lampione
Linosa

I. di Lampedusa

Sc.o del Sacramento
M. Albero Sole
133
C. Ponente
I. dei Conigli
Mad.na di Porto Salvo
C. Grecale
Lampedusa (△ △)
P.ta Sottile

12°20

M. della Scala
Caltagirone
(608 △)
Grammichele
(520)
M. Marineo
△ 692

△ 595
M. d. Bubonia

C. Rigiurfo Gr^de
SS 417

SS 124
SS 385

SS 683

25   29   104

M^t
Vizzini
(619)   41 SS

Butera
(400)
Niscemi
(332)
Mad^na del
Buonconsiglio
△ 330

Licodia
Eubea

L.
Comunelli

M. d. Guardia
△ 310

30

Granieri

SS 514

L. Dirillo
739 △

M. Lau

Castelluccio
△ 102

Ponte
Olivo

Sto Pietro
Botteghelle

Mazzarrone

8.5

31

Monterosso
Almo

Giarra
(520)

P
SS 790
SS 117b

Priolo
△ 233
P^gio Terrana
232 △

P^gio
Mazzarrone

Quaglio
5.5

4.5   32

Sant°
di Gulfi
(668)

Chiaramonte Gulfi

Manfria
Gela
3
SS 626
SS 115
P^so d.
Pantanelle
99
123 △

il Biviere

Acate o Dirillo
Acate

Pedalino
6.5

Roccazzo

Sta d. Burgio
883

Balata di Modica

103   di   Gela

i Macconi

32

Cali   9.5
C. Iacono

10.5
SS 514

724 △

Villa
Terlato

Diligenza
3

12

Comiso
(246)

Grotta
delle Trabacche

P 498
Ragusa

Berdia Nuova

Vittoria
(169)

Tresauro
382 △

SS 115

45

Scoglitti

Ippari

Donnafugata
13.5   Costa

SP 25
571 △
M. Renna

20

(△) Camarina

Sta Croce
Camerina

Camemi
24

382 △

Punta Bracchetto

6.5

Scicli
(106)

Punta Secca
C. Scaramia o Scalambri
Casuzze

Sta Barbara   Marina
di Ragusa

Plaja
Grande   Donnalucata

Cava d'Aliga

Marina di Modica

Mod

SS 194

24   25

M A R E   M E D I

Golfo di Augusta

Francoforte

M. Carrubba 535 △

Pedaggi

SS 194

M. Sta Venere 870 △

Sortino

Necropoli di Pantalica

Ferla

Cassaro

M. Contessa

Buscemi

Palazzolo d'Acreide

Akrai

SS 124

Rigolizia

S. Vetrano 717 △

△ 678

S. Giacomo

Bellozzo

Fatt.ª Iudica

Testa dell'Acqua

Gianforma

Frigintini

Castelluccio

Mass. Granieri

Villa Vela

Noto Antica

S. Corrado d. Fuori

(159) Noto

M. Renna 300 △

V.ª Romana d. Tellaro

il Prainito

Cava d'Ispica

Rosolini (154)

SS 115 E 45

Ispica

Villa Modica

S. Paolo

SP 19

Bimmisca

103 △

Pant.º Gariffi

Fatt. S. Lorenzo

S. Lorenzo Vecchio

Burgio

Zimardo

Pozzallo (△)

Marza

Marza

P.ta Ciriga

C. Zappulla

Religione

Valletta (Malta)

Melilli (310)

Priolo Gargallo (30)

Monti Climiti

Solarino

C. Melilli

Floridia (111)

Monasteri

Canicattini Bagni

Anapo

Cavadonna

SP 14

Cassibile

Calabernardo

Lido di Noto

Eloro

Asinaro

I. Vendicari

Pant.º Roveto

Pant.º Longarini

Maucini

Pachino (65 △)

Portopalo di C. Passero

P.ta delle Formiche

I. delle Correnti

Megara Hyblaea

Thapsos

Penisola Magnisi

Marina di Melilli

Sta Panagia

C. Sta Panagia

Belvedere

Euriarlo

SS 124

SIRACUSA (P △)

Porto Grande

Penisola della Maddalena

Terrauzza

Arenella

C. Murro di Porco

Fonte Ciane

A 18 E 45

SS 115

Ognina

C. Ognina

Fontane Bianche (△)

P.ta del Cane

△ 480

Avola

Marina di Avola

Golfo di Noto

Marzamemi (△)

C. Passero

I. di Capo Passero

M E D I T E R R A N E O

P

Q

R

0 5 10 15 20 km

7

8

Belvédère-Campomoro

P.ta d'Eccica

404

Grossa

D 21

D 22

Castello di Cagalla

383

P.ta di Senetosa

Tizzano

D 48

276

C

M A R E

Cap de Roccapina

Ile d

D I T E R R A N E O

D

Isola Asinara

P.ta Caprara o dello Scorno

Capo Molla

P.ta d. Scomunica

408

P.ta Sabina

P.to Mannu della Reale

Cala d'Oliva

La Reale

8

P.ta Trabuccato

Rada della Reale

265

P.ta li Canneddi

Cal

Cost

Isola Rossa

M. T

216

I. Rossa

GOLFO

Fornelli

I.Piana

P.ta Barbarossa

Trin

Badesi Mare

Badesi

Spiaggia d. Pelosa

P.ta Negra

DELL'

ASINARA

Muntiggio

Stintino

Ajaccio, Propriano

Marseille

Genova

Valledoria

Castelsardo

La Muddizza

Viddalba

Terme di Casteldo

raccio

Lu Bagnu

Multeddu

L'Elefante

Sta Maria Coghinas

Porri

8

110

9

P.ta Tramontana

10

Tergu

S. Giovanni

L. di Ca

SP 34

Stagno di

Pozzo

Isola Asinara

Pᵗᵃ Caprara
o dello Scorno

Capo Molla

Pᵗⁱ d. Scomunica

0   5   10   15   20 km

408

Pᵗᵃ Sabina

Pᵗᵒ Mannu
della Reale

Cala d'Oliva

D

La Reale

8

Pᵗᵃ Trabuccato

Pᵗᵃ Tumbarino

13

GOLFO

Rada della Reale

265

DELL'

ASINARA

Fornelli

I. Piana

Pᵗᵃ Barbarossa

Capo del Falcone

Spiaggia d. Pelosa

Torre Falcone
(190)

Pᵗᵃ Negra

Pᵗᵃ Scoglietti

5

Stintino

Pᵗᵃ Tramont

Stagno di Casaraccio

Ajaccio, Propriano

Marseille

Genova

I. dei Porri

SP 34

12

Stagno di Pilo

Porto Torres

Pozzo
S. Nicola

11

Platamona Lido

Marina
di Sorso

SP 57

5.5

E

SP 81

10

M. STA GIUSTA

1

21

M. Cau

233

Biancareddu

251

Monte
d'Accoddi

Sorso

S

Capo Mannu

Santo

18

13

S. Michele
di Plaianu

Canaglia

14

13

M. Alvaro

342

24

La Crucca

SS 131

S. Giovanni

SS 200

10

18

La Pedraia

(144)

Campanedda

SP 42

10

15

Li Punti

7

SASSA

P

Palmadula

5

8

Capo
dell' Argentiera

Argentiera

Monteforte

5

r

Bancali

Caniga

13

8

La Corte

464

M. Forte

SS 291

16

9

SS 131

7

444

36

Mascari

6

Fillbertu

Tottubella

9

6

Usini

Tissi

L. Baratz

N

7.5

Muro

Porto Ferro

Sta Maria
la Palma

6

Olmedo

9

Usini

Ossi
Cargeghe
(338)

22

9

5

4

SS 127b

Necropoli di Anghelu Ruju

M. Miale Ispina

267

Uri

3.5

M. Doglia

436

7

30

SS 131b

13

M. Timidone

361

Palmavera

L

SS 291var.

6

37

7

Tomba
Santu Pedru

Cuga

L. Cuga

11

Ittiri (400)

I. Piana

9

9

Porto
Conte

27

Fertilia

6

9

Serra

Iscala Mola

10

3.5

SS 131b

Tramariglio

Porto
Conte

Maristella

Rada di
Alghero

Alghero

Putifigari

558

M. Unturzu

65

M. Gh

I. Foradada

Grotta di Nettuno

Capo Caccia

Santᵒ di
Valverde

Temo

10

SS 292

Villanova
Monteleone
(567)

Romana

F

SP 105

24

Necropoli
di Pottu Codinu
(360)

718

Melas

M. Frus

583

Pedra Ettori

22

45

Monteleone
Rocca Doria

Bo
Igl

644

M. Minerva

SS 292

15

Padria

M. Ruiu

668

7

Scuola
Agraria

Bo

M. Mannu

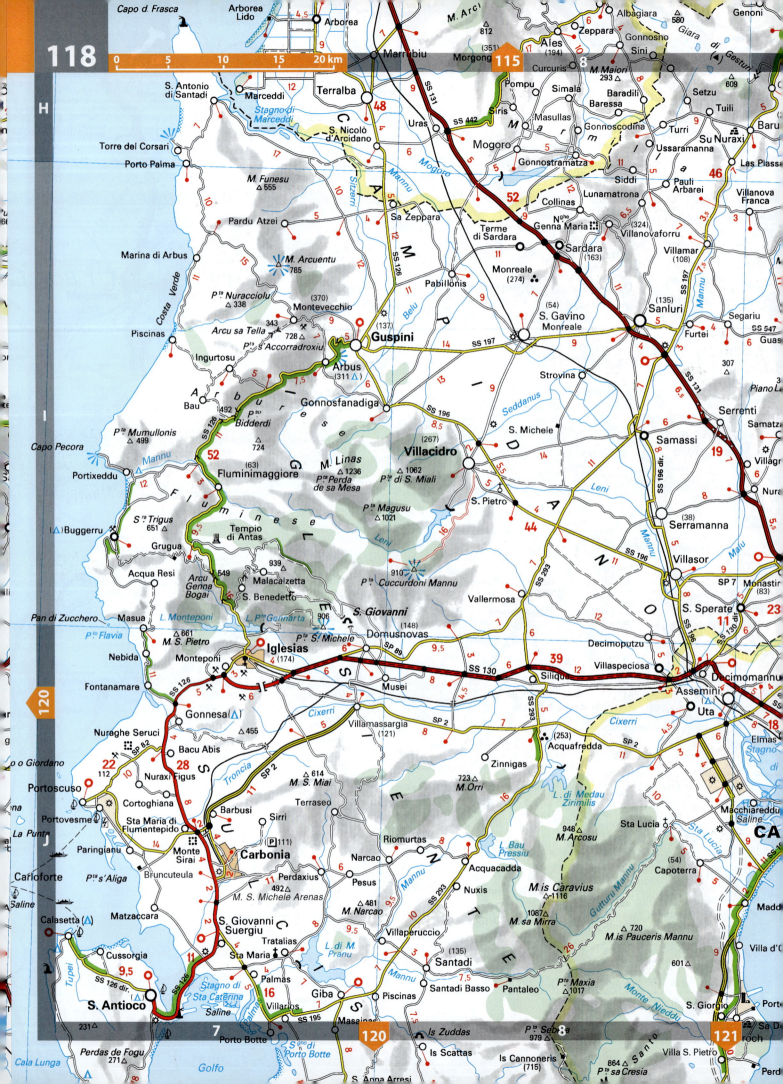

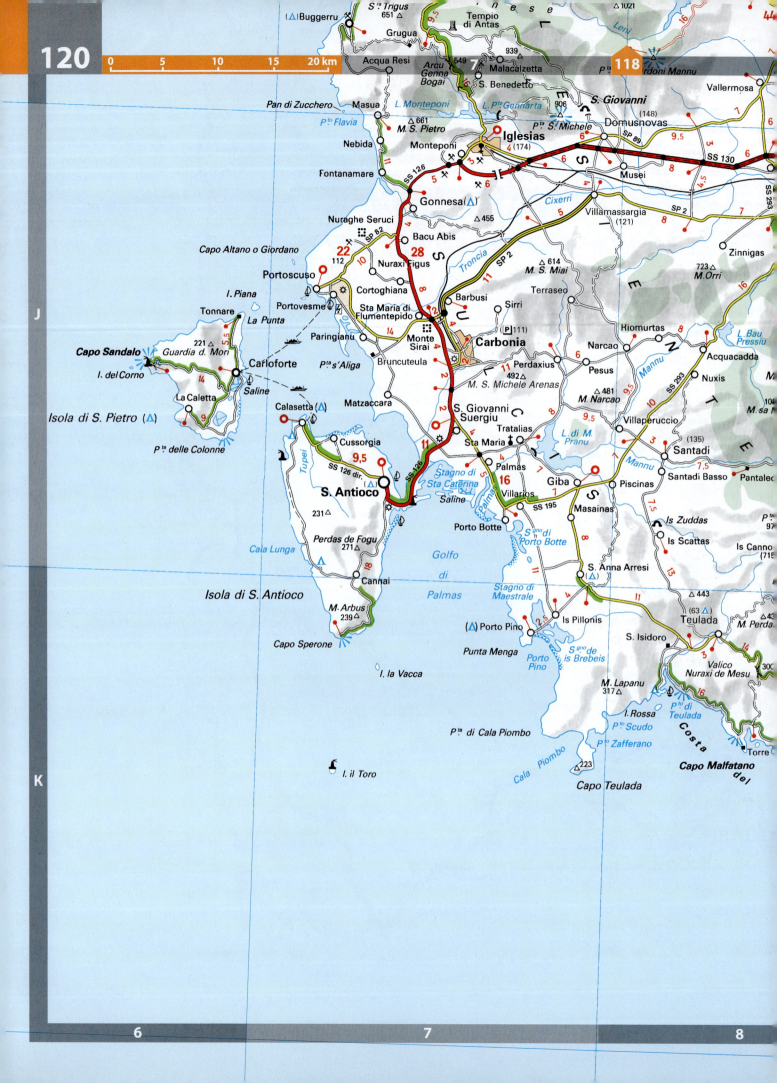

0 5 10 15 20 km

J

K

Sˡᵃ Trigus
651
Tempio
di Antas
△ 1021

(△) Buggerru

Grugua

Acqua Resi
549
Arcu
Genna
Bogai
939
Malacalzetta
Pˡᵃ
rdoni Mannu

7

S. Benedetto

Vallermosa

Pan di Zucchero
Masua

L. Monteponi

L. Pˡᵃ Gennarta
906

S. Giovanni

Domusnovas
(148)
SP 89

SP 89

6

P.to Flavia
△ 661
M. S. Pietro

Nebida

Monteponi

Iglesias
4 (174)

SS 130

Musei

8

SS 293

Fontanamare

SS 12.6

5

6

S

Cixerri

Villamassargia
(121)

SP 2

7

Zinnigas

Capo Altano o Giordano

Gonnesa (△)

△ 455

5

723 △
M. Orri

Nuraghe Seruci
SP 82

Bacu Abis

Troncia
SP 2

M. S. Miai
△ 614

8

22
112
10

28

Nuraxi Figus

11

Terraseo

Acquacadda

8

L. Bau
Pressiu

Portoscuso

Cortoghiana

8

Barbusi

Sirri

Riomurtas

Nuxis

M. sa

I. Piana

Portovesme

Sta Maria di
Flumentepido

2

Carbonia
(P) 111

Narcao

6

Tonnare
La Punta

Paringianu

14

Monte
Sirai
4

Perdaxius
11

Pesus

9.5

Villaperuccio
10

M.

Capo Sandalo
Guardia d. Mori
221 △
5.5

Bruncuteula

2

M. S. Michele Arenas

M. Narcao
△ 481

(135)

Santadi

I. del Corno

14

Carloforte

Pˡᵃ s'Aliga

S. Giovanni
Suergiu

Tratalias

2

9.5

7.5

Saline

Matzaccara

Sta Maria

Santadi Basso

Pantaleo

La Caletta

9

Calasetta (△)

11

Palmas

L. di M.
Pranu

Mannu

Piscinas

Is Zuddas

Isola di S. Pietro (△)

Cussorgia

5

16

Giba

Masainas

7.5

Is Scattas

Is Canno
(718

Pˡᵃ delle Colonne

9.5
SS 126 dir.

Tupei

Stagno di
Sta Caterina

Villarios

SS 195

8

△ 443

(63 △)
△ 43

S. Antioco
(△)

SS 126

Saline

Porto Botte

Sⁿᵒ di
Porto Botte

S. Anna Arresi
(△)

Teulada

M. Perda

231 △

Perdas de Fogu
271 △

Golfo

Stagno di
Maestrale

11

S. Isidoro

Valico
Nuraxi de Mesu

300

Cala Lunga

di

4

Is Pillonis

Cannai

Palmas

(△) Porto Pino

2.5

Sⁿᵒ de
is Brebeis

M. Lapanu
317 △

14

16

Isola di S. Antioco

M. Arbus
239 △

Punta Menga

Porto
Pino

Pˡᵃ di
Teulada

Torre

Capo Sperone

I. la Vacca

I. Rossa

Pˡᵃ Scudo

Pˡᵃ Zafferano

Costa

Pˡᵃ di Cala Piombo

△ 223

Capo Malfatano
del

I. il Toro

Cala Piombo

Capo Teulada

6 **7** **8**

122

Indice dei nomi - Piante di città
Index of place names - Town plans
Index des localités - Plans de ville
Ortsverzeichnis - Stadtpläne
Plaatsnamenregister - Stadsplattegronden
Índice - Planos de ciudades

AG. Agrigento (Sicilia)
AL . Alessandria (Piemonte)
AN. Ancona (Marche)
AO. Aosta/Aoste (Valle d'Aosta)
AP. Ascoli Piceno (Marche)
AQ. L'Aquila (Abruzzo)
AR. Arezzo (Toscana)
AT. Asti (Piemonte)
AV. Avellino (Campania)
BA. Bari (Puglia)
BG. Bergamo (Lombardia)
BI. . Biella (Piemonte)
BL. Belluno (Veneto)
BN. Benevento (Campania)
BO. Bologna (Emilia-R.)
BR. Brindisi (Puglia)
BS . Brescia (Lombardia)
BT . Barletta-Andria-Trani (Puglia)
BZ. Bolzano (Trentino-Alto Adige)
CA. Cagliari (Sardegna)
CB. Campobasso (Molise)
CE. Caserta (Campania)
CH. Chieti (Abruzzo)
CL. Caltanissetta (Sicilia)
CN. Cuneo (Piemonte)
CO. Como (Lombardia)
CR. Cremona (Lombardia)
CS . Cosenza (Calabria)
CT . Catania (Sicilia)
CZ. Catanzaro (Calabria)
EN. Enna (Sicilia)
FC . Forlì-Cesena (Emilia-Romagna)
FE . Ferrara (Emilia-Romagna)
FG. Foggia (Puglia)
FI . . Firenze (Toscana)
FM. Fermo (Marche)
FR. Frosinone (Lazio)
GE. Genova (Liguria)
GO Gorizia (Friuli-Venezia Giulia)
GR. Grosseto (Toscana)
IM . Imperia (Liguria)

IS . . Isernia (Molise)
KR . Crotone (Calabria)
LC . Lecco (Lombardia)
LE . Lecce (Puglia)
LI . . Livorno (Toscana)
LO . Lodi (Lombardia)
LT . Latina (Lazio)
LU . Lucca (Toscana)
MB Monza-Brianza (Lombardia)
MC Macerata (Marche)
ME. Messina (Sicilia)
MI . Milano (Lombardia)
MN Mantova (Lombardia)
MO Modena (Emilia-Romagna)
MS. Massa-Carrara (Toscana)
MT Matera (Basilicata)
NA. Napoli (Campania)
NO Novara (Piemonte)
NU. Nuoro (Sardegna)
OR. Oristano (Sardegna)
PA. Palermo (Sicilia)
PC . Piacenza (Emilia-Romagna)
PD. Padova (Veneto)
PE . Pescara (Abruzzo)
PG. Perugia (Umbria)
PI . . Pisa (Toscana)
PN. Pordenone (Friuli-Venezia Giulia)
PO. Prato (Toscana)
PR. Parma (Emilia-R.)
PT . Pistoia (Toscana)
PU. Pesaro e Urbino (Marche)
PV . Pavia (Lombardia)
PZ . Potenza (Basilicata)
RA. Ravenna (Emilia-Romagna)
RC . Reggio di Calabria (Calabria)
RE . Reggio Emilia (Emilia-Romagna)
RG. Ragusa (Sicilia)
RI . . Rieti (Lazio)
RM Roma (Lazio)
RN. Rimini (Emilia-Romagna)
RSM San Marino (Rep. di)

RO. Rovigo (Veneto)
SA . Salerno (Campania)
SI . . Siena (Toscana)
SO. Sondrio (Lombardia)
SP . La Spezia (Liguria)
SR . Siracusa (Sicilia)
SS . Sassari (Sardegna)
SU . Sud Sardegna (Sardegna)
SV . Savona (Liguria)
TA . Taranto (Puglia)
TE . Teramo (Abruzzo)
TN. Trento (Trentino-Alto Adige)
TO. Torino (Piemonte)
TP . Trapani (Sicilia)
TR . Terni (Umbria)
TS . Trieste (Friuli-Venezia Giulia)
TV . Treviso (Veneto)
UD. Udine (Friuli-Venezia Giulia)
VA. Varese (Lombardia)
VB. Verbano-Cusio-Ossola
. . . . (Piemonte)
VC. Vercelli (Piemonte)
VE. Venezia (Veneto)
VI . . Vicenza (Veneto)
VR. Verona (Veneto)
VT. Viterbo (Lazio)
VV. Vibo Valentia (Calabria)

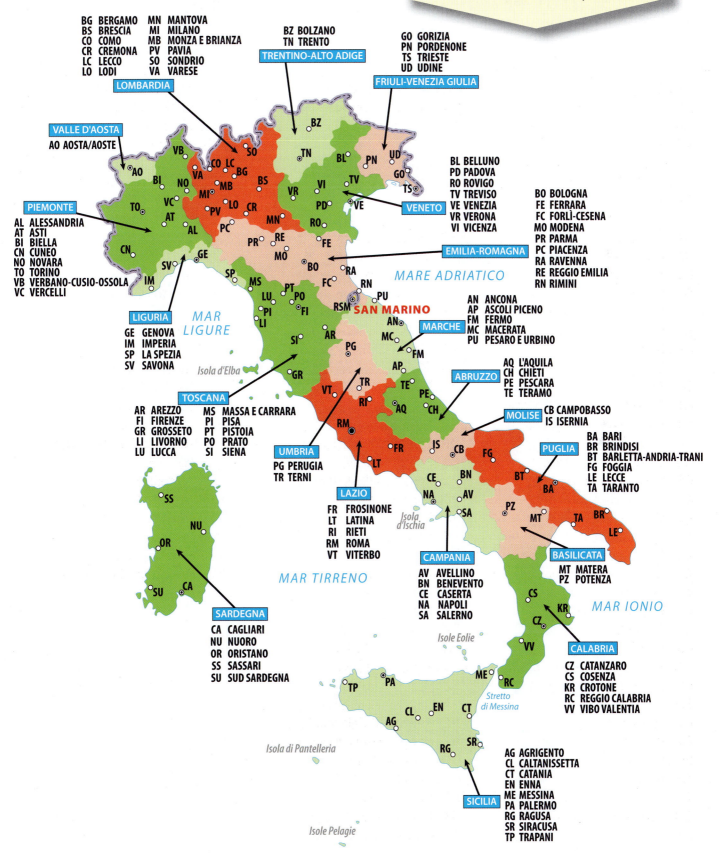

Sigle delle provinze presenti nell'indice
Abbreviations of province names contained in the index
Sigles des provinces répertoriées au nom
Im Index Vorhandene Kennzeiche
Afkorting van de provincie
Abreviaciones de los nombres de provincias

BG BERGAMO   MN MANTOVA
BS BRESCIA   MI MILANO
CO COMO   MB MONZA E BRIANZA
CR CREMONA   PV PAVIA
LC LECCO   SO SONDRIO
LO LODI   VA VARESE

LOMBARDIA

BZ BOLZANO
TN TRENTO

TRENTINO-ALTO ADIGE

GO GORIZIA
PN PORDENONE
TS TRIESTE
UD UDINE

FRIULI-VENEZIA GIULIA

VALLE D'AOSTA
AO AOSTA/AOSTE

PIEMONTE
AL ALESSANDRIA
AT ASTI
BI BIELLA
CN CUNEO
NO NOVARA
TO TORINO
VB VERBANO-CUSIO-OSSOLA
VC VERCELLI

BL BELLUNO
PD PADOVA
RO ROVIGO
TV TREVISO
VE VENEZIA
VR VERONA
VI VICENZA

VENETO

BO BOLOGNA
FE FERRARA
FC FORLÌ-CESENA
MO MODENA
PR PARMA
PC PIACENZA
RA RAVENNA
RE REGGIO EMILIA
RN RIMINI

EMILIA-ROMAGNA

MARE ADRIATICO

LIGURIA
GE GENOVA
IM IMPERIA
SP LA SPEZIA
SV SAVONA

MAR LIGURE

Isola d'Elba

MARCHE
AN ANCONA
AP ASCOLI PICENO
FM FERMO
MC MACERATA
PU PESARO E URBINO

AQ L'AQUILA
CH CHIETI
PE PESCARA
TE TERAMO

ABRUZZO

CB CAMPOBASSO
IS ISERNIA

MOLISE

TOSCANA
AR AREZZO   MS MASSA E CARRARA
FI FIRENZE   PI PISA
GR GROSSETO   PT PISTOIA
LI LIVORNO   PO PRATO
LU LUCCA   SI SIENA

BA BARI
BR BRINDISI
BT BARLETTA-ANDRIA-TRANI
FG FOGGIA
LE LECCE
TA TARANTO

PUGLIA

UMBRIA
PG PERUGIA
TR TERNI

LAZIO
FR FROSINONE
LT LATINA
RI RIETI
RM ROMA
VT VITERBO

Isola d'Ischia

CAMPANIA
AV AVELLINO
BN BENEVENTO
CE CASERTA
NA NAPOLI
SA SALERNO

BASILICATA
MT MATERA
PZ POTENZA

MAR IONIO

MAR TIRRENO

SARDEGNA
CA CAGLIARI
NU NUORO
OR ORISTANO
SS SASSARI
SU SUD SARDEGNA

CALABRIA
CZ CATANZARO
CS COSENZA
KR CROTONE
RC REGGIO CALABRIA
VV VIBO VALENTIA

Isole Eolie

Stretto di Messina

Isola di Pantelleria

SICILIA
AG AGRIGENTO
CL CALTANISSETTA
CT CATANIA
EN ENNA
ME MESSINA
PA PALERMO
RG RAGUSA
SR SIRACUSA
TP TRAPANI

Isole Pelagie

SAN MARINO

A B C D E F G H I J K L M N O P Q R S T U V W X Y Z

A

Abano Terme PD ...... 24 F 17
Abatemarco SA....... 76 G 28
Abatemarco
(Fiume) CS .... 85 H 29
Abbadia SI .... 50 M 17
Abbadia VT .... 57 O 16
Abbadia Cerreto LO ... 21 G 10
Abbadia Lariana LC ... 9 E 10
Abbadia
S. Salvatore SI ...... 50 N 17
Abbalata (Monte) SS.. 109 D 9
Abbasanta OR....... 115 G 8
Abbasanta
(Altopiano di) OR .. 115 G 8
Abbateggio PE ...... 60 P 24
Abbatoggia
(Punta) SS .... 109 D 10
Abbiadori SS .... 109 D 10
Abbiategrasso MI.... 20 F 8
Abetaia BO .... 39 J 14
Abeto FI............ 40 J 17
Abeto PG........... 52 N 21
Abetone PT .... 39 J 14
Abisso (Rocca del) CN.. 34 J 4
Abriola PZ........... 77 F 29
Abruzzese AQ .... 59 P 22
Abruzzo(Parco
Nazionale d') AQ... 64 Q 23
Abtei / Badia BZ... 4 C 17
Acaia LE.......... 81 F 36
Acate RG .... 104 P 25
Acate (Fiume) RG .... 104 P 25
Accadia FG .... 71 D 28
Acceglio CN .... 26 I 2
Accellica (Monte) AV.. 70 E 27
Accesa (Lago dell') GR . 49 N 14
Accettori
(Punta s') NU ...... 119 I 10
Accettura MT......... 77 F 30
Accia
(Portella dell') PA .. 98 M 22
Acciano AQ......... 60 P 23
Acciarella LT .... 63 R 20
Acciaroli SA .... 75 G 27
Acconia CZ......... 88 K 30
Accorradroxiu
(Punta s') SU ...... 118 I 7
Accumoli RI .... 52 N 21
Acerenza PZ........ 72 E 29
Acerenza (Lago di) PZ.. 72 E 29
Acerno SA........... 75 E 27
Acerno
(Le Croci di) SA .... 70 E 27
Acero (Forca d') AQ... 64 Q 23
Acerra NA .... 70 E 25
Aci Bonaccorsi CT ... 101 O 27
Aci Castello CT ..... 101 O 27
Aci Catena CT ...... 101 O 27
Aci S. Antonio CT .... 101 O 27
Aci Trezza CT ...... 101 O 27
Acilia RM........... 62 Q 19
Acireale CT .... 101 O 27
Acone S. Eustachio FI.. 40 K 16
Acqua
(Bagno dell') TP.... 96 Q 17
Acqua Resi SU ..... 118 I 7
Acqua Tosta
(Monte) RM ...... 57 P 17
Acquabianca GE...... 28 I 7
Acquabona
(Passo di) CZ....... 86 J 31
Acquacadda SU ...... 118 J 8
Acquacalda ME..... 94 L 26
Acquacanina MC .... 52 M 21
Acquafondata FR .... 64 R 23
Acquaformosa CS .... 85 H 30
Acquafredda BS ..... 22 G 13
Acquafredda SU ..... 118 J 8
Acquafredda PZ..... 76 G 29
Acqualagna PS ..... 46 L 20
Acqualoreto TR...... 51 N 19
Acqualunga BS..... 22 G 11
Acquanegra
Cremonese CR...... 30 G 11
Acquanegra
sul Chiese MN ..... 30 G 13
Acquapendente VT.... 50 N 17
Acquappesa CS..... 85 I 29
Acquaria MO .... 39 J 14
Acquarica
del Capo LE ...... 83 H 36
Acquarica di Lecce LE.. 81 G 36
Acquaro VV .... 88 L 30
Acquasanta GE...... 36 I 8
Acquasanta Terme AP.. 52 N 22

Acquaseria CO........ 9 D 9
Acquasparta TR...... 51 N 19
Acquato (Lago) GR ... 56 O 16
Acquavella SA ...... 75 G 27
Acquavena SA ...... 76 G 28
Acquaviva RM....... 58 P 20
Acquaviva SI .... 50 M 17
Acquaviva
Collecroce CB...... 65 Q 26
Acquaviva
delle Fonti BA ..... 73 E 32
Acquaviva d'Isernia IS . 65 Q 24
Acquaviva Picena AP .. 53 N 23
Acquaviva Platini CL .. 99 O 23
Acquedolci ME ...... 100 M 25
Acquerino
(Rifugio) PO ...... 39 J 15
Acquevive IS .... 65 R 25
Acqui Terme AL..... 28 H 7
Acuto FR........... 63 Q 21
Acuto (Monte) PG ... 51 M 18
Acuto (Monte) SS..... 111 E 8
Adalicu (Monte) NU... 117 H 10
Adamello TN .... 11 D 13
Adamello (Monte) BS.. 10 D 13
Adami CZ .... 86 J 31
Adda SO .... 2 C 12
Addolorata
(Santuario dell') IS .. 65 R 24
Adelfia BA .... 73 D 32
Adige BZ........... 3 C 14
Adige (Foce dell') RO.. 33 G 18
Adone (Monte) BO .... 40 I 15
Adrano CT.......... 100 O 26
Adrara S. Rocco BG... 22 E 11
Adret TO .... 26 G 3
Adria RO .... 33 G 18
Adro BS .... 22 F 11
Aeclanum AV........ 70 D 27
Afers / Eores BZ..... 4 B 17
Affi VR .... 23 F 14
Affile RM........... 63 Q 21
Affrica (Scoglio d') LI.. 54 O 12
Afing / Avigna BZ.... 3 C 16
Afragola NA .... 69 E 24
Africo RC........... 91 M 30
Agaggio Inferiore IM... 35 K 5
Agarina VB .... 8 D 7
Agazzano PC .... 29 H 10
Agelli AP .... 52 N 22
Agello PG .... 51 M 18
Agerola NA .... 75 F 25
Aggius SS .... 109 E 9
Agira EN........... 100 O 25
Agliana PT .... 39 K 15
Agliano AT .... 28 H 6
Aglié TO .... 19 F 5
Aglientu SS......... 109 D 9
Aglio PC........... 29 H 10
Agna AR .... 44 K 17
Agna PD .... 24 G 17
Agnadello CR........ 21 F 10
Agnana Calabra RC... 91 M 30
Agnano NA......... 69 E 24
Agnano Bagni NA.... 69 E 24
Agnedo TN......... 12 D 16
Agnellezze
(Monte) BL ...... 12 D 18
Agnello
(Colle dell') TO..... 26 H 2
Agner (Monte) BL.... 12 D 17
Agnino MS .... 38 J 12
Agno VI .... 24 F 16
Agno (Val d') VI..... 24 F 15
Agnone IS.......... 65 Q 25
Agnone Bagni SR .... 105 P 27
Agnosine BS........ 22 F 13
Agogna NO .... 20 E 7
Agordo BL.......... 12 D 18
Agordo (Canale di) BL . 13 D 18
Agosta RM .... 59 Q 21
Agostini (Rifugio) TN .. 11 D 14
Agra VA .... 8 D 8
Agrano VB .... 8 E 7
Agrate Brianza MI.... 21 F 10
Agrate Conturbia NO .. 20 E 7
Agresto
(Monte dell') PZ.... 77 F 30
Agri PZ............ 76 F 29
Agriano PG......... 52 N 21
Agrifoglio CS .... 86 J 31
Agrigento AG........ 102 P 22
Agropoli SA .... 75 F 26

Agrustos SS .... 113 E 11
Agudo (Monte) BL ..... 5 C 19
Agugliano AN .... 47 L 22
Agugliaro VI........ 24 G 16
Aguzzo (Monte) RM ... 58 P 19
Ahrntal /
Valle Aurina BZ .... 4 B 17
Ahrntal /
Aurina (Valle) BZ... 4 A 17
Aidomaggiore OR .... 115 G 8
Aidone EN.......... 104 O 25
Aielli AQ........... 59 P 22
Aiello Calabro CS .... 86 J 30
Aiello del Friuli UD ... 17 E 22
Aiello del Sabato AV .. 70 E 26
Aieta CS........... 84 H 29
Aiguille de Triolet AO ... 6 E 3
Aiguilles
de Bionnassay AO ... 6 E 2
Aiona (Monte) GE .... 29 I 10
Aip (Creta di) /
Trogkofel UD ...... 14 C 21
Airasca TO .... 27 H 4
Airola BN........... 70 D 25
Airole IM .... 35 K 4
Airuno LC .... 21 E 10
Aisone CN.......... 34 J 3
Akrai(Palazzolo
Acreide) SR........ 104 P 26
Ala TN............ 23 E 14
Ala (Val di) TO ..... 18 G 3
Alà dei Sardi SS..... 111 F 9
Alà di Stura TO ..... 18 G 3
Alagna PV .... 20 G 8
Alagna Valsesia VC... 7 E 5
Alanno PE.......... 60 P 23
Alano di Piave BL .... 12 E 17
Alatri FR........... 63 Q 22
Alba CN .... 27 H 6
Alba TN .... 4 C 17
Alba Adriatica TE .... 53 N 23
Alba Fucens AQ..... 59 P 22
Albagiara OR .... 115 H 8
Albairate MI........ 20 F 8
Albanella SA........ 75 F 27
Albaneto RI .... 59 O 21
Albani (Colli) RM..... 63 Q 20
Albano BG .... 22 E 11
Albano (Lago di) RM... 62 Q 20
Albano (Monte) MO .. 38 J 13
Albano (Monte) PT ... 39 K 14
Albano di Lucania PZ.. 77 F 30
Albano Laziale RM.... 62 Q 19
Albano Vercellese VC .. 20 F 7
Albaredo
Arnaboldi PV ...... 29 G 9
Albaredo TV........ 24 F 18
Albaredo d'Adige VR .. 23 G 15
Albaredo
per S. Marco SO.... 9 D 10
Albarella (Isola) RO... 33 G 19
Albareto MO .... 31 H 14
Albareto PR .... 37 I 11
Albaretto
della Torre CN ..... 27 I 6
Albaro VR .... 23 F 15
Albate CO .... 21 E 9
Albavilla CO .... 21 E 9
Albegna GR .... 56 O 16
Albeins / Albes BZ ... 4 B 16
Alben (Monte) BG ... 10 E 11
Albenga SV .... 35 J 6
Albera Ligure AL..... 29 H 9
Alberese GR .... 55 N 15
Albergian
(Monte) TO ...... 26 G 2
Alberi PR .... 30 H 12
Alberino BO .... 32 I 16
Albero Sole
(Monte) AG ...... 102 U 19
Alberobello BA ..... 80 E 33
Alberona FG........ 66 C 27
Alberone PV........ 29 G 10
Alberone vicino
a Cento FE........ 32 H 15
Alberone vicino
a Guarda FE ...... 32 H 17
Alberoni VE .... 25 F 18
Alberoro AR........ 44 L 17
Albes / Albeins BZ.... 4 B 16
Albettone VI........ 24 F 16

Albi CZ............. 87 J 31
Albiano AR......... 45 L 18
Albiano TN......... 11 D 15
Albiano d'Ivrea TO... 19 F 5
Albidona CS........ 85 H 31
Albignano MI........ 21 F 10
Albignasego PD..... 24 F 17
Albinea RE......... 31 I 13
Albino BG.......... 22 E 11
Albinia GR......... 55 O 15
Albiolo CO .... 20 E 8
Albisola Superiore SV.. 36 I 7
Albissola Marina SV... 36 I 7
Albo (Monte) NU .... 113 F 10
Albonese PV .... 20 G 8
Albonico CO .... 9 D 10
Albosaggia SO...... 10 D 11
Albucciu SS .... 109 D 10
Alburni (Monti) SA... 76 F 27
Alburno (Monte) SA .. 76 F 27
Albuzzano PV ...... 21 G 9
Alcamo TP .... 97 N 20
Alcamo Marina TP.... 97 M 20
Alcantara CT .... 100 N 26
Alcantara
(Gole dell') CT ... 101 N 27
Alcara li Fusi ME .... 100 M 26
Alden / Aldino BZ.... 12 C 16
Aldeno TN......... 11 E 15
Aldino / Aldein BZ ... 12 C 16
Alento SA .... 75 G 27
Alento CH .... 60 O 24
Ales OR .... 115 H 8
Alessandria AL ...... 28 H 7
Alessandria
del Carretto CS .... 85 H 31
Alessandria
della Rocca AG ..... 98 O 22
Alessano LE .... 83 H 36
Alesso UD.......... 14 D 21
Alezio LE .... 83 G 36
Alfano SA .... 76 G 28
Alfedena AQ........ 64 Q 24
Alfero FO.......... 41 K 18
Alfianello BS........ 22 G 12
Alfiano Natta AL..... 27 G 6
Alfonsine RA .... 33 I 18
Alga (Punta d') TP ... 96 N 19
Alghero SS......... 110 F 6
Alghero (Rada di) SS.. 110 F 6
Algone (Val d') TN ... 11 D 14
Algua BG .... 21 E 11
Algund / Lagundo BZ... 3 B 15
Ali ME............ 90 M 28
Ali Terme ME....... 90 M 28
Alia PA .... 99 N 23
Aliano MT.......... 77 G 30
Alice Bel Colle AL ... 28 H 7
Alice Castello VC..... 19 F 6
Alice (Punta) KR..... 87 I 33
Alicudi (Isola) ME .... 93 L 25
Alicudi Porto ME..... 93 L 25
Alife CE............ 65 S 24
Aliga (Punta s') SU... 118 J 7
Alimena PA......... 99 N 24
Alimini Grande LE .... 83 G 37
Alimini Piccolo LE .... 83 G 37
Aliminusa PA .... 99 N 23
Allai OR .... 115 H 8
Allaro RC .... 88 L 31
Alleghe BL .... 12 C 18
Allein AO .... 6 E 3
Allerona TR......... 50 N 17
Alli CZ............. 87 J 31
Alliste LE .... 83 H 36
Allievi SO.......... 9 D 10
Allione BS.......... 10 D 12
Allocchi
(Galleria degli) FI ... 40 J 16
Allone PG.......... 51 N 19
Allumiere RM....... 57 P 17
Almenno
S. Salvatore BG ... 21 E 10
Almese TO .... 18 G 4
Alonte VI .... 24 F 16
Alpago BL.......... 13 D 19
Alpe GE .... 29 I 9
Alpe d'Arguel TO .... 26 G 2
Alpe Campiascio SO.. 10 D 12
Alpe Cermis TN..... 12 D 16
Alpe Colombino TO ... 26 G 3
Alpe Devero VB ..... 8 D 6

Alpe di Mera VC ..... 19 E 6
Alpe di S. Antonio LU.. 38 J 13
Alpe Gera
(Lago di) SO ...... 10 D 11
Alpe Tre Potenze PT .. 39 J 13
Alpe Veglia VB....... 7 D 6
Alpette TO .... 19 F 4
Alpi Apuane
(Parco Naturale) MS.. 38 J 12
Alpi (Monte) PZ..... 77 G 29
Alpi Orobie SO ..... 10 D 11
Alpiaz BS .... 22 E 12
Alpicella SV .... 36 I 7
Alpignano TO ...... 27 G 4
Alpino VB .... 8 E 7
Alpo VR .... 23 F 14
Alseno PC.......... 30 H 11
Alserio (Lago di) CO .. 21 E 9
Alta S. Egidio AR..... 50 M 18
Alta (Monte) /
Hochkreuz Spitze BZ.. 3 B 15
Altamura BA........ 73 E 31
Altana Nuoro
e Sassari SS....... 112 F 10
Altana SS.......... 111 E 8
Altano (Capo) SU .... 118 J 7
Altare SV .... 36 I 7
Altare (Monte) CS.... 85 I 31
Altavilla Irpina AV ... 70 D 26
Altavilla Milicia PA... 98 M 22
Altavilla Silentina SA.. 75 F 27
Altavilla Vicentina VI.. 24 F 16
Altedo BO.......... 32 I 16
Altenburg /
Castelvecchio BZ ... 11 C 15
Altesina (Monte) EN... 99 N 24
Alti (Poggi) GR...... 50 N 16
Altidona AP .... 53 M 23
Altilia KR .... 87 J 32
Altilia CS .... 86 J 30
Altilia Saepinum CB ... 65 R 25
Altino CH .... 60 P 24
Altino VE........... 25 F 19
Altipiani di
Arcinazzo FR ...... 63 Q 21
Altissimo VI........ 23 E 14
Altissimo (Località) VI.. 23 F 15
Altivole TV .... 24 E 17
Alto CN............ 35 J 5
Alto (Giogo) /
Hochjoch BZ ...... 3 B 14
Alto (Monte) AQ..... 64 Q 22
Alto (Monte) GR..... 49 M 15
Alto (Monte) MS .... 38 J 12
Altofonte PA........ 97 M 21
Altolina ME .... 90 M 28
Altolia ME .... 90 M 28
Altomonte CS ...... 85 H 30
Altopascio LU ...... 39 K 14
Altrei / Anterivo BZ... 12 D 16
Altrocanto TR ...... 58 O 19
Alvano (Pizzo d') AV .. 70 E 25
Alvaro (Monte) SS ... 110 E 6
Alviano TR......... 58 O 18
Alviano (Lago di) TR .. 57 O 18
Alvisopoli VE .... 16 E 20
Alvito FR .... 64 Q 23
Alzano Lombardo BG.. 21 E 11
Alzano Veneto VE.... 16 E 20
Alzate Brianza CO.... 21 E 9
Amalfi SA .... 75 F 25
Amandola AP .... 52 N 22
Amantea CS........ 86 J 30
Amariana (Monte) UD.. 14 C 21
Amaro UD.......... 14 C 21
Amaro (Monte) AQ ... 60 P 24
Amaroni CZ........ 88 K 31
Amaseno FR........ 63 R 22
Amaseno (Fiume) LT... 63 R 21
Amato CZ.......... 88 K 31
Amato RC.......... 88 L 29
Amatrice RI .... 59 O 21
Ambia BG.......... 21 E 11
Ambin (Rocca d') TO.. 18 G 2
Ambra AR.......... 44 L 16
Ambria SO .... 10 D 11
Ambrogio FE........ 32 H 17
Ameglia SP......... 38 J 11
Amelia TR.......... 58 O 19
Amendola FG .... 67 C 29
Amendolara CS...... 85 H 31
Amendolara RC...... 90 N 29
Amendolea
(Fiumara di) RC..... 90 M 29
Ameno NO .... 20 E 7
Amiata (Monte) GR... 50 N 16

Amica CS........... 87 I 32
Amiternum AQ....... 59 O 21
Amorosi BN .... 70 D 25
Ampezzo UD........ 13 C 20
Ampezzo (Valle d') BL.. 4 C 18
Ampollino (Lago) KR.. 87 J 31
Anacapri NA .... 74 F 24
Anagni FR.......... 63 Q 21
Anapo CT .... 104 P 26
Ancaiano PG .... 58 O 20
Ancaiano SI .... 49 M 15
Ancarano TE........ 53 N 23
Anchione PT .... 39 K 14
Ancinale CZ .... 88 K 31
Anciolina AR........ 44 L 17
Ancipa (Lago) EN .... 100 N 25
Ancona AN......... 47 L 22
Andagna IM......... 35 K 5
Andali CZ .... 87 J 32
Andalo TN.......... 11 D 15
Andalo (Monte) /
Hochkreuz Spitze BZ.. 3 B 15
Andezeno TO .... 27 G 5
Andolla (Pizzo d') VB.. 7 D 6
Andolla (Rifugio) VB... 7 D 6
Andonno CN .... 34 J 4
Andora SV.......... 35 K 6
Andorno Micca BI .... 19 F 6
Andrano LE .... 83 H 37
Andrate TO......... 19 F 5
Andraz BL.......... 4 C 17
Andrazza UD .... 13 C 19
Andreis PN .... 13 D 19
Andretta AV .... 71 E 27
Andria BA.......... 72 D 30
Andriace MT........ 78 G 32
Andriano / Andrian BZ.. 3 C 15
Anduins PN .... 14 D 20
Anela SS .... 111 F 9
Anela (Masseria d') TA . 78 F 32
Anfo BS .... 22 E 13
Angeli AN .... 47 L 22
Angeli di Mergo AN... 46 L 21
Angeli
(Golfo degli) CA.... 119 J 9
Angera VA.......... 20 E 7
Anghebeni TN....... 23 E 15
Anghelu Ruiu
(Necropoli) SS ..... 110 F 6
Anghiari AR .... 45 L 18
Angiari VR.......... 23 G 15
Angiolino
(Cima dell') TO..... 19 F 4
Angitola
(Lago dell') VV..... 88 K 30
Angiulli (Monte) TA... 73 E 33
Anglona SS......... 111 E 8
Angoli CZ .... 88 K 31
Angolo Terme BS .... 10 E 12
Angri SA .... 75 E 25
Anguillara Sabazia RM.. 58 P 18
Anguillara Veneta PD.. 32 G 17
Aniene FR.......... 63 Q 21
Anime (Cima delle) /
Hintere Seelenkogl BZ.. 3 B 15
Anita FE .... 33 I 18
Anitrella FR......... 64 R 22
Annicco CR......... 22 G 11
Annifo PG.......... 52 M 20
Annone (Lago di) LC .. 21 E 10
Annone Veneto VE ... 16 E 20
Annunziata SU ...... 119 J 10
Annunziata Lunga
(Passo) CE........ 64 R 24
Anoia RC........... 88 L 30
Ansedonia Cosa GR... 56 O 15
Ansiei BL .... 4 C 18
Ansina VA.......... 45 L 18
Antagnod AO .... 7 E 5
Antas (Tempio di) SU . 118 I 7
Antegnate BG....... 22 F 11
Antelao BL .... 4 C 18
Antenna (Monte) RC... 91 M 29
Antennamare ME .... 90 M 28
Anterivo / Altrei BZ... 12 D 16
Antermoia /
Untermoi BZ ...... 4 B 17
Anterselva (Lago d') BZ. 4 B 18
Anterselva (Valle di) BZ.. 4 B 18
Anterselva di Mezzo /
Antholz Mittertal BZ.. 4 B 18
Anterselva di Sopra /
Antholz Obertal BZ ... 4 B 18
Antey-St. André AO.... 19 E 4
Antholz Mittertal /
Anterselva di Mezzo BZ .4 B 18
Antholz Obertal /
Anterselva di Sopra BZ . 4 B 18

125

Anticoli Corrado RM ... 59 P 20
Antignano AT ... 27 H 6
Antignano LI ... 42 L 12
Antigorio (Val) VB ... 8 D 6
Antillo ME ... 101 N 27
Antola (Monte) GE ... 29 I 9
Antola (Monte) / Steinkarspitz BL ... 5 C 20
Antona MS ... 38 J 12
Antonelli BA ... 80 E 33
Antonimina RC ... 91 M 30
Antrodoco RI ... 59 O 21
Antrona (Lago di) VB ... 7 D 6
Antrona (Val di) VB ... 7 D 6
Antronapiana VB ... 7 D 6
Antrosano AQ ... 59 P 22
Anversa degli Abruzzi AQ ... 60 Q 23
Anza VB ... 8 E 6
Anzano del Parco CO ... 21 E 9
Anzano di Puglia FG ... 71 D 27
Anzasca (Valle) VB ... 7 E 5
Anzi PZ ... 77 F 29
Anzino VB ... 7 E 6
Anzio RM ... 62 R 19
Anzola PR ... 29 I 10
Anzola dell'Emilia BO ... 31 I 15
Anzola d'Ossola VB ... 8 E 7
Anzone del Parco CO ... 21 E 9
Anzù BL ... 12 D 17
Anzu (Punta su) NU ... 113 F 11
Aosta / Aoste AO ... 18 E 3
Aosta (Rifugio) AO ... 7 E 4
Aosta (Valle d') AO ... 18 E 3
Apani (Masseria) BR ... 80 E 35
Apecchio PS ... 45 L 19
Apice BN ... 70 D 26
Apiro MC ... 46 L 21
Apollo (Secca) PA ... 92 K 21
Apollosa BN ... 70 D 26
Appalto AR ... 50 M 17
Appenna (Monte) TO ... 26 H 2
Appenninia AQ ... 64 Q 23
Appennino (Gall. d') BO ... 39 J 15
Appiano Gentile CO ... 21 E 8
Appiano s. str. d. vino / Eppan BZ ... 3 C 15
Appignano MC ... 47 L 22
Appignano di Tronto AP ... 53 N 22
Aprica SO ... 10 D 12
Aprica (Passo dell') SO ... 10 D 12
Apricale IM ... 35 K 4
Apricena FG ... 66 B 28
Apricena (Stazione di) FG ... 66 B 28
Aprigliano CS ... 86 J 31
Aprilia LT ... 62 R 19
Aprilia Marittima UD ... 16 E 21
Aquara SA ... 76 F 27
Aquila di Arroscia IM ... 35 J 6
Aquila (Rocca d') EN ... 100 O 25
Aquilano CH ... 60 O 25
Aquileia UD ... 17 E 22
Aquilinia TS ... 17 F 23
Aquilonia AV ... 71 E 28
Aquino FR ... 64 R 23
Aquino PA ... 97 M 21
Arabba BL ... 4 C 17
Aradeo LE ... 83 G 36
Aragona AG ... 103 O 22
Arai SU ... 119 I 9
Aralalta (Monte) BG ... 9 E 10
Arancio (Lago) AG ... 97 O 21
Aranova RM ... 62 Q 18
Arasi RC ... 90 M 29
Aratena SS ... 113 E 10
Aratu NU ... 115 G 9
Araxisi NU ... 115 H 8
Arba PN ... 13 D 20
Arbatax NU ... 117 H 11
Arbia SI ... 44 L 16
Arbola (Bocchetta d') VB ... 8 C 6
Arbola (Punta d') VB ... 8 C 6
Arborea OR ... 114 H 7
Arborea (Località) OR ... 114 H 7
Arborea Lido OR ... 114 H 7
Arborio VC ... 20 F 7
Arbu (Monte) CA ... 119 J 10
Arbu (Monte) NU ... 115 G 10
Arburese SU ... 118 I 7
Arbus SU ... 118 I 7
Arbus (Monte) SU ... 120 K 7
Arcade TV ... 25 E 18
Arcavacata CS ... 86 I 30
Arce FR ... 64 R 22
Arcene BG ... 21 F 10
Arceto RE ... 31 I 14
Arcetri FI ... 43 K 15
Arcevia AN ... 46 L 20
Archi CH ... 60 P 25
Archi RC ... 90 M 28
Archittu (S') OR ... 114 G 7
Arci (Monte) OR ... 115 H 8
Arcidosso GR ... 50 N 16
Arcille GR ... 49 N 15
Arcinazzo Romano RM ... 63 Q 21
Arcisate VA ... 8 E 8
Arco TN ... 11 E 14
Arcola SP ... 38 J 11
Arcola PN ... 13 D 19
Arcole VR ... 23 F 15
Arcore MI ... 21 F 9
Arcosu (Monte) SU ... 118 J 8
Arcu (S') NU ... 115 H 9
Arcu Correboi NU ... 116 G 10
Arcu de Sarrala de Susu NU ... 119 H 10
Arcu de Tascussi (S') NU ... 115 G 9
Arcu 'e Tidu (Valico) CA ... 119 J 10
Arcu Genna Bogai SU ... 118 I 7
Arcu Guddetorgiu NU ... 115 G 9
Arcu sa Ruinedda CA ... 119 J 10
Arcu sa Tella SU ... 118 I 7
Arcuentu (Monte) SU ... 118 I 7
Arcueri (Valico) NU ... 116 H 10
Arcugnano VI ... 24 F 16
Arcumeggia VA ... 8 E 8
Arda PC ... 30 H 11
Ardali NU ... 117 G 10
Ardara SS ... 111 F 8
Ardauli OR ... 115 G 8
Ardea RM ... 62 R 19
Ardenno SO ... 9 D 10
Ardenza LI ... 42 L 12
Ardesio BG ... 10 E 11
Ardivestra PV ... 29 H 9
Ardore RC ... 91 M 30
Ardore Marina RC ... 91 M 30
Area Sacra IS ... 65 Q 25
Aremogna AQ ... 64 Q 24
Arena VV ... 88 L 30
Arena Po PV ... 29 G 10
Arenabianca SA ... 76 G 29
Arenella SR ... 105 Q 27
Arenzano GE ... 36 I 8
Arera (Pizzo) BG ... 10 E 11
Arese MI ... 21 F 9
Arezzo AR ... 45 L 17
Argatone (Monte) AQ ... 64 Q 23
Argegno CO ... 9 E 9
Argelato BO ... 32 I 16
Argenta FE ... 32 I 17
Argentario (Promontorio d') GR ... 55 O 15
Argentera CN ... 34 I 2
Argentera TO ... 19 G 5
Argentera (Cima di) CN ... 34 J 3
Argentiera SS ... 110 E 6
Argentiera (Capo dell') SS ... 110 E 6
Argentina IM ... 35 K 5
Argentina (Val) IM ... 35 K 5
Arginemele (Cozzo) EN ... 100 O 25
Argiolas (Genn') SU ... 119 I 10
Argusto CZ ... 88 K 31
Ari CH ... 60 P 24
Ariamacina (Lago di) CS ... 86 J 31
Ariano (Isola d') RO ... 33 H 18
Ariano Ferrarese FE ... 33 H 18
Ariano Irpino AV ... 70 D 27
Ariano nel Polesine RO ... 33 H 18
Ariccia RM ... 62 Q 20
Arielli CH ... 60 P 24
Arienzo CE ... 70 D 25
Arietta CZ ... 87 J 32
Arigna SO ... 10 D 11
Arina BL ... 12 D 17
Aringo AQ ... 59 O 21
Arischia AQ ... 59 O 22
Aritzo NU ... 115 H 9
Arixi SU ... 119 I 9
Arlena di Castro VT ... 57 O 17
Arli AP ... 52 N 22
Arluno MI ... 20 F 8
Arma di Taggia IM ... 35 K 5
Armeno NO ... 20 E 7
Armentarola BZ ... 4 C 17
Armento PZ ... 77 G 30
Armenzano PG ... 51 M 20
Armi (Capo dell') RC ... 90 N 29
Armio VA ... 8 D 8
Armo IM ... 35 J 5
Armo RC ... 90 M 29
Armungia SU ... 119 I 10
Arnaccio PI ... 42 L 13
Arnara FR ... 63 R 22
Arnas (Punta d') TO ... 18 G 3
Arnasco SV ... 35 J 6
Arnesano LE ... 81 F 36
Arni LU ... 38 J 12
Arno FI ... 43 K 15
Arno (Fosso d') PI ... 42 L 13
Arno (Lago d') BS ... 10 D 13
Arnoga SO ... 2 C 12
Arola VB ... 20 E 7
Arolo VA ... 8 E 7
Arona NO ... 20 E 7
Arosio CO ... 21 E 9
Arpa (Punta dell') PA ... 92 K 21
Arpaia BN ... 70 D 25
Arpaise BN ... 70 D 26
Arpino FR ... 64 R 22
Arpinova FG ... 67 C 28
Arquà Petrarca PD ... 24 G 17
Arquà Polesine RO ... 32 G 17
Arquata del Tronto AP ... 52 N 21
Arquata Scrivia AL ... 28 H 8
Arramene (Genna) NU ... 117 G 10
Arre PD ... 24 G 17
Arro BI ... 19 F 6
Arrobbio AT ... 28 H 7
Arrone RM ... 62 Q 18
Arrone TR ... 58 O 20
Arrone VT ... 57 O 17
Arrone (Forca dell') TR ... 58 O 20
Arroscia IM ... 35 J 5
Arrubiu SU ... 119 H 9
Arsago Seprio VA ... 20 E 8
Arsego PD ... 24 F 17
Arsiè BL ... 12 E 17
Arsiero VI ... 24 E 16
Arsita TE ... 60 O 23
Arsoli RM ... 59 P 21
Arta Terme UD ... 5 C 21
Artegna UD ... 14 D 21
Artemisio (Monti) RM ... 63 Q 20
Arten BL ... 12 D 17
Artena RM ... 63 Q 20
Artesina CN ... 35 J 5
Artogne BS ... 22 E 12
Arutas (Punta is) OR ... 114 H 7
Arvenis (Monte) UD ... 5 C 20
Arvier AO ... 18 E 3
Arvo CS ... 87 J 31
Arvo (Lago) CS ... 86 J 31
Arzachena SS ... 109 D 10
Arzachena (Golfo di) SS ... 109 D 10
Arzago d'Adda BG ... 21 F 10
Arzana NU ... 117 H 10
Arzano NA ... 69 E 24
Arzelato MS ... 38 I 11
Arzene PN ... 16 E 20
Arzercavalli PD ... 24 G 17
Arzergrande PD ... 24 G 18
Arzignano VI ... 24 F 15
Arzino UD ... 14 C 20
Ascea SA ... 76 G 27
Ascensione (Monte dell') AP ... 53 N 22
Aschbach / Rio di Lagundo BZ ... 3 C 15
Aschi Alto AQ ... 60 Q 23
Aschio MC ... 52 N 21
Asciano PI ... 42 K 13
Asciano SI ... 50 M 16
Ascione (Colle d') CS ... 86 J 31
Ascolese SA ... 76 F 28
Ascoli Piceno AP ... 53 N 22
Ascoli Satriano FG ... 71 D 28
Ascrea RI ... 59 P 20
Aselogna VR ... 31 G 15
Aserei (Monte) PC ... 29 H 10
Asiago VI ... 12 E 16
Asigliano Veneto VI ... 24 G 16
Asigliano Vercellese VC ... 20 G 7
Asinara (Golfo dell') SS ... 108 D 7
Asinara (Isola) SS ... 108 D 6
Asinaro SR ... 105 Q 27
Asinelli (Isola) TP ... 96 M 19
Asino (Punta dell') SS ... 113 E 11
Aso AP ... 53 M 22
Aso (Fiume) AP ... 52 N 22
Asola MN ... 22 G 13
Asolo TV ... 24 E 17
Aspra PA ... 98 M 22
Aspra (Monte) PG ... 58 O 20
Aspromonte RC ... 90 M 29
Assa VI ... 12 E 16
Assemini CA ... 118 J 8
Assenza di Brenzone VR ... 23 E 14
Assergi AQ ... 59 O 22
Assieni TP ... 97 M 20
Assietta (Colle dell') TO ... 26 G 2
Assino PG ... 45 L 19
Assisi PG ... 51 M 19
Asso CO ... 9 E 9
Asso SI ... 50 M 16
Asso (Castel d') VT ... 57 O 18
Assolo OR ... 115 H 8
Assoro EN ... 100 O 25
Asta RE ... 38 J 13
Asta (Cima d') TN ... 12 D 16
Asta (Giogo d') BZ ... 4 B 17
Astfeld / Campolasta BZ ... 3 C 16
Asti AT ... 27 H 6
Astico VI ... 24 E 16
Astico (Val d') VI ... 12 E 15
Astrone SI ... 50 N 17
Astura LT ... 63 R 20
Asuai NU ... 115 G 9
Asuni OR ... 115 H 8
Ateleta AQ ... 65 Q 24
Atella PZ ... 71 E 28
Atella (Fiumara d') PZ ... 71 E 28
Atena Lucana SA ... 76 F 28
Aterno AQ ... 59 O 21
Atessa CH ... 61 P 25
Atina FR ... 64 R 23
Ato (Punta d') RC ... 90 M 29
Atrani SA ... 75 F 25
Atri TE ... 60 O 23
Atripalda AV ... 70 E 26
Attigliano TR ... 58 O 18
Attilia CS ... 86 J 30
Attimis UD ... 15 D 21
Atzara NU ... 115 H 9
Auditore PS ... 41 K 19
Auer / Ora BZ ... 12 C 15
Augusta SR ... 105 P 27
Augusta (Golfo di) SR ... 105 P 27
Augusta (Porto di) SR ... 105 P 27
Aulella MS ... 38 J 12
Auletta SA ... 76 F 28
Aulla MS ... 38 J 11
Aune BL ... 12 D 17
Aupa UD ... 14 C 21
Aurano VB ... 8 E 7
Aurelia RM ... 57 P 17
Aurina (Valle) / Ahrntal BZ ... 4 A 17
Aurine (Forcella) BL ... 12 D 17
Aurino BZ ... 4 B 17
Aurisina TS ... 17 E 23
Auronzo (Rifugio) BL ... 4 C 18
Auronzo di Cadore BL ... 5 C 19
Aurunci (Monti) FR ... 64 R 22
Ausa SMR ... 41 K 19
Ausoni (Monti) FR ... 63 R 21
Ausonia FR ... 64 R 23
Aussa-Corno UD ... 17 E 21
Ausser Sulden / Solda di Fuori BZ ... 2 C 13
Austis NU ... 115 G 9
Autaret (Col de l') TO ... 18 G 3
Autore (Monte) RM ... 63 Q 21
Avacelli AN ... 46 L 20
Avegno GE ... 37 I 9
Avelengo / Hafling BZ ... 3 C 15
Avella AV ... 70 E 25
Avella (Monti d') BN ... 70 E 26
Avellino AV ... 70 E 26
Avena CS ... 84 H 29
Avenale MC ... 46 L 21
Aventino CH ... 60 P 24
Avenza MS ... 38 J 12
Averau (Monte) BL ... 4 C 18
Averno (Lago d') NA ... 69 E 24
Aversa CE ... 69 E 24
Aveto GE ... 29 I 9
Avetrana TA ... 79 F 35
Avezzano AQ ... 59 P 22
Aviano PN ... 13 D 19
Aviatico BG ... 22 E 11
Avic (Monte) AO ... 19 E 4
Avigliana TO ... 26 G 4
Avigliano PZ ... 71 E 29
Avigliano Umbro TR ... 58 O 19
Avigna / Afing BZ ... 3 C 16
Avio TN ... 23 E 14
Avise AO ... 18 E 3
Avisio TN ... 12 C 16
Avola SR ... 105 Q 27
Avolasca AL ... 28 H 8
Avosso GE ... 29 I 9
Ayas AO ... 7 E 5
Ayas (Valle d') AO ... 7 E 5
Ayasse AO ... 19 F 5
Aymavilles AO ... 18 E 3
Azeglio TO ... 19 F 5
Azzago VR ... 23 F 15
Azzanello CR ... 22 G 11
Azzanello PN ... 16 E 19
Azzano PC ... 29 H 10
Azzano d'Asti AT ... 28 H 6
Azzano Decimo PN ... 13 E 20
Azzano Mella BS ... 22 F 12
Azzate VA ... 20 E 8
Azzone BG ... 10 E 12
Azzurra (Grotta) (Anacapri) NA ... 74 F 24
Azzurra (Grotta) (Palinuro) SA ... 84 G 27

B

Bacchereto PO ... 39 K 14
Bacchiglione PD ... 24 G 17
Bacchiglione VI ... 24 F 16
Baccinello GR ... 50 N 16
Bacedasco PC ... 30 H 11
Bacedasco (Terme di) PC ... 30 H 11
Baceno VB ... 8 D 6
Bacoli NA ... 69 E 24
Bacu Abis SU ... 118 J 7
Bacucco RO ... 33 H 19
Bacugno RI ... 59 O 21
Bad Bergfall / Bagni di Pervalle BZ ... 4 B 18
Bad Froi / Bagni Froi BZ ... 4 C 16
Bad Moos / Bagni di San Giuseppe BZ ... 4 B 19
Bad Rahmwald / Bagni di Selva BZ ... 4 B 17
Bad Salomonsbrunn / Bagni di Salomone BZ ... 4 B 18
Bad Salt / Bagni di Salto BZ ... 3 C 14
Badagnano PC ... 30 H 11
Badalucco IM ... 35 K 5
Badde Salighes NU ... 115 F 8
Badesi SS ... 108 E 8
Badesi Mare SS ... 108 E 8
Badesse SI ... 43 L 15
Badi BO ... 39 J 15
Badia BO ... 39 I 15
Badia PG ... 51 M 19
Badia / Abtei BZ ... 4 C 17
Badia (Val) / Gadertal BZ ... 4 B 17
Badia a Ruoti AR ... 44 L 16
Badia a Settimo FI ... 43 K 15
Badia a Taona PT ... 39 J 14
Badia Agnano AR ... 44 L 16
Badia al Pino AR ... 44 L 17
Badia Ardenga SI ... 50 M 16
Badia Calavena VR ... 23 F 15
Badia Coltibuono SI ... 44 L 16
Badia di Susinana FI ... 40 J 16
Badia Morronese AQ ... 60 P 23
Badia Pavese PV ... 29 G 10
Badia Polesine RO ... 32 G 16
Badia Prataglia AR ... 45 K 17
Badia Tedalda AR ... 45 K 18
Badoere TV ... 25 F 18
Badolato CZ ... 89 L 31
Badolato Marina CZ ... 89 L 31
Badolo BO ... 39 I 15
Badu Abzolas SS ... 111 E 9
Badu Crabolu SS ... 114 F 7
Baffadi RA ... 40 J 16
Baffe (Punta) GE ... 37 J 10
Bafia ME ... 101 M 27
Bagaladi RC ... 90 M 29
Baganza PR ... 30 I 12
Baggio PT ... 39 K 14
Baggiovara MO ... 31 I 14
Bagheria PA ... 98 M 22
Baglio Messina TP ... 97 M 20
Baglionuovo TP ... 97 N 20
Bagna (Punta) TO ... 18 G 2
Bagnacavallo RA ... 40 I 17
Bagnaia LI ... 48 N 13
Bagnaia SI ... 50 M 15
Bagnaia VT ... 57 O 18
Bagnara PG ... 52 M 20
Bagnara Calabra RC ... 90 M 29
Bagnara di Romagna RA ... 40 I 17
Bagnaria PV ... 29 H 9
Bagnaria Arsa UD ... 17 E 21
Bagnarola BO ... 32 I 16
Bagnarola PN ... 16 E 20
Bagnasco CN ... 35 J 6
Bagnatica BG ... 22 F 11
Bagni AL ... 28 I 7
Bagni Contursi SA ... 76 E 27
Bagni del Masino SO ... 9 D 10
Bagni di Bormio SO ... 2 C 13
Bagni di Craveggia VB ... 8 D 7
Bagni di Lavina Bianca / Weisslahnbad BZ ... 3 C 16
Bagni di Lucca LU ... 39 J 13
Bagni di Lusnizza UD ... 15 C 22
Bagni di Nocera PG ... 52 M 20
Bagni di Pervalle / Bad Bergfall BZ ... 4 B 18
Bagni di Petriolo SI ... 50 M 15
Bagni di Rabbi TN ... 11 C 14
Bagni di Repole KR ... 87 J 32
Bagni di Salomone / Bad Salomonsbrunn BZ ... 4 B 18
Bagni di Salto / Bad Salt BZ ... 3 C 14
Bagni di San Giuseppe / Bad Moos BZ ... 4 B 19
Bagni di S. Martino SS ... 111 E 8
Bagni di Selva / Bad Rahmwald BZ ... 4 B 17
Bagni di Stigliano RM ... 57 P 18
Bagni di Tivoli RM ... 63 Q 20
Bagni di Vicarello RM ... 57 P 18
Bagni di Vinadio CN ... 34 J 3
Bagni di Viterbo VT ... 57 O 18
Bagni Froi / Bad Froi BZ ... 4 C 16
Bagni Minerali RC ... 91 M 30
Bagni di S. Cataldo PZ ... 71 E 28
Bagni S. Filippo SI ... 50 N 17
Bagno FG ... 67 B 29
Bagno a Ripoli FI ... 44 K 15
Bagno di Romagna FO ... 40 K 17
Bagno Grande AQ ... 59 P 22
Bagno Vignoni SI ... 50 M 16
Bagnola MC ... 47 L 22
Bagnoli del Trigno IS ... 65 Q 25
Bagnoli di Sopra PD ... 24 G 17
Bagnoli Irpino AV ... 70 E 27
Bagnolo vicino a Roccastrada GR ... 49 M 15
Bagnolo vicino a Sta Fiora GR ... 50 N 16
Bagnolo (Monte) TA ... 79 F 34
Bagnolo VR ... 23 G 14
Bagnolo VI ... 24 F 16
Bagnolo Cremasco CR ... 21 F 10
Bagnolo del Salento LE ... 83 G 37
Bagnolo di Po RO ... 32 G 16
Bagnolo in Piano RE ... 31 H 14
Bagnolo Mella BS ... 22 F 12
Bagnolo Piemonte CN ... 26 H 3
Bagnolo S. Vito MN ... 31 G 14
Bagnone MS ... 38 J 11
Bagnore GR ... 50 N 16
Bagnoregio VT ... 57 O 18
Bagnu (Lu) SS ... 111 E 8
Bagolino BS ... 22 E 13
Baia CE ... 65 S 24
Baia NA ... 69 E 24
Baia delle Zagare FG ... 67 B 30
Baia Domizia CE ... 69 D 23
Baia Sardinia SS ... 109 D 10
Baia Verde LE ... 83 G 36
Baiano AV ... 70 E 25
Baiardo IM ... 35 K 5
Baigno BO ... 39 J 15
Baion (Rifugio) BL ... 5 C 19
Baiso RE ... 31 I 13
Baitone (Monte) BS ... 10 D 13
Balangero TO ... 19 G 4

A B C D E F G H I J K L M N O P Q R S T U V W X Y Z

A **B** C D E F G H I J K L M N O P Q R S T U V W X Y Z

Balata di Baida *TP* ..... 97 M 20
Balata di Modica *RG* .. 104 Q 26
Balate (Masseria) *PA* .. 99 N 23
Balatelle (Monte) *PA* .. 98 N 22
Balbano *LU* .... 38 K 13
Balconevisi *PI* .... 43 L 14
Baldichieri d'Asti *AT*.. 27 H 6
Baldissero d'Alba *CN*.. 27 H 5
Baldissero Torinese *TO*. 27 G 5
Baldo (Monte) *VR*... 23 E 14
Baldu *SS* .... 109 D 9
Balestrate *PA* ...... 97 M 21
Balestrino *SV* .... 35 J 6
Balisio (Colle di) *LC* ... 9 E 10
Balistreri (Punta) *SS*.. 111 E 9
Ballabio Inferiore *LC* ... 9 E 10
Ballao *SU* .... 119 I 10
Ballata *TP* .... 97 N 20
Ballino *TN* .... 11 E 14
Ballone (Poggio) *GR* ... 49 N 14
Balme *TO* .... 18 G 3
Balmuccia *VC* .... 7 E 6
Balocco *VC* .... 20 F 6
Balossa Bigli *PV*...... 28 G 8
Balsente
   (Masseria) *BA*....... 73 E 33
Balsignano *BA* ...... 73 D 32
Balsorano *AQ* ...... 64 Q 22
Balsorano Vecchio *AQ* . 64 Q 22
Balvano *PZ* .... 76 F 28
Balze (Località) *FO*.... 45 K 18
Balze (Voltera) *PI* .... 43 L 14
Balzola *AL* .... 20 G 7
Banari *SS* .... 111 F 8
Bancali *SS* .... 110 E 7
Banchetta (Monte) *TO*.. 26 H 2
Bandiera (Punta) *ME*... 94 L 27
Bandita *AL* .... 28 I 7
Bando *FE* .... 32 I 17
Banna *TO* .... 19 G 5
Bannia *PN* .... 13 E 20
Bannio *VB* .... 7 E 6
Bantine *SS* .... 111 F 9
Banzi *PZ* .... 72 E 30
Baone *PD* .... 24 G 17
Bar *TO* .... 18 G 2
Baracchella *CS*....... 86 J 31
Baraccone *CE*........ 64 R 24
Baradili *OR* .... 118 H 8
Baragazza *BO* .... 39 J 15
Baragiano *PZ* .... 76 E 28
Baranci (Croda dei) *BZ* . 4 B 18
Baranello *CB* .... 65 R 25
Barano d'Ischia *NA* ... 74 E 23
Baratili S. Pietro *OR* ... 114 H 7
Baratti *LI* .... 48 N 13
Baratti (Golfo di) *LI* .. 48 M 13
Baratz (Lago) *SS* ..... 110 E 6
Barbagia Belvì *SU*..... 115 H 9
Barbagia Ollolai *NU*... 115 G 9
Barbagia Seulo *SU*.... 115 H 9
Barbania *TO* .... 19 G 4
Barbara *AN* .... 46 L 21
Barbarano
   Romano *VT*......... 57 P 18
Barbarano
   Vicentino *VI* ...... 24 F 16
Barbaresco *CN*....... 27 H 6
Barbariga *BS* .... 22 F 12
Barbarossa
   (Punta) *SS* .... 108 E 6
Barbasso *MN* .... 31 G 14
Barbeano *PN* .... 14 D 20
Barbellino
   (Lago del) *BG*....... 10 D 12
Barberino di
   Mugello *FI*........ 39 J 15
Barberino
   Val d'Elsa *FI*....... 43 L 15
Barbi (Capo) *RC*....... 88 L 29
Barbiano *RA* .... 40 I 17
Barbona *PD* .... 32 G 17
Barbusi *SU* .... 118 J 7
Barbustel *AO* .... 19 E 4
Barcellona Pozzo
   di Gotto *ME* ...... 101 M 27
Barchi *PS* .... 46 K 20
Barcis *PN* .... 13 D 19
Barcis (Lago di) *PN*.... 13 D 19
Barco *RE* .... 30 H 13
Barco *TN* .... 12 D 15
Barcola *TS* .... 17 E 23
Barcon *TV* .... 24 E 18
Bard *AO* .... 19 F 5
Bardi *PR* .... 29 I 11

Bardineto *SV* .... 35 J 6
Bardolino *VR* .... 23 F 14
Bardonecchia *TO* ..... 26 G 2
Bareggio *MI* .... 21 F 8
Barengo *NO* .... 20 F 7
Baressa *OR* .... 118 H 8
Barete *AQ* .... 59 O 21
Barga *LU* .... 38 J 13
Barge *CN* .... 26 H 3
Bargecchia *LU* .... 38 K 12
Bargi *BO* .... 39 J 15
Bargino *FI* .... 43 L 15
Bargnano *BS* .... 22 F 12
Bargone *GE* .... 37 J 10
Bari *BA* .... 73 D 32
Bari Sardo *NU* ...... 117 H 10
Bariano *BG* .... 21 F 11
Baricella *BO* .... 32 I 16
Barigazzo *MO* .... 39 J 13
Barigazzo (Monte) *PR*.. 30 I 11
Barile *PZ* .... 71 E 29
Barisciano *AQ* .... 59 P 22
Barisciano
   (Lago di) *AQ*....... 59 O 22
Barletta *BA* .... 72 D 30
Barni *CO* .... 9 E 9
Barolo *CN* .... 27 I 5
Baronia *NU* .... 117 F 11
Baronia (Monte) *TP*... 97 N 20
Baronissi *SA* .... 75 E 26
Barrabisa *SS* .... 109 D 9
Barrafranca *EN* ...... 103 O 24
Barrali *SU* .... 119 I 9
Barrea *AQ* .... 64 Q 23
Barrea (Lago di) *AQ*... 64 Q 23
Barricata *TN* .... 12 E 16
Barriera Noce
   (Bivio) *CL*......... 99 O 24
Barumini *SU* .... 118 H 9
Barzago *LC* .... 21 E 9
Barzana
   (Forcella di Palla) *PN*. 13 D 19
Barzaniga *CR* .... 22 G 11
Barzanò *LC* .... 21 E 9
Barzio *LC* .... 9 E 10
Basagliapenta *UD* .... 16 E 21
Basaldella *PN* .... 13 D 20
Basaldella *UD* .... 15 D 21
Basalghelle *TV* ...... 16 E 19
Basaluzzo *AL* .... 28 H 8
Bascape *PV* .... 21 G 9
Baschi *TR* .... 51 N 18
Bascianella *TE* ...... 59 O 23
Basciano *TE* .... 60 O 23
Basellga di Pinè *TN*... 11 D 15
Basélice *BN* .... 70 C 26
Basentello *MT* .... 72 E 30
Basento *PZ* .... 77 F 29
Basiano *MI* .... 21 F 9
Basigliano *UD* .... 16 D 21
Basilicagoiano *PR* .... 30 H 13
Basilicanova *PR*...... 30 H 13
Basiluzzo (Isola) *ME*... 94 L 27
Basodino (Monte) *VB* .. 8 C 7
Basovizza *TS* .... 17 E 23
Bassacutena *SS* ..... 109 D 9
Bassacutena (Rio) *SS*.. 109 D 9
Bassano Bresciano *BS*.. 22 G 12
Bassano in
   Teverina *VT*........ 58 O 18
Bassano Romano *VT*... 57 P 18
Bassignana *AL* ...... 28 G 8
Bastarda (Cima) *CS* ... 86 J 31
Bastardo *PG* .... 51 N 19
Bastelli *PR* .... 30 H 12
Bastia *FG* .... 71 D 28
Bastia *AN* .... 46 L 20
Bastia *BL* .... 13 D 18
Bastia (Monte) *GE* .... 37 I 9
Bastia *PD* .... 24 F 16
Bastia Mondovì *CN* ... 35 I 5
Bastia Umbra *PG*..... 51 M 19
Bastida Pancarana *PV*.. 29 G 9
Bastiglia *MO*........ 31 H 15
Batignano *GR* .... 49 N 15
Battaglia *SA* .... 76 G 28
Battaglia *TP* .... 97 M 20
Battaglia (Piano) *PA*... 99 N 24

Battaglia Terme *PD*.... 24 G 17
Battaglione
   Monte Granero *TO*... 26 H 3
Battifolle (Monte) *PT*.. 39 K 14
Battifollo *CN* .... 35 J 6
Battipaglia *SA* .... 75 F 26
Battisti (Rifugio) *RE* ... 38 J 13
Bau *SU* .... 118 I 7
Bau Ischios *OR* ...... 115 G 8
Bau Pressiu (Lago) *SU*. 118 J 8
Baucca *PG* .... 45 L 18
Baucina *PA* .... 98 N 22
Baudenasca *TO*....... 26 H 4
Bauernkohlern /
   Colle di Villa *BZ*..... 3 C 16
Bauladu *OR* .... 115 G 8
Baunei *NU* .... 117 G 10
Baura *FE* .... 32 H 17
Baver *TV* .... 13 E 19
Bazzano *AQ* .... 59 O 22
Bazzano *BO* .... 31 I 15
Bazzano *PG* .... 52 N 20
Beano *UD* .... 16 E 21
Beaulard *TO* .... 26 G 2
Beauregard
   (Lago di) *AO*....... 18 F 3
Beccarini (Azienda) *FG*. 67 C 29
Becco (Croda di) /
   Seekofel *BL*........ 4 B 18
Becetto *CN* .... 26 I 3
Bedero Valcuvia *VA* ... 8 E 8
Bedizzole *BS* .... 22 F 13
Bèdole *TN* .... 11 D 13
Bedollo *TN* .... 12 D 15
Bedonia *PR* .... 29 I 10
Bee *VB* .... 8 E 7
Begosso *VR* .... 32 G 16
Beigua (Monte) *SV*.... 36 I 7
Beinasco *TO* .... 27 G 4
Beinette *CN* .... 35 I 4
Belagaio *GR* .... 49 M 15
Belbo *CN* .... 35 I 6
Belcastro *CZ* .... 87 J 32
Belfiore *VR* .... 23 F 15
Belfiore (Cima) *LU* .... 38 J 12
Belforte *MN* .... 31 G 13
Belforte *PG* .... 52 N 20
Belforte *SI* .... 49 M 15
Belforte all'Isauro *PS*.. 45 K 19
Belforte del
   Chienti *MC* .... 52 M 21
Belgioioso *PV* .... 21 G 9
Belgirate *VB* .... 8 E 7
Belice *AG* .... 97 N 20
Belice (Valle) *TP* ..... 97 O 20
Belice Destro *PA*...... 97 N 21
Belici *CL* .... 99 N 23
Bella *PZ* .... 71 E 28
Bellagio *CO* .... 9 E 9
Bellamonte *TN* ...... 12 D 16
Bellano *LC* .... 9 D 9
Bellante *TE* .... 53 N 23
Bellardina (Colle) *VV*... 88 L 30
Bellaria *MO* .... 31 H 14
Bellaria *PS* .... 46 L 19
Bellaria *SI* .... 50 M 16
Bellaria-Igea
   Marina *RN* .... 41 J 19
Bellariva *RN* .... 41 J 19
Bellavalle *PT* .... 39 J 14
Bellavista *BZ* .... 4 C 16
Bellavista (Capo) *NU*.. 117 H 11
Bellecombe *AO* ...... 19 E 4
Bellegra *RM* .... 63 Q 21
Bellino (Monte) *VT*.... 57 O 16
Bellinzago
   Novarese *NO* ...... 20 F 7
Bellisio Solfare *PS*..... 46 L 20
Bellizzi *SA* .... 75 F 26
Bellizzi Irpino *AV* .... 70 E 26
Bellocozzo *RG* ...... 104 Q 26
Belloluogo
   (Masseria) *BR*....... 80 F 35
Bellona *CE* .... 69 D 24
Bellori *VR* .... 23 F 14
Bellosguardo *SA*..... 76 F 27
Bellusco *MI* .... 21 F 10
Belmonte Calabro *CS*.. 86 J 30
Belmonte Castello *FR*.. 64 R 23
Belmonte del
   Sannio *IS*......... 65 Q 25
Belmonte in Sabina *RI*. 58 P 20

Belmonte
   Mezzagno *PA*...... 98 M 22
Belmonte Piceno *AP*... 53 M 22
Belpasso *CT* .... 100 O 26
Belprato / Schönau *BZ*.. 3 B 15
Belsedere *SI* .... 50 M 16
Belsito *CS* .... 86 J 30
Belvedere *SR* ...... 105 P 27
Belvedere *MN* .... 23 G 14
Belvedere *PG* .... 51 M 19
Belvedere *PS* .... 46 K 20
Belvedere *PG* .... 50 N 17
Belvedere *UD* .... 17 E 22
Belvedere (Monte) *BA* . 73 E 31
Belvedere di
   Spinello *KR*........ 87 J 32
Belvedere Langhe *CN*.. 27 I 5
Belvedere
   Marittimo *CS* ...... 84 I 29
Belvedere
   Ostrense *AN*....... 46 L 21
Belvi *NU* .... 115 H 9
Belviso (Lago di) *SO* ... 10 D 12
Benas
   (Stagno de is) *OR* ... 114 G 7
Bene Lario *CO* .... 9 D 9
Bene Vagienna *CN*.... 27 I 5
Benedello *MO* .... 39 I 14
Benestare *RC* .... 91 M 30
Benetutti *SS* .... 111 F 9
Benevello *CN* .... 27 I 6
Benevento *BN* .... 70 D 26
Benévolo *AO* .... 18 F 3
Benna *BI* .... 19 F 6
Bentivoglio *BO* ...... 32 I 16
Benvignante *FE* ...... 32 H 17
Benzone
   (Lago di) *NU*....... 115 G 9
Berbenno *BG*........ 21 E 10
Berbenno
   di Valtellina *SO* .... 10 D 11
Berceto *PR* .... 30 I 11
Berchidda *SS* .... 111 E 9
Berchiddeddu *SS*..... 113 E 10
Berdia Nuova *RG* .... 104 Q 25
Bereguardo *PV* ...... 21 G 9
Berga *AL* .... 29 I 9
Bergamasco *AL* ...... 28 H 7
Bergamo *BG* .... 21 E 10
Bergantino *RO* ...... 31 G 15
Bergeggi *SV* .... 36 J 7
Bergeggi (Isola di) *SV*.. 36 J 7
Bergolo *CN* .... 27 I 6
Berici (Monti) *VI* ..... 24 F 16
Bernalda *MT* .... 78 F 32
Bernardins
   (Rifugio) *UD* .... 15 C 22
Bernareggio *MI* ...... 21 F 10
Bernezzo *CN* .... 34 I 4
Bernina (Pizzo) *SO*.... 10 C 11
Berra *FE* .... 32 H 17
Berretta (Col della) *VI*.. 12 E 17
Bersano *PC* .... 30 H 12
Bersezio *CN* .... 34 I 2
Bertacchi (Rifugio) *SO*.. 9 C 10
Bertesina *VI* .... 24 F 16
Berti (Rifugio) *BL* .... 5 C 19
Bertinoro *FO* .... 41 J 18
Bertiolo *UD* .... 16 E 21
Bertonico *LO* .... 21 G 11
Bertrand (Monte) *CN*.. 35 J 5
Bertuzzi (Valle) *FE* .... 33 H 18
Berzano di
   San Pietro *AT* ...... 27 G 5
Berzano di Tortona *AL*. 28 H 8
Berzo *BS* .... 10 E 12
Besana in Brianza *MI*.. 21 E 9
Besano *VA* .... 8 E 8
Besate *MI* .... 20 G 8
Beseno (Castello) *TN*.. 11 E 15
Besenzone *PC* .... 30 H 12
Besnate *VA* .... 20 E 8
Besozzo *VA* .... 8 E 8
Besozzola *PR* .... 30 H 11
Bessude *SS* .... 111 F 8
Bestazzo *CR* .... 22 G 12
Bettola *VR* .... 23 F 15
Bettola *PC* .... 29 H 10
Bettole *BS* .... 22 F 12
Bettolelle *AN* .... 46 L 21
Bettolle *SI* .... 50 M 17
Bettona *PG* .... 51 M 19
Beura-Cardezza *VB* ... 8 D 6

Bevagna *PG* .... 51 N 19
Bevano *RA* .... 41 J 18
Bevazzana *UD* .... 16 E 21
Beverare *RO* .... 32 G 17
Beverino *SP* .... 38 J 11
Bevilacqua *BO*....... 31 H 15
Bevilacqua *VR* .... 24 G 16
Bezzecca *TN* .... 11 E 14
Bezzi (Rifugio) *AO* .... 18 F 3
Biagioni *PT* .... 39 J 14
Biana *PC* .... 29 H 10
Bianca (Cima) *SO* .... 10 C 13
Bianca (Palla) /
   Weißkugel *BZ* ..... 2 B 14
Bianca (Punta) *AG* ... 103 P 22
Biancade *TV*......... 25 E 19
Biancanelle
   (Poggio) *PI* .... 43 L 13
Biancano *BN* .... 69 D 25
Biancareddu *SS*...... 110 E 6
Biancavilla *CT* ...... 100 O 26
Bianchi *CS*.......... 86 J 31
Bianco *RC* .... 91 M 30
Bianco (Canale) *FE*.... 32 H 17
Bianco (Canale) *RO* ... 32 G 16
Bianco (Capo) *AG* .... 102 O 21
Bianco (Capo) *BR* .... 81 F 36
Bianco (Fiume) *SA* .... 76 F 28
Bianconese *PR* ...... 30 H 12
Biandrate *NO* .... 20 F 7
Biandronno *VA* ...... 20 E 8
Bianzano *BG* .... 22 E 11
Bianzè *VC* .... 19 G 6
Bianzone *SO* .... 10 D 12
Biasi (Rifugio) *BZ* .... 3 B 15
Biassono *MI* .... 21 F 9
Bibano *TV* .... 13 E 19
Bibbiano *RE* .... 30 I 13
Bibbiano *SI* .... 50 M 16
Bibbiena *AR* .... 44 K 17
Bibbona *LI* .... 49 M 13
Bibiana *TO* .... 26 H 3
Bibione *VE* .... 16 E 21
Bibione Pineda *VE*.... 16 E 21
Biccari *FG* .... 71 C 27
Bichl / Colle *BZ* ..... 3 B 15
Bicinicco *UD*......... 17 E 21
Bidderdi (Passo) *SU*... 118 I 7
Bidente *FO* .... 40 J 17
Bidighinzu (Lago) *SS*... 111 F 8
Bidonì *OR* .... 115 G 8
Bielciuken *AO* .... 19 E 5
Biella *BI* .... 19 F 6
Bielmonte *BI* .... 19 F 6
Bienno *BS* .... 10 E 12
Bieno *TN* .... 12 D 16
Bientina *PI* .... 43 K 13
Bifolchi
   (Portella dei) *PA* ... 99 N 24
Biforco *AR* .... 45 K 17
Biglio *MS* .... 38 I 11
Bignone (Monte) *IM*... 35 K 5
Bigolino *TV* .... 12 E 18
Bigoti *PC* .... 29 H 10
Bilioso *MT* .... 77 F 31
Bimmisca *SR* .... 107 Q 27
Binago *CO* .... 20 E 8
Binasco *MI* .... 21 G 9
Binetto *BA* .... 73 D 32
Binio *TN* .... 11 D 14
Biodola *LI* .... 48 N 12
Bioglio *BI* .... 19 F 6
Bionaz *AO* .... 7 E 4
Bionde di Visegna *VR*.. 23 G 15
Birchabruck /
   Ponte Nova *BZ* .... 12 C 16
Birgi Novo *TP*....... 96 N 19
Birgi Vecchi *TP*...... 96 N 19
Birnlücke / Picco
   (Forcella del) *BZ* .... 4 A 18
Birori *NU* .... 115 G 8
Bisacquino *PA* ...... 97 N 21
Bisano *BO* .... 40 J 16
Bisceglie *BA* .... 72 D 31
Biscina *PG* .... 51 M 19
Bisegna *AQ* .... 64 Q 23
Bisentina (Isola) *VT*... 57 O 17
Bisenti *TE* .... 60 O 23
Bisenzio *BS* .... 22 E 13
Bisenzio (Fiume) *PO* .. 39 K 15
Bisignano *CS* .... 85 I 30
Bisone *PV* .... 29 G 10

Bistagno *AL* .... 28 I 7
Bisuschio *VA* .... 8 E 8
Bitetto *BA* .... 73 D 32
Bithia *SU* .... 121 K 8
Bitonto *BA* .... 73 D 32
Bitritto *BA* .... 73 D 32
Bitti *NU* .... 112 F 10
Biviere (il) *CL* ...... 104 P 25
Biviere (Lago) *ME* ... 100 N 26
Bivigliano *FI* .... 40 K 15
Bivio Acri *CS*........ 85 I 30
Bivio di Reino *BN* .... 70 D 26
Bivio Ercole *MC*...... 52 M 20
Bivio Guardavalle *RC* . 89 L 31
Bivio Palomonte *SA*... 76 F 27
Bivona *AG* .... 98 O 22
Bivongi *RC* .... 88 L 31
Bizzarone *CO* .... 20 E 8
Bizzozero *VA* .... 20 E 8
Blacca (Corna) *BS* .... 22 E 13
Blavy vicino a Nus *AO*.. 19 E 4
Blavy vicino a
   St-Christophe *AO* ... 18 E 4
Blera *VT* .... 57 P 18
Blessaglia *VE* .... 16 E 20
Blessano *UD* .... 14 D 21
Blevio *CO* .... 21 E 9
Blinnenhorn *VB* ..... 8 C 6
Blumau /
   Prato all'Isarco *BZ*.... 3 C 16
Blumone
   (Cornone di) *BS*..... 10 E 13
Bo (Cima di) *BI*...... 19 E 6
Boara *FE* .... 32 H 17
Boara Pisani *PD*...... 32 G 17
Boara Polesine *RO*.... 32 G 17
Boario Terme *BS* ..... 10 E 12
Bobbiano *PC* .... 29 H 10
Bobbio *PC* .... 29 H 10
Bobbio Pellice *TO*..... 26 H 3
Boca *NO* .... 20 E 7
Bocale Secondo *RC* ... 90 M 28
Bocca Chiavica *MN* ... 31 G 13
Bocca di Fiume *LT* .... 63 R 21
Bocca di Magra *SP*.... 38 J 11
Bocca di Piazza *CS* ... 86 J 31
Bocca Grande *NA*..... 74 F 24
Bocca Piccola *NA* .... 74 F 24
Boccadasse *GE* ...... 36 I 8
Boccadifalco *PA* ..... 97 M 21
Boccadirio
   (Santuario di) *BO* ... 39 J 15
Boccaleone *FE*....... 32 I 17
Boccasette *RO* ...... 33 H 19
Boccassuolo *MO*..... 39 J 13
Boccea *RM* .... 62 Q 18
Bocche (Cima) *TN*.... 12 C 17
Boccheggiano *GR* .... 49 M 15
Bocchetta
   (Passo della) *GE*.... 28 I 8
Bocchigliero *CS*...... 87 I 32
Boccioleto *VC* .... 7 E 6
Bocco (Passo del) *GE*.. 37 I 10
Bocconi *FO* .... 40 J 17
Bocenago *TN*........ 11 D 14
Boeo (Capo) *TP*...... 96 N 19
Boesio *VA* .... 8 E 8
Boffalora d'Adda *LO* .. 21 F 10
Boffalora
   sopra Ticino *MI* .... 20 F 8
Bogliaco *BS* .... 23 E 13
Bogliasco *GE* .... 37 I 9
Boglietto *AT* .... 27 H 6
Boglioni *RE* .... 31 I 14
Bognanco *VB*........ 8 D 6
Bogogno *NO* .... 20 F 7
Boi (Capo) *SU*....... 119 J 10
Boirolo *SO*.......... 10 D 11
Boissano *SV* .... 35 J 6
Boite *BL* .... 13 C 18
Bojano *CB* .... 65 R 25
Bolago *BL* .... 13 D 18
Bolano *SP* .... 38 J 11
Bolbeno *TN* .... 11 D 14
Bolca *VR* .... 23 F 15
Boleto *VB* .... 20 E 7
Bolgare *BG* .... 22 F 11
Bolgheri *LI* .... 49 M 13
Bollate *MI* .... 21 F 9
Bollengo *TO* .... 19 F 5
Bologna *BO* .... 32 I 15
Bolognano *PE* .... 60 P 23
Bolognano *TN* ...... 11 E 14
Bolognetta *PA*....... 98 N 22
Bolognola *MC* .... 52 N 21

A
B
C

Bolotana *NU*..........115 G 8
Bolsena *VT*..........57 O 17
Bolsena (Lago di) *VT*.. 57 O 17
Bolzaneto *GE*.........36   I 8
Bolzano / Bozen *BZ*.. 3 C 16
Bolzano Vicentino *VI*.. 24 F 16
Bomarzo *VT*..........57 O 18
Bomba *CH*..........60 P 25
Bombiana *BO*.......39 J 14
Bombile *RC*.........91 M 30
Bominaco *AQ*.......59 P 22
Bompensiere *CL*.....103 O 23
Bompensiero *BS*.....22 F 11
Bompietro *PA*......99 N 24
Bonagia (Golfo di) *TP*..96 M 19
Bonamico *RC*.......91 M 30
Bonarcado *OR*........115 G 7
Bonassola *SP*........37 J 10
Bonate Sotto *BG*.....21 F 10
Bonavicina-Borgo *VR*..23 G 15
Bonavigo *VR*.......23 G 15
Boncore *LE*.........79 G 35
Bondanello *MN*......31 H 14
Bondeno *FE*........32 H 16
Bondeno *MN*.......31 H 14
Bondo *TN*..........11 E 14
Bondone (Monte) *TN*..11 D 15
Bondone *TN*........23 E 13
Bonea *BN*.........70 D 25
Bonefro *CB*........66 B 26
Bonelli *RO*.........33 H 19
Bonferraro *VR*......23 G 15
Bonghi (Monte) *NU*.. 117 H 10
Bonifacio
    (Bocche di) *SS*....109 D 9
Bonifati *CS*.........84 I 29
Bonifati (Capo) *CS*.. 84 I 29
Bonifato (Monte) *TP*.. 97 N 20
Bonito *AV*.........70 D 26
Bonnanaro *SS*......111 F 8
Bonne *AO*..........18 F 3
Bono *SS*.........115 F 9
Bonorva *SS*........115 F 8
Bonu Ighinu *SS*.....111 F 7
Bonze (Cima) *TO*....19 F 5
Boor (Zuc del) *UD*... 15 C 21
Boragine (Monte) *RI*.. 59 O 21
Borbera *AL*.........28 H 8
Borbona *RI*........59 O 21
Borbore *CN*........27 H 6
Borca di Cadore *BL*.. 13 C 18
Borcola
    (Passo della) *TN*.....23 E 15
Bordano *UD*.........14 D 21
Bordiana *TN*........11 C 14
Bordighera *IM*.......35 K 4
Bordino *TP*........97 N 19
Bordolano *CR*.......22 G 11
Bordolona *TN*......11 C 14
Bordonchio *RN*.....41 J 19
Bore *PR*............30 H 11
Borello *FO*..........41 J 18
Borello (Torrente) *FO*.. 41 J 18
Boretto *RE*.........31 H 13
Borgagne *LE*.......83 G 37
Borgallo
    (Galleria del) *PR*... 38 I 11
Borgaro Torinese *TO*.. 19 G 4
Borgata Costiera *TP*.. 96 N 19
Borgata Palo *CL*.....103 O 23
Borgata Pirastera *CS*.. 84 H 29
Borgata Trigoria *RM*..62 Q 19
Borgetto *PA*.......97 M 21
Borghetto *MC*.......46 L 21
Borghetto *RA*........41 J 18
Borghetto *TN*.......23 E 14
Borghetto vicino
    a Bolsena *VT*......57 O 17
Borghetto vicino
    a Viterbo *VT*.......58 O 19
Borghetto
    d'Arroscia *IM*........35 J 5
Borghetto
    di Borbera *AL*.....28 H 8
Borghetto di Vara *SP*..37 J 11
Borghetto
    Lodigiano *LO*.... 21 G 10
Borghetto
    Sto Spirito *SV*......35 J 6
Borghi *FO*..........41 J 19
Borgia *CZ*.........88 K 31
Borgiallo *TO*.......19 F 5
Borgio Verezzi *SV*....36 J 6
Borgo (il) *MO*......31 H 14
Borgo a Buggiano *PT*.. 39 K 14

Borgo a Mozzano *LU*...39 K 13
Borgo alla Collina *AR*.. 44 K 17
Borgo Baccarato *EN*..104 O 25
Borgo Bainsizza *LT*.....63 R 20
Borgo
    Bonsignore *AG*....102 O 21
Borgo Carso *LT*.....63 R 20
Borgo Cascino *EN*.....103 O 24
Borgo Celano *FG*....67 B 28
Borgo d'Ale *VC*......19 F 6
Borgo dei Pini
    Mercadante *BA*......73 E 32
Borgo di Stazione
    Montecosaro *MC*....53 M 22
Borgo di Terzo *BG*... 22 E 11
Borgo Ermada *LT*... 63 S 21
Borgo Fazio *TP*.....97 N 20
Borgo Flora *LT*.....63 R 20
Borgo Fornari *GE*.....28 I 8
Borgo Franchetto *CT*..104 O 26
Borgo Fusara *RA*.....41 I 18
Borgo Grappa *LT*....63 R 20
Borgo Isonzo *LT*......63 R 20
Borgo le Taverne *AV*..71 E 27
Borgo Libertà *FG*....71 D 29
Borgo Mezzanone *FG*..67 C 29
Borgo Montello *LT*....63 R 20
Borgo Montenero *LT*..68 S 21
Borgo Pace *PS*.....45 L 18
Borgo Panigale *BO*.. 31 I 15
Borgo Piave *LT*.....63 R 20
Borgo Piave *LE*.....81 F 36
Borgo Pietro Lupo *CT*..104 O 25
Borgo Podgora *LT*.....63 R 20
Borgo Priolo *PV*.....29 H 9
Borgo Quinzio *RI*.. 58 P 20
Borgo Regalmici *PA*..99 N 23
Borgo Rinazzo *TP*.....96 N 19
Borgo Rivola *RA*.....40 J 17
Borgo Roccella *PA*....97 N 21
Borgo Sabotino *LT*.....63 R 20
Borgo S. Dalmazzo *CN*..34 J 4
Borgo S. Donato *LT*... 63 R 20
Borgo S. Giacomo *BS*.. 22 F 11
Borgo S. Giovanni *LO*.. 21 G 10
Borgo S. Giusto *FG*.. 66 C 28
Borgo S. Lorenzo *FI*...40 K 16
Borgo Sta Maria *LT*... 63 R 20
Borgo S. Martino *AL*.. 28 G 7
Borgo S. Pietro *RI*.....59 P 21
Borgo Sta Rita *RM*.. 62 R 19
Borgo S. Siro *PV*.....28 G 8
Borgo Schirò *PA*......97 N 21
Borgo Segezia *FG*....71 C 28
Borgo Ticino *NO*.....20 E 7
Borgo Tossignano *BO*..40 J 16
Borgo Tufico *AN*.....46 L 20
Borgo Val di Taro *PR*...30 I 11
Borgo Valsugana *TN*.. 12 D 16
Borgo Velino *RI*.....59 O 21
Borgo Vercelli *VC*.. 20 F 7
Borgo Vodice *LT*.....63 R 21
Borgoforte *MN*.....31 G 14
Borgoforte *PD*.......32 G 17
Borgofranco
    d'Ivrea *TO*.......19 F 5
Borgofranco
    sul Po *MN*........31 G 15
Borgolavezzaro *NO*..20 G 8
Borgomanero *NO*....20 F 7
Borgomaro *IM*.......35 K 5
Borgomasino *TO*.....19 F 5
Borgonovo Ligure *GE*..37 I 10
Borgonovo
    Val Tidone *PC*.......29 G 10
Borgoratto
    Alessandrino *AL*... 28 H 7
Borgoratto
    Mormorolo *PV*.....29 H 9
Borgoricco *PD*......24 F 17
Borgorose *RI*.......59 P 21
Borgosatollo *BS*.....22 F 12
Borgosesia *VC*......20 E 6
Borlasca *GE*........28 I 8
Bormida *SV*.........35 J 6
Bormida (Fiume) *AL*.. 28 I 7
Bormida di
    Millesimo *SV*......35 J 6
Bormida di Spigno *AL*..36 J 6
Bormina *SO*.......10 C 12
Bormio *SO*........2 C 13
Bormio 2000 *SO*... 10 C 13
Bornago *MI*.......21 F 10

Bornato *BS*..........22 F 12
Borno *BS*..........10 E 12
Boroneddu *OR*.......115 G 8
Borore *NU*..........115 G 8
Borrello *CH*.........65 Q 24
Borrello *PA*........99 N 24
Borriana *BI*.........19 F 6
Borromee (Isole) *VB*..8 E 7
Borselli *FI*..........44 K 16
Borso del Grappa *TV*..24 E 17
Borta Melone
    (Monte) *NU*......115 G 9
Bortigali *NU*.........115 G 8
Bortigiadas *SS*.......111 E 9
Borutta *SS*.........111 F 8
Borzano *RE*........31 I 13
Borzonasca *GE*......37 I 10
Bosa *OR*..........114 G 7
Bosa Marina *OR*.....114 G 7
Bosaro *RO*.........32 H 17
Boschetiello
    (Monte) *AV*.....71 E 27
Boschetto *PR*.......30 I 12
Boschi *BO*.........32 H 16
Boschi *PC*.........29 I 10
Boschi S. Anna *VR*.. 24 G 16
Bosco *SA*.........76 G 28
Bosco *PR*..........38 I 12
Bosco *MI*.........51 M 19
Bosco *VI*..........12 E 16
Bosco ai Frati *FI*.. 40 K 15
Bosco
    Chiesanuova *VR*..23 F 15
Bosco Marengo *AL*.. 28 H 8
Bosco Mesola *FE*.....33 H 18
Bosco (Serra del) *EN*..100 N 25
Boscone Cusani *PC*.. 29 G 10
Bosconero *TO*.....19 G 5
Boscoreale *NA*.....70 E 25
Boscotrecase *NA*....70 E 25
Bosio *AL*..........28 I 8
Bosisio Parini *LC*.....21 E 9
Bosnasco *PV*........29 G 10
Bossea *CN*........35 J 5
Bossea (Grotta di) *CN*..35 J 5
Bossi *AR*.........45 L 17
Bossico *BG*........22 E 12
Bossola (Monte) *AL*... 29 I 9
Bossolasco *CN*.....27 I 6
Botricello *CZ*......89 K 32
Botrugno *LE*........83 G 36
Bottagna *SP*........38 J 11
Bottanuco *BG*......21 F 10
Bottarello (Pizzo) *VB*...7 D 6
Bottarone *PV*.......29 G 9
Botte Donato
    (Monte) *CS*......86 J 31
Botteghelle *CT*.......104 P 25
Botticino-Mattina *BS*..22 F 12
Botticino-Sera *BS*.....22 F 12
Bottidda *SS*........115 F 9
Bottigli (Monte) *GR*..49 N 15
Bottinaccio *FI*.......43 K 15
Bottrighe *RO*........33 G 18
Bousson *TO*.......26 H 2
Bova *RC*..........91 N 29
Bova Marina *RC*.....90 N 29
Bovalino Marina *RC*...91 M 30
Bovalino Superiore *RC*..91 M 30
Bove (Valle del) *CT*...100 N 27
Bovecchio *FI*.......39 K 15
Boveglio *LU*........39 K 13
Bovegno *BS*........22 E 12
Bovezzo *BS*........22 F 12
Bovile *TO*.........26 H 3
Boville Ernica *FR*.. 64 R 22
Bovino *FG*.........71 D 28
Bovisio Masciago *MI*..21 F 9
Bovolenta *PD*.......24 G 17
Bovolone *VR*.......23 G 15
Boz (Rifugio) *BL*.. 12 D 17
Bozen / Bolzano *BZ*..3 C 16
Bozzente *CO*.......20 E 8
Bozzole *AL*........28 G 7
Bozzolo *MN*........30 G 13
Bra *CN*...........27 H 5
Brabaisu *SU*.......119 I 10
Brabbia *VA*........20 E 8
Braccagni *GR*......49 N 15
Braccano *MC*.......52 M 21
Braccio *VB*........8 E 7
Bracciano *RM*......57 P 18
Bracciano
    (Lago di) *RM*....57 P 18

Bracco *GE*..........37 J 10
Bracco (Passo del) *SP*..37 J 10
Bracigliano *SA*......70 E 26
Bradano *PZ*........72 E 29
Braemi *CL*..........103 P 24
Braidi *ME*.........100 M 27
Brixen /
    Bressanone *BZ*....4 B 16
Braies / Prags *BZ*.. 4 B 16
Braies (Lago di) /
    Pragser Wildsee *BZ*.. 4 B 18
Brallo di Pregola *PV*..29 H 9
Bram (Monte) *CN*....34 I 3
Branca *PG*.........51 M 20
Branca (Rifugio) *SO*.. 11 C 13
Brancaleone
    Marina *RC*......91 N 30
Brandizzo *TO*......19 G 5
Branzi *BG*..........10 D 11
Branzoll / Bronzolo *BZ*.. 12 C 15
Branzoll *BZ*........12 C 15
Brasa (Passo) *BO*....39 J 14
Brasca (Rifugio) *SO*.. 9 D 10
Brasimone *BO*.......39 J 15
Brasimone
    (Lago di) *BO*......39 J 15
Bratello
    (Passo del) *MS*......38 I 11
Brattice *VV*........88 L 29
Bratto *MS*.........38 I 11
Bratto-Dorga *BG*.....10 E 12
Brazzano *GO*........17 E 22
Brazzano *BO*.......39 J 15
Brebbia *VA*........20 E 7
Brebeis
    (Stagno de is) *SU*..120 K 7
Breda Cisoni *MN*.....31 G 13
Breda di Piave *TV*.....25 E 18
Brefaro *PZ*.........84 H 29
Bregagno (Monte) *CO*.. 9 D 9
Breganze *VI*........24 E 16
Breguzzo *TN*........11 D 14
Breia *VC*.........20 E 6
Brembana (Valle) *BG*.. 9 E 11
Brembate *BG*......21 F 10
Brembilla *BG*.......21 E 10
Brembio *LO*........21 G 10
Brembo *BG*.........21 E 11
Breme *PV*.........28 G 7
Brendola *VI*........24 G 16
Brenna *SI*.........49 M 15
Brennerbad / Terme
    di Brennero *BZ*.....3 B 16
Brennero (Passo del) /
    Brennerpaß *BZ*..3 A 16
Brennerpaß / Brennero
    (Passo del) *BZ*..3 A 16
Breno *BS*.........10 E 12
Breno *PV*.........29 G 10
Brenta *TN*..........12 D 16
Brenta (Cima) *TN*.. 11 D 14
Brenta (Foce del) *VE*..25 G 18
Brenta (Riviera del) *VE*..24 F 18
Brenta (Taglio di) *VE*..25 G 18
Brenta d'Abbà *PD*.. 25 G 18
Brentoni (Monte) *BL*.. 5 C 19
Brentonico *TN*.......23 E 14
Brenzone *VR*........23 E 14
Breonio *VR*.........23 F 14
Brescello *RE*.......30 H 13
Brescia *BS*.........22 F 12
Bresimo *TN*.........11 C 14
Bresimo (Val di) *TN*.. 11 C 14
Bressa *UD*........14 D 21
Bressana
    Bottarone *PV*......29 G 9
Bressanone / Brixen *BZ*.. 4 B 16
Bressone *TN*........11 D 14
Breuil Cervinia *AO*... 7 E 4
Brez *TN*..........11 C 15
Brezza *CE*.........69 D 24
Brezzo di Bedero *VA*.. 8 E 8
Briaglia *CN*........35 I 5
Brian *VE*..........16 F 20
Briatico *VV*.........88 K 30
Bric Bucie *TO*......26 H 3
Bric Ghinivert *TO*.....26 H 2
Bricherasio *TO*.....26 H 3
Brienno *CO*........9 E 8
Brienza *PZ*........76 F 28
Brigantina (Punta) *LI*..54 O 12
Brignano *AL*.......29 H 9
Brignano
    Gera d'Adda *BG*...21 F 10
Brindisi *BR*........81 F 35
Brindisi Montagna *PZ*..77 F 29
Brinzio *VA*........8 E 8
Briona *NO*.........20 F 7
Brione *BS*.........22 F 12

Briosco *MI*..........21 E 9
Brisighella *RA*........40 J 17
Brissogne *AO*.......18 E 4
Brittoli *PE*.........60 P 23
Brivio *LC*.........21 E 10
Brixen /
    Bressanone *BZ*....4 B 16
Brizzolara *GE*.......37 I 10
Brocon (Passo del) *TN*.. 12 D 17
Brolio S. Regolo *SI*.. 44 L 16
Brolo *ME*..........100 M 26
Brondello *CN*.......26 I 4
Broni *PV*..........29 G 9
Bronte *CT*.........100 N 26
Bronzolo /
    Branzoll *BZ*.......12 C 15
Brossasco *CN*.......26 I 4
Brosso *TO*.........19 F 5
Brozolo *TO*.........27 G 6
Brozzo *BS*.........22 E 12
Bruca *TP*..........97 N 20
Bruciati (Corni) *SO*....10 D 11
Brucoli *SR*.........105 P 27
Brückele /
    Ponticello *BZ*......4 B 18
Brufa *PG*.........51 M 19
Bruggi *AL*.........29 H 9
Brugherio *MI*.......21 F 9
Brugine *PD*........24 G 17
Brugnato *SP*.......37 J 11
Brugnera *PN*.......13 E 19
Brugneto
    (Lago del) *GE*......29 I 9
Brugnetto *AN*.......46 L 21
Bruino *TO*.........27 G 4
Brumano *BG*.......9 E 10
Bruna *PG*.........51 N 20
Bruna (Fiume) *GR*....49 N 15
Brunate *CO*........21 E 9
Bruncu 'e Pisu *NU*....117 G 11
Bruncu Spina *NU*.....115 G 9
Bruncu Teula *SU*.....118 J 7
Bruneck / Brunico *BZ*.. 4 B 17
Brunella *NU*........113 E 10
Brunico / Bruneck *BZ*.. 4 B 17
Brunner (Rifugio) *UD*.. 15 C 22
Bruno *AT*.........28 H 7
Brusago *TN*........12 D 15
Brusasco *TO*.......19 G 6
Brusciano *NA*.......70 E 25
Bruscoli *FI*.........39 J 15
Brusimpiano *VA*.....8 E 8
Brusnengo *BI*.......20 F 6
Brussa *VE*.........16 F 20
Brusson *AO*........19 E 5
Bruzolo *TO*........18 G 3
Bruzzano (Capo) *RC*.. 91 M 30
Bruzzano Zeffirio *RC*..91 M 30
Bruzzi di Sotto *PC*.. 29 H 10
Bubbio *AT*.........28 I 6
Bubonia
    (Monte di) *CL*.....104 P 25
Buccheri *SR*........104 P 26
Bucchi *KR*.........87 J 33
Bucchianico *CH*.....60 P 24
Buccino *SA*........76 F 28
Bucine *AR*.........44 L 16
Buco *SA*..........76 F 28
Buda *BO*.........32 I 17
Buddusò *SS*.......111 F 9
Budelli (Isola) *SS*.....109 D 10
Budoia *PN*.........13 D 19
Budoni *SS*........113 E 11
Budoni (Cala di) *NU*..113 E 11
Budrie *BO*.........31 I 15
Budrio *BO*.........32 I 16
Budrio *RE*.........31 I 14
Budrione *MO*.......31 H 14
Bue Marino (El) *NU*..117 G 10
Buggerru *SU*.......118 J 7
Buggiana *FO*.......40 K 17
Buggiano *PG*.......52 N 20
Buggio *IM*.........35 K 5
Buglio in Monte *SO*.. 9 D 11
Bugnara *AQ*........60 P 23
Buia *UD*.........14 D 21
Buja *UD*.........14 D 21
Bulgheria (Monte) *SA*..76 G 28
Bulgorello *CO*......21 E 9
Bullone (Su) *SS*.....111 E 8
Bultei *SS*.........111 F 9
Bulzi *SS*..........111 E 8
Bundschen /
    Ponticino *BZ*......3 C 16
Bunnari (Lago) *SS*.. 111 E 7
Buole (Passo) *TN*....23 E 15
Buonabitàcolo *SA*.. 76 G 28

Buonalbergo *BN*.......70 D 26
Buoncammino *SS*.. 109 D 9
Buonconvento *SI*.....50 M 16
Buonfornello *PA*.....99 N 23
Buonvicino *CS*.......84 H 29
Burago di Molgora *MI*..21 F 10
Burana *FE*.........32 H 16
Burano *PS*.........46 L 19
Burano *VE*........16 F 19
Burano (Lago di) *GR*.. 56 O 16
Burano (Serra di) *PS*.. 45 L 19
Burcei *SU*..........119 I 10
Burco Sta Maria *PS*.. 46 K 20
Bure *PT*..........39 K 14
Burgeis / Burgusio *BZ*.. 2 B 13
Burgio *AG*.........97 O 21
Burgio *SR*.........107 Q 27
Burgio (Serra di) *RG*..104 P 26
Burgos *SS*........115 F 8
Burgstall / Postal *BZ*.. 3 C 15
Burgusio / Burgeis *BZ*.. 2 B 13
Buriano *GR*.......49 N 14
Buriasco *TO*........26 H 4
Buronzo *VC*.........20 F 6
Burraia (Rifugio La) *FO*.. 40 K 17
Burrainiti (Bivio) *AG*..103 P 23
Busachi *OR*.......115 G 8
Busalla *GE*.........28 I 8
Busambra (Rocca) *PA*..98 N 22
Busana *RE*.........38 I 12
Busano *TO*.........19 G 4
Busazza (Cima) *TN*.. 11 D 13
Busca *CN*.........26 I 4
Buscate *MI*........20 F 8
Buscemi *SR*.......104 P 26
Busche *BL*.........12 D 17
Buseto Palizzolo *TP*..97 M 20
Busi *CN*..........27 H 6
Busnago *MI*.......21 F 10
Buso (Ponte del) *UD*.. 5 C 20
Bussana Vecchia *IM*.. 35 K 5
Bussento *SA*.......76 G 28
Busseto *PR*.......30 H 12
Bussi sul Tirino *PE*.. 60 P 23
Busso *CB*.........65 R 25
Bussolengo *VR*......23 F 14
Bussoleno *TO*......18 G 3
Busto Arsizio *VA*.. 20 F 8
Busto Garolfo *MI*.. 20 F 8
Bût *UD*..........5 C 21
Butera *CL*.........103 P 24
Buthier *AO*.........7 E 4
Buti *PI*..........43 K 13
Buttapietra *VR*......23 F 14
Buttigliera *TO*.....26 G 4
Buttigliera d'Asti *AT*....27 G 5
Buttrio *UD*.........15 D 21
Bùtule *SS*.........111 F 8
Buturo *CZ*.........87 J 31
Buzzò *PR*.........37 I 11

C

Ca' Bazzone *BO*......40 I 16
Ca' Bertacchi *RE*.....31 I 13
Ca' Bianca *VE*......25 G 18
Ca' Briani *VE*........33 G 18
Ca' Cappello *RO*.. 33 G 18
Ca' Corniani *VE*.. 16 F 20
Ca' d'Andrea *CR*.. 30 G 12
Ca' de' Bonavogli *CR*.. 30 G 12
Ca' de Fabbri *BO*.. 32 I 16
Ca' di Biss *MI*.....20 F 8
Ca' di David *VR*......23 F 14
Ca' Gallo *PS*.......41 K 19
Ca' Mello *RO*.......33 H 19
Ca' Morosini *RO*.....32 G 16
Ca' Noghera *VE*.....25 F 19
Cà Selva (Lago di) *PN*.. 13 D 20
Ca' Tron *TV*.......16 F 19
Ca' Venier *RO*......33 H 19
Cà Zul (Lago di) *PN*.. 13 D 20
Ca' Zuliani *RO*.....33 H 19
Cabanne *GE*.......29 I 10
Cabbia *AQ*.........59 O 21
Cabella Ligure *AL*.. 29 H 9
Cabelli *FO*.........40 K 17
Caberlaba (Monte) *VI*..24 E 16
Cabianca (Monte) *BG*.. 10 D 11
Cabiate *CO*........21 E 9
Cabras *OR*.........114 H 7
Cabras
    (Stagno di) *OR*....114 H 7
Cabu Abbas (Santuario
    Nuragico) *SS*......109 E 10
Caccamo *PA*.......98 N 23
Cacchiamo *EN*.....99 N 24

A B C D E F G H I J K L M N O P Q R S T U V W X Y Z

Caccia (Capo) SS...... 110 F 6
Caccia (Monte) BA..... 72 D 30
Caccuri KR .... 87 J 32
Cadé MN .... 31 G 14
Cadecoppi MO........ 31 H 15
Cadelbosco di
  Sopra RE .... 31 H 13
Cadelle (Monte) BG... 10 D 11
Cadelmonte PC....... 29 H 10
Cadenabbia CO...... 9 E 9
Cadeo PC .... 30 H 11
Caderzone TN .... 11 D 14
Cadignano BS .... 22 F 12
Cadilana LO .... 21 G 10
Cadimarco MN .... 22 G 13
Cadine TN............ 11 D 15
Cadini (Gruppo dei) BL.. 4 C 18
Cadino (Val) TN....... 12 D 16
Cadipietra /
  Steinhaus BZ ...... 4 B 17
Cadoneghe PD ...... 24 F 17
Cadore BL........... 4 C 18
Cadrezzate VA....... 20 E 7
Cadria BS .... 23 E 13
Cadria (Monte) TN ... 11 E 14
Caerano di
  S. Marco TV .... 24 E 17
Cafaggio LI.......... 49 M 13
Cafaggiolo FI........ 40 K 15
Cafasse TO .... 19 G 4
Caffaraccia PR .... 30 I 11
Caffaro BS .... 22 E 13
Caffaro (Val di) BS ... 10 E 13
Cafragna PR......... 30 H 12
Caggiano SA .... 76 F 28
Caginia (Serra di) CT.. 100 N 26
Cagli PS .... 46 L 19
Cagliari CA .... 119 J 9
Cagliari (Golfo di) CA. 119 J 9
Cagliari
  (Stagno di) CA..... 118 J 9
Caglio CO .... 9 E 9
Cagnano
  Amiterno AQ....... 59 O 21
Cagnano Varano FG.. 67 B 29
Cagno CS .... 87 J 31
Caguseli (Ianna) NU.. 115 G 9
Caianello CE .... 64 S 24
Caiazzo CE .... 69 D 25
Caicambiucci PG .... 45 L 19
Caina PG .... 51 M 18
Caina (Monte) VI ..... 24 E 17
Cànes / Kuens BZ ... 3 B 15
Caino BS .... 22 F 12
Caio (Monte) PR .... 38 I 12
Caiolo SO .... 10 D 11
Caira FR............ 64 R 23
Cairano AV .... 71 E 28
Cairate VA.......... 20 E 8
Cairo (Monte) FR .... 64 R 23
Cairo Montenotte SV. 36 I 6
Caivano NA.......... 69 E 24
Cala d'Oliva SS ..... 108 D 7
Cala Gonone NU..... 117 G 10
Cala Grande
  (Punta) GR........ 55 O 15
Cala Liberotto NU ... 117 F 11
Cala Mosca CA....... 119 J 9
Cala Piccola GR...... 55 O 15
Cala Piombo
  (Punta di) SU ..... 120 K 7
Cala Regina (Torre) CA 119 J 10
Calabernardo SR .... 105 Q 27
Calabianca (Punta) TP. 97 M 20
Calabretto RC .... 90 M 29
Calabria (Parco
  Nazionale della) CS.. 87 I 31
Calabricata CZ....... 89 K 32
Calabritto AV .... 71 E 27
Calafuria LI.......... 42 L 12
Calaggio FG .... 71 D 28
Calaita (Lago di) TN... 12 D 17
Calalzo di Cadore BL... 5 C 19
Calamandrana AT ... 28 H 7
Calambrone PI .... 42 L 12
Calamento (Val di) TN. 12 D 16
Calamita (Monte) LI... 48 N 13
Calamita Vecchia TP... 97 N 19
Calamonaci AG....... 102 O 21
Calangianus SS ..... 109 E 9
Calanna RC.......... 90 M 29
Calaresu NU......... 116 G 10
Calascibetta EN...... 99 O 24
Calascio AQ .... 59 P 23

Calasetta SU.......... 118 J 7
Calatabiano CT....... 101 N 27
Calatafimi TP......... 97 N 20
Calava (Capo) ME..... 94 M 26
Calavino TN .... 11 D 14
Calbenzano AR....... 45 L 17
Calcara BO .... 31 I 15
Calcarella (Punta) AG. 102 T 20
Calcarelli PA......... 99 N 24
Calcata VT........... 58 P 19
Calceranica al
  Lago TN .... 11 D 15
Calci PI............. 42 K 13
Calciano MT......... 77 F 30
Calcinaia PI.......... 43 K 13
Calcinate BG .... 22 F 11
Calcinate del
  Pesce VA .... 20 E 8
Calcinatello BS ...... 22 F 13
Calcinato BS......... 22 F 13
Calcinelli PS......... 46 K 20
Calcinere CN .... 26 H 3
Calco LC............ 21 E 10
Caldana GR.......... 49 N 14
Caldana LI........... 49 M 13
Caldaro (Lago di) BZ... 11 C 15
Caldaro s. str. d. Vino /
  Kaltern a. d. W. BZ.. 11 C 15
Caldarola MC......... 52 M 21
Caldé VA............ 8 E 7
Calderà ME.......... 95 M 27
Calderara di Reno BO. 31 I 15
Calderari EN......... 99 O 25
Calderino BO........ 39 I 15
Caldiero VR .... 23 F 15
Caldirola AL .... 29 H 9
Caldogno VI......... 24 F 16
Caldonazzo TN ...... 11 E 15
Caldonazzo
  (Lago di) TN....... 11 D 15
Calendasco PC....... 29 G 10
Calenzano FI......... 39 K 15
Caleri RO............ 33 G 18
Calerno RE .... 30 H 13
Cales CE............ 69 D 24
Calestano PR .... 30 I 12
Cali RG............. 104 Q 25
Calice al
  Cornoviglio SP..... 38 J 11
Calice Ligure SV ..... 36 J 6
Calieron
  (Grotte del) TV..... 13 D 19
Caligi (Monte) PT .... 39 J 14
Calignano PV......... 21 G 9
Calimera VV.......... 88 L 30
Calimera LE .... 83 G 36
Calisese FO.......... 41 J 18
Calistri BO........... 39 J 14
Calitri AV .... 71 E 28
Calizzano SV .... 35 J 6
Calle
  (Passo della) FO.... 40 K 17
Calle MT............ 77 E 30
Callianetto AT .... 27 G 6
Calliano AT.......... 28 G 6
Calliano TN.......... 11 E 15
Calmasino VR .... 23 F 14
Calmazzo PS .... 46 K 20
Calogero
  Monte Kronio AG... 102 O 21
Calogno EN .... 100 N 25
Calolziocorte LC ..... 21 E 10
Calopezzati CS ...... 87 I 32
Calore AV .... 70 E 27
Calore BN .... 70 D 25
Calore PZ .... 76 G 29
Caloveto CS .... 87 I 32
Caltabellotta AG...... 97 O 21
Caltagirone
  (Fiume) CT .... 104 P 25
Caltagirone CT .... 104 P 25
Caltana VE .... 24 F 18
Caltanissetta CL ..... 103 O 24
Caltavuturo PA....... 99 N 23
Caltignaga NO....... 20 F 7
Calto RO............ 32 H 16
Caltrano VI.......... 24 E 16
Calusco d'Adda BG... 21 E 10
Caluso TO.......... 19 G 5
Calvagese
  della Riviera BS..... 22 F 13

Calvana
  (Monti della) PO..... 39 K 15
Calvatone CR........ 30 G 13
Calvello PZ .... 77 F 29
Calvello (Monte) AV... 71 E 27
Calvene VI.......... 24 E 16
Calvenzano BG ...... 21 F 10
Calvera PZ........... 77 G 30
Calvi (Monte) BO..... 39 J 15
Calvi (Monte) LI...... 49 M 13
Calvi dell'Umbria TR.. 58 O 19
Calvi (Rifugio) BL..... 5 C 20
Calvi Risorta CE...... 69 D 24
Calvi Vecchia CE..... 69 D 24
Calvia (Monte) SS..... 111 F 8
Calvignano PV....... 29 H 9
Calvilli (Monte) FR.... 64 R 22
Calvisano BS .... 22 F 13
Calvisi CE............ 65 S 25
Calvo (Monte) FG..... 67 B 29
Calvo (Monte) AQ.... 59 O 21
Calzolaro PG .... 51 L 18
Camagna
  Monferrato AL...... 28 G 7
Camalore LU .... 38 K 12
Camaldoli AR........ 44 K 17
Camaldoli NA .... 69 E 24
Camaldoli SA .... 75 F 27
Camaldoli
  (Convento) AR..... 40 K 17
Camandona BI ...... 19 F 6
Camarda AQ........ 59 O 22
Camarina RG .... 106 Q 25
Camastra AG .... 103 P 23
Camatta MN........ 31 G 14
Camatte MN........ 31 G 14
Cambiago MI........ 21 F 10
Cambiano TO .... 27 H 5
Cambio (Monte di) RI.. 59 O 21
Camemi AG......... 106 Q 25
Camera PG .... 51 N 19
Camera TE .... 53 N 23
Camerano
  Casasco AT .... 27 G 6
Camerata Picena AN... 47 L 22
Camerata Cornello BG. 9 E 10
Camerata Nuova RM... 59 P 21
Camerelle
  (Posta delle) FG.... 71 D 29
Cameri NO .... 20 F 7
Cameriano NO ...... 20 F 7
Camerino MC........ 52 M 22
Camerota SA .... 84 G 28
Camigliano SI .... 50 M 16
Camigliatello
  Silano CS .... 86 I 31
Caminata /
  Kematen BZ .... 3 B 16
Camini RC........... 88 L 31
Camino AL .... 20 G 6
Camino al Tagliam UD. 16 E 20
Camino (Monte) BI... 19 F 5
Camino (Pizzo) BS ... 10 E 12
Camisa SU .... 119 J 10
Camisano CR .... 21 F 11
Camisano
  Vicentino VI....... 24 F 17
Camitrici EN......... 103 O 24
Cammarata AG ...... 98 O 22
Cammarata
  (Monte) AG........ 98 O 22
Camogli GE .... 37 I 9
Camonica (Val) BS ... 10 E 12
Campagna PN....... 13 D 20
Campagna SA ...... 75 E 27
Campagna Lupia VE... 25 F 18
Campagnano
  di Roma RM .... 58 P 19
Campagnatico GR.... 50 N 15
Campagnola
  Emilia RE .... 31 H 14
Campana CS .... 87 I 32
Campana (Cozzo) CL... 99 O 23
Campana Grande
  (Grotta) FG .... 67 B 30
Campana (Sasso) SO... 10 C 12
Campanedda SS ..... 110 E 7
Campanella VI....... 12 E 16
Campanella
  (Monte) CL .... 103 O 23
Campanella
  (Punta) NA .... 74 F 24
Campea TV.......... 13 E 18
Campeda
  (Altopiano di) SS... 115 G 8

Campegine RE ...... 31 H 13
Campello
  sul Clitunno PG.... 52 N 20
Campertogno VC.... 19 E 6
Campese GR .... 55 O 14
Campestri FI .... 40 K 16
Campi PG .... 52 N 21
Campi TN .... 11 E 14
Campi (Baia di) FG... 67 B 30
Campi Bisenzio FI... 39 K 15
Campi Salentina LE... 81 F 36
Campiano RA .... 41 J 18
Campidano SU ..... 118 J 9
Campiglia SP .... 38 J 11
Campiglia Cervo BI... 19 J 10
Campiglia
  dei Berici VI ...... 24 F 16
Campiglia dei Foci SI.. 43 L 15
Campiglia d'Orcia SI.. 50 N 17
Campiglia
  Marittima LI ...... 49 M 13
Campiglia Soana TO... 19 F 4
Campiglio MO....... 39 I 14
Campigliola GR...... 56 O 16
Campiglione TO..... 26 H 3
Campigna FO....... 40 K 17
Campigno FI........ 40 J 16
Campill / Longiarù BZ.. 4 C 17
Campione MN....... 31 G 14
Campione (Monte) BS. 22 E 12
Campione d'Italia CO... 9 E 8
Campitello di Fassa TN.. 4 C 17
Campitello Matese CB.. 65 R 25
Campli TE .... 53 N 23
Campli
  (Montagna di) TE... 53 N 22
Campliccioli
  (Lago di) VB ...... 7 D 6
Campo SO.......... 9 D 10
Campo (Monte) IS ... 65 Q 24
Campo Calabro RC... 90 M 28
Campo dei Fiori
  (Monte) VA .... 8 E 8
Campo di Fano AQ... 60 P 23
Campo di Giove AQ... 60 P 24
Campo di Trens /
  Freienfeld BZ....... 3 B 16
Campo Felice AQ .... 59 P 22
Campo
  Imperatore AQ..... 59 O 22
Campo Ligure GE..... 28 I 8
Campo Lupino
  (Monte) FR .... 63 R 22
Campo Reggiano PG.. 51 L 19
Campo Rotondo AQ... 59 Q 21
Campo S. Martino PD.. 24 F 17
Campo Soriano LT.... 63 R 21
Campo Staffi FR ..... 63 Q 22
Campo Tenese CS.... 85 H 30
Campo Tures /
  Sand in Taufers BZ... 4 B 17
Campobasso CB..... 65 R 25
Campobello
  di Licata AG....... 103 P 23
Campobello
  di Mazara TP ..... 97 O 20
Campocatino FR..... 63 Q 22
Campocavallo AN ... 47 L 22
Campochiaro CB .... 65 R 25
Campochiesa SV .... 35 J 6
Campodalbero VI.... 23 F 15
Campodarsego PD... 24 F 17
Campodiegoli AN .... 52 M 20
Campodimele LT..... 64 R 22
Campodipietra CB.... 65 R 26
Campodolcino SO.... 9 C 10
Campodonico AN.... 52 M 20
Campodoro PD...... 24 F 17
Campofelice
  di Fitalia PA........ 98 N 22
Campofelice
  di Roccella PA...... 99 N 23
Campofilone AP...... 53 M 23
Campofiorito PA...... 97 N 21
Campoformido UD... 16 D 21
Campoforogna RI.... 58 O 20
Campofranco CL .... 103 O 23
Campogalliano MO... 31 H 14
Campogialli AR....... 44 L 17
Campogrosso
  (Passo di) TN ..... 23 E 15

Campolasta /
  Astfeld BZ......... 3 B 16
Campolato (Capo) SR. 105 P 27
Campolattaro BN..... 65 S 26
Campoleone LT...... 62 R 19
Campoli
  Appennino FR..... 64 Q 23
Campoli del Monte
  Taburno BN .... 70 D 25
Campolieto CB ...... 65 R 26
Campolongo BL ..... 5 C 19
Campolongo KR...... 89 K 33
Campolongo
  (Passo di) BL...... 4 C 17
Campolongo
  al Torre UD .... 17 E 22
Campolongo
  Maggiore VE ...... 24 G 18
Campolongo
  sul Brenta VI....... 24 E 17
Campomaggiore PZ... 77 F 30
Campomarino CB .... 61 Q 27
Campomarino TA..... 79 G 34
Campomolon
  (Monte) VI......... 11 E 15
Campomorone GE.... 28 I 8
Campomulo VI ...... 12 E 16
Camponogara VE.... 25 F 18
Campora SA .... 76 G 27
Campora
  S. Giovanni CS..... 86 J 30
Camporeale PA...... 97 N 21
Camporgiano LU .... 38 J 13
Camporosso IM ..... 35 K 4
Camporosso
  in Valcanale UD.... 15 C 22
Camporotondo
  di Fiastrone MC.... 52 M 21
Camporotondo
  Etneo CT .... 100 O 27
Camporovere VI..... 12 E 16
Camposampiero PD... 24 F 17
Camposano NA...... 70 E 25
Camposanto MO .... 31 H 15
Camposauro
  (Monte) BN........ 70 D 25
Camposecco
  (Lago di) VB ...... 7 D 6
Camposilvano TN.... 23 E 15
Composonaldo FO... 40 K 17
Campotosto AQ ..... 59 O 22
Campotosto
  (Lago di) AQ....... 59 O 22
Campotto FE .... 32 I 17
Campovalano TE .... 53 N 22
Campoverde LT...... 63 R 20
Campremoldo
  Sopra PC .... 29 G 10
Campremoldo
  Sotto PC.......... 29 G 10
Campsirago LC ..... 21 E 10
Campudulimu SS.... 111 E 8
Camucia AR .... 50 M 17
Camugnano BO ..... 39 J 15
Cana GR............ 50 N 16
Canaglia SS .... 110 E 6
Canal S. Bovo TN .... 12 D 17
Canala (Sella) BN .... 70 C 26
Canale AV .... 70 E 26
Canale CN .... 27 H 5
Canale (Val) UD...... 15 C 22
Canale d'Agordo BL... 12 C 17
Canale
  Monterano RM .... 57 P 18
Canale (Su) SS ...... 113 E 10
Canales NU......... 115 G 8
Canales (Lago sos) SS. 111 F 9
Canaletto MO ...... 31 H 15
Canali RE........... 31 I 13
Canalicchio PG ..... 51 N 19
Canalotto
  (Masseria) CL ..... 103 O 24
Canapine (Forca) PG... 52 N 21
Canaro RO.......... 32 H 17
Cancellara PZ....... 72 E 29
Cancelli AN.......... 52 M 20
Cancello ed
  Arnone CE......... 69 D 24
Cancelo (Passo di) RC. 91 M 30
Canciano (Pizzo di) SO. 10 D 11

Canda RO........... 32 G 16
Candela FG.......... 71 D 28
Candelara PS........ 46 K 20
Candelaro FG........ 66 B 27
Candelaro (Masseria) FG. 67 C 29
Candelaro
  (Stazione di) FG.... 67 C 29
Candeli FI........... 44 K 16
Candelo BI.......... 19 F 6
Candelù TV .... 25 E 19
Candia Canavese TO... 19 G 5
Candia (Lago di) TO... 19 G 5
Candia Lomellina PV... 20 G 7
Candiana PD........ 24 G 17
Candida Parolise AV... 70 E 26
Candidoni RC........ 88 L 30
Candigliano PS...... 45 L 19
Candiolo TO......... 27 H 4
Candoglia VB........ 8 E 7
Cane (Passo del) /
  Hundskehljoch BZ... 4 A 18
Cane (Punta del) SR... 105 Q 27
Canebola UD........ 15 D 22
Canedole MN........ 23 G 14
Canegrate MI........ 20 F 8
Canelli AT .... 28 H 6
Canepina VT .... 57 O 18
Canesano PR .... 30 I 12
Canetra RI.......... 59 O 21
Caneva PN .... 13 E 19
Canevara MS .... 38 J 12
Canevare MO........ 39 J 14
Canevino PV........ 29 H 9
Canfaito (Monte) MC.. 52 M 21
Cangialoso (Pizzo) PA.. 98 N 22
Cangiulli
  (Masseria) TA ..... 73 E 32
Canicattì AG......... 103 O 23
Canicattini Bagni SR.. 105 P 27
Caniga SS .... 110 E 7
Canigione
  (Punta del) SS ..... 109 D 10
Caniglia
  di Sotto (Casa) FG... 66 B 28
Canin (Monte) UD .... 15 C 22
Canino VT........... 57 O 17
Canino (Monte) VT ... 57 O 17
Canischio TO........ 19 F 4
Canistro Inferiore AQ. 63 Q 22
Canistro Superiore AQ. 63 Q 22
Canitello RC......... 90 M 28
Canna CS........... 78 G 31
Canna ME .... 94 L 25
Cannai SU.......... 120 J 7
Cannalonga SA...... 76 G 27
Cannara PG .... 51 N 19
Cannas SU.......... 119 J 10
Cannas
  (Gola del Rio) SU... 119 I 10
Cannas (Is) CA ...... 119 J 9
Canne BA .... 72 D 30
Canneddi
  (Punta li) SS ...... 108 D 8
Cannero Riviera VB... 8 D 8
Canneto PI .... 49 M 14
Canneto (I. Lipari) ME.. 94 L 26
Canneto vicino a Sto
  Stefano di Cam ME... 99 M 25
Canneto Pavese PV... 29 G 9
Canneto sull'Oglio MN. 30 G 13
Cannigione SS....... 109 D 10
Cannizzaro CT....... 101 O 27
Cannobina (Val) VB... 8 D 7
Cannobino VB....... 8 D 7
Cannobio VB........ 8 D 8
Cannole LE .... 83 G 37
Cannoneris (Is) SU ... 121 J 8
Canolo RC.......... 91 M 30
Canolo RE .... 31 H 14
Canonica BG .... 21 F 10
Canonica MI......... 21 F 9
Canosa di Puglia BA... 72 D 30
Canosa Sannita CH... 60 P 24
Canossa RE......... 30 I 13
Canova LC.......... 21 E 10
Canove CN .... 27 H 6
Canove VI........... 12 E 16
Cansano AQ .... 60 P 24
Cansiglio
  (Bosco del) BL..... 13 D 19
Cantagallo PO....... 39 J 15
Cantagrillo PT .... 39 K 14
Cantalice RI......... 58 O 20
Cantalupa TO .... 26 H 3
Cantalupo AL........ 28 H 7
Cantalupo PG .... 51 N 19

Cantalupo in Sabina *RI* .... 58 P 19
Cantalupo Ligure *AL* ... 29 H 9
Cantalupo nel Sannio *IS* .... 65 R 25
Cantarana *VE* .... 25 G 18
Cantari (Monti) *FR* ... 63 Q 21
Cantello *VA.* .... 20 E 8
Canterno (Lago di) *FR* . 63 Q 21
Cantiano *PS* .... 46 L 19
Cantinella *CS* .... 85 H 31
Cantoira *TO* .... 18 F 4
Cantone *PG* .... 45 L 18
Cantone *RE* .... 31 I 13
Cantone *TR* .... 51 N 18
Cantoniera (Passo di) *PS* 45 K 18
Cantù *CO.* .... 21 E 9
Canu (Monte) *SS.* ..... 109 D 10
Canzano *TE* .... 53 O 23
Canzo *CO* .... 9 E 9
Canzoi (Valle di) *BL* .. 12 D 17
Caorera *BL* .... 12 E 17
Caoria *TN* .... 12 D 17
Caorle *VE* .... 16 F 20
Caorso *PC* .... 30 G 11
Capaccia (Capo) *SS* ... 109 D 10
Capaccio *SA.* .... 75 F 27
Capacciotti (Lago di) *FG* .. 71 D 29
Capaci *PA* .... 97 M 21
Capalbio *GR.* .... 56 O 16
Capalbio Stazione *GR.* . 56 O 16
Capannaccia *SS* .... 109 D 9
Capanne *GR.* .... 50 N 16
Capanne *PG* .... 51 M 18
Capanne (Monte) *LI* .. 48 N 12
Capanne di Sillano *LU* . 38 J 12
Capanne Marcarolo *AL* .... 28 I 8
Capannelle (Valico delle) *AQ* . 59 O 22
Capannole *AR.* .... 44 L 16
Capannoli *PI* .... 43 L 14
Capannori *LU.* .... 39 K 13
Capecchio *VT* .... 57 O 17
Capel Rosso (Punta del) (I. di Giannutri) *GR* ... 55 P 15
Capel Rosso (Punta del) (I. del Giglio) *GR* ..... 55 P 14
Capena *RM.* .... 58 P 19
Capergnanica *CR.* ..... 21 F 10
Caperino (Montagna del) *PZ* ... 77 F 30
Capestrano *AQ* .... 60 P 23
Capezzano Pianore *LU.* . 38 K 12
Capezzone (Cima) *VB.* ... 8 E 6
Capichera (Tomba di) *SS* ... 109 D 10
Capilungo *LE.* .... 83 H 36
Capio (Monte) *VC.* ...... 8 E 6
Capistrano *VV.* .... 88 K 30
Capistrello *AQ.* .... 59 Q 22
Capitana *CA* .... 119 J 9
Capitello *SA* .... 76 G 28
Capitello *VR.* .... 23 G 15
Capitignano *SA* ...... 75 E 26
Capitignano *AQ* ...... 59 O 21
Capitone *TR* .... 58 O 19
Capizzi *ME* .... 100 N 25
Caplone (Monte) *BS* .. 23 E 13
Capo Calvanico *SA.* .... 70 E 26
Capo di Ponte *BS* ... 10 D 13
Capo di Ponte (Parco Nazionale Inc. Rup.) *BS.* 10 D 13
Capo d'Orlando *ME* ... 100 M 26
Capo Ferrato *SU* ... 119 J 10
Capo Passero (Isola di) *SR* .... 107 Q 27
Capo Portiere *LT.* ..... 63 R 20
Capo Rizzuto *KR.* ..... 89 K 33
Capo Rossello *AG.* .... 102 P 22
Capocavallo *PG* ..... 51 M 18
Capodacqua *PG* ..... 52 M 20
Capodarco *AP.* .... 53 M 23
Capodimonte *NA.* ..... 69 E 24
Capodimonte *VT.* ..... 57 O 17
Capoiale *FG* .... 67 B 28
Capolapiaggia *MC.* ..... 52 M 21
Capoliveri *LI.* .... 48 N 13
Capolona *AR.* .... 45 L 17
Caponago *MI.* .... 21 F 10
Caporciano *AQ* .... 59 P 23
Capoiacco *UD* .... 14 D 21
Caporosa *CS.* .... 87 J 31
Caposele *AV.* .... 71 E 27
Caposile *VE* .... 16 F 19

Capoterra *CA.* .... 118 J 8
Capovalle *BS* .... 23 E 13
Cappadocia *AQ.* .... 59 P 21
Cappeddu (Punta) *SS.* 109 D 9
Cappella *KR* .... 87 I 33
Cappella Maggiore *TV.* 13 E 19
Cappelle *AQ.* .... 59 P 22
Cappelle sul Tavo *PE.* .. 60 O 24
Cappelletta *MN.* .... 31 G 14
Capracotta *IS.* .... 65 Q 24
Capradosso *RI.* .... 59 P 21
Caprafico *TE.* .... 60 O 23
Capraglia *AL* .... 28 G 8
Capraia *LI* .... 48 M 11
Capraia (Isola) *FG* .. 66 A 28
Capraia (Isola di) *LI* .. 48 M 11
Capralba *CR.* .... 21 F 10
Capranica *VT* .... 57 P 18
Capranica Prenestina *RM.* 63 Q 20
Capranica (Masseria) *TA* . 79 F 34
Caprara *RE* .... 30 H 13
Caprara d'Abruzzo *PE.* 60 O 24
Caprara (Punta) *SS.* .... 108 D 6
Caprarica (Masseria) *TA* . 79 F 34
Caprarica di Lecce *LE* . 83 G 36
Caprarico *MT.* .... 77 G 31
Capraro (Monte) *IS* ... 65 Q 24
Caprarola *VT* .... 57 P 18
Caprauna *CN* .... 35 J 5
Caprera (Isola) *SS.* .... 109 D 10
Caprese Michelangelo *AR* .. 45 L 17
Capri *NA* .... 74 F 24
Capri (Isola di) *NA* .. 74 F 24
Capri Leone *ME.* ...... 100 M 26
Capriata d'Orba *AL* .. 28 H 8
Capriate S. Gervasio *BG* ... 21 F 10
Capriati a Volturno *CE* . 65 R 24
Capricchia *RI* .... 59 O 22
Capriccioli *SS.* .... 109 D 10
Caprile *AR.* .... 45 K 18
Caprile *PS* .... 46 L 20
Caprile *BL* .... 12 C 17
Caprile / Gfrill (vicino a Merano) *BZ.* .. 3 C 15
Caprino Bergamasco *BG* ..... 21 E 10
Caprino Veronese *VR* .. 23 F 14
Caprio *MS* .... 38 I 11
Caprioli *SA* .... 76 G 27
Capriolo *BS.* .... 22 F 11
Capriva del Friuli *GO.* ... 17 E 22
Capro (il) *AR.* .... 45 K 18
Caprolace (Lago di) *LT* . 63 R 20
Capua *CE.* .... 69 D 24
Capugnano *BO.* .... 39 J 14
Capurso *BA* .... 73 D 32
Caraffa del Bianco *RC.* .. 91 M 30
Caraffa di Catanzaro *CZ* ..... 88 K 31
Caraglio *CN* .... 34 I 4
Caragna *SV.* .... 35 J 6
Caramagna Ligure *IM.* .. 35 K 5
Caramagna Piemonte *CN* .... 27 H 5
Caramanico Terme *PE* . 60 P 23
Carameto (Monte) *PR.* .. 30 H 11
Caramola (Monte) *PZ.* .. 77 G 30
Caramolo (Monte) *CS.* .. 85 H 30
Carana *SS* .... 109 E 9
Carangiaro (Monte) *EN* .... 104 O 24
Caranna *BR.* .... 80 E 34
Carano *LT* .... 63 R 20
Carano *TN.* .... 12 D 16
Caranza *SP* .... 37 I 10
Carapelle *FG* .... 71 C 29
Carapelle Calvisio *AQ* . 59 P 23
Carapelle (Torrente) *FG* .. 71 D 28
Carapellotto *FG* ...... 71 D 28
Carasco *GE* .... 37 I 10
Carassai *AP.* .... 53 M 23
Carate Brianza *MI.* ..... 21 E 9
Carate Brianza (Rifugio) *SO* ...... 10 D 11
Carate Urio *CO* ...... 9 E 9
Caravaggio *BG* ...... 21 F 10
Caravai (Passo da) *NU* . 115 G 9
Caravino *TO.* .... 19 F 5
Caravius (Monte is) *SU* 118 J 8
Caravonica *IM.* .... 35 K 5
Carbognano *VT* ...... 58 P 18

Carbonara al Ticino *PV.* .... 21 G 9
Carbonara (Capo) *SU* . 119 J 10
Carbonara di Bari *BA.* 73 D 32
Carbonara di Po *MN* ... 31 G 15
Carbonara (Golfo di) *SU.* ..... 119 J 10
Carbonara (Pizzo) *PA* .. 99 N 24
Carbonare *TN* .... 11 E 15
Carbone *PZ* .... 77 G 30
Carbone (Monte) *CN.* .. 34 J 4
Carbonera *TV* .... 25 E 18
Carbonesca *PG* ...... 51 M 19
Carbonia *SU.* .... 118 J 7
Carbonin / Schluderbach *BZ* ..... 4 C 18
Carcaci (Monte) *PA* .. 98 N 22
Carcaciotto (Borgata) *PA* .. 98 N 22
Carcare *SV* .... 36 I 6
Carcari *EN* .... 100 O 26
Carceri *PD* .... 24 G 16
Carceri (Eremo delle) *PG* .. 51 M 19
Carchitti *RM.* .... 63 Q 20
Carcina *BS.* .... 22 F 12
Carcoforo *VC* .... 7 E 6
Carda *AR* .... 44 L 17
Cardaxius *SU* .... 119 I 9
Carde *CN* .... 27 H 4
Cardedu *NU* .... 117 H 10
Cardella *PS* .... 45 L 19
Cardeto *RC* .... 90 M 29
Cardeto Sud *RC* ...... 90 M 29
Cardezza *VB.* .... 8 D 6
Cardiga (Monte) *SU.* ... 119 I 10
Cardinala *MN.* .... 31 G 15
Cardinale *CZ* .... 88 L 31
Cardinale (Lago del) *TN.* .. 11 C 14
Carditello *CE* .... 69 D 24
Cardito *FR.* .... 64 R 23
Cardito *RC* .... 69 E 24
Carè Alto (Monte) *TN* .. 11 D 13
Careggine *LU.* .... 38 J 12
Carena (Punta) *NA* .. 74 F 24
Carenno *LC.* .... 21 E 10
Careri *RC* .... 91 M 30
Caresana *TS* .... 17 F 23
Caresana *VC.* .... 20 G 7
Caresanablot *VC.* ...... 20 F 7
Careser (Lago del) *TN.* .. 11 C 14
Carestiato (Rifugio) *BL.* 12 D 18
Carezza al Lago / Karersee *BZ* ...... 12 C 16
Carezzano *AL.* .... 28 H 8
Carfalo *PI* .... 43 L 14
Carfizzi *KR.* .... 87 J 32
Cargeghe *SS* .... 110 E 7
Caria *VV.* .... 88 L 29
Cariati *CS.* .... 87 I 32
Cariati (Masseria) *BA.* 72 D 30
Cariati Marina *CS* .... 87 I 32
Carife *AV.* .... 71 D 27
Carige *GR* .... 56 O 16
Cariglio *CS* .... 86 I 30
Carignano *FG* ...... 66 C 27
Carignano *PR.* .... 30 H 12
Carignano *PS.* .... 46 K 20
Carignano *TO.* .... 27 H 5
Carignano di Brenta *PD.* .. 24 F 17
Carisasca *PC.* .... 29 H 9
Carisio *VC* .... 19 F 6
Carisolo *TN.* .... 11 D 14
Cariusi (Monte) *SA* . 76 G 28
Carlantino *FG* ...... 66 C 26
Carlazzo *CO* .... 9 D 9
Carlentini *SR* ...... 105 P 27
Carlo Magno (Campo) *TN* .. 11 D 14
Carloforte *SU* ...... 120 J 6
Carlopoli *CZ* .... 86 J 31
Carmagnola *TO.* .... 27 H 5
Carmelia (Piani di) *RC* .. 90 M 29
Carmerlona *RA* ...... 41 I 18
Carmiano *LE* .... 81 F 36
Carmignanello *PO.* .... 39 K 15
Carmignano *PO* ...... 39 K 15
Carmignano *PD* ...... 32 G 16
Carmignano di Brenta *PD.* .. 24 F 17
Carmine *VB* .... 8 D 8
Carmine *CN* .... 27 I 5
Carmo (Monte) *GE.* ..... 29 I 9

Carmo (Monte) *SV.* ..... 35 J 6
Carnago *VA* .... 20 E 8
Carnaio (Colle del) *FO.* 40 K 17
Carnaiola *TR.* .... 51 N 18
Carnara (Monte) *PZ.* ... 77 G 31
Carnello *FR.* .... 64 Q 22
Carnia *UD* .... 14 C 19
Carnia (Località) *UD* .. 14 C 21
Carnizza (Sella) *UD* ... 15 C 21
Carobbio *PR.* .... 30 I 12
Carolei *CS* .... 86 J 30
Carona *BG.* .... 10 D 11
Carona *SO.* .... 10 D 12
Caronia *ME* .... 100 M 25
Caronno Pertusella *VA.* 21 F 9
Caronte (Terme) *CZ* ... 88 K 30
Carosino *TA* .... 79 F 34
Carovigno *BR* .... 80 E 34
Carovilli *IS.* .... 65 Q 24
Carpacco *UD* .... 14 D 20
Carpana *PR.* .... 29 I 11
Carpaneto Piacentino *PC* ...... 30 H 11
Carpani *LI* .... 48 N 12
Carpanzano *CS* ...... 86 J 30
Carpari *TA* .... 80 E 33
Carpasio *IM.* .... 35 K 5
Carpe *SV* .... 35 J 6
Carpegna *PS* .... 45 K 19
Carpegna (Monte) *PS.* 45 K 18
Carpen *BL* .... 12 E 17
Carpenedolo *BS* ...... 22 F 13
Carpeneto *AL* .... 28 H 7
Carpi *MO.* .... 31 H 14
Carpi *VR.* .... 32 G 16
Carpi (Rifugio) *BL.* ..... 4 C 18
Carpiano *MI* .... 21 F 9
Carpignano Salentino *LE* ... 83 G 37
Carpignano Sesia *NO.* 20 F 7
Carpina *PG* .... 45 L 19
Carpinelli (Passo) *LU.* ... 38 J 12
Carpineto *FO* .... 41 J 18
Carpineta *BO.* .... 39 J 15
Carpineti *RE.* .... 38 I 13
Carpineto Romano *RM.* 63 R 21
Carpineto Sinello *CH* .. 61 P 25
Carpini *PG.* .... 45 L 19
Carpino *FG* .... 67 B 29
Carpinone *IS* .... 65 R 24
Carrara *MS* .... 38 J 12
Carré *VI* .... 24 E 16
Carrega Ligure *AL* .... 29 I 9
Carretto *SV* .... 35 I 6
Carriero (Serra) *PZ* ... 71 E 29
Carro *SP.* .... 37 J 10
Carrodano *SP* .... 37 J 10
Carrosio *AL* .... 28 I 8
Carrù *CN* .... 27 I 5
Carruba *CT* .... 101 N 27
Carruba Nuova *PA* ... 97 N 21
Carrubba (Monte) *SR* . 105 P 27
Carsoli *AQ* .... 59 P 21
Carsulae *TR* .... 58 O 19
Cartasegna *AL* .... 29 I 9
Cartigliano *VI* .... 24 E 17
Cartoceto (vicino a Calcinelli) *PS.* ...... 46 K 20
Cartoceto (vicino ad Isola di Fano) *PS* .. 46 L 20
Cartosio *AL.* .... 28 I 7
Cartura *PD* .... 24 G 17
Carugate *MI.* .... 21 F 10
Carunchio *CH* ...... 65 Q 25
Caruso (Forca) *AQ* ... 59 P 23
Caruso (Monte) *PZ.* ... 71 E 29
Carve *BL* .... 13 D 18
Carvico *BG* .... 21 E 10

Casal Borsetti *RA* ...... 33 I 18
Casal Cermelli *AL.* ..... 28 H 7
Casal di Principe *CE.* .. 69 D 24
Casal Palocco *RM.* ..... 62 Q 19
Casal Sabini *BA.* .... 73 E 31
Casalsottano *SA* ..... 75 G 27
Casal Velino *SA.* ...... 75 G 27
Casalabate *LE* ...... 81 F 36
Casalanguida *CH* ..... 61 P 25
Casalappi Ruschi *LI.* ... 49 M 14
Casalàttico *FR.* .... 64 R 23
Casalbarbato *PR.* ...... 30 H 12
Casalbellotto *CR.* ...... 30 H 13
Casalbordino *CH* ..... 61 P 25
Casalbore *AV.* .... 70 D 27
Casalborgone *TO.* ..... 19 G 5
Casalbuono *SA* ...... 76 G 29
Casalbusone *AL* ..... 29 I 9
Casalbuttano ed Uniti *CR* ..... 22 G 11
Casalcassinese *FR* ... 64 R 23
Casalciprano *CB* ..... 65 R 25
Casalduni *BN* ...... 65 S 26
Casale *RA* .... 40 J 17
Casale *MN.* .... 31 G 14
Casale Cinelli *VT.* ...... 57 P 17
Casale Corte Cerro *VB.* .. 8 E 7
Casale Cremasco *CR* .. 21 F 11
Casale delle Palme *LT.* 63 R 20
Casale di Pari *GR.* ..... 50 M 15
Casale di Scodosia *PD* . 24 G 16
Casale Marittimo *PI.* ... 49 M 13
Casale Monferrato *AL.* 28 G 7
Casale Monferrato (Rifugio) *AO* .... 7 E 5
Casale sul Sile *TV* .... 25 F 18
Casale (Villa Romana del) (Piazza Armerina) *EN.* 104 O 25
Casalecchio dei Conti *BO.* ...... 40 I 16
Casalecchio di Reno *BO* .... 39 I 15
Casaleggio *AG.* .... 29 H 10
Casaleggio Novara *NO.* 20 F 7
Casaleone *VR* .... 23 G 15
Casaletto *VT.* .... 57 P 18
Casaletto Ceredano *CR.* 21 G 10
Casaletto di Sopra *CR.* .. 22 F 11
Casaletto Spartano *SA.* .. 76 G 28
Casalfiumanese *BO.* .... 40 J 16
Casalgiordana *PA.* ..... 99 N 24
Casalgrande *RE* ..... 31 I 14
Casali *FI* .... 40 J 16
Casalicchio *AG* ..... 99 O 23
Casaliggio *PC.* .... 29 G 10
Casalina *MS* .... 38 I 11
Casalincontrada *CH.* .... 60 P 24
Casalini *BR* .... 80 E 34
Casalino *AR* .... 44 K 17
Casalino *NO.* .... 20 F 7
Casalmaggiore *CR.* .... 30 H 13
Casalmaiocco *LO* ... 21 F 10
Casalmorano *CR.* ..... 22 G 11
Casalnoceto *AL.* ...... 28 H 8
Casalnuovo di Napoli *NA.* ..... 69 E 25
Casalnuovo Monterotaro *FG* .. 66 C 27
Casaloldo *MN* ...... 22 G 13
Casalone (Poggio) *SI.* .. 49 M 15
Casalotti *RM.* .... 62 Q 19
Casalpoglio *MN* .... 22 G 13
Casalpusterlengo *LO.* .. 21 G 10
Casalromano *MN* .... 22 G 13
Casalserugo *PD* ...... 24 G 17
Casalta *PG.* .... 51 N 19
Casaltone *PR.* .... 30 H 13
Casaluce *CE* .... 69 D 24
Casaluna *PG* .... 52 M 20
Casalvecchio di Puglia *FG* ...... 66 C 27
Casalvecchio Siculo *ME.* .... 90 N 27
Casalvieri *FR.* .... 64 R 23
Casalvolone *NO* ..... 20 F 7
Casamaina *AQ.* .... 59 P 22
Casamari (Abbazia di) *FR* .. 64 Q 22
Casamassima *BA* .... 73 E 32
Casamicciola Terme *NA* .... 74 E 23

Casanova *TO* .... 27 H 5
Casanova dell'Alpe *FO.* 40 K 17
Casanova Elvo *VC* ..... 20 F 6
Casanova Lerrone *SV.* .. 35 J 6
Casanova Lonati *PV* .. 29 G 9
Casanova *RI* .... 58 P 20
Casaraccio (Stagno di) *SS* ...... 110 E 6
Casarano *LE* .... 83 G 36
Casargius (Monte) *SU.* 119 I 10
Casargo *LC* .... 9 D 10
Casarsa della Delizia *PN* ...... 13 E 20
Casarza Ligure *GE* ... 37 J 10
Casasco d'Intelvi *CO* .. 9 E 9
Casasco *AL* .... 29 I 9
Casastrada *FI.* .... 43 L 14
Casateia / Gasteig *BZ* . 3 B 16
Casatico *LC* .... 21 E 9
Casatico *MN.* .... 31 G 13
Casatisma *PV* .... 29 G 9
Casazza *BG* .... 22 E 11
Cascano *CE.* .... 69 D 23
Cascia *PG* .... 52 N 21
Casciana Alta *PI* ..... 43 L 13
Casciana Terme *PI.* .... 43 L 13
Casciano *SI.* .... 50 M 15
Cascina *PI* .... 43 K 13
Cascina (Torrente) *PI.* .. 43 L 13
Cascina Grossa *AL.* .... 28 H 8
Cascine Vecchie *PI.* .... 42 K 13
Cascinette d'Ivrea *TO.* .. 19 F 5
Case Orsolina *BL.* ...... 5 C 19
Case Perrone *TA* ...... 78 F 32
Case Simini *LE.* .... 81 F 36
Casei Gerola *PV* ..... 28 G 8
Caselette *TO* .... 27 G 4
Casella *SP* .... 37 J 11
Casella *GE.* .... 28 I 8
Casella *TV* .... 24 E 17
Caselle *CS* .... 85 H 31
Caselle *TV* .... 24 E 17
Caselle *VR.* .... 24 G 16
Caselle *VI* .... 24 G 16
Caselle in Pittari *SA* . 76 G 28
Caselle Landi *LO.* ...... 30 G 11
Caselle Lurani *LO.* ..... 21 G 10
Caselle Torinese *TO.* ... 19 G 4
Casemurate *RA* ...... 41 J 18
Casenove *PG* .... 52 N 20
Casenovole *GR* ...... 50 M 15
Casentini (Rifugio) *LU.* .. 39 J 13
Casentino *AQ* .... 59 P 22
Casenuove *AN.* .... 47 L 22
Casera di Fuori *BZ* .... 3 B 14
Casera Losa *UD* ...... 5 C 20
Casere *BL* .... 12 E 17
Casere / Kasern *BZ.* .... 4 A 18
Caserta *CE* .... 69 D 25
Caserta Vecchia *CE* ... 69 D 25
Casette *RI.* .... 58 O 20
Casette d'Ete *AP.* ...... 53 M 23
Casevecchie *PG* ..... 51 N 20
Casi *CE* .... 69 D 24
Casier *TV.* .... 25 F 18
Casies (Valle di) / Gsies *BZ.* .... 4 B 18
Casigliano *PR.* .... 51 N 19
Casignana *RC* .... 91 M 30
Casina *RE* .... 30 I 13
Casina (Cima la) *SO.* .... 2 C 12
Casinalbo *MO'* .... 31 I 14
Casine *AN.* .... 46 L 21
Casinina *PS* .... 41 K 19
Casnigo *BG* .... 22 E 11
Casola Canina *BO.* ..... 40 I 17
Casola in Lunigiana *MS* ... 38 J 12
Casola Valsenio *RA* ... 40 J 16
Casole d'Elsa *SI* ..... 49 L 15
Casoli *CH.* .... 60 P 24
Casoli *LU.* .... 38 K 12
Casoli *TE* .... 60 O 23
Cason di Lanza (Passo) *UD* ...... 14 C 21
Casoni *GE* .... 29 I 9
Casoni *RE.* .... 31 H 14
Casoni Primo *PV.* .... 21 G 9
Casorate Sempione *VA.* ... 20 E 8
Casorezzo *MI.* .... 20 F 8
Casoria *NA* .... 69 E 24

A B C D E F G H I J K L M N O P Q R S T U V W X Y Z

Casorzo *AT* . . . . 28 G 7
Casotto *CN* . . . . 35 J 5
Caspano *SO* . . . . 9 D 10
Casperia *RI* . . . . 58 O 20
Caspoggio *SO* . . . . 10 D 11
Cassana (Pizzo) *SO* . . . . . 2 C 12
Cassano *AV* . . . . 70 D 26
Cassano allo Ionio *CS* . . 85 H 30
Cassano d'Adda *MI* . . . . 21 F 10
Cassano delle
  Murge *BA* . . . . 73 E 32
Cassano Irpino *AV* . . . . 70 E 27
Cassano Magnago *VA* . . 20 E 8
Cassano Spinola *AL* . . . . 28 H 8
Cassano Valcuvia *VA* . . . 8 E 8
Cassaro *SR* . . . . 105 P 26
Cassella *RO* . . . . 33 H 19
Cassiano *AN* . . . . 46 L 21
Cassibile *SR* . . . . 105 Q 27
Cassibile (Fiume) *SR* . . 105 Q 27
Cassiglio *BG* . . . . 9 E 10
Cassina de' Pecchi *MI* . . 21 F 10
Cassinasco *AT* . . . . 28 H 6
Cassine *AL* . . . . 28 H 7
Cassinelle *AL* . . . . 28 I 7
Cassinetta
  di Lugagnano *MI* . . . . 20 F 8
Cassino *FR* . . . . 64 R 23
Cassino *RI* . . . . 52 N 21
Cassio *PR* . . . . 30 I 12
Casso *PN* . . . . 13 D 18
Cassola *VI* . . . . 24 E 17
Cassolnovo *PV* . . . . 20 F 8
Castagna *CZ* . . . . 86 J 31
Castagna (Punta) *ME* . . 94 L 26
Castagna (Serra) *CS* . . 85 I 31
Castagnaro *VR* . . . . 32 G 16
Castagneto
  Carducci *LI* . . . . 49 M 13
Castagneto Po *TO* . . . . . 19 G 5
Castagnito *CN* . . . . 27 H 6
Castagno (il) *FI* . . . . 43 L 14
Castagno
  d'Andrea (il) *FI* . . . . 40 K 16
Castagnola *PG* . . . . 51 N 19
Castagnole
  delle Lanze *AT* . . . . . 27 H 6
Castagnole
  Monferrato *AT* . . . . . 28 H 6
Castagnole
  Piemonte *TO* . . . . . . 27 H 4
Castana *PV* . . . . 29 G 9
Castanea
  delle Furie *ME* . . . . . 90 M 28
Castano Primo *MI* . . . . . 20 F 8
Castedduzzu
  (Monte su) *SS* . . . . . 111 E 8
Casteggio *PV* . . . . 29 G 9
Castegnato *BS* . . . . 22 F 12
Castel Baronia *AV* . . . . . 71 D 27
Castel Bolognese *RA* . . . 40 J 17
Castel
  Campagnano *CE* . . . . 70 D 25
Castel Castagna *TE* . . . . 59 O 23
Castel Castagnaio *AR* . . 40 K 16
Castel Cellesi *VT* . . . . . . 57 O 18
Castel d'Aiano *BO* . . . . . 39 J 15
Castel d'Ario *MN* . . . . . . 23 G 14
Castel d'Azzano *VR* . . . . 23 F 14
Castel de' Britti *BO* . . . . 40 I 16
Castel del Bosco *PI* . . . . 43 L 14
Castel del Giudice *IS* . . 65 Q 24
Castel del Monte *BA* . . . 72 D 30
Castel del Monte *AQ* . . . 60 O 23
Castel del Piano *SI* . . . . 50 N 16
Castel del Piano *PG* . . . 51 M 18
Castel del Rio *BO* . . . . . 40 J 16
Castel dell'Alpi *BO* . . . . 39 J 15
Castel dell'Aquila *TR* . . 58 O 19
Castel di Casio *BO* . . . . 39 J 15
Castel di Fiori *TR* . . . . . 51 N 18
Castel di Ieri *AQ* . . . . . . 60 P 23
Castel di Iudica *CT* . . . 104 O 25
Castel di Lucio *ME* . . . . 99 N 24
Castel di Sangro *AQ* . . . 64 Q 24
Castel di Sasso *CE* . . . . 69 D 24
Castel di Tora *RI* . . . . . . 58 P 20
Castel di Tusa *ME* . . . . . 99 N 24
Castel Focognano *AR* . . 44 L 17
Castel Fraiano *CH* . . . . . 65 Q 25
Castel Frentano *CH* . . . . 60 P 25
Castel Gandolfo *RM* . . . 62 Q 19
Castel Ginnetti *LT* . . . . . 63 R 20
Castel Giorgio *TR* . . . . . 50 N 17
Castel Giuliano *RM* . . . . 57 P 18
Castel Goffredo *MN* . . . 22 G 13

Castel Guelfo
  di Bologna *BO* . . . . . 40 I 17
Castel Lagopesole *PZ* . . 71 E 29
Castel Madama *RM* . . . . 58 Q 20
Castel Maggiore *BO* . . . 32 I 16
Castel Morrone *CE* . . . . 69 D 25
Castel Porziano *RM* . . . 62 Q 19
Castel Rigone *PG* . . . . . 51 M 18
Castel Ritaldi *PG* . . . . . . 51 N 20
Castel Rocchero *AT* . . . . 28 H 7
Castel S. Giovanni *PG* . . 52 N 21
Castel S. Giovanni *PC* . . 29 G 10
Castel S. Elia *VT* . . . . . . 58 P 19
Castel S. Gimignano *SI* . 43 L 15
Castel S. Giorgio *SA* . . . 70 E 26
Castel S. Giovanni
  (vicino a Spoleto) *PG* . 51 N 20
Castel S. Lorenzo *SA* . . . 76 F 27
Castel Sta Maria *MC* . . 52 M 21
Castel Sta Maria *PG* . . . 52 N 21
Castel S. Niccolo *AR* . . . 44 K 17
Castel S. Pietro
  Terme *BO* . . . . 40 I 16
Castel S. Venanzo *MC* . . 52 M 21
Castel S. Vincenzo *IS* . . 64 R 24
Castel Seprio *VA* . . . . . . 20 E 8
Castel Venzago *BS* . . . . 23 F 13
Castel Viscardo *TR* . . . . 50 N 18
Castel Vittorio *IM* . . . . . 35 K 5
Castel Volturno *CE* . . . . 69 D 23
Castelbaldo *PD* . . . . 32 G 16
Castelbianco *SV* . . . . . . 35 J 6
Castelbottaccio *CB* . . . . 65 Q 26
Castelbello /
  Kastelbell *BZ* . . . . . . 3 C 14
Castelbuono *PA* . . . . 99 N 24
Castelcanafurone *PC* . . 29 H 10
Castelcerino *VR* . . . . . . 23 F 15
Castelceriolo *AL* . . . . . . 28 H 8
Castelchiodato *RM* . . . . 58 P 20
Castelcivita *SA* . . . . 76 F 27
Castelcivita
  (Grotta di) *SA* . . . . . 76 F 27
Castelcovati *BS* . . . . 22 F 11
Castelcucco *TV* . . . . 24 E 17
Casteldaccia *PA* . . . . . . 98 M 22
Casteldarne /
  Ehrenburg *BZ* . . . . . 4 B 17
Casteldelfino *CN* . . . . . . 26 I 3
Casteldelci *PS* . . . . 45 K 18
Casteldelmonte *TR* . . . . 51 N 19
Casteldidone *CR* . . . . . . 30 G 13
Casteldimezzo *PS* . . . . . 46 K 20
Castelfalfi *FI* . . . . 43 L 14
Castelferretti *AN* . . . . . . 47 L 22
Castelferro *AL* . . . . 28 H 7
Castelfidardo *AN* . . . . . . 47 L 22
Castelfiorentino *FI* . . . . 43 L 14
Castelfondo *TN* . . . . 3 C 15
Castelforte *LT* . . . . 64 S 23
Castelfranci *AV* . . . . 70 E 27
Castelfranco
  di Sopra *AR* . . . . 44 L 16
Castelfranco
  di Sotto *PI* . . . . 43 K 14
Castelfranco Emilia *MO* 31 I 15
Castelfranco
  in Miscano *BN* . . . . . 70 D 27
Castelfranco
  Veneto *TV* . . . . 24 E 17
Castelgomberto *VI* . . . . 24 F 16
Castelgrande *PZ* . . . . . . 71 E 28
Castelguglielmo *RO* . . . 32 G 16
Castelguidone *CH* . . . . . 65 Q 25
Castellabate *SA* . . . . 75 G 26
Castellaccio
  (Monte) *PA* . . . . 97 M 21
Castellaccio di Fratacchia
  (Monte) *PA* . . . . 97 N 20
Castellace *RC* . . . . 90 M 29
Castellafiume *AQ* . . . . . . 59 Q 21
Castell'Alfero *AT* . . . . . . 27 H 6
Castellalto *TE* . . . . 53 N 23
Castellammare
  (Golfo di) *TP* . . . . . . 97 M 20
Castellammare
  del Golfo *TP* . . . . . . 97 M 20
Castellammare
  di Stabia *NA* . . . . . . 74 E 25
Castellana
  (Grotte di) *BA* . . . . . 73 E 33

Castellana Grotte *BA* . . 73 E 33
Castellana Sicula *PA* . . 99 N 24
Castellaneta *TA* . . . . 78 F 32
Castellaneta
  Marina *TA* . . . . 78 F 32
Castellano *TE* . . . . 53 N 22
Castellanza *VA* . . . . 20 O 10
Castell'Apertole *VC* . . . 19 G 6
Castellaro *MO* . . . . 39 J 14
Castellaro *PR* . . . . 30 H 11
Castellaro *PV* . . . . 29 H 9
Castellaro
  Lagusello *MN* . . . . . 23 F 13
Castell'Arquato *PC* . . . . 30 H 11
Castell'Azzara *GR* . . . . . 50 N 17
Castellazzo
  Bormida *AL* . . . . 28 H 7
Castellazzo
  (Monte) *ME* . . . . . . 100 N 26
Castelleone *CR* . . . . 22 G 11
Castelleone
  di Suasa *AN* . . . . . . 46 L 20
Castelleone *PG* . . . . 51 N 19
Castelletto *BS* . . . . 22 G 12
Castelletto *PC* . . . . 30 H 11
Castelletto Busca *CN* . . 26 I 4
Castelletto Cervo *BI* . . . 20 F 6
Castelletto
  di Brenzone *VR* . . . . 23 E 14
Castelletto d'Orba *AL* . . 28 H 8
Castelletto Molina *AT* . . 28 H 7
Castelletto
  Monferrato *AL* . . . . . 28 G 7
Castelletto Po *PV* . . . . . 29 G 9
Castelletto
  sopra Ticino *NO* . . . 20 E 7
Castelletto Stura *CN* . . . 27 I 4
Castelli *TE* . . . . 59 O 23
Castelli Calepio *BG* . . . 22 F 11
Castelli (Monte) *ME* . . 100 N 25
Castelli Romani *RM* . . . 62 Q 19
Castellina *FI* . . . . 43 K 14
Castellina in Chianti *SI* . 44 L 15
Castellina
  Marittima *PI* . . . . . . 43 L 13
Castellina Scalo *SI* . . . . 43 L 15
Castellina *PR* . . . . 30 H 12
Castellinaldo *CN* . . . . . . 27 H 6
Castellino
  del Biferno *CB* . . . . 65 Q 26
Castellino Tanaro *CN* . . 35 I 5
Castelliri *FR* . . . . 64 Q 22
Castello (Canale) *FG* . . 71 D 29
Castello (Monte) *LI* . . . 48 M 11
Castello
  (Spiaggia del) *FG* . . . 67 B 30
Castello *BS* . . . . 22 F 13
Castello *SP* . . . . 37 J 10
Castello (Cima di) *SO* . . 9 D 11
Castello d'Agogna *PV* . . 20 G 8
Castello d'Argile *BO* . . . 32 H 15
Castello dell'Acqua *SO* . 10 D 12
Castello di Annone *AT* . . 28 H 6
Castello di
  Cisterna *NA* . . . . . . 70 E 25
Castello di Godego *TV* . 24 E 17
Castello di Lago *AV* . . . 70 D 26
Castello di
  Serravalle *BO* . . . . . 39 I 15
Castello Inici *TP* . . . . . . 97 N 20
Castello Lavazzo *BL* . . . 13 D 18
Castello Molina
  di Fiemme *TN* . . . . . 12 D 16
Castello Tesino *TN* . . . . 12 D 17
Castellonalto *TR* . . . . . . 58 O 20
Castellonchio *PR* . . . . . 30 I 12
Castell'Ottieri *GR* . . . . . 50 N 17
Castelluccio *MN* . . . . . . 31 G 13
Castelluccio *MO* . . . . . . 39 J 14
Castelluccio *PG* . . . . 52 N 21
Castelluccio *SR* . . . . . . 105 Q 26
Castelluccio
  Cosentino *SA* . . . . . 76 F 28
Castelluccio
  dei Sauri *FG* . . . . . . 71 D 28
Castelluccio
  Inferiore *PZ* . . . . . . 85 G 29
Castelluccio
  (Monte) *AG* . . . . . . 103 O 23
Castelluccio-
  Superiore *PZ* . . . . . 85 G 29
Castelluccio
  Valmaggiore *FG* . . . . 71 C 27

Castell'Umberto *ME* . . 100 M 26
Castelluzzo *TP* . . . . 97 M 20
Castelluzzo
  (Masseria) *BR* . . . . . 79 F 34
Castelmagno *CN* . . . . . . 34 I 3
Castelmassa *RO* . . . . . . 32 G 15
Castelmauro *CB* . . . . . . 65 Q 26
Castelmenardo *RI* . . . . . 59 P 21
Castelmezzano *PZ* . . . . 77 F 30
Castelmola *ME* . . . . 90 N 27
Castelmonte *UD* . . . . . . 15 D 22
Castelnovetto *PV* . . . . . 20 G 7
Castelnovo *PC* . . . . 29 H 10
Castelnovo
  Bariano *RO* . . . . 31 G 15
Castelnovo
  di Sotto *RE* . . . . 31 H 13
Castelnovo
  ne' Monti *RE* . . . . . . 38 I 13
Castelnuovo *AQ* . . . . . . 59 P 22
Castelnuovo *MN* . . . . . . 22 G 13
Castelnuovo *PD* . . . . . . 24 F 17
Castelnuovo *PS* . . . . 41 K 19
Castelnuovo *RA* . . . . . . 40 I 17
Castelnuovo *TN* . . . . . . 12 D 16
Castelnuovo
  al Volturno *IS* . . . . . 64 R 24
Castelnuovo
  Berardenga *SI* . . . . . 50 L 16
Castelnuovo
  Bocca d'Adda *LO* . . . 30 G 11
Castelnuovo
  Bormida *AL* . . . . 28 H 7
Castelnuovo Calcea *AT* . 28 H 6
Castelnuovo
  Cilento *SA* . . . . 76 G 27
Castelnuovo
  dei Sabbioni *AR* . . . 44 L 16
Castelnuovo
  del Friuli *PN* . . . . . . 14 D 20
Castelnuovo
  del Garda *VR* . . . . . 23 F 14
Castelnuovo
  della Daunia *FG* . . . 66 C 27
Castelnuovo della
  Misericordia *LI* . . . . 42 L 13
Castelnuovo
  dell'Abate *SI* . . . . . 50 N 16
Castelnuovo d'Elsa *FI* . . 43 L 14
Castelnuovo
  di Ceva *CN* . . . . 35 I 6
Castelnuovo
  di Conza *SA* . . . . . . 71 E 27
Castelnuovo
  di Farfa *RI* . . . . 58 P 20
Castelnuovo di
  Garfagnana *LU* . . . . 38 J 13
Castelnuovo
  di Porto *RM* . . . . . . 58 P 19
Castelnuovo di
  Val di Cecina *PI* . . . 49 M 14
Castelnuovo
  Don Bosco *AT* . . . . . 27 G 5
Castelnuovo
  Fogliani *PC* . . . . 30 H 11
Castelnuovo
  Magra *SP* . . . . 38 J 12
Castelnuovo Nigra *TO* . 19 F 5
Castelnuovo
  Rangone *MO* . . . . . . 31 I 14
Castelnuovo
  Scrivia *AL* . . . . 28 H 8
Castelnuovo
  Vomano *TE* . . . . 60 O 23
Castelpagano *BN* . . . . . 65 R 26
Castelpetroso *IS* . . . . . . 65 R 25
Castelpizzuto *IS* . . . . . . 65 R 24
Castelplanio *AN* . . . . . . 46 L 21
Castelpoggio *MS* . . . . . . 38 J 12
Castelponzone *CR* . . . . . 30 G 12
Castelpoto *BN* . . . . 70 D 26
Castelraimondo *MC* . . . 52 M 21
Castelromano *IS* . . . . . . 65 R 24
Castelrotto /
  Kastelruth *BZ* . . . . . 3 C 16
Castelsantangelo
  sul Nera *MC* . . . . . . 52 N 21
Castelsaraceno *PZ* . . . . 77 G 29
Castelsardo *SS* . . . . 108 E 8
Castelsavino
  (Monte) *AR* . . . . . . 45 K 17
Castelsilano *KR* . . . . . . 87 J 32
Castelspina *AL* . . . . 28 H 7
Casteltermini *AG* . . . . . 98 O 22
Casteltodino *TR* . . . . . . 51 O 19
Castelvecchio /
  Altenburg *BZ* . . . . . 11 C 15

Castelvecchio *PT* . . . . . 39 K 14
Castelvecchio *VI* . . . . . . 23 F 15
Castelvecchio
  Calvisio *AQ* . . . . . . 59 P 23
Castelvecchio
  di Rocca Barbena *SV* 35 J 6
Castelvecchio
  Pascoli *LU* . . . . 38 J 13
Castelvecchio
  Subequo *AQ* . . . . . . 60 P 23
Castelvenere *BN* . . . . . . 70 D 25
Castelverde *CR* . . . . 22 G 11
Castelvero *VR* . . . . 23 F 15
Castelverrino *IS* . . . . . . 65 Q 25
Castelvetere in
  Val Fortore *BN* . . . . 66 C 26
Castelvetere
  sul Calore *AV* . . . . . 70 E 26
Castelvetrano *TP* . . . . . 97 N 20
Castelvetro
  di Modena *MO* . . . . 31 I 14
Castelvetro
  Piacentino *PC* . . . . 30 G 11
Castelvisconti *CR* . . . . . 22 G 11
Castenaso *BO* . . . . 32 I 16
Castenedolo *BS* . . . . . . 22 F 12
Casterno *MI* . . . . 20 F 8
Castiadas *SU* . . . . 119 J 10
Castiglion Fibocchi *AR* . 44 L 17
Castiglion
  Fiorentino *AR* . . . . . 50 L 17
Castiglioncello *LI* . . . . . 42 L 13
Castiglioncello
  Bandini *GR* . . . . 50 N 16
Castiglioncello
  del Trinoro *SI* . . . . . 50 N 17
Castiglione *AN* . . . . 52 M 20
Castiglione *IS* . . . . 65 Q 24
Castiglione *LE* . . . . 83 H 37
Castiglione *PG* . . . . 51 M 19
Castiglione
  a Casauria *PE* . . . . . 60 P 23
Castiglione
  Chiavarese *GE* . . . . 37 J 10
Castiglione
  d'Adda *LO* . . . . 21 G 11
Castiglione
  dei Pepoli *BO* . . . . . 39 J 15
Castiglione
  del Bosco *SI* . . . . . . 50 M 16
Castiglione
  del Genovesi *SA* . . . 75 E 26
Castiglione
  del Lago *PG* . . . . . . 51 M 18
Castiglione
  della Pescaia *GR* . . . 49 N 14
Castiglione
  della Valle *PG* . . . . . 51 M 18
Castiglionedelle
  Stiviere *MN* . . . . . . 22 F 13
Castiglione
  di Garfagnana *LU* . . 38 J 13
Castiglione
  di Ravenna *RA* . . . . 41 J 18
Castiglione
  di Sicilia *CT* . . . . . . 101 N 27
Castiglione d'Intelvi *CO* 9 E 9
Castiglione d'Orcia *SI* . . 50 M 16
Castiglione
  Falletto *CN* . . . . 27 I 5
Castiglione
  in Teverina *VT* . . . . 57 O 18
Castiglione
  Mantovano *MN* . . . . 23 G 14
Castiglione
  Maritimo *CZ* . . . . . . 88 K 30
Castiglione Messer
  Marino *CH* . . . . 65 Q 25
Castiglione Messer
  Raimondo *TE* . . . . . 60 O 23
Castiglione Olona *CO* . . 20 E 8
Castiglione Tinella *CN* . 27 H 6
Castiglioni *AN* . . . . 46 L 21
Castignano *AP* . . . . 53 N 22
Castilenti *TE* . . . . 60 O 23
Castino *CN* . . . . 27 I 6
Castion Veronese *VR* . . 23 F 14
Castione *PC* . . . . 29 H 11
Castione *TV* . . . . 24 E 17
Castione
  Andevenno *SO* . . . . 10 D 11
Castione de Baratti *PR* . 30 I 13
Castione
  della Presolana *BG* . 10 E 12
Castione Marchesi *PR* . 30 H 12

Castions *PN* . . . . 13 E 20
Castions di Strada *UD* . 16 E 21
Casto *BS* . . . . 22 E 12
Castorano *AP* . . . . 53 N 23
Castrezzato *BS* . . . . 22 F 11
Castri di Lecce *LE* . . . . 83 G 36
Castrignano
  de' Greci *LE* . . . . . . 83 G 36
Castrignano
  del Capo *LE* . . . . . . 83 H 37
Castro *BG* . . . . 22 E 12
Castro *LE* . . . . 83 G 37
Castro dei Volsci *FR* . . . 64 R 22
Castro Marina *LE* . . . . . 83 G 37
Castro (Portella) *EN* . . . 99 O 24
Castro
  (Rocche del) *ME* . . 100 M 26
Castro S. Martino *FI* . . . 40 J 15
Castrocaro Terme *FO* . . 40 J 17
Castrociele *FR* . . . . 64 R 23
Castrocucco *PZ* . . . . . . 84 H 29
Castrocucco
  di Maratea *PZ* . . . . . 84 H 29
Castrofilippo *AG* . . . . . 103 O 23
Castrolibero *CS* . . . . . . 86 J 30
Castroncello *AR* . . . . . . 50 M 17
Castronno *VA* . . . . 20 E 8
Castronuovo di
  San Andrea *PZ* . . . . 77 G 30
Castronuovo
  di Sicilia *PA* . . . . . . 98 N 22
Castropignano *CB* . . . . 65 R 25
Castroreale *ME* . . . . . . 101 M 27
Castroregio *CS* . . . . 78 H 31
Castrovillari *CS* . . . . . . 85 H 30
Casumaro *MO* . . . . 32 H 16
Casuzze *RG* . . . . 106 Q 25
Cataeggio *SO* . . . . 9 D 10
Cataforio *RC* . . . . 90 M 29
Cataio *PD* . . . . 24 G 17
Catalano (Isola) *OR* . . 114 H 6
Catania *CT* . . . . 101 O 27
Catania (Golfo di) *CT* . 105 O 27
Catania (Piana di) *CT* . 104 O 26
Catania-Fontanarossa
  (Aeroporto di) *CT* . . 105 O 27
Catanzaro *CZ* . . . . 89 K 31
Catanzaro Lido *CZ* . . . . 89 K 31
Catena Costiera *CS* . . . 86 I 29
Catenaia (Alpe di) *AR* . 45 L 17
Catenanuova *EN* . . . . . 100 O 24
Catignano *PE* . . . . 60 O 23
Catinaccio /
  Rosengarten *BZ* . . . . 4 C 16
Catirina (Punta) *NU* . . 113 F 10
Catobagli *AN* . . . . 46 L 20
Catolivier *TO* . . . . 26 G 2
Catona *RC* . . . . 90 M 28
Catria (Monte) *PS* . . . . 46 L 20
Cattaragna *PC* . . . . 29 I 10
Cattolica *RN* . . . . 41 K 20
Cattolica Eraclea *AG* . . 102 O 22
Catullo (Grotte di) *BS* . 23 F 13
Catuso (Monte) *PA* . . . 99 N 23
Cau (Monte) *SS* . . . . . 110 E 7
Caulonia *RC* . . . . 88 L 31
Caulonia (vicino a
  Monasterace) *RC* . . . 89 L 31
Cauria / Gfrill (vicino a
  Salorno) *BZ* . . . . . . 11 D 15
Cautano *BN* . . . . 70 D 25
Cava d'Aliga *RG* . . . . . 106 Q 26
Cava de' Tirreni *SA* . . . 75 E 26
Cava (Monte) *RI* . . . . . 59 P 21
Cava Tigozzi *CR* . . . . . . 30 G 11
Cavacurta *LO* . . . . 21 G 11
Cavadonna *SR* . . . . 105 P 27
Cavaglià *BI* . . . . 19 F 6
Cavaglietto *NO* . . . . 20 F 7
Cavaglio
  d'Agogna *NO* . . . . . 20 F 7
Cavagnano *AQ* . . . . 59 O 21
Cavaion Veronese *VR* . . 23 F 14
Cavalese *TN* . . . . 12 D 16
Cavallano *SI* . . . . 43 L 15
Cavallerizzo *CS* . . . . . . 85 I 30
Cavallerleone *CN* . . . . . 27 H 4
Cavallermaggiore *CN* . . 27 H 5
Cavalli (Lago dei) *VB* . . 7 D 6
Cavallina *FI* . . . . 39 K 15
Cavallino *LE* . . . . 81 G 36
Cavallino *VE* . . . . 16 F 19
Cavallino (Monte) /
  Großer-Kinigat *BZ* . . 5 B 19
Cavallirio *NO* . . . . 20 F 7

Cavallo (Monte) FR .... 64 R 23
Cavallo (Monte) GR.... 56 O 16
Cavallo (Monte) MC... 52 N 20
Cavallo (Monte) BZ .. 3 B 16
Cavallo (Monte) PN .. 13 D 19
Cavallo (Monte) UD... 15 C 21
Cavallone
  (Grotta del) CH ...... 60 P 24
Cavalo VR .... 23 F 14
Cavanella d'Adige VE .. 33 G 18
Cavanella di Vara SP .. 38 J 11
Cavanella Po RO...... 33 G 18
Cavareno TN .... 11 C 15
Cavargna CO .... 9 D 9
Cavargna (Val) CO ..... 9 D 9
Cavaria VA .... 20 E 8
Cavarzano PO .... 39 J 15
Cavarzere VE .... 33 G 18
Cavaso del Tomba TV.. 12 E 17
Cavasso Nuovo PN ... 13 D 20
Cavatore AL .... 28 I 7
Cavazzale VI.......... 24 F 16
Cavazzo (Lago di) UD... 14 C 21
Cavazzo Carnico UD .. 14 C 21
Cavazzona MO ...... 31 I 15
Cave RM .... 63 Q 20
Cave del Predil UD.... 15 C 22
Cavedago TN .... 11 D 15
Cavedine TN .... 11 E 14
Cavedine (Lago di) TN .. 11 E 14
Cavenago d'Adda LO .. 21 G 10
Cavenago di
  Brianza MI........ 21 F 10
Cavernago BG........ 22 F 11
Cavezzo MO.......... 31 H 15
Cavi GE............ 37 J 10
Caviaga LO .... 21 G 10
Caviola BL.......... 12 C 17
Cavo LI............. 48 N 13
Cavo (Monte) RM..... 63 Q 20
Cavogna (Monte) PG .. 52 N 20
Cavola RE .... 39 I 13
Cavoli LI............ 48 N 12
Cavoli (Isola dei) SU... 119 J 10
Cavone MT .... 78 F 31
Cavour TO........... 26 H 4
Cavour (Canale) VC .. 19 G 6
Cavrari VI .... 24 E 16
Cavrasto TN .... 11 D 14
Cavriago RE .... 31 H 13
Cavriana MN .... 23 F 13
Cavrié TV........... 25 E 19
Cavriglia AR .... 44 L 16
Cazoli (Punta di) VB.. 8 C 7
Cazzago S. Martino BS. 22 F 12
Cazzano di
  Tramigna VR ...... 23 F 15
Ceccano FR .... 63 R 21
Cecchignola RM ..... 62 Q 19
Cecchina RM .... 62 Q 19
Cecchini di P
  asiano PN .... 13 E 19
Cece (Cima di) TN.... 12 D 17
Ceci PC............ 29 H 9
Cecima PV .... 29 H 9
Cecina LI........... 48 M 13
Cecina PT .... 39 K 14
Cecina (Campo) MS.... 38 J 12
Cecina (Fiume) SI..... 49 M 15
Cecita (Lago di) CS... 86 I 31
Cedegolo BS........ 10 D 13
Cedra PR .... 38 I 12
Cedrino NU.......... 117 F 10
Cedrino
  (Lago del) NU...... 117 G 10
Cefalà Diana PA ..... 98 N 22
Cefalicchio BA ...... 72 D 30
Cefalo (Monte) LT.... 68 S 22
Cefalù PA........... 99 M 24
Ceggia VE .... 16 E 19
Ceglie del Campo BA . 73 D 32
Ceglie Messapica BA.. 80 F 34
Cegliolo AR .... 50 M 17
Cei (Lago di) TN ...... 11 E 15
Celano AQ.......... 59 P 22
Celenza sul Trigno CH.. 65 Q 25
Celenza Valfortore FG.. 66 C 26
Cella FO............ 41 J 19
Cella RE .... 31 H 13
Cella Dati CR .... 30 G 12
Cellamare BA........ 73 D 32
Cellarengo AT ...... 27 H 5
Cellatica BS......... 22 F 12
Celle PT............ 39 K 14
Celle RA............ 40 J 17
Celle TO............ 18 G 4

Celle di Bulgheria SA .. 76 G 28
Celle di Macra CN...... 26 I 3
Celle di S. Vito FG.... 71 D 27
Celle (le) AR .... 50 M 17
Celle Ligure SV ...... 36 I 7
Celle sul Rigo SI...... 50 N 17
Cellena GR .... 50 N 16
Celleno VT .... 57 O 18
Cellere VT........... 57 O 17
Cellina PN .... 13 D 19
Cellina (Val) PN ...... 13 D 19
Cellino Attanasio TE .. 60 O 23
Cellino S. Marco BR .. 79 F 35
Cellole CE .... 69 D 23
Celone FG........... 71 C 27
Celpenchio PV ...... 20 G 7
Celso SA............ 75 G 27
Cembra TN.......... 11 D 15
Cembra (Val di) TN .. 11 D 15
Cenadi CZ........... 88 K 31
Cenaia PI........... 43 L 13
Cencenighe
  Agordino BL....... 12 C 17
Cene BG............ 22 E 11
Ceneselli RO......... 32 G 16
Cenesi SV .... 35 J 6
Cengalo (Pizzo) SO .. 9 D 10
Cengio SV .... 35 I 6
Cengio (Monte) VI.... 24 E 16
Cengles BZ.......... 2 C 13
Cennina AR .... 44 L 16
Ceno PR............ 29 I 10
Cenova IM .... 35 K 6
Centa S. Nicolò TN... 11 E 15
Centallo CN .... 27 I 4
Centaurino
  (Monte) SA........ 76 G 28
Cento BO........... 32 I 16
Cento Croci
  (Passo di) SP....... 37 I 10
Cento FE .... 31 H 15
Centocelle RM....... 62 Q 19
Centoforche
  (Colle di) FO....... 40 J 17
Centoia AR.......... 50 M 17
Centola SA.......... 76 G 27
Centovera PC........ 29 H 11
Centrache CZ........ 88 K 31
Centuripe EN........ 100 O 26
Cepagatti PE .... 60 O 24
Cepletischis UD...... 15 D 22
Ceppo di
  Rocca Sta Maria TE... 52 N 22
Ceppo (Monte) IM.... 35 K 5
Ceppo Morelli VB..... 7 E 6
Ceppaloni BN .... 70 D 26
Ceprano FR .... 64 R 22
Ceraino VR.......... 23 F 14
Cerami EN.......... 100 N 25
Cerami (Fiume) EN... 100 N 25
Ceramida RC......... 90 M 29
Ceranesi GE .... 28 I 8
Cerano NO .... 20 F 8
Cerasa PS .... 46 K 21
Cerasi RC........... 90 M 29
Cerasia (Monte) RC .. 91 M 30
Ceraso SA .... 76 G 27
Ceraso (Capo) SS .... 113 E 10
Ceraso (Murgia del) BA 72 E 31
Cerasolo RN .... 41 K 19
Cerasuolo IS......... 64 R 24
Cerbaia FI.......... 43 K 15
Cerboli (Isola) LI ..... 49 N 13
Cercemaggiore CB... 65 R 26
Cercena (Passo) TN .. 11 C 14
Cercenasco TO ...... 27 H 4
Cercepiccola CB ..... 65 R 25
Cerchiara di
  Calabria CS....... 85 H 31
Cerchio AQ.......... 59 P 22
Cercivento UD....... 5 C 20
Cercola NA .... 69 E 25
Cerda PA........... 99 N 23
Cerdomare RI .... 58 P 20
Cerea VR .... 23 G 15
Cereda (Passo di) TN.. 12 D 17
Cereglio BO .... 39 J 15
Ceregnano RO....... 32 G 17
Cerella (Monte) RM... 63 Q 20
Cerenzia KR .... 87 J 32
Ceres TO........... 18 G 4
Cereschiatis
  (Sella di) UD...... 15 C 21

Cereseto AL .... 28 G 6
Cereseto PR .... 29 I 11
Ceresole (Lago di) TO.. 18 F 3
Ceresole Alba CN..... 27 H 5
Ceresole Reale TO ... 18 F 3
Ceresolo (Scolo) RO... 32 G 17
Cerete-Alto BG ...... 10 E 11
Cerete-Basso BG..... 10 E 11
Ceretto TO.......... 27 H 4
Cerfone AR.......... 45 L 18
Cergnago PV .... 20 G 8
Ceri RM............ 57 Q 18
Cerignale PC .... 29 H 10
Cerignola FG........ 72 D 29
Cerisano CS .... 86 J 30
Cerlongo MN .... 23 G 13
Cermenate CO....... 21 E 9
Cermignano TE...... 60 O 23
Cernobbio CO .... 21 E 9
Cernusco LC......... 21 E 10
Cernusco
  sul Naviglio MI...... 21 F 9
Cerqueto (vicino a
  Gualdo Tadino) PG.. 51 M 20
Cerqueto (vicino a
  Marsciano) PG...... 51 N 18
Cerratina PE .... 60 O 24
Cerré RE............ 38 I 13
Cerredolo RE .... 39 I 13
Cerreto AV .... 71 D 27
Cerreto IS .... 65 Q 24
Cerreto (Passo del) MS. 38 J 12
Cerreto Alpi RE ..... 38 J 12
Cerreto d'Esi AN..... 52 M 20
Cerreto di Spoleto PG.. 52 N 20
Cerreto Grue AL ..... 28 H 8
Cerreto Guidi FI ..... 43 K 14
Cerreto Laziale RM.... 63 Q 20
Cerreto (Monte) NA... 75 E 25
Cerreto Sannita BN .. 65 S 25
Cerretto Langhe CN .. 27 I 6
Cerrina Monferrato AL.. 27 G 6
Cerrione BI.......... 19 F 6
Cerrisi CZ........... 86 J 31
Cerrito BR .... 79 F 35
Cerro VA .... 8 E 7
Cerro (Forca di) PG... 52 N 20
Cerro al Lambro MI... 21 G 10
Cerro al Volturno IS... 64 R 24
Cerro (Passo del) PC .. 29 H 10
Cerro Tanaro AT ..... 28 H 7
Cerro Veronese VR.... 23 F 15
Cerrone (Monte) PG .. 45 L 19
Cersosimo PZ........ 77 G 31
Certaldo FI.......... 43 L 15
Certosa di Pesio CN .. 35 J 4
Cerusulo (Monte) SA.. 76 F 28
Cervandone
  (Monte) VB........ 8 D 6
Cervara MS......... 38 I 11
Cervara PR .... 30 H 12
Cervarese
  Sta Croce PD ..... 24 F 17
Cervaro FG .... 71 C 28
Cervaro FR .... 64 R 23
Cervaro TE .... 59 O 22
Cervaro
  (Forcella di) FR.... 64 R 23
Cervaro (Ponte) FG .. 71 C 28
Cervaro (Torrente) AV.. 71 D 27
Cervarolo VC........ 8 E 6
Cervasca CN........ 34 I 4
Cervati (Monte) SA .. 76 G 28
Cervatto VC......... 7 E 6
Cervazzera RE ...... 38 I 13
Cervellino (Monte) PR . 30 I 12
Cerveno BS.......... 10 D 12
Cervere CN.......... 27 I 5
Cervesina PV .... 29 G 9
Cerveteri RM .... 57 Q 18
Cervi (Monte dei) PA.. 99 N 23
Cervia RA .... 41 J 19
Cervialto (Monte) AV.. 71 E 27
Cervicati CS .... 85 I 30
Cervignano
  del Friuli UD...... 17 E 21
Cervina (Punta) /
  Hirzerspitze BZ...... 3 B 15

Cervinara AV .... 70 D 25
Cervino CE .... 70 D 25
Cervino (Monte) /
  Matterhorn AO ..... 7 G 8
Cervo IM .... 35 K 6
Cervo (Pizzo) PA..... 98 M 22
Cervo (Torrente) BI ... 19 E 5
Cervognano SI....... 50 M 17
Cerzeto CS .... 85 I 30
Cesa CE .... 69 E 24
Cesacastma TE ...... 59 O 22
Cesana Torinese TO.. 26 H 2
Cesano AN .... 46 K 21
Cesano RM .... 58 P 19
Cesano Boscone MI... 21 F 9
Cesano (Fiume) PS.... 46 K 21
Cesano Maderno MI .. 21 F 9
Cesaproba AQ....... 59 O 21
Cesara VB .... 8 E 7
Cesarò ME.......... 100 N 26
Cesarolo VE .... 16 E 21
Cese AQ............ 59 P 22
Cese PG .... 52 N 20
Ceselli PG .... 52 N 20
Cesen (Monte) TV ... 12 E 18
Cesena FO.......... 41 J 18
Cesenatico FO....... 41 J 19
Ceserano MS .... 38 J 12
Cesi MC .... 52 M 20
Cesi TR............ 58 O 19
Cesiomaggiore BL.... 12 D 17
Cesole MN .... 31 G 13
Cessalto TV......... 16 E 19
Cessaniti VV......... 88 L 30
Cessapalombo MC.... 52 M 21
Cessuta (Sella) SA... 77 G 29
Cesuna VI .... 24 E 16
Cetara SA .... 75 F 26
Cetica AR........... 44 K 16
Cetinale SI.......... 49 M 15
Ceto BS............ 10 D 13
Cetona SI........... 50 N 17
Cetona (Monte) SI ... 50 N 17
Cetraro CS.......... 85 I 29
Ceva CN............ 35 I 6
Cevedale (Monte) SO.. 11 C 13
Cevo BS............ 10 D 13
Chabodey AO........ 18 E 3
Challand-
  St. Anselme AO.... 19 E 5
Chambave AO....... 19 E 4
Chambeyron
  (Brec de) CN ...... 26 I 2
Chamois AO......... 7 E 4
Champdepraz AO.... 19 E 4
Champoluc AO ...... 7 E 5
Champorcher AO..... 19 F 4
Chanavey AO........ 18 F 3
Chardonney AO...... 19 F 4
Charvensod AO...... 18 E 3
Château
  des Dames AO..... 7 E 4
Châtelair AO......... 6 E 3
Châtillon AO......... 19 E 4
Chécrouit AO........ 6 E 2
Cheradi (Isole) TA ... 78 F 33
Cherasco CN........ 27 I 5
Cheremule SS ...... 111 F 8
Cherio BG .... 22 E 11
Chero PC........... 30 H 11
Chero (Torrente) PC .. 30 H 11
Chia VT .... 58 O 18
Chiaicis UD.......... 14 C 20
Chialamberto TO..... 18 F 4
Chiampo VI .... 23 F 15
Chiampo
  (Torrente) VI....... 23 F 15
Chiana (Canale
  Maestro della) AR... 50 M 17
Chiana (Val di) AR ... 50 L 17
Chianacce AR .... 50 M 17
Chianale CN .... 26 I 2
Chianca BA......... 72 D 31
Chianca (Isola la) FG.. 67 B 30
Chianca (Torre) LE... 81 F 36
Chianche AV .... 70 D 26
Chianciano SI....... 50 M 17
Chianciano Terme SI.. 50 M 17
Chiani TR.......... 51 N 18
Chianni PI.......... 43 L 13
Chianti SI........... 44 L 15
Chianti (Monti del) SI.. 44 L 16
Chianzutan (Sella) UD. 14 C 20
Chiappa (Punta) GE... 37 J 9
Chiappera CN .... 26 I 2
Chiappi CN.......... 34 I 3

Chiappo (Monte) PC... 29 H 9
Chiaramonte
  Gulfi RG.......... 104 P 26
Chiaramonti SS...... 111 E 8
Chiarano TV......... 16 E 19
Chiaravalle AN....... 46 L 21
Chiaravalle
  Centrale CZ....... 88 K 31
Chiaravalle
  della Colomba PC.... 30 H 11
Chiaravalle
  Milanese MI....... 21 F 9
Chiareggio SO....... 10 D 11
Chiarescons
  (Monte) UD........ 13 C 19
Chiari BS .... 22 F 11
Chiaromonte PZ..... 77 G 30
Chiarso UD .... 5 C 21
Chiáscio PG .... 46 L 20
Chiaserna PS .... 46 L 20
Chiassa AR .... 45 L 17
Chiatona TA .... 78 F 33
Chiauci IS .... 65 Q 25
Chiavano
  (Forca di) PG....... 52 N 21
Chiavari GE......... 37 J 9
Chiavenna SO ...... 9 D 10
Chiavenna
  (Rifugio) SO ...... 9 C 10
Chiavenna
  (Torrente) PC...... 30 H 11
Chiavenna Landi PC .. 30 H 11
Chiavenna TV....... 16 E 19
Chiaverano TO ...... 19 F 5
Chibbò (Monte) PA .. 99 O 23
Chieffo (Masseria) FG.. 71 D 28
Chienes / Kiens BZ.... 4 B 17
Chienti MC .... 52 M 20
Chieri TO........... 27 G 5
Chies d'Alpago BL ... 13 D 18
Chiesa BL .... 13 C 18
Chiesa VB .... 8 C 7
Chiesa
  in Valmalenco SO... 10 D 11
Chiesa Nuova BL .... 12 E 17
Chiesa Nuova PR .... 97 M 19
Chiesanuova FI...... 43 K 15
Chiesanuova RA..... 32 I 17
Chiesanuova
  di S. Vito MC...... 46 L 21
Chiese BS .... 22 F 13
Chiesina BO......... 39 J 14
Chiesina Uzzanese PT.. 39 K 14
Chiesino AR .... 44 L 17
Chiesuol del Fosso FE.. 32 H 16
Chiesuola RA........ 41 I 18
Chieti CH........... 60 O 24
Chieuti FG.......... 66 B 27
Chieve PR .... 21 F 10
Chievolis PN........ 13 D 20
Chignolo Po PV...... 29 G 10
Chilivani SS......... 111 F 8
Chioggia VE .... 25 G 18
Chioggia (Porto di) VE.. 25 G 18
Chiomonte TO ...... 18 G 2
Chions PN.......... 13 E 20
Chiotas (Digo del) CN.. 34 J 4
Chiozza PR .... 30 H 13
Chiozzola PR........ 30 H 13
Chirignago VE....... 25 F 18
Chisola TO .... 27 H 4
Chisone TO......... 26 H 3
Chisone (Valle del) TO . 26 G 3
Chitignano AR....... 45 L 17
Chiuduno BG........ 22 F 11
Chiulano PC........ 29 H 10
Chiunzi (Valico di) SA.. 75 E 25
Chiuppano VI .... 24 E 16
Chiuro SO.......... 10 D 11
Chiusa BZ.......... 3 B 16
Chiusa RC .... 88 M 30
Chiusa di Pesio CN... 35 J 5
Chiusa / Klausen BZ .. 3 C 16
Chiusa Sclafani PA... 97 N 21
Chiusaforte UD...... 15 C 21
Chiusavecchia IM..... 35 K 5
Chiusdino SI......... 49 M 15
Chiusella TO......... 19 F 5
Chiusi SI........... 50 M 17
Chiusi (Lago di) SI ... 50 M 17
Chiusi della Verna AR.. 45 K 17
Chiusi Scalo SI...... 50 M 17
Chiusola SP .... 37 I 11

Chizzola TN .... 23 E 14
Chorio RC .... 90 N 29
Ciaculli PA........... 98 M 22
Ciagola (Monte) CS .. 84 H 29
Cialancia (Punta) TO.. 26 H 3
Ciampie TN......... 12 C 17
Ciampino RM........ 62 Q 19
Ciamprisco CE....... 69 D 24
Cianciana AG........ 102 O 22
Ciane (Fonte) SR..... 105 P 27
Ciano MO .... 39 I 15
Ciano TV .... 24 E 18
Ciano d'Enza RE ... 30 I 13
Ciarforòn TO .... 18 F 3
Ciaudon (Testa) CN .. 35 J 4
Ciavolo TP.......... 96 N 19
Cibiana (Passo) BL .. 13 C 18
Cibiana di Cadore BL . 13 C 18
Cibottola PG .... 51 N 18
Cicagna GE......... 37 I 9
Cicala CZ........... 86 J 31
Ciccalento
  (Ponte di) FG...... 67 C 28
Ciccia (Monte) ME ... 90 M 28
Cicciano NA .... 70 E 25
Cicerale SA .... 75 F 27
Cicese RO .... 32 G 17
Cichero GE .... 37 I 9
Ciciliano RM......... 63 Q 20
Ciclopi
  (Riviera dei) CT ..... 101 O 27
Cicogna VB.......... 8 D 7
Cicognara MN ...... 30 H 13
Cicogni PC .... 29 H 10
Cicognolo CR........ 30 G 12
Cicolano RI......... 59 P 21
Ciconicco UD........ 14 D 21
Cigliano FI .... 40 K 16
Cigliano VC......... 19 G 6
Cignana (Lago di) AO.. 7 E 4
Cignano BS......... 22 F 12
Cigno CB........... 66 B 26
Cignone CR .... 22 G 11
Cigole BS........... 22 G 12
Cilavegna PV .... 20 G 8
Cilento SA.......... 75 F 27
Cima Fiammante
  (Rifugio) BZ........ 3 B 15
Cima Gogna BL...... 5 C 19
Cima Tre Scarperi BZ... 4 C 18
Cimabanche BL ..... 4 C 18
Cimadolmo TV ...... 25 E 19
Cimaferle AL .... 28 I 7
Cimasappada BL ..... 5 C 20
Cime Nere /
  Hintere Schwärze BZ.. 3 B 14
Cimego TN .... 11 E 13
Cimetta (Colle) FR ... 63 Q 21
Ciminà RC.......... 91 M 30
Ciminarella
  (Masseria) BA...... 72 D 30
Cimini (Monti) VT..... 57 O 18
Ciminna PA......... 98 N 22
Cimino (Masseria) BA.. 73 E 32
Cimino (Monte) VT ... 57 O 18
Cimiti (Capo) KR..... 87 K 33
Cimitile NA .... 70 E 25
Cimolais PN .... 13 D 19
Cimolani PN .... 13 D 19
Cimoliana PN .... 13 D 19
Cimone (Monte) MO.. 39 J 14
Cimpello PN........ 13 E 20
Cinecitta RM .... 62 Q 19
Cineto Romano RM... 58 P 20
Cinghio PR .... 30 H 12
Cingia de' Botti CR... 30 G 12
Cingoli MC .... 46 L 21
Cinigiano GR .... 50 N 16
Ciniselo Balsamo MI... 21 F 9
Cinisi PA........... 97 M 21
Cino SO............ 9 D 10
Cinquale MS........ 38 K 12
Cinque Croci
  (Passo) .... 12 D 16
Cinque Denti (Cala) TP. 96 Q 18
Cinque Terre SP .... 37 J 11
Cinquefrondi RC..... 88 L 30
Cinquemiglia
  (Piano della) AQ .... 64 Q 23
Cinte Tesino TN...... 12 D 16
Cinto
  Caomaggiore VE ... 16 E 20
Cinto Euganeo PD... 24 G 16
Cintoia FI........... 44 L 16
Cintolese PT........ 39 K 14
Cinzano CN......... 27 H 5
Cinzano TO......... 27 G 5

A
B
C
D
E
F
G
H
I
J
K
L
M
N
O
P
Q
R
S
T
U
V
W
X
Y
Z

A B C D E F G H I J K L M N O P Q R S T U V W X Y Z

Cioccaro AT .... 28 G 6
Ciociaria FR 63Q 21
Ciola FO .... 41 K 18
Ciommarino FG 71D 28
Ciorlano CE........... 65 R 24
Cipollaro
  (Galleria del) LU.. 38 J 12
Cipressi PE 600 24
Cirami (Monte) AG.. 97O 21
Circello BN .... 65 R 26
Circeo (Cap) LT .... 68 S 21
Circeo (Monte) LT..... 68 S 21
Circeo (Parco
  Nazionale del) LT .. 63 R 21
Cirella CS........... 84H 29
Cirella RC........... 91M 30
Cirella (Isola di) CS... 84H 29
Cirella (Punta di) CS.. 84H 29
Cirello RC .... 88 L 29
Ciriano PC........... 30H 11
Ciricilla CZ........... 86 J 31
Cirié TO .... 19 G 4
Cirié (Rifugio) TO .... 18 G 3
Ciriegia (Colle di) CN.. 34 J 3
Ciriga (Punta) RG.... 107Q 26
Cirigliano MT .... 77 F 30
Cirò KR........... 87 I 33
Cirò Marina KR........ 87 I 33
Cirone (Passo) PR..... 38 I 12
Cisa (Passo della) PR.. 38 I 11
Cisano VR........... 23 F 14
Cisano
  Bergamasco BG .... 21 E 10
Cisano sul Neva SV ... 35 J 6
Cisigliana MS........ 38 J 12
Cislago VA........... 21 F 8
Cisliano MI........... 21 F 8
Cismon TN........... 12D 17
Cismon del Grappa VI.. 12 E 17
Cismon (Monte) BL... 12 E 17
Cison di Valmarino TV.. 13 E 18
Cispiri OR .... 115 G 8
Cissone CN........... 27 I 6
Cistella (Monte) VB .... 8 D 6
Cisterna UD........... 14D 20
Cisterna d'Asti AT...... 27 H 6
Cisterna di Latina LT .. 63 R 20
Cisternino BR........ 80 E 34
Citelli (Rifugio) CT... 100N 27
Citeriore PE........... 60 P 23
Citerna PR........... 30 I 12
Citerna PG........... 45 L 18
Citerna (Monte) FI...... 39 J 15
Città della Pieve PG.. 50N 18
Città di Castello PG.. 45 L 18
Città di Milano
  (Rifugio) BZ........ 2 C 13
Città di Novara
  (Rifugio) VB........ 7 D 6
Città S. Angelo PE.... 600 24
Cittadella PD........ 24 F 17
Cittadella del Capo CS.. 84 I 29
Cittaducale RI........ 580 20
Cittanova MO........ 31 I 14
Cittanova RC........ 88 L 30
Cittareale RI........ 590 21
Cittiglio VA........... 8 E 7
Citulo (Masseria) BA .. 72D 30
Ciuchesu SS........... 109 D 9
Ciuffenna AR........ 44 L 16
Civago RE........... 38 J 13
Civate LC........... 21 E 10
Civé PD........... 25G 18
Civenna CO........... 9 E 9
Civetta (Monte) BL.... 12 C 18
Civezza PD........... 25G 18
Civezzano TN........ 11D 15
Civiasco VC........... 20 E 6
Cividale del Friuli UD.. 15D 22
Cividale
  Mantovano MN.... 30G 13
Cividate al Piano BG .... 22 F 11
Cividate Camuno BS... 10 E 12
Civiello (Masseria) PZ.. 72 E 29
Civita CS 85H 30
Civita PG........... 52 N 21
Civita VT........... 570 18
Civita (Forca di) PG ... 52 N 21
Civita Castellana VT .. 58 P 19
Civita d'Antino AQ.... 64Q 22
Civitacampomarano CB.. 65Q 26
Civitaluparella CH.... 60Q 24
Civitanova Alta MC.. 53M 23
Civitanova
  del Sannio IS........ 65Q 25
Civitanova Marche MC.. 53M 23
Civitaquana PE........ 60 P 23

Civitaretenga AQ...... 59 P 23
Civitate (Ponte di) FG.. 66 B 27
Civitatomassa AQ...... 590 21
Civitavecchia FR....... 64 R 22
Civitavecchia RM...... 57 P 17
Civitella RM........... 59 P 20
Civitella (Monte) GR.. 50N 17
Civitella (Monte) AR... 45 L 18
Civitella Alfedena AQ.. 64Q 23
Civitella Casanova PE.. 600 23
Civitella Cesi VT....... 57 P 18
Civitella del Lago TR.. 51N 18
Civitella del Tronto TE.. 53N 23
Civitella di
  Romagna FO...... 40 J 17
Civitella
  in Val di Chiana AR... 44 L 17
Civitella Licinio BN.... 65 S 25
Civitella Marittima GR. 50N 15
Civitella Messer
  Raimondo CH ...... 60 P 24
Civitella Ranieri PG.... 51M 19
Civitella Roveto AQ.... 64Q 22
Civitella S. Paolo RM.. 58 P 19
Civo SO........... 9D 10
Civorio FO........... 41 K 18
Cixerri SU........... 118 J 7
Cizzago BS........... 22 F 11
Cizzolo MN........... 31G 14
Claino-Osteno CO ..... 9 D 9
Clapier (Monte) CN .... 34 J 4
Classe (Pineta di) RA... 41 I 18
Claut PN........... 13D 19
Clautana (Forcella) PN.. 13D 19
Clauzetto PN........ 14D 20
Clavière TO........... 26 H 2
Cles TN........... 11 C 15
Cleto CZ........... 86 J 30
Cleulis UD........... 5 C 20
Climiti (Monti) SR..... 105Q 27
Cliternia Nuova CB.... 66B 27
Clitunno
  (Fonti del) PG...... 52 N 20
Clitunno
  (Tempio di) PG...... 52 N 20
Clivio VA........... 8 E 8
Clusane sul Lago BS... 22 F 12
Clusio BZ........... 2 B 13
Clusone BG........... 10 E 11
Coazze TO........... 26 G 3
Coazzolo AT........... 27 H 6
Coca (Pizzo di) BG 10D 12
Coccaglio BS........ 22 F 11
Coccanile FE........ 32H 17
Coccau UD........... 15 C 22
Coccia (Poggio di) VT... 57 P 18
Coccolia RA........ 41 J 18
Cocconato AT........ 27 G 6
Coccorino VV........ 88 L 29
Coccovello (Monte) PZ.. 76G 29
Coco (Monte del) TP.. 97N 20
Cocquio Trevisago VA... 8 E 8
Cocullo AQ........... 60 P 23
Cocumola LE........ 83G 36
Cocuzza (Monte) RC.. 90M 29
Cocuzzo (Monte) CS.. 86 J 30
Cocuzzo (Monte) SA.. 76G 28
Coda Cavallo
  (Capo) SS........... 113 E 11
Coda (Rifugio) BI ..... 19 F 5
Codarda LT........... 63 R 21
Codelago o
  Devero (Lago) VB.... 8 C 6
Codevigo PD........ 25G 18
Codevilla PV........... 29 H 9
Codigoro FE........ 33H 18
Codisotto RE........ 31H 14
Codogne TV........ 13 E 19
Codogno LO........ 29G 11
Codonfuri RC........ 90M 29
Codrignano BO........ 40 J 16
Codroipo UD........ 16 E 20
Codrongianos SS...... 111 F 8
Codula de Sisine NU.. 117G 10
Codula di Luna NU... 117G 10
Coeli Aula FI........ 43 L 14
Cofano (Golfo del) TP.. 97M 20
Cofano (Monte) TP .. 97M 20
Coggia (Genna) NU.... 117G 10
Coggiola BI........ 19 E 6
Coghinas SS........... 111 E 9
Coghinas (Fiume) SS.. 111 E 8
Coghinas
  (Lago del) SS........ 111 E 9

Coglians (Monte) /
  Hohe Warte UD....... 5 C 20
Cogliate MI........... 21 F 9
Cogne AO........... 18 F 4
Cogne (Val de) AO..... 18 F 3
Cogoleto GE........ 36 I 7
Cogoli NU........... 113 F 10
Cogollo del Cengio VI.. 24 E 16
Cogolo TN........... 11 C 14
Cogorno GE........ 37 J 10
Cogozzo MN........ 30H 13
Cogruzzo RE........ 31H 13
Col Collon (Rifugio) AO.. 7 E 4
Col di Prà BL........ 12D 17
Colà VR........... 23 F 14
Colazza NO........ 20 E 7
Colbertaldo TV........ 12 E 18
Colbordolo PS........ 41 K 20
Colbu (Lu) SS........ 111 E 9
Colcavagno AT....... 27 G 6
Colcellalto AR........ 45 K 18
Colcerasa MC........ 52M 21
Coldrano /
  Goldrain BZ........ 3 C 14
Coleazzo (Monte) BS... 10D 13
Coler TN........... 11 C 14
Colere BG........... 10 E 12
Colfelice FR........ 64 R 22
Colfiorito PG........ 52M 20
Colfosco TV........ 25 E 18
Coli PC........... 29H 10
Colico LC........... 9D 10
Colla ME........... 100M 26
Colla (Monte) CT..... 100N 26
Colla (Monte sa) NU .. 119H 10
Colla (Passo) PR..... 29 H 11
Colla (Passo la) PZ .. 76G 29
Collagna RE........ 38 I 12
Collalbo /
  Klobenstein BZ...... 3 C 16
Collalto SI........... 49 L 15
Collalto / Hochgall BZ... 4 B 18
Collalto Sabino RI ..... 59 P 21
Collalunga
  (Cima di) CN....... 34 J 3
Collamato AN........ 52M 20
Collarmele AQ........ 59 P 22
Collatoni MC........ 52N 20
Collazzone PG........ 51N 19
Colle PN........... 13D 20
Colle AQ........... 590 21
Colle AP........... 52N 21
Colle Alto FR........ 64 R 22
Colle / Bichl BZ........ 3 B 15
Colle Croce PG........ 52M 20
Colle d'Anchise CB.... 65 R 25
Colle di Tora RI........ 58 P 20
Colle di Val d'Elsa SI... 43 L 15
Colle di Villa /
  Bauernkohlern BZ.... 3 C 16
Colle Don Bosco
  (Santuario) AT...... 27 G 6
Colle Isarco /
  Gossensaß BZ........ 3 B 16
Colle-Lupo GR........ 56O 16
Colle San Paolo PG .. 51M 18
Colle S. Lorenzo PG... 51N 20
Colle Sta Lucia BL.... 12 C 18
Colle S. Magno FR.... 64 R 23
Colle S. Marco AP..... 53N 22
Colle Sannita BN...... 65 R 26
Colle Umberto TV.... 13 E 19
Collebaldo PG........ 51N 18
Collebarucci FI........ 40 K 15
Collebeato BS........ 22 F 12
Collebrincioni AQ...... 590 22
Collecchio PR........ 30H 12
Collecorvino PE........ 600 24
Colledara TE........ 590 23
Colledimacine CH .... 60 P 24
Colledimezzo CH...... 60Q 25
Colledoro TE........ 600 23
Colleferro RM........ 63Q 21
Collegiove RI........ 59 P 21
Collegno TO........ 27 G 4
Collelongo AQ........ 64Q 22
Collelungo TR........ 51N 18
Collelungo (Torre) GR.. 55O 15
Collemancio PG........ 51N 19
Collemeto LE........ 83G 36
Collemincio PG........ 51M 20
Colleoli PI........... 43 L 14
Collepardo FR........ 63Q 22
Collepasso LE........ 83G 36
Collepepe PG........ 51N 19

Collepietra /
  Steinegg BZ........ 3 C 16
Collepietro AQ........ 60 P 23
Collepino PG........ 51M 20
Collere (Monte) GE.... 29 I 9
Colleri PC........... 29 H 9
Collerin (Monte) TO.... 18 G 3
Collesalvetti LI........ 42 L 13
Collesano PA........ 99N 23
Collesanto MC........ 52M 21
Collesecco TR........ 51N 19
Collesecco PG........ 51N 19
Collestatte Piano TR.. 580 20
Collestrada PG........ 51M 19
Colletorto CB........ 66 B 26
Collevalenza PG...... 51N 19
Collevecchio RI........ 580 19
Colli a Volturno IS.... 64 R 24
Colli del Tronto AP.... 53N 23
Colli di
  Montebove AQ...... 59 P 21
Colli Euganei PD...... 24G 17
Colli sul Velino RI..... 580 20
Colliano SA........ 76 E 27
Collicelle RI........ 590 21
Collina AN........ 46 L 21
Collina LU........ 43 K 13
Collina UD........ 5 C 20
Collina
  (Passo della) PT..... 39 J 14
Collinas SU........ 118 I 8
Colline Metallifere PI .. 49M 14
Collinello FO........ 41 J 18
Collio BS........... 22 E 13
Collodi PT........... 39 K 13
Colloredda
  (Punta di) SS........ 113 E 10
Colloredo di
  Monte Albano UD.. 14D 21
Colloredo di Prato UD. 14D 21
Colma di
  Monbarone BI...... 19 F 5
Colma la VB........ 20 E 6
Colmurano MC........ 52M 22
Colobraro MT........ 77G 31
Cologna FE........ 32H 17
Cologna TE........ 53N 23
Cologna Spiaggia TE.. 53N 23
Cologna Veneta VR.. 24G 16
Cologne BS........ 22 F 11
Cologno al Serio BG ... 21 F 11
Cologno Monzese MI.. 21 F 9
Colognola PG........ 51M 19
Colognola ai Colli VR.. 23 F 15
Colognora (vicino
  a Diecimo) LU...... 38 K 13
Colognora (vicino a
  Villa Basilica) LU.... 39 K 13
Colombaia RE........ 39 I 13
Colombara (Secca) PA.. 92 K 21
Colombardo
  (Colle del) TO...... 18 G 3
Colombare BS........ 23 F 13
Colombata (Isola) TP.. 96M 19
Colombine
  (Monte) BS........ 22 E 13
Colombo (Monte) TO.. 19 F 4
Colonna RM........ 63Q 20
Colonna (Capo) KR.. 87 J 33
Colonna di Grillo SI.... 50M 16
Colonnata RI........ 39 K 15
Colonnata
  (Cave di) MS........ 38 J 12
Colonne
  (Punta delle) SU .... 120 J 6
Colonnella TE........ 53N 23
Colonnetta TR........ 51N 18
Coloretta MS........ 37 I 11
Colorno PR........ 30H 13
Colosimi CS........ 86 J 31
Colostrai
  (Stagno di) SU...... 119 I 10
Colpalombo PG........ 51M 19
Colpetrazzo PG........ 51N 19
Coltaro PR........ 30H 12
Comabbio
  (Lago di) VA........ 20 E 8
Comacchio FE........ 33H 18
Comacchio
  (Valli di) FE........ 32H 17
Comano MS........ 38 J 12
Comano Terme TN.... 11D 14
Comazzo LO........ 21 F 10
Combai TV........ 13 E 18

Combolo (Monte) SO.. 10D 12
Comeglians UD......... 5 C 20
Comelico Superiore BL. 5 C 19
Comerconi VV........ 88 L 29
Comero (Monte) FO.. 40 K 18
Comezzano-
  Cizzago BS........ 22 F 11
Comino CH........... 60 P 24
Comino (Capo) NU.... 113 F 11
Comiso RG........ 104Q 25
Comitini AG........ 103O 22
Commessaggio MN.. 31G 13
Communitore
  (Monte) AP........ 52N 21
Como CO........... 21 E 9
Como (Lago di) LC.. 9 E 9
Como (Rifugio) CO.. 9 D 9
Comoretta
  (Punta) NU........ 111 F 9
Compiano PR........ 29 I 10
Compiano RE........ 30 I 13
Compione MS........ 38 J 12
Comun Nuovo BG .... 21 F 10
Comuna PR........ 19 F 6
Comunanza AP........ 52N 22
Comuneglia SP........ 37 I 10
Comunelli (Lago) CL.. 103 P 24
Cona Faiete TE........ 53N 22
Cona FE........... 32H 17
Cona VE........... 24G 18
Concordia
  Sagittaria VE...... 16 E 20
Concordia
  sulla Secchia MO 31H 14
Concorezzo MI........ 21 F 10
Condino TN........ 11 E 13
Condofuri Marina RC.. 90N 29
Condove TO........ 18 G 3
Condrò ME........ 90M 27
Conegliano TV........ 13 E 18
Cónero (Monte) AN.... 47 L 22
Confienza PV........ 20 G 7
Configni RI........ 580 19
Confinale (Monte) SO.. 10 C 13
Confinale (Passo) SO... 10 D 13
Conflenti CZ........ 86 J 30
Coniale FI........ 40 J 16
Conigli (Isola dei) AG.. 102U 19
Coniolo BS........ 22 F 11
Consandolo FE........ 32 I 17
Conscenti GE........ 37 I 10
Conselice RA........ 32 I 17
Conselve PD........ 24G 17
Consolazione
  (Convento) FG...... 71D 28
Consuma
  (Passo della) AR.... 44 K 16
Contane FE........ 32H 18
Contarina RO........ 33G 18
Conte di Noia
  (Masseria) FG...... 71D 29
Conte (Porto) SS...... 110 F 6
Contessa (Monte) SR.. 104 P 26
Contessa (Monte) CZ.. 88 K 31
Contessa
  (Punta della) BR .... 81 F 36
Contigliano RI........ 580 20
Contignano SI........ 50N 17
Contrada AV........ 70 E 26
Contrasto
  (Colle del) ME...... 100N 25

Conzano AL........ 28 G 7
Cop di Breguzzo
  (Cima) TN........ 11D 13
Copanello CZ........ 89 K 31
Copertino LE........ 83G 36
Copiano PV........ 21 G 9
Coppa PV........... 29 H 9
Coppa Ferrata
  (Monte) FG........ 67 B 29
Copparo FE........ 32H 17
Coppe di Maltempo
  (Masseria) BA....... 72D 29
Coppito AQ........ 590 22
Coppolo (Monte) BL.. 12D 17
Coppolo (Monte) MT.. 77G 31
Corace CZ........ 86 J 31
Coraci CS........ 86 J 31
Corallo (Porto) SU... 119 I 10
Corana PV........ 28 G 8
Corano PC........ 29H 10
Corato BA........ 72D 31
Corbara SA........ 75 E 25
Corbara TR........ 51N 18
Corbara (Lago di) TR.. 51N 18
Corbesassi PV........ 29 H 9
Corbetta MI........ 20 F 8
Corbola RO........ 33G 18
Corcagnano PR........ 30H 12
Corchia FE........ 30 I 11
Corciano PG........ 51M 18
Corcolle RM........ 63Q 20
Corcrevà RO........ 32G 18
Corcumello AQ........ 59 P 22
Cordenons PN........ 13 E 20
Cordevole BL........ 13D 18
Cordignano TV........ 13 E 19
Cordovado PN........ 16 E 20
Coredo TN........ 11 C 15
Coreggia BA........ 80 E 33
Coreglia
  Antelminelli LU...... 39 J 13
Corella FI........ 40 K 16
Coreno Ausonio FR... 64 R 23
Corese Terra RI........ 58 P 20
Corezzo AR........ 45 K 17
Corfinio AQ........ 60 P 23
Corfino LU........ 38 J 13
Cori LT........... 63 R 20
Coriano RN........ 41 K 19
Corigliano CE........ 64 S 23
Corigliano Calabro CS. 85 I 31
Corigliano Calabro
  Stazione CS........ 85 I 31
Corigliano
  d'Otranto LE........ 83G 36
Corinaldo AN........ 46 L 21
Corio TO........... 19 G 4
Corleone PA........ 97N 21
Corleto FG........ 71D 28
Corleto (Bosco di) SA.. 76 F 28
Corleto Monforte SA.. 76 F 28
Corleto Perticara PZ .. 77 F 30
Corlo (Lago del) BL.. 12 E 17
Cormano MI........ 21 F 9
Cormons GO........ 17 E 22
Cormor UD........ 16 E 21
Cornacchia
  (Monte) FG........ 71 C 27
Cornacchia
  (Monte) AQ........ 64Q 22
Cornaget (Monte) PN.. 13D 19
Cornaiano / Girlan BZ.. 3 C 15
Cornale PV........ 28 G 8
Cornate d'Adda MI.. 21 F 10
Cornedo Vicentino VI.. 24 F 16
Corneliano d'Alba CN.. 27 H 5
Cornello (Passo) PG.. 52M 20
Cornetto TN........ 11 E 13
Cornia GR........ 49M 14
Corniglia SP........ 37 J 11
Corniglio PR........ 38 I 12
Corniolo FO........ 40 K 17
Cornisello
  (Lago di) TN........ 11D 14
Corno RI........ 580 20
Corno UD........ 17 E 21
Corno Bianco VC...... 7 E 5
Corno Bianco BZ...... 3 B 16
Corno di Rosazzo UD.. 17 E 22
Corno Giovine LO.... 30G 11
Corno Grande TE...... 590 24
Corno (Isola del) SU... 120 J 6
Cornole PR........ 29 I 10
Cornone FG........ 66 B 27

Cornour (Punta) TO....26 H 3
Cornovecchio LO......30 G 11
Cornoviglio (Monte) SP....38 J 11
Cornuda TV....24 E 18
Cornus OR....114 G 7
Corona SV....36 I 7
Coronella FE....32 H 16
Corones (Plan de) / Kronplatz BZ....4 B 17
Corongiu (Laghi di) CA....119 J 9
Corongiu (Punta) NU....117 H 10
Corpo di Cava SA....75 E 26
Corpolo RN....41 J 19
Corra Cherbina (Punta) NU....115 F 9
Corrasi (Punta) NU....117 G 10
Correggio RE....31 H 14
Correggioli MN....31 G 15
Correnti (Isola delle) SR....107 Q 27
Correzzola PD....25 G 18
Corridonia MC....53 M 22
Corropoli TE....53 N 23
Corsaglia CN....35 I 5
Corsaglia (Torrente) CN....35 J 5
Corsano LE....83 H 37
Corsi (Piano dei) SV....36 J 6
Corsi (Rifugio) BZ....2 C 14
Corsi (Rifugio) UD....15 C 22
Corsico MI....21 F 9
Corsignano (Pieve di) SI....50 M 17
Corso (Portella) AG....103 P 23
Cortaccia s. str. d. vino / Kurtatsch a. d. Weinstraße BZ....11 D 15
Cortale CZ....88 K 31
Cortandone AT....27 H 6
Cortazzone AT....27 G 6
Corte BL....13 C 18
Corte NU....115 G 7
Corte VC....8 E 6
Corte Brugnatella PC....29 H 10
Corte Centrale FE....32 H 18
Corte Cerbos (Monte) NU....115 H 9
Corte de' Cortesi CR....22 G 12
Corte de' Frati CR....22 G 12
Corte Falasio LO....21 G 10
Corte Franca BS....22 F 11
Corte Porcus NU....119 H 10
Corte S. Andrea LO....29 G 10
Corte Vetere (Masseria) LE....79 G 35
Cortellazzo VE....16 F 20
Cortemaggiore PC....30 H 11
Cortemaggiore (Masseria) TA....79 F 34
Cortemilia CN....27 I 6
Cortenedolo BS....10 D 12
Corteno (Val di) BS....10 D 12
Corteno Golgi BS....10 D 12
Cortenova LC....9 E 10
Cortenuova BG....22 F 11
Corteolona PV....29 G 10
Corticato (Sella del) SA....76 F 28
Corticella BO....32 I 16
Corticelle Pieve BS....22 F 12
Cortiglione AT....28 H 7
Cortigno PG....52 N 20
Cortile MO....31 H 14
Cortina d'Ampezzo BL....4 C 18
Cortina s. str. d. Vino / Kurtinig BZ....11 D 15
Cortino TE....59 O 22
Cortoghiana SU....118 J 7
Cortona AR....50 M 17
Corva PN....13 E 19
Corvara PE....60 P 23
Corvara in Badia BZ....4 C 17
Corvara / Rabenstein BZ....3 B 15
Corvaro RI....59 P 21
Corvi (Monte dei) AN....47 L 22
Corvia PG....51 N 20
Corviale RM....62 Q 19
Corvo (Monte) AQ....59 O 22
Corzes / Kortsch BZ....2 C 14
Cosa PN....14 D 20
Cosa Ansedonia GR....56 O 15
Cosa (Fiume) FR....63 R 21
Coscerno (Monte) PG....52 N 20

Coscile CS....85 H 30
Coseano UD....14 D 21
Cosentino (Masseria) CS....86 I 31
Cosenza CS....86 J 30
Cosimo (Pizzo) PA....99 N 24
Cosio Valtellino SO....9 D 10
Cosoleto RC....90 M 29
Cossano Belbo CN....27 I 6
Cossato BI....19 F 6
Cossignano AP....53 N 23
Cossogno VB....8 E 7
Cossoine SS....111 F 8
Costa BS....23 E 13
Costa RG....104 Q 25
Costa Amalfitana SA....75 F 25
Costa de' Nobili PV....29 G 10
Costa di Rovigo RO....32 G 17
Costa Dorata SS....113 E 10
Costa Merlata BR....80 E 34
Costa Paradiso SS....109 D 8
Costa Pavesi PR....30 H 12
Costa Rossa (Brec) CN....35 J 4
Costa S. Abramo CR....22 G 11
Costa Vescovato AL....28 H 8
Costa Viola RC....90 M 29
Costa Volpino BG....22 E 12
Costabissara VI....24 F 16
Costacciaro PG....46 L 20
Costafontana GE....29 I 9
Costalpino SI....50 M 15
Costalta PC....29 H 10
Costalunga VR....24 F 15
Costalunga (Passo di) / Karerpaß TN....12 C 16
Costanzana VC....20 G 7
Coste VR....23 F 14
Costeggiola VR....23 F 15
Costermano VR....23 F 14
Costey AO....19 F 5
Costigliole d'Asti AT....27 H 6
Costigliole Saluzzo CN....27 I 4
Costozza VI....24 F 16
Cotignola RA....40 I 17
Cotronei KR....87 J 32
Cotschen (Monte) SO....2 C 12
Cottanello RI....58 O 20
Courmayeur AO....6 E 2
Covigliaio FI....40 J 15
Coviolo RE....31 H 13
Covo BG....22 F 11
Coxinas SU....119 I 9
Cozzana BA....73 E 33
Cozzano PR....30 I 12
Cozze BA....73 D 33
Cozzo PV....20 G 7
Cozzuolo TV....13 E 18
Craco MT....77 F 31
Crana (Pioda di) VB....8 D 7
Crandola Valsassina LC....9 D 10
Crati CS....85 I 30
Crava CN....35 I 5
Cravagliana VC....8 E 6
Cravanzana CN....27 I 6
Cravasco GE....28 I 8
Craveggia VB....8 D 7
Cravi (Monte) GE....29 I 9
Crea (Santuario di) AL....28 G 6
Creazzo VI....24 F 16
Crecchio CH....60 P 24
Creda BO....39 J 15
Credaro BG....22 E 12
Credera Rubbiano CR....21 G 10
Crema CR....21 F 11
Cremenaga VA....8 E 8
Cremeno LC....9 E 10
Cremia CO....9 D 9
Cremolino AL....28 I 7
Cremona CR....30 G 12
Cremona alla Stua (Rifugio) BZ....3 B 15
Cremosano CR....21 F 10
Crep (Monte) TV....13 E 18
Crepaldo VE....16 F 20
Crescentino VC....19 G 6
Cresia (Genna 'e) NU....117 H 10
Cresia (Punta sa) CA....121 J 8
Crespadoro VI....23 F 15
Crespano del Grappa TV....24 E 17
Crespellano BO....31 I 15
Crespiatica LO....21 F 10
Crespina PI....43 L 13
Crespino RO....32 H 17
Crespino del Lamone FI....40 J 16

Crespole PT....39 K 14
Cressa NO....20 F 7
Cresta d'Arp AO....18 E 2
Cresto (Monte) BI....19 E 5
Creta Forata (Monte) UD....5 C 20
Creta (Portella) EN....99 N 24
Cretaz AO....18 F 4
Creti AR....50 M 17
Creto GE....29 I 9
Cretone RM....58 P 20
Crevacuore BI....20 E 6
Crevalcore BO....31 H 15
Crevoladossola VB....8 D 6
Crichi CZ....89 K 31
Cridola (Monte) BL....13 C 19
Crispano NA....69 E 24
Crispiano TA....78 F 33
Crispiero MC....52 M 21
Crispiniano (Monte) FG....71 D 27
Crissolo CN....26 H 3
Cristallo BL....4 C 18
Cristo (Monte) LT....68 S 22
Cristo Re BA....80 E 33
Croara BO....40 I 16
Crobus (Monte is) NU....119 I 10
Crocchio CZ....87 J 32
Crocci TP....96 M 19
Croccia (Monte la) MT....77 F 30
Crocco (Monte) VV....88 L 30
Croce RN....41 K 19
Croce (Colle della) AQ....64 Q 23
Croce (Monte) TN....12 D 16
Croce (Pania della) LU....38 J 12
Croce (Pian della) FR....63 R 21
Croce (Picco di) / Wilde Kreuzspitze BZ....3 B 16
Croce (Portella della) PA....98 N 22
Croce a Veglia PT....39 J 14
Croce al Promontario ME....95 M 27
Croce Arcana (Passo) PT....39 J 14
Croce d'Aune (Passo) BL....12 D 17
Croce dello Scrivano (Passo) PZ....77 F 29
Croce di Magara CS....86 J 31
Croce di Panaro (Passo) VV....88 L 31
Croce di Raparo PZ....77 G 29
Croce di Serra (Monte) TR....58 O 18
Croce Dominii (Passo di) BS....10 E 13
Croce Ferrata (Passo) RC....88 L 30
Croce Mancina (Monte) ME....100 N 27
Croce Rossa TO....18 G 3
Crocefieschi GE....29 I 9
Crocelle (Passo delle) PZ....71 E 28
Crocera di Barge CN....26 H 4
Crocetta TO....27 H 5
Crocetta BO....40 I 17
Crocetta RO....32 G 16
Crocetta del Montello TV....24 E 18
Crocetta (Passo) CS....86 J 30
Crocette (Goletto del) BS....22 E 13
Crocevie TP....96 M 19
Croci (Monte di) PG....51 M 19
Croci (Vetta le) FI....40 K 16
Croci di Calenzano FI....39 K 15
Crodo VB....8 D 6
Crognaleto TE....59 O 22
Cropalati CS....87 I 32
Cropani CZ....89 K 32
Cropani Marina CZ....89 K 32
Crosa VC....20 E 6
Crosano TN....23 E 14
Crosia CS....87 I 32
Crostis (Monte) UD....5 C 20
Crostolo RE....31 I 13
Crotone KR....87 J 33
Crotta d'Adda CR....30 G 11
Crova VC....20 G 6
Crozzón di Lares TN....11 D 13
Crucoli KR....87 I 33
Crucoli Torretta KR....87 I 33
Cruser RA....33 I 18

Cruxi (Genna) NU....117 G 10
Cruzitta (Punta) SS....109 D 8
Cuasso al Monte VA....8 E 8
Cuccaro Monferrato AL....28 G 7
Cuccaro Vetere SA....76 G 27
Cucchinadorza (Lago di) NU....115 G 9
Cucco (Monte) PG....46 L 20
Cuccurano PS....46 K 20
Cuccurdoni Mannu (Punta) SU....118 I 8
Cuccureddu (Monte) NU....115 G 9
Cuccuru 'e Paza NU....116 G 10
Cuceglio TO....19 G 5
Cuddia TP....97 N 19
Cuestalta / Hoher Trieb UD....5 C 21
Cuffiano BN....65 R 26
Cuga SS....110 F 7
Cuga (Lago) SS....110 F 7
Cuggiono MI....20 F 8
Cuglieri OR....114 G 7
Cugnana (Punta) SS....109 D 10
Cugnoli PE....60 P 23
Cuiaru (Monte) SS....111 F 8
Cuma NA....69 E 24
Cumiana TO....26 H 4
Cumignano sul Naviglio CR....22 F 11
Cuna SI....50 M 16
Cunardo VA....8 E 8
Cuneo CN....35 I 4
Cuorgnè TO....19 F 4
Cupa CE....69 D 23
Cupello CH....61 P 26
Cupetti (Punta) NU....113 F 10
Cupi MC....52 M 21
Cupoli PE....60 O 23
Cupra Marittima AP....53 M 23
Cupramontana AN....46 L 21
Cura VT....57 P 18
Curcuris OR....116 H 8
Curi (Monte su) SS....109 D 10
Curiglia VA....8 D 8
Curinga CZ....88 K 30
Curino BI....20 F 6
Curon Venosta / Graun im Vinschgau BZ....2 B 13
Curone AL....29 H 9
Cursi LE....83 G 36
Cursolo Orasso VB....8 D 7
Curtarolo PD....24 F 17
Curtatone MN....31 G 14
Curticelle SA....70 E 26
Cusa (Cave di) TP....97 O 20
Cusago MI....21 F 9
Cusano PN....13 E 20
Cusano Milanino MI....21 F 9
Cusano Mutri BN....65 R 25
Cusercoli FO....40 J 18
Cusio BG....9 E 10
Cusna (Monte) RE....38 J 13
Cussorgia SU....118 J 7
Custonaci TP....97 M 20
Custoza VR....23 F 14
Cutigliano PT....39 J 14
Cutro KR....87 J 32
Cutrofiano LE....83 G 36
Cuvio VA....8 E 8
Cuzzago VB....8 D 7

D

Dalmine BG....21 F 10
Dambel TN....11 C 15
Danta BL....5 C 19
Daone TN....11 E 13
Daone (Val di) TN....11 D 13
Darfo- Boario Terme BS....10 E 12
Darzo TN....23 E 13
Dasà VV....88 L 30
Dattilo TP....96 N 19
Daunia (Monti della) FG....66 C 27
Davagna GE....37 I 9
Davoli CZ....88 L 31
Dazio SO....9 D 10
De Costanzi CN....26 I 3
De Gasperi (Rifugio) UD....5 C 20
De Lorenzis (Masseria) BA....72 E 31
Decimomannu CA....118 J 8
Decimoputzu SU....118 I 8

Decollatura CZ....86 J 31
Decorata BN....70 C 26
Degano UD....5 C 20
Dego SV....36 I 6
Deiva Marina SP....37 J 10
Del Vecchio (Masseria) TA....78 F 32
Delebio SO....9 D 10
Delfino (Lido) TP....96 N 19
Delia CL....103 O 23
Delia (Fiume) AG....103 P 23
Delianuova RC....90 M 29
Deliceto FG....71 D 28
Dello BS....22 F 12
Demo BS....10 D 13
Demonte CN....34 J 3
Denice AL....28 I 7
Denno TN....11 D 15
Denore FE....32 H 17
Dent d'Hérens AO....7 G 8
Dente del Gigante AO....6 E 2
Denza (Rifugio) TN....11 D 13
Dernice AL....29 H 9
Dermulo TN....11 C 15
Deruta PG....51 N 19
Dervio LC....9 D 9
Desana VC....20 G 7
Dese VE....25 F 18
Dese (Fiume) VE....25 F 18
Desenzano del Garda BS....23 F 13
Desio MI....21 F 9
Destro CS....87 I 32
Desulo NU....115 G 9
Desusino (Monte) CL....103 P 24
Deta (Pizzo) AQ....64 Q 23
Deutschnofen / Nova Ponente BZ....12 C 16
Devero (Val) VB....8 D 6
Dezzo BG....10 E 12
Dezzo (Fiume) BS....10 E 12
Di Brazza (Rifugio) UD....15 C 22
Di Santo (Masseria) BA....73 E 32
Diacceto FI....44 K 16
Diamante CS....84 H 29
Diano Arentino IM....35 K 6
Diano Castello IM....35 K 6
Diano d'Alba CN....27 I 6
Diano Marina IM....35 K 6
Diano (Vallo di) SA....76 F 28
Diavolo (Passo del) AQ....64 Q 23
Diavolo (Pizzo del) BG....10 D 11
Dicomano FI....40 K 16
Dieci (Cima) BZ....4 C 17
Diecimo LU....38 K 13
Diegaro FO....41 J 18
Dierico UD....5 C 21
Dietro Isola (Porto) TP....96 Q 18
Digerbato TP....96 N 19
Dignano UD....14 D 20
Dignini PC....30 H 11
Diliella (Fattoria) CL....103 P 24
Diligenza RG....104 Q 25
Dimaro TN....11 D 14
Dinami VV....88 L 30
Dino (Isola di) CS....84 H 29
Dipignano CS....86 J 30
Dipilo (Pizzo) PA....99 N 23
Dirillo CT....104 P 25
Dirillo (Lago) CT....104 P 25
Disfida di Barletta (Monumento alla) BA....72 D 31
Disgrazia (Monte) SO....10 D 11
Diso LE....83 G 37
Disueri CL....104 P 24
Disueri (Lago) CL....104 P 24
Dittaino EN....100 O 25
Divedro (Val) VB....8 D 6
Diveria VB....8 D 6
Divieto ME....90 M 28
Divignano NO....20 F 7
Divino Amore (Santuario del) RM....62 Q 19
Dobbiaco / Toblach BZ....4 B 18
Dobbiaco (Lago di) BZ....4 B 18
Dobbiaco Nuovo BZ....4 B 18
Doberdò del Lago GO....17 E 22
Dodici (Cima) TN....12 E 16
Dogana Nuova MO....39 J 13
Doganaccia PT....39 J 14
Doganella LT....63 R 20
Dogaro MO....31 H 15
Doglia (Monte) SS....110 F 6

Dogliani CN....27 I 5
Doglio PG....51 N 18
Dogliola CH....61 Q 25
Dogna UD....15 C 21
Dogna (Torrente) UD....15 C 22
Dolcè VR....23 F 14
Dolceacqua IM....35 K 4
Dolcecanto BA....72 E 30
Dolcedo IM....35 K 5
Dolcedorme (Serra) PZ....85 H 30
Dolegna del Collio GO....15 D 22
Dolent (Monte) AO....6 E 3
Dolianova SU....119 J 9
Dolo VE....25 F 18
Dolo (Torrente) MO....39 J 13
Dolomiti Bellunesi (Parco Nazionale delle) BL....12 D 17
Dolzago LC....21 E 10
Domanico CS....86 J 30
Domanins PN....13 D 20
Domaso CO....9 D 9
Domegge di Cadore BL....5 C 19
Domegliara VR....23 F 14
Domelletto NO....20 E 7
Domenica (Città della) PG....51 M 19
Domicella AV....70 E 25
Domo AN....46 L 21
Domo di Sasso (Poggio) AR....44 K 16
Domodossola VB....8 D 6
Domu 'e s'Orcu (Sa) CA....121 J 9
Domus de Maria SU....121 K 8
Domusnovas SU....118 J 7
Donada RO....33 G 18
Donato BI....19 F 5
Donenaz AO....19 F 4
Dongo CO....9 D 9
Donigala NU....117 H 11
Donigala Fenughedu OR....114 H 7
Donna Giacoma (Cozzo) PA....98 N 22
Donna (Punta sa) NU....113 F 10
Donnafugata RG....104 Q 25
Donnalucata RG....106 Q 25
Donnas AO....19 F 5
Donoratico LI....49 M 13
Donori SU....119 I 9
Dont BL....13 C 18
Donzella (Isola della) RO....33 H 19
Doppo (Monte) BS....12 F 12
Dora Baltea AO....18 E 3
Dora di Rhêmes AO....18 F 3
Dora di Valgrisanche AO....18 F 3
Dora Riparia TO....26 H 2
Dordo BG....21 E 10
Dorga BG....10 E 12
Dorgali NU....117 G 10
Doria CS....85 H 31
Dorigoni (Rifugio) TN....2 C 14
Dorio LC....9 D 9
Dorno PV....20 G 8
Dosolo MN....31 H 13
Dossena BG....9 E 11
Dosso FE....32 H 16
Dosso del Liro CO....9 D 9
Dosson TV....25 F 18
Doues AO....6 E 3
Dovadola FO....40 J 17
Dovaru (Monte su) NU....115 G 9
Dovera CR....21 F 10
Dozza (vicino ad Imola) BO....40 I 16
Dragoncello MN....31 H 15
Dragone MO....39 J 13
Dragone (Colle del) PZ....85 H 30
Dragonetti PZ....71 E 29
Dragoni CE....65 S 24
Drapia VV....88 L 29
Drei Zinnen / Lavaredo (Tre Cime di) BL....4 C 18
Dreieck-Spitze / Triangolo di Riva BZ....4 B 18
Dreiherrnspitze / Tre Signori (Picco dei) BZ....4 A 18
Drena TN....11 E 14
Drenchia UD....15 D 22
Dresano MI....21 F 10

A B C D E F G H I J K L M N O P Q R S T U V W X Y Z

A
B
C
D
E
F
G
H
I
J
K
L
M
N
O
P
Q
R
S
T
U
V
W
X
Y
Z

Drizzona CR .... 30 G 13
Dro TN .... 11 E 14
Dromo ME ...... 101 M 27
Dronero CN .... 26 I 4
Drosi RC........ 88 L 29
Druento TO ...... 19 G 4
Druges AO ...... 19 E 4
Druogno VB......... 8 D 7
Drusco PR........ 29 I 10
Dualchi NU....... 115 G 8
Duanera la Rocca FG.. 66 C 28
Dubbione TO....... 26 H 3
Dubino SO .... 9 D 10
Duca degli Abruzzi
 (Rifugio) AQ .... 59 O 22
Duca
 (Masseria del) TA .... 79 F 34
Duca (Masseria
 Nuova del) BA ... 72 D 31
Ducato Fabriago RA .. 32 I 17
Duchessa
 (Lago della) RI ...... 59 P 22
Due Carrara PD.... 24 G 17
Due Maestà RE .... 31 I 13
Due Santi
 (Passo dei) MS .... 37 I 11
Duesanti PG....... 51 N 19
Dueville VI ..... 24 F 16
Dufour (Punta) VB..... 7 I 8
Dugenta BN ...... 70 D 25
Duglia CS ...... 85 I 31
Dugliolo BO ...... 32 I 16
Duino-Aurisina TS... 17 E 22
Dumenza VA ...... 8 D 8
Dunarobba TR..... 51 N 19
Duno VA .... 8 E 8
Duomo BS ..... 22 F 12
Dura (Cima) BZ .... 4 B 18
Duran (Passo) BL ... 13 D 18
Durazzanino FO .... 41 J 18
Durazzano BN ..... 70 D 25
Durnholz /
 Valdurna BZ ..... 3 B 16
Durone (Passo) TN... 11 D 14
Duronia CB........... 65 R 25

E
Ebba (Scala s') OR..... 115 H 8
Eboli SA........ 75 F 27
Eclause TO .... 26 G 2
Ederas (Piana) SS.. 111 E 8
Edolo BS .... 10 D 12
Ega (Val d') /
 Eggental BZ ..... 3 C 16
Egadi (Isole) TP.... 96 N 18
Eggental /
 Ega (Val d') BZ..... 3 C 16
Egna VC.......... 7 E 6
Egna / Neumarkt BZ.. 11 D 15
Egnazia BR....... 80 E 34
Egola FI........ 43 L 14
Ehrenburg /
 Casteldarne BZ..... 4 B 17
Eia PR....... 30 H 12
Eianina CS..... 85 H 30
Eira (Passo d') SO... 2 C 12
Eisack / Isarco BZ ... 3 B 16
Eisacktal /
 Isarco (Val) BZ .... 3 B 16
Eita SO .... 10 C 12
Elba (Isola d') LI.... 48 N 12
Elcito MC...... 52 M 21
Eleme (S') SS ..... 112 E 9
Eleutero PA....... 98 N 22
Elice PE ...... 60 O 23
Elicona ME ..... 100 M 27
Elini NU....... 117 H 10
Elio (Monte d') FG.. 67 B 28
Elisabetta AO....... 18 E 2
Ellena Soria CN..... 34 J 4
Ellera SV .... 36 I 7
Ellero CN....... 35 J 5
Ello LC........ 21 E 10
Elmas CA........ 119 J 9
Elmo GR........ 50 N 17
Elmo (Monte) GR... 50 N 17
Elmo (Monte) / Helm BZ 5 B 19
Eloro SR....... 107 Q 27
Elsa FI....... 43 L 14
Eltica (Monte la) SS... 111 E 9
Elva CN..... 26 I 3
Elvo BI...... 19 F 6
Emarèse AO...... 19 E 5
Embrisi (Monte) RC...90 M 29
Emilius (Monte) AO... 18 E 4
Empoli FI........... 43 K 14

Ena 'e Tomes (Sa) NU.. 117 F 10
Enas SS........ 113 E 10
Enciastraia
 (Monte) CN..... 34 I 2
Endine (Lago di) BG.. 22 E 11
Endine Gaiano BG... 22 E 11
Enego VI........ 12 E 17
Enego 2000 VI..... 12 E 16
Enemonzo UD...... 14 C 20
Enfola (Capo d') LI... 48 N 12
Enna EN........ 99 O 24
Enna BG........ 9 E 10
Enneberg /
 Marebbe BZ...... 4 B 17
Ente GR....... 50 N 16
Entracque CN ..... 34 J 4
Entrata (Sella) RC... 90 M 29
Entrèves AO........ 6 E 2
Envie CN...... 26 H 4
Enza PR...... 38 I 12
Eolie o Lipari
 (Isole) ME....... 94 L 26
Eores / Afers BZ..... 4 B 17
Epinel AO....... 18 F 3
Episcopia PZ...... 77 G 30
Epitaffio (Masseria) BA.. 72 E 30
Epomeo (Monte) NA.. 74 E 23
Equi Terme MS ..... 38 J 12
Era SO......... 9 D 10
Era (Fiume) PI .... 43 L 14
Eraclea MT..... 78 G 32
Eraclea VE....... 16 F 20
Eraclea Mare VE.... 16 F 20
Eraclea Minoa AG.... 102 O 21
Eramo a Marzagaglia
 (Casino) BA....... 73 E 32
Erba CO....... 21 E 9
Erba
 (Masseria dell') BA.. 73 E 33
Erbano (Monte) CE... 65 S 25
Erbavuso EN...... 99 O 24
Erbé VR....... 23 G 14
Erbe (Passo di) BZ.... 4 B 17
Erbea (Monte) SO..... 9 D 10
Erbezzo VR...... 23 F 14
Erbognone PV...... 20 G 8
Erbonne CO....... 9 E 9
Erbusco BS...... 22 F 11
Erchia (Casino d') BA.. 73 E 33
Erchie BR....... 79 F 35
Ercolano NA..... 69 E 25
Ercolano Scavi NA... 70 E 25
Erei (Monti) EN..... 104 O 24
Eremita
 (Pizzo dell') CT...... 100 N 26
Erice TP...... 96 M 19
Erli SV........ 35 J 6
Ernici (Monti) FR.... 63 Q 21
Erro SV....... 36 I 7
Erto PN....... 13 D 19
Erula SS...... 111 E 8
Erve LC...... 21 E 10
Esanatoglia MC..... 52 M 20
Esaro CS..... 85 I 30
Escalaplano SU.... 119 I 10
Escolca SU...... 119 H 9
Escovedu OR..... 115 H 8
Esenta BS...... 22 F 13
Esine BS........ 10 E 12
Esino AN...... 46 L 20
Esino Lario LC .... 9 E 10
Esperia FR....... 64 R 23
Esporlatu SS....... 115 F 8
Esse AR...... 50 M 17
Este PD....... 24 G 16
Esterzili SU...... 115 H 9
Etna (Cantoniera
 dell') CT..... 100 N 26
Etna (Monte) CT.... 100 N 26
Etroubles AO...... 6 E 3
Etsch / Adige BZ...... 3 C 15
E.U.R. RM....... 62 Q 19
Eurialo SR..... 105 P 27
Eva (Punta) SU..... 121 K 8
Evançon AO...... 7 E 5
Exilles TO...... 26 G 2

F
Fabbri PG..... 51 N 20
Fabbrica Curone AL... 29 H 9
Fabbriche LU..... 39 J 13
Fabbriche di
 Vallico LU..... 38 K 13
Fabbrico RE..... 31 H 14
Fabriano AN..... 52 L 20

Fabrica di Roma VT.. 58 O 18
Fabrizia VV......... 88 L 30
Fabro TR..... 51 N 18
Fabro Scalo TR..... 51 N 18
Fadalto BL....... 13 D 19
Fadalto (Sella di) BL... 13 D 19
Faedis UD...... 15 D 22
Faedo SO..... 10 D 11
Faedo TN...... 11 D 15
Faedo VI..... 24 F 16
Faenza RA.... 40 J 17
Faetano RSM..... 41 K 19
Faeto FG...... 71 D 27
Faggiano TA..... 79 F 34
Fagnano Alto AQ .... 59 P 22
Fagnano Castello CS.. 85 I 30
Fagnano Olona VA... 20 E 8
Fagnigola PN..... 13 E 20
Fago del Soldato CS.. 86 I 31
Fai della Paganella TN.. 11 D 15
Faiallo (Passo del) GE... 36 I 8
Faiano SA...... 75 F 26
Faiatella SA..... 76 G 28
Faicchio BN..... 65 S 25
Faida TN..... 11 D 15
Faidello MO..... 39 J 13
Faiolo TR..... 51 N 18
Faito (Monte) NA... 74 E 25
Falcade BL...... 12 C 17
Falciano AR..... 45 L 17
Falciano del
 Massico CE...... 69 D 23
Falcioni AN..... 46 L 20
Falcognana RM..... 62 Q 19
Falconara CL..... 103 P 24
Falconara
 Albanese CS...... 86 J 30
Falconara
 Marittima AN..... 47 L 22
Falcone ME...... 100 M 27
Falcone (Capo del) SS. 110 E 6
Falcone (Monte) TP... 96 N 18
Falcone (Punta) SS... 109 D 9
Falconiera (Capo) PA.. 92 K 21
Faleria AP...... 52 M 22
Faleria VT...... 58 P 19
Falerii Novi VT...... 58 P 19
Falerna CZ..... 86 J 30
Falerna Marina CZ.... 88 K 30
Falerone AP..... 52 M 22
Falicetto CN..... 27 I 4
Falier (Rifugio) BL... 12 C 17
Fallascoso CH..... 60 P 24
Faller (Corno di) VB... 7 E 5
Fallère (Monte) AO... 18 E 3
Fallo CH...... 65 Q 24
Falmenta VB..... 8 D 7
Faloria (Tondi di) BL... 4 C 18
Falterona (Monte) FI.. 40 K 17
Faltona AR..... 44 L 17
Faltona FI...... 40 K 16
Falvaterra FR..... 64 R 22
Falzarego (Passo di) BL.. 4 C 18
Falze di Piave TV.... 13 E 18
Falzes / Pfalzen BZ.... 4 B 17
Fana (Corno di) / Toblacher
 Pfannhorn BZ....... 5 B 18
Fanaco (Lago) PA... 98 O 22
Fanano MO..... 39 J 14
Fanciullo RM...... 57 P 17
Fane VR...... 23 F 14
Fangacci (Passo) AR... 40 K 17
Fanghetto IM...... 35 K 4
Fanna PN...... 13 D 20
Fano PS...... 46 K 21
Fano a Corno TE..... 59 O 22
Fano Adriano TE.... 59 O 22
Fantina ME...... 101 M 27
Fantiscritti
 (Cave di) MS..... 38 J 12
Fantoli (Rifugio) VB.. 8 E 7
Fanzarotta CL..... 103 O 23
Fanzolo TV..... 24 E 17
Fara Filiorum Petri CH.. 60 P 24
Fara Gera d'Adda BG.. 21 F 10
Fara in Sabina RI..... 58 P 20
Fara Novarese NO... 20 F 7
Fara S. Martino CH... 60 P 24
Fara Vicentino VI..... 24 E 16
Faraglione (Punta) TP.. 96 N 18
Faraglioni (Isola) NA.. 74 F 24
Fardella PZ..... 77 G 30
Farfa RI...... 58 P 20
Farfa (Abbazia di) RI.. 58 P 20

Farfengo CR....... 22 G 11
Farigliano CN..... 27 I 5
Farindola PE..... 60 O 23
Farini PC..... 29 H 10
Farnese VT...... 57 O 17
Farneta CS..... 77 G 31
Farneta MO..... 39 I 13
Farneta
 (Abbazia di) AR..... 50 M 17
Farneta di Riccò MO... 39 I 14
Faro (Capo) ME..... 94 L 26
Faro Superiore ME.... 90 M 28
Faroma (Monte) AO... 7 E 4
Farra d'Alpago BL.... 13 D 19
Farra di Soligo TV.... 13 E 18
Farro TV..... 13 E 18
Fasana KR..... 87 J 33
Fasana Polesine RO... 32 G 18
Fasanella SA..... 76 F 27
Fasano BS..... 23 F 13
Fasano BR..... 80 E 34
Fasano PA..... 99 N 24
Fascia GE..... 29 I 9
Fassa (Val di) TN.... 12 C 17
Fassinoro RI..... 58 P 20
Fastello VT..... 57 O 18
Fate (Monte delle) FR.. 63 R 21
Fattoria (Zoo) PA.... 97 M 21
Fau (Pizzo) ME..... 100 N 25
Fauglia PI..... 42 L 13
Faule CN..... 27 H 4
Favale di Malvaro GE... 37 I 9
Favalto (Monte) PG... 45 L 18
Favara AG..... 103 P 22
Favara (Lago) AG..... 97 O 21
Favazzina RC..... 90 M 29
Faver TN..... 11 D 15
Faverga BL..... 13 D 18
Faverzano BS..... 22 F 12
Favignana TP..... 96 N 18
Favignana (Isola) TP.. 96 N 18
Favogna /
 Fennberg BZ..... 11 D 15
Favoscuro ME..... 100 N 26
Favria TO..... 19 G 5
Fazzon TN..... 11 D 14
Fedaia (Lago di) TN... 4 C 17
Fedaia (Passo di) TN.. 4 C 17
Feglino SV..... 36 J 6
Feisoglio CN..... 27 I 6
Felci (Fossa) ME..... 94 L 25
Feldthurns /
 Velturno BZ..... 4 B 16
Felegara PR..... 30 H 12
Feletto TO..... 19 G 5
Feletto Umberto UD... 15 D 21
Felina RE..... 38 I 13
Felino PR..... 30 H 12
Felisio RA..... 40 I 17
Felitto SA..... 76 F 27
Felizzano AL..... 28 H 7
Fella SO..... 15 C 22
Fellicarolo MO..... 39 J 14
Felonica MN..... 32 H 16
Feltre BL..... 12 D 17
Fema (Monte) MC.... 52 N 21
Femmina Morta FI... 40 J 16
Femmina Morta Miraglia
 (Portella) ME...... 100 N 25
Femminamorta PT... 39 K 14
Femminamorta
 (Monte) KR..... 87 J 32
Femminamorta
 (Monte) EN...... 100 N 25
Femmine
 (Isola delle) PA..... 97 M 21
Fenaio (Punta del) GR.. 55 O 14
Fener BL..... 12 E 17
Fenestrelle TO..... 26 G 3
Fenigli PS..... 46 L 20
Fenile PS..... 46 K 20
Fenis AO..... 19 E 4
Fennau (Monte) NU... 117 G 10
Fennberg /
 Favogna BZ..... 11 D 15
Ferdinandea RC..... 88 L 31
Ferentillo TR..... 58 O 20
Ferentino FR..... 63 Q 21
Ferento VT..... 57 O 18
Feriolo VB..... 8 E 7
Ferla SR..... 104 P 26
Fermignano PS..... 46 K 19
Fermo AP..... 53 M 23
Ferno VA..... 20 F 8
Feroleto Antico CZ... 88 K 31

Feroleto della
 Chiesa RC..... 88 L 30
Ferrandina MT..... 77 F 31
Ferrania SV..... 36 I 6
Ferranti (Masseria) FG. 71 D 28
Ferrara FE..... 32 H 16
Ferrara
 di Monte Baldo VR... 23 E 14
Ferraro RC..... 91 M 30
Ferrato (Capo) SU... 119 J 10
Ferrera VC..... 8 E 6
Ferrera Erbognone PV. 28 G 8
Ferrere AT..... 27 H 6
Ferrere CN..... 34 J 3
Ferret (Col du) AO.... 6 E 3
Ferret (Val) AO..... 6 E 3
Ferretto AR..... 50 M 17
Ferriere PC..... 29 I 10
Ferriere (Le) LT..... 63 R 20
Ferricini (Monte) TP.. 97 N 21
Ferro CS..... 78 G 31
Ferro (Canale del) UD.. 15 C 21
Ferro (Capo) SS..... 109 D 10
Ferro di Cavallo PG... 51 M 19
Ferro (Pizzo del) SO... 2 C 12
Ferro (Porto) SS..... 110 E 6
Ferrone FI..... 43 L 15
Ferru (Monte) SU... 119 J 10
Ferru (Monte) NU... 119 H 10
Ferru (Monte) OR.... 114 G 7
Ferruzzano RC..... 91 M 30
Fersinone TR..... 51 N 18
Fertilia SS..... 110 F 6
Festina CN..... 34 J 4
Feto (Capo) TP..... 96 O 19
Fetovaia LI..... 48 N 12
Fetovaia (Punta di) LI.. 48 N 12
Feverstein /
 Montarso BZ..... 3 B 15
Fiamenga PG..... 51 N 19
Fiamignano RI..... 59 P 21
Fianello RI..... 58 O 19
Fiano FI..... 43 L 15
Fiano LU..... 38 K 13
Fiano Romano RM... 58 P 19
Fiano TO..... 19 G 4
Fiascherino SP..... 38 J 11
Fiaschetti PN..... 13 E 19
Fiastra MC..... 52 M 21
Fiastra
 (Abbazia di) MC..... 52 M 22
Fiastra (Lago di) MC... 52 M 21
Fiastra (Torrente) MC.. 52 M 22
Fiastrone MC..... 52 M 21
Fiavé TN..... 11 D 14
Fibreno (Lago) FR.... 64 Q 23
Ficarazzi PA..... 98 M 22
Ficarolo RO..... 32 H 16
Ficarra ME..... 100 M 26
Ficuzza PA..... 98 N 22
Ficuzza
 (Bosco della) PA.... 98 N 22
Ficuzza (Fattoria) CL.. 103 P 23
Ficuzza (Fiume) CT.. 104 P 25
Ficuzza (Pizzo) AG.... 99 O 23
Ficuzza (Rocca) AG... 97 O 21
Fidenza PR..... 30 H 12
Fié allo Sciliar /
 Völs am Schlern BZ... 3 C 16
Fiemme (Val di) TN... 12 D 16
Fiera di Primiero TN... 12 D 17
Fiera (Monte della) PA. 97 N 21
Fierozzo TN..... 12 D 15
Fieschi
 (Basilica dei) GE..... 37 J 10
Fiesco CR..... 22 F 11
Fiesole FI..... 40 K 15
Fiesse BS..... 22 G 12
Fiesso d'Artico VE.... 24 F 18
Fiesso Umbertiano RO. 32 H 16
Figari (Capo) SS..... 113 E 11
Figino Serenza CO... 21 E 9
Figline PO..... 39 K 15
Figline Valdarno FI.... 44 L 16
Figline Vegliaturo CS.. 86 J 30

Filetto CH..... 60 P 24
Filettole PI..... 38 K 13
Filiano PZ..... 71 E 29
Filibertu SS..... 110 E 6
Filicudi (Isola) ME.... 94 L 25
Filicudi Porto ME.... 94 L 25
Filighera PV..... 21 G 9
Filignano IS..... 64 R 24
Filio (Pizzo) ME..... 100 N 25
Filippa KR..... 87 J 32
Filo FE..... 32 I 17
Filottrano AN..... 47 L 22
Finale PA..... 99 M 24
Finale di Rero FE..... 32 H 17
Finale Emilia MO..... 32 H 15
Finale Ligure SV..... 36 J 7
Fine LI..... 42 L 13
Finero VB..... 8 D 7
Finestra
 di Champorcher AO.. 19 F 4
Finestre
 (Colle delle) TO..... 26 G 3
Fino PE..... 60 O 23
Fino del Monte BG... 10 E 11
Fino Mornasco CO.... 21 E 9
Finocchio RM..... 62 Q 20
Fioio RM..... 59 Q 21
Fionchi (Monte) PG... 52 N 20
Fiora GR..... 50 N 16
Fiorana FE..... 32 I 17
Fiorano
 Modenese MO..... 31 I 14
Fiordimonte MC..... 52 M 21
Fiore PG..... 51 N 19
Fiorentina BO..... 32 I 16
Fiorentino RSM..... 41 K 19
Fiorenzuola d'Arda PC. 30 H 11
Fiorenzuola
 di Focara PS..... 46 K 20
Fiori (Montagna di) TE. 53 N 22
Fiorino GE..... 36 I 8
Firenze FI..... 43 K 15
Firenzuola FI..... 40 J 16
Firenzuola TR..... 51 N 19
Firmo CS..... 85 H 30
Fiscalino (Campo) /
 Fischleinboden BZ... 4 C 18
Fisciano SA..... 70 E 26
Fisciolo (Serra) PZ.... 77 G 29
Fisrengo NO..... 20 F 7
Fissa (Posta) FG..... 71 D 28
Fittanze della Sega
 (Passo) TN..... 23 E 14
Fiuggi FR..... 63 Q 21
Fiumalbo MO..... 39 J 13
Fiumana FO..... 40 J 17
Fiumarella PZ..... 72 E 29
Fiumata RI..... 59 P 21
Fiume MC..... 52 M 21
Fiume (il) TV..... 16 E 19
Fiume Nicà (Punta) CS. 87 I 33
Fiume Veneto PN..... 13 E 20
Fiumedinisi ME..... 90 M 28
Fiumefreddo
 Bruzio CS..... 86 J 30
Fiumefreddo
 di Sicilia CT..... 101 N 27
Fiumenero BG..... 10 D 11
Fiumi Uniti RA..... 41 I 18
Fiumicella MC..... 46 L 22
Fiumicello UD..... 17 E 22
Fiumicello
 Sta Venere PZ..... 84 H 29
Fiumicino RM..... 62 Q 18
Fiuminata MC..... 52 M 20
Fivizzano MS..... 38 J 12
Flaas / Valas BZ..... 3 C 15
Flagogna UD..... 14 D 20
Flaiban-Pacherini
 (Rifugio) UD..... 13 C 19
Flaibano UD..... 14 D 20
Flambruzzo UD..... 16 E 21
Flascio CT..... 100 N 26
Flassin AO..... 18 E 3
Flavia (Porto) SU..... 118 J 7
Flavon TN..... 11 D 15
Flegrei (Campi) NA... 69 E 24
Fleres / Pflersch BZ.... 3 B 16
Fleres (Val di) BZ..... 3 B 16
Fleri CT..... 101 O 27
Flero BS..... 22 F 12
Flores (Genna) NU.... 115 G 9
Floresta ME..... 100 N 26
Floridia SR..... 105 P 27

Florinas *SS* .... 111 F 7
Floripotena *ME* .... 90 M 27
Flumendosa *NU* .... 115 H 10
Flumendosa
(Foce del) *SU* ... 119 I 10
Flumendosa
(Lago Alto del) *NU* .. 117 H 10
Flumendosa
(Lago del) *SU* ..... 119 H 9
Flumeri *AV* ..... 71 D 27
Flumignano *UD* ... 16 E 21
Flumineddu *SU*... 119 I 9
Flumineddu (Cagliari
e Nuoro) *SU* ... 119 I 10
Flumineddu *NU* ... 117 G 10
Fluminese *SU*..... 118 I 7
Flumini *CA* .... 119 J 9
Flumini (Rio) *OR* ...... 115 H 9
Fluminimaggiore *SU*... 118 I 7
Fluno *BO* .... 40 I 17
Fobello *VC* .... 7 E 6
Focà *RC* .... 88 L 31
Foce *AP* .... 52 N 21
Foce *TR* .... 58 O 19
Foce di Varano *FG* .... 67 B 29
Foce Verde *LT* ... 63 R 20
Focene *RM* ..... 62 Q 18
Focette *LU*...... 38 K 12
Fodara Vedla *BZ* ..... 4 C 18
Foén *BL* .... 12 D 17
Foggia *FG* ..... 66 C 28
Foghe (Punta di) *OR* .. 114 G 7
Foglia *FG* .... 41 K 19
Foglianise *BN*..... 70 D 26
Fogliano *RE* .... 31 I 13
Fogliano (Lago di) *LT* .. 63 R 20
Fogliano (Monte) *VT*... 57 P 18
Fogliano
Redipuglia *GO* ... 17 E 22
Foglizzo *TO* .... 19 G 5
Fognano *RA*...... 40 J 17
Foi di Picerno
(Monte li) *PZ*..... 76 F 29
Foiana / Vollan *BZ* ..... 3 C 15
Foiano della Chiana *AR* 50 M 17
Foiano
di Val Fortore *BN*... 70 C 26
Folgaria *TN* ..... 11 E 15
Folgarida *TN* ...... 11 D 14
Folignano *AP*.... 53 N 22
Foligno *PG* ...... 51 N 20
Follerato
(Masseria) *TA* ..... 78 F 32
Follina *TV* .... 13 E 18
Follo *SP* ...... 38 J 11
Follone *CS*....... 85 I 30
Follonica *GR*....... 49 N 14
Follonica (Golfo di) *LI* .. 49 N 13
Folta *PR* .... 37 I 11
Fombio *LO* .... 29 G 11
Fondachelli-
Fantina *ME* ..... 101 N 27
Fondachello *CT* .... 101 N 27
Fondi *LT*........ 64 R 22
Fondi (Lago del) *LT* ... 63 S 22
Fondi (Lido di) *LT* ..... 63 S 21
Fondiano *RE* ..... 31 I 13
Fondo *TN* ...... 11 C 15
Fondotoce *VB* ...... 8 E 7
Fongara *VI* ...... 23 E 15
Fonni *NU* .... 115 G 9
Fontainemore *AO* ..... 19 F 5
Fontalcinaldo *GR*.... 49 M 14
Fontana *TV*......... 13 E 18
Fontana (Val) *SO* ..... 10 D 11
Fontana Bianca
(Lago di) *BZ* .... 3 C 14
Fontana di Papa *RM* .. 62 Q 19
Fontana Fredda *PC* ... 30 H 11
Fontana Liri
Inferiore *FR*........ 64 R 22
Fontana
Liri Superiore *FR*.... 64 R 22
Fontanafratta *FR* ..... 64 Q 22
Fontanafredda *PN*.... 13 E 19
Fontanamare *SU*..... 118 J 7
Fontanarosa *AV* ..... 70 D 27
Fontane Bianche *SR* .. 105 Q 27
Fontanefredde /
Kaltenbrunn *BZ* .... 12 D 16
Fontanelice *BO*...... 40 J 16
Fontanella *BG* ..... 22 F 11
Fontanella *FI* ...... 43 L 14
Fontanella
Grazioli *MN*..... 22 G 12
Fontanellato *PR* ..... 30 H 12

Fontanelle *CN* ..... 35 J 4
Fontanelle *TE*........ 60 O 23
Fontanelle *PR* ..... 30 H 12
Fontanelle *TV* ...... 16 E 19
Fontanelle *VI*...... 24 E 16
Fontaneto
d'Agogna *NO* ..... 20 F 7
Fontanetto Po *VC*.... 19 G 6
Fontanigorda *GE* ... 29 I 9
Fontanile *AT*....... 28 H 7
Fontaniva *PD*...... 24 F 17
Fonte *TV* .... 24 E 17
Fonte alla Roccia /
Trinkstein *BZ* ..... 4 A 18
Fonte Avellana
(Eremo di) *PS* ..... 46 L 20
Fonte Cerreto *AQ* ... 59 O 22
Fonte Colombo
(Convento di) *RI* ... 58 O 20
Fonte Lardina *MC*... 52 M 21
Fonte Vetica
(Rifugio) *TE*...... 60 O 23
Fontebland *GR*..... 55 O 15
Fontecchia
(Monte) *AQ*..... 64 Q 23
Fontecchio *AQ* ..... 59 P 22
Fontechiari *FR*...... 64 Q 23
Fontecorniale *PS* .... 46 K 20
Fontegreca *CE*...... 65 R 24
Fonteno *BG* ...... 22 E 12
Fonterutoli *SI*..... 44 L 15
Fontespina *MC*..... 47 M 23
Fontevivo *PR* ...... 30 H 12
Fonti (Cima) *VI* ..... 24 E 16
Fontignano *PG* .... 51 M 18
Fonzaso *BL*....... 12 D 17
Foppa (Passo di) *BS*... 10 D 12
Foppiano *VB* .... 8 D 7
Foppiano *GE* .... 29 I 9
Foppolo *BG* ...... 10 D 11
Foradada (Isola) *SS* ... 110 F 6
Forano *RI*....... 58 P 19
Forano
(Convento di) *MC*... 47 L 22
Forbici (Passo di) *RE* ... 38 J 13
Force *AP* .... 52 N 22
Forcella *MC*....... 52 N 22
Forcella (Monte) *SA*... 76 G 28
Forcella (Passo la) *GE* .. 37 I 10
Forcella Vallaga
(Rifugio) *BZ*...... 3 B 16
Forchetta
(Valico della) *CH* ... 64 Q 24
Forcito *SR* ...... 104 P 26
Forcola (Pizzo di) /
Furkel Spitze *BZ* ..... 2 C 13
Forcoli *PI*....... 43 K 14
Forcuso (Monte) *AV* ... 71 E 27
Fordongianus *OR*.... 115 H 8
Forenza *PZ*....... 72 E 29
Foresta *KR*....... 87 J 32
Foresta *CS*....... 87 I 32
Foresta
(Convento La) *RI*.... 58 O 20
Foresta di Burgos *SS*.. 115 F 8
Foresta
(Timpone della) *CS* .. 85 H 31
Foresto *CN* .... 27 H 5
Foresto Sparso *BG*.... 22 E 11
Forgaria nel Friuli *UD* .. 14 D 20
Foria *SA*........ 76 G 27
Forino *AV* .... 70 E 26
Forio *NA* .... 74 E 23
Forlì *FO* .... 41 J 18
Forlì del Sannio *IS* ... 65 Q 24
Forlimpopoli *FO*..... 41 J 18
Formazza *VB* .... 8 C 7
Formazza (Val) *VB* ..... 8 C 7
Forme *AQ* .... 59 P 22
Formello *RM* ..... 58 P 19
Formica
di Burano (Isola) *GR*.. 56 O 15
Formica (Isola) *TP*..... 96 N 19
Formiche
(Punta delle) *SR* ... 107 Q 27
Formico (Pizzo) *BG* ... 22 E 11
Formicola *CE* ...... 69 D 24
Formigara *CR*....... 22 G 11
Formigine *MO*...... 31 I 14
Formigliana *VC*..... 20 F 6
Formignana *FE*...... 32 H 17
Formigosa *MN*..... 31 G 14

Formole *AR* .... 45 L 18
Fornace *BO*........... 39 I 15
Fornace *FI*....... 40 K 16
Fornacette *FI* ...... 43 L 15
Fornacette *PI*...... 43 K 13
Fornaci *BS*...... 22 F 12
Fornaci di Barga *LU* ... 38 J 13
Fornazzano *RA* ..... 40 J 16
Fornazzo *CT*...... 101 N 27
Fornelli *IS* .... 65 R 24
Fornelli *SS*....... 110 E 6
Forni Avoltri *UD* ..... 5 C 20
Forni di Sopra *UD*..... 13 C 19
Forni di Sotto *UD*...... 13 C 20
Forni (i) *SO* .... 11 C 13
Forni (Vedretta dei) *SO* 11 C 13
Fornisono
(Masseria) *BA*..... 72 E 31
Forno *VB* .... 8 E 6
Forno *MS*........ 38 J 12
Forno *TO*........ 26 G 3
Forno (Monte) /
Ofen *UD*......... 15 C 23
Forno (Monte del) *SO*.. 10 C 11
Forno Alpi Graie *TO*... 18 F 3
Forno Canavese *TO*... 19 G 4
Forno di Zoldo *BL* .... 13 C 18
Fornoli *LU* ..... 39 J 13
Fornovo di Taro *PR* ... 30 H 12
Fornovolasco *LU*.... 38 J 13
Foro *CH* .... 60 P 24
Forotondo *AL* ..... 29 H 9
Forte Buso
(Lago di) *TN* ..... 12 D 17
Forte dei Marmi *LU* ... 38 K 12
Forte di Bibbona *LI* ... 48 M 13
Forte (Monte) *SS* ..... 110 E 6
Fortezza *FI* .... 44 L 15
Franzensfeste *BZ* ..... 4 B 16
Fortino *PZ*.......... 76 G 29
Fortore *BN* ..... 66 C 26
Fortuna
(Passo della) *RM* ..... 63 Q 20
Forza d'Agro *ME*.... 90 N 27
Foscagno (Monte) *SO* .. 2 C 12
Foscagno (Passo di) *SO* .. 2 C 12
Fosciandora *LU*.... 38 J 13
Fosdinovo *MS*...... 38 J 12
Fosini *SI*........ 49 M 14
Fossa *AQ* .... 59 P 22
Fossa *MO* .... 31 H 15
Fossa delle Felci
(Monte) *ME*...... 94 L 26
Fossabiuba *TV*...... 16 E 19
Fossacesia *CH* ..... 61 P 25
Fossacesia Marina *CH* .. 61 P 25
Fossalon di Grado *GO*.. 17 E 22
Fossalta *FE* ...... 32 H 17
Fossalta *MO*....... 31 I 14
Fossalta *PD*....... 24 F 18
Fossalta di Piave *VE*... 16 F 19
Fossalta
di Portogruaro *VE*... 16 E 20
Fossalta Maggiore *TV*.. 16 E 19
Fossalto *CB*....... 65 Q 25
Fossalunga *TV*..... 24 E 18
Fossanova *CN*..... 27 I 5
Fossanova
(Abbazia di) *LT*...... 63 R 21
Fossanova S. Marco *FE*. 32 H 16
Fossato (Colle di) *AN*... 52 M 20
Fossato di Vico *PG*.... 52 M 20
Fossato Ionico *RC*..... 90 M 29
Fossato Serralta *CZ*... 87 K 31
Fossazza (Monte) *ME*.. 90 M 27
Fossazzo *ME*...... 95 M 27
Fosse *VR* .... 23 F 14
Fosse (Monte le) *AG* .. 102 O 22
Fosso *VE* .... 24 F 18
Fosso del Lupo
(Passo) *VV*....... 88 K 31
Fossola *MS* ...... 38 J 12
Fossombrone *PS* ...... 46 K 20
Foxi *CA*........ 119 J 9
Foxi (Porto) *CA* ..... 118 J 9
Foxi Manna (Sa) *NU*.. 119 H 10
Foza *VI* .... 12 E 16
Fra (Monte) *BS*...... 10 D 11
Frabosa Soprana *CN*... 35 J 5
Frabosa Sottana *CN*.... 35 J 5
Fraccano *PG*....... 45 L 18
Fraciscio *SO* .... 9 C 10
Fraforeano *UD*...... 16 E 20
Frades
Berritteddos *SS*... 113 E 10

Fragagnano *TA* .... 79 F 34
Fragaiolo *AR* .... 45 L 17
Fragneto
(Masseria) *TA* ..... 80 F 33
Fragneto
Monforte *BN* ..... 65 S 26
Fragneto l'Abate *BN* ... 65 S 26
Fraigada (Sa) *SS* ..... 111 F 8
Fraine *BS* .... 22 E 12
Fraine *CH* ...... 65 Q 25
Fraioli *FR* ...... 64 R 22
Frais *TO* .... 18 G 2
Fraisse *TO* ...... 26 G 2
Fraiteve (Monte) *TO* .. 26 H 2
Fram (Punta) *TP*..... 96 Q 17
Framura *SP*....... 37 J 10
Francavilla al Mare *CH* . 60 O 24
Francavilla
Angitola *VV* ..... 88 K 30
Francavilla Bisio *AL* ... 28 H 8
Francavilla d'Ete *AP*... 53 M 22
Francavilla di
Sicilia *ME*...... 101 N 27
Francavilla
Fontana *BR* ..... 79 F 34
Francavilla in Sinni *PZ*.. 77 G 30
Francavilla
Marittima *CS* ..... 85 H 31
Francenigo *TV* ..... 13 E 19
Francesi
(Punta di li) *SS* ..... 109 D 9
Franche (Forcella) *BL* .. 12 D 18
Franchini *AL*....... 28 H 7
Francica *VV* ...... 88 L 30
Francofonte *SR*..... 104 P 26
Francolino *FE*...... 32 H 16
Francolise *CE* ..... 69 D 24
Franscia *SO*....... 10 D 11
Franzensfeste /
Fortezza *BZ*....... 4 B 16
Frasca
(Capo della) *SU* .... 114 H 7
Frascarolo *PV*...... 28 G 8
Frascati *RM*....... 62 Q 20
Frascineto *CS* ..... 85 H 30
Frassanito *LE* ..... 83 G 37
Frassené *BL* ...... 12 D 17
Frassene *GR*...... 49 M 14
Frassinelle
Polesine *RO* ..... 32 H 17
Frassinello
Monferrato *AL* ..... 28 G 7
Frassineta *BO*...... 40 J 16
Frassineti *MO*...... 39 I 14
Frassineti *AR*...... 44 L 17
Frassineto
(Passo di) *AR* ..... 45 K 18
Frassineto Po *AL*..... 28 G 7
Frassinetto *TO*..... 19 F 4
Frassino *CN* ...... 26 I 3
Frassino *MN*...... 31 G 14
Frassinoro *MO*...... 39 J 13
Frasso Telesino *BN*.... 70 D 25
Frasta *FO* .... 41 J 18
Fratta (Fiume) *PD*.... 32 G 16
Fratta Polesine *RO*.... 32 G 16
Fratta Todina *PG*..... 51 N 19
Frattaguida *TR*..... 51 N 18
Frattamaggiore *NA*.... 69 E 24
Fratte *PD*....... 24 F 17
Fratte Rosa *PS*..... 46 L 20
Fratticiola
Selvatica *PG*..... 51 M 19
Frattina *PA* ..... 97 N 21
Frattocchie *RM*..... 62 Q 19
Frattuccia *TR* ..... 58 O 19
Frazzanò *ME*..... 100 M 26
Fredane *AV*....... 71 E 27
Fregene *RM* ..... 62 Q 18
Fregona *TV*....... 13 D 19
Freidour (Monte) *TO*... 26 H 3
Freienfeld /
Campo di Trens *BZ*... 3 B 16
Frejus (Traforo del) *TO*. 18 G 2
Fremamorta
(Cima di) *CN*...... 34 J 4
Frentani
(Monti dei) *CH*..... 61 Q 25
Fresagrandinaria *CH*... 61 Q 25
Fresciano *AR*...... 45 K 18
Fresonara *AL* ..... 28 H 8
Frigento *AV* ...... 71 D 27
Frigintini *RG*..... 104 Q 26

Frignano *CE* .... 69 E 24
Frigole *LE* .... 81 F 36
Frioland (Monte) *TO*... 26 H 3
Frisa *CH* .... 60 P 25
Frise *CN* .... 34 I 3
Frisolino *GE* ..... 37 J 10
Frodolfo *SO* ..... 10 C 13
Front *TO* .... 19 G 4
Frontale *MC* ..... 46 L 21
Frontano (Monte) *PG* .. 45 L 19
Frontignano *MC* .... 52 N 21
Frontino *PS*...... 45 K 19
Frontone *PS*...... 46 L 20
Froppa (Cimon del) *BL*.. 4 C 19
Frosini *SI*....... 49 M 15
Frosinone *FR* ..... 63 R 22
Frosolone *IS*...... 65 R 25
Frossasco *TO* ...... 26 H 4
Frua (la) *VB*....... 8 C 7
Frugarolo *AL*...... 28 H 8
Frugno *FG*....... 71 D 28
Frusci *PZ* ..... 71 E 29
Frusciu (Monte) *SS*... 111 F 7
Fubine *AL* ...... 28 H 7
Fucecchio *FI*...... 43 K 14
Fucecchio
(Padule di) *PT*..... 43 K 14
Fucine *TN* ...... 11 D 14
Fucino (Piana del) *AQ* .. 59 P 22
Fugazzolo *PR* ...... 30 I 12
Fuipiano Valle
Imagna *BG* .... 9 E 10
Fulgatore *TP* ..... 97 N 20
Fumaiolo (Monte) *FO*.. 45 K 18
Fumane *VR*....... 23 F 14
Fumero *SO* ...... 10 C 13
Fumo *PV* .... 29 G 9
Fumo (Monte) *PS*.... 45 L 19
Fumo (Monte) *BS*.... 11 D 13
Fumo (Monte) /
Rauchkofel *BZ*..... 4 A 18
Fumo (Val di) *TN*.... 11 D 13
Fumone *FR*....... 63 Q 21
Fundres / Pfunders *BZ* .. 4 B 17
Fúndres (Val di) *BZ*.... 4 B 17
Funes / Villnöß *BZ* .... 4 C 17
Funes (Val di) *BZ*..... 4 C 17
Funesu (Monte) *SU*... 118 I 7
Funtana Bona *NU*.... 117 G 10
Funtana Congiada
(Punta) *NU* ..... 115 H 9
Funtaneddas *NU* .... 115 G 9
Fuorni *SA*....... 75 F 26
Furci *CH*........ 61 P 25
Furci Siculo *ME* ...... 90 N 28
Furggen *AO* .... 7 E 5
Furiano *ME* ..... 100 N 25
Furkel Spitze /
Forcola (Pizzo di) *BZ* .. 2 C 13
Furlo *PS* .... 46 L 20
Furlo (Gola del) *PS*.... 46 L 20
Furlo (Passo del) *PS*.... 46 L 20
Furnari *ME* ..... 101 M 27
Furonis (Perda is) *SU*... 119 I 10
Furore *SA* .... 75 F 25
Furtei *SU* ...... 118 I 8
Fusaro (Lago del) *NA* .. 69 E 24
Fuscaldo *CS* ..... 86 I 30
Fusignano *RA*..... 40 I 17
Fusina *VE* ...... 25 F 18
Fusine *SO* ...... 10 D 11
Fusine (Foresta di) *UD* . 15 C 22
Fusine (Laghi di) *UD* ... 15 C 23
Fusine in
Valromana *UD*..... 15 C 22
Fusine Laghi *UD* .... 15 C 23
Fusino *SO* ...... 10 D 12
Futa (Passo della) *FI* .. 40 J 15
Futani *SA*....... 76 G 27

G

Gabbiani (Baia dei) *FG*. 67 B 30
Gabbioneta *CR*..... 22 G 12
Gabbro *LI* ...... 42 L 13
Gabella *AN*...... 46 L 21
Gabella Grande *KR* ... 87 J 33
Gabella Nuova *MC*... 52 M 21
Gabelletta *VT* ..... 58 P 18
Gabellino *GR*..... 49 M 15
Gabiano *AL* ..... 20 F 6
Gabicce Mare *PS* .... 41 K 20
Gabicce Monte *PS* ... 41 K 20
Gabiet (Lago) *AO* ...... 7 E 5
Gabria *GO*....... 17 E 22
Gabutti *CN* ...... 35 I 6

Gaby *AO* .... 19 E 5
Gadera *BZ*.............. 4 B 17
Gadertal /
Badia (Val) *BZ* ..... 4 B 17
Gadignano *PC*..... 29 H 10
Gadir *TP*........ 96 Q 18
Gadoni *NU* ..... 115 H 9
Gaeta *LT* .... 68 S 22
Gaeta (Golfo di) *CE* ... 69 D 23
Gaggi *ME* ..... 101 N 27
Gaggiano *MI* ...... 21 F 9
Gaggio *MO*........ 31 I 15
Gaggio Montano *BO*.. 39 J 14
Gagliancola *BI*........ 19 F 6
Gagliano *CZ* ..... 89 K 31
Gagliano *UD*...... 15 D 22
Gagliano Aterno *AQ* .. 59 P 23
Gagliano
Castelferrato *EN* ... 100 N 25
Gagliano del Capo *LE*. 83 H 37
Gagliato *CZ* ..... 88 K 31
Gagliole *MC* ..... 52 M 21
Gaianello *MO*...... 39 J 14
Gaianico *PD*...... 24 F 17
Gaiano *PR* ...... 30 H 12
Gaiano *SA*....... 70 E 26
Gaiarine *TV* ...... 13 E 19
Gaiato *MO* ...... 39 J 14
Gaibana *FE*....... 32 H 16
Gaibanella *FE* ..... 32 H 16
Gaifana *PG*....... 52 M 20
Gainago *PR* ...... 30 H 13
Gaiola *CN* ...... 34 I 4
Gaiole in Chianti *SI* ... 44 L 16
Gaione *PR*....... 30 H 12
Gairo *NU* ...... 117 H 10
Gairo (Ruderi di) *NU* .. 117 H 10
Gais *BZ* .... 4 B 17
Galassi (Rifugio) *BL* ... 4 C 18
Galati *RC*........ 91 N 30
Galati Mamertino *ME* .. 100 M 26
Galati Marina *ME* .... 90 M 28
Galatina *LE* ..... 83 G 36
Galatone *LE* ..... 83 G 36
Galatro *RC*....... 88 L 30
Galbiate *LC*....... 21 E 10
Galciana *PO* ...... 39 K 15
Galeata *FO* ...... 40 K 17
Galeazza *BO*...... 31 H 15
Galera (Punta) *SS* ..... 109 D 10
Galgagnano *LO* ..... 21 F 10
Galiello (Monte) *PA*... 97 N 21
Galiga *FI* .... 40 K 16
Galisia (Punta di) *TO*... 18 F 3
Gallarate *VA* ..... 20 F 8
Gallareto *AT*....... 27 G 6
Gallegione (Pizzo) *SO*... 9 C 10
Galleno *FI* ...... 43 K 14
Gallese *VT*....... 58 O 19
Galli (Li) *NA*....... 74 F 25
Gallia *PV* ...... 28 G 8
Galliano *FI* ...... 40 J 15
Galliate *NO*...... 20 F 8
Galliate Lombardo *VA* . 20 E 8
Galliavola *PV*...... 28 G 8
Gallicano *LU* ..... 38 J 13
Gallicano
nel Lazio *RM*...... 63 Q 20
Gallicchio *PZ*....... 77 G 30
Gallico *RC*....... 90 M 29
Gallico Marina *RC*..... 90 M 28
Galliera *BO*....... 32 H 16
Galliera Veneta *PD*.... 24 F 17
Gallignano *CR*...... 22 F 11
Gallinara (Isola) *SV*.... 35 J 6
Gallinaro *FR* ..... 64 R 23
Gallinaro (Pizzo di) *PA* . 98 O 22
Gallinazza *UD* ..... 17 E 21
Gallio *VI*........ 12 E 16
Gallipoli *LE* ..... 83 G 35
Gallitello *TP* ..... 97 N 20
Gallivaggio *SO* ...... 9 C 10
Gallizzi *PZ* ..... 85 G 30
Gallo *AQ* ...... 59 P 21
Gallo *CE* ...... 65 R 24
Gallo *PS* ...... 46 K 20
Gallo (Capo) *PA*..... 92 M 21
Gallo (Pizzo di) *TP* .... 97 N 21
Gallo d'Oro *CL* ..... 103 O 23
Gallo (Lago del) *SO* .... 2 C 12
Gallodoro *ME* ..... 90 N 27
Galluccio *CE*...... 64 R 23
Gallura *SS* ..... 109 E 9
Galluzzo *FI*...... 43 K 15
Galtelli *NU* ..... 117 F 10

A B C D E F G H I J K L M N O P Q R S T U V W X Y Z

A B C D E F **G** H I J K L M N O P Q R S T U V W X Y Z

Galugnano LE .... 83 G 36
Galzignano Terme PD.. 24 G 17
Gamalero AL .... 28 H 7
Gambara BS .... 22 G 12
Gambarana PV .... 28 G 8
Gambarie RC .... 90 M 29
Gambaro PC .... 29 I 10
Gambasca CN .... 26 I 4
Gambassi Terme FI ... 43 L 14
Gambatesa CB .... 66 C 26
Gambellara VI .... 24 F 16
Gamberale CH......... 65 Q 24
Gambettola FO .... 41 J 19
Gambolò PV......... 20 G 8
Gambugliano VI......... 24 F 16
Gambulaga FE .... 32 H 17
Gammauta
  (Lago di) PA .... 98 N 22
Gampenjoch / Palade
  (Passo delle) BZ.... 3 C 15
Ganaceto MO .... 31 H 14
Ganda di Martello BZ.. 2 C 14
Gandellino BG......... 10 E 11
Gandino BG......... 22 E 11
Gangi PA......... 99 N 24
Gangi (Fiume) PA......... 99 N 24
Ganna VA......... 8 E 8
Gannano
  del Monte MT .... 77 G 31
Gannano
  (Lago di) MT......... 77 G 31
Gantkofel / Macaion
  (Monte) BZ......... 3 C 15
Ganzanigo BO......... 40 I 16
Ganziri ME......... 90 M 28
Garadassi AL......... 29 H 9
Garaguso MT......... 77 F 30
Garaventa GE......... 29 I 9
Garavicchio GR......... 56 O 16
Garbagna AL......... 29 H 8
Garbagna
  Novarese NO......... 20 F 7
Garbagnate
  Milanese MI......... 21 F 9
Garcia CL......... 99 N 23
Garda BS......... 10 D 13
Garda VR......... 23 F 14
Garda (Isola di) BS......... 23 F 13
Garda (Lago di) VR.. 23 F 13
Gardena (Passo di) /
  Grödner Joch BZ...... 4 C 17
Gardena (Val) /
  Grödnertal BZ......... 4 C 16
Gardone Riviera BS.... 23 F 13
Gardone Val
  Trompia BS......... 22 E 12
Garelli (Rifugio) CN ... 35 J 5
Gares BL......... 12 D 17
Garessio CN......... 35 J 6
Garfagnana LU......... 38 J 13
Gargallo MO......... 31 H 14
Gargallo NO......... 20 E 7
Gargano
  (Promontorio del) FG. 67 B 29
Gargano
  (Testa del) FG......... 67 B 30
Gargazon /
  Gargazzone BZ......... 3 C 15
Gargazzone /
  Gargazon BZ......... 3 C 15
Gargnano BS......... 23 E 13
Gargonza AR......... 50 L 17
Gari FR......... 64 R 23
Garibaldi (Casa di) SS. 109 D 10
Garibaldi (Cippo)
  (Aspromonte) RC.... 90 M 29
Garibaldi
  (Cippo di Anita) RA.. 33 I 18
Garibaldi (Rifugio) BS.. 10 D 13
Gariffi (Pantano) RG.. 107 Q 26
Gariglione (Monte) CZ. 87 J 31
Garitta Nuova
  (Testa di) CN......... 26 I 3
Garlasco PV......... 20 G 8
Garlate LC......... 21 E 10
Garlate (Lago di) LC.. 21 E 10
Garlenda SV......... 35 J 6
Garniga TN......... 11 D 15
Garrufo TE......... 53 N 23
Garza BS......... 22 F 12
Garzigliana TO......... 26 H 4
Garzirola (Monte) CO.. 9 D 9
Garzeno CO......... 9 D 9
Gaspare (Rifugio) AO ... 7 E 5

Gasperina CZ......... 88 K 31
Gassano MS......... 38 J 12
Gassino Torinese TO... 27 G 5
Gasteig / Casateia BZ... 3 B 16
Gatta RE......... 38 I 13
Gattaia FI......... 40 K 16
Gattatico RE......... 30 H 13
Gatteo FO......... 41 J 19
Gatteo a Mare FO......... 41 J 19
Gattinara VC......... 20 F 7
Gattorna GE......... 37 I 9
Gaudiano PZ......... 72 D 29
Gaudo (Piano del) AV.. 71 E 27
Gavardo BS......... 22 F 13
Gavassa RE......... 31 H 14
Gavasseto RE......... 31 I 14
Gavelli PG......... 52 N 20
Gavello MO......... 31 H 15
Gavello RO......... 32 G 17
Gaverina Terme BG...... 22 E 11
Gavi AL......... 28 H 8
Gavia (Monte) SO......... 10 C 13
Gavia (Passo di) SO .. 10 C 13
Gavignano RM......... 63 Q 21
Gaville AN......... 46 L 20
Gaville FI......... 44 L 16
Gavinana PT......... 39 J 14
Gavirate VA......... 8 E 8
Gavoi NU......... 115 G 9
Gavorrano GR......... 49 N 14
Gazoldo
  degli Ippoliti MN......... 23 G 13
Gazzaniga BG......... 22 E 11
Gazzano RE......... 38 J 13
Gazzaro RE......... 30 H 13
Gazzo MN......... 23 G 14
Gazzo PD......... 24 F 17
Gazzo Veronese VR......... 31 G 15
Gazzola PC......... 29 H 10
Gazzuolo MN......... 31 G 13
Geislerspitze /
  Odle (le) BZ......... 4 C 17
Gela CL......... 103 P 24
Gela (Fiume) CL......... 104 P 24
Gela (Golfo di) RG......... 103 Q 24
Gelagna Bassa MC......... 52 M 21
Gelas (Cima dei) CN... 34 J 4
Gelé (Monte) AO......... 6 E 4
Gello LU......... 38 K 13
Gello PI......... 43 L 13
Gelso ME......... 94 L 26
Gelsomini
  (Costa dei) RC......... 91 N 30
Gemelli (Laghi) BG..... 10 E 11
Gemelli (Monte) FO.... 40 K 17
Gemini LE......... 83 H 36
Gemmano RN......... 41 K 19
Gemona del Friuli UD.. 14 D 21
Gemonio VA......... 8 E 8
Gena BL......... 12 D 18
Genazzano RM......... 63 Q 20
Generoso (Monte) CO .. 9 E 9
Genga AN......... 46 L 20
Genis (Monte) SU......... 119 J 9
Genivolta CR......... 22 F 11
Genna Maria
  (Nuraghe) SU......... 118 I 8
Gennargentu
  (Monti del) NU......... 115 G 9
Gennaro (Monte) RM.. 58 P 20
Genola CN......... 27 I 5
Genoni SU......... 115 H 9
Genova GE......... 36 I 8
Genova (Rifugio) BZ ... 4 C 17
Genova (Rifugio) CN ... 34 J 3
Genova (Val di) TN.... 11 D 13
Genovese
  (Grotta del) TP......... 96 M 18
Gentile (Col) UD......... 5 C 20
Genuardo (Monte) AG.. 97 N 21
Genuri SU......... 118 H 8
Genzana (Monte) AQ .. 64 Q 23
Genzano
  di Lucania PZ......... 72 E 30
Genzano di Roma RM.. 63 Q 20
Genzano (Lago) PZ.... 72 E 30
Genziana (Monte) NU. 117 G 10
Genzone PV......... 21 G 10
Gera Lario CO......... 9 D 10
Geraci Siculo PA......... 99 N 24
Gerano RM......... 63 Q 20

Gerbini CT......... 104 O 26
Gerchia PN......... 14 D 20
Geremeas CA......... 119 J 10
Gerenzago PV......... 21 G 10
Gerenzano VA......... 21 F 9
Gergei SU......... 119 H 9
Germagnano TO......... 19 G 4
Germanasca TO......... 26 H 3
Germano CS......... 87 J 32
Germignaga VA......... 8 E 8
Gerocarne VV......... 88 L 30
Gerola Alta SO......... 9 D 10
Gerosa BG......... 21 E 10
Gerre de Caprioli CR... 30 G 12
Gerrei SU......... 119 I 9
Gesico SU......... 119 I 9
Gessate MI......... 21 F 10
Gesso CN......... 34 J 3
Gesso ME......... 90 M 28
Gessopalena CH......... 60 P 24
Gesturi SU......... 118 H 9
Gesualdo AV......... 70 D 27
Gesuiti CS......... 86 I 30
Gfrill / Caprile
  (vicino a Merano) BZ.. 3 C 15
Gfrill / Cauria
  (vicino a Salorno) BZ. 11 D 15
Ghedi BS......... 22 F 12
Ghemme NO......... 20 F 7
Gherardi FE......... 32 H 17
Gherra (Monte) SS.... 111 F 7
Ghertele VI......... 12 E 16
Ghiare PR......... 30 I 11
Ghibullo RA......... 41 I 18
Ghifenti (Punta) AO .... 7 E 5
Ghiffa VB......... 8 E 7
Ghigo TO......... 26 H 3
Ghilarza OR......... 115 G 8
Ghimbegna
  (Passo) IM......... 35 K 5
Ghirla VA......... 8 E 8
Ghisalba BG......... 22 F 11
Ghisione MN......... 31 G 15
Ghislarengo VC......... 20 F 7
Ghivizzano LU......... 38 J 13
Ghizzano PI......... 43 L 14
Giacalone PA......... 97 M 21
Giacciano con
  Baruchella RO......... 32 G 16
Giacopiane
  (Lago) GE......... 37 I 10
Giaf (Rifugio) UD......... 13 C 19
Giafaglione
  (Monte) AG......... 102 O 22
Giammaria
  (Monte) PA......... 97 N 21
Giampilieri ME......... 90 M 28
Gianforma RG......... 104 Q 26
Giannetti (Rifugio) SO .. 9 D 10
Giannutri (Isola di) GR.. 55 P 15
Giano (Monte) RI......... 59 O 21
Giano dell'Umbria PG.. 51 N 19
Giano Vetusto CE......... 69 D 24
Giara (Sa) SU......... 119 H 9
Giara di Gesturi SU.... 118 H 8
Giardina Gallotti AG .. 102 O 22
Giardinello (vicino a
  Mezzoiuso) PA......... 98 N 22
Giardinello (vicino a
  Montelepre) PA......... 97 M 21
Giardinetto PG......... 71 D 28
Giardini di Gioiosa RC.. 88 M 30
Giardini-Naxos ME......... 90 N 27
Giardino (il) GR......... 56 O 16
Giarole AL......... 28 G 7
Giarratana RG......... 104 P 26
Giarre CT......... 101 N 27
Giau (Passo di) BL......... 4 C 18
Giave SS......... 111 F 8
Giaveno TO......... 26 G 4
Giavera
  del Montello TV......... 25 E 18
Giavino (Monte) TO... 19 F 4
Giazza VR......... 23 F 15
Giba SU......... 118 J 7
Gibele (Monte) TP......... 96 Q 18
Gibellina TP......... 97 N 20
Gibellina
  (Ruderi di) TP......... 97 N 20
Gibilmanna
  (Santuario di) PA......... 99 N 24
Gibilmesi (Monte) PA.. 97 M 21
Gibilrossa PA......... 98 M 22
Gibli (Monte) CL......... 103 P 24
Giffone RC......... 88 L 30

Giffoni Sei Casali SA ... 75 E 26
Giffoni Valle Piana SA.. 75 E 26
Gigante (Grotta) TS.... 17 E 23
Giglio (il) FR......... 64 R 22
Giglio (Isola del) GR.... 55 O 14
Giglio Castello GR......... 55 O 14
Giglio Porto GR......... 55 O 14
Gignese VB......... 8 E 7
Gignod AO......... 18 E 3
Gilba CN......... 26 I 3
Gilberti (Rifugio) UD.. 15 C 22
Gildone CB......... 65 R 26
Gilordino PS......... 46 K 20
Gimigliano CZ......... 88 K 31
Gimillan AO......... 18 F 4
Ginestra FI......... 43 K 15
Ginestra PZ......... 71 E 29
Ginestra
  degli Schiavoni BN... 70 D 27
Ginestra (Portella) PA.. 97 N 21
Ginistrelli PZ......... 72 D 29
Ginnircu (Punta) NU... 117 G 11
Gino (Pizzo di) CO .... 9 D 9
Ginosa TA......... 78 F 32
Ginosa Marina TA......... 78 F 32
Gioi (Golfo di) RC......... 95 L 29
Gioia dei Marsi AQ.... 64 Q 23
Gioia del Colle BA .... 73 E 32
Gioia del Tirreno VV... 88 L 29
Gioia Sannitica CE......... 65 S 25
Gioia Tauro RC......... 88 L 29
Gioiella PG......... 50 M 17
Gioiosa Ionica RC......... 88 L 30
Gioiosa Marea ME......... 100 M 26
Giovà (Passo di) PC... 29 H 9
Giovagallo MS......... 38 J 11
Giove TR......... 58 O 18
Giove Anxur (Tempio di)
  (Terracina) LT......... 63 S 21
Giove (Monte) VB......... 8 C 7
Giovecca RA......... 32 I 17
Giovenco AQ......... 60 P 23
Giovenzano PV......... 21 G 9
Gioveretto BZ......... 2 C 14
Gioveretto (Lago di) BZ. 2 C 14
Giovi AR......... 45 L 17
Giovi (Monte) FI......... 40 K 16
Giovi (Passo dei) GE... 28 I 8
Giovinazzo BA......... 73 D 32
Giovo (Colle del) SV... 36 I 7
Giovo (Foce a) LU......... 39 J 13
Giovo (Monte) MO.... 39 J 13
Gioz BL......... 13 D 18
Girardi RM......... 58 P 19
Girasole NU......... 117 H 10
Girifalco CZ......... 88 K 31
Girlan / Cornaiano BZ.. 3 C 15
Gironico CO......... 21 E 9
Gissi CH......... 61 P 25
Giudicarie (Valli) TN... 11 E 13
Giuggianello LE......... 83 G 37
Giugliano
  in Campania NA......... 69 E 24
Giulfo (Monte) EN......... 99 O 24
Giuliana PA......... 97 N 21
Giulianello LT......... 63 Q 20
Giuliano
  (Lago di) LT......... 63 Q 21
Giuliano di Roma FR.. 63 R 21
Giuliano Teatino CH... 60 P 24
Giulianova TE......... 53 N 23
Giulianova Lido TE......... 53 N 23
Giumarra CT......... 104 O 25
Giumenta (Serra la) SA. 76 G 29
Giuncarico GR......... 49 N 14
Giuncata
  (Masseria) BA......... 72 D 30
Giuncugnano LU......... 38 J 12
Giungano SA......... 75 F 27
Giurazzi (Masseria) AV. 71 E 28
Giurdignano LE......... 83 G 37
Giussago PV......... 21 G 9
Giussago VE......... 16 E 20
Giussano MI......... 21 E 9
Giusvalla SV......... 36 I 7
Givoletto TO......... 19 G 4
Gizio AQ......... 60 P 23
Gizzeria CZ......... 88 K 30
Gizzeria Lido CZ......... 88 K 30

Glacier AO......... 6 E 3
Glacier (Monte) AO .... 19 F 4
Gleno (Monte) BG......... 10 D 12
Gleris PN......... 16 E 20
Gliaca ME......... 100 M 26
Glorenza / Glurns BZ.. 2 C 13
Glurns / Glorenza BZ.. 2 C 13
Gnignano MI......... 21 G 9
Gnocca RO......... 33 H 18
Gnocchetta RO......... 33 H 19
Gnutti (Rifugio) BS.... 10 D 13
Gobbera (Passo di) TN. 12 D 17
Goceano SS......... 115 F 9
Goceano
  (Catena del) SS ..... 111 F 8
Godega di
  S. Urbano TV......... 13 E 19
Godiasco PV......... 29 H 9
Godo RA......... 41 I 18
Godrano PA......... 98 N 22
Goglio VB......... 8 D 6
Goito MN......... 23 G 14
Gola (Passo di) /
  Klammljoch BZ......... 4 B 18
Golasecca VA......... 20 E 7
Goldrain / Coldrano BZ. 3 C 14
Golferenzo PV......... 29 H 9
Golfo Aranci SS......... 109 E 10
Golfo Orosei e del Gennargentu
  (Parco Nazionale) NU.117 G 10
Gologone
  (Sorgente su) NU ... 117 G 10
Gomagoi BZ......... 2 C 13
Gombio RE......... 30 I 13
Gombola MO......... 39 I 14
Gonars UD......... 17 E 21
Goni SU......... 119 I 9
Gonnesa SU......... 118 J 7
Gonnoscodina OR......... 118 H 8
Gonnosfanadiga SU.... 118 I 7
Gonnosnò OR......... 115 H 8
Gonnostramatza OR.. 118 H 8
Gonzaga MN......... 31 H 14
Goraiolo PT......... 39 K 14
Gordana MS......... 38 I 11
Gordona SO......... 9 D 10
Gorfigliano LU......... 38 J 12
Gorga RM......... 63 R 21
Gorga SA......... 76 G 27
Gorgo UD......... 16 E 21
Gorgo al
  Monticano TV......... 16 E 19
Gorgo
  (Laghetto) AG......... 102 O 21
Gorgofreddo BA......... 80 E 33
Gorgoglione MT......... 77 F 30
Gorgona (Isola di) LI... 42 L 11
Gorgonzola MI......... 21 F 10
Goriano Sicoli AQ......... 60 P 23
Goriano Valli AQ......... 59 P 23
Goricizza UD......... 16 E 20
Gorino FE......... 33 H 19
Gorizia GO......... 17 E 22
Gorla Maggiore VA.... 20 F 8
Gorla Minore VA......... 20 F 8
Gorlago BG......... 22 E 11
Gornalunga CT......... 104 O 25
Goro FE......... 33 H 18
Gorra SV......... 36 J 6
Gorré CN......... 34 I 4
Gorreto GE......... 29 I 9
Gorruppu
  (Gola su) NU......... 117 G 10
Gorto (Canale di) UD... 5 C 20
Gorzano MO......... 31 I 14
Gorzano (Monte) TE... 59 O 22
Gorzegno CN......... 27 I 6
Gorzone (Canale) PD.. 32 G 17
Gosaldo BL......... 12 D 17
Gossensaß /
  Colle Isarco BZ......... 3 B 16
Gossolengo PC......... 29 G 10
Gottasecca CN......... 27 I 6
Gottero (Monte) PR.... 37 I 11
Gottolengo BS......... 22 G 12
Governolo MN......... 31 G 14
Govone CN......... 27 H 6
Govossai (Lago) NU.. 115 G 10
Gozzano NO......... 20 E 7
Grabellu
  (Punta su) NU......... 113 F 10
Gracciano SI......... 50 M 17
Gradara PS......... 41 K 20
Gradara (Monte) PA.... 97 M 21
Gradella CR......... 21 F 10

Gradisca PN......... 14 D 20
Gradisca d'Isonzo GO.. 17 E 22
Gradiscutta UD......... 16 E 20
Gradizza FE......... 32 H 17
Grado GO......... 17 E 22
Grado (Laguna di) GO . 17 E 21
Grado Pineta GO......... 17 E 22
Gradoli VT......... 57 O 17
Graffignana LO......... 21 G 10
Graffignano VT......... 57 O 18
Graglia BI......... 19 F 5
Graglia
  (Santuario di) BI ..... 19 F 5
Gragnanino PC......... 29 G 10
Gragnano LU......... 39 K 13
Gragnano NA......... 75 E 25
Gragnano
  Trebbiense PC......... 29 G 10
Gragnola MS......... 38 J 12
Graines AO......... 19 E 5
Gramignazzo PR......... 30 H 12
Grammatica PR......... 38 I 12
Grammichele CT......... 104 P 25
Gramolazzo LU......... 38 J 12
Gran Bagna TO......... 18 G 1
Gran Cratere ME......... 94 L 26
Gran Monte UD......... 15 D 21
Gran Paradiso AO......... 18 F 3
Gran Paradiso (Parco
  Nazionale del) AO ... 18 F 3
Gran Pilastro /
  Hochfeiler BZ......... 4 B 17
Gran Queyron TO......... 26 H 3
Gran S. Bernardo
  (Colle di) AO......... 6 E 3
Gran S. Bernardo
  (Traforo del) AO ..... 6 E 3
Gran S. Bernardo
  (Valle del) AO......... 6 E 3
Gran S. Pietro AO......... 18 F 4
Gran Sasso d'Italia TE. 59 O 22
Gran Sasso
  (Parco Naz. del) TE.. 59 Q 22
Gran Tournalin AO......... 7 E 5
Gran Truc TO......... 26 H 3
Gran Zebru BZ......... 2 C 13
Grana AT......... 28 G 6
Grana (Torrente) AL... 28 H 7
Grana (Torrente) CN... 34 I 3
Granaglione BO......... 39 J 14
Granaione GR......... 50 N 15
Granano
  (Monte di) PS......... 45 L 19
Granarolo RA......... 40 I 17
Granarolo
  dell'Emilia BO......... 32 I 16
Granarone RO......... 32 G 16
Granatello TP......... 96 N 19
Granaxiu OR......... 115 H 8
Grancona VI......... 24 F 16
Grand Assaly AO......... 18 F 2
Grand Eyvia AO......... 18 F 3
Grand Golliaz AO......... 6 E 3
Grande PR......... 30 H 12
Grande TP......... 97 N 20
Grande o Imera
  Settentrionale PA......... 99 N 23
Grande Bonifica
  Ferrarese FE......... 33 H 18
Grande (Isola) TP......... 96 N 19
Grande (Lago) TO......... 26 G 4
Grande (Montagna)
  (I. di Pantelleria) TP.. 96 Q 18
Grande
  (Montagna) ME......... 101 N 27
Grande
  (Montagna) TP......... 97 N 20
Grande (Porto) SR.... 105 P 27
Grande (Punta) AG.... 102 P 22
Grande Rochère (la) AO. 6 E 3
Grande Rousse AO......... 18 F 3
Grande Sassière AO... 18 F 3
Grandola ed Uniti CO.. 9 D 9
Granero (Monte) TO... 26 H 3
Granieri CT......... 104 P 25
Granieri
  (Masseria) SR......... 105 Q 25
Granieri (Monte) RC... 88 L 31
Graniti ME......... 101 N 27
Granitola (Punta) TP... 97 O 20
Granozzo NO......... 20 F 7
Grantola VA......... 8 E 8
Grantorto PD......... 24 F 17
Granze PD......... 32 G 17
Grappa (Monte) TV.... 12 E 17
Grassano MT......... 77 F 30

Grassina Ponte
a Ema *FI*............. 44 K 15
Grassobbio *BG* ...... 21 F 11
Gratosoglio *MI* .... 21 F 9
Gratteri *PA* .... 99 N 23
Graun im Vinschgau /
Curon Venosta *BZ* ... 2 B 13
Grauno *TN* .... 12 D 15
Grauson (Monte) *AO*... 18 F 4
Grauzaria *UD* .... 14 C 21
Gravedona *CO*......... 9 D 9
Gravellona *PV* .... 20 G 8
Gravellona Toce *VB*.... 8 E 7
Gravina di Catania *CT*. 101 O 27
Gravina di Laterza *TA*.. 78 F 32
Gravina di Matera *MT*.. 73 E 31
Gravina in Puglia *BA*.. 72 E 31
Grazia *ME*........... 95 M 27
Graziano (Capo) *ME*.. 94 L 26
Grazie (Lago di) *MC*... 52 M 21
Grazie (Monte le) *RM*.. 57 P 19
Grazzanise *CE* .... 69 D 24
Grazzano Badoglio *AT*. 28 G 6
Grazzano Visconti *PC*.. 29 H 11
Grecale (Capo) *AG*... 102 U 19
Greccio *RI*........... 58 O 20
Greci *AV*............. 71 D 27
Greco (Monte) *AQ*.... 64 Q 23
Greggio *VC*........... 20 F 7
Grego (Rifugio) *UD*... 15 C 22
Gremiasco *AL* .... 29 H 9
Gressan *AO*........... 18 E 3
Gressone (Val di) *AO*.. 19 F 5
Gressoney-la Trinité *AO*. 7 E 5
Gressoney-St. Jean *AO*. 19 E 5
Greve *FI*............. 43 L 15
Greve in Chianti *FI*.... 44 L 15
Grezzana *VR*......... 23 F 15
Grezzano *FI* .... 40 J 16
Gricuzzo (Monte) *CL*.. 103 P 24
Gries (Passo di) /
Griespass *VB* .... 8 C 7
Grighini (Monte) *OR*... 115 H 8
Grigna Meridionale *LC*.. 9 E 10
Grigna
Settentrionale *LC*.... 9 E 10
Grignano *TS*.......... 17 E 23
Grignano Polesine *RO*. 32 G 17
Grignasco *NO* .... 20 E 7
Grigno *TN*........... 12 D 16
Grigno (Torrente) *TN*.. 12 D 16
Grilli *GR*............. 49 N 14
Grimaldi *CS* .... 86 J 30
Grimesi (Torre) *TP*.... 97 N 20
Grinzane Cavour *CN*... 27 I 5
Grisenche (Val) *AO*.... 18 F 3
Grisi *PA*............. 97 N 21
Grisignano
di Zocco *VI* .... 24 F 17
Grisolia *CS*........... 84 H 29
Grizzana *BO* .... 39 J 15
Gröder Joch / Gardena
(Passo di) *BZ*........ 4 C 17
Grödnertal /
Gardena (Val) *BZ* .... 4 C 16
Grognano *AL* .... 28 I 7
Gromo *BG*........... 10 E 11
Gromo S. Marino *BG*... 10 E 11
Gromola *SA* .... 75 F 26
Grondana *PR* .... 37 I 10
Grondo *CS* .... 85 H 30
Grondola *MS* .... 38 I 11
Grondona *AL*......... 28 H 8
Grondone *PC*......... 29 H 10
Grone *BG* .... 22 E 11
Gronlait *TN*.......... 12 D 16
Gropa (Monte) *AL*.... 29 H 9
Gropello Cairoli *PV*... 21 G 8
Gropello d'Adda *MI*.... 21 F 10
Gropina *AR*.......... 44 L 16
Groppallo *PC*......... 29 H 10
Gropparello *PC*........ 29 H 11
Groppera (Pizzo) *SO*... 9 C 10
Groppovisdomo *PC*... 29 H 11
Gros Passet *SO* ...... 26 H 3
Groscavallo *TO*....... 18 F 3
Grosina (Valle) *SO*.... 10 C 12
Grosio *SO* .... 10 D 12
Grosotto *SO*.......... 10 D 12
Groß Löffler /
Lovello (Monte) *BZ*.. 4 A 17
Großer-Kinigat /
Cavallino (Monte) *BZ*. 5 B 19
Grosseto *GR*.......... 49 N 15
Grosseto
(Formiche di) *GR*..... 55 O 14

Grosso (Capo)
(I. Levanzo) *TP*....... 96 M 19
Grosso (Capo) *PA*..... 98 M 22
Grosso (Monte) *SR*.... 105 P 27
Grottaferrata *RM*..... 62 Q 20
Grottaglie *TA*........ 79 F 34
Grottaminarda *AV*.... 70 D 27
Grottammare *AP* ..... 53 N 23
Grottazza (Punta) *ME*.. 94 L 26
Grottazzolina *AP*..... 53 M 22
Grotte *AG*........... 103 O 23
Grotte di Castro *VT*... 50 N 17
Grotte Sto Stefano *VT*. 57 O 18
Grotteria *RC*......... 88 L 30
Grotti *PG*............ 52 N 20
Grotti *RI*............ 58 O 20
Grotti *SI*............ 50 M 15
Grotticelle
(Monte) *AG*........ 103 O 23
Grottole *MT*.......... 77 F 31
Grottolella *AV*........ 70 E 26
Gruaro *VE*........... 16 E 20
Grue *AL*............. 28 H 8
Gruf (Monte) *SO*....... 9 D 10
Grugliasco *TO*........ 27 G 4
Grugua *SU*........... 118 I 7
Grumello
Cremonese *CR*....... 22 G 11
Grumello
del Monte *BG*....... 22 F 11
Grumento Nova *PZ*... 77 G 29
Grumentum *PZ*....... 77 G 29
Grumo Appula *BA*.... 73 D 32
Grumolo
delle Abbadesse *VI*.. 24 F 16
Gruppa *SU*.......... 119 I 10
Gruppo di Brenta *TN*... 11 D 14
Gruppo (Monte) *BZ*... 4 B 17
Gsies / Casies
(Valle di) *BZ* .... 4 B 18
Guà *VI*............. 24 F 16
Guaceto (Torre) *BR*... 80 E 35
Guadagnolo *RM*...... 63 Q 20
Guagnano *LE*........ 79 F 35
Gualdo *AR*.......... 44 K 16
Gualdo *FE*........... 32 H 17
Gualdo *FO* .... 40 J 18
Gualdo (vicino
a Sarnano) *MC*...... 52 M 21
Gualdo
(vicino a Visso) *MC*... 52 N 21
Gualdo (Passo di) *MC*.. 52 N 21
Gualdo Cattaneo *PG*... 51 N 19
Gualdo Tadino *PG* .... 52 M 20
Gualtieri *RE*.......... 31 H 13
Gualtieri Sicaminò *ME*. 90 M 27
Guamaggiore *SU*.... 119 I 9
Guanzate *CO*........ 21 E 9
Guarcino *FR*......... 63 Q 21
Guarda Ferrarese *FE*... 32 H 17
Guarda Veneta *RO*.... 32 H 17
Guardamiglio *LO*..... 29 G 11
Guardapasso *RM*..... 62 R 19
Guardavalle *CZ*....... 89 L 31
Guardea *TR*.......... 58 O 18
Guardia *CT*.......... 101 O 27
Guardia (Serra la) *CS*.. 86 I 31
Guardia Alta *BZ* ..... 3 C 15
Guardia dei Mori *SU*.. 120 J 6
Guardia Lombardi *AV*.. 71 E 27
Guardia
(Monte della) *CL*.... 104 P 24
Guardia
(Monte La) *EN* ...... 99 N 25
Guardia Perticara *PZ*.. 77 F 30
Guardia
Piemontese *CS* ...... 85 I 30
Guardia Piemontese
Marina *CS* .... 85 I 29
Guardia
Sanframondi *BN*.... 65 S 25
Guardia Vomano *TE*... 53 O 23
Guardiagrele *CH*..... 60 P 24
Guardialfiera *CB*..... 65 Q 26
Guardiaregia *CB*..... 65 R 25
Guardistallo *PI*....... 49 M 13
Guarene *CN*......... 27 H 6
Guarenna *CH*........ 60 P 25
Guasila *SU*.......... 119 I 9
Guastalla *RE*......... 31 H 13
Guasticce *LI*......... 42 L 13
Guazzolo *AL*......... 28 G 6
Guazzora *AL*......... 28 G 8
Gubbio *PG*.......... 45 L 19
Gudo Visconti *MI*..... 21 F 9

Guella (Rifugio) *TN* .... 23 E 14
Guello *CO*........... 9 E 9
Guerro *MO*.......... 39 I 14
Guffone (Monte) *FO*... 40 K 17
Guglielmo
(Monte) *BS* .... 22 E 12
Guglionesi *CB*........ 66 B 26
Guidizzolo *MN*....... 23 G 13
Guidonia *RM*......... 58 Q 20
Guietta *TV*........... 12 E 18
Guiglia *MO*.......... 39 I 14
Guilmi *CH*........... 61 Q 25
Guinza *PS*........... 45 L 18
Gulfi
(Santuario di) *RG*.... 104 P 26
Gurlamanna *BA*...... 72 E 31
Gurro *VB*............ 8 D 7
Gurue *NU*........... 117 G 10
Gusana (Lago di) *NU*.. 115 G 9
Guselli *PC*........... 29 H 11
Guspini *SU*.......... 118 I 7
Gussago *BS*.......... 22 F 12
Gussola *CR*.......... 30 G 13
Gutturu Mannu *SU*... 118 J 8
Guzzafame *LO*........ 29 G 10
Guzzini (Monte) *SU*... 119 H 9
Guzzurra
(Cantoniera) *NU*.... 113 F 10

H

Hafling / Avelengo *BZ*.. 3 C 15
Halæsa *ME*.......... 99 M 24
Helbronner
(Pointe) *AO*.......... 6 E 2
Helm / Elmo
(Monte) *BZ*.......... 5 B 19
Helvia Ricina *MC*..... 52 M 22
Hera Lacinia
(Santuario) *KR*....... 87 J 33
Herbetet *AO*.......... 18 F 3
Herculaneum *NA*..... 69 E 25
Hintere Schwärze /
Cime Nere *BZ*........ 3 B 14
Hintere Seelenkogl / Anime
(Cima delle) *BZ*...... 3 B 15
Hirzerspitze / Cervina
(Punta) *BZ*.......... 3 B 15
Hochalpjoch /Oregone
(Passo dell') *UD*..... 5 C 20
Hochfeiler /
Gran Pilastro *BZ* .... 4 B 17
Hochgall / Collalto *BZ*.. 4 B 18
Hochjoch /
Alto (Giogo) *BZ*...... 2 B 14
Hochkreuz Spitze /
Altacroce (Monte) *BZ*. 3 B 15
Hochwilde /
L'Altissima *BZ*....... 3 B 15
Hohe Geisel /
Rossa (Croda) *BL*..... 4 C 18
Hohe Warte /
Coglians (Monte) *UD*.. 5 C 20
Hoher Treib /
Cuestalta *UD*........ 5 C 21
Hoherfirst /
Principe (Monte) *BZ*.. 3 B 15
Hone *AO*............ 19 F 5
Hundskehljoch /
Cane (Passo del) *BZ*... 4 A 18

I

Iacono (Casa) *RG* .... 104 Q 25
Iacurso *CZ*........... 88 K 31
Iano *FI*............. 43 L 14
Iano *RE*............. 31 I 14
Iato *PA*............. 97 M 21
Iazzo Vecchio
(Monte) *AG*......... 102 O 22
Ible (Monti) *SR*....... 104 P 26
Idice *BO*............ 40 I 16
Idice (Torrente) *BO*.... 40 J 16
Idolo (Monte) *NU*..... 117 H 10
Idro *BS*............. 22 E 13
Idro (Lago d') *BS*...... 22 E 13
Iermanata *RC*........ 91 N 30
Iesce (Masseria) *MT*... 73 E 31
Igea Marina *RN*...... 41 J 19
Iglesias *SU*.......... 118 J 7
Iglesiente *SU*........ 118 I 7
Igliano *CN*.......... 35 I 6
Igno (Monte) *MC*..... 52 M 20
Ilbono *NU*.......... 117 H 10
Ilci *PG*............. 51 N 19
Illasi *VR*............ 23 F 15
Illasi (Torrente d') *VR*.. 23 F 15

Illegio *UD* .... 14 C 21
Illorai *SS*............ 115 F 9
Imbriaca (Portella) *PA*.. 98 N 22
Imele *AQ*............ 59 P 21
Imelle *RM*........... 58 P 19
Imer *TN*............ 12 D 17
Imera *AQ*........... 99 N 23
Imera Meridionale *PA*.. 99 N 24
Imola *BO*............ 40 I 17
Impalata *BA*......... 80 E 33
Imperatore
(Punta) *NA*......... 74 E 23
Imperia *IM*.......... 35 K 6
Impiso (Colle d') *PZ*... 85 H 30
Impiso (Ponte) *BA*.... 72 E 30
Impruneta *FI*......... 43 K 15
Inacquata
(Masseria) *FG*....... 67 C 29
Incaroio (Canale di') *UD*. 5 C 21
Incisa (Passo della) *FO*. 41 K 18
Incisa in Val d'Arno *FI*.. 44 L 16
Incisa Scapaccino *AT*.. 28 H 7
Incoronata *FG*....... 71 C 28
Incoronata
(Santuario dell') *FG*.. 71 C 28
Incudine *BS*......... 10 D 13
Indicatore *AR*........ 44 L 17
Indiritto *TO*.......... 26 G 3
Indren (Punta) *VC*..... 7 E 5
Induno Olona *VA*..... 8 E 8
Infantino *CS*......... 87 J 32
Infernaccio
(Gola dell') *AP*...... 52 N 21
Infernetto *RM*........ 62 Q 19
Inferno (Pizzo d') *SO*... 9 C 10
Inferno (Ponte) *SA*.... 76 G 28
Infreschi
(Punta degli) *SA*..... 84 H 28
Ingarano (Passo di) *FG*. 66 B 28
Ingria *TO*............ 19 F 4
Ingurtosu *SU*........ 118 I 7
Innichen /
S. Candido *BZ*....... 4 B 18
Intimiano *CO*........ 21 E 9
Intra *VB*............ 8 E 7
Intragna *VB*......... 8 E 7
Introbio *LC*.......... 9 E 10
Introd *AO*........... 18 E 3
Introdacqua *AQ*...... 60 P 23
Inverigo *CO*......... 21 E 9
Inveruno *MI*......... 20 F 8
Invorio *NO*.......... 20 E 7
Invrea *SV*........... 36 I 7
Inzago *MI*........... 21 F 10
Ioanneddu
(Punta) *NU*......... 113 F 11
Iolanda di Savoia *FE*... 32 H 17
Iolo *PO*............. 39 K 15
Ioppolo
Giancaxio *AG*....... 102 O 22
Iorenzo *FG*.......... 71 C 28
Ippari *AG*........... 104 Q 25
Ippocampo *FG*....... 67 C 29
Irgoli *NU*........... 117 F 10
Iria *ME*............. 100 M 25
Irminio *RG*.......... 104 P 26
Irpinia *AV*........... 71 D 27
Irsina *MT*........... 72 E 30
Irveri (Monte) *NU*..... 117 G 10
Isalle *NU*........... 117 F 10
Isarco / Eisack *BZ* .... 3 B 16
Isarco (Val) /
Eisacktal *BZ* .... 3 B 16
Isca de sa Mela
(Valico s') *NU* .... 115 G 9
Isca Marina *CZ*....... 89 L 31
Isca sullo Ionio *CZ*.... 89 L 31
Iscala Mola *SS*....... 110 F 7
Ischia *NA*........... 74 E 23
Ischia di Castro *VT*.... 57 O 17
Ischia (Isola d') *NA*... 74 E 23
Ischia-Ponte *NA*..... 74 E 23
Ischia-Porto *NA*...... 74 E 23
Ischitella *FG*......... 67 B 29
Ischitella Lido *CE*..... 69 E 24
Iscoba (monte) *SS*.... 111 F 8
Iselle *VB*............ 8 D 6
Iseo *BS*............. 22 F 12
Iseo (Lago d') *BS*..... 22 F 12
Isera *TN*............ 11 E 15
Isernia *IS*........... 65 R 24
Isili *SU*............. 119 H 9
Isnello *PA*........... 99 N 24
Isola *FO*............ 40 K 17
Isola *GE*............ 29 I 9
Isola *SO*............. 9 C 9

Isola Bella *LT* .... 63 R 20
Isola d'Arbia *SI*........ 50 M 16
Isola d'Asti *AT*........ 27 H 6
Isola del Cantone *GE*.. 28 I 8
Isola del Gran
Sasso d'Italia *TE*.... 59 O 22
Isola del Liri *FR*....... 64 Q 22
Isola della Scala *VR*... 23 G 15
Isola delle
Femmine *PA*........ 97 M 21
Isola di Capo
Rizzuto *KR*.......... 87 K 33
Isola di Fano *PS*....... 46 L 20
Isola di Fondra *BG*.... 10 E 11
Isola di Piano *PS*...... 46 K 20
Isola Dovarese *CR*.... 22 G 12
Isola Farnese *RM*..... 58 P 19
Isola Fossara *PG*..... 46 L 20
Isola Pescaroli *CR*.... 30 G 12
Isola Rizza *VR*........ 23 G 15
Isola Rossa *SS*....... 108 D 8
Isola S. Antonio *AL*.... 28 G 8
Isola S. Biagio *AP*..... 52 N 21
Isola Santa *LU*....... 38 J 12
Isola Vicentina *VI*..... 24 F 16
Isolabella *TO*......... 27 H 5
Isolabona *IM*......... 35 K 4
Isolaccia *SO*.......... 2 C 12
Isoletta *FR*........... 64 R 22
Isonzo *GO*........... 17 E 22
Isorella *BS*........... 22 G 13
Isorno *VB*............ 8 D 7
Isorno (Valle dell') *VB*.. 8 D 7
Ispani *SA*............ 76 G 28
Ispica *RG*........... 107 Q 26
Ispica (Cava d') *RG*.... 107 Q 26
Ispinigoli *NU*........ 117 G 10
Ispra *VA*............ 20 E 7
Issengo / Issing *BZ*.... 4 B 17
Issime *AO*........... 19 E 5
Issing / Issengo *BZ*.... 4 B 17
Isso *BG*............. 22 F 11
Issogne *AO*.......... 19 F 5
Istia d'Ombrone *GR*... 49 N 15
Istrago *PN*.......... 14 D 20
Istrana *TV*........... 25 E 18
Itala *ME*............ 90 M 28
Itala Marina *ME*...... 90 M 28
Italba *FE*............ 33 H 18
Itri *LT*.............. 64 S 22
Ittia (Valle d') *TA*..... 80 E 34
Ittia (Punta) *SS*....... 113 E 10
Ittireddu *SS*......... 111 F 8
Ittiri *SS*............. 110 F 7
Iudica (Fattoria) *SS*... 104 Q 26
Iudica (Monte) *CT*.... 104 O 25
Iuvanum *CH*......... 60 P 24
Ivigna (Punta) *BZ*..... 3 B 15
Ivrea *TO*............ 19 F 5
Ixi (Monte) *SU*....... 119 I 9
Izano *CR*............ 22 F 11
Izzana *SS*........... 109 E 9

J

Jafferau (Monte) *TO*... 26 G 2
Jamiano *GO*......... 17 E 22
Jannarello (Bivio) *CT*... 104 O 26
Jaufenpaß / Monte Giovo
(Passo di) *BZ*........ 3 B 15
Jelsi *CB*............. 65 R 26
Jenesien / S. Genesio
Atesino *BZ*.......... 3 C 15
Jenne *RM*........... 63 Q 21
Jerzu *NU*........... 117 H 10
Jesi *AN*............. 46 L 21
Jesolo *VE*........... 16 F 19
Joppolo *VV*.......... 88 L 29
Joux (Colle di) *AO*..... 19 E 5
Joux (la) *AO*......... 18 E 2
Judrio *UD*........... 15 D 22

K

Kalch / Calice *BZ*...... 3 B 16
Kaltenbrunn /
Fontanefredde *BZ*... 12 D 16
Kaltern a. d. Weinstraße /
Caldaro s. str. d. V. *BZ*. 11 C 15
Karerpaß / Costalunga
(Passo di) *TN*....... 12 C 16
Karersee /
Carezza al Lago *BZ*... 12 C 16
Kartibubbo *TP*....... 97 O 20
Kasern / Casere *BZ*.... 4 A 18
Kastelbell /
Castellbello *BZ*...... 3 C 14

Kastelruth /
Castelrotto *BZ*....... 3 C 16
Kematen /
Caminata *BZ*........ 3 B 16
Khamma *TP*......... 96 Q 18
Kiens / Chienes *BZ*.... 4 B 17
Klammljoch / Gola
(Passo di) *BZ*........ 4 B 18
Klausen / Chiusa *BZ*... 3 C 16
Klobenstein /
Collalbo *BZ*......... 3 C 16
Knutten-Alm /
Malga dei Dossi *BZ*... 4 B 18
Kortsch / Corzes *BZ*... 2 C 14
Kreuzboden /
Plan de Gralba *BZ*.... 4 C 17
Krimmlertauern /
Tauri (Passo dei) *BZ*... 4 A 18
Kronio (Monte) *AG*.... 102 O 19
Kronplatz / Corones
(Plan de) *BZ*........ 4 B 17
Kuens / Càines *BZ* .... 3 B 15
Kurtatsch a. d. Weinstraße /
Cortaccia *BZ*........ 11 D 15
Kurtinig a. d. Wein-straße /
Cortina *BZ*.......... 11 D 15
Kurzras /
Maso Corto *BZ*....... 2 B 14

L

La Barcaccia *PG*...... 51 M 19
La Berzigala *MO*...... 39 I 14
La Bottaccia *RM*...... 62 Q 18
La Briglia *PO*......... 39 K 15
La Caletta *SU*........ 120 J 6
La Caletta *NU*........ 113 F 11
La California *LI*....... 49 M 13
La Cassa *TO*......... 19 G 4
La Clava *BZ*.......... 3 B 15
La Conia *SS*.......... 109 D 10
La Corte *SS*.......... 110 E 6
La Costa *PR*......... 30 I 13
La Crocina *AR*........ 44 L 17
La Crosetta *TV*....... 13 D 19
La Crucca *SS*......... 110 E 7
La Fagosa *PZ*........ 77 G 30
La Farnesiana *RM*..... 57 P 17
La Ficaccia *SS*........ 109 D 9
La Foce *SI*........... 50 M 17
La Forca *AQ*......... 59 P 21
La Forca *RI*.......... 59 O 21
La Fossiata *CS*....... 87 I 31
La Gabellina *RE*...... 38 J 12
La Gala *ME*.......... 101 M 27
La Gardenaccia *BZ*.... 4 C 17
La Giustiniana *RM*.... 58 Q 19
La Grivola *AO*........ 18 F 3
La Guardia *AQ*....... 64 Q 23
La Lama *TA*.......... 79 F 33
La Lima *PT*.......... 39 J 14
La Loggia *TO*........ 27 H 5
La Maddalena *SS*..... 109 D 10
La Madonnina *FR*..... 63 Q 22
La Maina *UD*......... 5 C 20
La Marchesa *FG*...... 66 C 27
La Martella *MT*....... 78 F 31
La Meta *FR*.......... 64 Q 23
La Monna *FR*........ 63 Q 22
La Montagna *MT*..... 78 F 31
La Montagna *CT*..... 104 O 26
La Montagna *PA*..... 98 N 22
La Montagnola *CT*.... 100 N 27
La Morra *CN*........ 27 I 5
La Motticella *FG*...... 66 C 28
La Muda *BL*......... 13 D 18
La Muddizza *SS*...... 108 E 8
La Mula *CS*.......... 85 H 29
La Nurra *SS*.......... 110 F 6
La Palazza *AR*........ 45 L 18
La Palazzina *CE*...... 65 R 25
La Palazzina *SS*....... 113 E 10
La Pedraia *SS*........ 110 E 6
La Pescia *FG*......... 67 C 29
La Petrizia *CZ*........ 89 K 32
La Picciola *SA*........ 75 F 26
La Pizzuta *PA*........ 97 N 21
La Presanella *TN*..... 11 D 13
La Punta *SU*......... 120 J 6
La Reale *SS*.......... 108 D 6
La Rocca *RE*......... 31 H 13
La Rotta *PI*.......... 43 L 14
La Salute
di Livenza *VE*....... 16 F 20
La Santona *MO*....... 39 J 14
La Scala *SI*........... 50 M 17

A B C D E F G H I J K L M N O P Q R S T U V W X Y Z

La Sellata PZ 76 F 29
La Selva SI 49 M 15
La Serra PI 43 L 14
La Serra d'Ivrea TO 19 F 5
La Serra Lunga PA 97 N 21
La Sila CS 86 J 31
La Solfatara NA 69 E 24
La Spezia SP 38 J 11
La Stanga BL 13 D 18
La Sterza PI 43 L 14
La Strada PR 30 I 12
La Taverna LT 64 R 22
La Torraccia LI 49 M 13
La Torre PS 46 K 20
La Trinita PC 30 H 11
La Valle / Wengen BZ 4 C 17
La Valle Agordina BL 12 D 18
La Varella BZ 4 C 17
La Vecchia RE 31 I 13
La Verna AR 45 K 17
La Verna MO 39 I 13
La Villa MC 52 M 21
La Villa / Stern BZ 4 C 17
Laas / Lasa BZ 2 C 14
Laatsch / Laudes BZ 2 B 13
Labante BO 39 J 15
L'Abbandonato GR 50 N 16
Labbro (Monte) GR 50 N 16
Labico RM 63 Q 20
Labro RI 58 O 20
Lacchiarella MI 21 G 9
Lacco Ameno NA 74 E 23
Laccu sa Vitella (Punta) OR 115 H 8
Lacedonia AV 71 D 28
Laceno (Lago di) AV 71 E 27
Laces / Latsch BZ 3 C 14
Lachelle VC 20 G 6
Lacina (Lago di) VV 88 L 31
Lacona LI 48 N 12
Laconi OR 115 H 9
Lada (Perda) SU 119 I 10
Ladispoli RM 62 Q 18
Laerru SS 111 E 8
Laga (Monti della) TE 52 O 22
Lagadello PR 30 I 11
Laganadi RC 90 M 29
Lagarina (Val) TN 11 E 15
Lagaro BO 39 J 15
Lagastrello (Passo di) MS 38 I 12
Lagdei PR 38 I 12
Laghi VI 23 E 15
Laglesie- S. Leopoldo UD 15 C 22
Laglio CO 9 E 9
Lagnasco CN 27 I 4
Lago CS 86 J 30
Lago TV 13 E 18
Lago (Croda da) BL 4 C 18
Lago Bianco (Punta) / Weißseespitze BZ 2 B 14
Lago di Valfabbrica PG 51 M 19
Lago Gelato (Pizzo) VB 8 D 7
Lagolo TN 11 D 15
Lagonegro PZ 76 G 29
Lagoni GR 49 M 15
Lagoni del Sasso GR 49 M 14
Lagoni Rossi PI 49 M 14
Lagorai (Catena dei) TN 12 D 16
Lagorai (Lago) TN 12 D 16
Lagosanto FE 33 H 18
Lagrimone PR 30 I 12
Laguna Veneta VE 25 G 18
Lagundo / Algund BZ 3 B 15
Lagune BO 39 I 15
L'Aia TR 58 O 19
Laiatico PI 43 L 14
Laigueglia SV 35 K 6
Lainate MI 21 F 9
Laino CO 9 E 9
Laino Borgo CS 85 M 29
Laino Castello CS 85 M 29
Laion / Lajen BZ 3 C 16
Laives / Leifers BZ 12 C 16
Lajen / Laion BZ 3 C 16
L'Altissima / Hochwilde BZ 3 B 15
Lama BO 39 I 15
Lama PG 45 L 18
Lama dei Peligni CH 60 P 24
Lama di Monchio MO 39 I 14
Lama Iesa SI 49 M 15

Lama la Noce (Masseria) BA 72 E 31
Lama Mocogno MO 39 J 14
Lama Polesine RO 32 G 17
Lamalunga BA 72 D 29
Lamandia BA 80 E 34
Lambrinia PV 29 G 10
Lambro CO 21 E 9
Lambro SA 76 G 27
Lambrugno UD 5 C 21
Lamezia Terme CZ 88 K 30
Lamole FI 44 L 16
Lamon BL 12 D 17
Lamone RA 40 J 17
Lampedusa (Isola di) AG 102 U 19
Lampedusa AG 102 U 19
Lampione (Isola di) AG 102 U 18
Lamporecchio PT 39 K 14
Lamporo VC 19 G 6
Lana BZ 3 C 15
Lana (Col di) BL 4 C 17
Lanara (Monte) CE 65 R 24
Lanciaia PI 49 M 14
Lanciano CH 60 P 25
Lanciano (Passo) CH 60 P 24
Landiona NO 20 F 7
Landriano PV 21 G 9
Landro (Val di) BZ 4 B 18
Landshuter Haus (Rifugio) BZ 3 B 16
Langan (Colla di) IM 35 K 5
Langhe CN 27 I 6
Langhirano PR 30 I 12
Langosco PV 20 G 7
L'Annunciata AV 70 D 26
L'Annunziata FG 67 C 29
Lanusei NU 117 H 10
Lanùvio RM 63 Q 20
Lanzada SO 10 D 11
Lanzé VI 24 F 16
Lanzo d'Intelvi CO 9 E 9
Lanzo Torinese TO 19 G 4
Lanzone (Pizzo) PA 98 N 22
Lao CS 84 H 29
Laorca LC 9 E 10
Lapanu (Monte) SU 120 K 8
Lapedona AP 53 M 23
Lapio AV 70 E 26
Lapio VI 24 F 16
Lappach / Lappago BZ 4 B 17
Lappago / Lappach BZ 4 B 17
L'Aquila AQ 59 O 22
Larcher (Rifugio) TN 11 C 13
Larciano PT 39 K 14
Lardaro TN 11 E 13
Larderello PI 49 M 14
Larderia ME 90 M 28
Lardirago PV 21 G 9
Lari PI 43 L 13
Lariano RM 63 Q 20
Larino CB 66 B 26
Lasa / Laas BZ 2 C 14
Lasa (Punta di) BZ 2 C 14
Lascari PA 99 M 23
Lases TN 11 D 15
Lasina (Piano) SU 119 I 9
Lasino TN 11 D 14
Lasnigo CO 9 E 9
Lastebasse TN 11 E 15
Lastra a Signa FI 43 K 15
Lastreto (Abbazia di) PS 46 L 20
Làtemar BZ 12 C 16
Latera VT 57 O 17
Laterina AR 44 L 17
Laterza TA 78 F 32
Latiano BR 79 F 35
Latina CE 65 S 24
Latina LT 63 R 20
Latina (Lido di) LT 63 R 20
Latina Scalo LT 63 R 20
Latisana UD 16 E 20
Lato TA 78 F 32
Latronico PZ 77 G 30
Latsch / Laces BZ 3 C 14
Latzfons / Lazfons BZ 3 B 16
Laudemio (Lago) PZ 77 G 29
Laudes / Laatsch BZ 2 B 13
Laura SA 75 F 26
Laura (Serbatoio) AG 103 P 23
Laurasca (Cima di) VB 8 D 7

Laureana Cilento SA 75 G 27
Laureana di Borrello RC 88 L 30
Laurenzana PZ 77 F 29
Laureto BR 80 E 34
Lauria PZ 77 G 29
Lauriano TO 19 G 5
Laurino SA 76 F 28
Laurito SA 76 G 28
Laurito (Masseria) BR 79 F 34
Lauro AV 70 E 25
Lauro CE 69 D 23
Lauro (Monte) SR 104 P 26
Lauropoli CS 85 H 31
Lauzacco UD 17 E 21
Lauzo (Monte) LT 64 S 22
Lavachey AO 6 E 3
Lavagna LO 21 F 10
Lavagna GE 37 J 10
Lavagna (Torrente) GE 37 I 9
Lavaiano PI 43 L 13
Lavane (Monte) FI 40 K 16
Lavardet (Forcella) BL 5 C 19
Lavaredo (Tre Cime di) / Drei Zinnen BL 4 C 18
Lavariano UD 17 E 21
Lavarone TN 12 E 15
Lavaze (Passo di) TN 12 C 16
Lavello PZ 71 D 29
Lavena VA 8 E 8
Laveno BS 10 E 12
Laveno Monbello VA 8 E 7
Lavenone BS 22 E 13
Lavezzola RA 32 I 17
Laviano SA 71 E 27
Lavino- Lido di Enea RM 62 R 19
Lavino BO 39 I 15
Lavino di Mezzo BO 31 I 15
Lavis TN 11 D 15
Lavone BS 22 E 12
Lazfons / Latzfons BZ 3 B 16
Lazise VR 23 F 14
Lazzaretti VI 12 E 16
Lazzaro RC 90 N 29
Lazzaro (Monte) PC 29 H 10
Lazzi (Cima di) VB 7 E 5
Le Bolle FI 44 L 15
Le Castella KR 89 K 33
Le Cerbaie FI 43 K 14
Le Conche TA 79 G 34
Le Conie SI 50 N 17
Le Cornate GR 49 M 14
Le Coste MO 39 I 14
Le Crete SI 50 M 16
Le Croci SI 89 K 31
Le Grazie SP 38 J 11
Le Mainarde FR 64 R 23
Le Moline PC 29 I 10
Le Monache LT 63 R 21
Le Monachelle CS 85 I 31
Le Murge BA 72 D 30
Le Murge KR 87 J 33
Le Palombe BA 72 D 30
Le Piastre PT 39 J 14
Le Pizzorne LU 39 K 13
Le Polle MO 39 J 14
Le Pozze PT 39 K 14
Le Prese SO 10 C 13
Le Pulci PI 51 M 19
Le Regine PT 39 J 14
Le Rocchette GR 49 N 14
Le Tagliole MO 39 J 13
Le Tofane BL 4 C 18
Le Torri FG 72 D 29
Le Torri PG 51 N 19
Le Vigne CS 85 H 30
Le Ville AR 45 L 18
Le Volte CS 35 J 6
Leano (Monte) LT 63 R 21
Leardo (Monte) PA 98 N 22
Lebbrosario BA 73 E 32
Leca SV 35 J 6
Lecce LE 81 F 36
Lecce nei Marsi AQ 64 Q 23
Lecce (Tavoliere di) BR 79 F 35
Lecchi SI 44 L 16
Lecchiore IM 35 K 5
Leccio (Poggio del) GR 56 O 15
Leccio (Rio) LU 39 K 13
Lecco LC 9 E 10
Lecco (Lago di) LC 9 E 9
Lechaud (Pointe de) AO 18 E 2

Lechère (la) AO 7 E 4
Ledra (Canale) UD 14 D 21
Ledro (Lago di) TN 11 E 14
Ledro (Val di) TN 11 E 14
Ledu (Pizzo) SO 9 D 9
Leffe BG 22 E 11
Legnago VR 24 G 15
Legnano MI 20 F 8
Legnaro PD 24 F 17
Legnone (Monte) SO 9 D 10
Legoli PI 43 L 14
Legri FI 39 K 15
Lei NU 115 G 8
Lei (Lago di) SO 9 C 10
Lei (Valle di) SO 9 C 10
Leia VT 57 O 17
Leifers / Làives BZ 12 C 16
Leni SU 118 I 7
Lenna BG 9 E 11
Lenno CO 9 E 9
Leno BS 22 F 12
Lenola LT 64 R 22
Lenta VC 20 F 7
Lentate sul Seveso MI 21 E 9
Lentiai BL 12 D 18
Lentigione RE 30 H 13
Lentini (Serbatoio di) CT 104 P 26
Lentiscosa SA 84 G 28
Lentula PT 39 J 15
Leo MO 39 J 14
Leofreni RI 59 P 21
Leone (Monte) VB 7 D 6
Leone (Pizzo del) PA 98 N 22
Leonessa RI 58 O 20
Leonessa (Sella di) RI 59 O 21
Leoni (Monte) GR 49 N 15
Leontinoi SR 105 P 27
Leopardi MS 74 E 25
Lepini (Monti) RM 63 R 20
Leporano TA 79 F 33
Lequile LE 81 G 36
Lequio Berria CN 27 I 6
Lequio Tanaro CN 27 I 5
Lerchi PG 45 L 18
Lercara Bassa PA 98 N 22
Lercara Friddi PA 98 N 22
Lerici SP 38 J 11
Lerno (Monte) SS 111 F 9
Lernu (Su) SS 113 E 10
Lese CS 87 I 32
Lesegno CN 35 I 5
Lesignano de' Bagni PR 30 I 12
Lesima (Monte) PC 29 H 9
Lesina FG 66 B 28
Lesina (Lago di) FG 66 B 28
Lesmo MI 21 F 9
Lessini (Monte) VR 23 E 15
Lessolo TO 19 F 5
Lestans PN 14 D 20
Lestizza UD 16 E 21
Letegge (Monte) MC 52 M 21
Letino CE 65 R 24
Letojanni ME 90 N 27
Lettere NA 75 E 25
Lettomanoppello PE 60 P 24
Lettopalena CH 60 P 24
Levada PD 24 F 18
Levaldigi CN 27 I 4
Levane AR 44 L 16
Levanna CN 18 F 3
Levante (Riviera di) SP 37 J 9
Levanto SP 37 J 10
Levanzo TP 96 N 19
Levanzo (Isola) TP 96 M 18

Levata CR 22 G 12
Levate BG 21 F 10
Leverano LE 83 G 36
Leverogne AO 18 E 3
Levi-Molinari TO 18 G 2
Levice CN 27 I 6
Levico Terme TN 12 D 15
Levigliani LU 38 J 12
Levone TO 19 G 4
Lezzeno CO 9 E 9
Liano BO 40 I 16
Liano BS 23 E 13
Liariis UD 5 C 20
Libbadi VV 88 L 29
Libbiano PI 49 M 16
Libeccio (Punta) LI 54 O 12
Libeccio (Punta) TP 96 N 18
Liberi CE 69 D 24
Libertinia CT 100 O 25
Libra (Monte) CT 104 O 25
Librari TA 79 G 34
Librizzi ME 100 M 26
Licciana Nardi MS 38 J 12
Licenza RM 58 P 20
Licodia Eubea CT 104 P 26
Licola Mare NA 69 E 24
Licosa (Isola) SA 75 G 26
Licosa (Monte) SA 75 G 26
Licosa (Punta) SA 75 G 26
Licusati SA 76 G 28
Lidi Ferraresi FE 33 H 18
Lido LI 48 N 13
Lido (Porto di) VE 16 F 19
Lido Adriano RA 41 I 18
Lido Azzurro TA 78 F 33
Lido Bruno TA 80 F 33
Lido Cannatello AG 103 P 22
Lido Cerano BR 81 F 36
Lido degli Estensi FE 33 I 18
Lido degli Scacchi FE 33 H 18
Lido dei Maronti NA 74 E 23
Lido dei Pini RM 62 R 19
Lido del Sole FG 67 B 29
Lido del Sole SS 113 E 10
Lido delle Conchiglie LE 83 G 36
Lido delle Nazioni FE 33 H 18
Lido delle Sirene RM 62 R 19
Lido di Camaiore LU 38 K 12
Lido di Campomarino CB 61 Q 27
Lido di Casalbordino CH 61 P 25
Lido di Castel Fusano RM 62 Q 18
Lido di Cincinnato RM 62 R 19
Lido di Classe RA 41 J 19
Lido di Dante RA 41 I 18
Lido di Faro RM 62 Q 18
Lido di Fermo AP 53 M 23
Lido di Jesolo VE 16 F 19
Lido di Lonato BS 22 F 13
Lido di Metaponto MT 78 F 32
Lido di Noto SR 105 Q 27
Lido di Ostia RM 62 Q 18
Lido di Pittulongu SS 109 E 10
Lido di Policoro MT 78 G 32
Lido di Pomposa FE 33 H 18
Lido di Portonuovo FG 67 B 30
Lido di Procida NA 74 E 24
Lido di Rivoli FG 67 C 29
Lido di S. Giuliano TP 96 M 19
Lido di Savio RA 41 J 19
Lido di Scanzano MT 78 G 32
Lido di Siponto FG 67 C 29
Lido di Spina FE 33 I 18
Lido di Tarquinia VT 57 P 17
Lido di Torre Mileto FG 66 B 28
Lido di Tortora CS 84 H 29
Lido di Venezia VE 25 F 19
Lido di Volano FE 33 H 18
Lido Gandoli TA 79 F 33
Lido Marausa TP 96 N 19
Lido Marini LE 83 H 36
Lido Quarantotto MT 78 G 32
Lido Riccio CH 60 O 25
Lido S. Angelo CS 87 I 31
Lido Signorino TP 96 N 19
Lido Silvana TA 79 F 34
Lierna LC 9 E 9
Lierne (Riviera di) SP 37 J 9
Lignana VC 20 G 7
Lignano (Monte) AR 45 L 17
Lignano Pineta UD 16 F 21
Lignano Riviera UD 16 F 21

Lignano Sabbiadoro UD 16 E 21
Ligonchio RE 38 J 13
Ligoncio (Pizzo) SO 9 D 10
Ligosullo UD 5 C 21
Lilibeo (Capo) TP 96 N 19
Lillaz AO 18 F 4
Lillianes AO 19 F 5
Lilliano SI 43 L 15
Lima LU 39 J 13
Limana BL 13 D 18
Limatola BN 70 D 25
Limbadi VV 88 L 29
Limbara (Monte) SS 111 E 9
Limbara (Passo del) SS 111 E 9
Limbiate MI 21 F 9
Limena PD 24 F 17
Limentra Inferiore BO 39 J 15
Limes TN 11 E 13
Limidario (Monte) VB 8 D 7
Limina ME 90 N 27
Limina (Monte) RC 88 L 30
Limite FI 43 K 14
Limito MI 21 F 9
Limo (Passo di) BZ 4 C 18
Limone Piemonte CN 35 J 4
Limone sul Garda BS 23 E 14
Limonetto CN 35 J 4
Limoni (Riviera dei) CT 101 O 27
Limosano CB 65 Q 25
Limpida (Serra la) CS 84 H 29
Limpiddu SS 113 E 11
Linaro FO 41 K 18
Linaro (Capo) RM 57 P 17
Linarolo PV 21 G 9
Linas (Monte) SU 118 I 7
L'Incontro FI 44 K 16
Lindinuso BR 81 F 36
Linera CT 101 O 27
Lingua ME 94 L 26
Linguaglossa CT 101 N 27
Lingueglietta IM 35 K 5
Linosa AG 102 T 20
Linosa (Isola di) AG 102 T 20
Lio Piccolo VE 16 F 19
Lioni AV 71 E 27
Lipari (Isola) ME 94 L 26
Lipari ME 94 L 26
Lippiano PG 45 L 18
Lippo (Pizzo) ME 100 N 25
Lipuda KR 87 I 33
Liri AQ 63 Q 21
Liro SO 9 C 10
Lis (Colle del) TO 18 G 4
Lisca Bianca (Isola) ME 94 L 26
Liscate MI 21 F 10
Liscia CH 61 Q 25
Liscia SS 109 D 9
Liscia (Lago della) SS 109 E 9
Lisciano RI 58 O 20
Lisciano Niccone PG 51 M 18
Liscione (Lago del) CB 65 Q 26
Lisignago TN 11 D 15
Lissone MI 21 F 9
Lissone (Rifugio) BS 10 D 13
Liternum NA 69 E 24
Littu Petrosu (Punta) SS 109 E 10
Liuru (Monte) SU 119 J 10
Livenza PN 13 D 19
Liveri NA 70 E 25
Lividonia (Punta) GR 55 O 15
Livigno SO 2 C 12
Livigno (Forcola di) SO 10 C 12
Livigno (Valle di) SO 2 C 12
Livo CO 9 D 9
Livo TN 11 C 15
Livorno LI 42 L 12
Livorno Ferraris VC 19 G 6
Livraga LO 21 G 10
Lizzanello LE 81 G 36
Lizzano PT 39 J 14
Lizzano TA 79 F 34
Lizzano in Belvedere BO 39 J 14
Lizzola BG 10 D 12
Loano SV 35 J 6
Loazzolo AT 28 H 6
Lobbi AL 28 H 8
Lobbia Alta TN 11 D 13
Lobbie (Cima delle) CN 26 I 3
Lobia VR 24 F 15
Locana TO 19 F 4

139

Locana (Valle di) TO 19 F 4
Locate di Triulzi MI 21 F 9
Locatelli (Rifugio) BZ 4 C 18
Locati PA 99 N 24
Loceri NU 117 H 10
Loco GE 29 I 9
Locoe NU 116 G 10
Locone BA 72 E 30
Loconia BA 72 D 29
Locorotondo BA 80 E 33
Locri RC 91 M 30
Locri Epizefiri RC 91 M 30
Loculi NU 117 F 10
Lodè NU 113 F 10
Lodi LO 21 G 10
Lodi Vecchio LO 21 G 10
Lodignano (Sella di) PR 30 I 12
Lodine NU 115 G 9
Lodrino BS 22 E 12
Lodrone TN 23 E 13
Loelle SS 111 F 9
Loggio (Monte) AR 45 K 18
Lograto BS 22 F 12
Logudoro SS 111 F 8
Loiano BO 40 J 15
Loiri SS 113 E 10
Lollove NU 115 F 9
Lomaso TN 11 D 14
Lomazzo CO 21 E 9
Lombai UD 15 D 22
Lombarda (Colle di) CN 34 J 3
Lombardi VT 57 P 17
Lombardore TO 19 G 5
Lombriasco TO 27 H 4
Lomellina PV 20 G 7
Lomello PV 28 G 8
Lonate Ceppino VA 20 E 8
Lonate Pozzolo VA 20 F 8
Lonato BS 22 F 13
Loncon VE 16 E 20
Londa FI 40 K 16
Longa VI 24 E 16
Longa (Serra) SA 76 G 29
Longano IS 65 R 24
Longara VI 24 F 16
Longare VI 24 F 16
Longarini (Pantano) SR 107 Q 27
Longarone BL 13 D 18
Longastrino FE 32 I 18
Longega / Zwischenwasser BZ 4 B 17
Longerin (Crode dei) BL 5 C 19
Longhena BS 22 F 12
Longhi VI 12 E 15
Longi ME 100 M 26
Longiano FO 41 J 18
Longiarù / Campill BZ 4 C 17
Longobardi CS 86 J 30
Longobardi Marina CS 86 J 30
Longobucco CS 85 I 31
Longone al Segrino CO 21 E 9
Longone Sabino RI 58 P 20
Longoni (Rifugio) SO 10 D 11
Longu CA 119 J 9
Lonigo VI 24 F 16
Loppio TN 11 E 14
Loranzé TO 19 F 5
L'Orecchia di Lepre BZ 3 C 14
Loreggia PD 24 F 17
Loreggiola PD 24 F 17
Lorenzago di Cadore BL 5 C 19
Lorenzana PI 43 L 13
Lorenzatico BO 31 I 15
Loreo RO 33 G 18
Loretello AN 46 L 20
Loreto AN 47 L 22
Loreto Aprutino PE 60 O 23
Loria TV 24 E 17
Lorica CS 86 J 31
Lorio (Monte) SO 10 D 12
Lornano SI 43 L 15
Loro Ciuffenna AR 44 L 16
Loro Piceno MC 52 M 22
Lorsica GE 37 I 9
Losa (Abbasanta) OR 115 G 8
Losciale-Garrappa BA 80 E 34
Loseto BA 73 D 32
Losine BS 10 E 12
Lotzorai NU 117 H 10
Lova VE 25 G 18
Lovadina TV 25 E 18
Lovello (Monte) / Groß Löffler BZ 4 A 17
Lovere BG 22 E 12
Lovero SO 10 D 12
Lovoleto BO 32 I 16
Lozio BS 10 E 12
Lozze (Monte) VI 12 E 16
Lozzo Atestino PD 24 G 16
Lozzo di Cadore BL 5 C 19
Lozzolo VC 20 F 6
Lu AL 28 G 7
Lubriano VT 57 O 18
Lucca LU 38 K 13
Lucca Sicula AG 97 O 21
Lucchio LU 39 J 14
Lucco (Monte) SI 44 L 16
Lucedio VC 20 G 6
Lucera FG 66 C 28
Lucignano AR 50 M 17
Lucignano d'Arbia SI 50 M 16
Lucinico GO 17 E 22
Lucino CO 21 E 9
Lucito CB 65 Q 26
Luco (Monte) AQ 59 O 22
Luco dei Marsi AQ 59 Q 22
Luco (Monte) BZ 3 C 15
Lucolena FI 44 L 16
Lucoli AQ 59 P 22
Lucrezia PS 46 K 20
Lucugnano LE 83 H 36
Ludu (Genna su) NU 119 H 10
Lüsen / Luson BZ 4 B 17
Lugagnano VR 23 F 14
Lugagnano Val d'Arda PC 30 H 11
Lugano (Lago di) VA 8 E 8
Luggerras (Cuccuru) NU 119 I 10
Lugnano PG 45 L 18
Lugnano in Teverina TR 58 O 18
Lugnola RI 58 O 19
Lugo RA 40 I 17
Lugo RE 39 I 13
Lugo VE 25 F 18
Lugo VR 23 F 14
Lugo di Vicenza VI 24 E 16
Lugosano AV 70 E 26
Lugugnana VE 16 E 20
Lugugnano PR 38 I 12
Luicciana PO 39 J 15
Luino VA 8 E 8
Lula NU 113 F 10
Lumarzo GE 37 I 9
Lumbaldu SS 111 E 8
Lumezzane BS 22 F 12
Lumiei UD 13 C 20
Luminaria (Pizzo) ME 100 N 25
Lumini VR 23 F 14
Luna (Alpe della) AR 45 L 18
Luna (Cala di) NU 117 G 10
Lunamatrona SU 118 I 8
Lunano PS 45 K 19
Lunella (Punta) TO 18 G 3
Lunga (Cala) SU 120 J 7
Lunga (Serra) AQ 64 Q 22
Lungavilla PV 29 G 9
Lunghezza RM 62 Q 20
Lungo (Lago) LT 68 S 22
Lungo (Lago) RI 58 O 20
Lungo (Sasso) BZ 4 C 17
Lungro CS 85 H 30
Luni SP 38 J 12
Lunigiana MS 38 J 11
Luogosano AV 70 E 26
Luogosanto SS 109 D 9
Lupara CB 65 Q 26
Lupara FG 72 C 29
Lupara (Masseria) PZ 72 E 29
Lupia VI 24 F 16
Lupicino / Wölfl BZ 12 C 16
Lupo (Portella del) PA 99 N 23
Lupo (Valico di) FG 67 B 30
Lupone (Monte) RM 63 R 20
Lura CO 21 E 9
Lurago d'Erba CO 21 E 9
Lurago Marinone CO 21 E 8
Luras SS 109 E 9
Lurate Caccivio CO 21 E 9
Luretta PC 29 H 10
Luriano SI 49 M 15
Lurisia CN 35 J 5
Luseney (Becca di) AO 7 E 4
Luserna TN 12 E 15
Luserna S. Giovanni TO 26 H 3
Lusevera UD 15 D 21
Lusia RO 32 G 16
Lusia (Passo di) TN 12 C 17
Lusiana VI 24 E 16
Lusiglié TO 19 G 5
Luson / Lüsen BZ 4 B 17
Lustignano PI 49 M 14
Lustra SA 75 G 27
Lusurasco PC 30 H 11
Lutago / Luttach BZ 4 B 17
Lutirano FI 40 J 17
Lutrano TV 16 E 19
Luttach / Lutago BZ 4 B 17
Luzzara RE 31 H 14
Luzzi CS 85 I 30
Luzzogno VB 8 E 7
Lys AO 19 F 5
Lyskamm AO 7 E 5

M

Macaion (Monte) / Gantkofel BZ 3 C 15
Macalube (Vulcanelli di) AG 103 O 22
Macari TP 97 M 20
Maccabei BN 70 D 26
Maccacari VR 31 G 15
Maccagno VA 8 D 8
Maccarese RM 62 Q 18
Maccarese (Bonifica di) RM 62 Q 18
Macchia CT 101 N 27
Macchia CS 85 I 31
Macchia (Coppa della) FG 67 B 29
Macchia da Sole TE 53 N 22
Macchia di Monte BA 80 E 33
Macchia d'Isernia IS 65 R 24
Macchia Rotonda FG 67 C 29
Macchia Valfortore CB 66 C 26
Macchiagodena IS 65 R 25
Macchialunga (Monte) TR 58 O 20
Macchiareddu CA 118 J 9
Macchiascandona GR 49 N 14
Macchiatornella TE 59 O 22
Macchie PG 51 M 18
Macchie TR 58 O 19
Macchina Lagana RC 88 L 30
Macchioni FR 63 R 22
Macciano PG 51 N 19
Macciano SI 50 M 17
Macconi (i) RG 104 Q 25
Macello TO 26 H 4
Mácera di Morte TE 52 N 22
Macerata MC 52 M 22
Macerata PI 42 L 13
Macerata Campania CE 69 D 24
Macerata Feltria PS 41 K 19
Macere RM 63 Q 20
Macereto (Ponte) SI 50 M 15
Macereto (Santuario di) MC 52 N 21
Macerino TR 51 N 19
Macerone FO 41 J 19
Maciano PS 41 K 18
Macina MC 53 M 22
Macioni (Monte) SU 119 J 10
Maclodio BS 22 F 12
Macomer NU 115 G 8
Macra CN 26 I 3
Macugnaga VB 7 E 5
Maddalena SV 28 I 7
Maddalena (Arcipelago della) SS 109 D 10
Maddalena (Colle della) TO 26 I 2
Maddalena (Colle della) TO 27 G 5
Maddalena (Isola) SS 109 D 10
Maddalena (Monte) BS 22 F 12
Maddalena (Monti della) PZ 76 F 28
Maddalena (Penisola della) SR 105 P 27
Maddalena Spiaggia CA 118 J 9
Maddalene CN 27 I 4
Maddaloni CE 70 D 25
Madesimo SO 9 C 10
Madone BG 21 F 10
Madonna AT 28 H 7
Madonna Candelecchia AQ 64 Q 22
Madonna dei Bagni (Deruta) PG 51 N 19
Madonna dei Fornelli BO 39 J 15
Madonna dei Miracoli BA 72 D 30
Madonna dei Monti PG 51 L 19
Madonna del Buon Cammino BA 73 E 31
Madonna del Buonconsiglio CL 104 P 25
Madonna del Carmine SA 76 F 28
Madonna del Carmine TA 73 F 32
Madonna del Furi PA 97 M 21
Madonna del Ghisallo LC 9 E 9
Madonna del Monte FO 41 J 18
Madonna del Monte PG 52 N 20
Madonna del Monte Vivo SA 76 F 28
Madonna del Pettoruto CS 85 H 29
Madonna del Piano CT 104 P 25
Madonna del Ponte PS 46 K 21
Madonna del Sasso NO 20 E 7
Madonna della Cava TP 96 N 19
Madonna della Cima PG 46 L 19
Madonna della Civita LT 64 S 22
Madonna della Lanna AQ 64 Q 23
Madonna della Libera TP 97 N 20
Madonna della Neve PG 52 N 21
Madonna della Pace RM 63 Q 21
Madonna della Quercia VT 57 O 18
Madonna della Scala BA 73 E 33
Madonna della Scala (Santuario della) TA 78 F 33
Madonna della Stella PZ 77 G 30
Madonna della Valle PG 51 N 19
Madonna dell'Acero BO 39 J 14
Madonna dell'Acqua PI 42 K 13
Madonna dell'Alto TP 97 N 20
Madonna dell'Ambro AP 52 N 21
Madonna dell'Auricola FR 63 R 22
Madonna delle Grazie PD 24 G 18
Madonna di Baiano PG 51 N 20
Madonna di Campiglio TN 11 D 14
Madonna di Canneto CB 65 Q 25
Madonna di Canneto FR 64 Q 23
Madonna di Costantinopoli SA 76 F 27
Madonna di Cristo FG 67 C 28
Madonna di Fatima SS 111 F 9
Madonna di Gaspreano MC 52 M 21
Madonna di Mellitto BA 73 E 31
Madonna di Monserrato LI 48 N 13
Madonna di Novi Velia SA 76 G 28
Madonna di Pergamo MT 77 F 30
Madonna di Piano PS 46 L 20
Madonna di Picciano MT 72 E 31
Madonna di Pietralba BZ 12 C 16
Madonna di Porto Salvo AG 102 U 19
Madonna di Pugliano PS 41 K 19
Madonna di Ripalta FG 72 D 29
Madonna di S. Luca BO 40 I 15
Madonna di Senales / Unserfrau BZ 3 B 14
Madonna di Sterpeto BA 72 D 30
Madonna di Stignano (Santuario della) FG 66 B 28
Madonna di Tirano SO 10 D 12
Madonna di Viatosto AT 27 H 6
Madonna di Viggiano PZ 77 F 29
Madonnino SI 50 M 17
Madonnuzza (Portella) PA 99 N 24
Madrano TN 11 D 15
Mae BL 13 D 18
Maenza LT 63 R 21
Maerne VE 25 F 18
Maestrale (Stagno di) SU 120 K 7
Maestrello PG 51 M 18
Mafalda CB 61 Q 26
Maffiotto TO 18 G 3
Magaggiaro (Monte) AG 97 N 20
Magasa BS 23 E 13
Magazzino MO 31 I 15
Magazzolo PA 98 O 22
Magdeleine (la) AO 7 E 4
Magenta MI 20 F 8
Maggio LC 9 E 10
Maggio (Monte) PG 52 M 20
Maggio (Monte) SI 44 L 15
Maggiora NO 20 E 7
Maggiorasca (Monte) GE 29 I 10
Maggiore (Isola) (L. Trasimeno) PG 51 M 18
Maggiore (Lago) VA 8 E 7
Maggiore (Monte) CE 69 D 24
Maggiore (Monte) GR 57 O 16
Maggiore (Monte) PG 52 N 20
Maggiore (Punta) SS 113 E 10
Maggiore (Serra) MT 78 G 31
Magherno PV 21 G 9
Magisano CZ 87 J 31
Magliano Alfieri CN 27 H 6
Magliano Alpi CN 27 I 5
Magliano de' Marsi AQ 59 P 22
Magliano di Tenna AP 53 M 22
Magliano in Toscana GR 56 O 15
Magliano Romano RM 58 P 19
Magliano Sabina RI 58 O 19
Magliano Vetere SA 76 F 27
Magliati (Masseria) TA 78 F 32
Maglie LE 83 G 36
Magliolo SV 35 J 6
Magnacavallo MN 31 G 15
Magnago MI 20 F 8
Magnano BI 19 F 6
Magnano PZ 77 G 30
Magnano in Riviera UD 14 D 21
Magnisi (Penisola) SR 105 P 27
Magnola (Monte della) AQ 59 P 22
Magnolini (Rifugio) BG 10 E 12
Magomadas OR 114 G 7
Magra MS 38 I 11
Magras TN 11 C 14
Magré s. str. d. vino / Magreid BZ 11 D 15
Magredis UD 15 D 21
Magreglio CO 9 E 9
Magreid a. d. Weinstraße / Magré BZ 11 D 15
Magreta MO 31 I 14
Magugnano VT 57 O 18
Magusu (Punta) SU 118 I 7
Mai (Monte) SA 70 E 26
Maiano PG 51 N 20
Maiano PS 41 K 18
Maiano Monti RA 40 I 17
Maida CZ 88 K 31
Maida Marina CZ 88 K 30
Maiella (Montagna della) CH 60 P 24
Maiella (Parco Nazionale della) CH 60 Q 24
Maielletta (la) CH 60 P 24
Maierà CS 84 H 29
Maierato VV 88 K 30
Maiern / Masseria BZ 3 B 15
Maiero FE 32 H 17
Maiolati Spontini AN 46 L 21
Maiolo PC 29 H 10
Maiorana (Masseria) BA 72 E 31
Maiori SA 75 F 25
Maiori SS 109 E 9
Maiori (Monte) OR 118 H 8
Maira (Torrente) CN 26 I 3
Maira (Valle) CN 26 I 3
Mairago LO 21 G 10
Mairano BS 22 F 12
Maissana SP 37 I 10
Majano UD 14 D 21
Mal di Ventre (Isola di) OR 114 H 6
Malacalzetta SU 118 I 7
Maladecia (Punta) CN 34 J 3
Malagnino CR 30 G 12
Malagrotta RM 62 Q 19
Malaina (Monte) FR 63 R 21
Malalbergo BO 32 H 16
Malamocco VE 25 F 19
Malamocco (Porto di) VE 25 F 18
Malara (Monte) AV 71 D 27
Malborghetto UD 15 C 22
Malcesine VR 23 E 14
Malchina TS 17 E 22
Malciaussia TO 18 G 3
Malcontenta VE 25 F 18
Malé TN 11 C 14
Malegno BS 10 E 12
Malenco (Val) SO 10 D 11
Maleo LO 22 G 11
Malesco VB 8 D 7
Maletto CT 100 N 26
Malfa ME 94 L 26
Malfatano (Capo) SU 120 K 8
Malga Bissina (Lago di) TN 11 D 13
Malga Boazzo (Lago di) TN 11 D 13
Malga dei Dossi / Knutten-Alm BZ 4 B 18
Malga di Valmaggiore TN 12 D 16
Malga Fana BZ 4 B 16
Malga Movlina TN 11 D 14
Malga Prato / Wieser Alm BZ 4 A 18
Malga Pudio / Pidig Alm BZ 4 B 18
Malga Sadole TN 12 D 16
Malghera SO 10 C 12
Malgrate LC 9 E 10
Malignano SI 49 M 15
Malina UD 15 D 21
Malinvern (Testa) CN 34 J 3
Malito CS 86 J 30
Mallare SV 36 J 6
Màllero SO 10 D 11
Malles Venosta / Mals BZ 2 B 13
Malnate VA 20 E 8
Malnisio PN 13 D 19
Malo VI 24 F 16
Malonno BS 10 D 12
Malopasseto (Passo) EN 99 N 24
Malosco TN 11 C 15
Malpaga BG 22 F 11
Malpaga BS 22 F 12
Mals / Malles Venosta BZ 2 B 13
Maltignano AP 53 N 23
Maltignano PG 52 N 21
Malu SU 118 I 8
Malvagna ME 100 N 27
Malvicino AL 28 I 7
Malvito CS 85 I 30
Malvizza AV 70 D 27
Malvizzo (Monte) AG 103 P 23
Mamiano PR 30 H 13

A B C D E F G H I J K L M N O P Q R S T U V W X Y Z

A
B
C
D
E
F
G
H
I
J
K
L
M
N
O
P
Q
R
S
T
U
V
W
X
Y
Z

Mammola *RC*..........88 L 30
Mamoiada *NU*.......115 G 9
Mamone *NU*.........113 F 10
Mamusi *SS*..........113 E 10
Manacore *FG*.........67 B 30
Manara (Punta) *GE*..37 J 10
Manarola *SP*..........37 J 11
Manciano *GR*.......56 O 16
Mancuso (Monte) *CZ*..86 J 30
Mandanici *ME*......90 M 27
Mandarini
  (Portella) *PA*.........99 N 24
Mandas *SU*.........119 I 9
Mandatoriccio *CS*..87 I 32
Mandatoriccio-Campana
  (Stazione di) *CS*...87 I 32
Mandela *RM*........58 P 20
Mandello del Lario *LC*..9 E 9
Mandello Vitta *NO*..20 F 7
Mandolossa *BS*.....22 F 12
Mandra de Caia
  (Punta) *NU*.......116 G 10
Mandrazzi
  (Portella) *ME*....101 N 27
Mandria Luci *CS*...85 H 30
Mandriole *RA*.......33 I 18
Mandrioli
  (Passo dei) *FO*...45 K 17
Mandriolo (Cima) *VI*..12 E 16
Mandrogne *AL*......28 H 8
Mandrolisai *NU*....115 G 9
Mandrone (Monte) *BS*..11 D 13
Manduria *TA*........79 F 34
Manerba del Garda *BS*..23 F 13
Manerbio *BS*........22 F 12
Manfredonia *FG*....67 C 29
Manfredonia
  (Golfo di) *FG*......67 C 30
Manfredonico
  (Mussomeli) *CL*...99 O 23
Manfria *CL*.........103 P 24
Manganaro (Bivio) *PA*..98 N 22
Mangari (Monte) *UD*..15 C 22
Manghen (Passo) *TN*..12 D 16
Mangiante
  (Portella) *PA*.......99 N 23
Mangiatoriello
  (Pizzo) *PA*.........98 N 22
Mango *CN*...........27 H 6
Mangone *CS*........86 J 30
Maniace
  (Abbazia di) *CT*..100 N 26
Maniago *PN*........13 D 20
Maniago (Rifugio) *PN*..13 D 19
Maniglia (Monte) *CN*..26 I 2
Maniva (Passo del) *BS*..22 E 13
Mannuad (Est di
  Teulada) *SU*.......121 K 8
Mannu (a Nord
  di Nuoro) *NU*.....115 F 9
Mannu (ad Ovest
  di Siniscola) *NU*..113 F 10
Mannu (a Sud
  di Terralba) *SS*...118 I 8
Mannu
  (Fluminimaggiore) *SU*.118 I 7
Mannu (vicino
  a Cuglieri) *OR*...114 G 7
Mannu (vicino
  a Narcao) *SU*.....118 J 8
Mannu (vicino
  ad Ozieri) *SS*....111 F 8
Mannu (vicino a
  Samugheo) *OR*...115 H 8
Mannu (vicino
  a Santadi) *SU*....118 J 8
Mannu (vicino a
  Sassari) *SS*.......110 F 7
Mannu (vicino
  a Villasor) *SU*.....118 I 8
Mannu (Capo) *OR*..114 G 7
Mannu (Capo) *SS*..110 E 6
Mannu (Monte) *OR*..114 F 7
Mannu della Reale
  (Porto) *SS*........108 D 6
Manocalza *AV*......71 E 26
Manolino *CN*........35 J 5
Manoppello *PE*......60 P 24
Manoppello Scalo *PE*..60 P 24
Mansué *TV*..........16 E 19
Manta *CN*...........27 I 4
Mantignana *PG*....51 M 18
Mantova *MN*........31 G 14
Manzano *UD*.........17 E 22
Manziana *RM*.......57 P 18
Manzolino *MO*.......31 I 15

Mapello *BG*..........21 E 10
Mappa *CL*............99 O 23
Mara *SS*.............115 F 7
Maracalagonis *CA*..119 J 9
Maragnole *VI*.......24 E 16
Maralunga *AQ*......59 O 21
Marane *AQ*..........60 P 23
Marano *BO*..........39 J 15
Marano
  (Laguna di) *UD*...16 E 21
Marano (Torrente) *RN*..41 K 19
Marano di Napoli *NA*..69 E 24
Marano Equo *RM*...59 Q 21
Marano Lagunare *UD*..16 E 21
Marano
  Marchesato *CS*....86 J 30
Marano Principato *CS*..86 J 30
Marano
  sul Panaro *MO*....39 I 14
Marano Ticino *NO*..20 F 7
Marano
  Valpolicella *VR*....23 F 14
Marano Vicentino *VI*..24 E 16
Maranola *LT*.........64 S 22
Maranza /
  Meransen *BZ*......4 B 16
Maraone (Isola) *TP*..96 N 19
Marargiu (Capo) *NU*..114 F 7
Marasca (Colle) *CB*..65 Q 25
Maratea *PZ*.........84 H 29
Maratea (Grotta di) *PZ*..84 H 29
Marausa *TP*.........96 N 19
Marazzino *SS*......109 D 9
Marcallo *MI*.........20 F 8
Marcanzotta *TP*....96 N 19
Marcaria *MN*........31 G 13
Marcato Bianco *EN*..103 O 24
Marcato d'Arrigo *CL*..103 O 24
Marcatobianco *PA*..99 N 23
Marceddi *OR*.......118 H 7
Marceddi
  (Stagno di) *OR*...118 H 7
Marcedusa *CZ*......87 J 32
Marcelilinara *CZ*....88 K 31
Marcelli *AN*.........47 L 22
Marcellina *CS*.......84 H 29
Marcellina *RM*......58 P 20
Marcellise *VR*.......23 F 15
Marcesa
  (Masseria la) *FG*..66 B 27
Marchesato *KR*.....87 J 32
Marchese
  (Punta del) *LI*.....54 O 12
Marchetti (Rifugio) *TN*..11 E 14
Marchiazza *VC*......20 F 7
Marchione
  (Castello) *BA*.....73 E 33
Marchioni
  (Masseria) *LE*.....79 G 35
Marchirolo *VA*.......8 E 8
Marciana *LI*..........48 N 12
Marciana Marina *LI*..48 N 12
Marcianise *CE*......69 D 24
Marciano *AR*.........44 K 17
Marciano
  della Chiana *AR*..50 M 17
Marciaso *MS*........38 J 12
Marcignago *PV*......21 G 9
Marcignana *FI*......43 K 14
Marcignano *PG*.....45 L 18
Marco *TN*............23 E 15
Marcolano
  (Monte) *AQ*.......64 Q 23
Marcon *VE*...........25 F 18
Marconi
  (Mausoleo di G.) *BO*..39 I 15
Marconia *MT*........78 F 32
Mardimago *RO*......32 G 17
Mare Grande *TA*...78 F 33
Mare Piccolo *TA*...79 F 33
Mare (Portella di) *PA*..99 N 23
Mare (Val de la) *TN*..11 C 14
Marebbe /
  Enneberg *BZ*......4 B 17
Marebello *RN*.......41 J 19
Marecchia *PS*.......41 K 18
Marechiaro *NA*......69 E 24
Marega *VR*..........24 G 16
Maremma *GR*......56 O 15
Maremma (Parco
  Naturale della) *GR*..55 O 15
Marene *CN*..........27 I 5

Mareneve *CT*.......100 N 27
Marengo *AL*.........28 H 8
Marengo *CN*........27 I 6
Marengo *MN*........23 G 14
Mareno di Piave *TV*..13 E 19
Marentino *TO*.......27 G 5
Marepotamo *RC*.....88 L 30
Maresca *PT*.........39 J 14
Mareson *BL*.........13 C 18
Mareto *PC*...........29 H 10
Marettimo *TP*.......96 N 18
Marettimo (Isola) *TP*..96 N 18
Margana
  (Valle della) *PA*...98 N 22
Margarita *CN*........35 I 5
Marghera *VE*........25 F 18
Margherita
  di Savoia *FG*......72 C 30
Margherito
  Soprano *CT*......104 O 25
Margherito
  Sottano *CT*......104 O 25
Marghine
  (Catena di) *NU*...115 G 8
Margi *SR*...........104 P 26
Margine
  di Momigno *PT*...39 K 14
Marginetto
  (Punta) *SS*.......109 D 10
Marginone *LU*.......39 K 14
Margno *LC*...........9 D 10
Margone *TO*.........18 G 3
Margorabbia *VA*.....8 E 8
Marguareis
  (Punta) *CN*.........35 J 5
Mari Ermi *OR*......114 H 7
Maria e Franco
  (Rifugio) *BS*......10 D 13
Maria Luisa
  (Rifugio) *VB*.......8 C 7
Maria (Monte) *SU*..119 J 10
Mariana
  Mantovana *MN*...22 G 13
Mariano Comense *CO*..21 E 9
Mariano del Friuli *GO*..17 E 22
Marianopoli *CL*.....99 O 23
Marigliano *NA*......70 E 25
Marilleva *TN*.........11 D 14
Marina *LE*...........16 E 20
Marina (Torrente) *FI*..39 K 15
Marina
  del Cantone *NA*..74 F 25
Marina di Alberese *GR*..55 O 15
Marina
  di Amendolara *CS*..85 H 31
Marina di Andora *SV*..35 K 6
Marina di Andrano *LE*..83 H 37
Marina di Arbus *SU*..118 I 7
Marina di Ascea *SA*..76 G 27
Marina di Avola *SR*..105 Q 27
Marina
  di Belmonte *CS*...86 J 30
Marina
  di Belvedere *CS*..84 I 29
Marina di Bibbona *LI*..48 M 13
Marina
  di Camerota *SA*..84 G 28
Marina di Campo *LI*..48 N 13
Marina di Caronia *ME*..100 M 25
Marina di Carrara *MS*..38 J 12
Marina
  di Casal Velino *SA*..75 G 27
Marina di Castagneto-
  Donoratico *LI*.....49 M 13
Marina di Caulonia *RC*..88 L 31
Marina di Cecina *LI*..48 M 13
Marina di Cetraro *CS*..85 I 29
Marina di Chieuti *FG*..66 B 27
Marina di Davoli *CZ*..89 L 31
Marina di Fuscaldo *CS*..86 I 30
Marina di Gairo *NU*..119 H 11
Marina
  di Gioia Tauro *RC*..88 L 29
Marina
  di Gioiosa Ionica *RC*..91 M 30
Marina di Grosseto *GR*..49 N 14
Marina
  di Lago di Patria *CE*..69 E 24
Marina di Lesina *FG*..66 B 28
Marina di Leuca *LE*..83 H 37
Marina
  di lu Impostu *SS*..113 E 11
Marina
  di Mancaversa *LE*..83 H 36
Marina di Maratea *PZ*..84 H 29

Marina di Massa *MS*..38 J 12
Marina di Melilli *SR*..105 P 27
Marina di Minturno *LT*..69 D 23
Marina di Modica *RG*..106 Q 26
Marina di
  Montemarciano *AN*..46 L 22
Marina di Montenero *CB*..61 P 26
Marina di Novaglie *LE*..83 H 37
Marina di Orosei *NU*..117 F 11
Marina di Ostuni *BR*..80 E 34
Marina di Palma *AG*..103 P 23
Marina di Palmi *RC*..88 L 29
Marina di Paola *CS*..86 I 30
Marina di Patti *ME*..100 M 26
Marina di Pescia
  Romana *VT*........56 O 16
Marina
  di Pescoluse *LE*..83 H 36
Marina
  di Pietrasanta *LU*..38 K 12
Marina di Pisa *PI*...42 K 12
Marina di Pisciotta *SA*..76 G 27
Marina di Pisticci *MT*..78 G 32
Marina di Pulsano *TA*..79 F 34
Marina di Ragusa *RG*..106 Q 25
Marina di Ravenna *RA*..33 I 18
Marina
  di S. Lorenzo *RC*..90 N 29
Marina di Salivoli *LI*..48 N 13
Marina
  di S. Antonio *CZ*..89 L 31
Marina di S. Ilario *RC*..91 M 30
Marina
  di S. Lorenzo *RM*..62 R 19
Marina di S. Vito *CH*..60 P 25
Marina di Sorso *SS*..110 E 7
Marina di Strongoli *KR*..87 J 33
Marina
  di Torre del Lago *LU*..38 K 12
Marina
  di Torre Grande *OR*..114 H 7
Marina
  di Varcaturo *NA*..69 E 24
Marina di Vasto *CH*..61 P 26
Marina
  di Zambrone *VV*..88 K 29
Marina Faleriense *AP*..53 M 23
Marina Grande *NA*..74 F 24
Marina Palmense *AP*..53 M 23
Marina Piccola *NA*..74 F 24
Marina Romea *RA*..33 I 18
Marina Roseto
  Capo Spulico *CS*..85 H 31
Marina Schiavonea *CS*..85 I 31
Marina Serra *LE*....83 H 37
Marina Velca *VT*...57 P 17
Marine
  di Posto Rossi *LE*..83 H 36
Marinella *TP*.........97 O 20
Marinella *VE*.........16 E 21
Marinella
  (Golfo di) *SS*.....109 D 10
Marinelli (Rifugio) *SO*..10 C 11
Marinelli (Rifugio) *UD*..5 C 20
Marineo *PA*..........98 N 22
Marini (Monte) *CT*..104 P 26
Marini (Rifugio) *PA*..99 N 24
Marino *RM*...........62 Q 19
Marino (Monte) *FO*..40 K 17
Marza *RG*..........107 Q 26
Marzabotto *BO*.....39 I 15
Marzamemi *SR*...107 Q 27
Marzano *PV*.........21 G 9
Marzano / Marling *BZ*..3 C 15
Marzano Appio *CE*..64 S 24
Marzano di Nola *AV*..70 E 25
Marzano *FO*........40 J 17
Marzettelle *MN*......31 H 14
Marzi *CS*...........86 J 30
Marziano (il) *BA*...72 D 30
Marzio *VA*...........8 E 8
Marzo (Monte) *TO*..19 F 4
Marzocca *AN*........46 K 21
Marzolara *PR*........30 I 12
Mas *BL*..............13 D 18
Masainas *SU*.......120 J 7
Masarè *BL*...........12 C 18
Masarolis *UD*........15 D 22
Masate *MI*...........21 F 10
Mascali *CT*.........101 N 27
Mascalucia *CT*.....100 O 27
Mascari *SS*.........110 E 7
Maschito *PZ*........72 E 29
Maser *TV*............24 E 17
Masera *VB*...........8 D 6

Marmore *AO*.........19 E 4
Marmore *TR*.........58 O 20
Marmore
  (Cascata delle) *TR*..58 O 20
Marmorta *BO*........32 I 17
Marmottere
  (Punta) *TO*........18 G 3
Marmuri (Su) *NU*..117 H 10
Marocco *TV*.........25 F 18
Marogella
  (Passo della) *BG*..10 E 11
Maroglio *CL*........104 P 24
Marola *RE*...........38 I 13
Marola *VI*...........24 F 16
Marone *BS*..........22 E 12
Maropati *RC*.........88 L 30
Marostica *VI*........24 E 16
Marotta *PS*..........46 K 21
Marozzo *FE*.........33 H 18
Marradi *FI*...........40 J 16
Marrara *FE*..........32 H 17
Marro *RC*............88 L 29
Marroggia *PG*.......51 N 20
Marrubiu *OR*.......114 H 7
Mars (Monte) *BI*....19 F 5
Marsaglia *CN*.......27 I 5
Marsaglia *PC*.......29 H 10
Marsala *TP*..........96 N 19
Marsala (Punta) *TP*..96 N 19
Marsciano *PG*......51 N 19
Marsia *AQ*..........59 P 21
Marsiai *BL*..........12 D 18
Marsica *AQ*.........59 P 22
Marsico Nuovo *PZ*..76 F 29
Marsicovetere *PZ*..77 F 29
Marsiliana *GR*.......56 O 16
Marsure *PN*.........13 D 19
Marta *VT*............57 O 17
Marta (Fiume) *VT*..57 O 17
Martana (Isola) *VT*..57 O 17
Martani (Monti) *PG*..51 N 19
Martano *LE*..........83 G 36
Martel / Martello *BZ*..2 C 14
Martellago *VE*......25 F 18
Martello / Martell *BZ*..2 C 14
Martello (Pizzo) *SO*..9 D 9
Martello (Val) *BZ*...2 C 14
Marti *PI*.............43 L 14
Martignacco *UD*....14 D 21
Martignana di Po *CR*..30 G 13
Martignano *LE*......83 G 36
Martignano
  (Lago di) *RM*......58 P 18
Martina Franca *TA*..80 E 34
Martina Olba *SV*....28 I 7
Martinelle *VE*.......33 G 18
Martinengo *BG*.....22 F 11
Martinetto *SV*.......35 J 6
Martinez (Case) *CL*..103 O 24
Martiniana Po *CN*..26 I 4
Martino (Poggio) *VT*..57 O 17
Martinsicuro *TE*....53 N 23
Martirano *CZ*.......86 J 30
Martirano
  Lombardo *CZ*....86 J 30
Martis *SS*..........111 E 8
Martone *RC*.........88 L 30
Martoranto *FO*......40 J 17
Maru *ME*...........100 M 26
Maruggio *TA*........79 G 34
Marzatora *SP*.......38 J 12

Maserà di Padova *PD*..24 G 17
Maserada sul Piave *TV*..25 E 18
Masi *PD*.............32 G 16
Masi di Cavalese *TN*..12 D 16
Masi S. Giacomo *FE*..32 H 17
Masi Torello *FE*....32 H 17
Masiennera
  (Punta) *SS*.......111 F 9
Masino *SO*..........9 D 10
Masino (Torrente) *SO*..9 D 10
Masio *AL*............28 H 7
Maso Corto /
  Kurzras *BZ*........2 B 14
Mason Vicentino *VI*..24 E 16
Masone *GE*.........28 I 8
Masone *RE*.........31 H 14
Massa *MS*..........38 J 12
Massa Annunziata *CT*..100 O 27
Massa d'Albe *AQ*...59 P 22
Massa e Cozzile *PT*..39 K 14
Massa Fermana *AP*..52 M 22
Massa Finalese *MO*..31 H 15
Massa Fiscaglia *FE*..32 H 18
Massa Lombarda *RA*..40 I 17
Massa Lubrense *NA*..74 F 25
Massa Marittima *GR*..49 M 14
Massa Martana *PG*..51 N 19
Massa S. Giorgio *ME*..90 M 28
Massaciuccoli *LU*..38 K 13
Massaciuccoli
  (Lago di) *LU*......38 K 13
Massafra *TA*........78 F 33
Massama *OR*......114 H 7
Massanzago *PD*....24 F 17
Massarella *FI*.......43 K 14
Massarosa *LU*......38 K 13
Massazza *BI*........19 F 6
Massello *TO*........26 H 3
Massenzatica *FE*..33 H 18
Masserano *BI*......20 F 6
Masserecci
  (Poggio) *AR*.......44 L 17
Masseria / Maiern *BZ*..3 B 15
Massico (Monte) *CE*..69 D 23
Massignano *AP*.....53 M 23
Massimino *SV*.......35 J 6
Massino Visconti *NO*..20 F 7
Massone (Monte) *VB*..8 E 7
Mastaun *BZ*.........3 B 14
Mastixi (Punta su) *NU*..117 H 11
Masua *SU*.........118 J 7
Masuccio (Monte) *SO*..10 D 12
Masullas *OR*.......118 H 8
Mataiur (Monte) *UD*..15 D 22
Matarazzo (Monte) *CL*..99 N 23
Matarocco *TP*......96 N 19
Matelica *MC*........52 M 21
Matera *MT*..........73 E 31
Materdomini *AV*....71 E 27
Matese (Lago del) *CE*..65 R 25
Matese (Monti del) *CB*..65 R 25
Mathi *TO*...........19 G 4
Matigge *PG*.........51 N 20
Matine di Latta
  (Masseria le) *BA*..72 D 31
Matinella *SA*........75 F 27
Matino *LE*..........83 G 36
Matraia *LU*..........39 K 13
Matrice *CB*.........65 R 26
Matsch / Mazia *BZ*..2 B 13
Mattarana *SP*.......37 J 10
Mattarello *TN*.......11 D 15
Matterhorn /
  Cervino (Monte) *AO*..7 G 8
Mattie *TO*...........18 G 3
Mattina (Monte) *AV*..71 E 28
Mattinata *FG*.......67 B 30
Mattinata
  (Porto di) *FG*.....67 B 30
Mattinatella *FG*....67 B 30
Mattinelle *AV*.......71 E 27
Matto (Monte) *CN*..34 J 3
Matzaccara *SU*....118 J 7
Mauls / Mules *BZ*..3 B 16
Mauria (Passo della) *BL*..5 C 19
Maurin (Colle de) *CN*..26 I 2
Mauro (Monte) *CB*..63 Q 26
Maxia (Punta) *SU*..118 J 8
Mazara del Vallo *TP*..96 O 19
Mazara *PN*..........96 N 19
Mazia / Matsch *BZ*..2 B 13
Mazia (Val di) *BZ*..2 B 13
Mazzangrugno *AN*..46 L 21
Mazzano Romano *RM*..58 P 19

Mazzarà
S. Andrea *ME* ...... **101 M** 27
Mazzarino *CL*........ **103 P** 24
Mazzarino
(Castello di) *CL* .. **103 P** 24
Mazzarò *ME* .... **90 N** 27
Mazzarrone *CT* .... **104 P** 25
Mazzarrone
(Poggio) *CT*....... **104 P** 25
Mazzé *TO* .... **19 G** 5
Mazzi *FO* .... **41 K** 18
Mazzin *TN*...... **4 C** 17
Mazzo di Valtellina *SO* .. **10 D** 12
Mazzolla *PI*........ **43 L** 14
Mazzorno *RO*........ **33 G** 18
Meana di Susa *TO* ... **18 G** 3
Meana Sardo *NU* ..... **115 H** 9
Meano *TN*....... **11 D** 15
Meano *BL* .... **12 D** 18
Mecca *TO* .... **18 G** 4
Meda *MI*............ **21 F** 9
Meda *VI*........... **24 E** 16
Medaris (Monte) *SS*...**111 F** 9
Medaro (Pizzo) *VB*.... **8 D** 7
Medau (Genna 'e) *NU* . **115 H** 10
Medau Zirimilis
(Lago di) *SU* ......**118 J** 8
Mede *PV* .... **28 G** 8
Medea *GO* .... **17 E** 22
Medelana *BO* ..... **39 I** 15
Medesano *PR* ... **30 H** 12
Medeuzza *UD* ...... **17 E** 22
Mediano *PR* ...... **30 I** 12
Medicina *BO* ..... **40 I** 16
Medico
(Scoglio del) *PA*... **92 K** 21
Mediglia *MI* ...... **21 F** 9
Mediis *UD* .... **13 C** 20
Mediterraneo
(Lido) *TP* ...... **96 N** 19
Medolago *BG* ..... **21 E** 10
Medole *MN*....... **22 G** 13
Medolla *MO* ...... **31 H** 15
Meduna *PN* ...... **13 D** 20
Meduna di Livenza *TV*.. **16 E** 19
Meduno *PN* ...... **13 D** 20
Megara Hyblaea *SR* ...**105 P** 27
Meggiano *PG* ...... **52 N** 20
Megliadino
S. Fidenzio *PD* ... **24 G** 16
Megliadino
S. Vitale *PD* ..... **24 G** 16
Meia (Rocca la) *CN*... **34 I** 3
Meina *NO* .... **20 E** 7
Mel *BL* .... **13 D** 18
Mela *ME*......... **90 M** 27
Melag / Melago *BZ*... **2 B** 13
Melago / Melag *BZ* ... **2 B** 13
Melandro *PZ* ..... **76 F** 28
Melara *RO*........ **31 G** 15
Melas *SS* ....**110 F** 7
Melazzo *AL*...... **28 I** 7
Meldola *FO*....... **41 J** 18
Mele *GE*.......... **36 I** 8
Mele (Capo) *SV* ... **35 K** 6
Meledo *VI* .... **24 F** 16
Meledrio (Val) *TN*... **11 D** 14
Melegnanello *LO* ... **21 G** 10
Melegnano *MI*...... **21 F** 9
Melendugno *LE* .... **81 G** 37
Meleta *GR*........ **49 M** 15
Meleti *LO*........ **30 G** 11
Meleto *SI*........ **44 L** 16
Meletole *RE* ..... **31 H** 13
Mélezet *TO*....... **18 G** 2
Melfa *FR* .... **64 R** 22
Melfa (Fiume) *FR* ... **64 R** 23
Melfi *PZ* .... **71 E** 28
Melia *ME* .... **90 N** 27
Melia *RC* .... **90 M** 29
Melicuccà *RC*..... **90 M** 29
Melicucco *RC*..... **88 L** 30
Melilli *SR* ....**105 P** 27
Melilli (Casa) *SR*...**105 P** 27
Melisenda *NU* .....**119 I** 10
Melissa *KR* ..... **87 J** 33
Melissano *LE* .... **83 H** 36
Melito *RC* .... **90 N** 29
Melito Porto Salvo *RC*.. **90 N** 29
Melito Irpino *AV* ... **70 D** 27
Melito Irpino
Vecchia *AV* ..... **70 D** 27
Melizzano *BN* .... **70 D** 25
Mella *BS*........ **22 E** 12
Melle *CN* .... **26 I** 3
Mellea *CN* ...... **27 I** 4

Mello *SO* .... **9 D** 10
Melogno (Colle di) *SV*.. **35 J** 6
Meloria (Torre della) *LI*. **42 L** 12
Melosa (Colla) *IM* ... **35 K** 5
Melpignano *LE* .... **83 G** 36
Meltina / Mölten *BZ* ... **3 C** 15
Melzo *MI*........ **21 F** 10
Mená *VR* .... **32 G** 16
Menaggio *CO* ..... **9 D** 9
Menago *VR* ...... **23 G** 15
Menarola *SO* ...... **9 D** 10
Menata *FE*....... **32 I** 18
Menconico *PV*..... **29 H** 9
Mendatica *IM* .... **35 J** 5
Mendelpaß / Mendola
(Passo della) *TN*... **11 C** 15
Mendicino *CS* .... **86 J** 30
Mendola *TP* ..... **97 N** 20
Mendola
(Fiume della) *PA* .. **98 N** 22
Mendola (Passo d.) /
Mendelpaß *TN* ... **11 C** 15
Menegosa (Monte) *PC*.. **29 H** 11
Menfi *AG*........ **97 O** 20
Menga (Punta) *SU*...**120 K** 7
Mengara *PG*...... **51 M** 19
Menotre *PG* ..... **52 N** 20
Mensa *FO* ...... **41 J** 18
Mensanello *SI* ... **43 L** 15
Mensano *SI* ..... **43 M** 15
Menta (Pizzo la) *AG*.. **98 O** 22
Mentana *RM* .... **58 P** 19
Mentorella *RM* ... **63 Q** 20
Menzano *AQ* ..... **59 O** 21
Meolo *VE*....... **16 F** 19
Mera *SO*........ **9 D** 10
Meran / Merano *BZ*... **3 C** 15
Merano 2000 *BZ*.... **3 B** 15
Merano / Meran *BZ* ... **3 C** 15
Meransen /
Maranza *BZ* .... **4 B** 16
Merate *LC* ...... **21 E** 10
Meraviglia (Monte) *PG*. **52 N** 21
Mercadante
(Foresta di) *BA* .. **73 E** 32
Mercallo *VA* ..... **20 E** 8
Mercante
(Passo di) *RC*.... **88 M** 30
Mercantour
(Cima di) *CN*..... **34 J** 3
Mercatale *BO*........ **40 I** 16
Mercatale *PS* .... **45 K** 19
Mercatale (vicino
a Cortona) *AR* ... **51 M** 18
Mercatale (vicino a
Montevarchi) *AR*... **44 L** 16
Mercatale
in Val di Pesa *FI*.. **43 L** 15
Mercatale (vicino a
Marsciano) *PG*.... **51 N** 18
Mercatello (vicino a
Montefalco) *PG*.... **51 N** 20
Mercatello
(Passo del) *PC* ... **29 I** 10
Mercatello
sul Metauro *PS* ... **45 L** 19
Mercatino Conca *PS*.. **41 K** 19
Mercato *PR*...... **30 I** 12
Mercato *SA* ..... **75 E** 26
Mercato Cilento *SA* .. **75 G** 27
Mercato
S. Severino *SA* ... **70 E** 26
Mercato Saraceno *FO*.. **41 K** 18
Mercato Vecchio *PS*... **41 K** 19
Mercenasco *TO*..... **19 F** 5
Merchis *OR*......**115 G** 8
Mercogliano *AV* ... **70 E** 26
Mercore *PC*...... **30 H** 11
Mercure *CS*...... **85 H** 30
Mereto di Tomba *UD*.. **14 D** 21
Mergo *AN*....... **46 L** 21
Mergozzo *VB*...... **8 E** 7
Mergozzo (Lago di) *VB*. **8 E** 7
Merì *ME*........ **95 M** 27
Merine *LE* ...... **81 G** 36
Merizzo *MS*...... **38 J** 11
Merlara *PD* ..... **32 G** 16
Merlino *LO* ..... **21 F** 10
Mernicco *GO* .... **15 D** 22
Merone *CO* ...... **21 E** 9
Merse *SI*......... **49 M** 15
Mesa (Punta sa) *SS*...**111 F** 9
Mesagne *BR*...... **79 F** 35
Meschio *TV* ..... **13 E** 19
Mesco (Punta) *SP*... **37 J** 10

Mescolino (Monte) *FO*. **40 K** 18
Mesiano *VV* ..... **88 L** 30
Mesima *VV*....... **88 L** 30
Mesola *FE* ...... **33 H** 18
Mesola
(Bosco della) *FE*... **33 H** 18
Mesoraca *KR* .... **87 J** 32
Messignadi *RC* ... **91 M** 29
Messina *ME* ..... **90 M** 28
Messina
(Stretto di) *ME*.... **90 M** 28
Mestre *VE* ...... **25 F** 18
Mestrino *PD*..... **24 F** 17
Mesu 'e Roccas
(Monte) *OR*......**114 G** 7
Mesule / Möseler *BZ*... **4 B** 17
Meta *AQ* .... **63 Q** 22
Meta *NA* .... **74 F** 25
Meta (Monti della) *AQ*. **64 Q** 23
Meta (Serra) *RG*... **104 Q** 26
Metano *PI* ...... **42 K** 13
Metato (Poggio) *PI*... **49 L** 14
Metaponto *MT* ... **78 F** 32
Metapontum *MT* .. **78 F** 32
Metato *PI* ...... **42 K** 13
Metauro *PS*...... **46 L** 19
Metramo *RC*..... **88 L** 30
Mezzalama
(Rifugio) *AO* .... **7 E** 5
Mezzana *PI*...... **42 K** 13
Mezzana *TN* ..... **11 D** 14
Mezzana Bigli *PV* ... **28 G** 8
Mezzana (Cima) *TN*... **11 C** 14
Mezzana Corti *PV*.... **29 G** 9
Mezzana-Frido *PZ* ... **85 H** 30
Mezzana Grande
(Masseria) *FG*..... **66 C** 27
Mezzana
Rabattone *PV*..... **29 G** 9
Mezzana-Salice *PZ*... **85 H** 30
Mezzane *BS* ..... **22 F** 13
Mezzane
(Torrente) *VR*..... **23 F** 15
Mezzane di Sotto *VR*... **23 F** 15
Mezzanego *GE* ... **37 I** 10
Mezzanino *LO* ... **30 G** 11
Mezzanino *PV*..... **29 G** 9
Mezzano *PC* .... **30 G** 11
Mezzano *RA*..... **41 I** 18
Mezzano *TN*..... **12 D** 17
Mezzano (Valle del) *FE*. **32 H** 17
Mezzano Inferiore *PR*.. **30 H** 13
Mezzano
(Lago di) *VT*..... **57 O** 17
Mezzano Scotti *PC*... **29 H** 10
Mezzano
Superiore *PR* .... **30 H** 13
Mezzaselva *VI* ... **12 E** 16
Mezzaselva /
Mittewald *BZ*..... **3 B** 16
Mezzocampo *KR*.... **87 J** 32
Mezzocanale *BL* ... **13 D** 18
Mezzocorona *TN* ... **11 D** 15
Mezzogoro *FE*.... **33 H** 18
Mezzoiuso *PA* ... **98 N** 22
Mezzola (Lago di) *SO*.. **9 D** 10
Mezzolago *TN*.... **11 E** 14
Mezzolara *BO* .... **32 I** 16
Mezzoldo *BG* ..... **9 D** 10
Mezzolombardo *TN*... **11 D** 15
Mezzomerico *NO*.... **20 F** 7
Miale Ispina
(Monte) *SS* ......**110 F** 9
Miane *TV* .... **13 E** 18
Miano *FO* .... **40 J** 17
Miano *TE*....... **59 O** 23
Miano (Monte) *FG* ... **66 C** 27
Miasino *NO*...... **20 E** 7
Miazzina *VB* ...... **8 E** 7
Micciano *PI*...... **49 M** 14
Micheli (Rifugio) *PR*... **38 I** 12
Micigliano *RI* ... **59 O** 21
Midia (Monte) *AQ* ... **59 P** 21
Miemo *PI*........ **43 L** 14
Miggiano *LE*..... **83 H** 36
Migiana *PG*...... **51 M** 18
Migiana
di Monte Tezio *PG*.. **51 M** 19
Migianella
dei Marchesi *PG*... **51 M** 18
Migliana *PO*...... **39 K** 15
Miglianico *CH* ... **60 O** 24
Migliano *PG*...... **51 N** 18
Migliara *RE*...... **30 I** 13
Migliarina *MO*.... **31 H** 14
Migliarino *FE* ... **32 H** 17
Migliarino *PI*..... **42 K** 12

Migliarino S. Rossore i
Massaciuccoli
(Parco Naturale) *PI*. **42 K** 12
Migliaro *FE*...... **32 H** 17
Miglierina *CZ*..... **88 K** 31
Miglionico *MT*.... **77 F** 31
Mignagola *TV* ... **25 E** 18
Mignanego *GE* ... **28 I** 8
Mignano (Lago di) *PC*.. **30 H** 11
Mignano
Monte Lungo *CE*... **64 R** 23
Mignone *VT*...... **57 P** 17
Milano *MI* ...... **21 F** 9
Milano-Linate
(Aeroporto di) *MI*... **21 F** 9
Milano-Malpensa
(Aeroporto di) *VA*... **20 F** 8
Milano Marittima *RA*.. **41 J** 19
Milazzese (Punta) *ME*. **94 L** 27
Milazzo *ME*...... **95 M** 27
Milazzo (Capo di) *ME*. **95 M** 27
Milazzo (Golfo di) *ME*. **95 M** 27
Milena *CL* ......**103 O** 23
Mileto *VV* ...... **88 L** 30
Miletto (Monte) *IS* ... **65 R** 25
Mili S. Pietro *ME* ... **90 M** 28
Milia *GR*........ **49 M** 14
Milianni *ME* ..... **99 M** 24
Milici *ME* ...... **101 M** 27
Milicia *PA* ...... **98 N** 22
Milione (Portella) *AG*. **102 O** 22
Militello in Val
di Catania *CT* ....**104 P** 26
Militello
Rosmarino *ME* ...**100 M** 26
Millesimo *SV* .... **35 I** 6
Milo *CT*........**101 N** 27
Milzano *BS*...... **22 G** 12
Mincio *MN* ...... **23 F** 14
Mineo *CT*.......**104 P** 26
Minerbe *VR* ..... **24 G** 16
Minerbio *BO* .... **32 I** 16
Minerva (Monte) *SS* ..**110 F** 7
Minervino di Lecce *LE* . **83 G** 37
Minervino Murge *BA*.. **72 D** 30
Mingardo *SA*..... **76 G** 28
Minniminni
(Monte) *SU*......**119 J** 10
Minore *SS* ...... **111 F** 9
Minori *SA* ...... **75 F** 25
Minozzo *RE* ..... **38 I** 13
Minturnæ *LT* .... **69 D** 23
Minturno *LT*..... **69 D** 23
Minucciano *LU* ... **38 J** 12
Mioglia *SV* ...... **28 I** 7
Mione *UD* ...... **5 C** 20
Mira *VE* .... **25 F** 18
Mirabella *VI* .... **24 E** 16
Mirabella Eclano *AV* .. **70 D** 26
Mirabella
Imbaccari *CT* ....**104 P** 25
Mirabella (Pizzo) *PA*.. **97 M** 21
Mirabello *FE* .... **32 H** 16
Mirabello
Monferrato *AL*.... **28 G** 7
Mirabello
Sannitico *CB*..... **65 R** 26
Miradolo Terme *PV* .. **21 G** 10
Miralago (Passo di) *CE*. **65 R** 25
Miramare *RN* .... **41 J** 19
Miramare *TS*..... **17 E** 23
Miranda *IS* ...... **65 R** 24
Mirandola *MO*..... **31 H** 15
Mirano *VE*....... **25 F** 18
Mirasole *MN*..... **31 G** 14
Mirasole *MI*..... **21 F** 9
Miratoio *PS*...... **41 J** 18
Miravidi (Monte) *AO*.. **18 E** 2
Miroglio *CN* .... **35 J** 5
Mirra (Monte sa) *CA*... **118 J** 9
Mirto *ME*.......**100 M** 26
Mirto Crosia *CS* ... **87 I** 32
Mis *BL* .... **13 D** 18
Mis *TN* .... **12 D** 17
Mis (Canale del) *BL*... **12 D** 17
Mis (Lago del) *BL* ... **12 D** 18
Misa *AN*........ **46 L** 21
Misano Adriatico *RN*.. **41 K** 20
Misano
di Gera d'Adda *BG*.. **21 F** 10
Misano Monte *RN*... **41 K** 19
Miscano *AV* ..... **71 D** 27
Misciano *AR*..... **45 L** 17
Misegna *MT*..... **77 F** 30

Miseno *NA* ...... **69 E** 24
Miseno (Capo) *NA* ... **69 E** 24
Misericordia *AR* .... **50 L** 17
Miserin (Lago) *AO* ... **19 F** 4
Misilbesi (Portella) *AG*. **97 O** 20
Misilmeri *PA* ..... **98 M** 22
Misinto *MI*...... **21 F** 9
Missaglia *LC*..... **21 E** 10
Missanello *PZ* .... **77 G** 30
Missian / Missiano *BZ*.. **3 C** 15
Missiano *PG* ..... **51 M** 18
Missiano / Missian *BZ*.. **3 C** 15
Misterbianco *CT*....**100 O** 27
Mistras
(Stagno di) *OR*.....**114 H** 7
Mistretta *ME* .... **99 N** 25
Misurina *BL* ..... **4 C** 18
Misurina (Lago di) *BL*.. **4 C** 18
Mittertal /
Val di Mezzo *BZ*.... **3 B** 16
Mittewald /
Mezzaselva *BZ*.... **3 B** 16
Mizofato *CS* ..... **85 I** 31
Mizzole *VR* ..... **23 F** 15
Moasca *BS* ...... **22 F** 13
Mocchie *TO* ..... **18 G** 3
Moccone *CS*...... **86 I** 31
Moda (Pizzo della) *ME*. **90 M** 28
Modena *MO*....... **31 I** 14
Modica *RG* ......**106 Q** 26
Modica (Villa) *RG*...**107 Q** 26
Modigliana *FO* ... **40 J** 17
Modion *TP* ...... **97 O** 20
Modolena *RE*..... **31 I** 13
Modolo *OR*......**114 G** 7
Modugno *BA*...... **73 D** 32
Moena *TN*....... **12 C** 16
Mogliano *MC* .... **52 M** 22
Mogliano Veneto *TV*... **25 F** 18
Mogorella *OR*.....**115 H** 8
Mogoro *OR*......**118 H** 8
Mogoro (Rio) *OR* ...**118 H** 8
Moi (Col de) *TV* ... **13 D** 18
Moiano *PG* ..... **51 M** 18
Moiano *BN* ...... **70 D** 25
Moiano *NA* ...... **70 D** 25
Moiazza (Monte) *BL*.. **12 C** 18
Moie *AN*........ **46 L** 21
Moimacco *UD* .... **15 D** 22
Moio (Monte) *SA* ... **76 E** 28
Moio Alcantara *ME* ..**100 N** 27
Moio della Civitella *SA*. **76 G** 27
Moiola *CN* ...... **34 J** 4
Moirans *RN* ..... **41 J** 19
Moito *VE* .... **25 F** 18
Molare *AL* ...... **28 I** 7
Molaro *RC*...... **90 N** 29
Molassana *GE* .... **36 I** 8
Molazzana *LU* ... **38 J** 13
Molella *LT*...... **68 S** 21
Molentina *NU* ....**117 G** 10
Molentis (Punta) *SU* ..**119 J** 10
Molfetta *BA* ..... **73 D** 31
Molfetta (Pulo di) *BA*.. **73 D** 31
Molina *PG*...... **52 M** 20
Molina *TN* ...... **12 D** 16
Molina Aterno *AQ* ... **60 P** 23
Molina di Ledro *TN* ... **11 E** 14
Molinaccio *RA*.... **41 I** 18
Molinara *BN*..... **70 D** 26
Molinatico
(Monte) *MS*...... **38 I** 11
Molinazzo *PC*..... **29 H** 10
Molinella *BO* .... **32 I** 17
Molinetto *BS* .... **22 F** 13
Molini *AL* ...... **28 I** 8
Molini *VI* .... **23 E** 15
Molini di Triora *IM* ... **35 K** 5
Molini di Tures /
Mühlen *BZ* ..... **4 B** 17
Molino dei Torti *AL* .. **28 G** 8
Molino dei Torri *AL* .. **28 G** 8
Molino di Bari *PN*.... **40 K** 16
Molino di Bascio *PS*... **45 K** 18
Molise *CB* ...... **65 R** 25
Moliterno *PZ* .... **77 G** 29
Molla (Capo) *SS*....**108 D** 6

Molleone *PS*...... **46 L** 20
Molli *SI*........ **49 M** 15
Mollia *VC*....... **19 E** 6
Mollières *TO*..... **26 H** 2
Mollo *FR* .... **64 Q** 23
Molochio *RC* .... **91 M** 30
Molteno *LC*...... **21 E** 9
Moltrasio *CO* .... **9 E** 9
Molvena *VI*...... **24 E** 16
Molveno *TN*...... **11 D** 14
Molveno (Lago di) *TN*.. **11 D** 14
Mombaldone *AT* ... **28 I** 6
Mombarcaro *CN*.... **27 I** 6
Mombaroccio *PS* ... **46 K** 20
Mombaruzzo *AT*.... **28 H** 7
Mombasiglio *CN* ... **35 I** 5
Mombello
Monferrato *AL*.... **28 G** 6
Mombercelli *AT* ... **28 H** 6
Momo *NO* ...... **20 F** 7
Mompantero *TO*.... **18 G** 3
Mompiano *BS* .... **22 F** 12
Monaci (Isole) *SS* ...**109 D** 10
Monaci (Lago di) *LT*... **63 R** 20
Monaci (Masseria) *TA*. **73 E** 33
Monacizzo *TA* .... **79 G** 34
Monacilioni *CB* ... **65 R** 26
Monaco Cappelli
(Masseria) *FG*.... **66 C** 28
Monaco (Monte) *TP* .. **97 M** 20
Monale *AT* ...... **27 H** 6
Monasterace *RC*.... **89 L** 31
Monasterace
Marina *RC* ...... **89 L** 31
Monasteri *SR* ....**105 P** 27
Monasteri *MC* .... **52 M** 21
Monastero
Bormida *AT*...... **28 I** 6
Monastero
di Vasco *CN*..... **35 I** 5
Monasterolo *CR*.... **22 G** 12
Monasterolo
del Castello *BG* ... **22 E** 11
Monasterolo
di Savigliano *CN*... **27 H** 4
Monastier
di Treviso *TV* .... **16 F** 19
Monastir *SU* .....**119 I** 9
Monate (Lago di) *VA*... **20 E** 8
Monbello di Torino *TO*. **27 G** 5
Moncalieri *TO* ... **27 G** 5
Moncalvo *AT* .... **28 G** 6
Moncenisio *TO* ... **18 G** 2
Monchio *MO* ..... **39 I** 13
Monchio
delle Corti *PR* ... **38 I** 12
Moncioni *AR* .... **44 L** 16
Monclassico *TN*.... **11 C** 14
Moncolombone *TO*... **19 G** 4
Moncrivello *VC*.... **19 F** 5
Moncucco Torinese *AT*. **27 G** 5
Mondaino *RN* .... **41 K** 20
Mondalavia *CN*.... **27 I** 5
Mondanica-Viola *RA*.. **40 I** 17
Mondavio *PS* .... **46 K** 20
Mondello *PA* ..... **97 M** 21
Mondole (Monte) *CN*.. **35 J** 5
Mondolfo *PS* .... **46 K** 21
Mondovi *CN* ..... **35 I** 5
Mondragone *CE*.... **69 D** 23
Mondrone *TO* .... **18 G** 3
Monega (Monte) *IM* .. **35 J** 5
Moneglia *GE* .... **37 J** 10
Mónesi di Triora *IM* .. **35 J** 5
Monesiglio *CN*.... **27 I** 6
Monestirolo *FE* ... **32 H** 17
Moneta *SS* ......**109 D** 10
Monfalcon
di Montanaia *PN*.. **13 C** 19
Monfalcone *GO* ... **17 E** 22
Monferrato *AT*.... **27 H** 5
Monforte d'Alba *CN*.. **27 I** 5
Monforte
S. Giorgio *ME* ... **90 M** 28
Monfret (Cima) *TO*... **18 F** 3
Mongardino *AT* ... **28 I** 6
Mongardino *BO* ... **39 I** 15
Mongerati *PA*......**99 N** 23
Monghidoro *BO* ... **40 J** 15
Mongia *CN* ..... **35 I** 5
Mongiana *VV* .... **88 L** 30
Mongioia *CN* .... **26 I** 2
Mongioie (Monte) *CN*. **35 J** 5
Mongiuffi *ME*......**90 N** 27

A B C D E F G H I J K L M N O P Q R S T U V W X Y Z

Mongrando *BI*......... 19 F 6
Monguelfo /
  Welsberg *BZ*.... 4 B 18
Moniga del Garda *BS* .. 23 F 13
Monna Casale
  (Monte) *FR* .... 64 R 23
Monno *BS*......... 10 D 13
Monopoli *BA* ...... 80 E 33
Monreale *SU* ...... 118 I 8
Monreale *PA* ...... 97 M 21
Monreale
  (Castellacio di) *PA*... 97 M 21
Monrupino *TS*...... 17 E 23
Monsampietro
  Morico *AP* .... 53 M 22
Monsampolo
  di Tronto *AP* ...... 53 N 23
Monsano *AN* ...... 46 L 21
Monselice *PD* ..... 24 G 17
Monserrato *CA* ..... 119 J 9
Monsignore
  (Casino di) *BA* ..... 72 D 31
Monsola *CN* .... 27 I 4
Monsole *VE* ...... 25 G 18
Monsummano
  Terme *PT* .... 39 K 14
Monta *CN* ...... 27 H 5
Montabone *AT* ..... 28 H 7
Montacuto *AL* ..... 29 H 9
Montacuto *AN*..... 47 L 22
Montafia *AT* ...... 27 G 6
Montagano *CB* ..... 65 R 26
Montagna *AR* ..... 45 L 18
Montagna *CS*...... 84 H 29
Montagna
  (Cozzo) *AG* ...... 103 P 23
Montagna Grande *AQ*.. 64 Q 23
Montagna /
  Montan *BZ* ...... 12 D 15
Montagnana *FI*..... 43 K 15
Montagnana *PD*.... 24 G 16
Montagnano *AR*.... 50 L 17
Montagnareale *ME* .... 100 M 26
Montagnola *AQ* .... 64 Q 23
Montagnola
  (Monte) *SI*....... 49 M 15
Montagnone (il) *AV*.... 71 E 27
Montagnone-
  Sonico *BS* ...... 22 F 12
Montaguto *AV* ..... 71 D 27
Montaione *FI*...... 43 L 14
Montalbano *BR*.... 80 E 34
Montalbano *RN* .... 41 J 19
Montalbano
  Elicona *ME* .... 100 M 27
Montalbano *FE*..... 32 H 16
Montalbano Ionico *MT*. 78 G 31
Montalbo *PC*...... 29 H 10
Montalcinello *SI*.... 49 M 15
Montalcino *SI*..... 50 M 16
Montaldeo *AL* ..... 28 H 8
Montaldo di Cosola *AL*. 29 H 9
Montaldo
  di Mondovì *CN* ..... 35 J 5
Montaldo Roero *CN*... 27 H 5
Montaldo Scarampi *AT*.. 28 H 6
Montale *SP*....... 37 J 10
Montale *MO*......... 31 I 14
Montale *PT*....... 39 K 15
Montalenghe *TO* .... 19 G 5
Montalfoglio *PS* .... 46 L 20
Montali *PG*....... 51 M 18
Montallegro *AG*.... 102 O 22
Montaltino *BA*..... 72 D 30
Montaltino *FG*..... 67 C 29
Montalto *PC*...... 41 K 18
Montalto *IS* ...... 65 Q 24
Montalto *RE*...... 31 I 13
Montalto (Monte) *RC* .. 90 M 29
Montalto di Castro *VT*. 57 O 16
Montalto di Marche *AP*. 53 N 22
Montalto Marina *VT*... 57 P 16
Montalto Dora *TO* ... 19 F 5
Montalto Ligure *IM*... 35 K 5
Montalto Pavese *PV*... 29 H 9
Montalto Uffugo *CS* .. 86 I 30
Montan / Montagna *BZ*. 12 D 15
Montanara *MN* ..... 31 G 14
Montanari *RA* ..... 41 J 18
Montanaro *CE*..... 69 D 24
Montanaro *PC*..... 30 H 11
Montanaro *TO*..... 19 G 5
Montanaso
  Lombardo *LO*........ 21 F 10
Montanello (Pizzo) *PA*. 97 M 21
Montanera *CN*..... 27 I 4

Montano Antilia *SA*.... 76 G 28
Montaperto *AG*....... 102 P 22
Montappone *AP*..... 52 M 22
Montaquila *IS* .... 64 R 24
Montardone *MO*..... 39 I 14
Montarso /
  Feverstein *BZ*........ 3 B 15
Montasio (Jôf di) *UD*... 15 C 22
Montasola *RI*......... 58 O 20
Montata *RE* .... 30 I 13
Montauro *CZ*........ 88 K 31
Montazzoli *CH*...... 61 Q 25
Monte Amiata *SI* .... 50 N 16
Monte Antico *GR* .... 50 N 16
Monte Bianco *AO*..... 6 E 2
Monte Bianco
  (Traforo del) *AO* ... 6 E 2
Monte Buono *PG* .... 51 M 18
Monte Calderaro *BO*... 40 I 16
Monte Casale
  (Convento di) *AR* .... 45 L 18
Monte Castello
  di Vibio *PG* ...... 51 N 19
Monte Catone *BO* .... 40 I 16
Monte Cavallo *MC* .. 52 N 20
Monte Cerignone *PS*... 41 K 19
Monte Codruzzo *FO* ... 41 J 18
Monte Corona *PG* .... 51 M 19
Monte Cotugno
  (Lago di) *PZ* .... 77 G 31
Monte Croce *TN*...... 12 D 17
Monte Croce Carnico (Passo
  di) / Plöckenpaß *UD* .. 5 C 20
Monte Croce
  di Comelico (Passo di) /
  Kreuzbergpass *BL* ... 5 C 20
Monte Cucco *GR* .... 50 N 15
Monte d'Accoddi *SS*.. 110 E 7
Monte del Lago *PG*... 51 M 18
Monte di Malo *VI*..... 24 F 16
Monte di Procida *NA*... 69 E 24
Monte Domenico *GE* .. 37 J 10
Monte Falterona,
  Campigna e delle Foreste
  Casentinesi *AR* ..... 40 K 17
Monte Giberto *AP* .... 53 M 22
Monte Giovo (Passo di) /
  Jaufenpaß *BZ*......... 3 B 15
Monte Grande *LT*..... 64 S 22
Monte Gridolfo *RN* ... 41 K 20
Monte Grimano *PS* ... 41 K 19
Monte Isola *BS* ...... 22 E 12
Monte Lattaia *GR*..... 49 N 15
Monte Livata *RM*..... 63 Q 21
Monte Maria
  (Abbazia di) *BZ* ...... 2 B 13
Monte Mario *RM*..... 62 Q 19
Monte Martello *PS*.... 46 L 20
Monte Melino *PG*..... 51 M 18
Monte Nai *SU*...... 119 J 10
Monte Nero (Rif.) *TO*... 26 H 2
Monte Nieddu *CA*.... 118 J 8
Monte Ombraro *MO*... 39 I 15
Monte Orsello *MO*.... 39 I 14
Monte Paganuccio *PS*.. 46 L 20
Monte Petrosu *SS* .... 113 E 10
Monte Porzio *PS*..... 46 K 21
Monte
  Porzio Catone *RM* ... 63 Q 20
Monte Pranu
  (Lago di) *SU*...... 118 J 7
Monte Rinaldo *AP*.... 53 M 22
Monte Roberto *AN* ... 46 L 21
Monte Romano *VT*... 57 P 17
Monte Rosa *AO*......... 7 E 5
Monte Rota /
  Radsberg *BZ*......... 4 B 18
Monte Sacro *RM*..... 62 Q 19
Monte S. Angelo *FG* . 67 B 29
Monte S. Biagio *LT*... 63 R 22
Monte S. Giacomo *SA*. 76 F 28
Monte S. Giovanni *BO*.. 39 I 15
Monte S. Giovanni
  Campano *FR* ..... 64 R 22
Monte S. Giovanni
  in Sabina *RI* ...... 58 P 20
Monte S. Giusto *MC*.. 53 M 22
Monte Sta Maria
  Tiberina *PG*....... 45 L 18
Monte Ste Marie *SI*... 50 M 16
Monte S. Martino *MC*.. 52 M 22
Monte S. Pietrangeli *AP*. 53 M 22
Monte S. Pietro *BO* .. 39 I 15
Monte S. Pietro /
  Petersberg *BZ*..... 12 C 16
Monte S. Savino *AR*... 50 M 17

Monte S. Vito *AN* ...... 46 L 21
Monte S. Vito *PG*..... 52 N 20
Monte Santu
  (Capo di) *NU*...... 117 G 11
Monte Scuro
  (Valico di) *CS* ...... 86 I 31
Monte Senario
  (Convento di) *FI*..... 40 K 16
Monte Sirai *SU*...... 118 J 7
Monte
  Sopra Rondine *AR*... 44 L 17
Monte Terlago *TN* ..... 11 D 15
Monte Urano *AP*...... 53 M 23
Monte Vergine
  (Santuario di) *AV* .. 70 E 26
Monte
  Vidon Combatte *AP*.. 53 M 22
Monte
  Vidon Corrado *AP* ... 52 M 22
Montea *CS* .... 85 I 29
Monteacuto
  delle Alpi *BO* ...... 39 J 14
Monteacuto
  Ragazza *BO* ...... 39 J 15
Monteacuto Vallese *BO*. 39 J 15
Monteaperta *UD* ..... 15 D 21
Monteaperti *SI* ..... 50 M 16
Montebamboli *GR*.... 49 M 14
Montebaranzone *MO*... 39 I 14
Montebello *RN* ..... 41 K 19
Montebello *PS* ..... 46 K 20
Montebello *VT* ..... 57 P 17
Montebello
  della Battaglia *PV*... 29 G 9
Montebello
  di Bertona *PE*...... 60 O 23
Montebello Ionico *RC*... 90 N 29
Montebello
  sul Sangro *CH* ...... 60 Q 24
Montebello
  Vicentino *VI* ...... 24 F 16
Montebelluna *TV*.... 24 E 18
Montebenichi *AR*.... 44 L 16
Montebibico *PG*..... 58 O 20
Montebonello *MO*..... 39 I 14
Montebruno *GE*..... 29 I 9
Montebufo *PG* ..... 52 N 21
Montebuono *RI* ..... 58 O 19
Montebuono
  Alppato *GR*...... 50 N 16
Montecagnano *SI*.... 49 M 15
Montecagno *RE*..... 38 J 13
Montecalvello *VT*.... 57 O 18
Montecalvo
  Versiggia *PV*...... 29 H 9
Montecalvo Irpino *AV*.. 70 D 27
Montecalvo
  in Foglia *PS*...... 41 K 19
Montecampano *TR*.... 58 O 19
Montecarelli *FI* ... 39 J 15
Montecarlo *LU* ..... 39 K 14
Montecarlo
  (Convento di) *AR*.... 44 L 16
Montecarotto *AN*..... 46 L 21
Montecassiano *MC* ... 47 L 22
Montecassino
  (Abbazia di) *FR* .... 64 R 23
Montecastelli *PG* .... 51 L 18
Montecastelli
  Pisano *PI* ...... 49 M 14
Montecastello *AL*.... 28 H 8
Montecastrilli *TR* .... 58 O 19
Montecatini Alto *PT*... 39 K 14
Montecatini Terme *PT*.. 39 K 14
Montecatini
  Val di Cecina *PI* ..... 43 L 14
Montecchia
  di Crosara *VR*...... 23 F 15
Montecchio *AR*..... 50 M 17
Montecchio *PG*..... 51 M 20
Montecchio *PS* ..... 41 K 20
Montecchio *TR* ..... 58 O 18
Montecchio Emilia *RE*.. 30 H 13
Montecchio
  Maggiore *VI* ...... 24 F 16
Montecchio
  Precalcino *VI* ...... 24 F 16
Montecelio *RM*..... 58 P 20
Montecerboli *PI* ..... 49 M 14
Montecerreto *MO* .... 39 I 14
Montechiaro *AG*..... 103 P 23
Montechiaro d'Asti *AT*.. 27 G 6
Montechiaro Piana *AL*.. 28 I 7
Montechiarugolo *PR*... 30 H 13

Monteciccardo *PS* ..... 46 K 20
Montecilfone *CB*..... 65 Q 26
Montecompatri *RM*.... 63 Q 20
Montecontieri *SI* .... 50 M 16
Montecopiolo *PS* .... 41 K 19
Montecorice *SA* ..... 75 G 26
Montecoronaro
  (Valico di) *FO*...... 45 K 18
Montecorvino
  Pugliano *SA*...... 75 E 26
Montecorvino
  Rovella *SA*......... 75 E 26
Montecosaro *MC* .... 53 M 22
Montecreto *MO*..... 39 J 14
Montecristo
  (Formica di) *LI* ..... 54 O 12
Montecristo (Isola di) *LI*. 54 O 12
Montecuccoli *FI*..... 39 J 15
Montedale *PS* ..... 45 L 18
Montedinove *AP* .... 53 N 22
Montedoro *CL*...... 103 O 23
Montefalcione *AV* .... 70 E 26
Montefalco *PG* ..... 51 N 19
Montefalcone *PI*..... 43 K 14
Montefalcone
  Appennino *AP*....... 52 N 22
Montefalcone
  di Val Fortore *BN*... 70 D 27
Montefalcone
  nel Sannio *CB* ..... 65 Q 25
Montefano *MC* ..... 47 L 22
Montefegatesi *LU*.... 39 J 13
Montefelcino *PS* .... 46 K 20
Montefeltro *PS* ..... 41 K 19
Monteferrante *CH* ... 60 Q 25
Montefiascone *VT*.... 57 O 18
Montefino *TE*....... 60 O 23
Montefiore Conca *RN*... 41 K 19
Montefiore dell'Aso *AP*. 53 M 23
Montefiorentino
  (Convento di) *PS*.... 45 K 19
Montefiorino *MO*..... 39 I 13
Montefiridolfi *FI*...... 43 L 15
Monteflavio *RM* ..... 58 P 20
Montefollonico *SI*.... 50 M 17
Monteforte *SS*...... 110 E 6
Monteforte Cilento *SA*. 76 F 27
Monteforte
  d'Alpone *VR* ...... 23 F 15
Monteforte Irpino *AV*.. 70 E 26
Montefortino *AP* .... 52 N 22
Montefosca *UD*...... 15 D 22
Montefoscoli *PI*..... 43 L 14
Montefranco *TR* .... 58 O 20
Montefredane *AV*.... 70 E 26
Montefredente *BO* ... 39 J 15
Montefusco *AV*...... 70 D 26
Montegabbione *TR*... 51 N 18
Montegalda *VI*...... 24 F 17
Montegaldella *VI*.... 24 F 17
Montegallo *AP* ..... 52 N 21
Montegaudio *PS* .... 46 K 20
Montegelli *FO*...... 41 K 18
Montegemoli *PI* ..... 49 M 14
Montegiardino *CS* ... 78 G 31
Montegiordano
  Marina *CS* ...... 78 G 31
Montegiorgio *AP*..... 53 M 22
Montegiove *TR*...... 51 N 18
Montegiovi *AR* ..... 45 L 17
Montegiovi *GR* ..... 50 N 16
Montegonzi *AR*...... 44 L 16
Montegranaro *AP*.... 53 M 22
Montegrassano *CS*... 85 I 30
Montegrazie *IM*..... 35 K 5
Montegrino
  Valtravaglia *VA*..... 8 E 8
Montegroppo *PR*..... 37 I 11
Montegrosso *AR*..... 27 H 6
Montegrosso *BA*.... 72 D 30
Montegrosso d'Asti *AT*.. 28 H 6
Montegrotto Terme *PD*. 24 F 17
Monteguidi *SI*...... 49 M 15
Monteguiduccio *PS*... 46 K 20
Monteiasi *TA*...... 79 F 34
Montelabate *PG*..... 51 M 19
Montelabbate *PS*.... 46 K 20
Montelabreve *AR* .... 45 L 18
Montelago *AN*...... 46 L 20
Montelaguardia *CT*... 100 N 26
Monteleone
  di Fermo *AP* ..... 53 M 22
Monteleone
  di Puglia *FG*...... 71 D 27

Monteleone
  di Spoleto *PG*........ 58 O 20
Monteleone
  d'Orvieto *TR* ...... 51 N 18
Monteleone
  Rocca Doria *SS* ..... 110 F 7
Monteleone Sabino *RI*.. 58 P 20
Montelepre *PA* ..... 97 M 21
Monteleto *PG* ..... 45 L 19
Montelibretti *RM* .... 58 P 20
Montelicciano *PS*.... 41 K 19
Montella *AV*....... 70 E 27
Montello (il) *TV*...... 25 E 18
Montelongo *CB* ..... 66 B 26
Montelparo *AP* ..... 53 M 22
Monteluco *PG* ..... 52 N 20
Montelungo *MS* .... 38 I 11
Montelupo Albese *CN*. 27 I 6
Montelupo
  Fiorentino *FI*....... 43 K 15
Montelupone *MC* .... 47 L 22
Montemaggio *PS*.... 41 K 19
Montemaggiore *FO* ... 40 J 17
Montemaggiore *RM*... 58 P 20
Montemaggiore (vicino
  a Monteaperta) *UD*... 15 D 21
Montemaggiore (vicino
  a Savogna) *UD*...... 15 D 22
Montemaggiore
  al Metauro *PS* .... 46 K 20
Montemaggiore
  Belsito *PA* .... 99 N 23
Montemagno *AT* .... 28 H 6
Montemale
  di Cuneo *CN*...... 26 I 4
Montemarano *AV* .... 70 E 26
Montemarcello *SP*... 38 J 11
Montemarciano *AN*... 46 L 21
Montemartano *PG* ... 51 N 19
Montemarzino *AL*.... 28 H 8
Montemassi *GR* .... 49 N 15
Montemerano *GR*.... 56 O 16
Montemesola *TA* .... 79 F 34
Montemignaio *AR*.... 44 K 16
Montemiletto *AV*.... 70 D 26
Montemilone *PZ* .... 72 D 29
Montemitro *CB*...... 65 Q 25
Montemonaco *AP* ... 52 N 21
Montemurlo *PO*..... 39 K 15
Montemurro *PZ* .... 77 G 29
Montenars *UD*...... 14 D 21
Montenero *CS*...... 87 J 31
Montenero *FG*...... 67 B 29
Montenero *GR* ..... 50 N 16
Montenero *LI*....... 42 L 13
Montenero *PG* ..... 51 N 19
Montenero *SA*..... 75 E 27
Montenero
  di Bisaccia *CB* ..... 61 Q 26
Montenero Sabino *RI*.. 58 P 20
Montenero
  Val Cocchiara *IS*.... 64 Q 24
Monterodomo *CH* .. 60 Q 24
Montenotte
  Superiore *SV* ...... 36 I 7
Monteodorisio *CH*..... 61 P 25
Monteorsaro *RE* ..... 38 J 13
Monteortone *PD* .... 24 F 17
Montepagano *TE*.... 53 N 23
Montepaone *CZ*..... 88 K 31
Montepaone Lido *CZ*.. 89 K 31
Monteparano *TA* .... 79 F 34
Montepastore *BO* .... 39 I 15
Montepescali *GR* .... 49 N 15
Montepescini *SI*..... 50 M 16
Montepiano *PO* ..... 39 J 15
Monteponi *SU*....... 118 J 7
Monteponi (Lago) *SU*.. 118 I 7
Monteprandone *AP* .. 53 N 23
Montepulciano
  (Lago di) *SI* ...... 50 M 17
Montepulciano
  Stazione *SI*....... 50 M 17
Monterado *AN* ..... 46 K 21
Monterappoli *FI*..... 43 K 14
Monterchi *AR* ..... 45 L 18
Montereale *AQ* ..... 59 O 21
Montereale *FO* ..... 41 J 18
Montereale
  Valcellina *PN* ...... 13 D 19
Montereggi *FI*...... 40 K 16
Montereggio *MS* .... 38 J 11
Monterenzio *BO*...... 40 J 16

Monteriggioni *SI* ..... 43 L 15
Monteroduni *IS* .... 65 R 24
Monterolo *PS*........ 46 L 20
Monterosi *VT*........ 58 P 18
Monterosi (Lago di) *VT*. 58 P 18
Monterosso *AN*...... 46 L 20
Monterosso *BZ*..... 3 B 14
Monterosso al Mare *SP*. 37 J 10
Monterosso Almo *RG*.. 104 P 26
Monterosso
  Calabro *VV*....... 88 K 30
Monterosso Grana *CN*. 34 I 3
Monterotondo *RM*.... 58 P 19
Monterotondo
  Marittimo *GR*....... 49 M 14
Monterotondo
  Scalo *RM*........... 58 P 19
Monterubbiano *AP*.... 53 M 23
Monterubiaglio *TR* .... 51 N 18
Monteruga
  (Masseria) *LE* ...... 79 F 35
Montesano
  Salentino *LE*........ 83 H 36
Montesano sulla
  Marcellana *SA*...... 76 G 29
Montesanto
  di Lussari *UD*....... 15 C 22
Montesarchio *BN* .... 70 D 25
Montesardo *LE* ..... 83 H 37
Montescaglioso *MT*... 78 F 32
Montescano *PV* ..... 29 G 9
Montescudaio *PI* .... 49 M 13
Montescudo *RN*..... 41 K 19
Montese *MO* ...... 39 J 14
Montesegale *PV*..... 29 H 9
Montesicuro *AN*..... 47 L 22
Montesilvano
  Marina *PE* ...... 60 O 24
Montesoffio *PS*..... 45 K 19
Montesoro *VV*...... 88 K 30
Montespertoli *FI*..... 43 L 15
Montespluga *SO* .... 9 C 9
Montespluga
  (Lago di) *SO*...... 9 C 10
Monteti *GR*....... 56 O 16
Monteu Roero *CN* ... 27 H 5
Montevaca
  (Passo di) *PR*....... 29 I 10
Montevago *AG* ..... 97 N 20
Montevarchi *AR*..... 44 L 16
Montevecchio *SU*.... 118 I 7
Monteveglio *BO*..... 39 I 15
Monteventano *PC* ... 29 H 10
Monteverde *AR*..... 71 D 28
Monteverdi
  Marittimo *PI*........ 49 M 14
Montevettolini *PT*.... 39 K 14
Monteviale *VI*...... 24 F 16
Montezemolo *CN*..... 35 I 6
Monti *SS*........ 112 E 9
Monti *SI*........ 44 L 16
Monti *TO*........ 18 G 4
Monti Sibillini (Parco
  Nazionale dei) *AP*... 52 N 21
Montiano *FO*....... 41 J 18
Montiano *GR*....... 55 O 15
Monticano *TV*....... 16 E 19
Monticchiello *SI*..... 50 M 17
Monticchio *AQ* ..... 59 P 22
Monticchio
  (Laghi di) *PZ*...... 71 E 28
Monticchio Bagni *PZ*... 71 E 28
Monticelli *FR* ..... 64 R 22
Monticelli d'Ongina *PC*.. 30 G 11
Monticelli Pavese *PV*... 29 G 10
Monticelli Terme *PR* ... 30 H 13
Monticello *GR*..... 50 N 16
Monticello *LC* ..... 21 E 9
Monticello *PC*..... 29 H 10
Monticello *GR*..... 50 N 16
Montichiari *BS*..... 22 F 13
Monticiano *SI*..... 49 M 15
Montieri *GR*....... 49 M 15
Montiglio *AT*....... 27 G 6
Montignano *AN*..... 46 K 21
Montignoso *MS* .... 38 J 12
Montioni *LI*....... 49 M 14
Montione *AR* ..... 45 L 18
Montirone *BS* ..... 22 F 12
Montisi *SI*........ 50 M 16
Montjovet *AO* ..... 19 E 5
Montjovet (Castello) *AO*. 19 E 4
Montodine *CR*....... 21 G 11
Montoggio *GE*...... 29 I 9

Montone *PG* . . . . **45** L 18
Montone *TE* . . . . **53** N 23
Montone (Fiume) *FO* . . **40** J 17
Montone (Monte) *BZ* . . **4** B 18
Montoni-Vecchio *AG* . . **99** N 23
Montopoli di Sabina *RI* . .**58** P 20
Montopoli
   in Val d'Arno *PI* . . . . **43** K 14
Montorfano *CO*. . . . . . **21** E 9
Montorgiali *GR* . . . . . . **50** N 15
Montorio *GR* . . . . **50** N 17
Montorio *VR* . . . . **23** F 15
Montorio
   al Vomano *TE*. . . . . . **59** O 22
Montorio
   nei Frentani *CB* . . . . . **66** B 26
Montorio Romano *RM* . . **58** P 20
Montoro *AN*. . . . . **47** L 22
Montoro Inferiore *AV* . . **70** E 26
Montorsaio *GR* . . . . . . **49** N 15
Mont'Orso
   (Galleria di) *LT* . . . . . **63** R 21
Montorso Vicentino *VI* . . **24** F 16
Montoso *CN* . . . . **26** H 3
Montottone *AP*. . . . . . . **53** M 22
Montovolo *BO*. . . . . . . **39** J 15
Montresta *OR* . . . . **114** F 7
Montù Beccaria *PV* . . . **29** G 9
Monvalle *VA*. . . . . **8** E 7
Monveso di Forzo *AO*. . **18** F 4
Monza *MI* . . . . **21** F 9
Monzambano *MN* . . . . **23** F 14
Monzone *MS* . . . . **38** J 12
Monzoni *TN*. . . . . **12** C 17
Monzuno *BO*. . . . . **39** J 15
Moos / S. Giuseppe *BZ*. . **4** B 19
Moos in Passeier /
   Moso in Passiria *BZ* . . **3** B 15
Morano Calabro *CS* . . **85** H 30
Morano sul Po *AL*. . . . . **20** G 7
Moraro *GO*. . . . . **17** E 22
Morasco (Lago di) *VB* . . **8** C 7
Morazzone *VA*. . . . . . . **20** E 8
Morbegno *SO* . . . . **9** D 10
Morbello *AL*. . . . . **28** I 7
Morcella *PG* . . . . **51** N 18
Morciano di Leuca *LE*. . **83** H 36
Morciano
   di Romagna *RN*. . . . . **41** K 19
Morcone *BN*. . . . . **65** R 25
Mordano *BO* . . . . **40** I 17
Morea (Masseria) *BA*. . **73** E 33
Morello *EN* . . . . **99** O 24
Morello (Monte) *FI*. . . . **39** K 15
Morena *PG* . . . . **45** L 19
Morena *RM*. . . . . **62** Q 19
Morengo *BG* . . . . **21** F 11
Moreri *ME* . . . . **100** M 27
Mores *SS* . . . . **111** F 8
Moresco *AP* . . . . **53** M 23
Moretta *CN*. . . . . **27** H 4
Morfasso *PC*. . . . . **29** H 11
Morgantina *EN* . . . . . . **104** O 25
Morgex *AO*. . . . . **18** E 3
Morgonaz *AO* . . . . **18** E 4
Morgongiori *OR*. . . . . . **115** H 8
Mori *TN* . . . . **11** E 14
Moria *PS* . . . . **45** L 19
Moriago
   della Battaglia *TV*. . . . **13** E 18
Moricone *RM*. . . . . **58** P 20
Morigerati *SA* . . . . . . **76** G 28
Morimondo *MI* . . . . . . **20** F 8
Morino *AQ* . . . . **64** Q 22
Morleschio *PG*. . . . . . . **51** M 19
Morlupo *RM*. . . . . **58** P 19
Mormanno *CS* . . . . . . **85** H 29
Mornago *VA*. . . . . **20** E 8
Mornese *AL* . . . . **28** I 8
Mornico Losana *PV*. . . **29** G 9
Moro *CH* . . . . **60** P 25
Moro (Monte) *RI*. . . . . . **59** P 21
Moro (Monte) *SS*. . . . . **109** D 10
Moro
   (Passo di Monte) *VB* . . **7** E 5
Moro (Sasso) *SO*. . . . . **10** D 11
Morolo *FR*. . . . . **63** R 21
Morone (Colle) *VV*. . . . **88** L 30
Moronico *RA* . . . . **40** J 17
Morozzo *CN* . . . . **35** I 5
Morra *PG* . . . . **45** L 18
Morra De Sanctis *AV*. . **71** E 27
Morra (Monte) *RM*. . . . **58** P 20
Morrano Nuovo *TR* . . . **51** N 18
Morre *TR* . . . . **51** N 19
Morrea (Forchetta) *AQ*. .**64** Q 22

Morrice *TE* . . . . **52** N 22
Morro d'Alba *AN*. . . . . . **46** L 21
Morro d'Oro *TE* . . . . . . **53** O 23
Morro (Monte del) *ME*. .**100** N 26
Morro Reatino *RI*. . . . . **58** O 20
Morrone
   (Montagne del) *PE*. . . **60** P 23
Morrone (Monte) *AQ* . . **60** P 23
Morrone del Sannio *CB*. **65** Q 26
Morrovalle *MC*. . . . . . . **53** M 22
Morsano
   al Tagliamento *PN* . . **16** E 20
Morsasco *AL* . . . . **28** I 7
Mortara *PV*. . . . . **20** G 8
Mortegliano *UD*. . . . . . **16** E 21
Mortelle *ME* . . . . **90** M 28
Morter *BZ* . . . . **3** C 14
Morterone *LC* . . . . **9** E 10
Mortizza *PC* . . . . **29** G 11
Mortizzuolo *MO*. . . . . . **31** H 15
Morto (Lago) *TV*. . . . . . **13** D 18
Morto di Primaro *FE*. . . **32** H 16
Morto (Portella del) *CL*. **99** O 24
Mortola Inferiore *IM* . . . **35** K 4
Mortorio (Isola) *SS*. . . . **109** D 10
Moscazzano *CR*. . . . . . **21** G 11
Moschella *FG*. . . . . . . **72** D 29
Moscheta *FI*. . . . . **40** J 16
Moschiano *AV*. . . . . . . **70** E 25
Moschin (Col) *VI*. . . . . **12** E 17
Mosciano S. Angelo *TE*. . **53** N 23
Moscufo *PE* . . . . **60** O 24
Mosio *MN*. . . . . **30** G 13
Moso in Passiria /
   Moos in Passeier *BZ*. . **3** B 15
Mosorrofa *RC*. . . . . . . **90** M 29
Mossa *GO* . . . . **17** E 22
Mosso Sta Maria *BI* . . . **19** F 6
Mosson *VI*. . . . . **24** E 16
Mostri (Parco dei) *VT* . . **57** O 18
Moticella *RC*. . . . . **91** M 30
Mòtola (Monte) *SA* . . . **76** F 28
Motta *MO* . . . . **31** H 14
Motta *VI* . . . . **24** F 16
Motta Baluffi *CR*. . . . . . **30** G 12
Motta Camastra *ME*. . . **101** N 27
Motta d'Affermo *ME* . . **99** N 24
Motta de Conti *VC*. . . . **20** G 7
Motta di Livenza *TV* . . . **16** E 19
Motta Montecorvino *FG* . .**66** C 27
Motta S. Anastasia *CT*. **100** O 26
Motta S. Giovanni *RC*. . **90** M 29
Motta Sta Lucia *CZ*. . . . **86** J 30
Motta Visconti *MI*. . . . . **21** G 8
Mottafollone *CS*. . . . . . **85** I 30
Mottalciata *BI* . . . . **20** F 6
Mottarone *VB* . . . . **8** E 7
Mottaziana *PC*. . . . . . . **29** G 10
Motteggiana *MN* . . . . . **31** G 14
Mottola *TA* . . . . **78** F 33
Mottorra *NU*. . . . . **117** G 10
Mozia *TP* . . . . **96** N 19
Mozzagrogna *CH* . . . . **61** P 25
Mozzanica *BG*. . . . . . . **21** F 11
Mozzate *CO* . . . . **20** E 8
Mozzecane *VR* . . . . . . **23** G 14
Muccia *MC* . . . . **52** M 21
Mucone *CS* . . . . **85** I 30
Mucone (Lago di) *CS*. . **86** I 31
Mucrone (Monte) *BI* . . . **19** F 5
Mühlbach /
   Rio di Pusteria *BZ*. . . **4** B 16
Mühlbach /
   Riomolino *BZ*. . . . . . **4** B 17
Mühlen /
   Molini di Tures *BZ*. . . **4** B 17
Mühlwald /
   Selva dei Molini *BZ* . . **4** B 17
Mugello (Autodromo
   Internazionale del) *FI*. .**40** K 16
Muggia *TS* . . . . **17** F 23
Muggia (Baia di) *TS*. . . **17** F 23
Muglia *EN*. . . . . **100** O 26
Mugnai *BL* . . . . **12** D 17
Mugnano
   del Cardinale *AV*. . . . **70** E 25
Mugnano di Napoli *NA*. . **69** E 24
Mugnano
   in Teverina *VT*. . . . . . **58** O 18
Mugnone *FI*. . . . . **40** K 15
Mugnone (Punta) *TP*. . . **96** N 18
Mulargia *SU* . . . . **119** H 9
Mulargia (Lago di) *SU*. .**119** H 9
Mulazzano *LO* . . . . . . **21** F 10
Mulazzano *PR*. . . . . . . **30** I 12

Mulazzo *MS* . . . . **38** J 11
Mules / Mauls *BZ* . . . . **3** B 16
Mulinello *EN* . . . . **104** O 25
Mulino
   di Arzachena *SS* . . . **109** D 10
Multeddu *SS* . . . . **111** E 8
Mumullonis
   (Punta) *SU*. . . . . **118** I 7
Muntiggioni *SS*. . . . . . **108** E 8
Mura *BS*. . . . . **22** E 13
Muraglione
   (Passo del) *FI*. . . . . . **40** K 16
Murano *VE*. . . . . **25** F 19
Muravera *SU* . . . . **119** I 10
Murazzano *CN*. . . . . . . **27** I 6
Murci *GR* . . . . **50** N 16
Murello *CN*. . . . . **27** H 4
Murera *SU*. . . . . **119** H 9
Muretto (Passo del) *SO* . .**10** C 11
Murgetta *BA* . . . . **72** E 31
Muri (Necropoli di li) *SS* . .**109** D 9
Murialdo *SV* . . . . **35** J 6
Muris *UD*. . . . . **14** D 20
Murisengo *AL* . . . . **27** G 6
Murittu (Punta) *NU* . . . **117** F 10
Murlo *SI*. . . . . **50** M 16
Muro Leccese *LE*. . . . . **83** G 37
Muro Lucano *PZ*. . . . . **71** E 28
Muros *SS* . . . . **110** E 7
Murro
   di Porco (Capo) *SR*. . **105** P 28
Murta Maria *SS*. . . . . **113** E 10
Murtazzolu *NU* . . . . . . **115** G 8
Musano *TV* . . . . **25** E 18
Muscletto *UD*. . . . . . . **16** E 21
Musei *SU*. . . . . **118** J 8
Musellaro *PE* . . . . **60** P 23
Musi *UD*. . . . . **15** D 21
Musignano *VA*. . . . . . . **8** D 8
Musignano *VT*. . . . . . . **57** O 17
Musile di Piave *VE* . . . **16** F 19
Musone *MC* . . . . **46** L 21
Mussolente *VI*. . . . . . . **24** E 17
Mussomeli *CL* . . . . . . **99** O 23
Muta (Lago di) *BZ* . . . . **2** B 13
Mutignano *TE*. . . . . . . **60** O 24
Mutria (Monte) *BN*. . . . **65** R 25
Muxarello *AG*. . . . . . . **102** O 22
Muzza (Canale) *MI*. . . . **21** F 10
Muzza S. Angelo *LO* . . **21** G 10
Muzzana
   del Turgnano *UD* . . . . **16** E 21

N

Nago *TN* . . . . **11** E 14
Nai (Monte) *SU* . . . . . . **119** J 10
Naia *PG* . . . . **51** N 19
Nàlles / Nals *BZ*. . . . . . **3** C 15
Nals / Nàlles *BZ*. . . . . . **3** C 15
Nambino (Monte) *TN*. . **11** D 14
Nanno *TN* . . . . **11** D 15
Nanto *VI* . . . . **24** F 16
Napola *TP* . . . . **96** N 19
Napoli *NA* . . . . **69** E 24
Napoli-Capodichino
   (Aeroporto) *NA* . . . . . **69** E 24
Napoli (Golfo di) *NA* . . **69** E 24
Narba (Monte) *SU* . . . **119** I 10
Narbolia *OR*. . . . . **114** G 7
Narcao *SU*. . . . . **118** J 8
Narcao (Monte) *SU* . . . **118** J 7
Nardis (Cascata di) *TN*. . **11** D 14
Nardò *LE*. . . . . **83** G 36
Nardodipace *VV*. . . . . **88** L 31
Nardodipace
   Vecchio *VV*. . . . . **88** L 31
Naregno *LI* . . . . **48** N 13
Narni *TR*. . . . . **58** O 19
Narni Scalo *TR*. . . . . . **58** O 19
Naro *AG*. . . . . **103** P 23
Naro (Fiume) *AG*. . . . . **103** P 23
Naro (Portella di) *AG*. . **103** P 23
Narzole *CN* . . . . **27** I 5
Nasino *SV* . . . . **35** J 6
Naso *ME* . . . . **100** M 26
Naso (Fiume di) *ME*. . . **100** M 26
Naßfeld-Paß / Pramollo
   (Passo di) *UD* . . . . . . **15** C 21
Natile Nuovo *RC*. . . . . **91** M 30
Natisone *UD*. . . . . **15** D 22
Naturno / Naturns *BZ*. . **3** C 15
Naturns / Naturno *BZ*. . **3** C 15
Natz / Naz *BZ* . . . . **4** B 17
Nava *IM*. . . . . **35** J 5
Nava (Colle di) *IM*. . . . **35** J 5
Navacchio *PI* . . . . **42** K 13

Nave *BS*. . . . . **22** F 12
Nave (Monte La) *CT*. . . **100** N 26
Nave S. Felice *TN* . . . . **11** D 15
Navene *VR* . . . . **23** E 14
Navene (Bocca di) *VR*. . **23** E 14
Navicello *MO*. . . . . **31** H 14
Navone (Monte) *EN*. . . **104** O 24
Naxos *ME* . . . . **90** N 27
Naz / Natz *BZ*. . . . . . . **4** B 17
Nazzano *RM*. . . . . **58** P 19
Nazzano *PV* . . . . **29** H 9
Nebbiano *AN*. . . . . **46** L 20
Nebbiuno *NO* . . . . **20** E 7
Nebida *SU*. . . . . **118** J 7
Nebin (Monte) *CN* . . . . **26** I 3
Nebius (Monte) *CN* . . . **34** I 3
Nebrodi *ME* . . . . **100** N 25
Negra (Punta) *SS* . . . . **108** E 6
Negrar *VR* . . . . **23** F 14
Neirone *GE*. . . . . **37** I 9
Neive *CN* . . . . **27** H 6
Nembro *BG* . . . . **22** E 11
Nemi *RM*. . . . . **63** Q 20
Nemi (Lago di) *RM*. . . . **63** Q 20
Nemoli *PZ*. . . . . **77** G 29
Nepi *VT* . . . . **58** P 19
Nera *PG* . . . . **52** N 20
Nera (Croda) *BZ* . . . . . **4** B 18
Nera (Punta) *AO* . . . . . **19** F 4
Nera (Punta) *LI* . . . . . . **48** N 12
Nera (Punta) *NU* . . . . . **117** F 11
Nerbisci (Monte) *PG* . . . **45** L 19
Nercone
   (Monte su) *NU* . . . . . **117** G 10
Nereto *TE* . . . . **53** N 23
Nerina (Val) *PG* . . . . . **52** N 20
Nero (Capo) *IM* . . . . . . **35** K 5
Nero (Monte) *CT*. . . . . **100** N 27
Nero (Sasso) *SO* . . . . . **10** D 11
Nero (Sasso) /
   Schwarzenstein *BZ* . . **4** A 17
Nerola *RM*. . . . . **58** P 20
Nerone (Monte) *PS* . . . **45** L 19
Nervesa d. Battaglia *TV*. . **25** E 18
Nervi *GE* . . . . **37** I 9
Nervia (Torrente) *IM* . . . **35** K 4
Nervia (Val) *IM* . . . . . . **35** K 4
Nerviano *MI* . . . . **21** F 8
Nery (Monte) *AO* . . . . . **19** E 5
Nespoledo *UD*. . . . . . . **16** E 21
Nespolo *RI* . . . . **59** P 21
Nesso *CO*. . . . . **9** E 9
Nestore (vicino a
   Marsciano) *PG*. . . . . **51** N 18
Nestore
   (vicino a Trestina) *PG*. . **45** L 18
Neto *CS* . . . . **87** J 31
Netro *BI* . . . . **19** F 5
Nettuno *RM*. . . . . **62** R 19
Nettuno (Grotta di) *SS*. .**110** F 6
Neumarkt / Egna *BZ*. . . **11** D 15
Neurateis /
   Rattisio Nuovo *BZ* . . . **3** B 14
Neustift / Novacella *BZ* . .**4** B 16
Neva (Torrente) *SV* . . . **35** J 6
Neva (Val) *SV*. . . . . . . **35** J 6
Nevea (Passo di) *UD* . . **15** C 22
Nevegal *BL*. . . . . **13** D 18
Néves (Lago di) *BZ*. . . . **4** B 17
Neviano *LE*. . . . . **83** G 36
Neviano de' Rossi *PR*. . **30** I 12
Neviano
   degli Arduini *PR* . . . . **30** I 12
Neviera (Serra la) *PZ* . . **77** F 29
Nevola *AN*. . . . . **46** L 21
Niardo *BS* . . . . **10** E 13
Nibbia *NO*. . . . . **20** F 7
Nibbiaia *LI* . . . . **42** L 13
Nibbiano *PC*. . . . . **29** H 10
Nicà *CS*. . . . . **87** I 32
Nicà (I. di Pantelleria) *TP*. .**96** N 19
Nicastro *CZ*. . . . . **88** K 30
Niccioleta *GR*. . . . . . . **49** M 14
Niccone *PG*. . . . . **51** M 18
Niccone (Torrente) *PG*. . **51** M 18
Nichelino *TO* . . . . **27** H 4
Nicola Bove
   (Monte) *SU*. . . . . **119** J 10
Nicola (Monte) *FG* . . . . **67** B 30
Nicolosi *CT*. . . . . **100** O 27
Nicoletti (Lago) *EN* . . . **99** O 24
Nicorvo *PV* . . . . **20** G 8
Nicosia *EN*. . . . . **100** N 25
Nicotera *VV*. . . . . **88** L 29

Nicotera Marina *VV*. . . **88** L 29
Nieddu (Monte) *SS* . . . **113** E 10
Nieddu di Ottana
   (Monte) *NU*. . . . . **115** G 9
Niederdorf /
   Villabassa *BZ* . . . . . . **4** B 18
Niel *AO*. . . . . **19** E 5
Niella Belbo *CN*. . . . . . **27** I 6
Niella Tanaro *CN*. . . . . **35** I 5
Nigra (Passo) *BZ* . . . . **3** C 16
Nimis *UD*. . . . . **15** D 21
Ninfa *LT* . . . . **63** R 20
Niovole *PT* . . . . **39** K 14
Nirano *MO* . . . . **31** I 14
Niscemi *CL* . . . . **104** P 25
Nisida (Isola di) *NA* . . . **69** E 24
Nissoria *EN*. . . . . **100** O 25
Niviano *PC* . . . . **29** H 10
Nivolet (Colle del) *TO*. . **18** F 3
Nizza di Sicilia *ME* . . . **90** N 28
Nizza Monferrato *AT*. . . **28** H 7
Noale *VE*. . . . . **25** F 18
Noasca *TO* . . . . **18** F 3
Nocara *CS* . . . . **78** G 31
Nocchi *LU* . . . . **38** K 13
Nocciano *PE*. . . . . **60** O 23
Noce *PZ*. . . . . **77** G 29
Noce *TN*. . . . . **11** C 14
Nocelleto *CE* . . . . **69** D 24
Nocera Inferiore *SA*. . . **75** E 25
Nocera Superiore *SA*. . **75** E 26
Nocera Terinese *CZ*. . . **86** J 30
Nocera Umbra *PG* . . . . **52** M 20
Noceto *PR*. . . . . **30** H 12
Noci *BA* . . . . **73** E 33
Nociara *EN* . . . . **104** O 24
Nociazzi *PA*. . . . . **99** N 24
Nociglia *LE* . . . . **83** G 36
Noepoli *PZ* . . . . **77** G 30
Nogara *VR* . . . . **23** G 15
Nogarè *TV* . . . . **24** E 18
Nogarole *UD* . . . . **17** E 21
Nogarole Rocca *VR* . . . **23** G 14
Nogarole Vicentino *VI*. . **23** F 15
Nogheredo *PN* . . . . . . **13** D 19
Nogna *PG* . . . . **45** L 19
Noha *LE*. . . . . **83** G 36
Nola *NA*. . . . . **70** E 25
Nole *TO* . . . . **19** G 4
Noli *SV* . . . . **36** J 7
Noli (Capo di) *SV* . . . . **36** J 7
Nomi *TN* . . . . **11** E 15
Non (Val di) *TN* . . . . . . **11** D 15
Nona *BG*. . . . . **10** D 12
Nonantola *MO* . . . . . . **31** H 15
None *TO* . . . . **27** H 4
Nongruella *UD* . . . . . . **15** D 21
Nonio *VB*. . . . . **8** E 7
Nora *CA* . . . . **121** J 9
Noragugume *NU* . . . . . **115** G 8
Norba *LT* . . . . **63** R 20
Norbello *OR*. . . . . **115** G 8
Norchia *VT*. . . . . **57** P 17
Norcia *PG*. . . . . **52** N 21
Nordio-Deffar (Rif.) *UD*. . **15** C 22
Norge Polesine *RO* . . . **33** G 18
Norma *LT*. . . . . **63** R 20
Nortiddi *NU* . . . . **113** F 10
Nosate *MI* . . . . **20** F 8
Nosedole *MN*. . . . . **31** G 14
Nostra Signora de
   Cabu Abbas *SS* . . . . **111** F 8
Nostra Signora
   della Solitudine *NU* . . **116** G 10
Nostra Signora
   di Bonaria *SS* . . . . . . **111** E 8
Nostra Signora
   di Castro *SS* . . . . **111** E 9
Nostra Signora
   di Gonari *NU* . . . . . . **115** G 9
Nostra Signora
   di Monserrato *NU*. . . . **117** G 10
Nostra Signora
   di Montallegro *GE* . . . **37** I 9
Nostra Signora
   di Montenero *SU*. . . . **119** J 10
Notaresco *TE*. . . . . . . **53** O 23
Noto *SR* . . . . **105** Q 27
Noto (Golfo di) *SR* . . . **105** Q 27
Noto Antica *SR* . . . . . **105** Q 27
Notteri (Stagno) *SU*. . . **119** J 10
Nova Levante /
   Welschnofen *BZ*. . . . . **12** C 16
Nova Milanese *MI*. . . . **21** F 9
Nova Ponente /
   Deutschnofen *BZ*. . . . **12** C 16

Nova Siri *MT*. . . . . **78** G 31
Nova Siri Marina *MT*. . . **78** G 31
Novacella / Neustift *BZ*. .**4** B 16
Novafeltria *PS* . . . . . . **41** K 18
Novale *VI* . . . . **23** F 15
Novale / Rauth *BZ* . . . . **12** C 16
Novaledo *TN* . . . . **12** D 16
Novalesa *TO*. . . . . **18** G 3
Novara *NO* . . . . **20** F 7
Novara di Sicilia *ME*. . . **101** M 27
Novate Mezzola *SO*. . . **9** D 10
Novate Milanese *MI* . . **21** F 9
Nove *VI* . . . . **24** E 17
Novegigola *MS* . . . . . . **38** J 11
Noveglia *PR* . . . . **29** I 11
Novegno (Monte) *VI*. . . **24** E 15
Novellara *RE*. . . . . **31** H 14
Novello *CN*. . . . . **27** I 5
Noventa di Piave *VE* . . **16** F 19
Noventa Padovana *PD*. . **24** F 17
Noventa Vicentina *VI* . . **24** G 16
Novi di Modena *MO* . . . **31** H 14
Novi Ligure *AL* . . . . . . **28** H 8
Novi Velia *SA* . . . . **76** G 27
Noviglio *MI*. . . . . **21** F 9
Novoli *LE*. . . . . **81** F 36
Nozza *BS*. . . . . **22** E 13
Nozzano *LU* . . . . **38** K 13
Nubia *TP* . . . . **96** N 19
Nuccio *TP* . . . . **96** N 19
Nucetto *CN*. . . . . **35** I 6
Nuchis *SS* . . . . **109** E 9
Nudo (Col) *PN* . . . . . . **13** D 19
Nughedu
   di S. Nicolò *SS* . . . . . **111** F 9
Nughedu
   Sta Vittoria *OR*. . . . . **115** G 8
Nugola *LI* . . . . **42** L 13
Nule *SS* . . . . **111** F 9
Nulvi *SS* . . . . **111** E 8
Numana *AN* . . . . **47** L 22
Nunziata *CT* . . . . **101** N 27
Nuoro *NU* . . . . **115** G 9
Nuova Bisaccia *AV* . . . **71** D 28
Nuova Olonio *SO*. . . . . **9** D 10
Nuovo (Ponte) *FG* . . . **71** D 28
Nuracciolu (Punta) *SU*. .**118** I 7
Nurachi *OR*. . . . . **114** H 7
Nuraddeo *OR* . . . . **114** G 7
Nuraghe (Valle dei) *SS*. . **111** F 8
Nuragus *CA* . . . . **115** H 9
Nurallao *CA* . . . . **115** H 9
Nuraminis *SU* . . . . **118** I 9
Nuraxi (Su)
   (Barumini) *SU*. . . . . . **118** H 8
Nuraxi de Mesu
   (Valico) *SU*. . . . . **120** K 8
Nuraxi Figus *SU*. . . . . **118** J 7
Nure *PC* . . . . **29** H 11
Nureci *OR* . . . . **115** H 8
Nuria (Monte) *RI*. . . . . **59** O 21
Nurri *SU*. . . . . **119** H 9
Nurri
   (Cantoniera di) *SU* . . **119** H 9
Nus *AO* . . . . **19** E 4
Nuschele (Monte) *NU*. . **115** F 9
Nusco *AV*. . . . . **71** E 27
Nusenna *SI*. . . . . **44** L 16
Nuvolato *MN*. . . . . **31** G 15
Nuvolau (Rifugio) *BL*. . . **4** C 18
Nuvolento *BS* . . . . **22** F 13
Nuvolera *BS* . . . . **22** F 13
Nuxis *SU* . . . . **118** J 8

O

Ober Wielenbach /
   Vila di Sopra *BZ*. . . . . **4** B 17
Oberbozen /
   Soprabolzano *BZ* . . . **3** C 16
Obereggen /
   S. Floriano *BZ*. . . . . . **12** C 16
Obolo *PC*. . . . . **29** H 10
Oca *RO*. . . . . **33** H 18
Occhieppo *BI*. . . . . . . **19** F 6
Occhiobello *RO*. . . . . . **32** H 16
Occhione (Punta) *SS*. . **109** D 10
Occhito (Lago di) *FG*. . **66** C 26
Occimiano *AL* . . . . **28** G 7
Occhini (Passo di) *BZ*. . **12** C 16
Ocre *AQ*. . . . . **59** P 22
Ocre *RI*. . . . . **58** O 20
Ocre (Monte) *AQ* . . . . **59** P 22
Odalengo Grande *AL*. . **27** G 6
Oderzo *TV* . . . . **16** E 19
Odle (le) /
   Geislerspitze *BZ* . . . . **4** C 17

A B C D E F G H I J K L M N O P Q R S T U V W X Y Z

Odolo BS............ 22 F 13
Oes SS .... 111 F 8
Ofanto AV........... 71 E 28
Ofanto (Foce dell') FG.. 72 C 30
Ofen / Forno (Monte) UD........ 15 C 23
Ofena AQ............ 60 P 23
Offagna AN.......... 47 L 22
Offanengo CR........ 21 F 11
Offida AP........... 53 N 23
Offlaga BS.......... 22 F 12
Oggia (Colle di) IM.. 35 K 5
Oggiono LC.......... 21 E 10
Ogliastra NU .... 117 H 10
Ogliastra (Isola dell') NU ...117 H 11
Ogliastro Cilento SA .. 75 F 27
Ogliastro (Lago di) EN..104 O 25
Ogliastro Marina SA ... 75 G 26
Oglio BS............ 10 D 13
Ogliolo BS.......... 10 D 12
Ogna (Monte) SA .... 76 E 28
Ognina SR........... 105 Q 27
Ognina (Capo) SR.... 105 Q 27
Ognio GE............ 37 I 9
Ognissanti BA ...... 73 D 32
Oisternig (Monte) UD.. 15 C 22
Ola NU .... 115 G 9
Olang / Valdaora BZ .... 4 B 18
Olbia SS............ 109 E 10
Olbia (Golfo di) SS ... 109 E 10
Olbicella AL .... 28 I 7
Olcenengo VC........ 20 F 6
Olcio LC............ 9 E 9
Olda BG............. 9 E 10
Oleggio NO .... 20 F 7
Oleggio Castello NO... 20 E 7
Oleis UD............ 15 D 22
Olengo NO........... 20 F 7
Olevano di Lomellina PV...... 20 G 8
Olevano Romano RM... 63 Q 21
Olevano sul Tusciano SA .... 75 F 27
Olgiasca LC......... 9 D 9
Olgiata RM.......... 58 P 19
Olgiate Comasco CO.... 21 E 8
Olgiate Molgora LC.... 21 E 10
Olgiate Olona VA ...... 20 F 8
Olginate LC......... 21 E 10
Olia (Monte) SS...... 112 E 10
Olia Speciosa SU...... 119 J 10
Oliena NU........... 117 G 10
Oliena (Rio d') NU.... 116 G 10
Olinie (Monte) NU .... 117 G 10
Olivadi CZ.......... 88 K 31
Olivarella ME ...... 95 M 27
Oliveri ME .... 100 M 27
Oliveto RC.......... 90 M 29
Oliveto AR.......... 44 L 17
Oliveto BO.......... 39 I 15
Oliveto (Masseria) BA.. 72 E 30
Oliveto Citra SA..... 76 E 27
Oliveto Lario LC .... 9 E 9
Oliveto Lucano MT .... 77 F 30
Oliveto Maggiore (Abbazia di Monte) SI..50 M 16
Olivetta IM .... 34 K 4
Olivieri (Masseria) BA.. 72 E 31
Olivo EN............ 104 O 24
Olivo (Ponte) CL .... 104 P 24
Olivola MS .... 38 J 12
Ollastra Simaxis OR... 115 H 8
Ollastu SU.......... 119 I 10
Olle TN............. 12 D 16
Ollolai NU.......... 115 G 9
Ollomont AO......... 6 E 3
Olmedo SS........... 110 F 7
Olmeneta CR......... 22 G 12
Olmi PT............. 39 K 14
Olmi (Monte degli) BZ.. 3 C 14
Olmo AR............. 44 L 17
Olmo FI............. 40 K 16
Olmo RE............. 30 H 13
Olmo SO............. 9 C 10
Olmo TV............. 24 E 17
Olmo VI............. 24 F 16
Olmo al Brembo BG.... 9 E 10
Olmo Gentile AT..... 28 I 6
Olona VA............ 20 E 8
Olonia MI........... 21 F 9
Olpeta VT........... 57 O 17
Oltre il Colle BG .... 10 E 11
Oltre Vara SP....... 37 J 11
Olza PC............. 30 G 11
Olzai NU............ 115 G 9

Ombrone (vicino a Grosseto) SI....... 50 M 16
Ombrone (vicino a Pistoia) PT........ 39 K 14
Ome BS.............. 22 F 12
Omegna VB........... 8 E 7
Omignano SA......... 75 G 27
Omignano Scalo SA ... 75 G 27
Omodeo (Lago) OR.... 115 G 8
Onamarra (Punta) NU ..117 G 10
Onani NU............ 113 F 10
Onano VT............ 50 N 17
Onara PD............ 24 F 17
Oncino CN........... 26 H 3
Oneglia IM.......... 35 K 6
Onifai NU........... 117 F 10
Oniferi NU.......... 115 G 9
Onigo di Piave TV ... 12 E 17
Onno LC............. 9 E 9
Onzo SV............. 35 J 6
Opera MI............ 21 F 9
Opi AQ.............. 64 Q 23
Opicina TS.......... 17 E 23
Oppeano VR.......... 23 G 15
Oppido Lucano PZ..... 72 E 29
Oppido Mamertina RC.. 91 M 29
Oppio (Passo di) PT... 39 J 14
Ora / Auer BZ....... 12 C 15
Orani NU............ 115 G 9
Orasso VB........... 8 D 7
Oratino CB.......... 65 R 25
Orba AL............. 28 H 7
Orbai (Monte) SU..... 121 J 8
Orbassano TO........ 27 G 4
Orbetello GR........ 55 O 15
Orbetello (Laguna di) GR...... 55 O 15
Orbetello Scalo GR ... 55 O 15
Orcenico Inferiore PN.. 13 E 20
Orcia SI............ 50 N 16
Orciano di Pesaro PS... 46 K 20
Orciano Pisano PI.... 42 L 13
Orciatico PI........ 43 L 14
Orco TO............. 18 F 3
Ordini (Monte) SU .... 119 I 10
Ordona FG........... 71 D 28
Orecchiella LU...... 38 J 13
Oregone (Passo d.) / Hochalpljoch UD .... 5 C 20
Orentano PI......... 43 K 13
Orezzoli PC......... 29 I 10
Orgiano VI.......... 24 F 16
Orgnano UD.......... 16 D 21
Orgosolo NU......... 116 G 10
Oria BR............. 79 F 34
Oria CO............. 9 D 9
Oriago VE........... 25 F 18
Oricola AQ.......... 59 P 21
Origgio VA.......... 21 F 9
Orimini (Masseria) (vicino a Martina Franca) TA.. 80 E 33
Orimini (Masseria) (vicino a S. Simone) TA...... 79 F 33
Orino VA............ 8 E 8
Orio al Serio BG .... 21 E 11
Orio Litta LO....... 29 G 10
Oriolo CS........... 77 G 31
Oriolo PV........... 29 G 9
Oriolo PG........... 52 N 20
Oriolo Romano VT..... 57 P 18
Oristano OR......... 114 H 8
Oristano (Golfo di) OR..114 H 7
Orlando (Capo d') ME.. 100 M 26
Ormea CN............ 35 J 5
Ormelle TV.......... 16 E 19
Ornaro RI........... 58 P 20
Ornavasso VB........ 8 E 7
Orneta AV........... 71 D 27
Ornica BG........... 9 E 10
Oro (Conca d') PA.... 97 M 21
Oro (Monte d') PA .... 99 N 23
Oro (S') SU......... 119 I 10
Orolo VI............ 24 F 16
Oronaye (Monte) CN.... 26 I 2
Oropa BI............ 19 F 5
Orosei NU........... 117 F 11
Orosei (Golfo di) NU.. 117 G 10
Orotelli NU......... 115 G 9
Orotelli (Serra d') SS.. 115 F 9
Orri (Monte) SU..... 118 J 8
Orria SA............ 75 G 27
Orrido di S. Anna VB.. 8 D 7
Orriola (Monte) SS.... 111 E 9
Orroli SU........... 119 H 9

Orru (Cuccuru) SU .... 119 I 9
Orsago TV........... 13 E 19
Orsaiola PS......... 45 L 19
Orsara di Puglia FG... 71 D 27
Orsaria UD.......... 15 D 22
Orsetti (Monte) TA ... 73 E 33
Orsia AO............ 7 E 5
Orsiera (Monte) TO ... 26 G 3
Orso (Capo d') SA.... 75 F 26
Orso (Capo d') SS.... 109 D 10
Orso (Colle dell') IS.. 65 R 25
Orsogna CH.......... 60 P 24
Orta PE............. 60 P 24
Orta di Atella CE.... 69 E 24
Orta (Lago d') NO.... 20 E 7
Orta Nova FG........ 71 D 29
Orta S. Giulio NO .... 20 E 7
Ortacesus SU........ 119 I 9
Orte VT............. 58 O 19
Ortelle LE.......... 83 G 37
Ortezzano AP........ 53 M 22
Orti RC............. 90 M 29
Orticelli RO........ 32 G 18
Ortigara (Monte) VI... 12 D 16
Ortignano-Raggiolo AR..44 K 17
Ortimino FI......... 43 L 15
Ortisei / St. Ulrich BZ.. 4 C 17
Ortler / Ortles BZ .... 2 C 13
Ortles / Ortler BZ ...... 2 C 13
Ortobene (Monte) NU.. 116 G 10
Ortolano AQ......... 59 O 22
Ortona CH........... 60 O 25
Ortona dei Marsi AQ.. 60 Q 23
Ortonovo SP......... 38 J 12
Ortovero SV......... 35 J 6
Ortuabis (Valico) NU.. 115 H 9
Ortucchio AQ........ 64 Q 22
Ortueri NU.......... 115 G 8
Orune NU............ 116 F 10
Orvieto TR.......... 51 N 18
Orvinio RI.......... 58 P 20
Orzano UD........... 15 D 22
Orzinuovi BS........ 22 F 11
Orzivecchi BS....... 22 F 11
Osasco TO........... 26 H 4
Osasio TO........... 27 H 4
Oscasale CR......... 22 G 11
Oscata AV........... 71 D 27
Oschiri SS.......... 111 E 9
Oschiri (Rio di) SS.... 111 E 9
Osento AV........... 71 E 28
Osento CH........... 61 P 25
Osidda NU........... 111 F 9
Osiglia SV.......... 35 J 6
Osiglietta (Lago di) SV.. 35 J 6
Osilo SS............ 111 E 8
Osimo AN............ 47 L 22
Osimo Stazione AN.... 47 L 22
Osini-Nuovo NU...... 117 H 10
Osini-Vecchio NU..... 117 H 10
Osio Sotto BG....... 21 F 10
Oslavia GO.......... 17 E 22
Osnago LC........... 21 E 10
Osoppo UD........... 14 D 21
Ospedaletti IM ..... 35 K 5
Ospedaletto LO...... 21 G 10
Ospedaletto FO...... 41 J 18
Ospedaletto RN...... 41 K 19
Ospedaletto TR...... 51 N 18
Ospedaletto TN...... 12 D 16
Ospedaletto TV...... 25 F 18
Ospedaletto UD...... 14 D 21
Ospedaletto d'Alpinolo AV....... 70 E 26
Ospedaletto Euganeo PD......... 24 G 16
Ospedalicchio PG..... 51 M 19
Ospitale FE......... 32 H 16
Ospitale ME......... 39 J 14
Ospitale di Cadore BL.. 13 D 18
Ospitaletto BS...... 22 F 12
Ospitaletto MN...... 31 G 13
Ospitaletto MO...... 31 H 14
Ospitalmonacale FE ... 32 H 17

Osteria dell'Osa RM... 63 Q 20
Osteria di Morano PG.. 51 M 20
Osteria Grande BO.... 40 I 16
Osteria Nuova RM .... 58 P 18
Osterianova MC...... 47 L 22
Ostia Antica RM..... 62 Q 18
Ostia Parmense PR.... 30 I 11
Ostiano CR.......... 22 G 12
Ostiglia MN......... 31 G 15
Ostigliano SA....... 75 G 27
Ostra AN............ 46 L 21
Ostra Vetere AN..... 46 L 21
Ostuni BR........... 80 E 34
Oten (Valle d') BL ... 4 C 18
Otranto LE.......... 83 G 37
Otranto (Capo d') LE.. 83 G 37
Otricoli TR......... 58 O 19
Ottana NU........... 115 G 9
Ottati SA........... 76 F 27
Ottava SS........... 110 E 7
Ottavia RM.......... 62 Q 19
Ottaviano NA........ 70 E 25
Ottiglio AL......... 28 G 7
Ottiolu (Punta d') NU.. 113 E 11
Ottobiano PV........ 20 G 8
Ottone PC........... 29 I 10
Oulx TO............. 26 G 2
Ovada AL............ 28 I 7
Ovaro UD............ 5 C 20
Oviglio AL.......... 28 H 7
Ovindoli AQ......... 59 P 22
Ovo (Torre dell') TA.. 79 G 34
Ovodda NU........... 115 G 9
Oyace AO............ 6 E 4
Ozegna TO........... 19 G 5
Ozieri SS........... 111 F 9
Ozzano dell'Emilia BO.. 40 I 16
Ozzano Monferrato AL.. 28 G 7
Ozzano Taro PR...... 30 H 12
Ozzero MI........... 20 F 8

P

Pabillonis SU ...... 118 I 8
Pace ME............. 90 M 28
Pace del Mela ME.... 90 M 27
Paceco TP........... 96 N 19
Pacengo VR.......... 23 F 14
Pacentro AQ......... 60 P 23
Pachino SR.......... 107 Q 27
Paciano PG.......... 51 M 18
Padenghe sul Garda BS..22 F 13
Padergnone TN....... 11 D 14
Paderno BL.......... 12 D 18
Paderno BO.......... 40 I 15
Paderno d'Adda LC ... 21 E 10
Paderno del Grappa TV..24 E 17
Paderno di Ponzano TV..25 E 18
Paderno Dugnano MI....21 F 9
Paderno Ponchielli CR..22 G 11
Padiglione AN....... 47 L 22
Padiglione (Bosco di) LT...... 62 R 19
Padola BL........... 5 C 19
Pàdola (Val) BL .... 5 C 19
Padova PD........... 24 F 17
Padova (Rifugio) BL... 13 C 19
Padria SS........... 115 F 7
Padriciano TS....... 17 F 23
Padrio (Monte) BS.... 10 D 12
Padru SS............ 113 E 10
Padru (Monte) SS..... 109 D 9
Padula SA........... 76 F 28
Padule PG........... 51 M 19
Paduli BN........... 70 D 26
Paduli (Lago) MS .... 38 I 12
Padulle BO.......... 31 I 15
Paesana CN.......... 26 H 3
Paese TV............ 25 E 18
Paestum SA.......... 75 F 27
Paestum Antica SA ... 75 F 27
Paganella (Monte) TN.. 11 D 15
Pagani SA........... 75 E 25
Pagania CS.......... 85 I 31
Paganica AQ......... 59 O 22
Paganico GR......... 49 N 15
Pagano (Monte) AQ.... 65 Q 24
Paganuccio (Monte) PS 46 L 20
Pagazzano BG........ 21 F 11
Paghera BS.......... 10 E 13
Paglia VT........... 50 N 17
Paglia (Portella della) PA.. 97 M 21
Pagliara ME......... 90 N 28
Pagliare AP......... 53 N 23
Pagliarelle KR...... 87 J 32

Pagliaroli TE....... 59 O 22
Pagliarone (Monte) FG.. 71 C 27
Paglieres CN........ 26 I 3
Pagliericcio AR..... 44 K 17
Paglieta CH......... 61 P 25
Pagliosa (Isola sa) NU.. 114 F 7
Pagnacco UD......... 14 D 21
Pagnano TV.......... 24 E 17
Pagno CN............ 26 I 4
Pagnona LC.......... 9 D 10
Pago Veiano BN...... 70 D 26
Pai VR.............. 23 F 14
Paidorzu (Monte) SS.. 111 F 9
Paisco BS........... 10 D 12
Paisco (Valle) BS.... 10 D 12
Palade (Passo delle) / Gampenjoch BZ..... 3 C 15
Paladina BG......... 21 E 10
Palagano MO......... 39 J 13
Palagianello TA..... 78 F 32
Palagiano TA........ 78 F 33
Palagogna (Masseria) BR...... 80 F 34
Palagonia CT........ 104 P 26
Palai (Punta) NU .... 115 F 8
Palala PI........... 43 L 14
Palanuda (Monte) CS .. 85 H 30
Palanzano PR........ 38 I 12
Palanzone (Monte) CO.. 9 E 9
Palata CB........... 65 Q 26
Palata Pepoli BO..... 31 H 15
Palau SS............ 109 D 10
Palavas (Monte) TO.... 26 H 2
Palazello CS........ 85 I 30
Palazzago BG........ 21 E 10
Palazzelli SR....... 104 O 26
Palazzetto SI....... 49 M 15
Palazzina Sta Maria MT..77 F 30
Palazzo AN.......... 46 L 20
Palazzo LI.......... 48 N 13
Palazzo MC.......... 52 M 20
Palazzo PG.......... 51 M 19
Palazzo Adriano PA... 98 N 22
Palazzo d'Ascoli FG... 71 D 28
Palazzo del Pero AR... 45 L 17
Palazzo Foscarini (Mira) VE.......... 24 F 18
Palazzo S. Gervasio PZ.. 72 E 29
Palazzolo Acreide SR.. 104 P 26
Palazzolo dello Stella UD..... 16 E 21
Palazzolo sull'Oglio BS..22 F 11
Palazzolo Vercellese VC.. 20 G 6
Palazzone SI........ 50 N 17
Palazzuolo AR....... 44 L 16
Palazzuolo sul Senio FI..40 J 16
Palena CH........... 60 Q 24
Paleparto (Monte) CS.. 85 I 31
Palermiti CZ........ 88 K 31
Palermo PA.......... 98 M 22
Palermo (Golfo di) PA.. 98 M 22
Palermo (Portella) PA.. 99 O 23
Palermo-Punta Raisi (Aeroporto di) PA... 97 M 21
Palese BA........... 73 D 32
Palestrina RM....... 63 Q 20
Palestro PV......... 20 G 7
Paliano FR.......... 63 Q 21
Palidano MN......... 31 H 14
Palidoro RM......... 62 Q 18
Palinuro SA......... 84 G 27
Palinuro (Capo) SA.... 84 G 27
Palizi RC........... 91 N 29
Palizi Marina RC.... 91 N 29
Palla Palla CS...... 87 J 32
Pallagorio KR....... 87 J 32
Pallanfre CN........ 34 J 4
Pallanza VB......... 8 E 7
Pallare SV.......... 35 J 6
Pallareta (Monte) PZ.. 77 G 30
Pallerone MS........ 38 J 12
Pallosu (Cala su) OR.. 114 G 7
Palma TP............ 96 N 19
Palma (Fiume) AG.... 103 P 23
Palma Campania NA.... 70 E 25
Palma di Montechiaro AG.. 103 P 23
Palmadula SS........ 110 E 6
Palmaiola (Isola) LI... 48 N 13
Palmanova UD........ 17 E 21
Palmaria (Isola) SP ... 38 J 11
Palmariggi LE....... 83 G 37
Palmarini (Masseria) BR..79 F 35
Palmas SU........... 118 J 7
Palmas (Golfo di) SU.. 120 J 7
Palmas (Rio) SU..... 118 J 7

Palmas Arborea OR... 114 H 7
Palmavera SS........ 110 F 6
Palme (Masseria delle) TA... 78 F 32
Palmi RC............ 88 L 29
Palmiano AP .... 52 N 22
Palmieri (Rifugio) BL... 4 C 18
Palmoli CH.......... 61 Q 25
Palmori FG.......... 66 C 28
Palmschoss / Plancios BZ........ 4 B 17
Palo RM............. 62 Q 18
Palo SV............. 28 I 7
Palo TN............. 11 E 14
Palo del Colle BA.... 73 D 32
Palombaio BA........ 73 D 31
Palombara TE........ 60 O 23
Palombara Sabina RM.. 58 P 20
Palombaro CH........ 60 P 24
Palombina AN........ 47 L 22
Palomonte SA........ 76 F 27
Palosco BG.......... 22 F 11
Palù (Cima) TN...... 11 D 14
Palu (Lago) SO...... 10 D 11
Palu (Pizzo) SO..... 10 C 11
Palù del Fersina TN... 12 D 16
Paludi CS........... 87 I 32
Palus San Marco BL ... 4 C 18
Paluzza UD.......... 5 C 21
Pamparato CN........ 35 J 5
Pampeago TN........ 12 C 16
Pan di Zucchero SU... 118 I 7
Panarea (Isola) ME ... 94 L 27
Panaro MO........... 39 I 14
Panarotta TN........ 12 D 16
Pancalieri TO....... 27 H 4
Pancarana PV .... 29 G 9
Panchià TN.......... 12 D 16
Pancole GR.......... 50 N 15
Pancole SI.......... 43 L 15
Pandino CR.......... 21 F 10
Pandoro (Masseria) TA.. 73 E 33
Panettieri CS....... 86 J 31
Paneveggio TN....... 12 D 17
Panfresco (Masseria) BA..73 D 31
Panicale PG......... 51 M 18
Panicarola PG....... 51 M 18
Pannaconi VV........ 88 K 30
Pannarano BN........ 70 D 26
Panni FG............ 71 D 27
Panocchia PR........ 30 H 12
Pantaleo SU......... 118 J 8
Pantalica (Necropoli di) SR... 105 P 27
Pantalla PG......... 51 N 19
Pantanelle (Passo delle) CL.... 104 P 25
Pantasina IM........ 35 K 5
Pantelleria TP...... 96 Q 17
Pantelleria (Isola di) TP.. 96 Q 18
Pantianicco UD...... 16 D 21
Pantigliate MI...... 21 F 10
Panzano FI.......... 44 L 15
Panzano (Golfo di) GO.. 17 E 22
Panzano Bagni GO..... 17 E 22
Paola CS............ 86 I 30
Paolillo (Masseria) FG.. 71 D 29
Paolini TP.......... 96 N 19
Paolisi BN.......... 70 D 25
Papa (Monte del) PZ.. 77 G 29
Papanice KR......... 87 J 33
Paparotti UD........ 15 D 21
Papasidero CS....... 84 H 29
Papiano AR.......... 40 K 17
Papola-Casale (Aeroporto di) BR... 81 F 35
Papozze RO.......... 32 H 18
Para FO............. 41 J 18
Parabiago MI........ 20 F 8
Parabita LE......... 83 G 36
Paradiso BR......... 81 F 35
Paradiso (Costa) SS.. 109 D 8
Paraggi GE.......... 37 J 9
Paramont (Monte) AO.. 18 E 3
Paranesi TE......... 53 N 22
Paranzello (Punta) AG.. 102 T 20
Paras SU............ 116 H 9
Parasacco PV........ 20 G 8
Paratico BS......... 22 F 11
Parco dei Monaci (Masseria) MT ...... 78 F 31
Pardu Atzei SU...... 118 I 7

Parenti *CS* . . . . **86** J 31
Parete *CE* . . . . **69** E 24
Parghelia *VV* . . . . **88** K 29
Pari *GR* . . . . **50** M 15
Pariana *LU* . . . . **39** K 13
Paringianu *SU* . . . . **118** J 7
Parisa (Masseria) *FG* . . **66** C 27
Parisi (Casa) *EN* . . . . **104** O 25
Parma *PR* . . . . **30** H 12
Parma (Torrente) *PR* . . **30** I 12
Parmetta *PR* . . . . **30** H 13
Parnacciano *PG* . . . . . . **45** L 18
Parodi Ligure *AL* . . . . . **28** H 8
Parola *PR* . . . . **30** H 12
Parola (Torrente) *PR* . . **30** H 12
Paroldo *CN* . . . . . . **35** I 6
Paroletta *PR* . . . . **30** H 12
Parona
  di Valpolicella *VR* . . **23** F 14
Parrana-S. Giusto *LI* . . **42** L 13
Parrana-S. Martino *LI* . . **42** L 13
Parrano *TR* . . . . **51** N 18
Parre *BG* . . . . **10** E 11
Parredis (Monte) *SU* . . **119** I 10
Parrino (Punta) *TP* . . . . **96** N 19
Parrino (Serre del) *PA* . . **97** N 21
Partanna *PA* . . . . **97** M 21
Partanna *TP* . . . . **97** N 20
Partinico *PA* . . . . **97** M 21
Partschins / Parcines *BZ* . . **3** B 15
Parzanica *BG* . . . . **22** E 12
Pascarosa *BR* . . . . **80** E 34
Pasian di Prato *UD* . . . . **14** D 21
Pasiano
  di Pordenone *PN* . . . . **13** E 19
Paspardo *BS* . . . . **10** D 13
Pasquali *PR* . . . . **30** H 12
Passaggio *PG* . . . . **45** L 19
Passaggio d'Assisi *PG* . . **51** M 19
Passante
  (Serbatoio del) *CZ* . . **86** J 31
Passarella *VE* . . . . **16** F 19
Passariano *UD* . . . . . . **16** E 21
Passatore *CN* . . . . . . **27** I 4
Passeiertal /
  Passiria (Val) *BZ* . . . . **3** B 15
Passerano *AT* . . . . . . **27** G 6
Passero (Capo) *SR* . . . . **107** Q 27
Passignano *FI* . . . . . . **43** L 15
Passignano sul
  Trasimeno *PG* . . **51** M 18
Passirano *BS* . . . . **22** F 12
Passiria (Val) /
  Passeiertal *BZ* . . . . **3** B 15
Passirio *BZ* . . . . **3** B 15
Passo *VB* . . . . **8** D 7
Passo Corese *RI* . . . . . . **58** P 19
Passo
  di Croce Domini *BS* . . **10** E 13
Passo di Mirabella *AV* . . **70** D 27
Passo di Treia *MC* . . . . **52** M 22
Passo d'Orta *FG* . . . . . . **71** D 29
Passo Oscuro *RM* . . . . **62** Q 18
Passo S. Angelo *MC* . . **52** M 22
Passons *UD* . . . . **14** D 21
Passopisciaro *CT* . . . . . . **100** N 27
Pastena *FR* . . . . **64** R 22
Pastena *IS* . . . . **65** R 24
Pastena (Grotte di) *FR* . . **64** R 22
Pastorano *CE* . . . . **69** D 24
Pastorello *PR* . . . . . . **30** I 12
Pastrengo *VR* . . . . **23** F 14
Pasturana *AL* . . . . **28** H 8
Pasturo *LC* . . . . **9** E 10
Pasubio *TN* . . . . **23** E 15
Pasubio (Ossario) *VI* . . **23** E 15
Paternò *CT* . . . . **100** O 26
Paterno *PZ* . . . . **76** F 29
Paterno *AQ* . . . . **59** P 22
Paterno *MC* . . . . **52** M 21
Paterno Calabro *CS* . . **86** J 30
Paternopoli *AV* . . . . . . **70** E 27
Patigno *MS* . . . . . . **37** I 11
Patino (Monte) *PG* . . . . **52** N 21
Patria (Lago di) *NA* . . . . **69** E 24
Patrica *FR* . . . . **63** R 21
Pattada *SS* . . . . **111** F 9
Patti *ME* . . . . **100** M 26
Patti (Golfo di) *ME* . . **94** M 27
Patù *LE* . . . . **83** H 37
Pau *OR* . . . . **115** H 8
Pauceris Mannu
  (Monte is) *SU* . . . . **118** J 8
Paularo *UD* . . . . **5** C 21
Paularo (Monte) *UD* . . . . **5** C 21

Pauli Arbarei *SU* . . . . . . **118** I 8
Paulilatino *OR* . . . . . . **115** G 8
Paullo *MI* . . . . **21** F 10
Pauloni (Serra) *SS* . . **109** D 9
Paupisi *BN* . . . . **70** D 25
Pavarolo *TO* . . . . **27** G 5
Pavia *PV* . . . . **21** G 9
Pavia (Certosa di) *PV* . . **21** G 9
Pavia di Udine *UD* . . . . **17** E 21
Pavione (Monte) *BL* . . . . **12** D 17
Pavona *RM* . . . . **62** Q 19
Pavone *SI* . . . . **49** M 14
Pavone Canavese *TO* . . **19** F 5
Pavone del Mella *BS* . . **22** G 12
Pavullo
  nel Frignano *MO* . . . . **39** I 14
Pazzano *MO* . . . . **39** I 14
Pazzano *RC* . . . . **88** L 31
Pazzon *VR* . . . . **23** F 14
Peccioli *PI* . . . . **43** L 14
Pecetto di Valenza *AL* . . **28** G 8
Pecetto Torinese *TO* . . **27** G 5
Pecora *GR* . . . . **49** M 14
Pecora (Capo) *SU* . . . . **118** I 7
Pecorara *PC* . . . . **29** H 10
Pecoraro (Monte) *VV* . . **88** L 31
Pecorile *RE* . . . . **30** I 13
Pecorini *ME* . . . . **94** L 25
Pecorone *PZ* . . . . **77** G 29
Pedace *CS* . . . . **86** J 31
Pedagaggi *SR* . . . . . . **104** P 26
Pedalino *RG* . . . . **104** P 25
Pedace *CT* . . . . **101** O 27
Pedara *CT* . . . . **101** O 27
Pedaso *AP* . . . . **53** M 23
Pedavena *BL* . . . . **12** D 17
Pedemonte *GE* . . . . . . **28** I 8
Pedemonte *VR* . . . . . . **23** F 14
Pederiva *VI* . . . . **24** F 16
Pederoa *BZ* . . . . . . **4** C 17
Pederobba *TV* . . . . . . **12** E 17
Pedescala *VI* . . . . **24** E 16
Pedesina *SO* . . . . **9** D 10
Pediano *BO* . . . . **40** J 17
Pedicino (Monte) *FR* . . **64** Q 22
Pedivigliano *CS* . . . . . . **86** J 30
Pedra Ettori *SS* . . . . . . **110** F 7
Pedrabianca (Sa) *SS* . . **113** F 10
Pedraces /
  Pedratsches *BZ* . . . . **4** C 17
Pedralunga
  (Monte) *SS* . . . . . . **111** F 9
Pedratsches /
  Pedraces *BZ* . . . . **4** C 17
Pegli *GE* . . . . **36** I 8
Peglia (Monte) *TR* . . . . **51** N 18
Peglio *PS* . . . . **45** K 19
Peglio *SA* . . . . **76** G 28
Pegognaga *MN* . . . . . . **31** H 14
Pegolotte *VE* . . . . **24** G 18
Peio *TN* . . . . **11** C 14
Peio Terme *TN* . . . . . . **11** C 13
Pelagatta (Passo) *TN* . . **23** E 15
Pelago *FI* . . . . **44** K 16
Pelau *NU* . . . . **117** H 10
Pelizzone
  (Passo del) *PC* . . . . **29** H 11
Pellarini (Rifugio) *UD* . . **15** C 22
Pellaro *RC* . . . . **90** M 28
Pellaro (Punta di) *RC* . . **90** M 28
Pellecchia (Monte) *RM* . . **58** P 20
Pellegrina *RC* . . . . **90** M 29
Pellegrina *VR* . . . . . . **23** G 15
Pellegrino *ME* . . . . . . **90** M 28
Pellegrino
  (Cozzo del) *CS* . . . . **85** H 30
Pellegrino (Monte) *PA* . . **98** M 22
Pellegrino Parmense *PR* . . **30** H 11
Peller (Monte) *TN* . . . . **11** D 14
Pellestrina *VE* . . . . . . **25** G 18
Pellezzano *SA* . . . . . . **75** E 26
Pellice *TO* . . . . **26** H 3
Pellizzano *TN* . . . . **11** D 14
Pelmo (Monte) *BL* . . . . **13** C 18
Peloritani (Monti) *ME* . . **90** M 27
Peloro (Capo) *ME* . . . . **90** M 28
Pelosa
  (Spiaggia della) *SS* . . **108** E 6
Pelugo *TN* . . . . **11** D 14
Pelvo d'Elva *CN* . . . . . . **26** I 3
Pendenza *RI* . . . . . . **59** O 21
Pènegal (Monte) *BZ* . . **11** C 15
Penice (Monte) *PC* . . . . **29** H 9
Penice (Passo del) *PC* . . **29** H 9
Penna (Lago della) *AR* . . **44** L 17

Penna (Monte) *AR* . . . . **45** K 17
Penna (Monte) *PG* . . . . **52** M 20
Penna (Punta di) *CH* . . **61** P 26
Penna Alta *AR* . . . . . . **44** L 16
Penna in Teverina *TR* . . **58** O 19
Penna (Monte) *PR* . . . . **29** I 10
Penna S. Andrea *TE* . . **60** O 23
Penna S. Giovanni *MC* . . **52** M 22
Pennabilli *PS* . . . . **41** K 18
Pennadomo *CH* . . . . . . **60** P 24
Pennapiedimonte *CH.* . . **60** P 24
Penne *PE* . . . . **60** O 23
Penne (Forca di) *AQ* . . **60** P 23
Penne (Lago di) *PE* . . **60** O 23
Penne (Punta) *BR* . . . . **81** E 35
Pennes / Pens *BZ* . . . . **3** B 16
Pennes (Passo di) /
  Penserjoch *BZ* . . . . **3** B 16
Pennes (Val di) *BZ* . . . . **3** B 16
Pennino (Monte) *MC.* . . **52** M 20
Pens / Pennes *BZ* . . . . **3** B 16
Penserjoch / Pennes
  (Passo di) *BZ* . . . . **3** B 16
Penta *SA* . . . . **70** E 26
Pentedattilo *RC* . . . . . . **90** N 29
Pentema *GE* . . . . **29** I 9
Pentolina *SI* . . . . . . **49** M 15
Pentone *CZ* . . . . . . **87** K 31
Perano *CH* . . . . **60** P 25
Perarolo *VI* . . . . **24** F 16
Perarolo di Cadore *BL* . . **13** C 19
Perca / Percha *BZ* . . . . **4** B 17
Percha / Perca *BZ* . . . . **4** B 17
Perciato (Punta di) *ME.* . . **94** L 26
Percile *RM* . . . . **58** P 20
Percoto *UD* . . . . **17** E 21
Perd'e Sali *CA* . . . . . . **121** J 9
Perda de sa Mesa
  (Punta) *SU* . . . . . . **118** I 7
Perda Liana
  (Monte) *NU* . . . . . . **117** H 10
Perdaia (Monte) *SU* . . **120** K 8
Perdas de Fogu *SU* . . **120** J 7
Perdasdefogu *NU* . . . . **119** H 10
Perdaxius *SU* . . . . . . **118** J 7
Perdifumo *SA* . . . . . . **75** G 27
Perdonig / Predonico *BZ* . . **3** C 15
Perer *BL* . . . . **12** D 17
Pereta *GR* . . . . **56** O 15
Pereto *AQ* . . . . **59** P 21
Perfugas *SS* . . . . **111** E 8
Pergine Valdarno *AR* . . **44** L 17
Pergine Valsugana *TN.* . . **11** D 15
Pergola *PS* . . . . **45** L 20
Pergola *PZ* . . . . **76** F 29
Pergusa *EN* . . . . . . **99** O 24
Pergusa (Lago di) *EN* . . **104** O 24
Peri *VR* . . . . **23** F 14
Periasc *AO* . . . . **7** E 5
Perignano *PI* . . . . **43** L 13
Perinaldo *IM* . . . . **35** K 5
Perino *PC* . . . . **29** H 10
Perito *SA* . . . . **75** G 27
Perletto *CN* . . . . . . **27** I 6
Perlo *CN.* . . . . **35** J 6
Perloz *AO* . . . . **19** F 5
Pernate *NO* . . . . **20** F 7
Pernocari *VV* . . . . . . **88** L 30
Pernumia *PD* . . . . . . **24** G 17
Pero (Golfo) *SS* . . **109** D 10
Pero *MI* . . . . **21** F 9
Pero *SV* . . . . **36** I 7
Perolla *GR* . . . . . . **49** M 14
Perosa Argentina *TO.* . . **26** H 3
Perotti *PC* . . . . . . **29** I 10
Peroulaz *AO* . . . . . . **18** E 3
Perrero *TO* . . . . . . **26** H 3
Perrone (Sella del) *CB.* . . **65** R 25
Persano *SA* . . . . . . **75** F 27
Persi *AL* . . . . **28** H 8
Persico *CR* . . . . . . **22** G 12
Persignano *AR*. . . . . . **44** L 16
Pertegada *UD* . . . . . . **16** E 21
Pertengo *VC.* . . . . . . **20** G 7
Pertica Alta *BS*. . . . . . **22** E 13
Pertica Bassa *BS* . . . . **22** E 13
Perticano *PG* . . . . . . **46** L 20
Perticara *PS*. . . . . **41** K 18
Pertosa *SA* . . . . . . **76** F 28
Pertosa (Grotta di) *SA.* . . **76** F 28
Pertusa (Portella) *ME.* . . **101** N 27
Pertusillo
  (Lago del) *PZ*. . . . . . **77** G 29
Pertuso *PC* . . . . **29** I 10

Perugia *PG* . . . . **51** M 19
Pesa *FI* . . . . **43** K 15
Pesariis *UD* . . . . **5** C 20
Pesarina (Val) *UD* . . . . **5** C 20
Pesaro *PS* . . . . **46** K 20
Pescaglia *LU* . . . . **38** K 13
Pescara (Fiume) *PE* . . **60** P 23
Pescara *PE* . . . . . . **60** O 24
Pescarella (Masseria) *BA.* . . **72** E 30
Pescarolo ed Uniti *CR.* . . **22** G 12
Pesche *IS* . . . . **65** R 24
Peschici *FG* . . . . **67** B 30
Peschiera *MT* . . . . . . **77** F 31
Peschiera Borromeo *MI.* . . **21** F 9
Peschiera del Garda *VR* . . **23** F 14
Pescia *PG.* . . . . **52** N 21
Pescia *PT.* . . . . **39** K 14
Pescia (Torrente) *PT* . . **39** K 14
Pescia Fiorentina *GR.* . . **56** O 16
Pescia Romana *VT.* . . **56** O 16
Pescina *AQ* . . . . **59** P 22
Pescina *FI* . . . . **39** K 15
Pesco Sannita *BN.* . . **70** D 26
Pescocostanzo *AQ.* . . **64** Q 24
Pescolanciano *IS* . . . . **65** Q 25
Pescomaggiore *AQ* . . **59** O 22
Pescopagano *PZ.* . . **71** E 28
Pescopennataro *IS.* . . **65** Q 24
Pescorocchiano *RI.* . . **59** P 21
Pescosansonesco *PE.* . . **60** P 23
Pescosolido *FR* . . . . . . **64** Q 22
Pescul *BL* . . . . **12** C 18
Peseggia *TV* . . . . . . **25** F 18
Pesek *TS* . . . . **17** F 23
Pesio *CN* . . . . **35** J 5
Pesipe *CZ* . . . . **88** K 31
Pessinetto *TO* . . . . . . **18** G 4
Pessola *PR* . . . . . . **30** I 11
Pessola (Torrente) *PR.* . . **30** I 11
Pessina *SU* . . . . **118** J 7
Petacciato *CB.* . . . . . . **61** P 26
Petacciato Marina *CB.* . . **61** P 26
Petano (Monte) *TR* . . . . **58** O 20
Petersberg / Monte
  S. Pietro *BZ*. . . . . . **12** C 16
Petilia Policastro *KR.* . . **87** J 32
Petralia Soprana *PA.* . . **99** N 24
Petralia Sottana *PA.* . . **99** N 24
Petrano (Monte) *PS.* . . **46** L 19
Petrarca (Rifugio) *BZ.* . . **3** B 15
Petrella Guidi *PS.* . . . . **41** K 18
Petrella Liri *AQ* . . . . . . **59** P 21
Petrella Massana *AR.* . . **45** K 18
Petrella Tifernina *CB.* . . **65** Q 26
Petrelle *PG* . . . . **45** L 18
Petriano *PS*. . . . . **46** K 20
Petricci *GR* . . . . **56** N 16
Petrignacola *PR* . . . . . . **30** I 12
Petrignano *PG.* . . . . . . **51** M 19
Petrignano di Lago *PG.* . . **50** M 17
Petriolo *MC.* . . . . **52** M 22
Petritoli *AP* . . . . **53** M 22
Petrizzi *CZ.* . . . . **88** K 31
Petrognanovicino a
  Borgo S. Lorenzo *FI.* . . **40** K 16
Petrognano
  (vicino a Certaldo) *FI.* . . **43** L 15
Petroio *SI.* . . . . **50** M 17
Petrona *CZ* . . . . **87** J 32
Petrosino (Masseria) *BA.* . . **73** E 32
Petroso (Monte) *AQ* . . **64** Q 23
Petrulli (Masseria) *FG.* . . **66** C 27
Petruscio (Villaggio di)
  (Mottola) *TA.* . . . . **78** F 33
Pettenasco *NO* . . . . . . **20** E 7
Pettinascura
  (Monte) *CS.* . . . . . . **87** I 31
Pettineo *ME* . . . . . . **99** N 24
Pettoranello
  del Molise *IS.* . . . . . . **65** R 24
Pettorano sul Gizio *AQ.* . . **60** Q 23
Pettorazza Grimani *RO.* . . **32** G 17
Peveragno *CN* . . . . . . **35** J 4
Pezza (Piano di) *AQ* . . **59** P 22
Pezza *VC.* . . . . **20** G 7
Pezzano *SA.* . . . . . . **75** E 26
Pezzaze *BS*. . . . . **22** E 12
Pezze di Greco *BR.* . . **80** E 34
Pezzo *BS* . . . . **11** D 13

Pezzolo *ME*. . . . . **90** M 28
Pfalzen / Falzes *BZ.* . . **4** B 17
Pfatten / Vadena *BZ.* . . **12** C 15
Pfelders / Plan *BZ.* . . **3** B 15
Pflersch / Fleres *BZ.* . . **3** B 16
Pflerscher Tribulaun /
  Tribuláun *BZ.* . . . . **3** B 16
Pfunders / Fundres *BZ.* . . **4** B 17
Pia Camuno *BS.* . . . . **22** E 12
Piacenza *PC.* . . . . . . **29** G 11
Piacenza d'Adige *PD.* . . **32** G 16
Piadena *CR.* . . . . . . **30** G 13
Piagge *PS.* . . . . **46** K 20
Piaggia *PG.* . . . . **52** N 20
Piaggine *SA.* . . . . . . **76** F 28
Piaggio di Valmara *VB.* . . **8** D 8
Piaggio (Punta) *BR.* . . **81** E 35
Pian Castagna *AL.* . . **28** I 7
Pian d'Alma *GR.* . . . . **49** N 14
Pian d'Audi *TO.* . . . . **19** G 4
Pian de Valli *RI.* . . . . **58** O 20
Pian dei Ratti *GE.* . . . . **37** I 9
Pian del Falco *MO* . . **39** J 14
Pian del Leone
  (Lago) *PA.* . . . . . . **98** N 22
Pian del Re *CN.* . . . . **26** H 3
Pian del Voglio *BO.* . . **39** J 15
Pian dell'Osteria *BL.* . . **13** D 19
Pian delle Betulle *LC.* . . **9** D 10
Pian delle Fugazze
  (Passo) *TN.* . . . . **23** E 15
Pian di Barca *SP.* . . . . **37** J 11
Pian di Marte *PG.* . . **51** M 18
Pian di Molino *PS.* . . **45** L 19
Pian di Morrano *GR.* . . **57** O 16
Pian di Novello *PT.* . . **39** J 14
Pian di Sco *AR.* . . . . **44** L 16
Pian di Venola *BO.* . . **39** I 15
Pian Gelassa *TO.* . . . . **26** G 3
Pian Munè *CN.* . . . . **26** I 3
Pian Palu (Lago di) *BS.* . . **10** D 13
Piana *CB.* . . . . **65** R 25
Piana *PG.* . . . . **50** M 18
Piana (Masseria la) *MT.* . . **77** F 31
Piana Caruso *CS.* . . **85** I 31
Piana Crixia *SV.* . . . . **28** I 6
Piana degli Albanesi *PA.* . . **97** M 21
Piana degli Albanesi
  (Lago di) *PA.* . . . . **97** N 21
Piana
  di Monte Verna *CE.* . . **69** D 25
Piana (Isola) *SU.* . . . . **120** J 6
Piana (Isola) (vicino
  ad Alghero) *SS.* . . . . **110** F 6
Piana (Isola) (vicino
  a Stintino) *SS.* . . . . **110** E 6
Pianaccio *BO.* . . . . . . **39** J 14
Pianazze
  (Passo delle) *PR.* . . **29** I 10
Piancaldoli *FI.* . . . . . . **40** J 16
Piancastagnaio *SI.* . . **50** N 17
Piancavallo *PN.* . . . . **13** D 19
Pianche *CN.* . . . . . . **34** J 3
Piancogno *BS.* . . . . . . **10** E 12
Piandelagotti *MO.* . . **38** J 13
Piandimeleto *PS.* . . **45** K 19
Piane di Falerone *AP.* . . **52** M 22
Piane di Mocogno *MO.* . . **39** J 14
Piane (le) *VC.* . . . . . . **8** E 6
Pianedda
  (Monte sa) *SS.* . . **113** E 10
Pianella *PE.* . . . . . . **60** O 24
Pianella *SI.* . . . . . . **50** L 16
Pianello *PG.* . . . . . . **45** L 19
Pianello *PA.* . . . . . . **99** N 24
Pianello *AN.* . . . . . . **46** L 21
Pianello
  (Mottola) *TA.* . . . . **78** F 33
Pianello del Lario *CO.* . . **9** D 9
Pianello Val Tidone *PC.* . . **29** H 10
Pianengo *CR.* . . . . . . **21** F 11
Pianetto *FO.* . . . . . . **40** K 17
Pianetto
  (Portella del) *PA.* . . **98** M 22
Pianezza *TO.* . . . . . . **27** G 4
Pianezze *TV.* . . . . . . **12** E 18
Pianfei *CN.* . . . . **35** I 5
Piangipane *RA.* . . . . **41** I 18
Piani di Artavaggio *LC.* . . **9** E 10
Piani Resinelli *LC.* . . **9** E 10
Pianico *BG.* . . . . . . **22** E 12
Pianiga *VE.* . . . . . . **24** F 18
Piano *AT.* . . . . **27** H 6
Piano *PS.* . . . . **45** L 19
Piano *RO.* . . . . **33** H 18

Piano d'Arta *UD.* . . . . . . **5** C 21
Piano dei Peri *PZ.* . . . . **84** G 29
Piano del Cansiglio *BL.* . . **13** D 19
Piano del Monaco
  (Masseria) *BA.* . . . . **72** D 30
Piano della Limina *RC.* . . **88** L 30
Piano delle Fonti *CH.* . . **60** P 24
Piano di Pieve *PG.* . . **51** M 19
Piano di Sorrento *NA.* . . **74** F 25
Piano Laceno *AV.* . . . . **71** E 27
Piano Maggiore *TE.* . . **53** N 22
Pianoconte *ME.* . . . . **94** L 26
Pianola *AQ.* . . . . . . **59** P 22
Pianopantano *AV.* . . . . **70** D 26
Pianopoli *CZ.* . . . . . . **88** K 31
Pianoro *BO.* . . . . . . **40** I 16
Pianosa *LI.* . . . . . . **54** O 12
Pianosa (Isola) *LI.* . . **54** O 12
Piansano *VT.* . . . . . . **57** O 17
Piantedo *SO.* . . . . . . **9** D 10
Piantonia *PR.* . . . . **30** I 12
Pianura *NA.* . . . . . . **69** E 24
Piasco *CN.* . . . . . . **26** I 4
Piateda Alta *SO.* . . **10** D 11
Piave *BL.* . . . . **5** C 19
Piave Vecchia
  (Porto di) *VE.* . . **16** F 19
Piavola *FO.* . . . . . . **41** J 18
Piavon *TV.* . . . . . . **16** E 19
Piazza *SI.* . . . . . . **44** L 15
Piazza *CN.* . . . . . . **35** I 5
Piazza *PR.* . . . . . . **30** H 13
Piazza al Serchio *LU.* . . **38** J 12
Piazza Armerina *EN.* . . **104** O 25
Piazza Brembana *BG.* . . **9** E 11
Piazza di Brancoli *LU.* . . **39** K 13
Piazzatorre *BG.* . . . . **9** E 11
Piazze *SI.* . . . . . . **50** N 17
Piazzi (Cima de) *SO.* . . **10** C 12
Piazzo *GE.* . . . . . . **29** I 9
Piazzola sul Brenta *PD.* . . **24** F 17
Picchetta *NO.* . . . . **20** F 8
Picciano *PE.* . . . . . . **60** O 23
Piccilli *CE.* . . . . . . **64** R 24
Piccione *PG.* . . . . . . **51** M 19
Picco (Forcella dei) /
  Birnlücke *BZ.* . . . . **4** A 18
Piccoli *PC.* . . . . . . **29** H 10
Piccoli (Masseria) *TA.* . . **73** E 33
Piccolo (Corno) *TE.* . . **59** O 22
Piccolo (Lago) *TO.* . . **26** G 4
Piccolo S. Bernardo
  (Colle del) *AO.* . . . . **18** E 2
Picentini (Monti) *SA.* . . **70** E 26
Picentino *SA.* . . . . . . **70** E 26
Picerno *PZ.* . . . . . . **76** F 28
Picinisco *FR.* . . . . . . **64** R 23
Pico *FR.* . . . . **64** R 22
Picognola (Monte) *PG.* . . **46** L 19
Pideura *RA.* . . . . . . **40** J 17
Pidig Alm /
  Malga Pudio *BZ.* . . **4** B 18
Pidocchio
  (Masseria il) *FG.* . . **71** D 28
Pie di Moggio *RI.* . . **58** O 20
Pie di Via *PR.* . . . . . . **30** H 11
Piediavolo *AL.* . . . . . . **28** I 7
Piedicavallo *BI.* . . . . **19** E 5
Pieditlucco *TR.* . . . . . . **58** O 20
Piediluco (Lago di) *TR.* . . **58** O 20
Piedimonte *FI.* . . . . . . **40** J 16
Piedimonte Alta *FR.* . . **64** R 23
Piedimonte Etneo *CT.* . . **101** N 27
Piedimonte
  Massicano *CE.* . . **69** D 23
Piedimonte Matese *CE.* . . **65** R 25
Piedimonte
  S. Germano *FR.* . . **64** R 23
Piedimulera *VB.* . . . . **8** D 6
Piedipaterno *PG.* . . **52** N 20
Piediripa *MC.* . . . . **52** M 22
Piedivalle *PG.* . . . . . . **52** N 21
Piegaio *AR.* . . . . . . **51** L 18
Piegaro *PG.* . . . . . . **51** N 18
Pieve *VC.* . . . . . . **20** E 6
Piegolelle *SA.* . . . . . . **75** E 26
Pielungo *PN.* . . . . **14** D 20
Pienza *SI.* . . . . . . **50** M 17
Pierabec *UD.* . . . . . . **5** B 21
Pieranica *CR.* . . . . **21** F 10
Pierantonio *PG.* . . **51** M 19
Pierfaone (Monte) *PZ.* . . **76** F 29
Pieris *GO.* . . . . . . **17** E 22
Pietole *MN.* . . . . **31** G 14
Pietra (Torre) *FG.* . . **67** C 30
Pietra Bismantova *RE.* . . **38** I 13
Pietra de' Giorgi *PV.* . . **29** G 9

A
B
C
D
E
F
G
H
I
J
K
L
M
N
O
P
Q
R
S
T
U
V
W
X
Y
Z

A B C D E F G H I J K L M N O P Q R S T U V W X Y Z

Pietra dell'Uso FO ..... 41 K 18
Pietra Grande TN ...... 11 D 14
Pietra Ligure SV....... 36 J 6
Pietra Marazzi AL ... 28 H 8
Pietra Spada
(Passo di) VV ...... 88 L 31
Pietrabbondante IS... 65 Q 25
Pietrabruna IM ...... 35 K 5
Pietrabuona PT....... 39 K 14
Pietracamela TE ...... 59 O 22
Pietracatella CB...... 66 C 26
Pietracupa CB .... 65 Q 25
Pietracuta PS .... 41 K 19
Pietradefusi AV ...... 70 D 26
Pietrafaccia GE ...... 28 I 8
Pietraferrazzana CH... 60 Q 25
Pietrafitta CS .... 86 J 31
Pietrafitta PG .... 51 N 18
Pietrafitta SI........ 44 L 15
Pietragalla PZ .... 72 E 29
Pietragavina PV ...... 29 H 9
Pietraia AR .... 50 M 17
Pietraia PG .... 51 M 18
Pietralacroce AN..... 47 L 22
Pietraliscia (Serra) CT... 104 P 25
Pietralunga PG ...... 45 L 19
Pietralunga (Villa) EN .. 100 N 25
Pietramelara CE ..... 65 S 24
Pietramelina PG ...... 51 M 19
Pietramonte-corvino FG..66 C 27
Pietramurata TN ..... 11 D 14
Pietranico PE .... 60 P 23
Pietransieri AQ ...... 64 Q 24
Pietrapaola CS....... 87 I 32
Pietrapaola
(Stazione di) CS...... 87 I 32
Pietrapazza FO ...... 40 K 17
Pietrapennata RC ..... 91 N 30
Pietrapertosa PZ...... 77 F 30
Pietraperzia EN ..... 103 O 24
Pietraporzio CN...... 34 I 3
Pietraroia BN .... 65 R 25
Pietrarossa CT .... 104 P 25
Pietrarossa
(Serbatoio di) CT... 104 O 25
Pietrarúbbia PS...... 45 K 19
Pietrasanta LU...... 38 K 12
Pietrasecca AQ ...... 59 P 21
Pietrastornina AV..... 70 E 26
Pietravairano CE..... 65 S 24
Pietravecchia
(Monte) IM .... 35 K 4
Pietre Nere (Punta) FG ...66 B 28
Pietrelcina BN .... 70 D 26
Pietretagliate TP..... 96 N 19
Pietri AV............. 71 E 27
Pietroso (Monte) PA .. 97 N 21
Pieve BS............. 23 E 14
Pieve a Nievole PT.... 39 K 14
Pieve a Salti SI....... 50 M 16
Pieve al Toppo AR ..... 44 L 17
Pieve Albignola PV ... 28 G 8
Pieve d'Alpago BL .... 13 D 19
Pieve del Cairo PV ... 28 G 8
Pieve della Rosa PG... 45 L 18
Pieve di Bono TN..... 11 E 13
Pieve di Cadore BL.... 13 C 19
Pieve di C. (Lago di) BL .. 13 C 19
Pieve di Cagna PS .... 45 K 19
Pieve di Cento BO .... 32 H 15
Pieve di Chio AR...... 50 L 17
Pieve di Compito LU ... 43 K 13
Pieve
di Compresseto PG .. 51 M 20
Pieve di Coriano MN... 31 G 15
Pieve di Gusaliggio PR.. 30 I 11
Pieve di Ledro TN...... 11 E 14
Pieve di Livinallongo BL. 4 C 17
Pieve di Marebbe /
Plaiken BZ......... 4 B 17
Pieve di Monti MS ..... 38 J 12
Pieve di Rigutino AR.... 45 L 17
Pieve di S. Andrea BO.. 40 J 16
Pieve di Scalenghe TO... 27 H 4
Pieve di Soligo TV .... 13 E 18
Pieve di Teco IM ..... 35 J 5
Pieve d'Olmi CR .... 30 G 12
Pieve Emanuele MI ... 21 F 9
Pieve Fosciana LU ... 38 J 13
Pieve Ligure GE..... 37 I 9
Pieve Porto Morone PV.. 29 G 10
Pieve S. Giacomo CR... 30 G 12
Pieve S. Giovanni AR.... 44 L 17
Pieve S. Nicolò PG .... 51 M 19
Pieve S. Vicenzo RE ... 38 I 12
Pieve Sto Stefano AR .. 45 K 18

Pieve Tesino TN........ 12 D 16
Pieve Torina MC ...... 52 M 21
Pieve Trebbio MO...... 39 I 14
Pieve Vecchia AR ..... 50 M 17
Pieve Vergonte VB..... 8 D 6
Pievebovigliana MC .. 52 M 21
Pievefavara
(Lago di) MC......... 52 M 21
Pieveottoville PR..... 30 G 12
Pievepelago MO...... 39 J 13
Pievescola SI .... 49 M 15
Pievetta CN.......... 35 J 6
Pieve e
Bosco Tosca PC .... 29 G 10
Pigazzano PC....... 29 H 10
Piglio FR .... 63 Q 21
Pigna IM .... 35 K 4
Pignataro
Interamna FR...... 64 R 23
Pignataro Maggiore CE ..69 D 24
Pignola PZ .... 76 F 29
Pignone SP.......... 37 J 11
Pigra CO............ 9 E 9
Pila AO .... 18 E 3
Pila PG .... 51 M 18
Pila RO............. 33 H 19
Pila (La) LI .... 48 N 12
Pilastrello FE .... 32 H 15
Pilastrello PR .... 30 H 13
Pilastri FE........... 31 H 15
Pilastrino BO .... 39 I 15
Pilastro MN......... 31 G 13
Pilastro PR.......... 30 H 12
Pilcante TN......... 23 E 14
Pillaz AO .... 19 F 5
Pilli (Fattoria) OR..... 114 G 7
Pillonis (Is) SU ...... 120 K 7
Pilo (Stagno di) SS .... 110 E 6
Pilosu (Monte) SS..... 111 F 8
Pilzone BS.......... 22 E 12
Pimental SU......... 119 I 9
Piminoro RC......... 91 M 30
Pimonte NA .... 75 E 25
Pinarella RA .... 41 J 19
Pinarolo Po PV....... 29 G 9
Pinasca TO .... 26 H 3
Pinedo PN........... 13 D 19
Pinerolo TO .... 26 H 3
Pineta Grande CE..... 69 D 23
Pineta Mare CE ..... 69 E 23
Pineto TE........... 60 O 24
Pinino MC .... 52 M 21
Piniteddu (Monte) CT... 100 N 27
Pino Grande KR ..... 87 J 32
Pino Lago Maggiore VA... 8 D 8
Pino (Porto) SU...... 120 K 7
Pino Torinese TO .... 27 G 5
Pinocchio AN........ 47 L 22
Pinu (Monte) SS..... 109 E 10
Pinzano
al Tagliamento PN .. 14 D 20
Pinzolo TN .... 11 D 14
Pio XI (Rifugio) BZ ... 2 B 14
Piobbico PS .... 45 L 19
Piobesi Torinese TO.... 27 H 4
Piode VC........... 19 E 6
Pioltello MI......... 21 F 9
Pioltone (Pizzo) VB ... 7 D 6
Piombino LI .... 48 N 13
Piombino
(Canale di) LI ...... 48 N 13
Piombino Dese PD ... 24 F 17
Piombino (Monte) PA .. 99 N 23
Piombo (Cala) SU..... 120 K 7
Piona (Abbazia di) LC... 9 D 9
Pione PR .... 29 I 10
Pioppa MO .... 31 H 14
Pioppi SA........... 75 G 27
Pioppo PA.......... 97 M 21
Pioraco MC .... 52 M 20
Piosina PG.......... 45 L 18
Piossasco TO .... 27 H 4
Piovà Massaia AT ... 27 G 6
Piovacqua
(Masseria) TA ..... 80 F 33
Piove di Sacco PD ... 24 G 18
Piovene Rocchette VI... 24 E 16
Piovera AL......... 28 H 8
Pioverna LC .... 9 E 9
Piozzano PC........ 29 H 10
Piozzo CN .... 27 I 5
Pira (Cala) SU ...... 119 J 10
Pira 'e Onni
(Cantoniera) NU.... 116 G 10

Piraino ME .... 100 M 26
Piramide Vincent VC.... 7 E 5
Piras SS .... 113 F 10
Pirazzolu SS....... 109 D 10
Piretto CS .... 85 I 30
Piroi (Monte su) SU ... 119 I 10
Pirri CA............ 119 J 9
Pisa PI.............. 42 K 13
Pisa (Certosa di) PI... 42 K 13
Pisa-Galileo Galilei
(Aeroporto) PI...... 42 K 13
Pisanino (Monte) LU ... 38 J 12
Pisano NO........... 20 E 7
Pisano (Monte) LU ... 43 K 13
Pisanu Mele
(Monte) NU....... 115 G 9
Piscicelli
(Masseria) FG...... 66 B 27
Piscina TO.......... 26 H 4
Piscinas (vicino
a Guspini) SU...... 118 I 7
Piscinas (vicino
a Santadi) SU...... 118 J 8
Piscinella (Masseria) TA... 73 E 33
Pisciotta SA .... 76 G 27
Piscopio VV .... 88 L 30
Piscu SU............ 119 I 9
Pisignano RA .... 41 J 18
Pisogne BS......... 22 E 12
Pisoniano RM....... 63 Q 20
Pissignano PG ..... 52 N 20
Pisterzo LT......... 63 R 21
Pisticci MT......... 78 F 31
Pisticci Scalo MT..... 78 F 31
Pistoia PT .... 39 K 14
Pistone (Monte) SP ... 37 J 10
Pistrino PG .... 45 L 18
Pisucerbu
(Bruncu 'e) NU .... 117 G 10
Piteccio PT .... 39 J 14
Piteglio PT .... 39 J 14
Piticchio AN........ 46 L 20
Pitigliano GR .... 57 O 16
Pitigliano PG .... 45 L 18
Pitino MC .... 52 M 21
Pittada (Monte) OR ... 114 F 7
Pittu (Monte) SS .... 111 F 8
Pitursiddo (Cozzo) CL... 99 O 23
Pitziu OR........... 115 G 8
Piubega MN .... 23 G 13
Piumazzo MO ...... 31 I 15
Piuro SS............ 9 D 10
Pizzale PV .... 29 G 9
Pizziferro (Masseria) TA..78 F 33
Pizzighettone CR ..... 22 G 11
Pizzillo (Monte) CT.... 100 N 27
Pizzini-Frattola (Rif.) SO ...11 C 13
Pizzo VV............ 88 K 30
Pizzo Alto (Rifugio) LC... 9 D 10
Pizzo (Torre del) LE ... 83 H 35
Pizzoc (Monte) TV ... 13 D 19
Pizzocorno PV....... 29 H 9
Pizzoferrato CH...... 65 Q 24
Pizzoferro
Monsignore TA .... 73 E 32
Pizzolato TP .... 96 N 19
Pizzoli AQ .... 59 O 21
Pizzolungo TP...... 96 M 19
Pizzone IS .... 64 Q 24
Pizzone (Monte) RI.... 58 O 20
Pizzuto (Monte) RI.... 58 O 20
Placanica RC .... 88 L 31
Place Moulin
(Lago di) AO .... 7 E 4
Plaesano RC........ 88 L 30
Plätzwiesen /
Prato Piazza BZ ..... 4 C 18
Plaia (Capo) PA ..... 99 M 23
Plaia (Lido di) CT..... 105 O 27
Plaiken /
Pieve di Marebbe BZ.. 4 B 17
Plampincieux AO..... 6 E 2
Plan / Pfelders BZ..... 3 B 15
Plan (Val di) BZ ...... 3 B 15
Plan de Gralba /
Kreuzboden BZ...... 4 C 17
Planaval (vicino
a Courmayeur) AO... 18 E 3
Planaval (vicino
a Leverogne) AO.... 18 E 3
Planca di Sotto /
Unterplanken BZ ... 4 B 18
Plancios /
Palmschoss BZ..... 4 B 17
Planeil / Planol BZ .... 2 B 13

Planol / Planeil BZ .... 2 B 13
Plassas (Las) SU...... 118 H 8
Plataci CS .... 85 H 31
Platamona Lido SS.... 110 E 7
Platani AG.......... 98 N 23
Platania CZ......... 86 J 30
Plateau Rosa AO...... 7 E 5
Platì RC............ 91 M 30
Platischis UD........ 15 D 22
Plauris (Monte) UD ... 14 C 21
Plaus BZ............ 3 C 15
Playa Grande RG..... 106 Q 25
Plesio CO........... 9 D 9
Ploaghe SS......... 111 F 8
Plodio SV........... 35 I 6
Plöckenpaß / Monte Croce
Carnico (Passo di) UD... 5 C 20
Plose (Cima di) /
Plose Bühel BZ .... 4 B 17
Plugna UD.......... 5 C 20
Po CN .... 26 H 3
Po Bandino PG ...... 50 M 17
Po della Donzella
o di Gnocca FE...... 33 H 18
Po della Pila RO...... 33 H 19
Po delle Tolle RO...... 33 H 19
Po delle Tolle
(Bocca del) RO..... 33 H 19
Po di Gnocca
(Bocche del) RO.... 33 H 19
Po di Goro RO....... 33 H 18
Po di Goro
(Bocca del) RO..... 33 H 19
Po di Levante RO..... 33 G 18
Po di Levante
(Foce del) RO...... 33 G 19
Po di Maistra RO..... 33 H 19
Po di Maistra
(Foce del) RO...... 33 G 19
Po di Venezia RO..... 33 H 19
Po di Volano FE...... 32 H 17
Po di Goro
(Bocca del) RO..... 33 H 19
Pocapaglia CN....... 27 H 5
Pocenia UD.......... 16 E 21
Pocol BL............ 4 C 18
Podenzana MS ...... 38 J 11
Podenzano PC....... 29 H 11
Poderia SA.......... 76 G 28
Poetto CA........... 119 J 9
Poffabro PN .... 13 D 20
Pofi FR............. 64 R 22
Poggetto BO .... 32 H 16
Poggi del Sasso GR... 50 N 15
Poggiardo LE........ 83 G 37
Poggibonsi SI .... 43 L 15
Poggio BO .... 40 I 16
Poggio LI........... 48 N 12
Poggio LU........... 38 J 13
Poggio MC .... 52 M 20
Poggio a Caiano PO... 39 K 15
Poggio alla Croce FI ... 44 L 16
Poggio alle Mura SI.... 50 N 16
Poggio Aquilone TR ... 51 N 18
Poggio Berni RN...... 41 J 19
Poggio Buco GR...... 57 O 16
Poggio Bustone RI.... 58 O 20
Poggio Cancelli AQ.... 59 O 21
Poggio Catino RI ..... 58 P 20
Poggio Cinolfo AQ.... 59 P 21
Poggio d'Acona AR.... 45 L 17
Poggio d'Api RI...... 52 N 21
Poggio di Roio AQ.... 59 P 22
Poggio Filippo AQ .... 59 P 21
Poggio Imperiale FG.. 66 B 28
Poggio Imperiale FI.... 43 K 15
Poggio Mirteto RI .... 58 P 20
Poggio Moiano RI .... 58 P 20
Poggio Montone TR ... 51 N 18
Poggio Murella GR.... 50 N 16
Poggio Nativo RI ..... 58 P 20
Poggio Picenze AQ.... 59 P 22
Poggio Primocaso PG.. 52 N 20
Poggio Renatico FE.... 32 H 16
Poggio Rusco MO..... 31 H 15
Poggio S. Polo SI .... 44 L 16
Poggio S. Lorenzo RI... 58 P 20
Poggio S. Romualdo AN.. 46 L 21
Poggio S. Vicino MC ... 46 L 21
Poggio Sannita IS..... 65 Q 25
Poggioferro GR....... 50 N 16
Poggiofiorito CH...... 60 P 24
Poggiola AR......... 44 L 17
Poggiomarino NA.... 70 E 25

Poggiomoretto TE..... 53 N 23
Poggioreale TP ...... 97 N 21
Poggioreale
(Ruderi di) TP...... 97 N 21
Poggiorsini BA ...... 72 E 30
Poggioridenti SO..... 10 D 11
Pognana Lario CO ... 9 E 9
Pognano BG......... 21 F 10
Pogno NO........... 20 E 7
Pogno PD........... 24 G 16
Poiana Maggiore VI.... 24 G 16
Poira (Portella di) PA ... 97 N 21
Poirino TO.......... 27 H 5
Polaveno BS......... 22 F 12
Polcanto FI.......... 40 K 16
Polcenigo PN .... 13 D 19
Polenta FO .... 41 J 18
Polentes BL .... 13 D 18
Poleo VI............ 24 E 15
Polesella RO........ 32 H 17
Polesine FE......... 32 H 17
Polesine (Isola di) RO... 33 H 19
Polesine (Località) MN... 31 H 14
Polesine Camerini RO....33 H 19
Polesine Parmense PR.. 30 G 12
Poli RM............ 63 Q 20
Polia VV............ 88 K 30
Policastro (Golfo di) SA.. 84 G 28
Policastro
Bussentino SA ... 76 G 28
Policoro MT......... 78 G 32
Polignano PC........ 30 G 11
Polignano a Mare BA ... 73 E 33
Polinago MO .... 39 I 14
Polino TR........... 58 O 20
Polino (Monte) EN ... 103 O 24
Polistena RC........ 88 L 30
Polizzello CL........ 99 O 23
Polizzi Generosa PA.... 99 N 23
Polizzo (Monte) TP..... 97 N 20
Polla SA............ 76 F 28
Pollara ME.......... 94 L 26
Pollastra AL .... 28 H 8
Pollena-Trocchia NA ... 70 E 25
Pollenza MC .... 52 M 22
Pollenzo CN .... 27 H 5
Pollica SA .... 75 G 27
Pollina PA.......... 99 N 24
Pollina (Fiume) PA ... 99 N 24
Pollina CS.......... 85 H 31
Pollino PZ .... 85 H 30
Pollino (Monte) PZ.... 85 H 30
Pollino (Parco
Nazionale di) PZ .... 85 G 30
Pollone BI.......... 19 F 5
Polluce (Masseria) FG... 67 C 28
Pollutri CH .... 61 P 25
Polonghera CN...... 27 H 4
Polpenazze
del Garda BS ...... 22 F 13
Polpet BL........... 13 D 18
Polsa TN........... 23 E 14
Polsi (Santuario di) RC... 91 M 29
Poltu Quatu SS..... 109 D 10
Poludnig (Monte) UD... 15 C 22
Polvano AR......... 45 L 18
Polveraia GR........ 50 N 15
Polveraia (Punta) LI ... 48 N 12
Polverara PD........ 24 G 17
Polverello ME....... 100 N 26
Polverigi AN........ 47 L 22
Polverina AP........ 52 N 22
Polverina MC........ 52 N 21
Polverina (Lago di) MC...52 M 21
Polvese (Isola) PG.... 51 M 18
Polvica Tramonti SA... 75 E 25
Poma (Lago) PA ..... 97 N 21
Poma (Passo di) BZ..... 4 C 17
Pomaia PI .... 43 L 13
Pomarance PI ...... 49 M 14
Pomarico MT........ 78 F 31
Pomaro Monferrato AL..28 G 7
Pombia NO......... 20 F 7
Pometo PV .... 29 H 9
Pomezia RM........ 62 Q 19
Pomiere (Monte) ME... 100 N 25
Pomigliano-d'Arco NA... 70 E 25
Pomino FI........... 40 K 16
Pomone PG .... 51 N 19
Pomonte GR .... 56 O 16
Pomonte LI.......... 48 N 12
Pompagnano PG .... 51 N 20
Pompeano MO ...... 39 I 14
Pompei NA.......... 75 E 25
Pompei Scavi NA ..... 74 E 25
Pompeiana IM....... 35 K 5
Pompiano BS........ 22 F 11

Pomponesco MN...... 31 H 13
Pomposa
(Abbazia di) FE .... 33 H 18
Pompu OR .... 118 H 8
Poncarale BS .... 22 F 12
Ponente (Riviera di) IM...36 K 6
Ponsacco PI .... 43 L 13
Ponsano PI......... 43 L 14
Ponso PD........... 24 G 16
Pont AO .... 18 F 3
Pont Canavese TO ... 19 F 4
Pont-St. Martin AO... 19 F 5
Pontassieve FI....... 44 K 16
Pontboset AO ...... 19 F 5
Ponte TP .... 96 N 19
Ponte UD........... 14 C 21
Ponte BN........... 70 D 26
Ponte CE .... 64 S 23
Ponte Rizzoli BO..... 40 I 16
Ponte a Cappiano FI... 43 K 14
Ponte a Egola PI...... 43 K 14
Ponte a Elsa PI...... 43 K 14
Ponte a Moriano LU... 39 K 13
Ponte agli Stolli FI .... 44 L 16
Ponte Arche TN...... 11 D 14
Ponte Barizzo SA .... 75 F 27
Ponte Biferchia BN... 70 D 25
Ponte Buggianese PT... 39 K 14
Ponte Buriano AR..... 44 L 17
Ponte Caffaro BS .... 23 E 13
Ponte Cappuccini PS... 41 K 19
Ponte Centesimo PG... 51 M 20
Ponte d. Valle FI ..... 40 J 17
Ponte d'Arbia SI ..... 50 M 16
Ponte d'Assi PG...... 51 M 19
Ponte della Priula TV ... 25 E 18
Ponte della Venturina PT.39 J 14
Ponte dell'Olio PC .... 29 H 10
Ponte di Barbarano VI... 24 F 16
Ponte di Brenta PD ... 24 F 17
Ponte di Ferro PG .... 51 N 19
Ponte di Ghiaccio
(Passo) BZ......... 4 B 17
Ponte di Legno BS.... 10 D 13
Ponte di Masino FI.... 43 K 14
Ponte di Nava CN .... 35 J 5
Ponte di Piave TV..... 16 E 19
Ponte di Samone MO... 39 I 14
Ponte di Turbigo NO... 20 F 8
Ponte di Verzuno BO... 39 J 15
Ponte Ercole AR...... 28 I 7
Ponte Ete AP........ 53 M 23
Ponte Felcino PG ..... 51 M 19
Ponte Fontanelle
(Lago di) PZ ...... 77 F 29
Ponte Galeria RM..... 62 Q 19
Ponte Gardena /
Waidbruck BZ...... 3 C 16
Ponte in Valtellina SO... 10 D 11
Ponte Lambro CO..... 21 E 9
Ponte Ludovico IM .... 35 K 4
Ponte Marmora CN ... 26 I 3
Ponte Messa PS ..... 41 K 18
Ponte nelle Alpi BL ... 13 D 18
Ponte Nizza PV ..... 29 H 9
Ponte Nossa BG .... 10 E 11
Ponte Nova /
Birchabruck BZ..... 12 C 16
Ponte Nuovo MC .... 52 N 21
Ponte Nuovo PG..... 51 M 19
Ponte Nuovo PT..... 39 K 14
Ponte Pattoli PG ..... 51 M 19
Ponte Rio AN........ 46 K 21
Ponte Ronca BO...... 31 I 15
Ponte Samoggia BO... 31 I 15
Ponte S. Giovanni PG... 51 M 19
Ponte S. Marco BS.... 22 F 13
Ponte S. Nicolò PD.... 24 F 17
Ponte S. Pellegrino MO.. 31 H 15
Ponte S. Pietro BG ... 21 E 10
Ponte Taro PR ...... 30 H 12
Ponte 13 Archi FG ... 66 C 26
Ponte Tresa VA ..... 8 E 8
Ponte Uso FO....... 41 K 18
Ponte Valleceppi PG... 51 M 19
Ponte Zanano BS.... 22 E 12
Pontebba UD........ 15 C 21
Pontecagnano SA.... 75 F 26
Pontecchio Polesine RO.. 32 G 17
Ponteceno
(vicino a Badia) PR... 29 I 10
Ponteceno (vicino
a Bedonia) PR..... 29 I 10
Pontechianale CN ... 26 I 3

Pontechiusita MC 52 N 20
Pontecorvo FR 64 R 23
Pontecurone AL 28 H 8
Pontedassio IM 35 K 6
Pontedazzo PS 46 L 19
Pontedecimo GE 28 I 8
Pontedera PI 43 L 13
Ponteginori PI 49 L 14
Pontegrande CZ 89 K 31
Pontegrande VB 7 E 6
Pontegrosso PR 30 H 11
Pontelagoscuro FE 32 H 16
Pontelandolfo BN 65 S 26
Pontelatone CE 69 D 24
Pontelongo PD 24 G 18
Pontelungo PV 21 G 9
Pontenano AR 44 L 17
Pontenure PC 30 H 11
Pontepetri PT 39 J 14
Ponteranica BG 21 E 11
Ponteranica (Pizzo) BG 9 D 10
Pontericcioli PS 46 L 19
Pontestrambo PR 37 I 10
Pontestura AL 20 G 7
Pontevico BS 22 G 12
Pontey AO 19 E 4
Ponti AL 28 I 7
Ponti di Spagna FE 32 H 16
Ponti sul Mincio MN 23 F 14
Ponticelli BO 40 J 16
Ponticelli RI 58 P 20
Ponticello / Brückele BZ 4 B 18
Ponticino AR 44 L 17
Ponticino / Bundschen BZ 3 C 16
Pontida BG 21 E 10
Pontinia LT 63 R 21
Pontinvrea SV 36 I 7
Pontirolo Nuovo BG 21 F 10
Pontoglio BS 22 F 11
Pontorme FI 43 K 14
Pontremoli MS 38 I 11
Ponzalla FI 40 J 16
Ponzano TE 53 N 23
Ponzano di Fermo AP 53 M 22
Ponzano Monferrato AL 28 G 6
Ponzano Romano RM 58 P 19
Ponzano Veneto TV 25 E 18
Ponze PG 52 N 20
Ponzone BI 19 F 6
Ponzone AL 28 I 7
Popelli RC 88 L 31
Popiglio PT 39 J 14
Popoli PE 60 P 23
Poppi AR 44 K 17
Populonia LI 48 N 13
Porano TR 51 N 18
Porassey AO 18 E 2
Porcari LU 39 K 13
Porcellengo TV 25 E 18
Porchette (Foce di) LU 38 J 13
Porchia AP 53 N 22
Porchiano AP 53 N 22
Porchiano TR 58 O 19
Porcia PN 13 E 19
Porciano AR 40 K 17
Porcile (Monte) SP 37 I 10
Porco (Ponte del) FG 66 B 27
Pordenone PN 13 E 20
Pordenone (Rifugio) PN 13 C 19
Pordoi (Passo) BL 4 C 17
Poreta S. Giacomo PG 52 N 20
Porlezza CO 9 D 9
Pornassio IM 35 J 5
Pornello TR 51 N 18
Poro (Monte) VV 88 L 29
Porotto-Cassana FE 32 H 16
Porpetto UD 17 E 21
Porretta Terme BO 39 J 14
Porri (Isola dei) SS 110 E 6
Porro BZ 4 B 17
Porro (Rifugio) SO 10 D 11
Portacomaro AT 28 H 6
Portalbera PV 29 G 9
Portaria TR 58 O 19
Portatore LT 63 S 21
Porte TO 26 H 3
Portegrandi VE 16 F 19
Portelle EN 100 N 25
Portello (Passo di) GE 29 I 9
Portese BS 23 F 13
Porticelle Soprane CT 100 N 26
Porticello PA 98 M 22
Porticello-Sta Trada RC 90 M 29
Portici NA 69 E 25
Portico di Caserta CE 69 D 24
Portico di Romagna FO 40 J 17
Portigliola RC 91 M 30
Portiglione GR 49 N 14
Portile MO 31 I 14
Portio SV 36 J 7
Portiolo MN 31 G 14
Portis UD 14 C 21
Portisco SS 109 D 10
Portixeddu SU 118 I 7
Porto PG 50 M 17
Porto Alabe OR 114 G 7
Porto Azzurro LI 48 N 13
Porto Badino LT 63 S 21
Porto Badisco LE 83 G 37
Porto Botte SU 120 J 7
Porto Botte (Stagno di) SU 120 J 7
Porto Ceresio VA 8 E 8
Porto Cervo SS 109 D 10
Porto Cesareo LE 79 G 35
Porto Conte SS 110 F 6
Porto Corsini RA 33 I 18
Porto d'Ascoli AP 53 N 23
Porto di Falconera VE 16 F 20
Porto di Levante ME 94 L 26
Porto di Maratea PZ 84 H 29
Porto di Ponente ME 94 L 26
Porto di Vasto CH 61 P 26
Porto Empedocle AG 102 P 22
Porto Ercole GR 55 O 15
Porto Fuori RA 41 I 18
Porto Garibaldi FE 33 H 18
Porto Istana SS 113 E 10
Porto Levante RO 33 G 19
Porto Mandriola OR 114 G 7
Porto Mantovano MN 23 G 14
Porto Marghera VE 25 F 18
Porto Maurizio IM 35 K 6
Porto Nogaro UD 17 E 21
Porto Palma SU 118 H 7
Porto Palo AG 97 O 20
Porto Pino SU 120 K 7
Porto Potenza Picena MC 47 L 23
Porto Pozzo SS 109 D 9
Porto Raphael SS 109 D 10
Porto Recanati MC 47 L 22
Porto Rotondo SS 109 D 10
Porto S. Paolo SS 113 E 10
Porto S. Elpidio AP 53 M 23
Porto S. Giorgio AP 53 M 23
Porto Sta Margherita VE 16 F 20
Porto Sto Stefano GR 55 O 15
Porto Tolle RO 33 H 18
Porto Torres SS 110 E 7
Porto Tricase LE 83 H 37
Porto Valtravaglia VA 8 E 8
Porto Viro RO 33 G 18
Portobello di Gallura SS 109 D 9
Portobuffolé TV 13 E 19
Portocannone CB 66 B 27
Portoferraio LI 48 N 12
Portofino GE 37 J 9
Portofino (Penisola di) GE 37 J 9
Portofino Vetta GE 37 J 9
Portogreco FG 67 B 30
Portogruaro VE 16 E 20
Portole AR 51 M 18
Portomaggiore FE 32 H 17
Portonovo AN 47 L 22
Portonovo BO 32 I 17
Portopalo di Capo Passero SR 107 Q 27
Portoscuso SU 118 J 7
Portovenere SP 38 J 11
Portoverrara FE 32 H 17
Portovesme SU 118 J 7
Porziano PG 51 M 19
Posada NU 113 F 11
Posada (Fiume di) NU 113 F 11
Posada (Lago di) NU 113 F 10
Poscante BG 21 E 11
Posillipo NA 69 E 24
Posina VI 23 E 15
Positano SA 74 F 25
Possagno TV 12 E 17
Possidente PZ 71 E 29
Posta RI 59 O 21
Posta Fibreno FR 64 Q 23
Postal / Burgstall BZ 3 C 15
Postalesio SO 10 D 11
Postiglione SA 76 F 27
Postioma TV 25 E 18
Postua VC 20 E 6
Potame CS 86 J 30
Potenza PZ 76 F 29
Potenza (Macerata) MC 52 M 21
Potenza Picena MC 47 L 22
Poti (Alpe di) AR 45 L 17
Pottu Codinu (Necropoli di) SS 110 F 7
Pove del Grappa VI 24 E 17
Povegliano TV 25 E 18
Povegliano Veronese VR 23 F 14
Poverella CS 86 J 31
Poverello (Monte) ME 90 M 28
Poviglio RE 31 H 13
Povolaro VI 24 F 16
Povoletto UD 15 D 21
Poza CE 64 S 24
Pozza MO 31 I 14
Pozza di Fassa TN 12 C 17
Pozzaglia Sabino RI 58 P 20
Pozzaglio ed Uniti CR 22 G 12
Pozzale FI 43 K 14
Pozzallo RG 107 Q 26
Pozzella (Torre) BR 80 E 35
Pozzengo AL 28 G 6
Pozzilli IS 64 R 24
Pozzillo CT 101 O 27
Pozzillo (Lago) EN 100 O 25
Pozzillo (Monte) AG 103 P 23
Pozzo AL 27 G 6
Pozzo AR 50 M 17
Pozzo Guacito BR 80 E 34
Pozzo Salerno TA 80 F 34
Pozzo S. Nicola SS 110 E 6
Pozzo Terraneo FG 71 D 29
Pozzo (vicino a Pasiano di P) PN 16 E 19
Pozzo (vicino a Provesano) PN 14 D 20
Pozzol-Groppo AL 29 H 9
Pozzolengo BS 23 F 13
Pozzoleone VI 24 F 17
Pozzolo MN 23 G 14
Pozzolo Formigaro AL 28 H 8
Pozzomaggiore SS 115 F 7
Pozzoni (Monte) RI 52 O 21
Pozzonovo PD 24 G 17
Pozzuoli NA 69 E 24
Pozzuolo PG 50 M 17
Pozzuolo del Friuli UD 17 E 21
Pozzuolo Martesana MI 21 F 10
Prà GE 36 I 8
Pra Campo SO 10 D 12
Pracchia PT 39 J 14
Pracchiola MS 38 I 11
Prad am Stilfserjoch / Prato allo Stelvio BZ 2 C 13
Prada VR 23 E 14
Pradalunga BG 22 E 11
Pradamano UD 15 D 21
Pradarena (Passo di) LU 38 J 12
Prade TN 12 D 17
Pradello MN 31 G 14
Pradeltorno TO 26 H 3
Pradidali (Rifugio) TN 12 D 17
Pradielis UD 15 D 21
Pradipozzo VE 16 E 20
Pradleves CN 34 I 3
Pradovera PC 29 H 10
Pragelato TO 26 G 2
Praglia GE 28 I 8
Praglia (Abbazia di) PD 24 F 17
Prags / Braies BZ 4 B 18
Pragser Wildsee / Braies (Lago di) BZ 4 B 18
Praia a Mare CS 84 H 29
Praia a Mare TA 80 F 33
Praiano SA 75 F 25
Prainito (il) SR 105 Q 26
Pralboino BS 22 G 12
Prali TO 26 H 3
Pralormo TO 27 H 5
Pralungo BI 19 F 6
Pramaera NU 117 H 10
Pramaggiore VE 16 E 20
Pramaggiore (Monte) PN 13 C 19
Pramollo TO 26 H 3
Pramollo (Passo di) / Naßfeld-Paß UD 15 C 21
Pramper (Cima di) BL 13 D 18
Pramperet (Rifugio) BL 13 D 18
Pranello PR 30 I 12
Prano (Monte) LU 38 K 13
Pranolz BL 13 D 18
Pranu Mutteddu SU 119 I 9
Pranzo TN 11 E 14
Prarayer AO 7 E 4
Prascorsano TO 19 F 4
Prastondu TO 19 F 4
Prata AV 70 E 26
Prata GR 49 M 14
Prata Camportaccio SO 9 D 10
Prata d'Ansidonia AQ 59 P 22
Prata di Pordenone PN 13 E 19
Prata Sannita CE 65 R 24
Pratella CE 65 R 24
Pratello (Monte) AQ 64 Q 23
Prateria RC 88 L 30
Prati (i) TR 58 O 20
Prati di Tivo TE 59 O 22
Prati / Wiesen BZ 3 B 16
Pratica di Mare RM 62 R 19
Praticello RE 30 H 13
Pratieghi AR 45 K 18
Prato PO 39 K 15
Prato GE 37 I 10
Prato RE 31 H 14
Prato TR 51 N 18
Prato (Monte) LU 38 J 13
Prato (Tempa del) SA 76 F 27
Prato alla Drava / Winnebach BZ 4 B 19
Prato all'Isarco / Blumau BZ 3 C 16
Prato allo Stelvio / Prad am Stilfser-joch BZ 2 C 13
Prato Carnico UD 5 C 20
Prato di Campoli FR 64 Q 22
Prato Nevoso CN 35 J 5
Prato Perillo SA 76 F 28
Prato Piazza / Plätzwiesen BZ 4 C 18
Prato Ranieri GR 49 N 14
Prato Selva TE 59 O 22
Prato Sopralacroce GE 37 I 10
Pratobello NU 115 G 9
Pratobotrile TO 18 G 3
Pratola Peligna AQ 60 P 23
Pratola Serra AV 70 E 26
Pratolino FI 40 K 15
Pratomagno AR 44 K 16
Pratomedici MS 38 J 12
Pratorsi PT 39 J 14
Pratovecchio AR 44 K 17
Pravisdomini PN 16 E 20
Pray BI 20 E 6
Praz AO 7 E 4
Prazzo CN 26 I 3
Pré de Bar AO 6 E 3
Pré-St. Didier AO 18 E 2
Prea CN 35 J 5
Precenicco UD 16 E 21
Preci PG 52 N 21
Preda Rossa SO 9 D 11
Preda (Val) AQ 59 O 22
Predappio FO 40 J 17
Predappio Alta FO 40 J 17
Predazzo TN 12 D 16
Predel / (Passo del) UD 15 C 22
Prediera RE 31 I 13
Predil (Lago del) UD 15 C 22
Predil (Passo del) / Predel UD 15 C 22
Predoi / Prettau BZ 4 A 18
Predoi (Pizzo Rosso di) / Rötspitze BZ 4 A 18
Predonico / Perdonig BZ 3 C 15
Predore BG 22 E 12
Predosa AL 28 H 7
Preganziol TV 25 F 18
Preggio PG 51 M 18
Preglia VB 8 D 6
Pregnana Milanese MI 21 F 9
Preit CN 26 I 3
Prelá IM 35 K 5
Prelerna PR 30 I 11
Premana LC 9 D 10
Premariacco UD 15 D 22
Premeno VB 8 E 7
Premia VB 8 D 7
Premilcuore FO 40 K 17
Premosello VB 8 D 7
Prena (Monte) TE 59 O 23
Prenestini (Monti) RM 63 Q 20
Preola (Lago di) TP 96 O 19
Preone UD 14 C 20
Prepotto UD 15 D 22
Presa (Isola la) SS 109 D 10
Presanella (Cima) TN 11 D 13
Presciano RM 63 R 20
Preseglie BS 22 E 13
Preselle GR 49 N 15
Presenzano CE 64 R 24
Presicce LE 83 H 36
Presolana (Passo della) BG 10 E 12
Presolana (Pizzo della) BG 10 E 12
Pressana VR 24 G 16
Presta (Forca di) AP 52 N 21
Prestianni CL 103 O 24
Prestone SO 9 C 10
Preta CE 64 S 24
Pretara TE 59 O 22
Pretare AP 52 N 21
Preti (Cima dei) PN 13 C 19
Pretoro CH 60 P 24
Prettau / Predoi BZ 4 A 18
Preturo AQ 59 O 21
Prevalle BS 22 F 13
Prezza AQ 60 P 23
Priabona VI 24 F 16
Priatu SS 109 E 9
Priero CN 35 I 6
Prignano Cilento SA 75 G 27
Prignano sulla Secchia MO 39 I 14
Prima Porta RM 58 P 19
Primaluna LC 9 E 10
Primero (Bocca di) GO 17 E 22
Primolano VI 12 E 17
Primolo SO 10 D 11
Principe (Monte) / Hoherfirst BZ 3 B 15
Principina a Mare GR 49 N 15
Priocca d'Alba CN 27 H 6
Priola CN 35 J 6
Priola (Punta di) PA 98 M 22
Priolo CL 104 P 25
Priolo Gargallo SR 105 P 27
Priora (Monte) AP 52 N 21
Prisdarella RC 88 L 31
Priverno LT 63 R 21
Prizzi PA 98 N 22
Prizzi (Lago di) PA 98 N 22
Procchio LI 48 N 12
Proceno VT 50 N 17
Procida NA 74 E 24
Procida (Canale di) NA 69 E 24
Procida (Isola di) NA 74 E 24
Prodo TR 51 N 18
Progno VR 23 F 14
Promano PG 45 L 18
Propata GE 29 I 9
Prosciutto (Punta) LE 79 G 35
Prosecco TS 17 E 23
Prossedi LT 63 R 21
Prossenicco UD 15 D 22
Provaglio d'Iseo BS 22 F 12
Provaglio Val Sabbia BS 22 E 13
Provagna BL 13 D 18
Provazzano PR 30 I 13
Proveis / Pròves BZ 3 C 15
Pròves / Proveis BZ 3 C 15
Provesano PN 14 D 20
Provonda TO 26 G 3
Provvidenti CB 65 Q 26
Prudenzini (Rifugio) BS 10 D 13
Prun VR 23 F 14
Pruna (Punta sa) NU 117 G 10
Pruna (Sa) NU 115 G 9
Prunella RC 90 N 29
Prunetta PT 39 J 14
Prunetto CN 27 I 6
Pruno LU 38 J 12
Pruno (Poggio al) PI 49 M 14
Pucciarelli PG 51 M 18
Pudiano BS 22 F 12
Puegnago sul Garda BS 22 F 13
Puez (Rifugio) BZ 4 C 17
Puglianello BN 70 D 25
Pugnochiuso FG 67 B 30
Puia PN 13 E 19
Puianello RE 31 I 13
Pula CA 121 J 9
Pula (Capo di) CA 121 J 9
Pulfero UD 15 D 22
Puliciano AR 44 L 16
Pullir BL 12 D 17
Pulsano TA 79 F 34
Pulsano (Santuario di) FG 67 B 29
Pumenengo BG 22 F 11
Punta Ala GR 49 N 14
Punta Braccetto RG 106 Q 25
Punta del Lago VT 57 P 18
Punta Gennarta (Lago) SU 118 I 7
Punta Marina RA 41 I 18
Punta Sabbioni VE 16 F 19
Punta Secca RG 106 Q 25
Puntalazzo CT 101 N 27
Puntazza (Capo) TP 97 M 20
Punti (Li) SS 110 E 7
Puos d'Alpago BL 13 D 19
Pura (Passo del) UD 13 C 20
Puranno (Monte) PG 52 N 20
Purgatorio TP 97 M 20
Pusiano CO 21 E 9
Pusiano (Lago di) LC 21 E 9
Pusteria (Val) BZ 4 B 17
Putia (Sass de) BZ 4 C 17
Putifigari SS 110 F 7
Putignano BA 73 E 33
Putignano (Grotta di) BA 73 E 33
Putzu Idu OR 114 G 7
Puzzillo (Monte) AQ 59 P 22

Q

Quaderna BO 32 I 16
Quaderni VR 23 G 14
Quadri CH 65 Q 24
Quadro (Pizzo) SO 9 C 9
Quaglietta AV 71 E 27
Quaglio RG 104 P 25
Quáira (Lago di) BZ 3 C 14
Qualiano NA 69 E 24
Qualso UD 15 D 21
Quara RE 38 I 13
Quaranta SI 50 N 16
Quarantoli MO 31 H 15
Quargnento AL 28 H 7
Quarna VB 8 E 7
Quarnan (Rifugio) UD 14 D 21
Quarona VC 20 E 6
Quarrata PT 39 K 14
Quartaia SI 43 L 15
Quartesana FE 32 H 17
Quartiere Paolo VI TA 79 F 33
Quarto FO 41 K 18
Quarto NA 69 E 24
Quarto PC 29 G 11
Quarto (Lago di) FO 41 K 18
Quarto d'Altino VE 25 F 19
Quarto Inferiore AT 28 H 6
Quarto Inferiore BO 32 I 16
Quartu (Golfo di) CA 119 J 9
Quartu S. Elena CA 119 J 9
Quartucciu CA 119 J 9
Quasano BA 73 E 31
Quattordio AL 28 H 7
Quattro Castella RE 30 I 13
Quattrocase MN 31 H 15
Quattropani ME 94 L 26
Quattrostrade GR 55 O 15
Quattroventi CE 65 R 24
Querce al Pino SI 50 M 17
Quercegrossa SI 44 L 15
Querceta LU 38 K 12
Querceto PI 49 M 14
Quercia del Monaco (Passo della) FR 64 R 22
Quercianella LI 42 L 13
Querciola BO 39 J 14
Quero BL 12 E 17
Quezzi GE 36 I 8
Quiesa LU 38 K 13
Quiliano SV 36 J 7
Quincinetto TO 19 F 5
Quindici AV 70 E 25
Quingentole MN 31 G 15
Quinto al Mare GE 36 I 8
5° Alpini (Rifugio) SO 2 C 13
Quinto di Treviso TV 25 F 18
Quinto di Valpantena VR 23 F 15
Quinto Vercellese VC 20 F 7
Quinto Vicentino VI 24 F 16
Quinzano d'Oglio BS 22 G 12
Quirra SU 119 I 10
Quirra (Isola di) SU 119 I 10
Quirra (Rio de) NU 119 H 10
Quistello MN 31 G 14

R

Rabbi TN 11 C 14
Rabbi (Fiume) FO 40 K 17
Rabbi (Val di) TN 11 C 14

A
B
C
D
E
F
G
H
I
J
K
L
M
N
O
P
Q
R
S
T
U
V
W
X
Y
Z

Rabbini *PC* ....29 H 11
Rabenstein / Corvara *BZ*.. 3 B 15
Racale *LE* ....83 H 36
Racconigi *CN* ....27 H 5
Raccolana
 (Canale di) *UD* ....15 C 22
Racconigi *CN* ....27 H 5
Raccuia *ME* ....100 M 26
Racines / Ratschings *BZ*.. 3 B 16
Racines (Val di) *BZ*.... 3 B 15
Radda in Chianti *SI* .....44 L 16
Raddusa *CT* ....104 O 25
Radein / Redagno *BZ* ..12 C 16
Radi *SI* ....50 M 16
Radici (Passo delle) *LU*.38 J 13
Radicofani *SI* ....50 N 17
Radicondoli *SI* ....49 M 15
Radogna *FG* ....71 D 28
Radsberg /
 Monte Rota *BZ* ...... 4 B 18
Raffadali *AG* ....102 O 22
Ragada *TN* ....11 D 13
Ragalna *CT* ....100 O 26
Raganello *CS* ....85 H 30
Ragazzola *PR*..........30 G 12
Raggiolo
 (Ortignano-) *AR* .....44 K 17
Ragola (Monte) *PR*..29 I 10
Ragoli *TN* ....11 D 14
Ragusa *RG* ....104 Q 26
Raia (Monte) *SA* ......75 E 26
Raialunga (Monte) *SA* ..76 G 28
Raiamagra (Monte) *AV*..71 E 27
Raiano *AQ*............60 P 23
Rain in Taufers /
 Riva di Tures *BZ*...... 4 B 18
Raisi (Punta) *PA*......97 M 21
Raisigerbi (Capo) *PA* ...99 M 24
Raldon *VR*.............23 F 15
Ram *BZ* .... 2 C 13
Rama (Capo) *PA* ......97 M 21
Ramacca *CT* ....104 O 26
Ramaceto (Monte) *GE*..37 I 9
Ramière (Punta) *TO*....26 H 2
Ramilia (Case) *CL* ....103 O 23
Ramiseto *RE*..........38 I 12
Ramon *TV*............24 E 17
Ramponio *CO* .... 9 E 9
Ramundo *CS* ....87 J 31
Rancale *PG* ....51 M 19
Ranchio *FO*...........41 K 18
Rancia
 (Castello della) *MC*..52 M 22
Rancio Valcuvia *VA* .... 8 E 8
Ranco *AR*.............45 L 18
Ranco *VA*.............20 E 7
Randazzo *CT* ....100 N 26
Rangona *FE* ....32 H 16
Ranica *BG* ....21 E 11
Ranzanico *BG* ....22 E 11
Ranzano *PR* ....38 I 12
Ranzo *IM*.............35 J 6
Ranzo *TN*............11 D 14
Ranzola (Colle di) *AO*..11 E 5
Rapagnano *AP* ....53 M 22
Rapallo *GE* ....37 I 9
Raparo (Monte) *PZ*...77 G 29
Rapegna *MC* ....52 N 21
Rapino *CH*...........60 P 24
Rapolano Terme *SI* ....50 M 16
Rapolla *PZ*...........71 E 29
Rapone *PZ* ....71 E 28
Rasciesa *BZ*.......... 4 C 16
Rascino (Lago) *RI* ....59 O 21
Rasenna *MC*..........52 N 20
Rasiglia *PG* ....52 N 20
Rasocolmo (Capo) *ME*..90 M 28
Raspollino
 (Padule di) *GR* ....49 N 15
Rassa *VC* ....19 E 6
Rassina *AR* ....44 L 17
Rastignano *BO* ....40 I 16
Rastrello
 (Valico del) *SP* .....37 J 11
Rasu (Monte) *NU*....119 I 10
Rasu (Monte) *SS*.....115 F 9
Rasun-Anterselva /
 Rasen-Antholz *BZ*.... 4 B 18
Rasura *SO* .... 9 D 10
Raticosa
 (Passo della) *FI* ....40 J 16
Ratschings / Racines *BZ*..3 B 16
Rattisio Nuovo /
 Neurateis *BZ* .... 3 B 14
Ratzes / Razzes *BZ*.... 3 C 16

Rauchkofel / Fumo
 (Monte) *BZ* .... 4 A 18
Rauscedo *PN* ....13 D 20
Rauth / Novale *BZ* ....12 C 16
Rava (Cimon) *TN*.....12 D 16
Ravadese *PR* ....30 H 13
Ravagnese *RC* ....90 M 28
Ravalle *FE* ....32 H 16
Ravanusa *AG* ....103 P 23
Ravarano *PR*..........30 I 12
Ravari (Bocca di) *BO* ..39 J 15
Ravarino *MO* ....31 H 15
Ravascletto *UD* .... 5 C 20
Ravello *SA*............75 F 25
Ravenna *RA* ....41 I 18
Raveo *UD* ....14 C 20
Ravi *GR* ....49 N 14
Raviscanina *CE* ....65 R 24
Razzà *RC* ....91 N 30
Razzes / Ratzes *BZ*.... 3 C 16
Razzo (Sella di) *BL* .... 5 C 19
Razzuolo *FI*...........40 J 16
Re (Serra del) *CT* ....100 N 26
Re *VB* .... 8 D 7
Rea *PV* ....29 G 9
Reale (Canale) *BR* ....79 F 35
Reale (Rada della) *SS* .108 D 6
Realmonte *AG*........102 P 22
Reana del Roiale *UD*...15 D 21
Reatini (Monti) *RI* .....58 O 20
Rebeccu *SS*.........115 F 8
Recanati *MC* ....47 L 22
Recattivo *PA*..........99 O 24
Recattivo (Portella) *PA* ..99 O 24
Recchio *PR* ....30 H 12
Recco *GE*............37 I 9
Recetto *NO*...........20 F 7
Recoaro Mille *VI* ......23 E 15
Recoaro Terme *VI*.....23 E 15
Recoleta *MT*..........78 G 31
Recovato *MO*.........31 I 15
Reda *RA*.............40 J 17
Redagno / Radein *BZ* ..12 C 16
Redasco (Cime) *SO* ...10 C 12
Redavalle *PV* ....29 G 9
Redebus (Passo) *TN*...12 D 15
Redi Castello
 (Monte) *TN* ....10 D 13
Redipuglia *GO*.........17 E 22
Redona *PN* ....13 D 20
Redondesco *MN*.......30 G 13
Redone *BS* ....23 F 13
Refavaie *TN* ....12 D 16
Refrancore *AT*........28 H 7
Refrontolo *TV* ....13 E 18
Regalbuto *EN* ....100 O 25
Reggello *FI*...........44 K 16
Reggio di Calabria *RC*..90 M 28
Reggio nell'Emilia *RE*...31 H 13
Reggiolo *RE*..........31 H 14
Regi Lagni *NA*........70 E 25
Regina *CS* ....85 I 30
Regina Elena
 (Canale) *NO* ....20 F 7
Regnano *MS* ....38 J 12
Regona *CR* ....22 G 11
Rei (Costa) *SU* ......119 J 10
Reinswald /
 S. Martino *BZ*....... 3 B 16
Reischach /
 Riscone *BZ* .... 4 B 17
Riese Pio X *TV* ......24 E 17
Riesi *CL* ....103 P 24
Reitano *ME*..........99 N 25
Religione (Punta) *RG*..106 Q 26
Remanzacco *UD* ......15 D 21
Remedello Sopra *BS* ..22 G 13
Remedello Sotto *BS* ..22 G 13
Remondò *PV*.........20 G 8
Renaio *LU* ....39 J 13
Renate *MI* ....21 E 9
Renazzo *FE*..........32 H 15
Rendale *VI* ....12 E 16
Rende *CS*............86 J 30
Rendena (Valle) *TN*....11 D 14
Rendina (Lago del) *PZ*..71 D 29
Rendinara *AQ* ....64 Q 22
Renna (Monte) *SR* ...105 Q 26
Renna (Monte) *SR* ...105 Q 26
Reno *PT*.............39 J 14
Reno *VA*............. 8 E 7

Reno (Foce del) *RA* ...33 I 18
Reno Finalese *MO* ....32 H 15
Renòn (Corno di) *BZ*... 3 C 16
Renon / Ritten *BZ*..... 3 C 16
Reppia *GE*............37 I 10
Resana *TV*............24 F 17
Rescaldina *MI* .... F 8
Resceto *MS*...........38 J 12
Reschen / Resia *BZ* ... 2 B 13
Reschenpaß / Resia
 (Passo di) *BZ*....... 2 B 13
Reschenpaß / Resia
 (Lago di) *BZ* .... 2 B 13
Resettum (Monte) *PN*..13 D 19
Resia *UD* ....15 C 21
Resia / Reschen *BZ* ... 2 B 13
Resia (Lago di) /
 Reschensee *BZ* ..... 2 B 13
Resia (Passo di) /
 Reschenpaß *BZ*...... 2 B 13
Resia (Valle di) *UD* ...15 C 21
Resiutta *UD* ....15 C 21
Resta (Forcola
 di Monte) *PN* ......13 C 20
Resta *GR* ....49 N 14
Restino (Masseria) *BR*..80 F 35
Resuttano *CL*..........99 N 24
Resuttano *CL*..........99 N 24
Retorbido *PV*.........29 H 9
Revello *CN* ....26 I 4
Reventino (Monte) *CZ*..86 J 30
Revere *MN* ....31 G 15
Revine *TV* ....13 D 18
Revò *TN* ....11 C 15
Rezzanello *PC* ....29 H 10
Rezzato *BS* ....22 F 12
Rezzo *IM* ....35 J 5
Rezzoaglio *GE* ....29 I 10
Rhêmes-
 Notre Dame *AO*.....18 F 3
Rhêmes-St. Georges *AO*.18 F 3
Rhêmes (Val di) *AO* ...18 F 3
Rho *MI* ....21 F 9
Riace *RC*.............88 L 31
Riace Marina *RC*......89 L 31
Rialto *SV* ....36 J 6
Rialto *RM*............58 P 19
Riardo *CE* ....65 S 24
Riardo (Cime) *SO* ....11 C 15
Ribera *AG* ....102 O 21
Ribolla *GR*............49 N 15
Ribordone *TO* ....19 F 4
Ricadi *VV*............88 L 29
Ricaldone *AL*.........28 H 7
Ricavo *SI* ....43 L 15
Riccardina *BO* ....32 I 16
Riccia *CB* ....65 R 26
Riccio *AR*............50 M 18
Riccione *RN* ....41 J 19
Riccò del Golfo
 di Spezia *SP* ....38 J 11
Riccovolto *MO*........39 J 13
Ricengo *CR*..........21 F 11
Ricetto *RI* ....59 P 21
Ricigliano *SA* ....76 E 28
Ridanna / Ridnaun *BZ*.. 3 B 15
Ridanna (Val) *BZ*..... 3 B 15
Ridnaun / Ridanna *BZ*.. 3 B 15
Ridotti (i) *AQ* ....64 Q 22
Ridracoli *FO*..........40 K 17
Ridracoli (Lago di) *FO*..40 K 17
Rienza *BZ*............ 4 B 17
Riepenspitze / Ripa
 (Monte) *BZ* .... 4 B 18
Ries (Vedrette di) /
 Rieserfernergruppe *BZ*..4 B 18
Riese Pio X *TV* ......24 E 17
Riesi *CL* ....103 P 24
Riesone *CT*..........104 P 26
Rieti *RI* ....58 O 20
Rifreddo *PZ*..........77 F 29
Rifreddo *FI* ....40 J 16
Rigali *PG* ....52 M 20
Righetto (Passo del) *MS*.38 I 11
Rigiurfo Grande
 (Case) *CL* ....104 P 25
Riglio *PC*............29 H 11
Riglio (Torrente) *PC*...30 G 11
Riglione-Oratoio *PI*....42 K 13
Rignano Flaminio *RM*..58 P 19
Rignano Garganico *FG*..67 B 28
Rignano sull'Arno *FI*...44 K 16
Rigo (Ponte del) *SI*....50 N 17
Rigolato *UD* .... 5 C 20
Rigoli *PI*.............42 K 13
Rigolizia *SR*..........104 Q 26
Rigomagno *SI*.........50 M 17
Rigoso *PR*............38 I 12

Rigutino *AR* ....45 L 17
Rilievo *TP* ....96 N 19
Rima *VC*............. 7 E 6
Rimagna *PR* ....38 I 12
Rimasco *VC* .... 7 E 6
Rimella *VC* .... 8 E 6
Rimendiello *PZ*.......77 G 29
Rimini *RN* ....41 J 19
Riminino *VT*..........57 O 16
Rimiti *ME*............90 N 27
Rinalda (Torre) *LE*....81 F 36
Rinella *ME*...........94 L 26
Rino *BS* ....10 D 13
Rio di Lagundo /
 Aschbach *BZ* ...... 3 C 15
Rio di Pusteria /
 Mühlbach *BZ* ...... 4 B 16
Rio (il) *RM* ....63 R 21
Rio Marina *LI* ....48 N 13
Rio nell'Elba *LI*.......48 N 13
Rio Saliceto *RE* ......31 H 14
Rio Sardo *OR* ....114 H 7
Riolo *MO* ....31 I 15
Riola *BO*.............39 J 15
Riola Sardo *OR* .....114 H 7
Riolo *MO* ....31 I 15
Riolo Terme *RA* ......40 J 17
Riomaggiore *SP* ......37 J 11
Riomolino /
 Mühlbach *BZ*....... 4 B 17
Rioschio Pieve *FO* ....41 J 18
Rizzacorno *CH*........60 P 25
Rizziconi *RC* ....88 L 29
Rizzolo *PC*...........29 H 11
Rizzuto (Capo) *KR*....89 K 33
Ro Ferrarese *FE*......32 H 17
Roana *VI* ....12 E 16
Roaschia *CN* ....34 J 4
Roasco *SO*..........10 D 12
Robassomero *TO*.....19 G 4
Robecco d'Oglio *CR* ..22 G 12
Robecco Pavese *PV*...29 G 9
Robecco sul Naviglio *MI*..20 F 8
Robella *AT*...........27 G 6
Roberti (Masseria) *BA*..73 D 33
Robilante *CN* ....35 J 4
Roboaro *AL* ....28 I 7
Roburent *CN* ....35 J 5
Roca Vecchia *LE*......81 G 37
Rocca *BL*.............11 C 16
Rocca Canterano *RM*..63 Q 21
Rocca Corneta *BO* ...39 J 14
Rocca Corneta *BO* ...39 J 14
Rocca d'Arazzo *AT*....28 H 6
Rocca de' Giorgi *PV*...29 H 9
Rocca d'Evandro *CE*..64 R 23
Rocca di Botte *AQ*....59 P 21
Rocca di Cambio *AQ*...59 P 22
Rocca
 di Capri Leone *ME*..100 M 26
Rocca di Cave *RM*....63 Q 20
Rocca di Corno *RI*....59 O 21
Rocca di Mezzo *AQ*...59 P 22
Rocca di Neto *KR*.....87 J 33
Rocca di Papa *RM*....63 Q 20
Rocca di Roffeno *BO*...39 J 15
Rocca Fiorita *ME*......90 N 27
Rocca Grimalda *AL*....28 H 7
Rocca Imperiale *CS* ...78 G 31
Rocca
 Imperiale Marina *CS*..78 G 31
Rocca Massima *LT*....63 Q 20
Rocca Pia *AQ* ....64 Q 23
Rocca Pietore *BL*.....12 C 17
Rocca Priora *AN*......47 L 22
Rocca Priora *RM* .....63 Q 20
Rocca Ricciarda *AR*....44 L 16
Rocca S. angelo *PG* ...51 M 19
Rocca S. Casciano *FO*..40 J 17
Rocca S. Felice *AV* ...71 E 27
Rocca San Giovanni *CH*..61 P 25
Rocca Santa Maria *TE*..53 N 22
Rocca Sinibalda *RI*.....58 P 20
Rocca Sto Stefano *RM*..63 Q 21
Rocca Susella *PV* .....29 H 9
Rocca Tunda *OR*.....114 G 7
Roccabascerana *AV*...70 D 26

Roccabernarda *KR*....87 J 32
Roccabianca *PR*.......30 G 12
Roccacaramanico *PE*...60 P 24
Roccacasale *AQ*.......60 P 23
Roccacinquemiglia *AQ*..64 Q 24
Roccadaspide *SA*......76 F 27
Roccaferrara *PR* ......38 I 12
Roccafinadamo *PE*.....60 O 23
Roccafluvione *AP*......52 N 22
Roccaforte
 del Greco *RC* ......90 M 29
Roccaforte Ligure *AL*...29 H 9
Roccaforte Mondovì *CN*..35 J 5
Roccaforzata *TA* ......79 F 34
Roccafranca *BS*.......22 F 11
Roccagiovine *RM*......58 P 20
Roccagloriosa *SA* .....76 G 28
Roccagorga *LT*........63 R 21
Roccalbegna *GR*......50 N 16
Roccalumera *ME* .....90 N 28
Roccalvecce *VT*.......57 O 18
Roccamandolfi *IS*......65 R 25
Roccamare *GR*........49 N 14
Roccamena *PA* ......97 N 21
Roccamonfina *CE*......64 S 23
Roccamontepiano *CH*...60 P 24
Roccamorice *PE* ......60 P 24
Roccanova *PZ* ....77 G 30
Roccantica *RI*.........58 P 20
Roccapalumba *PA* ....98 N 22
Roccapiemonte *SA* ...70 E 26
Roccaporena *PG*......52 N 20
Roccarainola *NA* .....70 E 25
Roccaraso *AQ* ....64 Q 24
Roccaravindola *IS* .....64 R 24
Roccaromana *CE* .....65 S 24
Roccarossa
 (Tempa di) *PZ* .....77 G 29
Roccasalli *RI*..........52 O 21
Roccascalegna *CH*.....60 P 24
Roccasecca
 dei Volsci *LT* ......63 R 21
Roccasicura *IS* ....65 Q 24
Roccaspinalveti *CH*....61 Q 25
Roccastrada *GR*.......49 M 15
Roccatamburo *PG* ....52 N 20
Roccatederighi *GR*.....49 M 15
Roccavaldina *ME* .....90 M 28
Roccaverano *AT* ......28 I 6
Roccavione *CN* ....34 J 4
Roccavivara *CB* ....65 Q 25
Roccavivi *AQ* ....64 Q 22
Roccazzo *RG* ....104 P 26
Roccelito (Monte) *PA*...99 N 23
Roccella *CL* ....103 O 23
Roccella *CZ*..........89 K 31
Roccella
 Valdemone *ME* ....100 N 27
Rocchetta *CE* ....69 D 24
Rocchetta *MS* ....38 J 11
Rocchetta *PG*........52 N 20
Rocchetta a Volturno *IS*..64 R 24
Rocchetta *TN* ....11 D 15
Rocchetta Belbo *CN*...27 I 6
Rocchetta Cairo *SV*...36 I 6
Rocchetta di Vara *SP*...37 J 11
Rocchetta Ligure *AL*...29 H 9
Rocchetta Mattei *BO*...39 J 15
Rocchetta Nervina *IM*...35 K 4
Rocchetta Nuova *IS*....64 R 24
Rocchetta
 S. Antonio *FG*......71 D 28
Rocchetta Tanaro *AT*...28 H 7
Rocchette *GR* ....50 N 16
Rocciamelone *TO*......18 G 3
Roccoli Lorla (Rifugio) *LC* . 9 D 10
Rochemolles *TO*.......18 G 2
Roddi *CN*............27 H 5
Roddino *CN* ....27 I 6
Rodeano *UD* ....14 D 21
Rodeneck / Rodengo *BZ*..4 B 17
Rodengo /
 Rodeneck *BZ* ...... 4 B 17
Rodengo-Saiano *BS* ...22 F 11
Rodì *ME* ....101 M 27
Rodi Garganico *FG* ...67 B 29
Rodia *ME*............90 M 28
Rodigo *MN* ....23 G 13
Rodio *SA* ....76 G 27
Rodoretto *TO*.........26 H 3
Roen (Monte) *BZ* ....11 C 15
Roero *SA*............76 G 28
Rofrano *SA*...........76 G 28

149

Roggiano Gravina CS 85 I 30
Roggione (Pizzo) SO 9 D 9
Roghudi RC 90 M 29
Rogio (Canale) LU 43 K 13
Rogliano CS 86 J 30
Roglio PI 43 L 14
Rognano PV 21 G 9
Rogno BG 10 E 12
Rognosa (Punta) TO 26 H 2
Rogolo SO 9 D 10
Roia IM 35 K 4
Roia / Rojen BZ 2 B 13
Roiano TE 53 N 22
Roiate RM 63 Q 21
Roio del Sangro CH 65 Q 25
Roisan AO 18 E 3
Rojen / Roia BZ 2 B 13
Roletto TO 26 H 3
Rolle (Cima di) BZ 3 B 16
Rolle (Passo di) TN 12 D 17
Rolo RE 31 H 14
Roma RM 62 Q 19
Roma-Ciampino (Aeroporto) RM 62 Q 19
Roma-Fiumicino L. da Vinci (Aeroporto) RM 62 Q 18
Romagnano al Monte SA 76 F 28
Romagnano Sesia NO 20 F 7
Romagnese PV 29 H 9
Romana SS 110 F 7
Romanelli (Grotta) LE 83 G 37
Romanengo CR 22 F 11
Romano d'Ezzelino VI 24 E 17
Romano di Lombardia BG 22 F 11
Romans d'Isonzo GO 17 E 22
Rombiolo VV 88 L 29
Rombo (Passo del) / Timmelsjoch BZ 3 B 15
Romena (Castello di) AR 44 K 17
Romena (Pieve di) AR 44 K 17
Romeno TN 11 C 15
Romentino NO 20 F 8
Rometta MS 38 J 12
Rometta ME 90 M 28
Romitello (Santuario del) PA 97 M 21
Ron (Vetta di) SO 10 D 11
Roncà VR 23 F 15
Roncade TV 25 F 19
Roncadelle BS 22 F 12
Roncadelle TV 16 E 19
Roncagli IM 35 K 6
Roncaglia PC 30 G 11
Roncalceci RA 41 I 18
Roncanova VR 31 G 15
Roncarolo PC 30 G 11
Roncastaldo BO 40 J 15
Roncegno TN 12 D 16
Roncello MI 21 F 10
Ronche PN 13 E 19
Ronchi SV 35 J 6
Ronchi TN 23 E 15
Ronchi dei Legionari GO 17 E 22
Ronchi (I) TV 25 E 18
Ronchis (vicino a Latisana) UD 16 E 20
Ronchis (vicino a Udine) UD 15 D 21
Ronciglione VT 57 P 18
Roncitelli AN 46 K 21
Ronco FO 41 J 18
Ronco (Fiume) RA 41 J 18
Ronco all'Adige VR 23 F 15
Ronco Biellese BI 19 F 6
Ronco Campo Canetto PR 30 H 12
Ronco Canavese TO 19 F 4
Ronco Scrivia GE 28 I 8
Roncobello BG 10 E 11
Roncobilaccio BO 39 J 15
Roncoferraro MN 31 G 14
Roncofreddo FO 41 J 18
Roncola BG 21 E 10
Roncole Verdi PR 30 H 12
Roncoleva VR 23 G 14
Roncone TN 11 E 13
Rondanina GE 29 I 9
Rondelli GR 49 N 14
Rondine (Pizzo della) AG 98 O 22
Rondissone TO 19 G 5
Ronsecco VC 20 G 6
Ronta FI 40 J 16
Ronzo Chienis TN 11 E 14
Ronzone TN 11 C 15
Ropola (Passo di) RC 91 M 30
Rora TO 26 H 3
Rore CN 26 I 3
Rosa PN 16 E 20
Rosà VI 24 E 17
Rosa dei Bianchi TO 19 F 4
Rosa Marina BR 80 E 34
Rosali RC 90 M 29
Rosanisco FR 64 R 23
Rosano FI 44 K 16
Rosano RE 38 I 13
Rosapineta RO 33 G 18
Rosario (Santuario del) PA 97 N 21
Rosarno RC 88 L 29
Rosaro MS 38 J 12
Rosasco PV 20 G 7
Rosate MI 21 F 9
Rosazza BI 19 E 5
Rosciano PE 60 P 24
Roscigno-Nuovo SA 76 F 28
Roscigno-Vecchio SA 76 F 28
Rosciolo dei Marsi AQ 59 P 22
Rose CS 86 I 30
Rose (Monte) AG 98 O 22
Rose (Pieve delle) PG 45 L 18
Rose (Timpa delle) SA 76 F 28
Roseg (Pizzo) SO 10 C 11
Roselle GR 49 N 15
Roselle (Località) GR 49 N 15
Roselli FR 64 R 23
Rosello CH 65 Q 25
Rosengarten / Catinaccio BZ 4 C 16
Rosennano SI 44 L 16
Roseto Capo Spulico CS 78 H 31
Roseto degli Abruzzi TE 53 N 24
Roseto Valfortore FG 70 C 27
Rosia SI 49 M 15
Rosignano Marittimo LI 42 L 13
Rosignano Monferrato AL 28 G 7
Rosignano Solvay LI 42 L 13
Rosito KR 87 K 33
Rosola MO 39 J 14
Rosolina RO 33 G 18
Rosolina Mare RO 33 G 18
Rosolini SR 107 Q 26
Rosone TO 18 F 4
Rosora AN 46 L 21
Rossa (Croda) / Hohe Geisel BL 4 C 18
Rossa (Isola) SU 120 K 8
Rossa (Isola) NU 114 G 7
Rossa (Isola) SS 108 D 8
Rossa (Punta) SS 109 D 10
Rossa (Punta) FG 67 B 30
Rossa (Punta) LI 54 P 12
Rossana CN 26 I 4
Rossano CS 87 I 31
Rossano MS 38 J 11
Rossano Stazione CS 87 I 31
Rossano Veneto VI 24 E 17
Rosse (Cuddie) TP 96 Q 17
Rossenna MO 39 I 14
Rossiglione GE 28 I 8
Rosso (Monte) ME 100 N 27
Rossola (Pizzo di) VB 8 D 7
Rossomanno (Monte) EN 104 O 25
Rosta VR 31 G 15
Rota RM 57 P 18
Rota d'Imagna BG 21 E 10
Rota Greca CS 85 I 30
Rotale PZ 76 G 29
Roteglia RE 39 I 14
Rotella AP 53 N 22
Rotella (Monte) AQ 64 Q 24
Rotello CB 66 B 27
Rotonda PZ 85 H 30
Rotondella MT 78 G 31
Rotondella (Monte) CS 78 G 31
Rotondi AV 70 D 25
Rotondo (Monte) SA 76 G 28
Rotondo (Monte) (vicino a Campo Felice) AQ 59 P 22
Rotondo (Monte) (vicino a Scanno) AQ 64 Q 23
Rottanova VE 32 G 18
Rottofreno PC 29 G 10
Rotzo VI 12 E 16
Roure TO 26 H 3
Rovagnate LC 21 E 10
Rovale CS 86 J 31
Rovasenda VC 20 F 6
Rovasenda (Torrente) VC 20 F 6
Rovato BS 22 F 11
Roveda TN 11 D 15
Rovegno GE 29 I 9
Roveleto Landi PC 29 H 10
Rovellasca CO 21 E 9
Rovello Porro CO 21 F 9
Roverbella MN 23 G 14
Roverchiara VR 23 G 15
Rovere AQ 59 P 22
Rovere FO 40 J 17
Roverè della Luna TN 11 D 15
Rovere Veronese VR 23 F 15
Roveredo di Guà VR 24 G 16
Roveredo in Piano PN 13 D 19
Rovereto FE 32 H 17
Rovereto TN 11 E 15
Rovescala PV 29 G 10
Roveto (Pantano) SR 107 Q 27
Roveto (Val) AQ 64 Q 22
Rovetta BG 10 E 11
Roviasca SV 36 J 7
Rovigliano PG 45 L 18
Rovigo RO 32 G 17
Rovina PR 30 H 11
Rovito CS 86 J 30
Rovittello CT 101 N 27
Rozzano MI 21 F 9
Rua la Cama (Forca) PG 52 N 20
Rua (Monte) PD 24 G 17
Ruazzo (Monte) LT 64 S 22
Rubano PD 24 F 17
Rubbio VI 24 E 16
Rubiana TO 18 G 4
Rubicone FO 41 J 19
Rubiera RE 31 I 14
Rubino (Lago) TP 97 N 20
Rubizzano BO 32 H 16
Rucas CN 26 H 3
Ruda UD 17 E 22
Rudiano BS 22 F 11
Rueglio TO 19 F 5
Rufeno (Monte) VT 50 N 17
Ruffano LE 83 H 36
Ruffi (Monti) RM 59 Q 20
Ruffia CN 27 H 4
Rufina FI 40 K 16
Ruggiano FG 67 B 29
Rughe (Monte) SS 115 G 7
Ruia (Isola) NU 113 F 11
Ruina FE 32 H 17
Ruinas OR 115 H 8
Ruino PV 29 H 9
Ruiu (Monte) (vicino ad Arzachena) SS 109 D 10
Ruiu (Monte) (vicino a Porto S. Paolo) SS 113 E 10
Ruiu (Monte) (vicino a Villanova Mont.) SS 110 F 7
Rumo TN 11 C 15
Runzi RO 32 H 16
Ruocce AN 46 L 20
Ruoti PZ 71 E 29
Ruscello FO 41 K 18
Ruscio PG 58 O 20
Russi RA 40 I 18
Russo (Masseria) FG 67 C 29
Rustico AN 47 L 22
Rustigazzo PC 29 H 11
Ruta GE 37 I 9
Rutigliano BA 73 D 33
Rutino SA 75 G 27
Ruttars GO 17 E 22
Ruviano CE 70 D 25
Ruvo del Monte PZ 71 E 28
Ruvo di Puglia BA 72 D 31
Ruvolo (Monte) CT 100 N 26
Ruzzano PR 38 I 12

S

S. Anastasia KR 87 I 33
S. Angelo VV 88 L 30
S. Anna KR 87 J 33
S. Benedetto VR 23 F 13
S. Clemente RN 41 K 19
S. Cono VV 88 K 30
S. Fiorano LO 29 G 11
S. Gabriele TE 59 O 22
S. Giacomo (Rovereto) TN 23 E 14
S. Giacomo di Roburent (vicino a Frabosa Soprana) CN 35 J 5
S. Giacomo di Teglio SO 10 D 12
S. Giovanni VV 88 L 30
S. Giuseppe PO 39 J 15
S. Giuseppe al lago / St. Joseph am See BZ 11 C 15
S. Grato LO 21 G 10
S. Lorenzo VB 8 D 6
S. Martino in Strada LO 21 G 10
S. Nicola (Monte) CZ 88 L 31
S. Nicolò VV 88 L 29
S. Onofrio VV 88 K 30
S. Paolo d'Argon BG 22 E 11
S. Pietro SO 9 D 10
S. Polo PR 30 H 13
S. Prospero sulla Seccia MO 31 H 15
S. Vigilio VR 23 F 14
Sabatini (Monti) VT 57 P 18
Sabato AV 70 E 26
Sabaudia LT 63 S 21
Sabaudia (Lago di) LT 68 S 21
Sabbia VC 8 E 6
Sabbio Chiese BS 22 F 13
Sabbioneta MN 30 H 13
Sabbioni BO 40 J 15
Sabbioni FE 32 H 17
Sabbucina (Monte) CL 103 O 24
Sabia (Val) BS 22 E 13
Sabina (Punta) SS 108 D 7
Sabini (Monti) RI 58 P 20
Sabiona (Convento di) BZ 3 C 16
Sabioncello S. Vittore FE 32 H 17
Sacca MN 23 G 13
Sacca PR 30 H 13
Saccarello (Monte) IM 35 J 5
Saccione CB 66 B 27
Sacco FR 63 Q 21
Sacco SA 76 F 28
Sacco SO 9 D 10
Saccolongo PD 24 F 17
Sacile PN 13 E 19
Sacra di S. Michele TO 26 G 4
Sacramento (Scoglio del) AG 102 U 19
Sacro (Monte) FG 67 B 30
Sacro (Monte) SA 76 G 28
Sacro Monte (Varallo) VC 20 E 6
Sacrofano RM 58 P 19
Sadali SU 115 H 9
Sadali (Rio de) NU 115 H 9
Sagama OR 114 G 7
Sagittario AQ 60 Q 23
Sagittario (Gole de) AQ 64 Q 23
Sagliano Micca BI 19 F 6
Sagrado GO 17 E 22
Sagrata PS 46 L 19
Sagron-Mis TN 12 D 17
Saiano BS 22 F 12
Sailetto MN 31 G 14
Sala AV 70 E 26
Sala FO 41 J 19
Sala TR 51 N 18
Sala Baganza PR 30 H 12
Sala Biellese BI 19 F 5
Sala Bolognese BO 31 I 15
Sala Comacina CO 9 E 9
Sala Consilina SA 76 F 28
Salamone (Case) AG 103 O 22
Salamu (Bruncu) SU 119 I 9
Salandra MT 77 F 30
Salandrella MT 77 F 30
Salaparuta TP 97 N 21
Salaparuta (Ruderi di) TP 97 N 20
Salara RO 32 H 16
Salarno (Lago di) BS 10 D 13
Salasco VC 20 G 6
Salassa TO 19 G 5
Salbertrand TO 26 G 2
Salboro PD 24 F 17
Salcito CB 65 Q 25
Saldura (Punta) BZ 2 B 14
Sale AL 28 H 8
Sale Marasino BS 22 E 12
Sale Porcus (Stagno) OR 114 H 7
Sale S. Giovanni CN 35 I 6
Salemi TP 97 N 20
Salento SA 76 G 27
Salerano sul Lambro LO 21 G 10
Salere AT 28 H 6
Salerno SA 75 E 26
Salerno (Golfo di) SA 75 F 25
Saletto PD 24 G 16
Saletto UD 15 C 22
Saletto di Piave TV 25 E 19
Salgareda TV 16 E 19
Sali Vercellese VC 20 G 6
Salica KR 87 J 33
Salice Salentino LE 81 F 35
Salice Terme PV 29 H 9
Saliceto CN 35 I 6
Saliceto Parano MO 31 I 14
Salici (Monte) EN 100 N 25
Salici (Punta) SS 109 E 8
Salina MN 31 H 13
Salina (Canale della) ME 94 L 26
Salina (Isola) ME 94 L 26
Salinas (Torre) SU 119 I 10
Saline MC 52 M 22
Saline (Cala) OR 114 G 7
Saline di Volterra PI 43 L 14
Saline Ioniche RC 90 N 29
Salinello TE 53 N 23
Salisano RI 58 P 20
Salito CL 103 O 23
Salitto SA 75 E 27
Salizzole VR 23 G 15
Salle (la) AO 18 E 3
Salle Nuova PE 60 P 23
Salmenta (Masseria) LE 79 G 35
Salmour CN 27 I 5
Salò BS 23 F 13
Salomone (Masseria) BA 72 E 30
Salonetto / Schlaneid BZ 3 C 15
Salorno / Salurn BZ 11 D 15
Salso PA 99 N 24
Salso EN 100 N 25
Salso o Imera Meridionale EN 103 O 24
Salsola FG 66 C 27
Salsomaggiore Terme PR 30 H 11
Salsominore PC 29 I 10
Saltara PS 46 K 20
Saltaus / Saltusio BZ 3 B 15
Saltino FI 44 K 16
Salto MO 39 J 14
Salto di Quirra SU 119 I 10
Salto (Fiume) RI 59 P 21
Salto (Lago del) RI 59 P 21
Saltusio / Saltaus BZ 3 B 15
Saludecio RN 41 K 20
Saluggia VC 19 G 6
Salurn / Salorno BZ 11 D 15
Salussola BI 19 F 6
Saluzzo CN 27 I 4
Salvarano RE 30 I 13
Salvarosa TV 24 E 17
Salvaterra RE 31 I 14
Salve LE 83 H 36
Salviano LI 42 L 13
Salvirola CR 22 F 11
Salvitelle SA 76 F 28
Salza di Pinerolo TO 26 H 3
Salza Irpina AV 70 E 26
Salzano VE 25 F 18
Samarate VA 20 F 8
Samassi SU 118 I 8
Samatzai SU 118 I 9
Sambiase CZ 88 K 30
Samboseto PR 30 H 12
Sambuca FI 43 L 15
Sambuca di Sicilia AG 97 O 21
Sambuca (Passo) FI 40 J 16
Sambuca Pistoiese PT 39 J 15
Sambuceto CH 60 O 24
Sambucheto TR 58 O 20
Sambuchi PA 98 N 22
Sambuci RM 58 Q 20
Sambucina (Abbazia della) CS 85 I 30
Sambuco CN 34 I 3
Sambuco (Monte) FG 66 C 27
Sambughè TV 25 F 18
Sambughetti (Monte) EN 99 N 25
Sammartini BO 31 H 15
Sammichele di Bari BA 73 E 32
Sammommè PT 39 J 14
Samo RC 91 M 30
Samoggia BO 39 J 15
Samolaco SO 9 D 10
Samone MO 39 I 14
Samone TN 12 D 16
Sampeyre CN 26 I 3
Sampierdarena GE 36 I 8
Sampieri RG 106 Q 26
Sampieri (Pizzo) PA 99 N 23
Samugheo OR 115 H 8
San Feliciano PG 51 M 18
San Remo IM 35 K 5
S. Adriano FI 40 J 16
S. Agapito IS 65 R 24
S. Agata CS 85 I 31
S. Agata RC 90 M 29
S. Agata (Monte) EN 100 O 25
S. Agata FI 40 J 16
S. Agata alle Terrine AR 45 L 18
S. Agata PC 30 H 12
S. Agata Bolognese BO 31 I 15
S. Agata de' Goti BN 70 D 25
S. Agata del Bianco RC 91 M 30
S. Agata di Esaro CS 85 I 29
S. Agata di Militello ME 100 M 25
S. Agata di Puglia FG 71 D 28
S. Agata Feltria PS 41 K 18
S. Agata Fossili AL 28 H 8
S. Agata li Battiati CT 101 O 27
S. Agata sui Due Golfi NA 74 F 25
S. Agata sul Santerno RA 40 I 17
S. Agnello NA 74 F 25
S. Agostino FE 32 H 16
S. Agrippina (Masseria) EN 99 N 25
S. Albano PV 29 H 9
S. Albano Stura CN 27 I 5
S. Alberto BO 32 H 16
S. Alberto RA 33 I 18
S. Alberto TV 25 F 18
S. Alberto di Butrio (Abbazia) PV 29 H 9
S. Albino SI 50 M 17
S. Alessio (Capo) ME 90 N 28
S. Alessio in Aspromonte RC 90 M 29
S. Alessio Siculo ME 90 N 28
S. Alfio CT 101 N 27
S. Alfio (Chiesa di) CT 101 O 27
S. Allerona TR 51 N 18
S. Ambrogio MO 31 I 15
S. Ambrogio PA 99 M 24
S. Ambrogio di Torino TO 26 G 4
S. Ambrogio di Valpolicella VR 23 F 14
S. Ambrogio sul Garigliano FR 64 R 23
S. Ampeglio (Capo) IM 35 K 5
S. Anastasia NA 70 E 25
S. Anatolia PG 52 N 21
S. Anatolia RI 59 P 21
S. Anatolia di Narco PG 52 N 20
St. Andrä / S. Andrea in Monte BZ 4 B 17
S. Andrea CA 119 J 9
S. Andrea CE 69 D 24
S. Andrea FO 41 J 18
S. Andrea IS 65 Q 25
S. Andrea LE 83 G 37
S. Andrea LI 48 N 12
S. Andrea PZ 71 E 28
S. Andrea SI 43 L 15
S. Andrea (Isola) BR 81 F 35
S. Andrea (Isola) LE 83 G 35
S. Andrea PD 24 F 17
S. Andrea PN 13 E 19
S. Andrea Apostolo dello Ionio CZ 89 L 31
S. Andrea Apostolo dello Ionio Marina CZ 89 L 31
S. Andrea VR 23 F 15
S. Andrea (Isola) UD 17 E 21
S. Andrea Bagni PR 30 H 12
S. Andrea Bonagia TP 96 M 19
S. Andrea di Conza AV 71 E 28
S. Andrea di Foggia GE 37 I 9
S. Andrea di Garigliano FR 64 R 23
S. Andrea di Sorbello AR 51 M 18
S. Andrea Frius SU 119 I 9
S. Andrea in Monte / St. Andrä BZ 4 B 17
S. Andrea in Percussina FI 43 K 15
S. Andria Priu (Necropoli di) SS 115 F 8
S. Angelo AN 46 K 21
S. Angelo CE 70 E 25
S. Angelo CS 85 I 29

A B C D E F G H I J K L M N O P Q R S T U V W X Y Z

A B C D E F G H I J K L M N O P Q R S T U V W X Y Z

S. Angelo NA .... 74 E 23
S. Angelo (Pianella) PE .. 60 O 24
S. Angelo PZ .... 72 E 29
S. Angelo RI .... 59 O 21
S. Angelo (Lago di) CH.. 60 P 24
S. Angelo (Monte) ME .. 94 L 26
S. Angelo (Pizzo) PA .. 99 N 24
S. Angelo a Fasanella SA..76 F 28
S. Angelo a Scala AV.. 70 E 26
S. Angelo all'Esca AV.... 70 D 26
S. Angelo VE .... 24 F 18
S. Angelo d'Alife CE ... 65 R 24
S. Angelo dei Lombardi AV..... 71 E 27
S. Angelo del Pesco IS.. 65 Q 24
S. Angelo di Brolo ME . 100 M 26
S. Angelo di Lomellina PV...... 20 G 7
S. Angelo di Piove di Sacco PD.... 24 F 18
S. Angelo in Colle SI .. 50 N 16
S. Angelo in Formis CE . 69 D 24
S. Angelo in Lizzola PS . 46 K 20
S. Angelo In Pontano MC...... 52 M 22
S. Angelo in Theodice FR....... 64 R 23
S. Angelo in Vado PS.. 45 L 19
S. Angelo in Villa FR .. 64 R 22
S. Angelo le Fratte PZ .. 76 F 28
S. Angelo Limosano CB ..65 Q 25
S. Angelo Lodigiano LO ..21 G 10
S. Angelo (Monte) LT... 68 S 22
S. Angelo Muxaro AG .. 102 O 22
S. Angelo Romano RM..58 P 20
S. Anna AG ...... 97 O 21
S. Anna OR ...... 115 H 7
S. Anna (vicino a Bianco) RC.. 91 M 30
S. Anna (vicino a Seminara) RC.... 90 M 29
S. Anna LU ...... 38 K 12
S. Anna Arresi SU ..... 120 J 7
S. Anna VE ...... 33 G 18
S. Anna (vicino a Bellino) CN . 26 I 2
S. Anna (vicino a Cuneo) CN.. 34 I 4
S. Anna (vicino a Demonte) CN.... 34 J 3
S. Anna (Sant. di) CN.. 34 J 3
S. Anna d'Alfaedo VR .. 23 F 14
S. Anna di Boccafossa VE..... 16 F 20
S. Anna Morosina PD .. 24 F 17
S. Anna Pelago MO ... 39 J 13
S. Ansano FI........ 43 K 14
S. Antimo NA........ 69 E 24
S. Antimo (Castelnuovo dell'Abate) SI ....50 M 16
Santu Antine SS ...... 111 F 8
Santu Antine (Santuario) OR.... 115 G 8
S. Antioco SU........ 118 J 7
S. Antioco (Isola di) SU...118 J 7
S. Antioco di Bisarcio SS ...... 111 F 8
S. Antonino di Susa TO.. 26 G 3
S. Antonio AQ ...... 65 Q 24
S. Antonio BL...... 13 D 18
S. Antonio BO ...... 32 I 17
S. Antonio FR...... 63 R 22
S. Antonio MO...... 39 I 14
S. Antonio (Monte) NU..115 G 8
S. Antonio SO ...... 2 C 13
S. Antonio VA........ 8 E 8
S. Antonio VI........ 23 E 15
S. Antonio VT........ 57 O 17
S. Antonio (Eremo di) AQ .. 64 Q 24
S. Antonio (Santuario) BR...... 79 F 35
S. Antonio Abate NA.. 75 E 25
S. Antonio di Gallura SS..109 E 9
S. Antonio di Mavignola TN.... 11 D 14
S. Antonio di Ranverso TO .... 26 G 4
S. Antonio di Santadi SU...118 H 7
S. Antonio in Mercadello MO.... 31 H 14
S. Antonio (Lago di) LT.. 63 R 20
S. Antonio Negri CR.. 22 G 12
S. Antonio Ruinas OR.. 115 H 8

S. Apollinare FR .... 64 R 23
S. Apollinare in Classe RA ...... 41 I 18
S. Arcangelo PG .... 51 M 18
S. Arcangelo PZ.... 77 G 30
S. Arcangelo (Monte) MT...... 77 G 31
S. Arcangelo Trimonte BN........ 70 D 26
S. Arpino CE ...... 69 E 24
S. Arsenio SA ...... 76 F 28
Sta Barbara NU ...... 115 G 8
Sta Barbara SA...... 76 G 27
Sta Barbara ME .. 100 M 27
Sta Barbara RG .. 106 Q 25
S. Barnaba RA ...... 40 J 17
S. Baronto PT...... 39 K 14
St. Barthelemy AO .... 19 E 4
S. Bartolo ME .... 95 K 27
S. Bartolo (Bivio) AG .. 97 O 21
S. Bartolomeo CN.... 35 J 4
S. Bartolomeo PG.... 45 L 19
S. Bartolomeo TR...... 58 O 19
S. Bartolomeo TS...... 17 F 23
S. Bartolomeo (Colle) IM........ 35 J 5
S. Bartolomeo al Mare IM........ 35 K 6
S. Bartolomeo de' Fossi PG..... 51 M 18
S. Bartolomeo in Bosco FE...... 32 H 16
S. Bartolomeo in Galdo BN ..... 70 C 27
S. Bartolomeo Val Cavargna CO.... 9 D 9
S. Basile CS...... 85 H 30
S. Basilio SU........ 119 I 9
S. Basilio ME...... 101 M 27
S. Basilio TA ...... 73 E 32
S. Bassano CR ...... 22 G 11
S. Bellino RO ...... 32 G 16
S. Benedetto RA ...... 40 J 17
S. Benedetto (Subiaco) RM .... 63 Q 21
S. Benedetto (vicino a Pietralunga) PG..... 45 L 19
S. Benedetto (vicino ad Umbertide) PG ... 51 L 19
S. Benedetto (Alpe di) FO .... 40 K 17
S. Benedetto dei Marsi AQ........ 59 P 22
S. Benedetto del Querceto BO.... 40 J 16
S. Benedetto del Tronto AP...... 53 N 23
S. Benedetto in Alpe FO..40 K 17
S. Benedetto in Perillis AQ...... 60 P 23
S. Benedetto Po MN .. 31 G 14
S. Benedetto Ullano CS ..86 I 30
S. Benedetto Val di Sambro BO .... 39 J 15
S. Benigno Canavese TO.. 19 G 5
S. Bernardino TO ...... 26 G 4
S. Bernardino PS.... 46 K 19
S. Bernardino RA .... 32 I 17
S. Bernardo SO ...... 10 D 11
S. Bernardo (Colla) IM.... 35 J 5
S. Bernardo (Colle) CN.... 35 J 6
S. Berniero SA ...... 75 F 26
S. Bernolfo CN...... 34 J 3
S. Biagio PV ...... 20 G 8
S. Biagio ME...... 101 M 27
S. Biagio MO...... 31 H 15
S. Biagio PA...... 97 O 21
S. Biagio PD...... 24 F 17
S. Biagio FR...... 64 R 23
S. Biagio (vicino ad Argenta) FE........ 32 I 17
S. Biagio (vicino a Bondeno) FE........ 32 H 16
S. Biagio (Santuario) PZ ..84 H 29
S. Biagio della Cima IM.... 35 K 4
S. Biagio di Callalta TV...25 E 19
S. Biagio Platani AG.. 102 O 22
S. Biagio Saracinisco FR ..64 R 23
S. Biase CB ...... 65 Q 25
S. Biase SA........ 76 G 27
S. Boldo (Passo di) TV.. 13 D 18
S. Bonico PC...... 29 G 11
S. Bonifacio VR...... 23 F 15
S. Bortolo delle Montagne VR .. 23 F 15

Sta Brigida BG........ 9 E 10
Sta Brigida FI........ 40 K 16
S. Brizio PG...... 51 N 20
S. Bruzio GR...... 56 O 15
S. Buono CH........ 61 Q 25
S. Calogero VV........ 88 L 30
S. Calogero (Monte) PA .. 99 N 23
S. Candido / Innichen BZ .... 4 B 18
S. Canzian d'Isonzo GO....17 E 22
S. Carlo GE .... 28 I 8
S. Carlo PA........ 97 O 21
S. Carlo FG ...... 71 D 29
S. Carlo FE........ 32 H 16
S. Carlo FO ...... 41 J 18
S. Carlo LI........ 49 M 13
S. Carlo RC ...... 90 N 29
S. Carlo (Colle) AO .... 18 E 2
S. Carlo Terme MS .... 38 J 12
S. Carlo Vanzone VB .. 7 E 6
S. Casciano (Lago di) VT..50 N 17
S. Casciano dei Bagni SI .. 50 N 17
S. Casciano in Val di Pesa FI.. 43 L 15
S. Cassiano RA...... 40 J 17
S. Cassiano SO...... 9 D 10
S. Cassiano / St. Kassian BZ...... 4 C 17
S. Cassiano (Cima) BZ... 3 B 16
S. Cassiano in Pennino FO...... 40 J 17
S. Cataldo LE ...... 81 F 36
S. Cataldo CL...... 103 O 23
Sta Caterina GR...... 50 N 16
Sta Caterina LE ...... 83 G 35
Sta Caterina OR...... 114 G 7
Sta Caterina (Stagno di) SU...... 118 J 7
Sta Caterina BL...... 5 C 19
Sta Caterina Albanese CS...... 85 I 30
Sta Caterina / St. Katharina (vicino a Merano) BZ...3 C 15
Sta Caterina (vicino a Rattisio Nuovo) BZ... 3 B 14
Sta Caterina del Sasso VA.. 8 E 7
Sta Caterina dello Ionio CZ ...... 89 L 31
Sta Caterina dello Ionio Marina CZ ..... 89 L 31
Sta Caterina di Pittinuri OR ...... 114 G 7
Sta Caterina (Monte) TP..96 N 18
Sta Caterina Valfurva SO ..10 C 13
Sta Caterina Villarmosa CL...... 99 O 24
S. Centignano VT...... 58 O 18
Sta Cesarea Terme LE .. 83 G 37
S. Cesareo RM .... 63 Q 20
S. Cesario di Lecce LE .. 81 G 36
S. Cesario sul Panaro MO..31 I 15
S. Chiaffredo CN...... 27 I 4
Sta Chiara OR........ 115 G 8
S. Chirico (Masseria) FG ..67 C 29
S. Chirico Nuovo PZ...77 E 30
S. Chirico Raparo PZ .. 77 G 30
St. Christina i. Gröden / Sta Cristina Valgardena BZ...4 C 17
S. Cipirello PA...... 97 N 21
S. Cipriano d'Aversa CE..69 D 24
S. Cipriano Picentino SA..75 E 26
S. Cipriano Po PV...... 29 G 9
S. Ciro TP........ 97 N 20
S. Claudio al Chienti MC..53 M 22
S. Clemente BO........ 40 J 16
S. Clemente CE ...... 64 R 23
S. Clemente a Casauria (Abbazia) PE...... 60 P 23
S. Clemente al Vomano TE...... 60 O 23
S. Colombano BS...... 22 E 13
S. Colombano al Lambro MI ...... 21 G 10
S. Colombano Certenoli GE........ 37 I 9
S. Colombano FO...... 41 J 18
S. Cono CT........ 104 P 25
S. Corrado di Fuori SR.. 105 Q 27
S. Cosimo della Macchia BR .. 79 F 35
Santi Cosma e Damiano LT...... 64 S 23
S. Cosmo Albanese CS..85 I 31
S. Costantino PZ........ 76 G 29

S. Costantino Albanese PZ .... 77 G 30
S. Costantino Calabro VV........ 88 L 30
S. Costanzo PS...... 46 K 21
S. Cresci FI........ 40 K 16
S. Crispieri TA........ 79 F 34
Sta Crista d'Acri CS .. 85 I 31
Sta Cristina OR ...... 115 G 8
Sta Cristina (Chiesa di) OR ...... 115 G 8
Sta Cristina d'Aspromonte RC.... 91 M 29
Sta Cristina e Bissone PV...... 29 G 10
Sta Cristina Gela PA.... 97 N 21
Sta Cristina Valgardena / St. Christina in Gröden BZ.. 4 C 17
S. Cristoforo AL...... 28 H 8
S. Cristoforo AR...... 45 L 17
S. Cristoforo TN...... 11 D 15
Sta Croce SO .... 9 D 10
Sta Croce AN ...... 46 L 20
Sta Croce CE...... 64 S 23
Sta Croce RI...... 59 O 21
Sta Croce TS...... 17 E 23
Sta Croce (Capo) SR.. 105 P 27
Sta Croce (Forca di) PG..52 N 21
Sta Croce (Monte) CE.... 64 S 23
Sta Croce (Monte) PZ.. 71 E 28
Sta Croce Cameina RG ..106 Q 25
Sta Croce (Capo) SV ... 35 J 6
Sta Croce del Lago BL.. 13 D 18
Sta Croce del Sannio BN ..65 R 26
Sta Croce di Magliano CB ...... 66 B 26
Sta Croce (Lago di) BL.. 13 D 19
Sta Croce sull'Arno PI.. 43 K 14
Sta Crocella (Passo) CB...65 R 25
S. Dalmazio MO ...... 39 I 14
S. Dalmazio PI...... 49 M 14
S. Dalmazio SI...... 50 L 15
S. Damaso MO........ 31 I 14
S. Damiano PG ...... 51 N 19
S. Damiano PC........ 29 H 11
S. Damiano (Assisi) PG..51 N 19
S. Damiano al Colle PV.. 29 G 10
S. Damiano d'Asti AT.... 27 H 6
S. Damiano Macra CN.. 26 I 3
S. Daniele del Friuli UD..14 D 21
S. Daniele Po CR ...... 30 G 12
S. Demetrio SR ...... 105 O 27
S. Demetrio Corone CS ..85 I 31
S. Demetrio ne' Vestini AQ...... 59 P 22
S. Demetrio (Monte) TP..96 N 18
S. Demetrio Valfurva SO ..10 C 13
Sta Domenica VV...... 88 L 29
Sta Domenica (Abbazia di) CS ...... 86 J 30
Sta Domenica Talao CS .. 84 H 29
Sta Domenica Vittoria ME ...... 100 N 26
S. Domenico VB ...... 8 D 6
S. Domenico (Masseria) TA ...... 78 F 32
S. Domino FG ...... 66 A 28
S. Domino (Isola) (I. Tremiti) FG ...... 66 A 28
S. Donà di Piave VE ... 16 F 19
S. Donaci BR...... 79 F 35
S. Donato TA ...... 79 F 33
S. Donato GR...... 55 O 15
S. Donato LU ...... 38 K 13
S. Donato SI........ 43 L 15
S. Donato di Lecce LE .. 83 G 37
S. Donato di Ninea CS .. 85 H 30
S. Donato in Collina FI.. 44 K 16
S. Donato in Poggio FI.. 43 L 15
S. Donato in Tavignone PS ..... 45 K 19
S. Donato Milanese MI .. 21 F 9
S. Donato Val di Comino FR .. 64 Q 23
S. Donnino FI........ 43 K 15
S. Donnino MO........ 31 I 14
S. Dono VE ...... 24 F 18
S. Dorligo della Valle TS.. 17 F 23
S. Efisio CA ...... 121 J 9
S. Egidio PG ...... 51 M 19
S. Egidio alla Vibrata TE ..53 N 23
S. Elena MC........ 52 M 21
S. Elena PD........ 24 G 17
S. Elena Sannita IS ..... 65 R 25
S. Elia CA ...... 119 J 9
S. Elia ME........ 100 N 25
S. Elia AN........ 46 L 21

S. Elia CZ .... 89 K 31
S. Elia RC .... 90 N 29
S. Elia RI .... 58 O 20
S. Elia (Monte) RC ..... 88 L 29
S. Elia (Monte) TA ..... 73 F 33
S. Elia a Pianisi CB ..... 66 C 26
S. Elia (Capo) CA ...... 119 J 9
S. Elia Fiumerapido FR .. 64 R 23
S. Elisabetta AG ...... 102 O 21
S. Elisabetta TO...... 19 F 4
S. Ellero FI........ 44 K 16
S. Ellero FO........ 40 K 17
S. Elpidio RI........ 59 P 21
S. Elpidio a Mare AP .. 53 M 23
S. Elpidio Morico AP .. 53 M 22
S. Enea PG........ 51 M 19
S. Eraclio PG........ 51 N 20
S. Erasmo MC........ 52 M 21
S. Erasmo TR........ 58 O 19
S. Eufemia FO ...... 40 K 17
S. Eufemia TE ...... 53 N 22
S. Eufemia (Faro di) FG .. 67 B 30
S. Eufemia (Golfo di) VV..88 K 29
S. Eufemia a Maiella PE ..60 P 24
S. Eufemia d'Aspromonte RC.... 90 M 29
S. Eufemia Lamezia CZ.. 88 K 30
S. Eufemia Vetere CZ.. 88 K 30
S. Eurosia BI .... 19 F 6
S. Eusanio del Sangro CH ...... 60 P 24
S. Eusebio BS........ 22 F 13
S. Eusebio MO........ 31 I 14
S. Eutizio (Abbazia di) PG .. 52 N 21
S. Faustino PG ...... 45 L 19
S. Fedele Intelvi CO ..... 9 E 9
S. Fele PZ........ 71 E 28
S. Felice CE ...... 65 S 24
S. Felice a Cancello CE.. 70 D 25
S. Felice Circeo LT...... 68 S 21
S. Felice del Benaco BS....23 F 13
S. Felice del Molise CB .. 65 Q 26
S. Felice / St. Felix BZ..... 3 C 15
S. Felice sul Panaro MO.. 31 H 15
S. Felix / S. Felice BZ..... 3 C 15
S. Ferdinando RC ...... 88 L 29
S. Ferdinando di Puglia FG ...... 72 D 30
S. Fidenzio (Abbazia) PG .51 N 19
S. Fili CS........ 86 I 30
S. Filippo RI........ 58 O 20
S. Filippo SS ...... 109 E 9
S. Filippo del Mela ME .. 90 M 27
S. Filippo di Fragala ME .. 100 M 26
S. Fior TV........ 13 E 19
Sta Fiora GR........ 50 N 16
S. Fiorano PS...... 46 L 19
Sta Firmina AR........ 45 L 17
Sta Flavia PA........ 98 M 22
S. Floreano UD ...... 14 D 21
S. Floriano / Oreggen BZ...... 12 C 16
S. Floriano del Collio GO.. 17 E 22
S. Floro CZ........ 89 K 31
S. Foca LE ...... 81 G 37
S. Foca PN...... 13 D 20
S. Fortunato (Montefalco) PG ...... 51 N 19
Sta Francesca FR...... 64 Q 22
S. Francesco RI ...... 58 O 20
S. Francesco TA ...... 73 E 32
S. Francesco (Santuario di) (Paola) CS...... 86 I 30
S. Francesco a Folloni AV...... 70 E 27
S. Francesco al Campo TO ...... 19 G 4
S. Francesco PN...... 14 D 20
S. Francesco TN...... 12 D 16
S. Francesco VR...... 23 F 15
S. Fratello ME...... 100 M 25
S. Fruttuoso GE...... 37 J 9
S. Gabriele BO........ 32 I 16
S. Gaetano VE ...... 16 F 20
S. Galgano (Abbazia di) SI...... 49 M 15
S. Gavino Monreale SU ...... 118 I 8
S. Gemiliano SU ...... 119 I 9
S. Gemini TR........ 58 O 19
S. Gemini Fonte TR...... 58 O 19

S. Genesio Atesino / Jenesien BZ .... 3 C 15
S. Genesio ed Uniti PV.. 21 G 9
S. Gennaro LU ...... 39 K 13
S. Gennaro Vesuviano NA .... 70 E 25
St. Georgen / S. Giorgio BZ ...... 4 B 17
S. Germano Chisone TO..26 H 3
S. Germano dei Berici VI..24 F 16
S. Germano Vercellese VC........ 20 F 6
Sta Gertrude / St. Gertraud BZ...... 3 C 14
S. Gervasio PI........ 43 L 14
S. Gervasio Bresciano BS ...... 22 G 12
S. Giacomo RG ...... 104 Q 26
S. Giacomo CH ...... 61 P 25
S. Giacomo TE ...... 53 N 22
S. Giacomo (Masseria) BR ..... 79 F 34
S. Giacomo / St. Jakob (vicino a Bolzano) BZ . 3 C 15
S. Giacomo PV...... 29 G 9
S. Giacomo RE...... 31 H 13
S. Giacomo (vicino a Boves) CN ... 35 J 4
S. Giacomo (vicino a Demonte) CN...... 34 J 3
S. Giacomo (Passo di) VB.. 8 C 7
S. Giacomo (Val) SO..... 9 C 10
S. Giacomo vicino a Vipiteno BZ..... 4 B 16
S. Giacomo (Cima) BZ... 3 B 16
S. Giacomo (Convento) RI........ 58 O 20
S. Giacomo d'Acri CS.... 85 I 31
S. Giacomo degli Schiavoni CB .. 61 Q 26
S. Giacomo delle Segnate MN ...... 31 H 15
S. Giacomo di Fraele (Lago di) SO .... 2 C 12
S. Giacomo di Martignone BO ..... 31 I 15
S. Giacomo di Veglia TV..13 E 18
S. Giacomo Filippo SO .. 9 C 10
S. Giacomo Maggiore MO........ 39 J 14
S. Giacomo Roncole MO..31 H 15
S. Giacomo Vercellese VC........ 20 F 6
S. Gillio TO .... 19 G 4
S. Gimignanello SI..... 50 M 16
S. Gimignano SI ...... 43 L 15
S. Ginesio MC........ 52 M 21
Ss. Filippo e Giacomo TP ...... 96 N 19
S. Giorgio CA ...... 118 J 8
S. Giorgio SV ...... 36 J 7
S. Giorgio AG ...... 102 O 21
S. Giorgio BA ...... 73 D 32
S. Giorgio CT ...... 100 O 27
S. Giorgio EN ...... 100 O 25
S. Giorgio FE........ 32 I 17
S. Giorgio FO ...... 41 J 18
S. Giorgio ME...... 94 M 26
S. Giorgio PS...... 41 K 20
S. Giorgio PZ...... 72 E 29
S. Giorgio RI...... 59 O 21
S. Giorgio TE...... 59 O 22
S. Giorgio (Chiesa) CS.. 85 I 31
S. Giorgio UD...... 15 C 21
S. Giorgio VR...... 23 E 15
S. Giorgio / St. Georgen BZ ...... 4 B 17
S. Giorgio a Colonica FI .... 39 K 15
S. Giorgio a Cremano NA....... 69 E 25
S. Giorgio a Liri FR ...... 64 R 23
S. Giorgio Albanese CS..85 I 31
S. Giorgio Canavese TO..19 F 5
S. Giorgio del Sannio BN ...... 70 D 26
S. Giorgio della Richinvelda PN...... 14 D 20
S. Giorgio delle Pertiche PD ...... 24 F 17
S. Giorgio di Cesena FO..41 J 18
S. Giorgio di Livenza VE..16 F 20
S. Giorgio di Lomellina PV...... 20 G 8
S. Giorgio di Nogaro UD.. 17 E 21
S. Giorgio di Pesaro PS.. 46 K 20
S. Giorgio di Piano BO .. 32 I 16
S. Giorgio in Bosco PD .. 24 F 17

151

S. Giorgio in Salici VR 23 F 14
S. Giorgio Ionico TA 79 F 34
S. Giorgio la Molara BN 70 D 26
S. Giorgio Lucano MT 77 G 31
S. Giorgio Monferrato AL 28 G 7
S. Giorgio Morgeto RC 88 L 30
S. Giorgio Piacentino PC 29 H 11
S. Giorgio (Rio di) NU 119 I 10
S. Giorio di Susa TO 18 G 3
San Giovanni PC 29 H 10
S. Giovanni AQ 59 P 21
S. Giovanni AP 52 N 22
S. Giovanni CZ 87 J 31
S. Giovanni SU 118 I 7
S. Giovanni (vicino a Castelsardo) SS 111 E 8
S. Giovanni (vicino a Sassari) SS 110 E 7
S. Giovanni (Lago) AG 103 P 23
S. Giovanni a Piro SA 76 G 28
S. Giovanni a Teduccio NA 69 E 24
S. Giovanni CN 27 I 5
S. Giovanni FE 33 H 18
S. Giovanni TN 11 E 14
S. Giovanni (vicino a Polcenigo) PN 13 D 19
S. Giovanni (vicino a S. Vito al T.) PN 13 E 20
S. Giovanni / St. Johann BZ 4 B 17
S. Giovanni al Mavone TE 59 O 23
S. Giovanni al Natisone UD 17 E 22
S. Giovanni al Timavo TS 17 E 22
S. Giovanni Bianco BG 9 E 10
S. Giovanni d'Asso SI 50 M 16
S. Giovanni del Dosso MN 31 H 15
S. Giovanni del Pantano PG 51 M 18
S. Giovanni delle Contee GR 50 N 17
S. Giovanni di Baiano PG 51 N 20
S. Giovanni di Gerace RC 88 L 30
S. Giovanni di Sinis OR 114 H 7
S. Giovanni Galermo CT 100 O 27
S. Giovanni Gemini AG 98 O 22
S. Giovanni Ilarione VR 23 F 15
S. Giovanni in Argentella RM 58 P 20
S. Giovanni in Croce CR 30 G 13
S. Giovanni in Fiore CS 87 J 32
S. Giovanni in Fonte FG 71 D 29
S. Giovanni in Galdo CB 65 R 26
S. Giovanni in Galilea FO 41 K 19
S. Giovanni in Ghiaiolo PS 45 K 19
S. Giovanni in Marignano RN 41 K 20
S. Giovanni in Persiceto BO 31 I 15
S. Giovanni in Venere CH 61 P 25
S. Giovanni Incarico FR 64 R 22
S. Giovanni Incarico (Lago di) FR 64 R 22
S. Giovanni la Punta CT 101 O 27
S. Giovanni Lipioni CH 65 Q 25
S. Giovanni Lupatoto VR 23 F 15
S. Giovanni Maggiore FI 40 K 16
S. Giovanni Reatino RI 58 O 20
S. Giovanni Rotondo FG 67 B 29
S. Giovanni Suergiu SU 118 J 7
S. Giovanni Teatino CH 60 O 24
S. Giovanni Valdarno AR 44 L 16
S. Giovenale RI 59 O 21
S. Girolamo NU 117 H 10
Sta Giulia SV 27 I 6
S. Giuliano PC 30 G 11
S. Giuliano VT 57 O 17
S. Giuliano (Lago di) MT 77 F 31
S. Giuliano del Sannio CB 65 R 25
S. Giuliano di Puglia CB 66 B 26
S. Giuliano Milanese MI 21 F 9
S. Giuliano Nuovo AL 28 H 8
S. Giuliano Terme PI 42 K 13
S. Giuliano Vecchio AL 28 H 8
S. Giulio (Isola) NO 20 E 7
S. Giuseppe FE 33 H 18
S. Giuseppe MC 52 M 21
S. Giuseppe SI 50 M 17
S. Giuseppe Jato PA 97 N 21
S. Giuseppe / Moos BZ 4 B 19
S. Giuseppe Vesuviano NA 70 E 25
Sta Giusta OR 114 H 7
Sta Giusta (Monte) SS 110 E 6
Sta Giusta (Ponte) FG 66 C 28
Sta Giusta (Stagno di) OR 114 H 7
Sta Giustina PR 29 I 10
Sta Giustina RN 41 J 19
Sta Giustina BL 12 D 18
Sta Giustina (Lago di) TN 11 C 15
Sta Giustina in Colle PD 24 F 17
S. Giustino PG 45 L 18
S. Giustino Valdarno AR 44 L 17
S. Giusto MC 52 M 21
S. Giusto Canavese TO 19 G 5
S. Godenzo FI 40 K 16
S. Grato AO 19 E 5
S. Gregorio CA 119 J 10
S. Gregorio PG 51 M 19
S. Gregorio VR 24 F 15
S. Gregorio LE 83 H 36
S. Gregorio RC 90 M 28
S. Gregorio da Sassola RM 63 Q 20
S. Gregorio di Catana CT 101 O 27
S. Gregorio d'Ippona VV 88 L 30
S. Gregorio Magno SA 76 F 28
S. Gregorio Matese CE 65 R 25
S. Gregorio nelle Alpi BL 12 D 18
S. Guglielmo al Goleto (Abbazia) AV 71 E 27
S. Guido LI 49 M 13
S. Gusme SI 44 L 16
Sto Ianni CE 69 D 24
S. Ignazio OR 115 G 8
S. Ilario PZ 71 E 28
S. Ilario dello Ionio RC 91 M 30
S. Ilario d'Enza RE 30 H 13
S. Ilario di Baganza PR 30 I 12
S. Ilario Trebbio MC 52 M 21
S. Imento PC 29 G 10
Sto Iona AQ 59 P 22
Sto Iorio CE 69 D 24
S. Ippolito PS 46 K 20
S. Ippolito PI 49 M 14
S. Isidoro LE 79 G 35
S. Isidoro (vicino a Quartu S. Elena) CA 119 J 9
S. Isidoro (vicino a Teulada) SU 120 K 8
St. Jacques AO 7 E 5
St. Johann / S. Giovanni BZ 4 B 17
S. Jorio (Passo di) CO 9 D 9
St. Kassian / S. Cassiano BZ 4 C 17
S. Latino CR 22 G 11
S. Lazzaro NA 75 F 25
S. Lazzaro PS 46 K 20
S. Lazzaro di Savena BO 40 I 16
S. Leo RC 90 M 28
S. Leo AR 44 L 17
S. Leo PS 41 K 19
S. Leonardo FG 71 D 29
S. Leonardo OR 115 G 8
S. Leonardo PA 98 N 22
S. Leonardo UD 15 D 22
S. Leonardo (Passo) AQ 60 P 24
S. Leonardo / St. Leonhard BZ 4 B 17
S. Leonardo de Siete Fuentes OR 115 G 7
S. Leonardo di Cutro KR 89 K 32
S. Leonardo di Siponto FG 67 C 29
S. Leonardo in Passiria / St. Leonhard in Passeier BZ 3 B 15
S. Leonardo Valcellina PN 13 D 20
S. Leone AG 102 P 22
St. Leonhard in Passeier / S. Leonardo in Passiria BZ 3 B 15
St. Leonhard / S. Leonardo BZ 4 B 17
S. Leucio del Sannio BN 70 D 26
S. Liberale VE 25 F 19
Sta Liberata GR 55 O 15
S. Liberato TR 58 O 19
S. Liberato (Lago di) TR 58 O 19
S. Liberatore (Cappella) AV 70 D 27
S. Loe PA 97 N 21
S. Lorenzello BN 65 S 25
St. Lorenzen / S. Lorenzo di Sebato BZ 4 B 17
S. Lorenzo RC 90 M 29
S. Lorenzo LT 64 S 23
S. Lorenzo MC 52 M 21
S. Lorenzo SS 113 E 11
S. Lorenzo SS 111 E 7
S. Lorenzo (Certosa di) (Padula) SA 76 F 28
S. Lorenzo a Merse SI 49 M 15
S. Lorenzo (vicino a Camagnola) CN 27 H 5
S. Lorenzo (vicino a Cuneo) CN 35 I 4
S. Lorenzo (vicino a Savigliano) CN 27 I 5
S. Lorenzo al Lago MC 52 M 21
S. Lorenzo al Mare IM 35 K 5
S. Lorenzo PN 13 E 20
S. Lorenzo UD 17 E 22
S. Lorenzo Bellizzi CS 85 H 30
S. Lorenzo (Capo) SU 119 I 10
S. Lorenzo de' Picenardi CR 30 G 12
S. Lorenzo del Vallo CS 85 H 30
S. Lorenzo di Rabatta PG 51 M 19
S. Lorenzo di Sebato / St. Lorenzen BZ 4 B 17
S. Lorenzo e Flaviano RI 52 O 21
S. Lorenzo (Fattoria) SR 107 Q 27
S. Lorenzo in Banale TN 11 D 14
S. Lorenzo in Campo PS 46 L 20
S. Lorenzo in Correggiano RN 41 J 19
S. Lorenzo in Noceto FO 40 J 18
S. Lorenzo Isontino GO 17 E 22
S. Lorenzo Maggiore BN 65 S 25
S. Lorenzo Nuovo VT 50 N 17
S. Lorenzo Vecchio SR 107 Q 27
S. Luca PG 51 N 20
S. Luca RC 91 M 30
Sta Luce PI 43 L 13
Sta Luce (Lago di) PI 42 L 13
Sta Lucia SU 119 I 9
Sta Lucia BA 80 E 33
Sta Lucia BN 65 R 25
Sta Lucia FI 39 J 15
Sta Lucia NU 113 F 11
Sta Lucia PG 45 L 18
Sta Lucia RI 59 P 21
Sta Lucia SI 43 L 15
Sta Lucia (vicino a Battipaglia) SA 75 F 26
Sta Lucia (vicino a Cagliari) CA 118 J 8
Sta Lucia (vicino a Nocera) AV 75 E 26
Sta Lucia (Chiesa di) AV 71 E 27
Sta Lucia CN 34 I 3
Sta Lucia MN 31 G 15
Sta Lucia SO 2 C 13
Sta Lucia (Terme di) RE 38 I 12
Sta Lucia del Mela ME 90 M 27
Sta Lucia delle Spianate RA 40 J 17
Sta Lucia di Piave TV 13 E 18
Sta Lucia di Serino AV 70 E 26
Sta Lucia (Rio) CA 118 J 8
S. Lucido CS 86 J 30
S. Lugano BZ 12 D 16
S. Lugano (Pale di) BL 12 D 17
S. Lugano (Val di) BL 12 D 17
S. Lupo BN 65 S 25
Santu Lussurgiu OR 115 H 8
Santu Lussurgiu (Località) OR 115 G 7
S. Macario in Piano LU 38 K 13
S. Macario (Isola) CA 121 J 9
Sta Maddalena in Casies / St. Magdalena BZ 4 B 18
Sta Maddalena Vallalda / St. Magdalena BZ 4 C 17
S. Magno BA 72 D 31
S. Mamete CO 9 D 9
S. Mango SA 75 G 27
S. Mango d'Aquino CZ 86 J 30
S. Mango Piemonte SA 75 E 26
S. Mango sul Calore AV 70 E 26
St. Marcel AO 19 E 4
S. Marcello AN 46 L 21
S. Marcello Pistoiese PT 39 J 14
S. Marco ME 101 M 27
S. Marco AQ 59 O 21
S. Marco BA 80 E 33
S. Marco CT 90 N 27
S. Marco PG 51 M 19
S. Marco RA 41 I 18
S. Marcovicino a Caserta CE 70 D 25
S. Marco (vicino a Castellabate) SA 75 G 26
S. Marco (vicino a Teano) CE 69 D 24
S. Marco (vicino a Teggiano) SA 76 F 28
S. Marco PD 24 G 16
S. Marco Argentano CS 85 I 30
S. Marco UD 14 D 21
S. Marco (Capo) AG 102 O 21
S. Marco (Capo) OR 114 H 7
S. Marco d'Alunzio ME 100 M 26
S. Marco dei Cavoti BN 70 D 26
S. Marco Evangelista CE 69 D 25
S. Marco in Lamis FG 67 B 28
S. Marco in Lamis (Stazione di) FG 66 B 28
S. Marco la Catola FG 66 C 27
S. Marco (Passo) BG 9 D 10
S. Marco (Rifugio) BL 4 C 18
Sta Margherita CA 121 K 8
Sta Margherita AP 52 M 22
Sta Margherita FI 39 J 15
Sta Margherita PR 30 H 12
Sta Margherita d'Adige PD 24 G 16
Sta Margherita di Belice AG 97 N 21
Sta Margherita di Staffora PV 29 H 9
Sta Margherita Ligure GE 37 J 9
Sta Maria SU 118 J 7
Sta Maria CZ 89 K 31
Sta Maria ME 100 M 26
Sta Maria (Isola) SS 109 D 10
Sta Maria de Siones MO 39 I 14
Sta Maria TR 58 O 19
Sta Maria (Canale) FG 66 C 27
Sta Maria (Monte) CT 100 N 26
Sta Maria PC 29 H 10
Sta Maria VR 23 F 15
Sta Maria VC 7 E 6
Sta Maria a Belverde SI 50 N 17
Sta Maria (Giogo di) / Umbrail (Pass) SO 2 C 13
Sta Maria a Mare AP 53 M 23
Sta Maria a Mare FG 66 A 28
Sta Maria a Monte PI 43 K 14
Sta Maria a Pantano CE 69 E 24
Sta Maria a Pié di Chienti MC 53 M 22
Sta Maria a Vezzano FI 40 K 16
Sta Maria a Vico CE 70 D 25
Sta Maria al Bagno LE 83 G 35
Sta Maria alla Fonderia BZ 2 C 14
Sta Maria Amaseno FR 64 Q 22
Sta Maria Arabona PE 60 P 24
Sta Maria Capua Vetere CE 69 D 24
Sta Maria Codifiume BO 32 I 16
Sta Maria Coghinas SS 111 E 8
Sta Maria d'Anglona MT 78 G 31
Sta Maria d'Armi (Santuario) CS 85 H 31
Sta Maria d'Attoli TA 78 F 32
Sta Maria degli Angeli PG 51 M 19
Sta Maria dei Bisognosi AQ 59 P 21
Sta Maria dei Lattani CE 64 S 23
Sta Maria dei Martiri SA 76 G 28
Sta Maria dei Sabbioni CR 22 G 11
Sta Maria del Bosco PA 97 N 21
Sta Maria del Bosco VV 88 L 30
Sta Maria del Calcinaio AR 50 M 17
Sta Maria del Casale BR 81 F 35
Sta Maria del Cedro CS 84 H 29
Sta Maria del Lago (Moscufo) PE 60 O 24
Sta Maria del Monte VA 8 E 8
Sta Maria del Monte CS 85 H 30
Sta Maria del Monte RN 41 K 20
Sta Maria del Patire (Santuario) CS 85 I 31
Sta Maria del Plano FR 64 R 23
Sta Maria del Rivo PC 29 H 11
Sta Maria del Taro PR 37 I 10
Sta Maria della Colonna (Convento) BA 72 D 31
Sta Maria della Consolazione PG 51 N 19
Sta Maria della Matina CS 85 I 30
Sta Maria della Strada CB 65 R 26
Sta Maria della Versa PV 29 H 9
Sta Maria delle Grazie di Forno FO 41 J 18
Sta Maria delle Grotte AQ 59 P 22
Sta Maria delle Vertighe AR 50 M 17
Sta Maria di Antico PS 41 K 18
Sta Maria di Arzilla PS 46 K 20
Sta Maria di Barbana GO 17 E 22
Sta Maria di Bressanoro CR 22 G 11
Sta Maria di Castellabate SA 75 G 26
Sta Maria di Cerrate (Abbazia) LE 81 F 36
Sta Maria di Corte (Abbazia di) NU 115 G 8
Sta Maria di Flumentepido SU 118 J 7
Sta Maria di Galeria RM 58 P 18
Sta Maria di Gesù PA 98 M 22
Sta Maria di Giano BA 72 D 31
Sta Maria di Legarano RI 58 O 20
Sta Maria di Leuca (Capo) LE 83 H 37
Sta Maria di Leuca (Santuario di) LE 83 H 37
Sta Maria di Licodia CT 100 O 26
Sta Maria di Loreto SA 76 E 27
Sta Maria di Merino FG 67 B 30
Sta Maria di Pieca MC 52 M 21
Sta Maria di Portonovo AN 47 L 22
Sta Maria di Propezzano TE 53 O 23
Sta Maria di Pugliano FR 63 Q 21
Sta Maria di Rambona MC 52 M 21
Sta Maria di Ronzano TE 59 O 23
Sta Maria di Sala VE 24 F 18
Sta Maria di Sala VT 57 O 17
Sta Maria di Sette PG 51 L 18
Sta Maria di Siponto FG 67 C 29
Sta Maria d'Irsi MT 72 E 31
Sta Maria in Castello FO 40 J 17
Sta Maria in Selva (Abbazia di) MC 52 M 22
Sta Maria in Stelle VR 23 F 15
Sta Maria in Valle Porclaneta AQ 59 P 22
Sta Maria in Vescovio RI 58 P 19
Sta Maria Infante LT 64 S 23
Sta Maria la Fossa CE 69 D 24
Sta Maria la Longa UD 17 E 21
Sta Maria la Palma SS 110 F 6
Sta Maria Lignano PG 51 M 20
Sta Maria Maddalena SS 111 E 8
Sta Maria Maddalena RO 32 H 16
Sta Maria Maggiore VB 8 D 7
Sta Maria Navarrese NU 117 H 11
Sta Maria Nuova AN 46 L 21
Sta Maria Nuova FO 41 J 18
Sta Maria Occorrevole CE 65 R 25
Sta Maria Orsoleo PZ 77 G 30
Sta Maria Pietrarossa PG 51 N 20
Sta Maria Rassinata AR 45 L 18
Sta Maria Rezzonico CO 9 D 9
S. Mariano PG 51 M 18
Ste Marie AQ 59 P 21
Sta Marina FO 40 J 17
Sta Marina SA 76 G 28
Sta Marina Salina ME 94 L 26
Sta Marinella RM 57 P 17
Sto Marino MO 31 H 14
S. Marino TR 51 N 18
San Marino (Repubblica di) RSM 41 K 19
S. Maroto MC 52 M 21
St. Martin / S. Martino BZ 4 B 18
St. Martin in Passeier / S. Martino in Passiria BZ 3 B 15
St. Martin in Thurn / S. Martino in Badia BZ 4 B 17
S. Martino BO 40 I 17
S. Martino LI 48 N 12
S. Martino PG 45 L 19
S. Martino RI 59 O 22
S. Martino / Reinswald BZ 3 B 16
S. Martino BS 22 E 13
S. Martino CN 26 H 4
S. Martino NO 20 F 8
S. Martino PR 30 H 13
S. Martino SV 36 I 7
S. Martino SO 9 D 10
S. Martino / St. Martin BZ 4 B 18
S. Martino (Pal di) TN 12 D 17
S. Martino a Maiano FI 43 L 15
S. Martino a Scopeto FI 40 K 16
S. Martino al Cimino VT 57 O 18
S. Martino al Monte BZ 3 C 14
S. Martino al Tagliamento PN 16 D 20
S. Martino Alfieri AT 27 H 6
S. Martino alla Palma FI 43 K 15
S. Martino Buon Albergo VR 23 F 15
S. Martino Canavese TO 19 F 5
S. Martino d'Agri PZ 77 G 30
S. Martino dall'Argine MN 30 G 13
S. Martino d'Alpago BL 13 D 19
S. Martino dei Muri PS 46 L 20
S. Martino del Piano PS 45 L 19
S. Martino della Battaglia BS 23 F 13
S. Martino delle Scale PA 97 M 21
S. Martino di Campagna PN 13 D 19
S. Martino di Castrozza TN 12 D 17
S. Martino di Finita CS 85 I 30
S. Martino di Lupari PD 24 F 17
S. Martino di Venezze RO 32 G 17
S. Martino in Argine BO 32 I 16
S. Martino in Badia / St. Martin in Thurn BZ 4 B 17
S. Martino in Beliseto CR 22 G 11
S. Martino in Campo PG 51 M 19
S. Martino in Colle (vicino a Gubbio) PG 51 L 19
S. Martino in Colle (vicino a Perugia) PG 51 M 19
S. Martino in Freddana LU 38 K 13
S. Martino in Gattara RA 40 J 17
S. Martino in Passiria / St. Martin in Passeier BZ 3 B 15
S. Martino in Pensilis CB 66 B 27
S. Martino in Rio RE 31 H 14
S. Martino in Soverzano BO 32 I 16
S. Martino in Strada FO 41 J 18
S. Martino Monteneve BZ 3 B 15
S. Martino Pizzo VB 7 D 6
S. Martino Siccomario PV 21 G 9
S. Martino Spino MO 31 H 15
S. Martino sul Fiora GR 50 N 16
S. Martino Valle Caudina AV 70 D 25
S. Marzano di S. Giuseppe TA 79 F 34
S. Marzano Oliveto AT 28 H 6
S. Marzano sul Sarno SA 70 E 25
S. Massimo CB 65 R 25
S. Matteo CN 34 I 4

A B C D E F G H I J K L M N O P Q R S T U V W X Y Z

A B C D E F G H I J K L M N O P Q R S T U V W X Y Z

S. Matteo *FG* ....66 B 28
S. Matteo (Punta) *SO*... 11 C 13
San Matteo
  della Decima *BO*.....31 H 15
S. Matteo
  delle Chiaviche *MN* ..31 G 13
S. Matteo in Lamis
  (S. Marco) *FG* ....67 B 28
S. Maurizio
  Canavese *TO* ....19 G 4
S. Maurizio
  d'Opaglio *NO*....20 E 7
S. Mauro *NU*..........115 G 9
S. Mauro (Varco) *CS*...86 I 31
S. Mauro a Mare *FO*...41 J 19
S. Mauro Castelverde *PA* .99 N 24
S. Mauro Cilento *SA*...75 G 27
S. Mauro di Saline *VR* ..23 F 15
S. Mauro Forte *MT*.....77 F 30
S. Mauro la Bruca *SA*...76 G 27
S. Mauro
  Marchesato *KR* ....87 J 32
S. Mauro Monte *SU*...119 I 9
S. Mauro Pascoli *FO*....41 J 19
S. Mauro Torinese *TO* ..27 G 5
S. Mazzeo *CZ*..........86 J 30
S. Menaio *FG*.........67 B 29
S. Miai Terraseo
  (Monte) *SU*........118 J 7
S. Miali (Punta di) *SU* ..118 I 8
S. Michele *SU*.........118 I 8
S. Michele *BS*..........23 E 14
S. Michele *IM*..........35 K 4
S. Michele *LT*..........63 R 20
S. Michele *NA*.........75 F 25
S. Michele *PS*.........46 L 20
S. Michele *PC*.........29 H 11
S. Michele (Punta) *SU*...118 I 7
S. Michele *RA*.........41 I 18
S. Michele *RE*.........31 H 14
S. Michele *SA*.........76 F 28
S. Michele (Abbazia) *PZ* .71 E 28
S. Michele (Monte) *FI* ...44 L 16
S. Michele all'Adige *TN*...11 D 15
S. Michele
  al Tagliamento *VE* ...16 E 20
S. Michele Arenas
  (Monte) *SU*.........118 J 7
S. Michele
  dei Mucchietti *MO*... 31 I 14
S. Michele
  di Ganzaria *CT*......104 P 25
S. Michele di Piave *TV* ...25 E 19
S. Michele di Plaianu *SS* .110 E 7
S. Michele di
  Salvenero *SS* ......111 F 8
S. Michele di Serino *AV* .70 E 26
S. Michele Gatti *PR* ....30 H 12
S. Michele in Bosco *MN*..31 G 13
S. Michele
  in Teverina *VT* ....57 O 18
S. Michele Mondovì *CN*...35 I 5
S. Michele (Monte)
  (Gorizia) *GO* ....17 E 22
S. Miniato *PI*..........43 K 14
Sta Monica *RN*.........41 K 20
S. Morello *CS* ....87 I 32
S. Nazario
  (Santuario) *FG*.......66 B 28
S. Nazzaro *PR*.......30 H 12
S. Nazzaro *PC*.........30 G 11
S. Nazzaro Sesia *NO*...20 F 7
S. Nicola *AQ* ....59 P 21
S. Nicola *ME*.........100 M 26
S. Nicola *PZ*.........72 E 29
S. Nicola *SA* ....76 G 27
S. Nicola (vicino ad
  Ardore) *RC* ....91 M 30
S. Nicola (vicino a
  Caulonia) *RC* ....88 L 31
S. Nicola (Isola)
  (I. Tremiti) *FG* ......66 A 28
S. Nicola Arcella *CS* ....84 H 29
S. Nicola Baronia *AV* ...71 D 27
S. Nicola da Crissa *VV*...88 L 31
S. Nicola dell'Alto *KR*...87 J 32
S. Nicola la Strada *CE* ..69 D 25
S. Nicola l'Arena *PA* ....98 M 22
S. Nicola Manfredi *BN* ..70 D 26
S. Nicola (Monte) *BA* ...80 E 33
S. Nicola (Monte) *MA*...102 O 22
S. Nicola Varano *FG*....67 B 29
St. Nicolas *AO* ....18 E 3
S. Nicolò *PC*..........29 G 10
S. Nicolò *FE*..........32 H 17

S. Nicolò *PG*...........51 N 20
S. Nicolò a Tordino *TE*...53 N 23
S. Nicolò /
  St. Nikolaus *BZ* ......3 C 14
S. Nicolò d'Arcidano *OR*.118 H 7
S. Nicolò di Comelico *BL*...5 C 19
S. Nicolò di Trullas *SS*..115 F 8
S. Nicolò Gerrei *SU*....119 I 9
S. Nicolò Po *MN* ......31 G 14
St. Nikolaus /
  S. Nicolò *BZ*........3 C 14
Sta Ninfa *TP*.........97 N 20
S. Odorico *UD*........14 D 20
S. Olcese *GE* ....28 I 8
S. Omero *TE*.........53 N 23
S. Omobono Imagna *BG*.21 E 10
S. Onofrio *CS* ....85 H 30
S. Onofrio *LT*.........64 R 22
S. Onofrio *TE* ....53 N 23
S. Oreste *RM*.........58 P 19
S. Orsola *TN* ....12 D 15
S. Osvaldo (Passo di) *PN*...13 D 19
S. Oyen *AO* ....6 E 3
S. Pancrazio
  delle Perriere *TP* ...96 N 19
Sta Panagia *SR*........105 P 27
Sta Panagia (Capo) *SR*..105 P 27
S. Pancrazio *SS* ....109 D 9
S. Pancrazio *AR*.......44 L 16
S. Pancrazio *FI*.......43 L 15
S. Pancrazio *PR*.......30 H 12
S. Pancrazio *RA*.......41 I 18
S. Pancrazio
  Salentino *BR* ......79 F 35
S. Pancrazio /
  St. Pankraz *BZ* ....3 C 15
S. Panfilo d'Ocre *AQ* ...59 P 22
St. Pankraz /
  S. Pancrazio *BZ* .....3 C 15
S. Pantaleo *SS* ....109 D 10
S. Pantaleo (Isola) *TP*...96 N 19
S. Pantaleone *RC* ......90 N 29
Sta Paolina *AV* ....70 D 26
S. Paolino (Monte) *CL* .103 O 23
S. Paolo *SR* ....107 Q 27
S. Paolo *SS* ....113 E 10
S. Paolo *TA* ....80 F 33
S. Paolo (Isola) *TA*.....78 F 33
S. Paolo (Masseria) *TA* ..79 F 33
S. Paolo Albanese *PZ* ..77 G 31
S. Paolo *BS* ....22 F 12
S. Paolo Bel Sito *NA* ...70 E 25
S. Paolo Cervo *BI* .....19 F 6
S. Paolo di Civitate *FG* ..66 B 27
S. Paolo di Jesi *AN* ....46 L 21
S. Paolo *PN* ....16 E 20
S. Paolo Solbrito *AT*....27 H 5
S. Pasquale *SS* ....109 D 9
S. Paterniano *AN*......47 L 22
S. Patrizio *RA* ....32 I 17
Santu Pedru
  (Tomba) *SS* ....110 F 7
S. Pelino (Corfinio) *AQ* .60 P 23
S. Pelino (vicino ad
  Avezzano) *AQ* ....59 P 22
S. Pelino (vicino a
  Montereale) *AQ* .....59 O 21
S. Pellegrinetto *MO*....39 I 14
S. Pellegrino *FI* ....40 J 16
S. Pellegrino *PT*.......39 J 14
S. Pellegrino (vicino a
  Fossato di Vico) *PG* ..51 M 20
S. Pellegrino (vicino a
  Norcia) *PG*.........52 N 21
S. Pellegrino (Passo) *BG*..12 C 17
S. Pellegrino (Val di) *TN*..12 C 17
S. Pellegrino in Alpe *MO*.38 J 13
S. Pellegrino Terme *BG*..21 E 10
St. Peter / S. Pietro *BZ*...4 A 18
S. Pier d'Isonzo *GO* ...17 E 22
S. Pier Niceto *ME* .....90 M 28
S. Piero a Grado *PI* ....42 K 13
S. Piero a Ponti *FI* .....39 K 15
S. Piero a Sieve *FI*......40 K 15
S. Piero in Bagno *FO*....40 K 17
S. Piero in Campo *LI* ...48 N 12
S. Piero in Campo *SI* ...50 N 17
S. Piero Patti *ME* .....100 M 26
St. Pierre *AO* ....18 E 3
S. Pietro *AQ* ....59 O 22
Sto Pietro *CT* ....104 P 25
S. Pietro *SU*..........118 I 8
S. Pietro *ME* ....94 L 27
S. Pietro *ME* ....95 M 27
S. Pietro *NA* ....74 F 25

S. Pietro *OR* ....114 G 7
S. Pietro *PG*...........51 N 20
S. Pietro *RI* ....58 O 20
S. Pietro *VT*..........57 O 17
S. Pietro (Badia di) *AN*...47 L 22
S. Pietro (Lago di) *AV* ..71 D 28
S. Pietro (Monte) *SU* ...118 J 7
S. Pietro (Monte) *SS* ...109 E 9
S. Pietro (Chiesa) *LC*....21 E 9
S. Pietro a Maida *CZ* ..88 K 31
S. Pietro a
  Maida Scalo *CZ*....88 K 30
S. Pietro a Monte *PG* ..51 L 18
S. Pietro *VE*..........33 G 18
S. Pietro *VR*..........23 G 15
S. Pietro / St. Peter *BZ*...4 A 18
S. Pietro (Canale di) *UD*..5 C 21
S. Pietro
  Acquaeortus *TR* ....50 N 17
S. Pietro al Natisone *UD*..15 D 22
S. Pietro al Tanagro *SA*..76 F 28
S. Pietro all'Olmo *MI*....21 F 9
S. Pietro Apostolo *CZ* ..86 K 31
S. Pietro Avellana *IS*....65 Q 24
S. Pietro Belvedere *PI* ..43 L 13
S. Pietro Casasco *PV* ...29 H 9
S. Pietro Clarenza *CT*...100 O 27
S. Pietro di Carida *CZ*...88 L 30
S. Pietro di Carnia *UD*...5 C 21
S. Pietro di Feletto *TV* ..13 E 18
S. Pietro di Morubio *VR*...23 G 15
S. Pietro di Ruda *SS* ...109 E 9
S. Pietro
  di Simbranos *SS* ....111 E 8
S. Pietro di Sorres *SS*...111 F 8
Ss. Pietro e Paolo *ME*...90 N 27
S. Pietro in Amantea *CS*...86 J 30
S. Pietro in Bevagna *TA* .79 G 35
S. Pietro in Campiano *RA*.41 J 18
S. Pietro in Cariano *VR*...23 F 15
S. Pietro in Casale *BO*...32 H 16
S. Pietro in Cerro *PC* ...30 G 11
S. Pietro in Curolis *FR* ..64 R 23
S. Pietro in Gu *PD*.....24 F 16
S. Pietro in Guarano *CS*..86 I 30
S. Pietro in Lama *LE* ...81 G 36
S. Pietro in Palazzi *LI* ...48 M 13
S. Pietro in Silvis *RA*....40 I 17
S. Pietro in Valle *IS* ....65 R 25
S. Pietro in Valle *TR* ...58 O 20
S. Pietro in Vincoli *RA* ..41 J 18
S. Pietro in Volta *VE*....25 G 18
S. Pietro Infine *CE*......64 R 23
S. Pietro (Isola) *TA* .....78 F 33
S. Pietro (Isola di) *SU*...120 J 6
S. Pietro Mosezzo *NO*...20 F 7
S. Pietro Mussolino *VI*...23 F 15
S. Pietro Polesine *RO*...32 G 15
S. Pietro Valdastico *VI*...12 E 16
S. Pietro Vara *SP* ......37 I 10
S. Pietro Vernotico *BR* ..81 F 35
S. Pietro Viminario *PD* ..24 G 17
S. Pio delle Camere *AQ*..59 P 22
S. Polo *AR* ....45 L 17
S. Polo dei Cavalieri *RM*..58 P 20
S. Polo d'Enza *RE* .....30 I 13
S. Polo di Piave *TV* ....25 E 19
S. Polo in Chianti *FI* ....44 K 16
S. Polo Matese *CB* ....65 R 25
S. Possidonio *MO*......31 H 14
S. Potito *AQ* ....59 P 22
S. Potito Sannitico *CE*...65 R 25
S. Presto *PG* ....51 M 20
S. Priamo *SU*........119 I 10
S. Primo (Monte) *CO*....9 E 9
S. Prisco *CE* ....69 D 24
S. Procopio *RC*.......90 M 29
Sta Procula
  Maggiore *RM*.......62 R 19
S. Prospero *BO* ....39 I 15
S. Prospero *PR*........30 H 13
S. Protaso *PC*........30 H 11
S. Puoto (Lago) *LT* ....64 S 22
San Quirico *PO* ....39 J 15
S. Quirico *GR* ....50 N 17
S. Quirico *LU*.........38 K 13
S. Quirico *PG*.........51 M 19
S. Quirico d'Orcia *SI*....50 M 16
S. Quirino *PN*........13 D 20
S. Regolo *SI* ....44 L 16
Sta Reparata *FO* ......40 J 17
Sta Reparata *SS*.......109 D 9
Sta Reparata
  (Chiesa) *SS* ....111 F 9
Sta Restituta *SS*......115 F 9

Sta Restituta *TR* ......58 O 19
Sta Rita *CL*..........103 O 24
S. Roberto *RC* ....90 M 29
S. Rocco *CN* ....27 I 6
S. Rocco *GE*..........37 I 9
S. Rocco *LU*..........38 K 13
S. Rocco *RE*..........31 H 13
S. Rocco *SO* ....2 C 12
S. Rocco (Galleria) *RI*...59 P 21
S. Rocco a Pilli *SI*......50 M 15
S. Rocco al Porto *LO* ...29 G 11
S. Romano *PI* ....43 K 14
S. Romano *RE*........31 I 13
S. Romano
  in Garfagnana *LU*...38 J 13
S. Romedio *TN*........11 C 15
S. Romolo *IM*.........35 K 5
S. Rosalia *AG* ....98 O 22
S. Rossore (Tenuta di) *PI*..42 K 12
S. Rufina *RI*..........58 O 20
S. Rufino
  (Abbazia di) *AP* ....52 M 22
S. Rufo *SA* ....76 F 28
S. Saba *ME* ....90 M 28
Sta Sabina *BR* ....80 E 35
Sta Sabina *NU*........115 G 8
S. Salvatore *BS*.......10 D 13
S. Salvatore *OR*.......114 H 7
S. Salvatore *AV* ....70 E 26
S. Salvatore *BA* ....72 D 30
S. Salvatore *FG* ....67 B 29
S. Salvatore (Monte) *PA*..99 N 24
S. Salvatore (Badia) *PG*..51 M 19
S. Salvatore
  di Fitalia *ME* ......100 M 26
S. Salvatore
  Monferrato *AL*......28 G 7
S. Salvatore Telesino *BN*..70 D 25
S. Salvo *CH* ....61 P 26
S. Salvo Marina *CH*....61 P 26
S. Saturnino
  (Terme di) *SS* ......115 F 9
S. Savino *FO*.........40 J 17
S. Savino *PG*........51 M 18
S. Savino *PS* ....46 L 20
S. Savino *RA*.........40 I 17
S. Savino *SI*.........50 M 17
Sta Scolastica
  (Subiaco) *RM* ......63 Q 21
S. Sebastiano
  al Vesuvio *NA* ....70 E 25
S. Sebastiano Curone *AL*..29 H 9
S. Sebastiano da Po *TO*...19 G 5
S. Secondo *PG*........45 L 18
S. Secondo
  di Pinerolo *TO* .....26 H 3
S. Secondo
  Parmense *PR* ....30 H 12
S. Severa *RM* ....57 P 17
Sta Severa *RM*........57 P 17
Sta Severina *KR*.......87 J 32
S. Severino Lucano *PZ*...77 G 30
S. Severino Marche *MC*..52 M 21
S. Severo *FG*.........66 B 28
S. Severo *TR*.........51 N 18
S. Silvestro *PE* ....60 O 24
S. Silvestro (vicino a
  Fabriano) *AN*.......52 M 20
S. Silvestro (vicino a
  Senigallia) *AN* .....46 L 21
S. Silvestro *MN* ....31 G 14
S. Silvestro (Rocca di) *LI*..49 M 13
S. Simone *BG*.........9 D 11
S. Simone *SU*........119 I 9
S. Simone *TA* ....80 F 33
S. Simone (Rio) *SS* ....113 E 10
S. Siro *CO*...........9 D 9
S. Siro *PD*...........24 G 17
S. Siro Foce *GE*........37 I 10
S. Sisto *PS* ....45 K 19
S. Sisto *RE*..........30 H 13
Sta Sofia *FO* ....40 K 17
Sta Sofia d'Epiro *CS* ...85 I 30
S. Sosio *TR*..........63 R 22
S. Sossio Baronia *AV* ...71 D 27
S. Sostene *CZ*........88 L 31
S. Sosti *CS* ....85 I 30
S. Sperate *SU*........118 I 9
Sto Spirito *BA* ....73 D 32
Sto Spirito *CL*........103 O 24
Sto Spirito *PE* ....60 P 24
Sto Stefano (Isola) *SS*..109 D 10
Sto Stefano *AQ*.......59 P 21
Sto Stefano *CB* ....65 R 25
Sto Stefano *FI* ....43 L 14
Sto Stefano *LI* ....48 M 11

Sto Stefano *RA* ....41 J 18
Sto Stefano *TE* ....53 O 22
Sto Stefano (Monte) *LT*..63 R 21
Sto Stefano *RO* ....31 G 15
Sto Stefano *VR* ....24 F 16
Sto Stefano Belbo *CN*...27 H 6
Sto Stefano d'Aveto *GE*..29 I 10
Sto Stefano del Sole *AV*..70 E 26
Sto Stefano di Briga *ME*..90 M 28
Sto Stefano di Cadore *BL*...5 C 19
Sto Stefano
  di Camastra *ME*.....99 M 25
Sto Stefano di Magra *SP*..38 J 11
Sto Stefano
  di Sessanio *AQ*......59 O 22
Sto Stefano
  in Aspromonte *RC*...90 M 29
Sto Stefano
  Lodigiano *LO* ......29 G 11
Sto Stefano
  Quisquina *AG* ......98 O 22
Sto Stino di Livenza *VE*..16 E 20
S. Tammaro *CE* ......69 D 24
Sta Tecla *CT* ....101 O 27
S. Teodoro *ME* ......100 N 26
S. Teodoro *SS* ....113 E 11
S. Teodoro
  (Grotta di) *ME* .....100 M 25
S. Teodoro
  (Stagno di) *SS* .....113 E 11
S. Terenziano *PG*......51 N 19
S. Terenzo *SP* ....38 J 11
Sta Teresa di Riva *ME*...90 N 28
Sta Teresa Gallura *SS* ..109 D 9
Sto Todaro *VV* ....88 L 31
S. Tomaso Agordino *BL*..12 C 17
S. Tommaso *CH*.......60 P 25
S. Tommaso *PG*.......60 P 23
SS. Trinità di Delia *TP* ..97 N 20
SS. Trinità
  di Saccargia *SS* ....111 E 8
S. Trovaso *TV* ....25 F 18
S. Ubaldo *Gubbio PG* ..45 L 19
St. Ulrich / Ortisei *BZ*....4 C 17
S. Urbano *PD*........32 G 16
S. Urbano *MC*........46 L 21
S. Urbano *TR* ....58 O 19
S. Valburga /
  St. Walburg *BZ* ......3 C 15
S. Valentino
  alla Muta *BZ*.......2 B 13
S. Valentino *TN* ......23 E 14
S. Valentino *GR* ......50 N 17
S. Valentino *PG* ......51 N 19
S. Valentino *TR* ......58 O 19
S. Valentino alla Muta / St.
  Valentin a. d. Haide *BZ*..2 B 13
S. Valentino
  in Abruzzo *PE* .....60 P 24
S. Valentino Torio *SA*...70 E 25
S. Veit / S. Vito *BZ* ....4 B 18
S. Venanzio *MO*.......31 I 14
S. Venanzo *TR* ....51 N 18
S. Vendemiano *TV* ....13 E 19
S. Venera *CT* ....101 N 27
Sta Venere (Monte) *SR*..104 P 26
S. Venere (Ponte) *FG* ...71 D 28
Sta Venerina *CT*.......101 N 27
S. Vero Milis *OR* ......114 G 7
S. Vicino (Monte) *MC*...52 M 21
S. Vigil / S. Vigilio *BZ* ...3 C 15
St. Vigil / S. Vigilio
  di Marebbe *BZ*......4 B 17
S. Vigilio / St Vigil *BZ* ...3 C 15
S. Vigilio di Marebbe /
  St. Vigil *BZ*........4 B 17
St. Vincent *AO* ....19 E 4
S. Vincenzo *BO* ....32 H 16
S. Vincenzo *ME* ......95 K 27
S. Vincenzo *PG*.......64 Q 22
S. Vincenzo *LI*........49 M 13
S. Vincenzo
  (Masseria) *BA*......72 D 30
S. Vincenzo a Torri *FI*...43 K 15
S. Vincenzo
  al Volturno *IS*.......64 R 24
S. Vincenzo la Costa *CS*..86 I 30
S. Vincenzo
  Valle Roveto *AQ* ....64 Q 22
S. Vincenzo Valle Roveto
  Superiore *AQ* ......64 Q 22
S. Vitale (Pineta) *RA*....33 I 18
S. Vitale di Baganza *PR*..30 I 12

S. Vito *SU*............119 I 10
S. Vito
  (I. di Pantelleria) *TP* ..96 Q 17
S. Vito *AV*...........71 D 27
S. Vito *BA*...........73 D 33
S. Vito *BN*...........70 D 26
S. Vito *LT*...........63 S 21
S. Vito *MO*...........31 I 14
S. Vito *TE*...........53 N 22
S. Vito *TR*...........58 O 19
S. Vito (vicino a
  Bassano del G.) *TV* ..24 E 17
S. Vito (vicino a
  Valdobbiadene) *TV* ..12 E 17
S. Vito / St. Veit *BZ* ....4 B 18
S. Vito al
  Tagliamento *PN* ...16 E 20
S. Vito al Torre *UD*.....17 E 22
S. Vito (Capo) *TA* ......78 F 33
S. Vito (Capo) *TP*......97 M 20
S. Vito Chietino *CH*.....61 P 25
S. Vito dei Normanni *BR*..80 F 35
S. Vito di Cadore *BL*....4 C 18
S. Vito di Fagagna *UD*...14 D 21
S. Vito di Leguzzano *VI*..24 E 16
S. Vito in Monte *TR* ....51 N 18
S. Vito lo Capo *TP* .....97 M 20
S. Vito (Monte) *CL*.....99 O 23
S. Vito (Monte) *FG* ....71 D 27
S. Vito Romano *RM* ...63 Q 20
S. Vito sullo Ionio *CZ* ..88 K 31
S. Vittore *FO* ....41 J 18
S. Vittore *MC* ....46 L 21
S. Vittore del Lazio *FR*...64 R 23
S. Vittore di Chiuse *AN*..46 L 20
S. Vittore Olona *MI*....20 F 8
S. Vittore *VR* ....23 F 15
Sta Vittoria *AQ*........59 O 21
Sta Vittoria *RE* ....31 H 13
Sta Vittoria (Monteleone
  Sabino *RI*.........58 P 20
Sta Vittoria d'Alba *CN*...27 H 5
Sta Vittoria
  in Matenano *AP* .....52 M 22
Sta Vittoria (Monte) *SU*..115 H 9
Sta Vittoria
  (Nuraghe) *SU*.......119 H 9
S. Vittorino *AQ*........59 O 21
S. Vittorino *PE* ....60 P 23
S. Vivaldo *FI* ....43 L 14
St. Walburg /
  Sta Valburga *BZ*......3 C 15
S. Zaccaria *PZ*........72 E 29
S. Zeno
  di Montagna *VR* ....23 F 14
S. Zeno Naviglio *BS* ...22 F 12
S. Zenone al Lambro *MI*..21 G 10
S. Zenone al Po *PV*.....29 G 10
S. Zenone
  degli Ezzelini *TV* ....24 E 17
Sanarica *LE*............83 G 37
Sand in Taufers /
  Campo Tures *BZ* .....4 B 17
Sandalo (Capo) *SU*....120 J 6
Sandjöchl / Santicolo
  (Passo di) *BZ*........3 B 16
Sandrà *VR*...........23 F 14
Sandrigo *VI* ....24 F 16
Sanfatucchio *PG*......51 M 18
Sanfré *CN* ....27 H 5
Sanfront *CN* ....26 I 3
Sangano *TO*..........27 G 4
Sangineto *CS*.........84 I 29
Sangineto Lido *CS*.....84 I 29
Sangone *TO*..........27 G 4
Sangro *AQ* ....64 Q 23
Sangro (Lago di) *CH* ...60 Q 25
Sanguigna *PR* ....30 H 13
Sanguignano *PV* ......29 H 9
Sanguinaro *PR* ....30 H 12
Sanguinetto *VR* ....23 G 15
Sanluri *SU*...........118 I 8
Sannace (Monte) *BA* ...73 E 32
Sannazzaro
  de' Burgondi *PV* ....28 G 8
Sannicandro di Bari *BA* ..73 D 32
Sannicandro
  Garganico *FG*.......66 B 28
Sannicola *LE*..........83 G 36
Sannio (Monti del) *CB* ..65 R 26
Sannoro *FG* ....71 D 27
Sansepolcro *AR* ......45 L 18
Santadi *SU*..........118 J 8
Santadi Basso *SU*......118 J 8
Santandra *TV*..........25 E 18

Santarcangelo
 di Romagna RN...... 41 J 19
Santena TO............ 27 H 5
Santeramo in Colle BA . 73 E 32
Santerno FI............ 40 J 16
Santhià VC .... 19 F 6
Santicolo (Passo di) /
 Sandjöchl BZ .... 3 B 16
Santo SS .... 110 E 6
Santo (Col) TN....... 23 E 15
Santo (Lago) MO .... 39 J 13
Santo (Lago) TN..... 11 D 15
Santo (Monte) SU.... 121 J 8
Santo (Monte) SS.... 111 F 8
Santomenna SA ..... 71 E 27
Santopadre FR........ 64 R 22
Santorso VI.......... 24 E 16
Santoru (Porto) NU .. 119 I 10
Santuario SV .... 36 I 7
Sanza SS .... 76 G 28
Sanzeno TN .... 11 C 15
Saonara PD........... 24 F 17
Saonda PG .... 51 M 19
Saoseo (Cima) SO.... 10 C 12
Sapienza (Rifugio) CT . 100 N 26
Saponara ME......... 90 M 28
Sappada BL .... 5 C 20
Sapri SA............. 76 G 28
Sara (Monte) AG..... 102 O 22
Saracco Volante CN... 35 J 5
Saracena CS .... 85 H 30
Saraceni
 (Monte dei) ME..... 100 M 26
Saraceno CS........ 85 H 31
Saraceno (Monte) AG . 103 P 23
Saraceno (Punta del) TP..97 M 20
Saracinesco RM ..... 58 P 20
Saragiolo SI .... 50 N 16
Saraloi (Monte) NU ... 113 F 10
Sarbene (Genna) NU.. 117 G 10
Sarcedo VI........... 24 E 16
Sarche TN .... 11 D 14
Sarcidano SU....... 115 H 9
Sarconi PZ........... 77 G 29
Sardagna TN .... 11 D 15
Sardara SU......... 118 I 8
Sardigliano AL....... 28 H 8
Sarego VI........... 24 F 16
Sarentina (Valle) BZ... 3 C 16
Sarentino / Sarnthein BZ.. 3 C 16
Sarezzano AL....... 28 H 8
Sarezzo BS .... 22 F 12
Sarginesco MN ..... 23 G 13
Sariano RO........ 32 G 16
Sarmato PC .... 29 G 10
Sarmede TV .... 13 E 19
Sarmego VI......... 24 F 17
Sarmento PZ........ 77 G 31
Sarnano MC......... 52 M 21
Sarnico BG .... 22 E 11
Sarno SA.......... 70 E 25
Sarno (Fiume) SA.... 75 E 25
Sarnonico TN....... 11 C 15
Sarone PN........ 13 E 19
Saronno VA .... 21 F 9
Sarrabus SU .... 119 I 9
Sarraina (Cala) SS... 109 D 8
Sarre AO.......... 18 E 3
Sarro CT........... 101 N 27
Sarroch CA .... 121 J 9
Sarsina FO......... 41 K 18
Sartano CS .... 85 I 30
Sarteano SI........ 50 N 17
Sartirana Lomellina PV.. 28 G 7
Sarturano PC ...... 29 H 10
Sarule NU .... 115 G 9
Sarzana SP ...... 38 J 11
Sarzano RO........ 32 G 17
Sassa PI .... 49 M 14
Sassalbo MS........ 38 J 12
Sassano SA....... 76 F 28
Sassari SS .... 110 E 7
Sassello SV .... 28 I 7
Sassetta LI......... 49 M 13
Sassi (Musone dei) PD.. 24 F 17
Sassinoro BN....... 65 R 25
Sasso PR .... 30 I 12
Sasso RM........ 57 P 18
Sasso VI.......... 24 E 16
Sasso di Castalda PZ.. 76 F 29
Sasso d'Ombrone GR.. 50 N 15
Sasso Marconi BO... 39 I 15
Sasso Morelli BO.... 40 I 17
Sassocorvaro PS.... 45 K 19
Sassofeltrio PS..... 41 K 19
Sassoferrato AN.... 46 L 20

Sassofortino GR .... 49 M 15
Sassoleone BO ... 40 J 16
Sassonero BO .... 40 J 16
Sassovivo
 (Abbazia di) PG.... 51 N 20
Sassu (Monte) SS .... 111 E 8
Sassuolo MO .... 31 I 14
Sataria TP .... 96 Q 17
Satriano CZ........... 88 L 31
Satriano di Lucania PZ...76 F 28
Saturnia GR .... 56 O 16
Sauris UD .... 5 C 20
Sauris (Lago di) UD... 5 C 20
Sauro MT........... 77 F 30
Sauze di Cesana TO... 26 H 2
Sauze d'Oulx TO..... 26 G 2
Sava TA .... 79 F 34
Sava (Masseria) BA... 73 E 32
Savara AO......... 18 F 3
Savarenche (Val) AO... 18 F 3
Savarna RA......... 33 I 18
Savelletri BR........ 80 E 34
Savelli KR .... 87 J 32
Savelli PG .... 52 N 21
Savena BO .... 40 J 15
Savi AT........... 27 H 5
Saviano NA......... 70 E 25
Savigliano CN ...... 27 I 4
Savignano di Rigo FO.. 41 K 18
Savignano Irpino AV.. 71 D 27
Savignano
 sul Panaro MO.... 39 I 15
Savignano
 sul Rubicone FO.... 41 J 19
Savigno BO.......... 39 I 15
Savignone GE .... 28 I 8
Savio RA .... 41 J 18
Savio (Fiume) FO..... 41 J 18
Savio (Foce del) RA... 41 J 18
Saviore (Val di) BS... 10 D 13
Saviore
 dell'Adamello BS..... 10 D 13
Savoca ME .... 90 N 28
Savogna UD........ 15 D 22
Savogna d'Isonzo GO.. 17 E 22
Savognatica RE...... 39 I 13
Savoia di Lucania PZ.. 76 F 28
Savona SV .... 36 J 7
Savoniero MO .... 39 I 13
Savorgnano AR...... 45 L 17
Savorgnano PN..... 16 E 20
Savorgnano UD..... 15 D 21
Savoulx TO......... 26 G 2
Savuto CS .... 86 J 30
Savuto (Fiume) CS.... 86 J 31
Scacciano RN...... 41 K 19
Scafa PE.......... 60 P 24
Scafati SA .... 75 E 25
Scaglieri LI........ 48 N 12
Scagnello CN....... 35 J 5
Scai RI........... 59 O 21
Scala ME .... 90 M 28
Scala SA .... 75 F 25
Scala Coeli CS..... 87 I 32
Scala (Monte della) CT ..104 P 25
Scala Ruia SS ...... 111 E 8
Scalambri (Capo) RG.. 106 Q 25
Scaldasole PV ...... 28 G 8
Scalea CS......... 84 H 29
Scalea (Capo) CS..... 84 H 29
Scalenghe TO....... 27 H 4
Scalera PZ........ 71 E 29
Scaleres / Schalders BZ..4 B 16
Scaletta Uzzone CN... 27 I 6
Scaletta Zanclea ME... 90 M 28
Scalino (Pizzo) SO.... 10 D 11
Scalo dei Saraceni FG.. 67 C 29
Scalone (Passo dello) CS.. 86 I 29
Scaltenigo VE...... 25 F 18
Scalvaia SI......... 49 M 15
Scalve (Val di) BS.... 10 E 12
Scampitella AV..... 71 D 27
Scanaiol (Cima) TN... 12 D 17
Scanarello RO...... 33 G 19
Scandale KR....... 87 J 32
Scandarello (Lago di) RI..59 O 21
Scandiano RE....... 31 I 14
Scandicci FI........ 43 K 15
Scandolara Ravara CR.. 30 G 12
Scandolara
 Ripa d'Oglio CR.... 22 G 12
Scandolaro PG..... 52 N 20
Scandriglia RI...... 58 P 20
Scannata (Portella) PA.. 98 N 22
Scanno AQ .... 64 Q 23

Scanno SA........... 75 F 27
Scanno (Lago di) AQ... 64 Q 23
Scano di
 Montiferro OR...... 114 G 7
Scansano GR .... 50 N 16
Scanzano AQ .... 59 P 21
Scanzano Ionico MT... 78 G 32
Scanzano
 (Lago dello) PA .... 98 N 22
Scanzorosciate BG... 21 E 11
Scapezzano AN...... 46 K 21
Scapoli IS .... 64 R 24
Scaramia (Capo) RG.. 106 Q 25
Scarcelli CS........ 86 I 30
Scardovari RO...... 33 H 19
Scardovari
 (Sacca degli) RO... 33 H 19
Scario SA.......... 76 G 28
Scarlino GR......... 49 N 14
Scarlino Scalo GR.... 49 N 14
Scarmagno TO ...... 19 F 5
Scarnafigi CN....... 27 H 4
Scarperia FI .... 40 K 16
Scarperia (Giogo di) FI.. 40 J 16
Scarzana FO........ 40 J 17
Scauri LT .... 69 D 23
Scauri
 (I. di Pantelleria) TP.. 96 Q 17
Scena / Schenna BZ... 3 B 15
Scerne TE .... 53 O 24
Scerni CH .... 61 P 25
Scesta LU.......... 39 J 13
Schabs / Sciaves BZ... 4 B 16
Schalders / Scaleres BZ..4 B 16
Scheggia PG .... 46 L 20
Scheggia (Valico di) AR..45 L 17
Scheggino PG...... 52 N 20
Schenna / Scena BZ... 3 B 15
Schia PR........... 38 I 12
Schiara (Monte) BL.... 13 D 18
Schiava NA......... 70 E 25
Schiavi di Abruzzo CH . 65 Q 25
Schiavon VI........ 24 E 16
Schievenin BL....... 12 E 17
Schignano PO....... 39 K 15
Schilpario BG....... 10 D 12
Schino della Croce
 (Monte) EN....... 100 N 25
Schio VI........... 24 E 16
Schisò (Capo) ME.... 90 N 27
Schivenoglia MN .... 31 H 15
Schlanders / Silandro BZ.. 2 C 14
Schluderbach /
 Carbonin BZ........ 4 C 18
Schluderns / Sluderno BZ.. 2 C 13
Schnals / Senales BZ... 3 B 14
Schönau / Belprato BZ.. 3 B 15
Schwarzenstein /
 Nero (Sasso) BZ..... 4 A 17
Sciacca AG .... 102 O 21
Scianne (Masseria) LE.. 83 G 35
Sciara PA.......... 99 N 23
Sciarborasca GE..... 36 I 7
Sciaves / Schabs BZ... 4 B 16
Scicli RG.......... 106 Q 26
Scido RC.......... 90 M 29
Scifelli FR......... 64 Q 22
Scigliano CS....... 86 J 30
Sciliar (Monte) BZ..... 3 C 16
Scilla RC.......... 90 M 29
Scillato PA......... 99 N 23
Sciolze TO......... 27 G 5
Sciorino (Monte) EN... 103 O 24
Sclafani Bagni PA.... 99 N 23
Scoffera (Passo di) GE.. 29 I 9
Scoglietti (Punta) SS.. 110 E 6
Scoglitti RG .... 104 Q 25
Scoltenna MO...... 39 J 14
Scomunica
 (Punta della) SS..... 108 D 6
Scontrone AQ ...... 64 Q 24
Scopello TP .... 97 M 20
Scopello VC........ 19 E 6
Scopetone (Foce di) AR..45 L 17
Scoppio TR........ 51 N 19
Scoppito AQ....... 59 O 21
Scorace (Monte) TP... 97 N 20
Scorciavacche
 (Portella) PA ...... 97 N 21
Scorda (Monte) RC.... 91 M 29
Scordia CT......... 104 P 26
Scorgiano SI......... 49 L 15

Scorno (Punta dello) SS.108 D 6
Scorrano LE .... 83 G 36
Scortichino FE........ 32 H 15
Scorzè VE .... 25 F 18
Scorzo SA .... 76 F 27
Scova (Monte sa) NU.. 115 H 9
Scravaion (Colle) SV... 35 J 6
Scrisà RC........... 91 M 30
Scritto PG.......... 51 M 19
Scrivia GE .... 28 I 9
Scudo (Porto) SU..... 120 K 8
Scurcola Marsicana AQ..59 P 22
Scurtabò SP........ 37 I 10
Scurzolengo AT...... 28 H 6
Sdobba (Punta) GO.... 17 E 22
Sdruzzina TN....... 23 E 14
Sebera (Punta) SU.... 121 J 8
Seborga IM......... 35 K 5
Seccagrande AG..... 102 O 21
Secchia RE .... 31 I 14
Secchia (Fiume) RE... 39 I 13
Secchiano
 (vicino a Cagli) PS... 46 L 19
Secchiano
 (vicino a S. Leo) PS.. 41 K 18
Secchiello RE........ 38 J 13
Secchieta (Monte) FI.. 44 K 16
Secinaro AQ........ 59 P 23
Secine (Monte) AQ.... 65 Q 24
Secondigliano NA.... 69 E 24
Secugnago LO....... 21 G 10
Seddanus SU........ 118 I 8
Sedegliano UD....... 16 D 20
Sedico BL........ 13 D 18
Sedilis UD......... 15 D 21
Sedilo OR......... 115 G 8
Sedini SS .... 111 E 8
Sedita (Monte) AG... 102 O 22
Sedrano PN........ 13 D 20
Sedriano MI........ 20 F 8
Sedrina BG........ 21 E 10
Seduto (Monte) RC.... 88 L 30
Sefro MC.......... 52 M 20
Sega (Monte) VR..... 23 F 14
Segalare FE........ 33 H 18
Segariu SU........ 118 I 8
Segesta TP........ 97 N 20
Seggiano GR....... 50 N 16
Seghe VI.......... 24 E 16
Segni RM......... 63 Q 21
Segno SV......... 36 J 7
Segonzano TN...... 11 D 15
Segrate MI........ 21 F 9
Segromigno
 in Monte LU....... 39 K 13
Segusino TV....... 12 E 17
Seigne (Col de la) AO... 18 E 2
Seis / Siusi BZ...... 3 C 16
Seiser Alm / Siusi
 (Alpe di) BZ........ 4 C 16
Selargius CA....... 119 J 9
Selbagnone FO...... 41 J 18
Selci PG .... 45 L 18
Selci RI........... 58 P 19
Sele AV........... 71 E 27
Sele (Foce del) SA.... 75 F 26
Sele (Piana del) SA... 75 F 26
Selinunte TP........ 97 O 20
Sella TN.......... 12 D 16
Sella di Corno AQ.... 59 O 21
Sella (Gruppo di) TN... 4 C 17
Sella (Passo di) TN... 4 C 17
Sella (Lago della) CN... 34 J 3
Sella Nevea UD...... 15 C 22
Sellano PG .... 52 N 20
Sellia CZ.......... 87 K 31
Sellia Marina CZ ....89 K 32
Selva BR.......... 80 E 33
Selva GR .... 50 N 16
Selva PC.......... 29 I 10
Selva TN .... 12 D 16
Selva (Bocca della) BN.. 65 R 25
Selva dei Molini /
 Mühlwald BZ....... 4 B 17
Selva dei Molini (Val) BZ..4 B 17
Selva del Montello TV . 25 E 18
Selva di Cadore BL.... 4 C 18
Selva di Progno VR... 23 F 15
Selva di Trissino VI... 23 F 15
Selva di Val Gardena /
 Wölkenstein
 in Gröden BZ........ 4 C 17

Selva Grossa PR .... 30 I 12
Selva Malvezzi BO .... 32 I 16
Selvacava FR .... 64 R 23
Selvanizza PR ...... 38 I 12
Selvapiana (Cona di) RM.63 R 21
Selvazzano Dentro PD.. 24 F 17
Selvena GE .... 50 N 16
Selvino BG .... 22 E 11
Semestene SS ..... 115 F 8
Semiana PV .... 28 G 8
Seminara RC ...... 90 L 29
Semonte PG........ 45 L 19
Sempio (Monte) SS... 113 E 10
Sempione
 (Galleria del) VB.... 8 D 6
Semproniano GR.... 50 N 16
Senago MI .... 21 F 9
Senáiga TN ...... 12 D 17
Senáiga (Lago di) BL.. 12 D 17
Senale / Unsere liebe
 Frau im Walde BZ... 3 C 15
Senales / Schnals BZ... 3 B 14
Senales (Val di) BZ.... 3 B 14
Senalonga
 (Punta di) SS....... 111 E 9
Seneghe OR........ 114 G 7
Senerchia AV...... 71 E 27
Senes (Monte) NU ... 113 F 10
Seniga BS .... 22 G 12
Senigallia AN...... 46 K 21
Senio RA .... 40 J 16
Senis OR .... 115 H 8
Senise PZ......... 77 G 30
Senna Lodigiano LO.. 29 G 10
Sennariolo OR...... 114 G 7
Sennori SS .... 110 E 7
Senora di
 Boccadirio BO..... 39 J 15
Senorbì SU........ 119 I 9
Sentino PG........ 46 L 20
Sepino CB......... 65 R 25
Seppio MC........ 52 M 21
Sequals PN........ 13 D 20
Serano (Monte) PG... 52 N 20
Seravezza LU....... 38 K 12
Serchio LU......... 38 J 12
Serdiana SU....... 119 I 9
Seregno MI........ 21 F 9
Seren del Grappa BL... 12 E 17
Sergnano CR ...... 21 F 10
Seriana (Valle) BG ... 10 E 11
Seriate BG........ 21 E 11
Serina BG .... 9 E 11
Serino AV......... 70 E 26
Serino (Monte) CS.... 87 I 32
Serio BG......... 10 D 11
Serio (Monte) BA .... 73 E 33
Serle BS.......... 22 F 13
Sermenza VC...... 7 E 6
Sermide MN....... 32 G 15
Sermoneta LT...... 63 R 21
Sermugnano VT..... 57 O 18
Sernaglia
 della Battaglia TV.... 13 E 18
Sernio (Monte) UD.... 5 C 21
Serole AT......... 28 I 6
Serottini (Monte) SO... 10 D 13
Serpeddì (Punta) SU... 119 J 9
Serpentara (Isola) SU.. 119 J 10
Serra CN .... 26 H 3
Serra PA......... 98 N 22
Serra SA......... 75 F 27
Serra (Alpe di) AR.... 45 K 17
Serra d'Aiello CS..... 86 J 30
Serra de' Conti AN ... 46 L 21
Serra del Corvo
 (Lago di) BA ...... 72 E 30
Serra della Stella BA... 72 E 31
Serra di Croce MT..... 77 F 31
Serra di Sotto RN ... 41 K 19
Serra Ficaia
 (Murgia di) BA...... 72 E 31
Serra Marina
 (Masseria) MT ..... 78 F 32
Serra (Monte)
 I. d'Elba LI........ 48 N 13
Serra (Monte) PG..... 51 M 19
Serra Orrios
 (Nuraghe) NU...... 117 F 10
Serra S. Abbondio PS.. 46 L 20
Serra S. Bruno VV..... 88 L 30
Serra S. Quirico AN... 46 L 21
Serracapriola FG....... 66 B 27
Serrada TN .... 11 E 15
Serrada (Monte) LC... 9 E 10

Serradarce SA .... 75 F 27
Serradica AN .... 52 M 20
Serradifalco CL ...... 103 O 23
Serradipiro CS....... 86 J 31
Serraglio MN .... 31 G 14
Serraia (Lago di) TN... 11 D 15
Serralta di S. Vito CZ... 88 K 31
Serralunga ME...... 76 G 29
Serralunga d'Alba CN... 27 I 6
Serralunga di Crea AL... 28 G 6
Serramale (Monte) CS.. 84 H 29
Serramanna SU...... 118 I 8
Serramazzoni MO.... 39 I 14
Serramezzana SA.... 75 G 27
Serramonacesca PE... 60 P 24
Serrano LE .... 83 G 37
Serranova BR....... 80 E 35
Serrapetrona MC .... 52 M 21
Serrastretta CZ ..... 86 J 31
Serratore (Monte) CS.. 86 J 31
Serravalle AT ...... 27 H 6
Serravalle AR....... 44 K 17
Serravalle FE .... 32 H 18
Serravalle PG....... 52 N 21
Serravalle RSM ..... 41 K 19
Serravalle a Po MN... 31 G 15
Serravalle all'Adige TN.. 23 E 15
Serravalle di Carda PS.. 45 L 19
Serravalle di Chienti MC.. 52 M 20
Serravalle Langhe CN.. 27 I 6
Serravalle Pistoiese PT.. 39 K 14
Serravalle Scrivia AL... 28 H 8
Serravalle Sesia VC ... 20 E 6
Serrazzano PI....... 49 M 14
Serre CN .... 26 H 3
Serre PA......... 98 N 22
Serre SA......... 75 F 27
Serre (Passo di) FR... 64 R 23
Serre di Rapolano SI... 50 M 16
Serrenti SU........ 118 I 8
Serri SU .... 119 H 9
Serriola (Bocca) PG... 45 L 19
Serristori (Rifugio) BZ... 2 C 13
Serrone PR........ 63 Q 21
Serrungarina PS..... 46 K 20
Sersale CZ........ 87 J 32
Seruci (Nuraghe) SU.. 118 J 7
Serva (Monte) BL.... 13 D 18
Servedio (Masseria) BA..73 E 32
Servigliano AP...... 52 M 22
Servo BL.......... 12 D 17
Sesi TP........... 96 Q 17
Sesia VC.......... 7 E 6
Sesia (Cascata di) VC... 7 E 5
Sesia (Val) VC...... 19 E 6
Sessa Aurunca CE.... 69 D 23
Sessa Cilento SA..... 75 G 27
Sessame AT........ 28 H 7
Sessano del Molise IS.. 65 R 25
Sesso RE .... 31 H 13
Sesta Godano SP .... 37 J 11
Sestino AR........ 45 K 18
Sesto / Sexten BZ..... 4 B 18
Sesto (Val di) /
 Sextental BZ........ 4 B 19
Sesto al Reghena PN... 13 E 20
Sesto Calende VA..... 20 E 7
Sesto Campano IS .... 64 R 24
Sesto ed Uniti CR..... 22 G 11
Sesto Fiorentino FI ... 39 K 15
Sesto Imolese BO..... 40 I 17
Sesto S. Giovanni MI... 21 F 9
Sestola MO........ 39 J 14
Sestri Levante GE.... 37 J 10
Sestri Ponente GE ... 36 I 8
Sestriere TO........ 26 H 2
Sestu CA .... 119 J 9
Sesvenna (Piz) BZ..... 2 B 13
Setta BO......... 39 I 15
Settala MI........ 21 F 10
Sette Comuni
 (Altopiano dei) VI... 24 E 16
Sette Feudi CT...... 104 P 25
Sette Fratelli
 (Monte dei) SU..... 119 J 10
Sette Poste FG...... 67 C 29
Sette Selle
 (Cima di) TN....... 12 D 16
Sette Soldi
 (Monte) TP........ 97 N 20
Sette Vene VT...... 58 P 19
Settebagni RM...... 58 P 19
Settecamini RM..... 62 Q 19
Settefrati FR........ 64 Q 23
Settepani (Monte) SV.. 35 J 6
Settignano FI........ 44 K 15

A B C D E F G H I J K L M N O P Q R S T U V W X Y Z

Settignano *FR* .... 64 R 23
Settima *PC* .... 29 H 10
Settimana (Val) *PN* ... 13 D 19
Settime *AT* .... 27 G 6
Settimo *VR* .... 23 F 14
Settimo Milanese *MI*... 21 F 9
Settimo San Pietro *CA* . 119 J 9
Settimo Torinese *TO* .... 19 G 5
Settimo Vittone *TO* .... 19 F 5
Settingiano *CZ* .... 88 K 31
Setzu *SU* .... 118 H 8
Seui *CA* .... 115 H 9
Seulo *CA* .... 115 H 9
Seuni *CA* .... 119 I 9
Seveso *MI* .... 21 F 9
Seveso (Torrente) *CO* ... 21 E 9
Sevizzano *PC* .... 29 H 10
Sexten / Sesto *BZ* ...... 4 B 19
Sextental / Sesto
    (Val di) *BZ* .... 4 B 19
Sezzadio *AL* .... 28 H 7
Sezze *LT* .... 63 R 21
Sfercia *MC* .... 52 M 21
Sferracavallo *PA* .... 97 M 21
Sferracavallo
    (Capo) *NU* .... 119 H 11
Sferro *CT* .... 100 O 26
Sforzacosta *MC* ..... 52 M 22
Sforzesca *GR* .... 50 N 17
Sforzesca *PV* .... 20 G 8
Sfruz *TN* .... 11 C 15
Sgolgore (Murgia) *BA* .. 73 E 32
Sgonico *TS* .... 17 E 23
Sgurgola *FR* .... 63 Q 21
Siamaggiore *OR* .... 114 H 7
Siamanna *OR* ...... 115 H 8
Siano *SA* .... 70 E 26
Siapiccia *OR* .... 115 H 8
Siba *TP* .... 96 Q 19
Sibari *CS* .... 85 H 31
Sibari (Piana di) *CS* ... 85 H 31
Sibilla (Monte) *AP* .. 52 N 21
Sibillini (Monti) *MC* .. 52 N 21
Sicaminò *ME* .... 90 M 27
Sicani (Monti) *AG* .. 97 O 21
Sicignano
    degli Alburni *SA* .. 76 F 27
Sicili *SA* .... 76 G 28
Sicilia
    (Parco Zoo di) *CT* ... 100 O 26
Siculiana *AG* .... 102 O 22
Siculiana Marina *AG* . 102 O 22
Siddi *SU* .... 118 H 8
Siderno *RC* .... 91 M 30
Siderno Superiore *RC*.. 91 M 30
Sieci *FI* .... 44 K 16
Siena *SI* .... 50 M 16
Sierio (Monte) *PZ* .... 76 F 28
Sieti *SA* .... 75 E 26
Sieve *FI* .... 40 K 16
Sigillo *PG* .... 51 M 20
Sigillo *RI* .... 59 O 21
Signa *FI* .... 43 K 15
Signora Pulita
    (Monte) *BA* ...... 80 E 34
Signoressa *TV* ...... 25 E 18
Signorino *PT* .... 39 J 14
Sila Grande *CS* ...... 86 I 31
Sila Greca *CS* .... 85 I 31
Sila Piccola *CZ* ...... 87 J 31
Silana (Genna) *NU* .. 117 G 10
Silandro / Schlanders *BZ*.. 2 C 14
Silanus *NU* .... 115 G 8
Sile *PN* .... 13 E 20
Sile *TV* .... 25 F 18
Silea *TV* .... 25 F 18
Sili *OR* .... 114 H 7
Siligo *SS* .... 111 E 8
Siliqua *SU* .... 118 J 8
Silis *SS* .... 111 E 7
Silius *SU* .... 119 I 9
Silla *BO* .... 39 J 14
Silla *SA* .... 76 F 28
Sillano *LU* .... 38 J 12
Sillara (Monte) *MS* .. 38 I 12
Sillara (Passo di) *PR* .. 38 I 12
Sillaro *BO* .... 40 J 16
Silvana Mansio *CS* .. 86 J 31
Silvano d'Orba *AL* .. 28 H 8
Silvano Pietra *PV* .... 28 G 8
Silvi Marina *TE* ...... 60 O 24
Silvi Paese *TE* ...... 60 O 24
Silvignano *PG* ...... 52 N 20
Simala *OR* .... 118 H 8
Simaxis *OR* .... 115 H 8
Simbario *VV* .... 88 L 31

Simbirizzi (Lago di) *CA* ..119 J 9
Simbruini (Monti) *FR* .. 63 Q 21
Simeri *CZ* .... 89 K 31
Simeri-Crichi *CZ* .... 89 K 31
Simeto *CT* .... 100 N 26
Simeto (Foce di) *CT* ... 105 O 27
Similaun *BZ* .... 3 B 14
Simoncello *PS* ...... 41 K 18
Simoncello *PS* ...... 41 K 18
Sinagra *ME* .... 100 M 26
Sinalunga *SI* .... 50 M 17
Sinarca *CB* .... 61 Q 26
Sindacale *VE* .... 16 E 20
Sindia *NU* .... 115 G 7
Sinello *CH* .... 61 P 25
Sini *OR* .... 115 H 8
Sinio *CN* .... 27 I 6
Sinis *OR* .... 114 H 7
Sinnai *CA* .... 119 J 9
Sinni *PZ* .... 77 G 29
Sinopoli *RC* .... 90 M 29
Sinzias (Cala di) *SU*... 119 J 10
Sipicciano *CE* ...... 64 S 23
Sipicciano *VT* ...... 57 O 18
Sipiu *SU* .... 119 I 9
Siracusa *SR* .... 105 P 27
Sirente (Monte) *AQ* .... 59 P 22
Sirino (Monte) *PZ* .... 77 G 29
Siris *OR* .... 118 H 8
Sirmione *BS* .... 23 F 13
Sirolo *AN* .... 47 L 22
Siror *TN* .... 12 D 17
Sirri *SU* .... 118 J 7
Sises (Monte) *TO* .... 26 H 2
Sisini *SU* .... 119 I 9
Sissa *PR* .... 30 H 12
Sistiana *TS* .... 17 E 22
Sitigliano *MC* ...... 52 M 21
Sitria (Badia di) *PG*.. 46 L 20
Sitzerri *OR* .... 118 I 7
Sitzzon *BL* .... 12 E 17
Siurgus-Donigala *SU*.. 119 I 9
Siusi allo Scialar /
    Seis am Schlern *BZ* ... 3 C 16
Siusi (Alpe di) /
    Seiser Alm *BZ* ...... 4 C 16
Siziano *PV* .... 21 G 9
Slingia *BZ* .... 2 B 13
Slizza *UD* .... 15 C 22
Sluderno /
    Schluderns *BZ* ...... 2 C 13
Smeralda (Costa) *SS* .. 109 D 10
Smeraldo
    (Grotta delle) *SA* .. 75 F 25
Smerillo *AP* .... 52 M 22
Smirra *PS* .... 46 L 20
Soana *TO* .... 19 F 4
Soarza *PC* .... 30 G 12
Soave *MN* .... 23 G 14
Soave *VR* .... 23 F 15
Sobretta (Monte) *SO*.. 10 C 13
Socchieve *UD* .... 13 C 20
Soci *AR* .... 44 K 17
Sodano (Monte) *MT* .. 77 G 31
Soddi *OR* .... 115 G 8
Soffi (Isola) *SS* ...... 109 D 10
Sogliano
    al Rubicone *FO* ..... 41 J 18
Sogliano Cavour *LE*.. 83 G 36
Soglio *AT* .... 27 G 6
Soglio *CN* .... 26 I 3
Sola *BG* .... 21 F 11
Solagna *VI* .... 24 E 17
Solaio *SI* .... 49 M 14
Solanas (Cagliari) *CA*.. 119 J 10
Solanas (Oristano) *OR*..114 H 7
Solanas (Rio) *CA* .... 119 J 10
Solano *RC* .... 90 M 29
Solano (Punta di) *TP* .. 97 M 20
Solara *MO* .... 31 H 15
Solarino *SR* .... 105 P 27
Solaro *MI* .... 21 F 9
Solaro (Monte) *NA* .. 74 F 24
Solarolo *RA* .... 40 I 17
Solarussa *OR* ...... 115 H 8
Solbiate Olona *VA* .... 20 F 8
Solda / Sulden *BZ* .. 2 C 13
Solda di Fuori /
    Ausser Sulden *BZ*... 2 C 13
Sole (Monti del) *BL* .. 13 D 18
Sole (Vado di) *AQ* .... 60 O 23
Sole (Val di) *TN* .... 11 C 14
Soleminis *SU* .... 119 I 9
Solere *CN* .... 27 I 4

Solero *AL* .... 28 H 7
Solesino *PD* .... 24 G 17
Soleto *LE* .... 83 G 36
Solfagnano *PG* ...... 51 M 19
Solferino *MN* ...... 23 F 13
Solicchiata *CT* ...... 100 N 27
Soliera *MO* .... 31 H 14
Solighetto *TV* ...... 13 E 18
Solignano *PR* .... 30 I 11
Solignano Nuovo *MO*.. 31 I 14
Soligo *TV* .... 13 E 18
Solofra *AV* .... 70 E 26
Sologno *RE* .... 38 I 13
Sologo *NU* .... 117 F 10
Solopaca *BN* .... 70 D 25
Solto Collina *BG* .... 22 E 12
Soluggio (Monte) *NU*... 115 G 9
Solunto *PA* .... 98 M 22
Somaggia *SO* .... 9 D 10
Somaglia *LO* .... 29 G 10
Somana *LC* .... 9 E 9
Somano *CN* .... 27 I 6
Sombreno *BG* .... 21 E 10
Somma Lombardo *VA*.. 20 E 8
Somma (Monte) *NA*... 70 E 25
Somma (Valico di) *PG*.. 51 N 20
Somma Vesuviana *NA*.. 70 E 25
Sommacampagna *VR*.. 23 F 14
Sommariva
    del Bosco *CN* ...... 27 H 5
Sommariva Perno *CN*.. 27 H 5
Sommati *RI* .... 59 O 21
Sommatino *CL* ...... 103 O 23
Sommeiller (Punta) *TO*.. 18 G 2
Sommo *PV* .... 29 G 9
Sommo (Monte) *BZ*... 4 B 17
Sommo (Passo di) *TN*.. 11 E 15
Sompdogna
    (Sella di) *UD* ..... 15 C 22
Sompiano *PS* .... 45 L 18
Somplago *UD* .... 14 C 21
Sona *VR* .... 23 F 14
Soncino *CR* .... 22 F 11
Sondalo *SO* .... 10 D 12
Sondrio *SO* .... 10 D 11
Sonico *BS* .... 10 D 13
Sonino (Rifugio) *BL*.. 12 C 18
Sonnino *LT* .... 63 R 21
Soprabolzano /
    Oberbozen *BZ* ...... 3 C 16
Sopramonte *NU* .... 117 G 10
Sopramonte *TN* .... 11 D 15
Soprano (Monte) *CS*.. 78 G 31
Soprano (Monte) *SA*.. 75 F 27
Sora *FR* .... 64 Q 22
Soraga di Fassa *TN*... 12 C 16
Soragna *PR* .... 30 H 12
Sorano *GR* .... 50 N 17
Soratte (Monte) *RM*... 58 P 19
Sorbara *MO* .... 31 H 15
Sorbo *AQ* .... 59 P 21
Sorbo S. Basile *CZ* .. 87 J 31
Sorbolo *PR* .... 30 H 13
Sordevolo *BI* .... 19 F 5
Sordiglio *RE* .... 30 I 13
Sordillo (Monte) *CS*.. 87 I 31
Soresina *CR* .... 22 G 11
Sorga *VR* .... 23 G 14
Sorgono *NU* .... 115 G 9
Sori *GE* .... 37 I 9
Sorianello *VV* ...... 88 L 30
Soriano Calabro *VV*... 88 L 30
Soriano nel Cimino *VT*.. 57 O 18
Sorico *CO* .... 9 D 10
Soriso *NO* .... 20 E 7
Sorisole *BG* .... 21 E 10
Sormano *CO* .... 9 E 9
Sorrentina
    (Penisola) *NA* .... 74 F 25
Sorrento *NA* .... 74 F 25
Sorrivoli *FO* .... 41 J 18
Sorso *SS* .... 110 E 7
Sorti *MC* .... 52 M 20
Sortino *SR* .... 105 P 27
Sospiro *CR* .... 30 G 12
Sospirolo *BL* .... 12 D 18
Sossano *VI* .... 24 F 16
Sostegno *BI* .... 20 F 6
Sostegno *PV* .... 29 G 10
Sottile (Punta)
    (I. di Lampedusa) *AG*..102 U 19
Sottile (Punta)
    (I. Favignana) *TP* .. 96 N 18
Sotto di Troina *EN* ... 100 N 25

Sotto il Monte
    Giovanni XXIII *BG*.. 21 E 10
Sottoguda *BL* .... 12 C 17
Sottomarina *VE* ...... 25 G 18
Sottomonte *PN* ...... 13 D 19
Sovana *GR* .... 57 O 16
Sover *TN* .... 12 D 15
Soverato *CZ* .... 89 K 31
Sovere *BG* .... 22 E 12
Sovereto *BA* .... 73 D 31
Soveria Mannelli *CZ* .. 86 J 31
Soveria Simeri *CZ*.... 89 K 32
Soverzene *BL* .... 13 D 18
Sovicille *SI* .... 49 M 15
Sovico *MI* .... 21 F 9
Sovizzo *VI* .... 24 F 16
Sozzago *NO* .... 20 F 8
Spaccato (Colle) *CH*.. 60 P 24
Spada (Monte) *NU*... 115 G 9
Spadafora *ME* ...... 90 M 28
Spadarolo *RN* ...... 41 J 19
Spadillo (Punta) *TP* .. 96 Q 18
Spadola *VV* .... 88 L 31
Spagnoletti
    (Masseria) *BA* .... 72 D 30
Spagnolo (Monte) *VB*.. 8 D 7
Spalavera (Monte) *VB*.. 8 D 7
Spalmatore
    (Punta dello) *ME* .. 92 K 21
Sparacia *AG* .... 99 O 23
Sparacollo *EN* ...... 100 N 25
Sparagio (Monte) *TP*.. 97 M 20
Sparanise *CE* .... 69 D 24
Spargi (Isola) *SS* .. 109 D 10
Sparone *TO* .... 19 F 4
Sparta *ME* .... 90 M 28
Spartivento (Capo) *SU*.. 121 K 8
Spartivento (Capo) *RC*.. 91 N 30
Sparviere (Monte) *CS*.. 85 H 31
Sparviero
    (Scoglio dello) *GR*.. 49 N 14
Sparvo *BO* .... 39 J 15
Spazzate Sassatelli *BO*.. 32 I 17
Specchia *LE* .... 83 H 36
Specchia (Torre) *LE*.. 81 G 37
Specchiolla *BR* ...... 80 E 35
Speco (Convento lo) *TR*.. 58 O 19
Spello *PG* .... 51 N 20
Spelonga *AP* .... 52 N 21
Spergolaia *GR* ...... 49 N 15
Sperlinga *EN* .... 99 N 25
Sperlinga (Bosco di) *EN*.. 99 N 24
Sperlonga *LT* .... 68 S 22
Sperone *TP* .... 97 M 20
Sperone (Capo) *SU*... 120 K 7
Spert *BL* .... 13 D 19
Spessa *PV* .... 29 G 10
Spessa *UD* .... 15 D 22
Spessa *VI* .... 24 F 16
Spezia (Golfo della) *SP*..38 J 11
Speziale *BR* .... 80 E 34
Speziale (Monte) *TP* .. 97 M 20
Spezzano Albanese *CS* ..85 H 30
Spezzano Albanese
    Terme *CS* .... 85 H 30
Spezzano della Sila *CS*.. 86 J 31
Spezzano Piccolo *CS*.. 86 J 31
Spiaggia di Rio Torto *RM*.62 R 19
Spiaggia Scialmarino *FG*.67 B 30
Spiazzi *BG* .... 10 E 11
Spiazzi *VR* .... 23 F 14
Spiazzo *TN* .... 11 D 14
Spigno Monferrato *AL*.. 28 I 7
Spigno (Monte) *FG*... 67 B 29
Spigno Saturnia *LT* ... 64 S 23
Spigno Saturnia
    Superiore *LT* ...... 64 S 23
Spigone *RE* .... 38 I 13
Spilamberto *MO* .... 31 I 15
Spilimbergo *PN* ...... 14 D 20
Spilinga *VV* .... 88 L 29
Spina *FE* .... 33 H 18
Spina (Località) *PG*... 51 N 18
Spina (Genna) *OR* .. 115 H 8
Spina (Monte la) *PZ*... 77 G 29
Spina Nuova *PG* .... 52 N 20
Spinacceto *RI* ...... 58 O 20
Spinaceto *RM* ...... 62 Q 19
Spinadesco *CR* ...... 30 G 11
Spinale (Monte) *TN*... 11 D 14
Spinazzola *BA* ...... 72 E 30
Spindoli *MC* .... 52 M 20
Spinea *VE* .... 25 F 18
Spineda *CR* .... 30 G 13
Spinello *FO* .... 40 K 17
Spineta Nuova *SA* .. 75 F 26
Spinete *CB* .... 65 R 25

Spinetoli *AP* .... 53 N 23
Spinetta *AL* .... 28 H 8
Spinetta *CN* .... 35 I 4
Spino d'Adda *CR* .... 21 F 10
Spino (Monte) *BS* .... 23 E 13
Spino (Valico dello) *AR*..45 K 17
Spinone al Lago *BG*.. 22 E 11
Spinoso *PZ* .... 77 G 29
Spirano *BG* .... 21 F 11
Spluga (Passo dello) /
    Splügenpass *SO* .... 9 C 9
Spoleto *PG* .... 51 N 20
Spoltore *PE* .... 60 O 24
Spondigna / Spondinig *BZ* ... 2 C 13
Spondinig /
    Spondigna *BZ* .... 2 C 13
Spongano *LE* .... 83 G 37
Spormaggiore *TN* ... 11 D 15
Sporminore *TN* ...... 11 D 15
Spotorno *SV* .... 36 J 7
Spresiano *TV* .... 25 E 18
Spriana *SO* .... 10 D 11
Spropolo *RC* .... 91 N 30
Spugna (Passo di) *PS* .. 45 K 18
Spulico (Capo) *CS* .. 85 H 31
Squaranto *VR* ...... 23 F 15
Squaneto *AL* .... 28 I 7
Squarzanella *MN* ... 31 G 13
Squillace *CZ* .... 89 K 31
Squillace (Golfo di) *CZ*.. 89 K 32
Squinzano *LE* .... 81 F 36
St. Christophe *AO*.... 18 E 4
St. Gertraud /
    Sta Gertrude *BZ* .... 3 C 14
St. Jakob / S. Giacomo
    vicino a Bolzano *BZ* .. 3 C 15
St. Jakob / S. Giacomo
    vicino a Vipiteno *BZ*.. 4 B 16
St. Joseph am See /
    S.Giuseppe al lago *BZ*. 11 C 15
St. Katharina / Sta Catrina
    vicino a Merano *BZ* .. 3 C 15
St. Rhémy-en-Bosses *AO*. 6 E 3
Stabiae *NA* .... 75 E 25
Stabiziane *BL* .... 4 C 18
Stacciola *PS* .... 46 K 21
Staffarda
    (Abbazia di) *CN*.... 26 H 4
Staffoli *PI* .... 43 K 14
Staffoli (Monte) *AN*.. 46 L 21
Staffolo *AN* .... 46 L 21
Staffolo *VE* .... 16 F 20
Staffora *PV* .... 29 H 9
Staggia *SI* .... 43 L 15
Stagnali *SS* .... 109 D 10
Stagnataro (Cozzo) *AG*.. 98 O 22
Stagno *LI* .... 42 L 13
Stagno Lombardo *CR*.. 30 G 12
Stagnone
    (Isole dello) *TP*.... 96 N 19
Staiti *RC* .... 91 M 30
Staletti *CZ* .... 89 K 31
Staletti (Punta di) *CZ*.. 89 K 31
Stallavena *VR* ...... 23 F 14
Stalle (Passo) /
    Stallersattel *BZ* ... 4 B 18
Stallersattel /
    Stalle (Passo) *BZ* ... 4 B 18
Stanghella *PD* ...... 32 G 17
Staranzano *GO* ...... 17 E 22
Starleggia *SO* .... 9 C 9
Starlex (Piz) *BZ* .... 2 C 13
Stasulli (Masseria) *BA*.. 73 E 31
Statte *TA* .... 79 F 33
Staulana (Forcella) *BL*.. 13 C 18
Stava *TN* .... 12 D 16
Stavel *TN* .... 11 D 13
Stazione
    di Roccastrada *GR*... 49 N 15
Stazzano *AL* .... 28 H 8
Stazzano *RM* .... 58 P 20
Stazzema *LU* .... 38 K 12
Stazzo *CT* .... 101 O 27
Stazzona *CO* .... 9 D 9
Stazzona *SO* .... 10 D 12
Steccato *KR* .... 89 K 32
Stefanaconi *VV* ...... 88 K 30
Steinegg /
    Collepietra *BZ* ...... 3 C 16
Steinhaus / Cadipietra *BZ*.. 4 B 17
Steinkarspitz /
    Antola (Monte) *BL* .... 5 C 20
Stella *AP* .... 53 N 23
Stella *MO* .... 39 I 14
Stella (Monte della) *SA*..75 G 27

Stella Cilento *SA* .... 75 G 27
Stella *SV* .... 36 I 7
Stella *UD* .... 16 E 21
Stella (Pizzo) *SO* .... 9 C 10
Stella (Torrente) *PT*... 39 K 14
Stellata *FE* .... 32 H 16
Stelle delle
    Sute (Monte) *TN* .... 12 D 16
Stellone *TO* .... 27 H 4
Stelvio / Stilfs *BZ* .... 2 C 13
Stelvio (Parco
    Nazionale dello) *BZ*.. 2 C 13
Stelvio (Passo dello) /
    Stilfserjoch *SO* .... 2 C 13
Stenico *TN* .... 11 D 14
Stephanago *PV* ...... 29 H 9
Stern / La Villa *BZ* .... 4 C 17
Sternai (Cima) *BZ* .... 2 C 14
Sternatia *LE* .... 83 G 36
Sterza *PI* .... 49 M 14
Sterzing / Vipiteno *BZ*.. 3 B 16
Stezzano *BG* .... 21 F 10
Stia *AR* .... 40 K 17
Sticciano *GR* .... 49 N 15
Stienta *RO* .... 32 H 16
Stigliano *MT* .... 77 F 30
Stignano *RC* .... 88 L 31
Stilfs / Stelvio *BZ* .... 2 C 13
Stilfserjoch / Stelvio
    (Passo dello) *SO* .... 2 C 13
Stilla (Masseria) *FG*.. 66 C 27
Stilo *RC* .... 88 L 31
Stilo (Punta) *RC* .... 89 L 31
Stimigliano *RI* ...... 58 P 19
Stimpato (Masseria) *CT*..104 O 26
Stintino *SS* .... 108 E 6
Stio *SA* .... 76 G 27
Stipes *RI* .... 58 P 20
Stirone *PR* .... 30 H 11
Stivo (Monte) *TN* .... 11 E 14
Stolvizza *UD* .... 15 C 22
Stoner *VI* .... 12 E 17
Stornara *FG* .... 71 D 29
Stornarella *FG* ...... 71 D 29
Storo *TN* .... 23 E 13
Stracia *RC* .... 91 N 29
Straciugo (Monte) *VB*.. 7 D 6
Strada *MC* .... 46 L 21
Strada Casale (La) *RA*.. 40 J 17
Strada in Chianti *FI* .. 44 L 15
Strada S. Zeno *FO* .. 40 J 17
Stradella *PV* .... 29 G 9
Stradella vicino a
    Borgo Val di T. *PR* .. 29 I 11
Stradella
    vicino a Parma *PR* .. 30 H 12
Stradola *AV* .... 71 D 27
Strambino *TO* .... 19 F 5
Strangolagalli *FR* .. 64 R 22
Strano *RC* .... 88 L 31
Strasatti *TP* .... 96 N 19
Strassoldo *UD* ...... 17 E 21
Straulas *SS* .... 113 E 10
Stregna *UD* .... 15 D 22
Stresa *VB* .... 8 E 7
Stretti *VE* .... 16 F 20
Strettoia *LU* .... 38 K 12
Strettura *PG* .... 58 O 20
Strevi *AL* .... 28 H 7
Striano *NA* .... 70 E 25
Stribugliano *GR* .... 50 N 16
Strigno *TN* .... 12 D 16
Strognano *PR* .... 30 I 12
Stromboli (Isola) *ME*.. 95 K 27
Strombolicchio
    (Isola) *ME* .... 95 K 27
Strona *BI* .... 19 F 6
Strona (Torrente) *VA*.. 20 E 8
Strona (Torrente) *VB*.. 8 E 7
Stroncone *TR* .... 58 O 20
Strongoli *KR* .... 87 J 33
Stroppiana *VC* ...... 20 G 7
Stroppo *CN* .... 26 I 3
Strove *SI* .... 43 L 15
Strovina *SU* .... 118 I 8
Strozzacapponi *PG* .. 51 M 18
Struda *LE* .... 81 G 36
Stuettuffione *MO* .... 31 H 15
Stupinigi *TO* .... 27 G 4
Stupizza *UD* .... 15 D 22
Stura (vicino a
    Murisengo) *AL* .... 28 G 6
Stura (vicino
    ad Ovada) *GE* ...... 28 I 8

A B C D E F G H I J K L M N O P Q R S T U V W X Y Z

Stura (Valle) *CN*........ 34 J 3
Stura di Ala *TO* .... 18 G 3
Stura di Demonte *CN*.. 34 I 2
Stura di Lanzo *TO*.... 19 G 4
Stura di Val Grande *TO*..18 F 3
Stura di Viù *TO* .... 18 G 3
Sturno *AV* .... 71 D 27
Su Canale *SS* .... 113 E 10
Suardi *PV* .... 28 G 8
Subasio (Monte) *PG* .. 51 M 20
Subbiano *AR* .... 45 L 17
Subiaco *RM* .... 63 Q 21
Subit *UD* .... 15 D 22
Succiano *AQ* .... 59 P 22
Succiso *RE* .... 38 I 12
Succiso (Alpe di) *RE*.. 38 J 12
Sud (Costa del) *SU*.. 121 K 8
Sueglio *LC*........... 9 D 9
Suelli *SU* .... 119 I 9
Sugana (Val) *TN* .... 12 D 16
Sugano *TR* .... 51 N 18
Sughera *FI* .... 43 L 14
Suisio *BG*........... 21 F 10
Sulau *OR* .... 115 H 9
Sulcis *SU* .... 118 J 7
Sulmona *AQ*......... 60 P 23
Sulpiano *TO*......... 19 G 6
Sulzano *BS* .... 22 E 12
Sumbraida (Monte) *SO*.. 2 C 13
Summaga *VE*......... 16 E 20
Suni *OR* .... 114 G 7
Suno *NU* .... 20 F 7
Superga *TO* .... 27 G 5
Supersano *LE*....... 83 G 36
Supino *FR*......... 63 R 21
Surano *LE* .... 83 G 37
Surbo *LE* .... 81 F 36
Suretta (Pizzo) *SO*.. 9 C 10
Surier *AO*........... 18 F 3
Susa *TO* .... 18 G 3
Susa (Valle di) *TO*.. 18 G 2
Susano *MN* .... 23 G 14
Susegana *TV* .... 13 E 18
Sustinente *MN* ..... 31 G 15
Sutera *CL*......... 103 O 23
Sutri *VT* .... 57 P 18
Sutrio *UD* .... 5 C 20
Suvaro (Monte) *KR* .. 87 I 32
Suvereto *LI*......... 49 M 14
Suvero *SP* .... 38 J 11
Suvero (Capo) *CZ*... 88 K 30
Suviana *BO*......... 39 J 15
Suviana (Lago di) *BO*.. 39 J 15
Suzza (Monte) *AG*.. 102 O 22
Suzzara *MN* .... 31 H 14
Suzzi *PC*........... 29 I 9
Swölferkofel /
Toni (Croda di) *BL*.... 4 C 19
Sybaris *CS*......... 85 H 31
Sybaris Marine *CS*.... 85 H 31

T

Tabaccaro *TP*......... 96 N 19
Tabellano *MN* .... 31 G 14
Tabiano *PR*......... 30 H 12
Tabiano Bagni *PR*.. 30 H 12
Tablà / Tabland *BZ*... 3 C 14
Taburno (Monte) *BN*... 70 D 25
Taccone *MT* .... 72 E 30
Taceno *LC* .... 9 D 10
Tacina *KR* .... 87 J 32
Tadasuni *OR*......... 115 G 8
Tafuri (Masseria) *TA*.. 73 E 32
Taggia *IM* .... 35 K 5
Tagliacozzo *AQ*..... 59 P 21
Tagliaferro (Monte) *VC*... 7 E 5
Tagliamento *UD*..... 13 C 19
Tagliamento
(Foce del) *VE* ..... 16 F 21
Tagliata *MO* .... 39 I 14
Tagliata *RE* .... 31 H 14
Tagliata (Monte La) *PR*...30 I 11
Taglio Corelli *RA*... 32 I 18
Taglio della Falce *FE*.. 33 H 18
Taglio di Po *RO* ... 33 G 18
Tagliolo Monferrato *AL*.. 28 I 8
Tai di Cadore *BL* .. 13 C 19
Taibon Agordino *BL* .. 12 D 18
Taiet (Monte) *PN* .. 14 D 20
Taino *VA* .... 20 E 7
Taio *TN*........... 11 D 15
Taipana *UD*......... 15 D 22
Taisten / Tesido *BZ*.. 4 B 18
Talamello *PS* ..... 41 K 18
Talamona *SO*....... 9 D 10

Talamone *GR*......... 55 O 15
Talana *NU* .... 117 G 10
Talarico *CN*......... 34 J 2
Talassano *MO*....... 39 I 14
Taleggio *BG*......... 9 E 10
Talla *AR*........... 44 L 17
Tallacano *AP*....... 52 N 22
Talmassons *UD* ..... 16 E 21
Talocci *RI*......... 58 P 20
Taloro *NU* .... 115 G 9
Talucco *TO*......... 26 H 3
Talsano *TA* .... 79 F 33
Talvacchia *AP*....... 53 N 22
Talvera *BZ*........... 3 B 16
Tamai *PN*........... 13 E 19
Tamara *FE* .... 32 H 17
Tambo (Pizzo) *SO*.... 9 C 9
Tambre *BL*........... 13 D 19
Tambura (Monte) *LU*.. 38 J 12
Tamburello (Bivio) *AG*.. 102 O 21
Tamburino *FI*....... 40 K 16
Tamer (Monte) *BL* .. 13 D 18
Tammaro *CB* .... 65 R 25
Tanabuto (Portella) *AG*..98 O 22
Tanagro *SA*......... 76 F 28
Tanai / Thanai *BZ*.... 2 B 14
Tanamea (Passo di) *UD*..15 D 22
Tanaro *CN* .... 35 J 5
Tanas / Tannas *BZ*.... 2 C 14
Tanaunella *SS* ..... 113 E 11
Tanca (Sa) *CA*..... 119 J 9
Tanca Marchese *OR*.. 118 H 7
Taneto *RE* .... 30 H 13
Tanga (Masseria) *AV*.. 71 D 27
Tangi *TP*........... 97 N 20
Tanna / Telesia *BZ*.... 2 C 14
Tannure (Punta) *TP*.. 97 M 20
Taormina *ME* .... 90 N 27
Taormina (Capo) *ME* .. 90 N 27
Taramelli (Rifugio) *TN*.. 12 C 17
Tarano *RI*......... 58 O 19
Taranta Peligna *CH* .. 60 P 24
Tarantasca *CN*..... 27 I 4
Taranto *TA* .... 80 F 33
Taranto (Golfo di) *TA*... 79 G 33
Tarcento *UD*....... 15 D 21
Tarderia *CT*......... 100 O 27
Tarino (Monte) *FR*.. 63 Q 21
Tarmassia *VR* ..... 23 G 15
Tarnello *BZ*........... 2 C 14
Taro *PR*........... 29 I 10
Tarquinia *VT*....... 57 P 17
Tarres *BZ*........... 3 C 14
Tarsia *CS* .... 85 I 30
Tarsia (Lago di) *CS*.. 85 I 30
Tarsogno *PR*....... 37 I 10
Tartano *SO*......... 9 D 11
Tartano (Passo di) *SO*.. 9 D 11
Tartaro *VR*......... 23 G 14
Tarugo *PS*......... 46 L 20
Tarvisio *UD*......... 15 C 22
Tarvisio (Foresta di) *UD* ..15 C 22
Tarzo *TV* .... 13 E 18
Tassara *PR*......... 29 H 10
Tassarolo *AL*....... 28 H 8
Tassei *BL* .... 13 D 18
Tassu (Serra di lu) *SS*..109 D 9
Tatti *GR*........... 49 M 15
Taufers im Münstertal /
Tubre *BZ*......... 2 C 13
Taurasi *AV*......... 70 D 26
Taureana *RC*....... 88 L 29
Tauri (Passo dei) /
Krimmlertauern *BZ* .. 4 A 18
Tauriano *PN*....... 14 D 20
Taurianova *RC*..... 88 L 30
Taurine (Terme) *RM*... 57 P 17
Taurisano *LE*....... 83 H 36
Tauro (Monte) *SR*... 105 P 27
Tavagnacco *UD*..... 15 D 21
Tavarnuzze *FI*....... 43 K 15
Tavarone *SP*....... 37 J 10
Tavazzano con
Villavesco *LO*..... 21 G 10
Tavenna *CB* .... 65 Q 26
Taverna *RN* .... 41 K 19
Taverna *CZ*......... 87 J 31
Taverna *FR*......... 64 R 23
Taverna Nuova
(Masseria) *BA*..... 72 E 30
Taverna (Pizzo) *ME*.. 99 N 24
Tavernazza *FG*..... 71 C 28

Taverne *MC* .... 52 M 20
Taverne d'Arbia *SI* ... 50 M 16
Tavernelle *MS* ..... 38 J 12
Tavernelle *PG* ..... 51 M 18
Tavernelle *PS* ..... 46 K 20
Tavernelle *SI* ..... 50 M 16
Tavernelle d'Emilia *BO*...31 I 15
Tavernerio *CO*..... 21 E 9
Tavernette *TO*..... 26 H 4
Tavernola *FG*..... 67 C 29
Tavernola
Bergamasca *BG*... 22 E 12
Tavernole *RE* ..... 64 R 24
Tavernole sul Mella *BS*..22 E 12
Taviano *LE* .... 83 H 36
Tavo *PE*........... 60 O 23
Tavolara (Isola) *SS* ... 113 E 11
Tavole Palatine *MT*... 78 F 32
Tavoleto *PS*......... 41 K 19
Tavolicci *FO* ..... 41 K 18
Tavullia *PS*......... 41 K 20
Teana *PZ*......... 77 G 30
Teano *CE* .... 69 D 24
Tebaldi *VR*......... 23 F 15
Tebano *RA* .... 40 J 17
Tecchia Rossa *MS*... 38 I 11
Teggiano *SA*....... 76 F 28
Téglia (Monte) *AP* .. 52 N 22
Teglio *SO*......... 10 D 12
Teglio Veneto *VE* ... 16 E 20
Teia (Colle della) *LI*.. 48 M 11
Telegrafo (il) *GR* ... 55 O 15
Telegrafo (Pizzo) *AG* .. 97 O 21
Telese *BN* .... 70 D 25
Telessio (Lago di) *TO*.. 18 F 4
Telgate *BG* .... 22 F 11
Tellaro *SP*......... 38 J 11
Tellaro *SR* .... 105 Q 26
Tellaro (Villa
Romana del) *SR*... 105 Q 27
Telti *SS* .... 112 E 10
Telti (Monte) *SS*... 113 E 10
Telve *TN*........... 12 D 16
Temo *SS*........... 110 F 7
Tempio Pausania *SS*.. 111 E 9
Templi (Valle dei) *AG* . 103 P 22
Tempone *SA* .... 76 G 28
Temù *BS* .... 10 D 13
Tenaglie *TR*......... 58 O 18
Tenda (Colle di) *CN* ... 35 J 4
Tendola *MS* .... 38 J 12
Tenna *AP*......... 52 N 21
Tenna *TN*........... 11 D 15
Tenno *TN*......... 11 E 14
Tenno (Lago di) *TN*.. 11 E 14
Teodorano *FO*....... 41 J 18
Teodulo (Colle di) *AO*... 7 E 5
Teolo *PD* .... 24 F 17
Teor *UD* .... 16 E 21
Teora *AV* .... 71 E 27
Teora *AQ* .... 59 O 21
Teppia *LT*......... 63 R 20
Teramo *TE*......... 53 N 23
Terdobbiate *NO*..... 20 F 8
Terdoppio *NO*..... 20 F 7
Terdoppio *PV*..... 20 G 8
Tereglio *LU* .... 39 J 13
Terelle *FR*......... 64 R 23
Terenten / Terento *BZ*.. 4 B 17
Terento / Terenten *BZ*... 4 B 17
Terenzo *PR*......... 30 I 12
Tergola *PD* .... 24 F 17
Tergu *SS* .... 111 E 8
Terlago *TN* .... 11 D 15
Terlan / Terlano *BZ*.... 3 C 15
Terlano / Terlan *BZ*.... 3 C 15
Terlato (Villa) *RG*... 104 Q 25
Terlizzi *BA* .... 73 D 31
Terme di Bagnolo *GR*...49 M 14
Terme di Brennero /
Brennerbad *BZ* ..... 3 B 16
Terme di Cotilia *RI*... 59 O 21
Terme di Firenze *FI* ... 43 K 15
Terme
di Fontecchio *PG* .... 45 L 18
Terme di Miradolo *PV*.. 21 G 10
Terme di Salvarola *MO*...31 I 14
Terme di
S. Calogero *ME* ... 94 L 26
Terme di Sardara *SU*.. 118 I 8
Terme di Saturnia *GR*.. 56 O 16
Terme di Suio *LT*... 64 S 23
Terme di Valdieri *CN*... 34 J 3

Terme Luigiane *CS*..... 85 I 29
Terme Pompeo *FR*... 63 Q 21
Terme Vigliatore *ME* .. 101 M 27
Termeno s. str. d. vino /
Tramin *BZ*......... 11 C 15
Termina *PR*......... 30 I 13
Termine *AQ* .... 59 O 21
Termine Grosso *KR* .. 87 J 32
Termine (Passo di) *PG*.. 52 M 20
Termini *NA* .... 74 F 25
Termini Imerese *PA* .. 98 N 23
Termini Imerese
(Golfo di) *PA*...... 99 M 23
Terminillo *RI*......... 58 O 20
Terminillo (Monte) *RI*.. 59 O 20
Terminio (Monte) *AV*... 70 E 26
Termoli *CB* .... 61 P 26
Ternavasso *TO*..... 27 H 5
Terni *TR*......... 58 O 19
Terno d'Isola *BG*..... 21 E 10
Terontola *AR*....... 51 M 18
Terra del Sole *FO*... 40 J 17
Terra (Pizzo) *VB*...... 7 D 6
Terracina *LT* .... 63 S 21
Terracino *RI*....... 52 N 21
Terradura *SA* .... 76 G 27
Terragnolo *TN*..... 11 E 15
Terralba *OR*......... 118 H 7
Terralba (Monte) *NU* .. 115 H 10
Terrana (Poggio) *CT*... 104 P 25
Terranera *AQ* ..... 59 P 22
Terranova *AL* ..... 20 G 7
Terranova a Sibari *CS*...85 I 31
Terranova
dei Passerini *LO*..... 21 G 10
Terranova di Pollino *PZ*.. 85 H 30
Terranova
Sappo Minulio *RC* ... 91 M 30
Terranuova
Bracciolini *AR*..... 44 L 16
Terrarossa *GE*..... 37 I 10
Terrasini *PA*......... 97 M 21
Terrati *CS*......... 86 J 30
Terrauzza *SR* ..... 105 P 27
Terravecchia *CS*..... 87 I 32
Terrazzo *VR*..... 24 G 16
Terrenove *TP*..... 96 N 19
Terreti *RC*......... 90 M 29
Terria *RI*......... 58 O 20
Terriccio *PI*......... 43 L 13
Terricciola *PI*..... 43 L 14
Tersadia (Monte) *UD*... 5 C 21
Tersiva (Punta) *AO*..... 19 F 4
Tertenia *NU* .... 119 H 10
Tertiveri *FG*......... 66 C 27
Terza Grande (Monte) *BL* .. 5 C 19
Terzigno *NA* .... 70 E 25
Terzo d'Aquileia *UD*... 17 E 22
Terzo S. Severo *PG*... 51 N 19
Terzone S. Pietro *RI*... 59 O 21
Tesa *BL*......... 13 D 19
Tesero *TN* .... 12 D 16
Tesido / Taisten *BZ*..... 4 B 18
Tesina *VI*......... 24 F 16
Tesino / Tisens *BZ*..... 3 C 15
Tesoro (Becca del) *SV*.. 36 I 7
Tessa (Giogaia di) /
Texelgruppe *BZ*...... 3 B 14
Tessennano *VT*..... 57 O 17
Tessera *VE*......... 25 F 18
Testa (Capo) *SS*... 109 D 9
Testa del Rutor *AO*..... 18 F 3
Testa dell'Acqua *SR*.. 105 Q 26
Testa Grigia *AO*...... 7 E 5
Testa Grossa (Capo) *ME* .. 94 L 26
Testa
(Pozzo Sacro sa) *SS*.. 109 E 10
Tête Blanche *AO*..... 7 G 8
Teti *NU* .... 115 G 9
Tetto (Sasso) *MC*..... 52 M 21
Teulada *SU* .... 120 K 8
Teulada (Capo) *SU*... 120 K 7
Teulada (Porto di) *SU*.. 120 K 8
Teveno *BG* .... 10 D 12
Tevere *AR*......... 45 K 18
Teverola *CE*......... 69 E 24
Teverone *PG* ..... 51 N 19
Texelgruppe /
Tessa (Giogaia di) *BZ*.. 3 B 14
Tezio (Monte) *PG*... 51 M 19
Tezza *TN*......... 12 E 17
Tezze *TN*......... 12 D 16
Tezze *TV*......... 25 E 19
Tezze sul Brenta *VI*... 24 E 17
Thanai / Tanai *BZ*..... 2 B 14

Thapsos *SR*......... 105 P 27
Tharros *OR* .... 114 H 7
Thiene *VI*......... 24 E 16
Thiesi *SS* .... 111 F 8
Tho (Pieve del) *RA* .. 40 J 17
Thuile (la) *AO*..... 18 E 2
Thuins / Tunes *BZ*..... 3 B 16
Thuras *TO* .... 26 H 2
Thures *TO* .... 26 H 2
Thurio *CS* .... 85 H 31
Tiana *NU* .... 115 G 9
Tiarno di Sopra *TN*..... 11 E 13
Tiberina (Val) *PG*... 45 L 18
Tiberio (Grotta di)
(Sperlonga) *LT*..... 68 S 22
Tibert (Monte) *CN*.... 34 I 3
Tiburtini (Monti) *RM*.. 63 Q 20
Ticchiano
(Passo di) *PR*..... 38 I 12
Ticengo *CR*......... 22 F 11
Ticineto *AL*......... 28 G 7
Ticino *MI*......... 20 F 8
Tidone *PC*......... 29 H 10
Tiepido *MO*......... 39 I 14
Tiers / Tires *BZ*..... 3 C 16
Tiezzo *PN*......... 13 E 20
Tigliano *FI*......... 40 K 16
Tiglieto *GE*......... 28 I 7
Tigliole *AT*......... 27 H 6
Tiglione *AT*......... 28 H 7
Tignaga (Pizzo) *VC*..... 7 E 6
Tignale *BS*......... 23 E 14
Tignino (Serra) *PA* .. 99 N 23
Tigullio (Golfo del) *GE*... 37 J 9
Timau *UD* .... 5 C 21
Timeto *ME* .... 100 M 26
Timidone (Monte) *SS*..110 F 6
Timmari *MT*......... 77 F 31
Timmelsjoch / Rombo
(Passo di) *BZ*..... 3 B 15
Timone *VT*......... 57 O 17
Timone (Punta) *SS*... 113 E 11
Timpa del Grillo *PA* .. 99 N 24
Tinchi *MT*......... 78 F 31
Tindari (Capo) *ME*... 100 M 27
Tinnari (Monte) *SS*... 108 D 8
Tinnura *OR*......... 114 G 7
Tino *NU* .... 115 G 9
Tino (Isola del) *SP*..... 38 J 11
Tintinnano *SI*......... 50 M 16
Tione *VR* .... 23 G 14
Tione degli Abruzzi *AQ*...59 P 22
Tione di Trento *TN*... 11 D 14
Tirano *SO* .... 10 D 12
Tires / Tiers *BZ*..... 3 C 16
Tiria (Monte) *NU*... 115 F 9
Tiriolo *CZ*......... 88 K 31
Tirivolo *CZ*......... 87 J 31
Tirli *GR*......... 49 N 14
Tirolo / Tirol *BZ*..... 3 B 15
Tirrenia *PI*......... 42 L 12
Tirso *OR*......... 115 G 9
Tirso
(Cantoniera del) *SS*.. 115 G 9
Tirso (Foce del) *OR*... 114 H 7
Tisens / Tesino *BZ*..... 3 C 15
Tissi *SS*......... 110 E 7
Titele *BZ*......... 12 D 17
Titiano *UD*......... 16 E 21
Tito *PZ*......... 76 F 29
Tivoli *BO* .... 31 I 15
Tivoli *RM*......... 63 Q 20
Tizzano Val Parma *PR*.. 30 I 12
Toano *RE*......... 39 I 13
Tobbiana *PT*......... 39 K 15
Tobbio (Monte) *AL*... 28 I 8
Tobia *VT*......... 57 O 18
Toblach / Dobbiaco *BZ*.. 4 B 18
Toblacher Pfannhorn /
Fana (Corno di) *BZ*... 4 B 18
Toblino (Lago di) *TN*... 11 D 14
Tocco Caudio *BN*... 70 D 25
Tocco da Casauria *PE* .. 60 P 23
Toce (Cascata di) *VB*.. 8 C 7
Toce (Fiume) *VB*...... 8 D 7
Toceno *VB*......... 8 D 7
Todi *PG*......... 51 N 19
Togano (Monte) *VB*... 8 C 7
Toggia (Lago di) *VB*..... 8 C 7
Togliano *UD*......... 15 D 22
Toiano *PI*......... 43 L 14
Toirano *SV*......... 35 J 6
Toirano (Giogo di) *SV*... 35 J 6
Toirano (Grotte di) *SV*.. 35 J 6
Tolè *BO* .... 39 J 15

Tolentino *MC*......... 52 M 21
Tolfa *RM*......... 57 P 17
Tolfa (Monti della) *RM*.. 57 P 17
Tolfaccia (Monte) *RM*.. 57 P 17
Tolle *RO*......... 33 H 19
Tollegno *BI*......... 19 F 6
Tollo *CH*......... 60 O 24
Tolmezzo *UD*..... 14 C 21
Tolu *SU*......... 119 I 10
Tolve *PZ*......... 77 E 30
Tomaiolo *FG*......... 67 B 29
Tomba (Monte) *VR*... 23 E 15
Tombolo *PD*......... 24 F 17
Tombolo
(Pineta del) *GR* ..... 49 N 14
Tombolo (Tenuta di) *PI* ..42 L 12
Tommaso Natale *PA* .. 97 M 21
Ton *TN*......... 11 D 15
Tonadico *TN*......... 12 D 17
Tonale (Monte) *BL*.... 11 D 13
Tonale (Passo del) *BS*.. 11 D 13
Tonara *NU*......... 115 G 9
Tonco *AT*......... 27 G 6
Tonengo *TO*......... 19 G 6
Tonengo *AT*......... 27 G 5
Tonezza del Cimone *VI*.. 12 E 16
Toni (Croda di) /
Swölferkofel *BL*..... 4 C 19
Tonini (Rifugio) *TN*.... 12 D 16
Tonnara Bonagia *TP* .. 96 M 19
Tonnare *SU*......... 120 J 6
Tonneri (Monte) *NU* .. 116 H 10
Tonnicoda *RI*......... 59 P 21
Tonno *GE*......... 29 I 9
Tono *ME*......... 95 M 27
Tonolini (Rifugio) *BS*... 10 D 13
Tontola *FO* .... 40 J 17
Topi (Isola dei) *LI*..... 48 N 13
Topino *PG*......... 52 M 20
Toppe del Tesoro *AQ*... 64 Q 24
Toppo *PN*......... 13 D 20
Tor Paterno *RM*..... 62 Q 19
Tor S. Lorenzo *RM*... 62 R 19
Tor Sapienza *RM*... 62 Q 19
Tor Vaianica *RM*... 62 R 19
Tora *CE*......... 64 R 24
Torano *RI*......... 59 P 21
Torano Castello *CS*... 85 I 30
Torano Nuovo *TE*... 53 N 23
Torbido *RC*......... 88 L 30
Torbole *TN*......... 11 E 14
Torbole-Casaglia *BS*... 22 F 12
Torcegno *TN*......... 12 D 16
Torcello *VE*......... 16 F 19
Torchiara *SA*......... 75 G 27
Torchiarolo *BR*..... 81 F 36
Torchiati *AV*......... 70 E 26
Tordandrea *PG*..... 51 M 19
Tordinia *TE*......... 59 O 22
Tordino *TE*......... 53 O 22
Torella dei Lombardi *AV*...71 E 27
Torella del Sannio *CB* .. 65 R 25
Torena (Monte) *BG* ... 10 D 12
Torgiano *PG*......... 51 M 19
Torgnon *AO*......... 19 E 4
Toricella del Pizzo *CR* .. 30 G 12
Torino *TO*......... 27 G 5
Torino di Sangro *CH* .. 61 P 25
Torino
di Sangro Marina *CH*.. 61 P 25
Torino (Rifugio) *AO*..... 6 E 2
Toritto *BA*......... 73 E 32
Torlano *UD*......... 15 D 21
Tormine *VR*......... 23 G 14
Tormini *BS*......... 22 F 13
Tornaco *NO*......... 20 F 8
Tornareccio *CH*..... 60 P 25
Tornata *CR*......... 30 G 13
Tornimparte *AQ*... 59 P 21
Torno *CO*......... 9 E 9
Torno *SA*......... 76 G 27
Tornolo *PR*......... 29 I 10
Tornova *RO*......... 33 G 18
Toro *CB*......... 65 R 26
Toro (Isola il) *SU*... 120 K 7
Torpè *NU*......... 113 F 11
Torraca *SA*......... 76 G 28
Torralba *SS*......... 111 F 8
Torrazza Coste *PV*... 29 H 9
Torrazza Piemonte *TO*.. 19 G 5
Torrazzo *BI*......... 19 F 5
Torre *MC*......... 46 L 21
Torre *UD*......... 15 D 21

Torre a Mare BA .... 73 D 33
Torre Alfina VT .... 50 N 17
Torre Annunziata NA .. 74 E 25
Torre Astura RM ...... 63 R 20
Torre Beretti e Castellaro PV ..... 28 G 8
Torre Bormida CN... 27 I 6
Torre Caietani FR ... 63 Q 21
Torre Calzolari PG..... 51 M 20
Torre Canavese TO.... 19 F 5
Torre Canne BR....... 80 E 34
Torre Cavalo (Capo di) BR.... 81 F 36
Torre Cervia (Faro di) LT.. 68 S 21
Torre Ciana (Punta di) GR....... 55 O 15
Torre Civette GR..... 49 N 14
Torre Colimena TA ... 79 G 35
Torre de' Busi LC..... 21 E 10
Torre de' Passeri PE ... 60 P 23
Torre de' Picenardi CR .. 30 G 12
Torre degli Alberi PV... 29 H 9
Torre dei Corsari SU.... 118 I 7
Torre dei Colle PG .... 51 N 19
Torre del Greco NA ... 70 E 25
Torre del Lago Puccini LU.. 38 K 12
Torre del Lauro ME .. 100 M 25
Torre del Mangano PV...21 G 9
Torre delle Stelle CA .. 119 J 10
Torre dell'Impiso TP .. 97 M 20
Torre dell'Orso LE..... 81 G 37
Torre di Bari NU...... 117 H 11
Torre di Bocca (Masseria) BA...... 72 D 30
Torre di Fine VE...... 16 F 20
Torre di Mosto VE... 16 E 20
Torre di Palme AP.... 53 M 23
Torre di Ruggiero CZ... 88 L 31
Torre di Sta Maria SO ... 10 D 11
Torre di Isola PV..... 21 G 9
Torre d'Ovarda TO.... 18 G 3
Torre Falcone SS...... 110 E 6
Torre Faro ME...... 90 M 28
Torre Lapillo LE..... 79 G 35
Torre le Nocelle AV ... 70 D 26
Torre Lupara RM..... 58 P 19
Torre Maggiore (Monte) TR....... 58 O 19
Torre Maina MO ... 31 I 14
Torre Mattarelle BR... 81 F 36
Torre Melissa KR...... 87 J 33
Torre Mileto FG...... 66 B 28
Torre Mozza LE..... 83 H 36
Torre Olevola LT ..... 68 S 21
Torre Orsaia SA ..... 76 G 28
Torre Pali LE ...... 83 H 36
Torre Pallavicina BG... 22 F 11
Torre Pedrera RN ... 41 J 19
Torre Pellice TO..... 26 H 3
Torre S. Giovanni LE .. 83 H 36
Torre S. Gennaro BR ... 81 F 36
Torre S. Giorgio CN ... 27 H 4
Torre S. Marco PS ... 46 L 20
Torre S. Patrizio AP.... 53 M 22
Torre Sta Susanna BR .. 79 F 35
Torre Spagnola (Masseria) MT ...... 73 E 32
Torre Suda LE..... 83 H 36
Torre Vado LE..... 83 H 36
Torre Varcaro (Masseria) FG...... 67 C 29
Torrebelvicino VI ... 24 E 15
Torrebruna CH... 65 Q 25
Torrechiara PR..... 30 I 12
Torrecuso BN..... 70 D 26
Torregaveta NA..... 69 E 24
Torreglia PD..... 24 F 17
Torregrotta ME ..... 90 M 28
Torremaggiore FG..... 66 B 27
Torremenapace PV... 29 G 8
Torremuzza ME..... 99 M 24
Torrenieri SI..... 50 M 16
Torrenova ME..... 100 M 26
Torrenova RM..... 62 Q 19
Torresina CN..... 35 I 6
Torretta PI..... 42 L 13
Torretta RO..... 32 G 15
Torretta TA..... 79 F 34
Torretta CL..... 103 O 23
Torretta PA..... 97 M 21
Torretta (Portella) PA...97 M 21
Torretta-Granitola TP..97 O 19
Torretta (Masseria) FG...71 D 29
Torretta (Monte) PZ..72 E 29
Torrette AN..... 47 L 22

Torrette PS ..... 46 K 21
Torrevecchia PV ..... 21 G 9
Torrevecchia RM...... 62 Q 19
Torrevecchia Teatina CH.. 60 O 24
Torri IM..... 35 K 4
Torri RA..... 33 I 18
Torri SI..... 49 M 15
Torri del Benaco VR... 23 F 14
Torri di Quartesolo VI... 24 F 16
Torri in Sabina RI ..... 58 O 19
Torriana RN ..... 41 K 19
Torrice FR ..... 63 R 22
Torricella CS..... 85 I 31
Torricella PR..... 30 H 12
Torricella TA..... 79 F 34
Torricella in Sabina RI... 58 P 20
Torricella MN..... 31 G 14
Torricella PR........ 30 H 12
Torricella Peligna CH... 60 P 24
Torriglia GE..... 29 I 9
Torrile PR..... 30 H 12
Torrita RI..... 59 O 21
Torrita di Siena SI..... 50 M 17
Torrita Tiberina RM ... 58 P 19
Torsa UD..... 16 E 21
Torsana MS..... 38 J 12
Torto PA..... 99 N 23
Torto TO..... 26 H 4
Tortolì NU..... 117 H 10
Tortoli (Stagno di) NU... 117 H 11
Tortona AL..... 28 H 8
Tortora CS..... 84 H 29
Tortorella SA..... 76 G 28
Tortoreto TE..... 53 N 23
Tortoreto Lido TE..... 53 N 23
Tortorici ME..... 100 M 26
Torviscosa UD..... 17 E 21
Torza SP..... 37 J 10
Tosa (Cima) TN..... 11 D 14
Toscanella BO..... 40 I 16
Toscano (Arcipelago) LI..48 M 12
Toscolano TR..... 58 O 19
Toscolano-Maderno BS..23 F 13
Tosi FI..... 44 K 16
Tossicia TE..... 59 O 22
Tossignano BO..... 40 J 16
Tossino FO..... 40 J 17
Tottubella SS..... 110 E 7
Tout Blanc (Monte) AO...18 F 3
Tovel (Lago di) TN..... 11 D 14
Tovena TV..... 13 E 18
Tovio BL..... 12 E 17
Tovo di S. Agata SO... 10 D 12
Tovo (Monte) TO ..... 18 F 4
Tovo S. Giacomo SV ... 36 J 7
Trabacche (Grotta delle) RG... 104 Q 25
Trabaria (Bocca) PG... 45 L 18
Trabia PA..... 98 N 22
Trabuccato (Punta) SS .. 108 D 7
Tracchi VR..... 23 E 15
Tracino TP..... 96 Q 18
Tracino (Punta) TP..... 96 Q 18
Tradate VA..... 20 E 8
Traessu (Monte) SS ... 111 F 8
Trafficanti BG..... 22 E 11
Traffiume VB ..... 8 D 6
Trafoi BZ..... 2 C 13
Traghetto FE..... 32 I 17
Tragliata RM..... 62 Q 18
Tramariglio SS..... 110 F 6
Tramatza OR..... 115 G 7
Tramazzo FO..... 40 J 17
Trambileno TN..... 11 E 15
Tramin / Termeno BZ... 11 C 15
Tramontana (Punta) SS..111 E 7
Tramonti (Lago di) PN... 13 D 20
Tramonti di Sopra PN... 13 D 20
Tramonti di Sotto PN... 13 D 20
Tramuschio MN..... 31 H 15
Tramutola PZ..... 77 G 29
Trana TO..... 26 G 4
Trani BA..... 73 D 30
Tranquillo (Monte) AQ... 64 Q 23
Traona SO..... 9 D 10
Trapani TP..... 96 M 19
Trapani-Birgi (Aeroporto di) TP... 96 N 19
Trappa BI..... 19 F 5
Trappeto PA..... 97 M 21
Trappeto Bambino RC...88 L 30
Trarego Viggiona VB... 8 D 7
Trasacco AQ..... 59 Q 22
Trasaghis UD..... 14 D 21
Traschio PC..... 29 I 9
Trasimeno (Lago) PG..51 M 18
Trasquera VB..... 8 D 6

Trassani PS ..... 46 K 20
Tratalias SU..... 118 J 7
Travacò Siccomario PV...29 G 9
Travagliato BS..... 22 F 12
Travale GR..... 49 M 15
Travalle FI..... 39 K 15
Travedona Monate VA... 20 E 8
Traversa FI..... 40 J 15
Traversara RA..... 40 I 18
Traversella RI..... 19 F 5
Traversetolo PR..... 30 I 13
Travesio PN..... 14 D 20
Travignolo (Val) TN..... 12 D 17
Travo PC..... 29 H 10
Trazzonara (Monte) TA...79 F 34
Tre Cancelli RM..... 63 R 20
Tre Cancelli (Valico) MT...77 F 30
Tre Croci VT..... 57 O 18
Tre Croci (Passo) BL..... 4 C 18
Tre Fontane TP..... 97 O 20
Tré-la-Tête AO..... 6 E 2
Tre Pietre (Punta dei) TP...96 Q 17
Tre Pizzi MC..... 52 M 20
Tre Signori (Corno dei) TN..... 11 C 13
Tre Signori (Picco dei) / Dreiherrnspitze BZ... 4 A 18
Tre Signori (Pizzo dei) BG... 9 D 10
Tre Termini (Passo dei) BS..... 22 F 12
Trearie CT..... 100 N 26
Trebaseleghe PD ..... 24 F 18
Trebbia PC..... 29 I 9
Trebbiantico PS ..... 46 K 20
Trebbio FI..... 40 K 15
Trebbio di Reno BO ... 32 I 15
Trebecco PC..... 29 H 9
Trebecco (Lago di) PV... 29 H 9
Trebisacce CS..... 85 H 31
Trecasali PR..... 30 H 12
Trecastagni CT..... 101 O 27
Trecate NO..... 20 F 8
Trecchina PZ..... 77 G 29
Trecenta RO..... 32 G 16
Trecine PG..... 51 M 18
Tredozio FO..... 40 J 17
Trefinaidi (Monte) ME.. 100 N 25
Treglio CH..... 60 P 25
Tregnago VR..... 23 F 15
Treia MC..... 52 M 21
Tremalzo (Passo di) TN...23 E 14
Trematerra (Monte) CZ..88 L 31
Tremenico LC..... 9 D 10
Tremestieri ME..... 90 M 28
Tremezzo CO..... 9 E 9
Tremiti (Isole) FG ..... 66 A 28
Tremoli CS..... 84 H 29
Tremosine BS..... 23 E 14
Trenta CS..... 86 J 30
Trentangeli (Masseria) PZ... 72 D 29
Trentinara SA..... 75 F 27
Trento TN..... 11 D 15
Trentola-Ducenta CE... 69 E 24
Trenzano BS..... 22 F 12
Trepalle SO..... 2 C 12
Trepidò Soprano KR... 87 J 32
Trepidò Sottano KR... 87 J 32
Treponti PD..... 24 F 17
Treporti VE..... 16 F 19
Treppio PT..... 39 J 15
Treppo Carnico UD... 5 C 21
Treppo Grande UD... 14 D 21
Trepuzzi LE..... 81 F 36
Trequanda SI..... 50 M 17
Tres TN..... 11 D 15
Tresa PG..... 51 M 18
Tresa VA..... 8 E 8
Tresana MS..... 38 J 11
Tresauro RG..... 104 Q 25
Trescore Balneario BG... 22 E 11
Trescore Cremasco CR...21 F 10
Tresenda SO..... 10 D 12
Tresigallo FE..... 32 H 17
Tresinaro RE..... 39 I 13
Tresino (Monte) SA ... 75 F 26
Tresino (Punta) SA... 75 F 27
Tresivio SO..... 10 D 11
Tresnuraghes OR..... 114 G 7
Tressanti FG..... 67 C 29
Tressi TO..... 19 F 4
Treste CH..... 61 P 25
Trestina PG..... 45 L 18
Tretto VI..... 24 E 16
Trevenzuolo VR..... 23 G 14
Trevesina (Pizzo) SO... 10 D 12

Trevi PG..... 51 N 20
Trevi nel Lazio FR..... 63 Q 21
Trevico AV..... 71 D 27
Treviglio BG..... 21 F 10
Trevignano TV..... 25 E 18
Trevignano Romano RM... 57 P 18
Treville TV..... 24 F 17
Trevinano VT..... 50 N 17
Treviolo BG..... 21 E 10
Treviso TV..... 25 E 18
Treviso (Rifugio) TN... 12 D 17
Treviso Bresciano BS... 22 E 13
Trevozzo PC..... 29 H 10
Trezzano sul Naviglio MI..... 21 F 9
Trezzo sull'Adda MI..... 21 F 10
Trezzo Tinella CN ... 27 H 6
Triana GR..... 50 N 16
Triangolo di Riva / Dreieck-Spitze BZ... 4 B 18
Tribano PD..... 24 G 17
Tribiano MI..... 21 F 10
Tribolina BG..... 22 E 11
Tribuláun / Pflerscher Tribulaun BZ ..... 3 B 16
Tricarico MT..... 77 F 30
Tricase LE..... 83 H 37
Tricerro VC..... 20 G 6
Tricesimo UD..... 15 D 21
Trichiana BL..... 13 D 18
Tricoli (Punta) NU..... 117 H 10
Tridentina (Rifugio) BZ.. 4 A 18
Triei NU..... 117 G 10
Trieste TS..... 17 F 23
Trieste (Golfo di) TS.... 17 F 22
Triggianello BA..... 73 E 33
Triggiano BA..... 73 D 32
Trigna (Pizzo della) PA.. 98 N 22
Trigno IS..... 65 Q 24
Trigolo CR..... 22 G 11
Trigona SR..... 104 P 26
Trigus (Serra) SU..... 118 I 7
Trimezzo RI..... 59 O 21
Trinità RE..... 30 I 13
Trinità (vicino ad Entracque) CN..... 34 J 4
Trinità (vicino a Fossano) CN..... 27 I 5
Trinità (Abbazia della) (Cava de' Tirreni) SA... 75 E 26
Trinità (Abbazia della) (Venosa) PZ ..... 72 E 29
Trinità d'Agultu e Vignola SS..... 108 E 8
Trinità (Lago della) TP.. 97 N 20
Trinitapoli FG..... 72 C 30
Trinkstein / Fonte alla Roccia BZ.. 4 A 18
Trino VC..... 20 G 6
Triolo FG..... 66 C 27
Triona (Monte) PA ... 97 N 21
Trionto CS..... 85 I 31
Trionto (Capo) CS..... 87 I 32
Triora IM..... 35 K 5
Tripi ME..... 101 M 27
Triponzo PG..... 52 N 20
Trischiamps UD..... 5 C 20
Triscina TP..... 97 O 20
Trisobbio AL..... 28 I 7
Trissino VI..... 24 F 16
Trisulti (Certosa di) FR... 63 Q 22
Triuggio MI..... 21 F 9
Trivento CB..... 65 Q 25
Trivero BI..... 19 E 6
Trivigliano FR..... 63 Q 21
Trivignano VE..... 25 F 18
Trivignano Udinese UD... 17 E 22
Trivigno PZ..... 77 F 29
Trivio PG..... 58 O 20
Trodena / Truden BZ... 12 D 16
Trodica MC..... 53 M 22
Trofarello TO..... 27 H 5
Trogkofel / Aip (Creta di) UD ..... 14 C 21
Trognano PG..... 59 O 21
Troia FG..... 71 C 27
Troia (Ponte di) FG... 66 C 28
Troia (Punta) TP..... 96 N 18
Troina EN..... 100 N 25
Troina (Fiume) ME ... 100 N 25
Tromello PV..... 20 G 8
Trompia (Val) BS..... 22 E 12
Trona (Lago di) SO..... 9 D 10

Troncia SU..... 118 J 7
Trontano VB..... 8 D 7
Tronto TE..... 53 N 22
Tronzano Vercellese VC... 19 F 6
Tropea VV..... 88 K 29
Troviggiano MC..... 46 L 21
Trovo PV..... 21 G 9
Truccazzano MI..... 21 F 10
Trucchi CN..... 35 I 4
Trucco IM..... 35 K 4
Truden / Trodena BZ... 12 D 16
Trulli (Regione dei) BA... 80 E 33
Trulli (Zona dei) BA... 80 E 33
Trullo (Masseria) BA... 72 E 30
Truzzo (Lago del) SO... 9 C 9
Tualis UD..... 5 C 20
Tubre / Taufers im Münstertal BZ..... 2 C 13
Tudaio di Razzo (Monte) UD..... 5 C 19
Tudia PA..... 99 N 23
Tuenno TN..... 11 D 15
Tufara CB..... 66 C 26
Tufillo CH..... 65 Q 25
Tufo AV..... 70 D 26
Tufo Basso AQ..... 59 P 21
Tuglie LE..... 83 G 36
Tuili SU..... 118 H 8
Tula SS..... 111 E 8
Tului (Monte) NU..... 117 G 10
Tumbarino (Punta) SS... 108 D 6
Tumboi SS..... 115 H 8
Tundu (Monte) NU..... 113 F 10
Tundu (Monte) SS ... 111 E 9
Tunes / Thuins BZ..... 3 B 16
Tuoma SI..... 50 M 16
Tuoro sul Trasimeno PG..51 M 18
Tupei SU..... 118 J 7
Turago Bordone PV... 21 G 9
Turania RI..... 59 P 21
Turano RI..... 58 O 20
Turano (Lago di) RI ... 58 P 20
Turano Lodigiano LO... 21 G 10
Turate CO..... 21 F 9
Turbigo MI..... 20 F 8
Turchi (Balata dei) TP .. 96 Q 18
Turchino (Passo del) GE..28 I 8
Turcio VI..... 24 E 16
Turi BA..... 73 E 33
Turlago MS..... 38 J 12
Turri SU..... 118 H 8
Turri (Monte) SU..... 119 I 9
Tursi MT..... 77 G 31
Turuddo (Monte) NU... 113 F 10
Turusele NU..... 117 G 10
Tusa ME..... 99 N 24
Tusa (Fiume di) ME ... 99 N 24
Tuscania VT..... 57 O 17
Tusciano SA..... 75 E 27
Tussio AQ..... 59 P 22
Tuttavista (Monte) NU...117 F 10
Tuturano BR..... 79 F 35
Tyndaris ME..... 100 M 27

U

Uatzu NU..... 115 H 9
Uboldo VA..... 21 F 9
Uccea UD..... 15 D 22
Ucina (Pizzo d') ME... 100 M 26
Ucria ME..... 100 M 26
Uda (Monte) SU..... 119 I 9
Udine UD..... 15 D 21
Uffente LT..... 63 R 21
Ufita AV..... 71 D 27
Ugento LE..... 83 H 36
Uggiano la Chiesa LE... 83 G 37
Uggiano Montefusco TA... 79 F 34
Uggiate Trevano CO... 20 E 8
Uia Bessanese TO..... 18 G 3
Uia di Ciamarella TO... 18 G 3
Uia (Monte) TO..... 26 G 3
Ulà Tirso OR..... 115 G 8
Ulassai NU..... 117 H 10
Ulignano PI..... 43 L 14
Uliveto Terme PI..... 42 K 13
Ulmeta (Cantoniera dell') BA...72 D 30
Ulmi TP..... 97 N 20
Ulten / Ultimo BZ..... 3 C 15
Ultental / Ultimo (Val d') BZ..... 3 C 14
Ultimo / Ulten BZ..... 3 C 15

Ultimo (Val d') / Ultental BZ..... 3 C 14
Umbertide PG..... 51 M 18
Umbra (Foresta) FG... 67 B 29
Umbrail (Pass) / Sta Maria (Giogo di) SO.. 2 C 13
Umbriatico KR..... 87 I 32
Umito AP..... 52 N 22
Ummari TP..... 97 N 20
Uncinano PG..... 51 N 19
Unghiasse (Monte) TO...18 F 3
Ungroni (S') OR..... 114 H 7
Unnichedda (Punta) NU..... 113 F 11
Unsere liebe Frau im Walde / Senale BZ..... 3 C 15
Unserfrau / Madonna di Senales BZ..... 3 B 14
Unterplanken / Planca di Sotto BZ... 4 B 18
Unturzu (Monte) SS... 110 F 7
Uomo (Capo d') GR... 55 O 15
Upega CN..... 35 J 5
Urachi (Nuraghe s') OR...114 G 7
Urago d'Oglio BS..... 22 F 11
Uras OR..... 118 H 8
Urbana PD..... 24 G 16
Urbania PS..... 45 K 19
Urbe SV..... 28 I 7
Urbino PS..... 46 K 19
Urbino (Monte) PG... 51 M 19
Urbisaglia MC..... 52 M 22
Urbs Salvia MC..... 52 M 22
Urgnano BG..... 21 F 11
Uri (Flumini) SU..... 119 I 10
Ursini RC..... 88 L 31
Urtigu (Monte) OR... 114 G 7
Ururi CB..... 66 B 27
Urzano PR..... 30 I 12
Urzulei NU..... 117 G 10
Usago PN..... 14 D 20
Uscerno AP..... 52 N 22
Uscio GE..... 37 I 9
Usellus OR..... 115 H 8
Usi BA..... 50 N 16
Usini SS..... 110 F 7
Usmate Velate MI..... 21 F 9
Uso FO..... 41 K 18
Ussana SU..... 119 I 9
Ussaramanna SU..... 118 H 8
Ussassai NU..... 116 H 10
Usseglio TO..... 18 G 3
Ussita MC..... 52 N 21
Ustica PA..... 92 K 21
Ustica (Isola di) PA... 92 K 21
Uta CA..... 118 J 8
Utero (Monte) RI ... 52 N 21
Uttenheim / Villa Ottone BZ..... 4 B 17

V

Vacca (Isola la) SU .... 120 K 7
Vaccarile AN..... 46 L 21
Vaccarizza PV..... 29 G 9
Vaccarizzo CT..... 105 O 27
Vaccarizzo CS..... 86 I 30
Vaccarizzo Albanese CS..85 I 31
Vacchelli (Canale) CR... 21 F 10
Vaccolino FE..... 33 H 18
Vacheres AO..... 19 F 5
Vacone RI..... 58 O 19
Vacri CH..... 60 P 24
Vada LI..... 48 L 13
Vada (Secche di) LI..48 M 13
Vadena / Pfatten BZ... 12 C 15
Vado BO..... 39 J 15
Vado (Capo di) SV... 36 J 7
Vado Ligure SV..... 36 J 7
Vado Mistongo BN... 65 R 26
Vaggimal VR..... 23 F 14
Vaggio FI..... 44 L 16
Vagli (Lago di) LU..... 38 J 12
Vagli Sopra LU..... 38 J 12
Vagli Sotto LU..... 38 J 12
Vaglia FI..... 40 K 15
Vagliagli SI..... 44 L 16
Vaglie RE..... 38 J 12
Vaglierano AT..... 27 H 6
Vaglio Basilicata PZ... 77 E 29
Vagnole (le) CE..... 69 D 23
Vahrn / Varna BZ..... 4 B 17
Vaiano FI..... 39 K 15
Vaiano Cremasco CR... 21 F 10
Vailate CR..... 21 F 10

Vaiont (Lago del) PN... 13 D 19
Vairano Patenora CE... 65 R 24
Vairano Scalo CE... 64 S 24
Vairo PR... 38 I 12
Vajont PN... 13 D 20
Val d'Asso SI... 50 M 16
Val della Torre TO... 19 G 4
Val di Meda FI... 40 J 16
Val di Mela SS... 109 D 9
Val di Mezzo / Mittertal BZ... 3 B 16
Val di Nizza PV... 29 H 9
Val di Sogno VR... 23 E 14
Val Grande (Parco Nazionale) TO... 18 F 3
Val Grande Nazionale della) VB... 8 D 7
Val Noana (Lago di) TN.. 12 D 17
Valas / Flaas BZ... 3 C 15
Valbella (Punta) BZ... 2 B 14
Valbona (Cima di) TN... 11 D 13
Valbondione BG... 10 D 12
Valbrevenna GE... 29 I 9
Valbrona CO... 9 E 9
Valbruna UD... 15 C 22
Valcaira CN... 35 J 5
Valcanale BG... 10 E 11
Valcasotto CN... 35 J 5
Valcava LC... 21 E 10
Valcavera (Colle di) CN..34 I 3
Valchiusella TO... 19 F 5
Valcimarra MC... 52 M 21
Valda TN... 11 D 15
Valdagno VI... 24 F 15
Valdaora / Olang BZ.. 4 B 18
Valdarno AR... 44 L 16
Valdena PR... 38 I 11
Valdengo BI... 19 F 6
Valderice TP... 96 M 19
Valdicastello Carducci LU... 38 K 12
Valdichiesa ME... 94 L 26
Valdidentro SO... 2 C 12
Valdieri CN... 34 J 4
Valdimonte PG... 45 L 18
Valdina ME... 90 M 28
Valdobbiadene TV... 12 E 17
Valdorbia PG... 46 L 20
Valdritta (Cima) VR... 23 E 14
Valduggia VC... 20 E 6
Valdurna BZ... 3 B 16
Valdurna / Durnholz BZ.. 3 B 16
Valeggio PV... 20 G 8
Valeggio sul Mincio VR..23 F 14
Valentano VT... 57 O 17
Valenza AL... 28 G 7
Valenzano BS... 22 F 12
Valenzano BA... 73 D 32
Valera Fratta LO... 21 G 10
Valeriano PN... 14 D 20
Valestra RE... 39 I 13
Valfabbrica PG... 51 M 19
Valfenera AT... 27 H 5
Valfloriana TN... 12 D 16
Valfredda (Sasso di) TN ..12 C 17
Valfurva SO... 11 C 13
Valgioie TO... 26 G 4
Valgoglio BG... 10 E 11
Valgrana CN... 34 I 4
Valgrisenche AO... 18 F 3
Valguarnera EN... 104 O 25
Valiano SI... 50 M 17
Vallà TV... 24 E 17
Vallada Agordina BL... 12 C 17
Vallalta MO... 31 H 15
Vall'Alta (Cala) SS... 109 D 9
Vallarga / Weitental BZ.. 4 B 17
Vallarsa TN... 23 E 15
Vallata AV... 71 D 27
Valle BO... 39 J 15
Valle BS... 10 D 13
Valle MS... 38 I 11
Valle Agricola CE... 65 R 24
Valle Aurina / Ahrntal BZ.. 4 B 17
Valle Castellana TE... 53 N 22
Valle Dame AR... 51 M 18
Valle di Cadore BL... 13 C 18
Valle di Maddaloni CE.. 70 D 25
Valdisotto SO... 10 C 13
Valle Lomellina PV... 20 G 7
Valle Mosso BI... 19 F 6
Valle S. Bartolomeo AL..28 H 7
Valle S. Felice TN... 11 E 14
Valle S. Giovanni TE... 59 O 22
Vallebona IM... 35 K 5
Vallecorsa FR... 64 R 22

Vallecrosia IM... 35 K 4
Vallecupa AQ... 59 P 22
Valledolmo PA... 99 N 23
Valledoria SS... 108 E 8
Vallefiorita CZ... 88 K 31
Vallegrande FR... 64 R 23
Vallelonga VV... 88 L 30
Vallelunga CE... 65 R 24
Vallelunga RM... 58 P 19
Vallelunga Piatameno CL... 99 N 23
Vallemaio FR... 64 R 23
Vallemare RI... 59 O 21
Vallenoncello PN... 13 E 19
Vallepietra RM... 63 Q 21
Vallerano PR... 30 I 12
Vallerano VT... 58 O 18
Vallerano RM... 62 Q 19
Vallermosa SU... 118 I 8
Vallerona GR... 50 N 16
Vallerotonda FR... 64 R 23
Valles / Vals BZ... 4 B 16
Valles (Passo di) TN... 12 C 17
Valles (Val di) BZ... 4 B 16
Vallesaccarda AV... 71 D 27
Valleverde (Santuario di) FG... 71 D 28
Vallevona (Cima di) AQ ..59 P 21
Vallevona (Masseria) FG..66 C 27
Valli del Pasubio VI... 23 E 15
Valli Grandi Veronesi VR..32 G 15
Valli Mocenighe PD... 32 G 16
Vallicciola SS... 111 E 9
Vallico LU... 38 J 13
Vallinfante MC... 52 N 21
Vallinfreda RM... 59 P 20
Vallingegno (Abbazia di) PG... 51 M 19
Vallio Terme BS... 22 F 13
Vallisnera RE... 38 I 12
Vallo TO... 19 G 5
Vallo della Lucania SA... 76 G 27
Vallo di Nera PG... 52 N 20
Vallocchia PG... 52 N 20
Vallombrosa FI... 44 K 16
Valloni IS... 64 R 24
Valloriate CN... 34 I 4
Vallugana VI... 24 F 16
Vallurbana PG... 45 L 18
Valmacca AL... 28 G 7
Valmadonna AL... 28 H 7
Valmadrera LC... 21 E 10
Valmala CN... 26 I 4
Valmeronte (Monte) PG... 45 L 18
Valmontone RM... 63 Q 20
Valmorel BL... 13 D 18
Valmozzola PR... 30 I 11
Valnogaredo PD... 24 G 16
Valnontey AO... 18 F 4
Valosio AL... 28 I 7
Valpantena VR... 23 F 14
Valparola (Passo di) BL.. 4 C 17
Valpelina VE... 16 F 21
Valpelline AO... 7 E 4
Valperga TO... 19 F 4
Valpiana GR... 49 M 14
Valpolicella VR... 23 F 14
Valprato Soana TO... 19 F 4
Valpromaro LU... 38 K 13
Valrovina VI... 24 E 17
Valsanzibio PD... 24 G 17
Valsassina LC... 9 E 10
Valsavarenche AO... 18 F 3
Valsavignone AR... 45 K 18
Valsecca BG... 21 E 10
Valsinni MT... 77 G 31
Valsolda CO... 9 D 9
Valstagna VI... 12 E 16
Valstrona VB... 8 E 6
Valtellina SO... 10 D 12
Valtina / Walten BZ... 3 B 15
Valtopina PG... 51 M 20
Valtorta BG... 9 E 10
Valtournenche AO... 7 E 4
Valtournenche (Località) AO... 7 E 4
Valva SA... 71 E 27
Valvasone PN... 16 E 20
Valverde CT... 101 O 27
Valverde FO... 41 J 19

Valverde PV... 29 H 9
Valverde (Santuario di) SS... 110 F 7
Valvestino BS... 23 E 13
Valvestino (Lago di) BS ..23 E 13
Valvisciolo (Abbazia di) LT... 63 R 20
Valzurio BG... 10 E 11
Vancimuglio VI... 24 F 16
Vancori (i) ME... 95 K 27
Vandoies / Vintl BZ... 4 B 17
Vandra IS... 65 R 24
Vaneze TN... 11 D 15
Vanga / Wangen BZ... 3 C 16
Vannino (Lago) VB... 8 C 7
Vanoi TN... 12 D 17
Vanzago MI... 21 F 8
Vanzaghello MI... 20 F 8
Vanze LE... 81 G 36
Vaprio d'Adda MI... 21 F 10
Vaprio d'Agogna NO... 20 F 7
Vara SP... 37 I 10
Vara Inferiore SV... 28 I 7
Varaita (Cima) CN... 26 I 3
Varaita (Valle) CN... 26 I 3
Varallo VC... 20 E 6
Varallo Pombia NO... 20 E 7
Varano Borghi VA... 20 E 8
Varano de Melegari PR... 30 H 12
Varano (Lago di) FG... 67 B 29
Varano Marchesi PR... 30 H 12
Varapodio RC... 91 M 29
Varazze SV... 36 I 7
Varco Sabino RI... 59 P 21
Varedo MI... 21 F 9
Varena TN... 12 D 16
Varenna LC... 9 D 9
Varese VA... 20 E 8
Varese (Lago di) VA... 20 E 8
Varese Ligure SP... 37 I 10
Vargo AL... 28 H 8
Vari MC... 52 N 21
Varignana BO... 40 I 16
Varigotti SV... 36 J 7
Varmo UD... 16 E 20
Varna / Vahrn BZ... 4 B 16
Varone TN... 11 E 14
Varrone LC... 9 D 10
Varsi PR... 30 I 11
Varzi PV... 29 H 9
Varzo VB... 8 D 6
Vas BL... 12 E 17
Vasanello VT... 58 O 19
Vasco CN... 35 I 5
Vascon TV... 25 E 18
Vasia IM... 35 K 5
Vason TN... 11 D 15
Vasto CH... 61 P 26
Vasto MN... 23 G 13
Vastogirardi IS... 65 Q 24
Vaticano (Capo) VV... 88 L 29
Vaticano (Città del) RM... 62 Q 19
Vatolla SA... 75 G 27
Vauda Canavese TO... 19 G 4
Vazia RI... 58 O 20
Vazzano VV... 88 L 30
Vazzola TV... 25 E 19
Vazzoler (Rifugio) BL... 12 C 18
Vecchiano PI... 42 K 13
Vedano Olona VA... 20 E 8
Veddasca (Val) VA... 8 D 8
Vedegheto BO... 39 I 15
Vedelago TV... 24 E 18
Vedeseta BG... 9 E 10
Vedrana BO... 32 I 16
Vedriano RE... 30 I 13
Veggiano PD... 24 F 17
Veggio BO... 39 J 15
Veglie LE... 81 G 35
Veiano VT... 57 P 18
Veio RM... 58 P 19
Veirera SV... 28 I 7
Vela (Villa) SR... 105 Q 27
Vélan (Monte) AO... 6 E 3
Veleso CO... 9 E 9
Velezzo Lomellina PV... 20 G 8
Velia SA... 75 G 27
Velina RI... 58 O 20
Velino (Gole del) RI... 59 O 21
Velino (Monte) AQ... 59 P 22
Vellano PT... 39 K 14
Vellego SV... 35 J 6
Velleia PC... 29 H 11
Velletri RM... 63 Q 20
Velloi / Vellau BZ... 3 B 15

Velo d'Astico VI... 24 E 16
Velo Veronese VR... 23 F 15
Velturno / Feldthurns BZ.. 4 B 16
Velva SP... 37 J 10
Vena CT... 101 N 27
Vena (Monte) AV... 59 Q 22
Venafro IS... 64 R 24
Venagrande AP... 53 N 22
Venarotta AP... 52 N 22
Venaria Reale TO... 19 G 4
Venas di Cadore BL... 13 C 18
Venasca CN... 26 I 4
Venaus TO... 18 G 3
Venda (Monte) PD... 24 G 17
Vendicari (Isola) SR... 107 Q 27
Vendone SV... 35 J 6
Vendrogno LC... 9 D 9
Venegazzù TV... 25 E 18
Venegono VA... 20 E 8
Venere AQ... 59 Q 22
Venere (Monte) VT... 57 O 18
Venetico ME... 90 M 28
Venezia VE... 25 F 19
Venezia (Rifugio) BL... 13 C 18
Venezia (Cima) BZ... 2 C 14
Venezia-Marco Polo (Aeroporto) VE... 25 F 19
Venezzano BO... 32 H 16
Venina (Lago di) SO... 10 D 11
Venina (Passo) SO... 10 D 11
Venosta (Val) / Vinschgau BZ... 3 C 14
Vento (Grotta del) LU... 38 J 13
Vento (Portella del) CL... 99 O 24
Vento (Serra del) PA... 99 N 24
Vento (Torre del) BA... 72 D 31
Venturina LI... 49 M 13
Venzone UD... 14 D 21
Veny (Val) AO... 18 E 2
Verano / Vöran BZ... 3 C 15
Verano Brianza MI... 21 F 9
Verazzano AR... 45 L 18
Verbania VB... 8 E 7
Verbicaro CS... 84 H 29
Verceia SO... 9 D 10
Vercelli VC... 20 G 7
Verchiano PG... 52 N 20
Verde (Capo) IM... 35 K 5
Verde (Costa) SU... 118 I 7
Verde (Isola) VE... 33 G 18
Verde (la) RC... 91 M 30
Verde (Lago) BZ... 2 C 14
Verdéggia IM... 35 J 5
Verdello BG... 21 F 10
Verdi PA... 99 N 24
Verdins BZ... 3 B 15
Verduno CN... 27 I 5
Verdura AG... 97 O 21
Verena (Monte) VI... 12 E 16
Verezzi SV... 36 J 6
Vergato BO... 39 J 15
Vergemoli LU... 38 J 13
Verghereto FO... 45 K 18
Vergiano RN... 41 J 19
Vergiate VA... 20 E 8
Vergine Maria PA... 98 M 22
Vergineto PS... 46 K 20
Vergnasco BI... 19 F 6
Verica BO... 39 J 14
Vermenagna CN... 35 J 5
Vermica KR... 87 K 33
Vermiglio (Val) TN... 11 C 13
Vermiglio TN... 11 D 14
Vernà (Pizzo di) ME... 101 M 27
Vernago / Vernagt BZ... 3 B 14
Vernago (Lago di) BZ... 3 B 14
Vernagt / Vernago BZ... 3 B 14
Vernante CN... 35 J 4
Vernasca PC... 30 H 11
Vernazza SP... 37 J 11
Vernazzano PG... 51 M 18
Verolanuova BS... 22 G 12
Verolavecchia BS... 22 G 12
Verolengo TO... 19 G 5
Veroli FR... 64 Q 22
Verona VR... 23 F 14
Verona (Pizzo) SO... 10 C 11
Veronella VR... 24 G 15

Verrand AO... 18 E 2
Verrayes AO... 19 E 4
Verrecchie AQ... 59 P 21
Verrès AO... 19 F 5
Verrino IS... 65 Q 24
Verrone BI... 19 F 6
Verrutoli (Monte) MT... 72 E 30
Verrua Po PV... 29 G 9
Verrua Savoia TO... 19 G 6
Versa GO... 17 E 22
Versa (Fiume) VE... 16 E 20
Versa AT... 27 G 6
Versano CE... 64 S 24
Versciaco / Vierschach BZ... 4 B 18
Versilia (Riviera della) LU... 38 K 12
Vertana (Cima) BZ... 2 C 13
Verteglia (Piano di) AV... 70 E 26
Vertemate CO... 21 E 9
Vertova BG... 22 E 11
Verucchio RN... 41 K 19
Vervio SO... 10 D 12
Vervò TN... 11 D 15
Verza PC... 29 G 11
Verzegnis UD... 14 C 20
Verzegnis (Monte) UD... 14 C 20
Verzi SV... 35 J 6
Verzino KR... 87 J 32
Verzuolo CN... 27 I 4
Vescia Scanzano PG... 51 N 20
Vescona SI... 50 M 16
Vescovado SI... 50 M 16
Vescovana PD... 32 G 17
Vescovato CR... 22 G 12
Vesime AT... 27 I 6
Vesio BS... 23 E 14
Vespolate NO... 20 F 8
Vespolo (Monte) SO... 10 D 11
Vessalico IM... 35 J 5
Vessa BS... 23 E 13
Vestea PE... 60 O 23
Vestenanova VR... 23 F 15
Vestigne TO... 19 F 5
Vestone BS... 22 E 13
Vesuvio NA... 70 E 25
Vetan AO... 18 E 3
Veternigo VE... 24 F 18
Vetralla VT... 57 P 18
Vetriolo Terme TN... 12 D 15
Vetriolo (la) RC... 91 M 30
Vette (le) TN... 12 D 17
Vettica (Masseria) BA...73 E 32
Vettica Maggiore SA... 75 F 25
Vettigne VC... 20 F 6
Vetto RE... 38 I 13
Vettore (Monte) AP... 52 N 21
Vetulonia GR... 49 N 14
Veveri NO... 20 F 7
Vezza VB... 8 E 7
Vezza d'Oglio BS... 10 D 13
Vezza (Torrente) VT... 57 O 18
Vezzanello MS... 38 J 12
Vezzano PR... 30 I 12
Vezzano TN... 11 D 14
Vezzano Ligure SP... 38 J 11
Vezzano sul Crostolo RE.. 31 I 13
Vezzena (Passo di) TN... 12 E 16
Vezzola RE... 31 H 14
Vezzolano (Abbazia di) AT... 27 G 5
Viadana MN... 31 H 13
Viadana Bresciana BS... 22 F 13
Viadanica BG... 22 E 11
Viagrande CT... 101 O 27
Viamaggio (Passo di) AR.. 45 K 18
Viamaggio AR... 45 K 18
Vianino PR... 30 H 11
Viano RE... 31 I 13
Viarago TN... 11 D 15
Viareggio LU... 38 K 12
Viarigi AT... 28 G 7
Viarolo PR... 30 H 12
Viarovere MO... 31 H 15
Viazzano PR... 30 H 12
Vibo Valentia VV... 88 L 30
Vibo Valentia Marina VV.. 88 K 30
Viboldone MI... 21 F 9
Vibonati SA... 76 G 28
Vibrata TE... 53 N 23
Vicalvi FR... 64 Q 23
Vicarello LI... 42 L 13
Vicarello RM... 57 P 18
Vicari PA... 98 N 22

Vicari (Fiume) PA... 98 N 22
Vicchio FI... 40 K 16
Vicenne TR... 51 N 18
Viceno VB... 8 D 6
Vicenza VI... 24 F 16
Vico LU... 39 J 14
Vico del Gargano FG... 67 B 29
Vico d'Elsa FI... 43 L 15
Vico Equense NA... 74 F 25
Vico (Lago di) VT... 57 P 18
Vico nel Lazio FR... 63 Q 22
Vicobarone PC... 29 H 10
Vicofertile PR... 30 H 12
Vicoforte CN... 35 I 5
Vicoforte (Santuario di) CN... 35 I 5
Vicoli PE... 60 O 23
Vicomero PR... 30 H 12
Vicomoscano CR... 30 H 13
Vicopisano PI... 43 K 13
Vicovaro RM... 58 P 20
Vidalenzo PR... 30 G 12
Viddalba SS... 108 E 8
Vidiciatico BO... 39 J 14
Vidigulfo PV... 21 G 9
Vidor TV... 12 E 18
Vidracco TO... 19 F 5
Vieste FG... 67 B 30
Vietri di Potenza PZ... 76 F 28
Vietri sul Mare SA... 75 F 26
Vietti TO... 19 G 4
Vieyes AO... 18 F 3
Viganella VB... 8 D 6
Vigano Mainarda FE.. 32 H 16
Vigarano Pieve FE... 32 H 16
Vigasio VR... 23 G 14
Vigevano PV... 20 G 8
Vigezzo (Piana di) VB... 8 D 7
Vigezzo (Val) VB... 8 D 7
Viggianello PZ... 85 H 30
Viggiano PZ... 77 F 29
Viggiù VA... 8 E 8
Vighizzolo BS... 22 F 13
Vighizzolo CO... 21 E 9
Vighizzolo d'Este PD... 24 G 16
Vigliano Biellese BI... 19 F 6
Viglio (Monte) AQ... 63 Q 22
Vignai IM... 35 K 5
Vignale Monferrato AL...28 G 7
Vignanello VT... 58 O 18
Vignate MI... 21 F 10
Vignola SS... 109 D 9
Vignola MS... 38 I 11
Vignola MO... 39 I 15
Vignola Mare SS... 109 D 9
Vignola (Monte) TN... 23 E 14
Vignole BL... 13 D 18
Vignole Borbera AL... 28 H 8
Vignolo CN... 34 I 4
Vigo VR... 32 G 15
Vigo di Cadore BL... 5 C 19
Vigo di Fassa TN... 12 C 17
Vigo Rendena TN... 11 D 14
Vigodarzere PD... 24 F 17
Vigoleno PC... 30 H 11
Vigolo BG... 22 E 12
Vigolo Baselga TN... 11 D 15
Vigolo Marchese PC... 30 H 11
Vigolo Vattaro TN... 11 D 15
Vigolzone PC... 29 H 11
Vigone TO... 27 H 4
Vigonovo PN... 13 E 19
Vigonovo VE... 24 F 18
Vigonza PD... 24 F 17
Vigorovea PD... 24 G 18
Viguzzolo AL... 28 H 8
Vila di Sopra / Ober Wielenbach BZ.. 4 B 17
Villa PG... 51 M 18
Villa BS... 10 E 12
Villa SV... 35 J 6
Villa a Sesta SI... 44 L 16
Villa UD... 14 C 20
Villa Adriana (Tivoli) RM.. 63 Q 20
Villa Baldassarri LE... 81 F 35
Villa Barbaro Maser TV.. 24 E 17

A B C D E F G H I J K L M N O P Q R S T U V W X Y Z

Villa Bartolomea *VR* … **32** G 16
Villa Basilica *LU* … **39** K 13
Villa Bozza *TE*… **60** O 23
Villa Caldari *CH* … **60** P 25
Villa Canale *IS* … **65** Q 25
Villa-Carcina *BS*… **22** F 12
Villa Carlotta
 (Tremezzo) *CO*… **9** E 9
Villa Castelli *BR* … **79** F 34
Villa Celiera *PE*… **60** O 23
Villa Col de' Canali *PG*… **46** L 20
Villa Collemandina *LU*… **38** J 13
Villa Cordellina-Lombardi
 (Tavernelle) *VI* … **24** F 16
Villa d'Adda *BG* … **21** E 10
Villa d'Agri *PZ*… **77** F 29
Villa d'Aiano *BO* … **39** J 14
Villa d'Almè *BG*… **21** E 10
Villa d'Artimino *PO* … **43** K 15
Villa del Bosco *BI* … **20** F 6
Villa del Bosco *PD* … **24** G 18
Villa del Conte *PD* … **24** F 17
Villa del Foro *AL* … **28** H 7
Villa della Petraia *FI*… **39** K 15
Villa di Artimino *PO*… **43** K 15
Villa di Briano *CE* … **69** D 24
Villa di Castello *FI*… **39** K 15
Villa di Chiavenna *SO* … **9** D 10
Villa di Poggio
 a Caiano *PO* … **39** K 15
Villa di Sério *BG* … **21** E 11
Villa di Tirano *SO* … **10** D 12
Villa Dogana *FI* … **39** J 15
Villa d'Ogna *BG*… **10** E 11
Villa d'Orri *CA* … **118** J 9
Villa Estense *PD* … **24** G 17
Villa Faraldi *IM*… **35** K 6
Villa Fastiggi *PS*… **46** K 20
Villa Fontana *BO*… **32** I 16
Villa Forci *LU* … **38** K 13
Villa Foscari
 (Malcontenta) *VE* … **25** F 18
Villa Gambaraia
 (Settignano) *FI* … **44** K 15
Villa Garibaldi *MN* … **31** G 14
Villa Grande *CH*… **60** P 25
Villa Hanbury *IM*… **35** K 4
Villa Jovis *Capri NA* … **74** F 24
Villa La Rotonda *VI* … **24** F 16
Villa Lagarina *TN* … **11** E 15
Villa Lante
 (Bagnaia) *VT*… **57** O 18
Villa Latina *FR* … **64** R 23
Villa le Sabine *LI* … **49** M 13
Villa Literno *CE*… **69** D 24
Villa Littorio *SA*… **76** F 28
Villa Manin
 (Passariano) *UD*… **16** E 21
Villa Mansi
 (Segromigno) *LU* … **39** K 13
Villa Margherita *LI*… **49** M 13
Villa Minozzo *RE*… **38** I 13
Villa Napoleone
 (S. Martino) *LI* … **48** N 12
Villa Oliveti *PE*… **60** O 24
Villa Olmo *CO* … **21** E 9
Villa Ottone /
 Uttenheim *BZ* … **4** B 17
Villa Pasquali *MN* … **30** G 13
Villa Passo *TE*… **53** N 22
Villa Pisani *Strà VE* … **24** F 18
Villa Pliniana *Torno CO*… **9** E 9
Villa Poma *MN*… **31** H 15
Villa Potenza *MC*… **52** M 22
Villa Reale di Marlia *LU*… **39** K 13
Villa Rendena *TN* … **11** D 14
Villa Rosa *TE*… **53** N 23
Villa S. Giovanni *PE* … **60** O 24
Villa S. Giovanni *RC*… **90** M 28
Villa Saletta *PI*… **43** L 14
Villa S. Angelo *AQ* … **59** P 22
Villa S. Antonio *AP* … **53** N 23
Villa Sta Croce *CE* … **69** D 24
Villa S. Faustino *PG* … **51** N 19
Villa S. Giovanni
 in Tuscia *VT*… **57** P 18
Villa S. Leonardo *CH*… **60** P 25
Villa Sta Lucia *FR* … **64** R 23
Villa Sta Lucia
 degli Abruzzi *AQ*… **60** O 23
Villa Sta Maria *CH*… **60** Q 25
Villa S. Pietro *CA* … **121** J 8
Villa S. Sebastiano *AQ*… **59** P 21
Villa S. Secondo *AT* … **27** G 6
Villa Sto Stefano *FR*… **63** R 21
Villa Santina *UD* … **14** C 20

Villa Saviola *MN* … **31** G 14
Villa Serraglio *RA* … **32** I 17
Villa Torrigiani
 (Segromigno) *LU* … **39** K 13
Villa Vallucci *TE*… **59** O 22
Villa Verde *OR* … **115** H 8
Villa Verdi
 (S. Agata) *PC*… **30** G 12
Villa Verucchio *RN* … **41** J 19
Villa Vomano *TE*… **60** O 23
Villabassa /
 Niederdorf *BZ* … **4** B 18
Villabate *PA* … **98** M 22
Villabella *AL* … **28** G 7
Villaberza *RE* … **38** I 13
Villabruna *BL*… **12** D 17
Villachiara *BS*… **22** F 11
Villacidro *SU*… **118** I 8
Villadeati *AL* … **27** G 6
Villadoro *EN*… **99** N 24
Villadose *RO*… **32** G 17
Villadossola *VB* … **8** D 6
Villafalletto *CN* … **27** I 4
Villafelice *FR*… **64** R 22
Villafontana *VR*… **23** G 15
Villafora *RO* … **32** G 16
Villafranca d'Asti *AT*… **27** H 6
Villafranca di Forlì *FO* … **40** J 18
Villafranca di Verona *VR*… **23** F 14
Villafranca
 in Lunigiana *MS* … **38** J 11
Villafranca
 Padovana *PD* … **24** F 17
Villafranca
 Piemonte *TO* … **27** H 4
Villafranca Sicula *AG*… **97** O 21
Villafranca Tirrena *ME*… **90** M 28
Villafrati *PA*… **98** N 22
Villaggio Amendola *FG*… **67** C 29
Villaggio Frasso *CS*… **85** I 31
Villaggio Mancuso *CZ*… **87** J 31
Villaggio Mosé *AG*… **103** P 22
Villaggio Racise *CZ* … **87** J 31
Villaggio Resta *LE*… **83** G 35
Villaggio
 Sta Margherita *EN* … **100** N 24
Villagrande
 (Tornimparte) *AQ*… **59** P 21
Villagrande
 Strisaili *NU* … **117** H 10
Villagrappa *FO* … **40** J 17
Villagrazia *PA*… **97** M 21
Villagrazia di Carini *PA*…**97** M 21
Villagreca *SU* … **118** I 9
Villalago *AQ*… **64** Q 23
Villalba *CL*… **99** O 23
Villalfonsina *CH*… **61** P 25
Villalunga *SV* … **35** J 6
Villalvernia *AL*… **28** H 8
Villamagna *CH*… **60** P 24
Villamagna *FI*… **44** K 16
Villamagna *PI* … **43** L 14
Villamaina *AV* … **71** E 27
Villamar *SU*… **118** I 8
Villamarina *FO*… **41** J 19
Villamarzana *RO*… **32** G 17
Villamassargia *SU*… **118** J 7
Villammare *SA*… **76** G 28
Villandro /
 Villanders *BZ* … **3** C 16
Villandro (Monte) *BZ*… **3** C 16
Villaneto *PZ*… **77** G 30
Villanoce *GE*… **29** I 10
Villanova *BO*… **32** I 16
Villanova *FO*… **40** J 17
Villanova *MO*… **31** H 14
Villanova *TO*… **26** H 3
Villanova *PE*… **60** O 24
Villanova *MS* … **38** J 12
Villanova *VE*… **16** E 20
Villanova (Masseria) *BR* **81** F 36
Villanova
 d'Albenga *SV* … **35** J 6
Villanova d'Ardenghi *PV* … **21** G 9
Villanova d'Asti *AT* … **27** H 5
Villanova
 del Battista *AV*… **71** D 27
Villanova
 del Ghebbo *RO*… **32** G 16
Villanova del Sillaro *LO* **21** G 10
Villanova di
 Camposampiero *PD* … **24** F 17
Villanova Franca *SU*… **118** I 9

Villanova Maiardina *MN*… **23** G 14
Villanova
 Marchesana *RO*… **32** H 17
Villanova
 Mondovì *CN*… **35** I 5
Villanova
 Monferrato *AL*… **20** G 7
Villanova
 Monteleone *SS*… **110** F 7
Villanova Solaro *CN*… **27** H 4
Villanova Strisaili *NU*… **117** H 10
Villanova sull'Arda *PC*… **30** G 11
Villanova
 Truschedu *OR* … **115** H 8
Villanova Tulo *CA* … **115** H 9
Villanovaforru *SU*… **118** I 8
Villanterio *PV*… **21** G 10
Villanuova *BS*… **22** F 11
Villaorba *UD*… **16** D 21
Villapaiera *BL*… **12** D 17
Villaperuccio *SU*… **118** J 8
Villapiana *BL*… **12** D 17
Villapiana *CS* … **85** H 31
Villapiana Lido *CS* … **85** H 31
Villapiana Scalo *CS* … **85** H 31
Villapriolo *EN*… **99** O 24
Villaputzu *SU*… **119** I 10
Villar Focchiardo *TO*… **26** G 3
Villar Pellice *TO*… **26** H 3
Villar Perosa *TO*… **26** H 3
Villarbasse *TO* … **27** G 4
Villarboit *VC*… **20** F 7
Villareggia *TO* … **19** G 5
Villareia *PE* … **60** O 24
Villaretto *TO*… **26** G 3
Villarios *SU* … **120** J 7
Villaro *CN* … **26** H 3
Villaromagnano *AL*… **28** H 8
Villarosa *EN*… **99** O 24
Villarosa (Lago) *EN*… **99** O 24
Villarotta *RE*… **31** H 14
Villasalto *SU*… **119** I 10
Villasanta *MI* … **21** F 9
Villaseta *AG*… **102** P 22
Villasimius *SU*… **119** J 10
Villasmundo *SR*… **105** P 27
Villasor *SU*… **118** I 8
Villaspeciosa *SU*… **118** J 8
Villastellone *TO*… **27** H 5
Villastrada *MN*… **31** H 13
Villastrada *PG*… **50** M 18
Villata *CN*… **26** I 4
Villata *VC*… **20** F 7
Villatalla *IM*… **35** K 5
Villatella *IM*… **35** K 4
Villaurbana *OR*… **115** H 8
Villaurea *PA*… **99** N 23
Villavallelonga *AQ*… **64** Q 22
Villaverla *VI* … **24** F 16
Ville di Fano *AQ*… **59** O 21
Ville sur Sarre *AO*… **18** E 3
Villefranche *AO*… **19** E 4
Villeneuve *AO*… **18** E 3
Villerose *RI*… **59** P 21
Villesse *GE*… **17** E 22
Villetta Barrea *AQ*… **64** Q 23
Villimpenta *MN*… **31** G 15
Villnöß / Funes *BZ* … **4** C 17
Villongo *BG* … **22** E 11
Villorba *TV*… **25** E 18
Villore *FI*… **40** K 16
Villoresi (Canale) *MI*… **20** F 8
Villotta *PN*… **13** E 20
Vilminore di Scalve *BG*…**10** E 12
Vilpian / Vilpiano *BZ*… **3** C 15
Vilpiano / Vilpian *BZ* … **3** C 15
Vimercate *MI*… **21** F 10
Vimodrone *MI*… **21** F 9
Vinadio *CN*… **34** J 3
Vinaio *UD* … **5** C 20
Vinca *MS* … **38** J 12
Vinchiaturo *CB* … **65** R 25
Vinchio *AT*… **28** H 6
Vinci *FI* … **43** K 14
Vinciarello *CZ* … **89** L 31
Vinco *RC*… **90** M 29
Vindoli *RI*… **59** O 21
Vinovo *TO*… **27** H 4
Vinschgau /
 Venosta (Val) *BZ* … **2** C 13
Vintl / Vandoies *BZ* … **4** B 17
Vinzaglio *NO* … **20** G 7
Viola *CN*… **35** J 5
Viola (Val) *SO*… **2** C 12
Vione *BS*… **10** D 13
Viòz (Monte) *TN*… **11** C 13

Viozene *CN*… **35** J 5
Vipiteno / Sterzing *BZ* … **3** B 16
Virgilio *MN*… **31** G 14
Virle Piemonte *TO*… **27** H 4
Visaille (la) *AO* … **6** E 2
Visano *BS*… **22** G 13
Vische *TO* … **19** G 5
Visciano *NA* … **70** E 25
Visciglieto
 (Masseria) *FG*… **66** C 28
Visdende (Valle) *BL* … **5** C 19
Visentin (Col) *TV*… **13** D 18
Viserba *RN* … **41** J 19
Viserbella *RN* … **41** J 19
Visgnola *CO* … **9** E 9
Visiano *PR*… **30** H 12
Visnadello *TV*… **25** E 18
Visome *BL*… **13** D 18
Visone *AL* … **28** I 7
Visso *MC*… **52** N 21
Vistarino *PV*… **21** G 9
Vistrorio *TO* … **19** F 5
Vita *TP*… **97** N 20
Vita (Capo della) *LI* … **48** N 13
Vitalba (Poggio) *PI*… **43** L 13
Vitamore
 (Masseria) *AV*… **71** E 28
Viterbo *VT*… **57** O 18
Viticuso *FR*… **64** R 23
Vitinia *RM*… **62** Q 19
Vito di Cadore *CT*… **100** N 26
Vitorchiano *VT*… **57** O 18
Vitravo *KR*… **87** J 32
Vitria *PE* … **60** O 24
Vittorito *AQ* … **60** P 23
Vittoria *RG*… **104** Q 25
Vittoriale (il) *BS* … **23** F 13
Vittorio Veneto *TV*… **13** E 18
Vittorio Veneto
 (Rifugio) *BZ*… **4** A 17
Vittorito *AQ*… **60** P 23
Vitulano *BN* … **70** D 25
Vitulazio *CE* … **69** D 24
Viù *TO*… **18** G 4
Viù (Val di) *TO* … **18** G 3
Vivaro *PN* … **13** D 20
Vivaro Romano *RM* … **59** P 21
Viverone *BI* … **19** F 6
Viverone (Lago di) *BI* … **19** F 6
Viviere *CN* … **26** I 2
Viviere (Passo del) *BG* … **10** D 12
Vivo d'Orcia *SI* … **50** N 16
Vizze (Passo di) /
 Pfitscherjoch *BZ* … **4** B 16
Vizze (Val di) *BZ* … **3** B 16
Vizzini *CT*… **104** P 26
Vizzola Ticino *VA*… **20** F 8
Vo *PD*… **24** G 16
Vo *VI*… **24** F 16
Vobarno *BS*… **22** F 13
Vobbia *GE*… **29** I 9
Vocca *VC*… **8** E 6
Vodo Cadore *BL* … **13** C 18
Völs am Schlern /
 Fié allo Sciliar *BZ*… **3** C 16
Voghera *PV* … **29** H 9
Voghiera *FE*… **32** H 17
Vogogna *VB*… **8** D 6
Volania *FE*… **33** H 18
Volano *FE*… **33** H 18
Volano *TN*… **11** E 15
Volargne *VR*… **23** F 14
Volciano *BS*… **22** F 13
Volla *NA*… **69** E 25
Vollan / Foiana *BZ* … **3** C 15
Volmiano *FI* … **39** K 15
Volongo *CR*… **22** G 12
Volpago
 del Montello *TV*… **25** E 18
Volpara *PV* … **29** H 9
Volpara *AL*… **29** H 9
Volparo *SA* … **75** F 27
Volpe (Cala di) *SS*… **109** D 10
Volpe
 (Punta della) *SS*… **109** D 10
Volpedo *AL*… **28** H 8
Volperino *PG*… **52** N 20
Volpiano *TO*… **19** G 5
Volsini (Monti) *VT*… **57** O 17
Volta *SO*… **9** D 10
Volta Mantovana *MN*… **23** G 13
Voltaggio *AL*… **28** I 8
Voltago Agordino *BL*… **12** D 18
Voltana *RA*… **32** I 17

Volterra *PI*… **43** L 14
Voltido *CR*… **30** G 13
Voltone *VT*… **57** P 17
Voltre *FO*… **41** J 18
Voltri *GE*… **36** I 8
Volturara Appula *FG*… **66** C 27
Volturara Irpina *AV*… **70** E 26
Volturino *FG*… **66** C 27
Volturino (Fiumara) *FG*…**66** C 27
Volturino (Monte) *PZ* … **77** F 29
Volturno *IS* … **64** R 24
Volumni
 (Ipogeo di) *PG*… **51** M 19
Volvera *TO* … **27** H 4
Vomano *TE*… **59** O 22
Vomano (Val di) *AQ* … **59** O 22
Vöran / Verano *BZ* … **3** C 15
Vorno *LU* … **42** K 13
Vottignasco *CN* … **27** I 4
Voturo (Pizzo) *PA* … **99** N 24
Vulcanello
 (Monte) *ME*… **94** L 26
Vulcano
 (Bocche di) *ME* … **94** L 26
Vulcano (Isola) *ME*… **94** L 26
Vulcano (Monte) *AG* … **102** T 20
Vulci *VT*… **57** O 16
Vulgano *FG* … **71** C 27
Vulture (Monte) *PZ* … **71** E 28

W

Waidbruck /
 Ponte Gardena *BZ*… **3** C 16
Walten / Valtina *BZ* … **3** B 15
Wangen / Vanga *BZ*… **3** C 16
Weißenbach / Riobianco
 (vicino a
 Campo Tures) *BZ* … **4** B 17
Weißenbach / Riobianco
 (vicino a Pennes) *BZ* … **3** B 16
Weißkugel /
 Bianca (Palla) *BZ*… **2** B 14
Weisslahnbad / Bagni di
 Lavina Bianca *BZ* … **3** C 16
Weißseespitze / Lago Bianco
 (Punta) *BZ*… **2** B 14
Weitental / Vallarga *BZ*… **4** B 17
Welsberg /
 Monguelfo *BZ*… **4** B 18
Welschnofen /
 Nova Levante *BZ* … **12** C 16
Wengen / La Valle *BZ*… **4** C 17
Wiesen / Prati *BZ* … **3** B 16
Wieser Alm /
 Malga Prato *BZ*… **4** A 18
Wilde Kreuzspitze /
 Croce (Picco di) *BZ*… **3** B 16
Willy Jervis *TO*… **26** H 3
Winnebach /
 Prato alla Drava *BZ* … **4** B 19
Wölkenstein in Gröden /
 Selva di Valgardena *BZ*… **4** C 17
Wölfl / Lupicino *BZ*… **12** C 16

X-Z

Xirbi *CL* … **99** O 24
Xireni (Masseria) *PA*… **99** N 23
Xitta *TP* … **96** N 19
Xomo (Passo di) *VI*… **23** E 15
Xon (Passo) *VI* … **23** E 15
Zaccanopoli *VV* … **88** L 29
Zaccaria *NA* … **69** E 24
Zaccheo *TE*… **53** N 23
Zacchi (Rifugio) *UD*… **15** C 23
Zafferana Etnea *CT* … **101** N 27
Zafferano (Capo) *PA* … **98** M 22
Zafferano (Porto) *SU*… **120** K 7
Zagarise *CZ*… **87** K 31
Zagarolo *RM*… **63** Q 20
Zaiama *UD*… **15** D 21
Zambana *TN*… **11** D 15
Zambla *BG*… **10** E 11
Zamboni *RE*… **38** J 13
Zambrone *VV*… **88** K 29
Zambrone
 (Punta di) *VV* … **88** K 29
Zancona *GR*… **50** N 16
Zanè *VI* … **24** E 16
Zangarona *CZ*… **88** K 31
Zanica *BG*… **21** F 11
Zanotti *CN* … **34** J 2
Zappolino *BO*… **39** I 15
Zapponeta *FG*… **67** C 29
Zappulla *ME*… **100** M 26

Zappulla (Case) *RG* … **107** Q 26
Zatta (Monte) *GE*… **37** I 10
Zattaglia *RA*… **40** J 17
Zavattarello *PV*… **29** H 9
Zeccone *PV* … **21** G 9
Zeda (Monte) *VB* … **8** D 7
Zeddiani *OR*… **114** H 7
Zelbio *CO* … **9** E 9
Zelo *RO*… **32** G 16
Zelo Buon Persico *LO*… **21** F 10
Zeme *PV*… **20** G 7
Zena *BO*… **40** I 16
Zenna *VA*… **8** D 8
Zenobito
 (Punta del) *LI*… **48** M 11
Zenson di Piave *TV*… **16** E 19
Zeppara *OR* … **115** H 8
Zerba *PC*… **29** I 9
Zerbio *PC*… **30** G 11
Zerbion (Monte) *AO*… **19** E 4
Zerbolò *PV*… **21** G 9
Zerfaliu *OR*… **115** H 8
Zeri *MS*… **38** I 11
Zerman *TV*… **25** F 18
Zero *TV*… **25** F 18
Zero Branco *TV*… **25** F 18
Zevio *VR*… **23** F 15
Ziano di Fiemme *TN*… **12** D 16
Ziano Piacentino *PC*… **29** G 10
Zibello *PR*… **30** G 12
Zibido *PV*… **21** G 9
Zibido S. Giacomo *MI*… **21** F 9
Zignano *SP*… **37** J 11
Zimardo *RG*… **107** Q 26
Zimella *VR*… **24** F 16
Zimmara (Monte) *PA* … **99** N 24
Zimone *BI*… **19** F 6
Zinasconuovo *PV*… **29** G 9
Zinascovecchio *PV*… **29** G 9
Zinga *KR*… **87** J 32
Zingarini *RM*… **62** R 19
Zingonia *BG*… **21** F 10
Zinnigas *SU*… **118** J 8
Zinola *SV*… **36** J 7
Zinzulusa (Grotta) *LE*… **83** G 37
Zippo (Masseria) *TA* … **80** E 33
Ziracco *UD*… **15** D 22
Zita (Passo della) *ME*… **100** M 26
Zoagli *GE*… **37** I 9
Zocca *MO*… **39** I 14
Zóccolo (Lago di) *BZ*… **3** C 14
Zogno *BG*… **21** E 10
Zola Pedrosa *BO*… **31** I 15
Zoldo Alto *BL*… **13** C 18
Zoldo (Valle di) *BL*… **13** C 18
Zollino *LE*… **83** G 36
Zomaro *RC*… **91** M 30
Zone *BS*… **22** E 12
Zone *LU*… **39** K 13
Zoppé *TV*… **13** E 19
Zoppé di Cadore *BL*… **13** C 18
Zoppo
 (Portella dello) *ME*… **100** N 26
Zoppola *PN*… **13** E 20
Zorlesco *LO*… **21** G 10
Zorzoi *BL*… **12** D 17
Zovallo (Passo) *PR*… **29** I 10
Zovello *UD* … **5** C 20
Zovo (Passo del) *BL*… **5** C 19
Zsigmondy-
 Comici (Rifugio) *BZ*… **4** C 19
Zubiena *BI*… **19** F 5
Zucchi (Piano) *PA*… **99** N 23
Zucco (Lo) *PA*…**97** M 21
Zuccone Campelli *LC*… **9** E 10
Zuccone (Monte) *SP*… **37** I 10
Zuddas (Is) *SU*… **120** J 8
Zuel *BL* … **4** C 18
Zugliano *VI*… **24** E 16
Zuglio *UD* … **5** C 21
Zugna (Monte) *TN*… **23** E 15
Zula *BO*… **40** I 16
Zum Zeri *MS*… **37** I 11
Zumaglia *BI*… **19** F 6
Zumelle
 (Castello di) *BL*… **13** D 18
Zungoli *AV*… **71** D 27
Zungri *VV*… **88** L 29
Zupo (Pizzo) *SO*… **10** C 11
Zuppino *SA*… **76** F 27
Zurco *RE*… **31** H 13
Zuri *OR*… **115** G 8
Zurrone (Monte) *AQ*… **64** Q 24
Zwischenwasser /
 Longega *BZ* … **4** B 17

Piante di città

Town plans / Plans de villes / Stadtpläne / Stadsplattegronden / Planos de ciudades

ITALIA

● Agrigento............... 161
● Alessandria 162
● Ancona 162
● Arezzo 163
● Ascoli Piceno........... 163
● Assisi 164
● Bari.................... 165
● Bergamo............... 165
● Bologna............ 166/167
● Bolzano 168
● Brindisi 169
● Cagliari 169
● Catania 170
● Como.................. 170
● Cortina d'Ampezzo 171
● Cosenza............... 171
● Courmayeur............. 172
● Cremona............... 172
● Cuneo 173
● Ferrara................ 173
● Firenze........... 174/175
● Genova 176/177
● L'Aquila............... 178
● Lecce 178
● Lucca 179
● Mantova 180
● Messina 181
● Milano 182/183
● Modena................ 184
● Napoli 185
● Novara 186
● Padova 186
● Palermo................ 187
● Parma 188
● Perugia 189
● Pesaro 189
● Pescara 190
● Pisa.................... 190
● Reggio di Calabria 191
● Rimini 191
● Roma 192/193
● Salerno 194
● San Gimignano.......... 194
● San Remo 195
● Sassari 195
● Siena 196
● Siracusa............... 197
● Sorrento 198
● Spoleto 198
● Stresa................. 199
● Taormina 200
● Taranto 201
● Torino 202/203
● Trento 204
● Treviso................ 205
● Trieste 206
● Udine.................. 207
● Urbino 207
● Venezia 208
● Verona................. 209
● Vicenza 210
● Viterbo 211

Piante

Curiosità
Edificio interessante - Torre
Costruzione religiosa interessante

Viabilità
Autostrada - Doppia carreggiata tipo autostrada
Svincoli numerati: completo, parziale
Grande via di circolazione
Via regolamentata o impraticabile
Via pedonale - Tranvia
Parcheggio - Parcheggio Ristoro
Galleria
Stazione e ferrovia
Funicolare - Funivia, cabinovia

Simboli vari
Costruzione religiosa
Moschea - Sinagoga
Torre - Ruderi
Mulino a vento
Giardino, parco, bosco - Cimitero
Stadio - Golf - Ippodromo
Piscina: all'aperto, coperta
Vista - Panorama
Monumento - Fontana
Porto turistico - Faro
Ufficio informazioni turistiche
Aeroporto - Stazione della metropolitana
Autostazione
Trasporto con traghetto:
passeggeri ed autovetture - solo passeggeri
Ufficio centrale di fermo posta - Ospedale
Mercato coperto
Carabinieri - Polizia
Municipio
Università, scuola superiore
Edificio pubblico indicato con lettera
Museo - Municipio
Prefettura, sottoprefettura - Teatro
M H P T

Plans

Curiosités
Bâtiment intéressant - Tour
Édifice religieux intéressant

Voirie
Autoroute - Double chaussée de type autoroutier
Échangeurs numérotés : complet - partiels
Grande voie de circulation
Rue réglementée ou impraticable
Rue piétonne - Tramway
Parking - Parking Relais
Tunnel
Gare et voie ferrée
Funiculaire, voie à crémaillère - Téléphérique, télécabine

Signes divers
Édifice religieux
Mosquée - Synagogue
Tour - Ruines
Moulin à vent
Jardin, parc, bois - Cimetière
Stade - Golf - Hippodrome
Piscine de plein air, couverte
Vue - Panorama
Monument - Fontaine
Port de plaisance - Phare
Information touristique
Aéroport - Station de métro
Gare routière
Transport par bateau :
passagers et voitures, passagers seulement
Bureau principal de poste restante - Hôpital
Marché couvert
Gendarmerie - Police
Hôtel de ville
Université, grande école
Bâtiment public repéré par une lettre :
Musée - Hôtel de ville
Préfecture, sous-préfecture - Théâtre
M H P T

Town plans

Sights
Place of interest - Tower
Interesting place of worship

Roads
Motorway - Dual carriageway
Numbered junctions: complete, limited
Major thoroughfare
Unsuitable for traffic or street subject to restrictions
Pedestrian street - Tramway
Car park - Park and Ride
Tunnel
Station and railway
Funicular - Cable-car

Various signs
Place of worship
Mosque - Synagogue
Tower - Ruins
Windmill
Garden, park, wood - Cemetery
Stadium - Golf course - Racecourse
Outdoor or indoor swimming pool
View - Panorama
Monument - Fountain
Pleasure boat harbour - Lighthouse
Tourist Information Centre
Airport - Underground station
Coach station
Ferry services:
passengers and cars - passengers only
Main post office with poste restante - Hospital
Covered market
Gendarmerie - Police
Town Hall
University, College
Public buildings located by letter:
Museum - Town Hall
Prefecture or sub-prefecture - Theatre
M H P T

Stadtpläne

Sehenswürdigkeiten
Sehenswertes Gebäude - Turm
Sehenswerter Sakralbau

Straßen
Autobahn - Schnellstraße
Nummerierte Voll- bzw. Teilanschlussstellen
Hauptverkehrsstraße
Gesperrte Straße oder mit Verkehrsbeschränkungen
Fußgängerzone - Straßenbahn
Parkplatz - Park-and-Ride-Plätze
Tunnel
Bahnhof und Bahnlinie
Standseilbahn - Seilschwebebahn

Sonstige Zeichen
Sakralbau
Moschee - Synagoge
Turm - Ruine
Windmühle
Garten, Park, Wäldchen - Friedhof
Stadion - Golfplatz - Pferderennbahn
Freibad - Hallenbad
Aussicht - Rundblick
Denkmal - Brunnen
Yachthafen - Leuchtturm
Informationsstelle
Flughafen - U-Bahnstation
Autobusbahnhof
Schiffsverbindungen:
Autofähre, Personenfähre
Hauptpostamt (postlagernde Sendungen) - Krankenhaus
Markthalle
Gendarmerie - Polizei
Rathaus
Universität, Hochschule
Öffentliches Gebäude, durch einen Buchstaben gekennzeichnet:
Museum - Rathaus
Präfektur, Unterpräfektur - Theater
M H P T

Plattegronden

Bezienswaardigheden
Interessant gebouw - Toren
Interessant kerkelijk gebouw

Wegen
Autosnelweg - Weg met gescheiden rijbanen
Knooppunt / aansluiting: volledig, gedeeltelijk
Hoofdverkeersweg
Onbegaanbare straat, beperkt toegankelijk
Voetgangersgebied - Tramlijn
Parkeerplaats - P & R
Tunnel
Station, spoorweg
Kabelspoor - Tandradbaan

Overige tekens
Kerkelijk gebouw
Moskee - Synagoge
Toren - Ruïne
Windmolen
Tuin, park, bos - Begraafplaats
Stadion - Golfterrein - Renbaan
Zwembad: openlucht, overdekt
Uitzicht - Panorama
Gedenkteken, standbeeld - Fontein
Jachthaven - Vuurtoren
Informatie voor toeristen
Luchthaven - Metrostation
Busstation
Vervoer per boot:
Passagiers en auto's - uitsluitend passagiers
Hoofdkantoor voor poste-restante - Ziekenhuis
Overdekte markt
Marechaussee / rijkswacht - Politie
Stadhuis
Universiteit, hogeschool
Openbaar gebouw, aangegeven met een letter::
Museum - Stadhuis
Prefectuur, onderprefectuur - Schouwburg
M H P T

Planos

Curiosidades
Edificio interesante - Torre
Edificio religioso interesante

Vías de circulación
Autopista - Autovía
Enlaces numerados: completo, parciales
Vía importante de circulacíon
Calle reglamentada o impracticable
Calle peatonal - Tranvía
Aparcamiento - Aparcamientos «P+R»
Túnel
Estación y línea férrea
Funicular, línea de cremallera - Teleférico, telecabina

Signos diversos
Edificio religioso
Mezquita - Sinagoga
Torre - Ruinas
Molino de viento
Jardín, parque, madera - Cementerio
Estadio - Golf - Hipódromo
Piscina al aire libre, cubierta
Vista parcial - Vista panorámica
Monumento - Fuente
Puerto deportivo - Faro
Oficina de Información de Turismo
Aeropuerto - Estación de metro
Estación de autobuses
Transporte por barco:
pasajeros y vehículos, pasajeros solamente
Oficina de correos - Hospital
Mercado cubierto
Policía National - Policía
Ayuntamiento
Universidad, escuela superior
Edificio público localizado con letra :
Museo - Ayuntamiento
Prefectura, subprefectura - Teatro
M H P T

AGRIGENTO

0 1 km

Tempio di Zeus Olimpio........ D
Tempio di Castore e Polluce....E

N

PALERMO, CORLEONE   PALERMO   CALTANISSETTA
FAVARA

OSPEDALE PSICHIATRICO

Museo Archeologico Regionale VALLE
San Nicola
Quartiere ellenistico romano
DEI
Oratorio di Falaride
Tempio di Eracle
TEMPLI
Via Sacra
Giardino della Kolymbetra
Tomba di Terone
Tempio di Hera Lacinia
TEMPIO DELLA CONCORDIA

VILLASETA

MARSALA, SCIACCA

MARE MEDITERRANEO

LINOSA, LAMPEDUSA   S. LEONE

AGRIGENTO

0   300 m

N

PALERMO, CALTANISSETTA

Biblioteca Lucchesiana
Cattedrale
Pal. Barone Celauro
S. Maria dei Greci
Pal. del Campo-Lazzarini
San Lorenzo
Monastero di S. Spirito
S. Giuseppe
Conventino Chiaramontano
S. Calogero
Vle d. Vittoria

TRAPANI, PORTO EMPEDOCLE

Ex Collegio dei Filippini .... A
Camera di Commercio C
Palazzo Celauro ....E

VALLE DEI TEMPLI
RAGUSA, VALLE DEI TEMPLI

Castronuovo di Sicilia
Stazione di Cammarata
Casalicchio
Cammarata
San Giovanni Gemini
M. Cammarata
Acquaviva Platani
Casteltermini
Magri
San Biagio Platani
Villaggio Faina
Sant' Angelo Muxaro
Santa Elisabetta
Raffadali
Aragona
Comitini
Grotte
Joppolo Giancaxio
Zorba
Stazione di Aragona Caldara
Quattro Strade
Scintilia
Vulcanelli di Macalube
San Benedetto
San Michele
Montaperto
Borsellino
Giardina Gallotti
Favara
AGRIGENTO
Villaseta
Valle dei Templi
Villaggio Mosè
Realmonte
Gelonardo
Pergole
Scavuzzo
Caliato
Lido Rossello
Punta Grande
Capo Rossello
Porto Empedocle
San Leone Mosè
San Leone
Giarra
Magellano I
Dune I
Dune II
Dune III
Dune IV
Magellano II
Cannatello
Fiumenaro
Zingarello

ALESSANDRIA

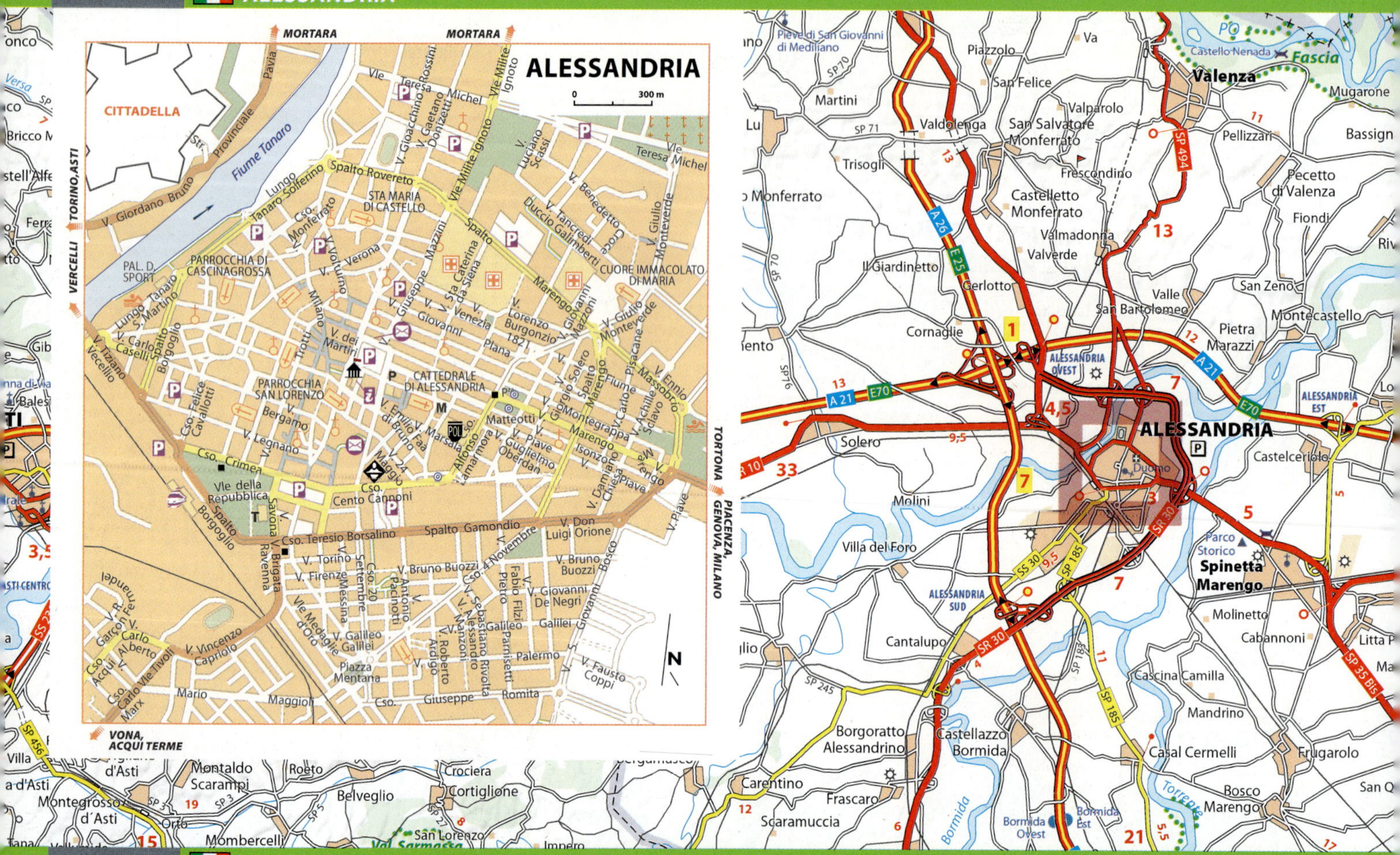

ALESSANDRIA

CITTADELLA

Fiume Tanaro

0   300 m

Valenza

Fascia

ALESSANDRIA OVEST

ALESSANDRIA

Spinetta Marengo

ALESSANDRIA EST

ALESSANDRIA SUD

Parco Storico

ANCONA

ANCONA

COLLE GUASCO

Arco di Traiano

Museo Diocesano

Duomo di San Ciriaco

Anfiteatro romano

Piazza Duomo

Museo Archeologico Nazionale delle Marche

Chiesa del Gesù

S. Francesco alle Scale

Pinacoteca Civica

S. Maria della Piazza

Loggia dei Mercanti

PORTO

Museo della Città

S. Domenico

STAZIONE MARITTIMA

Pza del Plebiscito

Corso Garibaldi

Fontana del Calamo

AIR TERMINAL

Corso Mazzini

Pza Cavour

Lazzaretto

PARCO CITTADELLA

MARE ADRIATICO

Monte Cardeto

ASCENSORE SPIAGGIA

Passetto

Monumento ai Caduti

Viale della Vittoria

0   300 m

N

RIMINI

PESCARA

PORTONOVO, NUMANA

ANCONA

Arco di Traiano

Duomo di S. Ciriaco

Mole Vanvitelliana

Stadio Dorico

Sirolo

Numana

Camerano

AREZZO

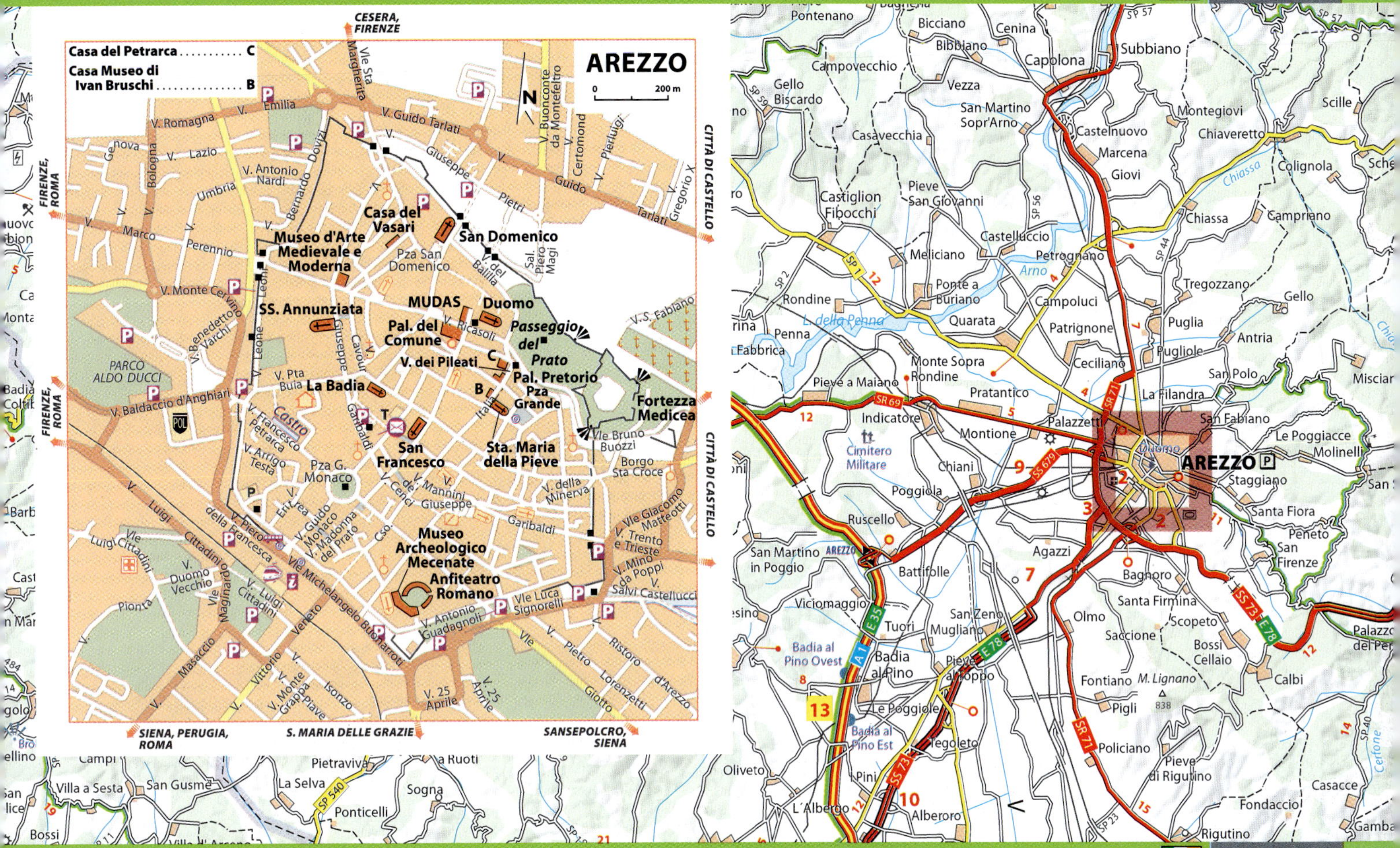

Casa del Petrarca C
Casa Museo di
Ivan Bruschi .... B

0   200 m

ASCOLI PICENO

0   200 m

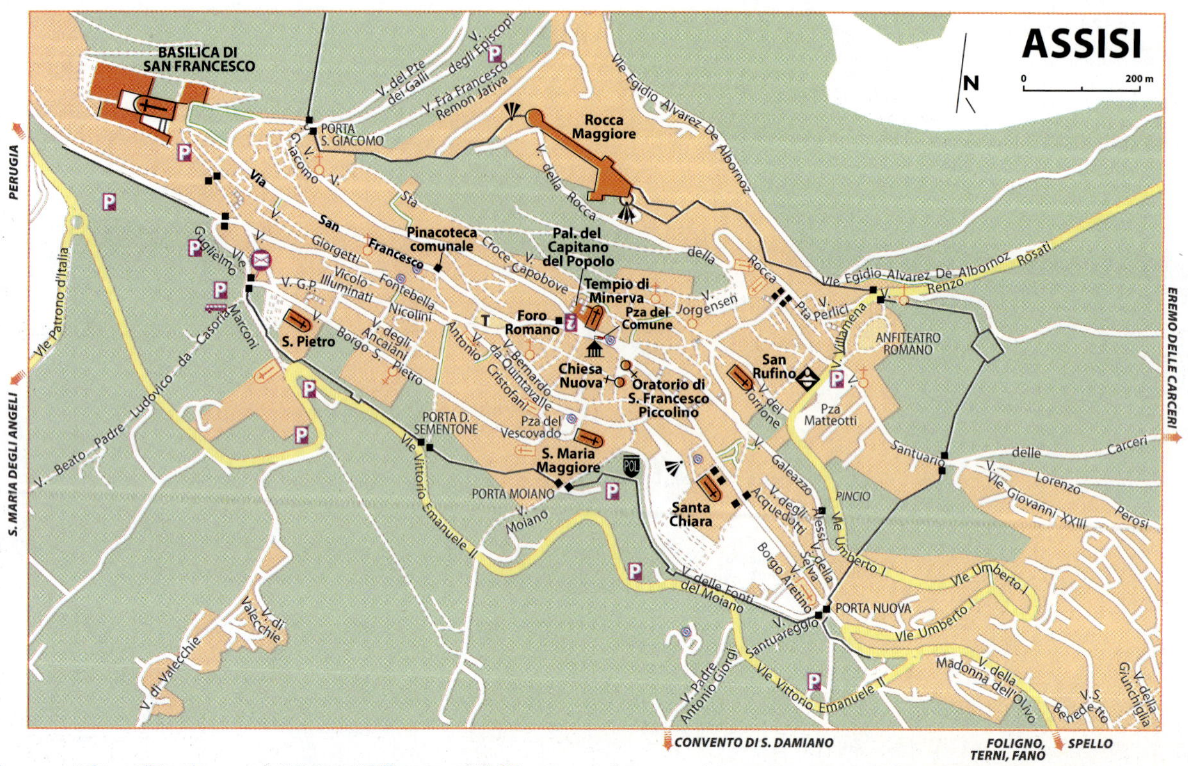

ASSISI

N
0   200 m

BASILICA DI SAN FRANCESCO

PERUGIA

S. MARIA DEGLI ANGELI

Rocca Maggiore

PORTA S. GIACOMO

San Francesco
Pinacoteca comunale
Pal. del Capitano del Popolo
Tempio di Minerva
Pza del Comune
Foro Romano
Chiesa Nuova
S. Pietro
San Rufino
ANFITEATRO ROMANO
Oratorio di S. Francesco Piccolino
PORTA D. SEMENTONE
Pza del Vescovado
S. Maria Maggiore
Santa Chiara
PORTA MOIANO
PORTA NUOVA

EREMO DELLE CARCERI

CONVENTO DI S. DAMIANO

FOLIGNO, TERNI, FANO   SPELLO

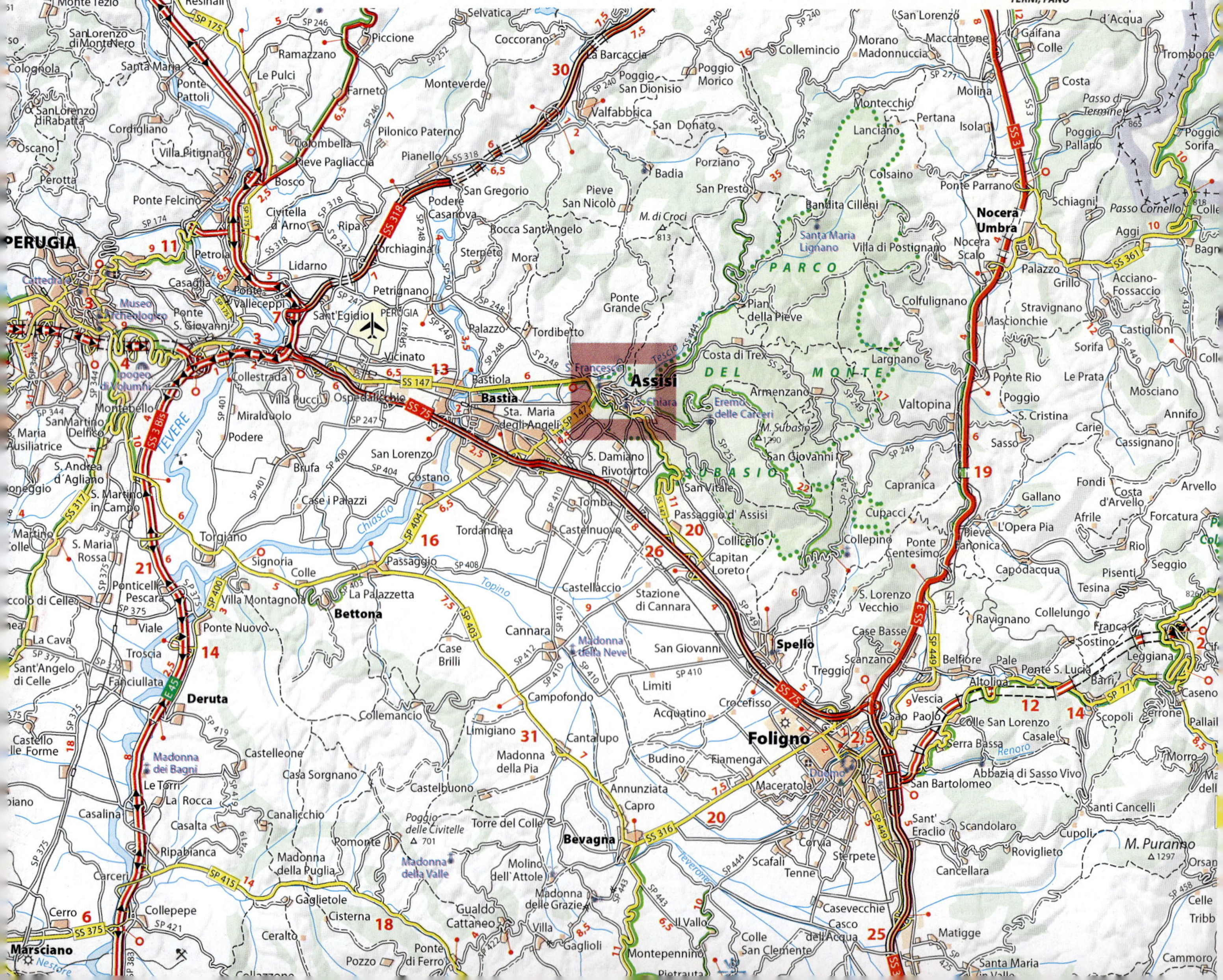

PERUGIA

Nocera Umbra

PARCO DEL MONTE SUBASIO

Assisi
Bastia
Sta. Maria degli Angeli
S. Damiano
Rivotorto
Eremo delle Carceri
M. Subasio

Bettona

Cannara

Spello

Bevagna

Foligno

Deruta

Marsciano

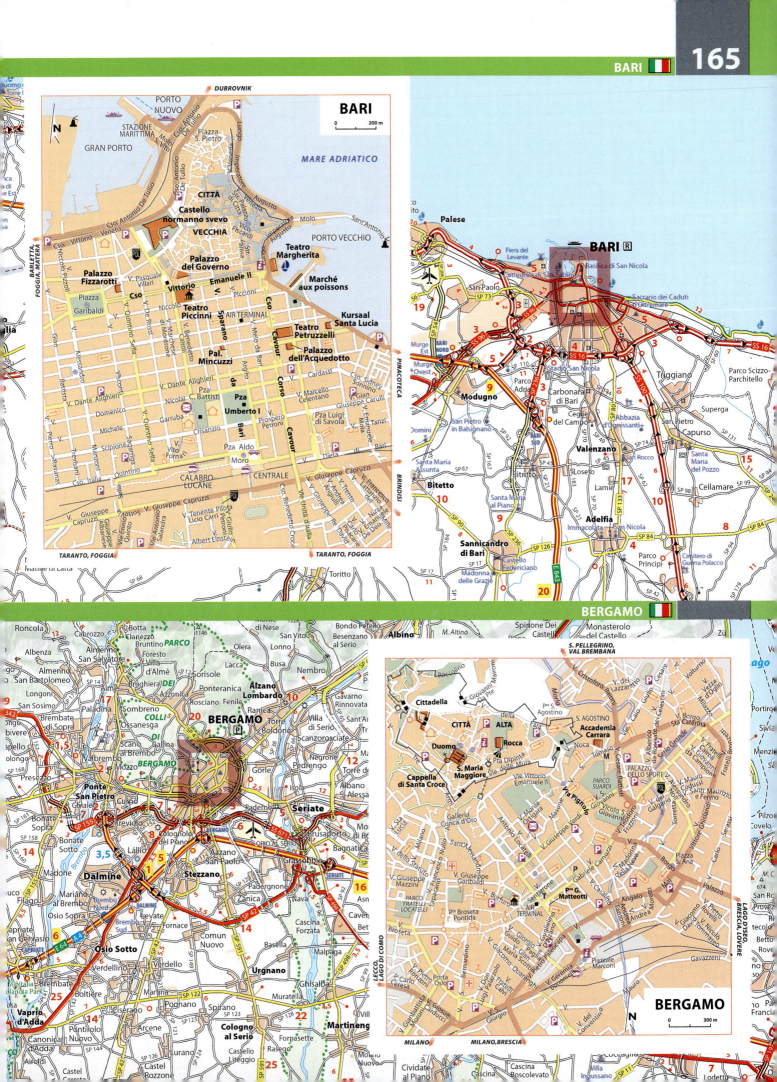

BOLOGNA

VERONA · CASTEL MAGGIORE · FERRARA, VERONA, PADOVA

MODENA, VIA EMILIA · BOLOGNA G. MARCONI · LIPPO · CORTICELLA · S. PELLEGRINO · QUARTO INFERIORE

BOLOGNA B. PANIGALE · LAME · DOZZA · BORGO PANIGALE · BOLOGNA ARCOVEGGIO · BOLOGNINA · FIERA DI BOLOGNA · SAN DONATO

S. VIOLA · SAFFI · Bologna Centrale · VILLANOVA · CASTELDEBOLE · San Petronio · S. VITALE · BARCA · DALL'ARA · BOLOGNA-S. LAZZARO · PONTE VECCHIO

BOLOGNA CASALECCHIO · RIALE · CASALECCHIO DI RENO · Madonna di San Luca · GIARDINI MARGHERITA · MURRI · S. LAZZARO DI SAVENA

CERETOLO · COSTA SARAGOZZA · COLLI · CHIESANUOVA · MAZZINI · PARCO DELLA RESISTENZA · LA CICOGNA

BOLOGNA · CASAGLIA · GAIBOLA · MONTE DONATO · SAN RUFFILLO · 0 — 1 km

PISTOIA, LIVORNO · FIRENZE · FIRENZE

VERONA · Spilamberto · San Cesario sul Panaro · Piumazzo · Magazzino · San Giovanni · Cabelle · Savignano sul Panaro · Monteveglio

Montebudello · Castello di Serravalle · Sant'Apollinare · Garofano · Castelletto

---

Lupazzo · La Valle · Cerredolo · Cassano · Pompeano · Coscogno · Savigno · DEI SASSI DI ROCCA MALATINA · Rocca Malatina · Montecorone · Monte Ombraro

Toano · Massa · Riale · La Ca' · M. Santa Giulia 935 · Ronchi · La Barbona · La Guardia · Le Coste · Castellino · Gainazzo · La Torre · Zocchetta · San Pro

Montefiorino · Mogno · Il Poggio · Gombola · Sant'Antonio · Comungrande · Benedello · Samone · Missano · Zocca

Rubbiano · Lama di Monchio · Castellaro · M. San Martino 1053 · Maranello · Montebonella · Ca' Bortolucci · Miceno · Iddiano · Montalbano · Tolè

La Verna · Vitriola · Costrignano · Cinghianella · Frassineti · Crocette · Castagneto · Verica · Montalto · Rosola

Peschiere · Savoniero · Susano · Polinago · Serre · **Pavullo nel Frignano** · Niviano · Monticello · La Trappola

Pianezzo · Lamalunga · Montecerreto · Cadignano · Monteleone · Monzone · Galaiello · Montecuccolo · Montorso · Bertocchi · Santa Lucia · Amore

Serràdimigni · M. Modino 1414 · Palagano · Monte · Castello · Mocogno · Montecenere · Renno · San Giacomo Maggiore · Salto · Serra Salzana · Pieve di Roffeno a Cerelia

Lago · Sassatella · Pietraguisa · Piane di Mocogno · Lama Mocogno · Galato · San Martino · Villa d'Aiano · Roccedi Roffeno · Casigno

Ronchi · Boccassuolo · Vaglio · Casine Tole · Castagnola · Montese · Sassomolare · Labante · Riola

Barigazzo · Fignola · Castellaro · Vesale · M. Emiliano 974 · Passo Brasa 895 · Pietracolora · Palazzo

La Santona · Serpiano · Magrignana · Montecreto · Trentino · Montespecchio · Santa Maria Villiana · Pieve di Affrico

Cento Croci · Groppo · Riofunato · **Sestola** · La Serra · Sasso · Alberelli · Castelluccio · Forno · Rocca Pitigliana · Marano · Castel d'Aiano · Castelnuovo

Casoni · Capannone · Castello · Tintoria · Trignano · Fanano · Molinaccio · Savignano · Vimignano

Sant'Andrea Pelago · M. Calvanella 1529 · Canevare · Rocca Corneta · Corona · Belvedere 1140 · Gaggio Montano · Silla · Rivabella · Ponte di Verzuno

Pievepelago · Chiusura · M. Cimone 2165 · PARCO DELL'ALTO APPENNINO MODENESE · Fellicarolo · Montemezzano · Abetaia · Santi Michele e Nazario · Querciola · Pian di Casale · Poggio

Merizzana · Cadagnolo · Fiumalbo · Lago Dogana Nuova · Faidello · Chiesina · Poggiolforato · Grecchia Gabba Villaggio Europa · Corvella · Prati · Marzolara · Camugnan

Le Tagliole · Rotari · Osteria · Vidiciatico · Capugnano · Berzantina · Casola · Guzzan

M. Giova 1991 · Val di Luce · Le Regine · Fontana · Rivoreta · Lizzano in Belvedere · Monteacuto dell'Alpi · Borgo Capanne · Il Giardino · Ponte della Venturina · Castel di Casio

Abetone 1937 · Libro Aperto 1388 · Boscolungo · Bicchiere di Sopra · Melo · Passo Croce Arcana 1730 · PARCO DEL CORNO ALLE SCALE · Santuario Madonna dell'Acero · Pianaccio · **Porretta Terme** · Terme di Porretta · Lizzo · Suviana · Badi

Consuma · Vaccaia · Pian · Cecchetto · SS 12 · Pianosinatico · Doganaccia · Granaglione · Corno alle Scale 1945 · Santuario della Madonna del Faggio · Lustrola · Pavana · Bacino di Suviana · Bargi

BOLOGNA

0   300 m

Fontana del Nettuno . . . . F
Palazzo del Podestà . . . . P¹
Palazzo di Re Enzo . . . . D
Palazzo Pepoli – Museo
   della Storia di Bologna . . M¹
Santa Maria della Vita L

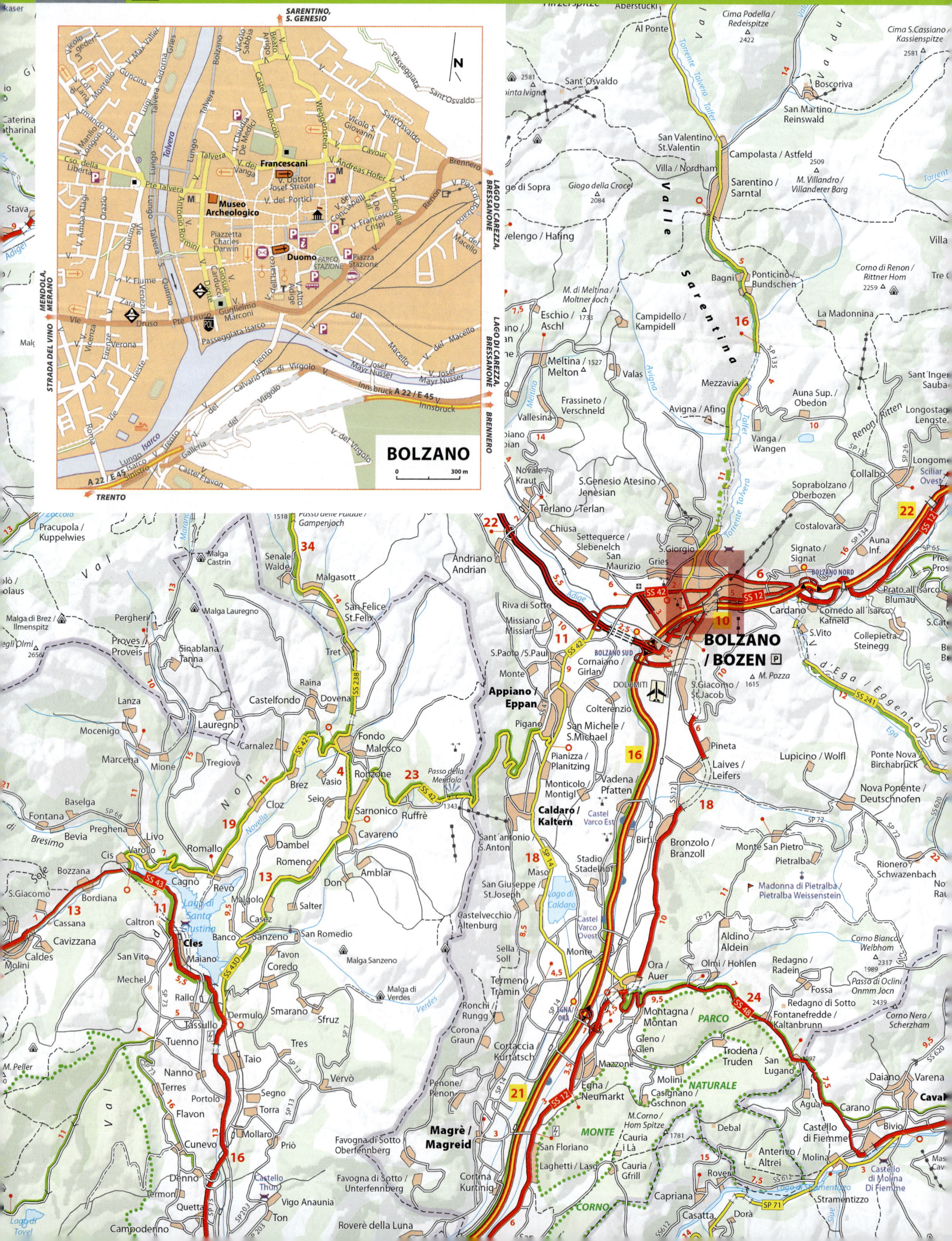

BOLZANO

Scale: 300 m

Map labels include:

SARENTINO, S. GENESIO · Sant'Osvaldo · Francescani · Museo Archeologico · Duomo · Piazzetta Charles Darwin · Piazza Stazione · MENDOLA / MERANO · STRADA DEL VINO · TRENTO · LAGO DI CAREZZA, BRESSANONE · Innsbruck A 22 / E 45 · Brennero

Hirzerspitze · Cima Podella / Redeispitze 2422 · Cima S. Cassiano / Kassienspitze 2581 · Al Ponte · Boscoriva · San Martino / Reinswald · Sant Osvaldo · San Valentino / St.Valentin · Campolasta / Astfeld 2509 · Sarentino / Sarntal · M. Villandro / Villanderer Barg · Villa / Nordham · Lago di Sopra · Giogo della Croce 2084 · Valle Sarentina · Bagni · Ponticino / Bundschen · Corno di Renon / Rittner Horn 2259 · La Madonnina · Villa · M. di Meltina / Moltner Joch 1733 · Campidello / Kampidell · Mezzavia · Auna Sup. / Obedon · Sant'Inger / Sauba · Longostagno / Lengste. · Eschio / Aschl · Meltina / Melton 1527 · Valas · Frassineto / Verschneld · Avigna / Afing · Vanga / Wangen · Renon / Ritten · Longomoso / Longomo · Sciliar Ovest · Vallesina · Novale / Kraut · S.Genesio Atesino / Jenesian · Terlano / Terlan · S.Giorgio / Gries · Soprabolzano / Oberbozen · Costalovara · Collalbo · Signato / Signat · Auna Inf. · Prato all'Isarco / Blumau · Chiusa · Settequerce / Siebeneich · San Maurizio · SS 42 · BOLZANO NORD · Cardano · Cornedo all'Isarco · Kafneld · S.Vito · Collepietra / Steineg · S.Cate · Andriano / Andrian · Riva di Sotto · Missiano / Missian · S.Paolo / S.Paul · Monte · Cornaiano / Girlan · DOLOMITI · S.Giacomo / St.Jacob · BOLZANO / BOZEN · M. Pozza 1615 · Ega / Eggental · Appiano / Eppan · Pigano · San Michele / S.Michael · Colterenzio · Pianizza / Planitzing · Monticolo / Montigl · Vadena / Pfatten · Pineta · Laives / Leifers · Lupicino / Wolfl · Ponte Nova / Birchabruck · Nova Ponente / Deutschnofen · Caldaro / Kaltern · Castel Varco Est · Sant'antonio / S.Anton · Maso · Birti · Bronzolo / Branzoll · Monte San Pietro / Pietralba · Rionero / Schwazenbach · San Giuseppe / St.Joseph · Stadio Stadelhof · Madonna di Pietralba / Pietralba Weissenstein · Lago di Caldaro · Castel Varco Ovest · Monte · Ora / Auer · Olmi / Hohlen · Redagno / Radein 1989 · Corno Bianco / Welbhom 2317 · Aldino / Aldein · Sella Soll · Termeno / Tramin · Ronchi / Rungg · Corona Graun · Cortaccia / Kurtatsch · Mazzone · Redagno di Sotto · Fossa · Passo di Oclini / Onmm Joch 2439 · Corno Nero / Scherzham · Montagna / Montan · Gleno / Glen · Trodena / Truden · San Lugano · Daiano · Varena · Cava · Molini / Gschnon · Aguai · Carano · Egna / Neumarkt · Casignano · San Floriano · MONTE · Cauria / Là · Cauria / Gfrill · Debal · Antervio / Altrei · Molina · Castello di Fiemme · Magrè / Magreid · Favogna di Sotto / Oberfennberg · Corona / Kurtinig · Laghetti / Lago · Roven · Castello di Molina Di Fiemme · Favogna di Sotto / Unterfennberg · Vigo Anaunia · Roverè della Luna · Casatta · Dora · Stramentizzo · CORNO · Capriana

West side: Kaser · Caterina / ...tharinal · Stava · Malo · S.Giacomo · Caldes · Molini · Mechel · M. Peller · Campodenno · Ton · Quetta · Denno · Cunevo · Mollaro · Prió · Vervò · Segno · Torra · Flavon · Portolo · Nanno · Terres · Tuenno · Tassullo · Dermulo · Smarano · Taio · Sfruz · Tres · Coredo · Tavon · Maiano · San Vito · Rallo · Caltron · Cles · Dambel · Cloz · Brez · Vasio · Romeno · Don · Amblar · Cavareno · Sarnonico · Ruffrè · Passo della Mendola 1343 · Fondo Malosco · Ronzone · Seio · Malgolo · Casez · Banco · Sanzeno · San Romedio · Malga Sanzeno · Castelvecchio / Altenburg · Malga di Verdes · Verdes · Castelfondo · Dovena · Raina · Tret · Carnalez · Tregiovo · Romallo · Cagno · Revò · Salter · Cis · Varollo · Livo · Preghena · Bresimo · Bevia · Bozzana · Cassana · Bordiana · Cavizzana · Molini · Caldes · Baselga · Fontana · Lanza · Mocenigo · Marcena · Mione · Lauregno · Proves / Proveis 2656 · Pergherei · Senale / Walde · Malgasott · Malga Lauregno · San Felice / St.Felix · Malga Castrin · Pracupola / Kuppelwies 1518 · Passo delle Palade / Gampenjoch · Zoccola · Olaus · Malga di Brez / Ilmenspitz · egli Olmi · Lago di Tovel

Road numbers: 16 · 22 · 6 · 10 · 11 · 18 · 24 · 21 · 34 · 4 · 23 · 19 · 13 · 9 · SS 42 · SS 12 · SS 48 · SS 43 · SS 238 · SS 430 · A 22 / E 45

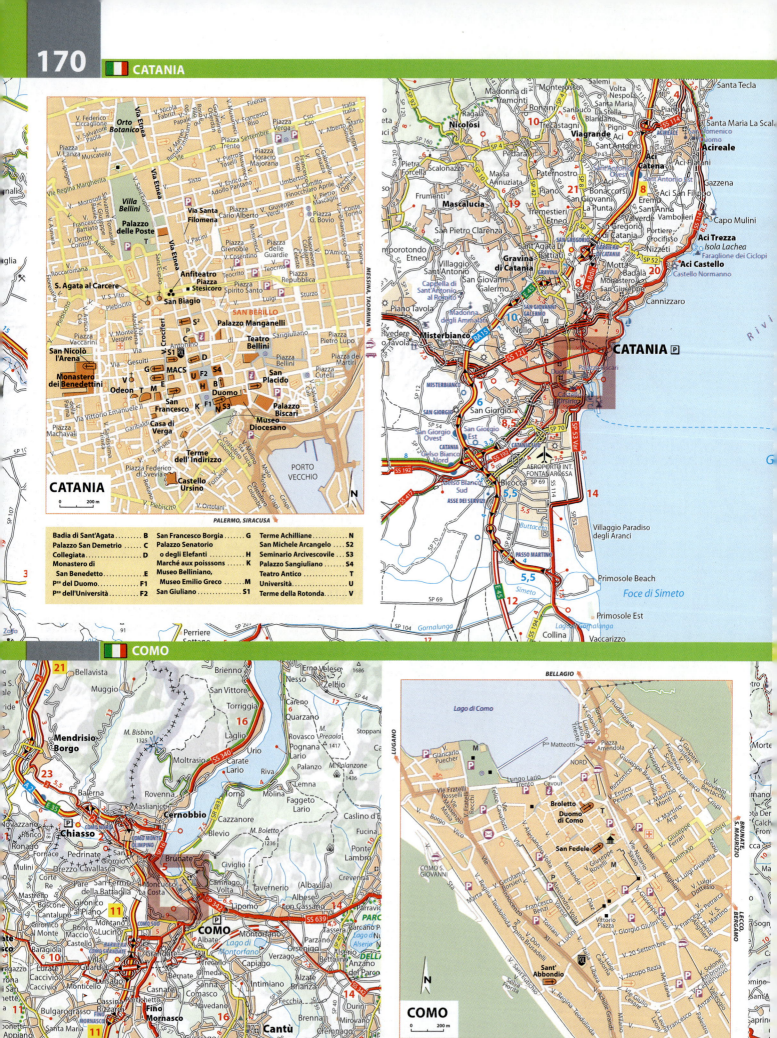

CATANIA

Badia di Sant'Agata . . . . B
Palazzo San Demetrio C
Collegiata . . . . D
Monastero di
  San Benedetto . . . . E
P.za del Duomo F1
P.za dell'Università F2

San Francesco Borgia . . . . . . G
Palazzo Senatorio
  o degli Elefanti . . . . H
Marché aux poissons . . . . K
Museo Belliniano,
  Museo Emilio Greco . . . . M
San Giuliano S1

Terme Achilliane . . . . N
San Michele Arcangelo . . . S2
Seminario Arcivescovile . . S3
Palazzo Sangiuliano S4
Teatro Antico . . . . T
Università . . . . U
Terme della Rotonda V

COMO

COMO

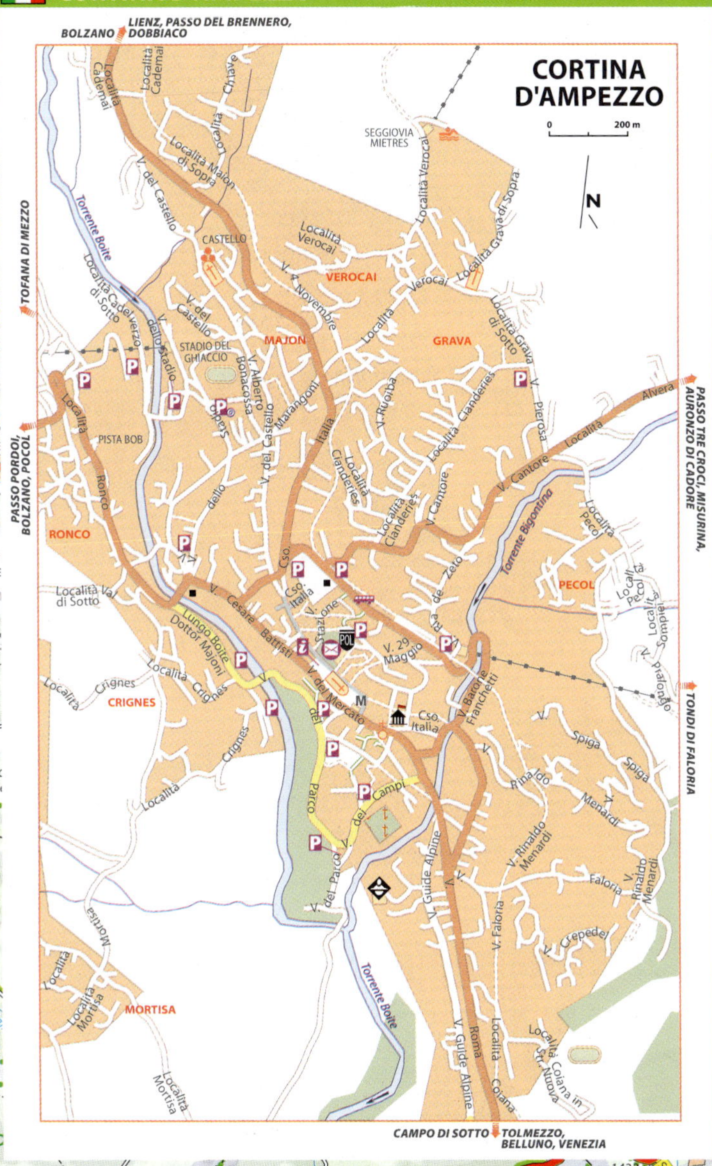

CORTINA D'AMPEZZO

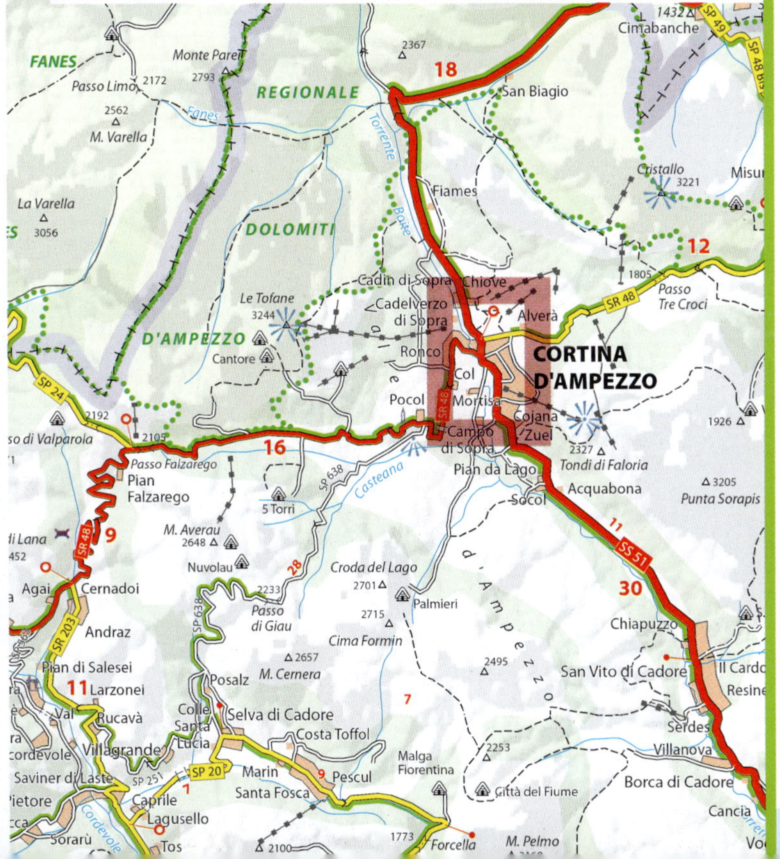

0   200 m

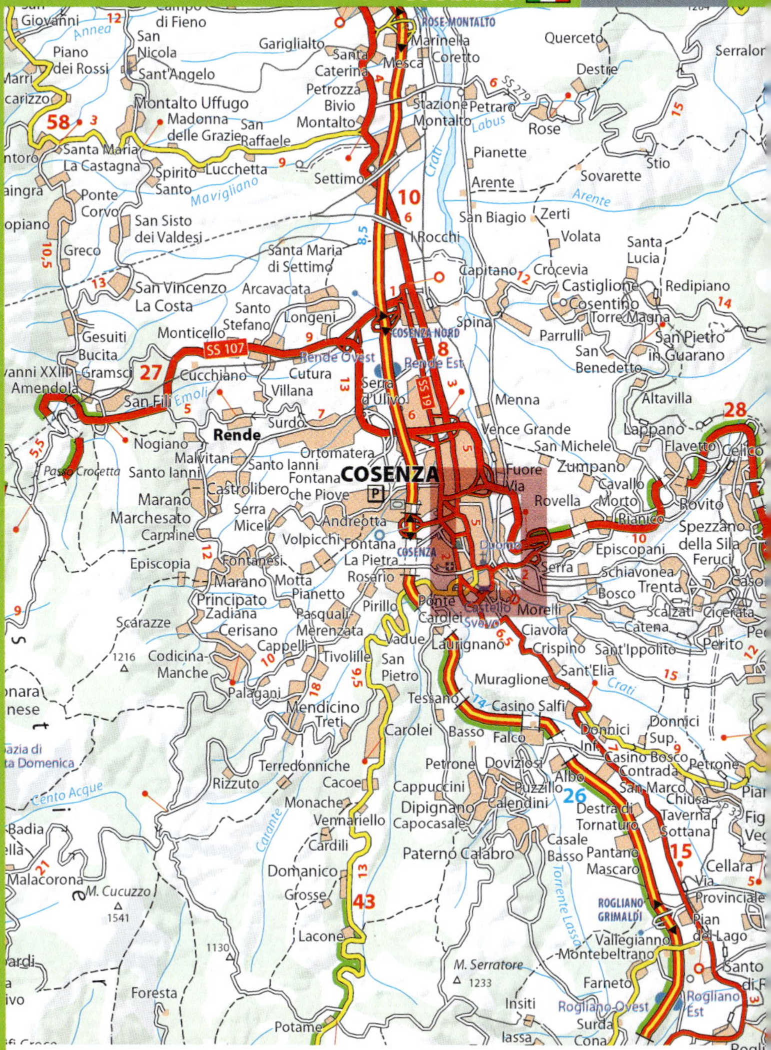

N

COSENZA

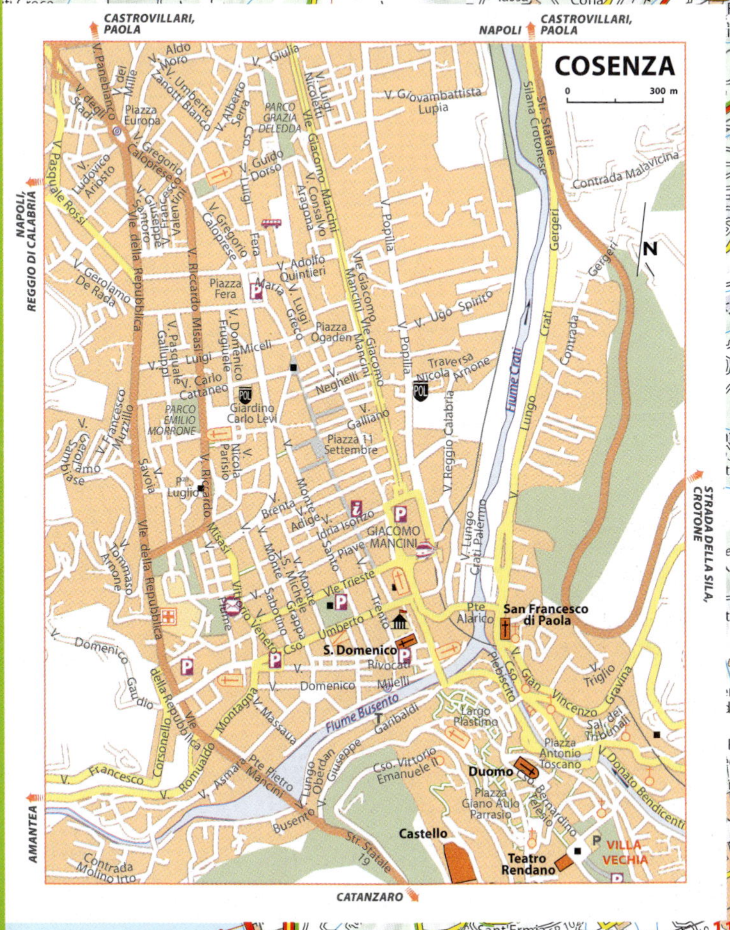

0   300 m

N

COURMAYEUR

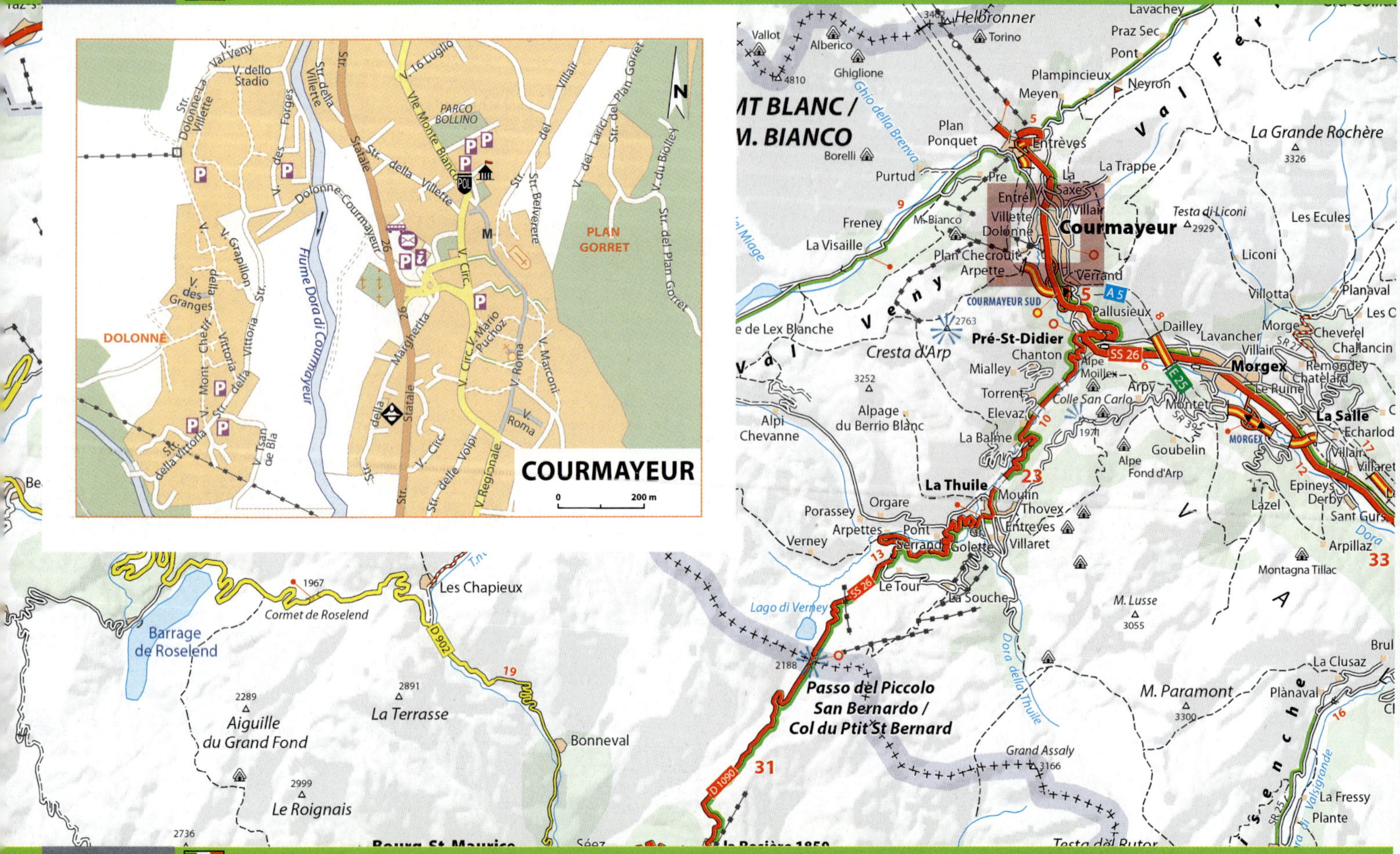

PLAN GORRET

DOLONNE

PARCO BOLLINO

0   200 m

MT BLANC / M. BIANCO

Courmayeur

COURMAYEUR SUD

Pré-St-Didier

Morgex

La Salle

La Thuile

Cresta d'Arp

Val Veny

Val Ferret

La Grande Rochère

Passo del Piccolo San Bernardo / Col du Ptit St Bernard

Barrage de Roselend

Les Chapieux

Aiguille du Grand Fond

La Terrasse

Bonneval

Le Roignais

M. Paramont

🇮🇹 CREMONA

CREMONA

BERGAMO   BRESCIA

MILANO, CREMA

CODOGNO

MILANO, PIACENZA

MANTOVA, BRESCIA

MANTOVA, PARMA, CASALMAGGIORE

PARMA

Museo Stradivariano

Sant'Agostino

Palazzo Fodri

TORRAZZO

Duomo

Battistero

S. VICENZO

Piazza Roma

Piazza della Libertà

Piazza 4 Novembre

Piazza Stazione

PARCO CADUTI DA NASSIRYA

PARCO IGINIO SARTORI

Depuratore

0   300 m

CREMONA

CREMONA NORD

CREMONA SUD

AEROPORTO DI CREMONA-MIGLIARO

Palazzo del Comune

Castelvetro Piacentino

PIACENZA

PO

Cortemaggiore

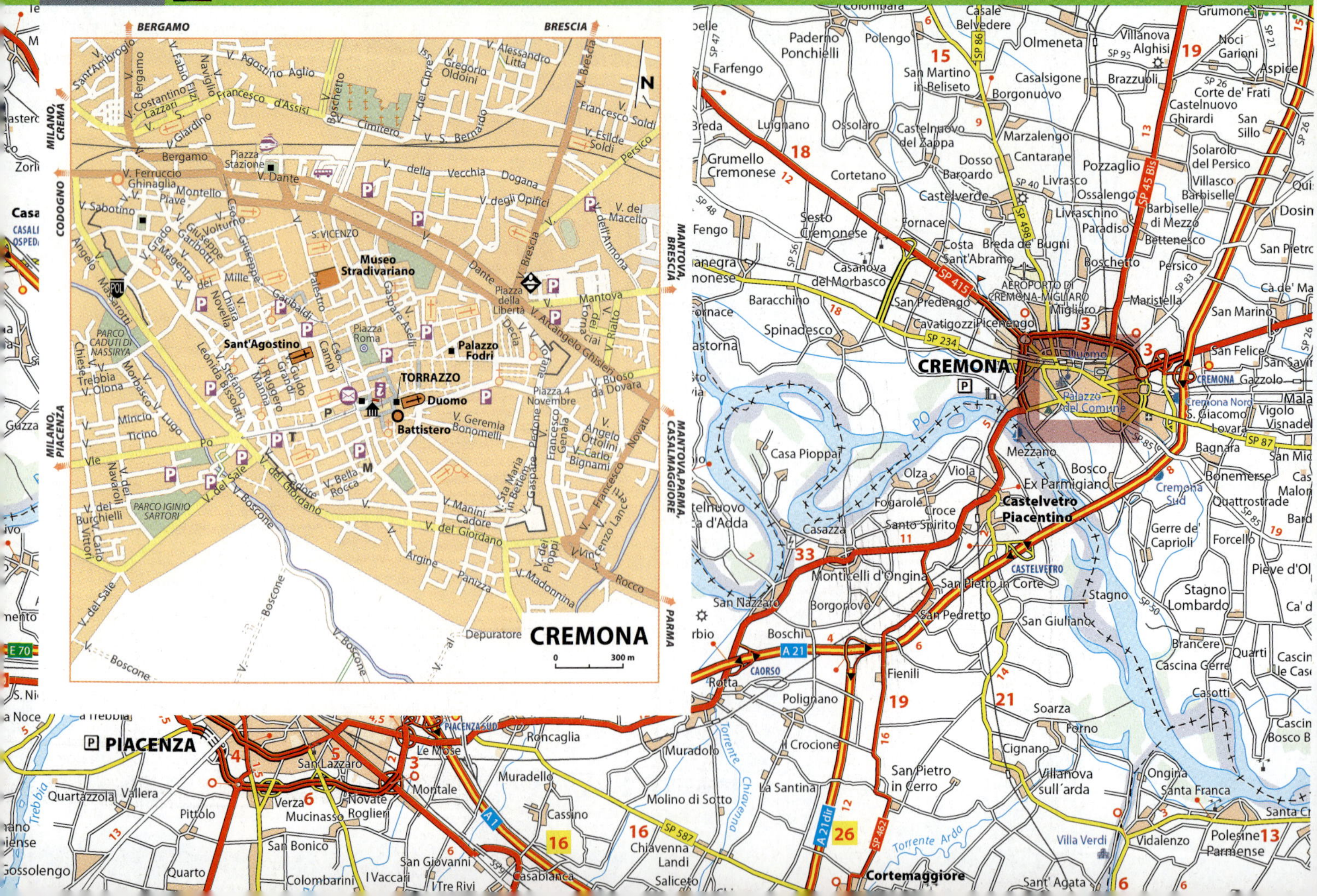

CUNEO

FERRARA

FIRENZE (inset map)

BOLOGNA BOLOGNA

Pievep · Chiusur · Fiumalb

CALENZANO · PRATO, PISTOIA · PRATO CALENZANO

SETTIMELLO · V. di Gualdo · Via dei Colli Alti · PRATOLINO

COLONNATA · Morello · Piazzale L. da Vinci · MONTORSOLI · Demidoff

QUINTO ALTO · La Montagnola

SESTO FIORENTINO · FIRENZE NORD · Castello · La Petraia · TRESPIANO · SERPIOLLE · ZONE ARCHEOLOGIQUE

CASTELLO · Museo Bandini · Convento di San Francesco · Duomo · FIESOLE · S. Domenico di Fiesole

AMERIGO VESPUCCI · RIFREDI · Pza Pietro Leopoldo · Badia Fiesolana · MAIANO

V. Lucchese · BROZZI · NOVOLI · Vle Giovanni Luder · V. Pistoiese

ARNO · V. di Peretola · V. S. Pietro a Quaracchi · COMUNALE · COVERCIANO

FIRENZE SIGNA · V. dell'Argin Grosso · L'ISOLOTTO · Cenacolo di S. Salvi

Comunicazione Grande Firenze-Pisa-Livorno · V. Pisana · Pisana

LE BAGNESE · ARCETRI

SCANDICCI · VINGONE · POGGIO IMPERIALE · PONTE A EMA

FIRENZE-SUD · A.1 + E.35

GALLUZZO · Certosa del Galluzzo · POZZOLATICO · GRASSINA

FIRENZE

0   1 km

N

SIENA · FIRENZE-CERTOSA

FORLI, AREZZO, PONTASSIEVE · ROMA, AREZZO

LASTRA A SIGNA · PISTOIA · PISA, LIVORNO · A.1 / E.35

Right / lower map (regional)

Gaggio Montano · Porretta Terme · Terme di Porretta · Castel di Casio · Carpineta · Camugnano

Corvella · Capugnano · Le Croci · Lizzo · Costozza · Baigno · Guzzano · Belvedere

Santa Maria Maddalena · Borgo Capanne · Il Giardino · Bacino di Suviana · Parco Laghi Suviana Brasimone

Santuario della Madonna del Faggio · Ponte della Venturina · Pavana · Badi · San Giuseppe · La Badia

Granaglione · Lustrola · Orsi · Molino del Pallone · Bellavalle · Posola · Corniolo · Fossato · Tabernacolo di Gavigno

Case Boni · Trogoni · Biagioni · Lagacci · Casa Morotti · Campaldaio · Torri · Cavarzano · Mulino

Vizzero · Frassignoni · Casoni · San Pellegrino · L'Acqua · San Pietro

Passo della Collina · Stabiazzoni · Spedaletto · Monachino · Trebbio · Luicciana · La Villa

Collina · Badia a Taona · Cantagallo · Santo Stefano · Gricigliano

Il Signorino · Croce a Uzzo · La Cugna · Luogomano · Acquerino · Carmignanello · Migliana

Corbezzi · Iano · Villa di Baggio · Masselo · Campagnana

La Spagna · Brana · Mengarone · Chiusoli · Il Fabbri · Le For · Vaiano

Petrucci · Rotone · Pontes · Serrantona · Schignano

Valdibrana · Paoli · Le Pozze · Jobbiana · Pracchia · Albiano

Sarripoli · Arcigliano · Gello · Vilanova · Ponzano · Fognano · Santomato · Montale · Fornacelle · Montemurlo · Figine · Freccioni · Bagnolo

Femminamorta · Panicagliola · Fornace · Torbecchia · PISTOIA · Candeglia · Ponte Nuovo · Maliseti · Cantagrillo

Boveglio · San Quirico · Sorana · Aramo · Vellano · Avaglio · Petrolo · Celle · Giampierone · San Domenico · Bure · Fangaccio · Narnali · Galciana · PRATO

Pracando · Colognora · Fibbialla · Calamari · Goraiolo · Casore del Monte · La Vergine · Pagliarie · Zoo di Pistoia · Chiazzano · Sperone · Agliana · Villa Baroncelli

Pariana · Biecina · Medicina · Macchino · Marliana · Valenta · Pontelungo · Giaccherino · PISTOIA · Tucci · Bottegone · Maliseti · Canneto

Villa Basilica · Botticino · Seghetto · Rimogno · Pietrabuona · Alteto · Castellina · Marrazzano · Serravalle Pistoiese · Bargi · Ramini · Fedi · Bottegone · PRATO OVEST · Carteano

Guzzano · Monte a Pescia · Collodi · Pescia · Vaccareccia · Massa · Serravalle Nord · Chiesina · Collina · Pieruccolani · Ferrucci · PRATO · Villa

Colognora · All'Erta · Uzzano · Le Molina · Migliandola · Vinaceano · Bottegaccia · Castello Marchetti · Jobbiana

Montecarlo · Gragnano · Buggiano · Pieve a Nievole · Serravalle Sud · Pieve a Nievole · Pontassio · Olmi · Violeto · Capezzano · Tavola

Castelvecchio · Santa Lucia · Borgo a Buggiano · MONTECATINI TERME · MONSUMMANO TERME · Grotta Giusti · Rubattorio · Barba · Stella · Le Vanne · Cafaggio · PRATO EST

San Martino in Colle · Alberghi · Forone · Molin Nuovo · Terzo · Montevettolini · Baco · Fornacelle · Casini · Pizzalé

Luciani · San Salvatore · Pesciamorta · Pezzarello · Cecina · Mungherino · Quarrata · Tavola · Tizzana

Albinatico · Ponte Buggianese · Cintolese · Larciano · Nardini · Montario · Castelnuovo · San Giorgio a Colonica

Chiesina Uzzanese · Michi · La Capanna · Anchione · Crociali · Poesilla · Porciano · Seano · Le Cascine · Camp. Bisenzi

ALTOPASCIO · Vione · San Rocco · Colombaia · Spicchio · Capezzano · Poggetto · Sant'Angelo

Carbonata · Checo · Biagioni · Puntoni · Lamporecchio · La Berga · Fornello · Bacchereto · CARMIGNANO · POGGIO A CAIANO · Ponte all'Asse · Serra

Gigioni · Dal Cerro · Spianate · Ferretto · Castelletto · Poggioni · Mastromarco · Tigliano · Comeana · San Mauro

Orentano · Gelsa · Cinelli · Ponte di Masino · Lazzeretto · Frantoio · Vitolini · Vergereto · San Rocco · Signa

Villa Campanile · Massarella · Pinete · Vinci · Porponi · Poggio alla Malva · Le Sodole · Lastra a Signa

Nardoni · Nardi · Galleno · Torre · Morelli · Cerreto Guidi · Toiano · Sant'Ansano · Artimino · Brucianesi

Case Puntone · Tavolaia · Staffoli · Cioni · Le Cortia · Poggio Tempesti · Villa Alessandri · Capraia · Limite · Montelupo Fiorentino · Malmantile · Rovet

Pianore · Pontito · Ponte a Cappiano · Lungo · Spicchio-Sovigliana · Colle Alberti

FIRENZE

0   300 m

GENOVA

PIACENZA, ALESSANDRIA
TORINO, MILANO
PIACENZA

A 12 / E 80

GENOVA EST

S. EUSEBIO
BAVARI
S. DESIDERIO

RIVAROLO
Chiappe
Mura
Ponte crollato
CASTELLETTO
Cimitero di Staglieno
RIGHI
SAMPIERDARENA
OREGINA
QUEZZI
PEDAGGIO
S. TEODORO
Di Negro
MARASSI
VALLE STURLA

Lungo Giuseppe Canepa
Acquario
San Lorenzo
SAN FRUTTUOSO
QUARTO ALTO
GENOVA-NERVI

PORTO
V. 20 Settembre
Cso. Aldo Gastaldi
S. MARTINO D'ALBARO
QUARTO
COLLE OMETTI

RAPALLO, LA SPEZIA

S. FRANCESCO D'ALBARO
VILLA QUARTARA
A 12 / E 80

N

QUARTO DEI MILLE
Cso. Italia
STURLA
NERVI
BOCCADASSE
QUINTO AL MARE
RAPALLO, LA SPEZIA

GOLFO DI GENOVA

0   1 km

TORINO, SAVONA

OVADA

Cravanzana
Cortemilia
Torre Bormida
Bergolo
Gorrino
Brallo
Serole
Pezzolo Valle Uzzone
Levice
Carpeneta
Gisuole
Castelletto Uzzone
Todocco
San Massimo
Merana
Pontevecchio
Scaletta Uzzone
Sanvarezzo
Santa Giulia
Noceto
La Villa
Lodisio
Monti
Brovida
Bormiola
Gottasecca
Cosana
Contrada
Gabutti
Lignera
Catalani
Campolungo
Saliceto
San Michele
Montaldo
Bormida
Cengio
Cengio Alto
Montezemolo
Strada
Vignali
Martinetto
Valgemola
Millesimo
Roccavignale
Spinetta
Plodio
Costa
Cosseria
Case Rossi
MILLESIMO
Camponuovo
Acquafredda
Melogno
Pallare
Biestro
Piano
Borda
Montefreddo

Roccaverano
Denice
Montechiaro d'Acqui
Colombara
Cartosio
Ponzone
Caldasio
Galanti
Madonna delle Rocche
Piana
Mombaldone
Garbaoli
Vengore
Olmo Gentile
Rocchetta
Turpino
Malvicino
Foi
Arbiglia
Toleto
Verzella
Pianlago
Chiappino
Saquana
San Luca
M. del Ratto
Bandita
Spigno Monferrato
Vico
Barbana
Bergagiolo
Duranti
Cimaferle
Abasse
Olbicella
Isole
Moglia
Giuliani
Pian Castagna
Moretti
Montaldo
Valla
Pareto
Roboaro
Mioggliola
Garbarini
Maddalena
Badia
Casavecchia
Acquabuona
Tiglieto
Praie
Molino
Blandri
Dego
Girini
Cavanna
Pianfreccio
Vignaretto
Isola
Palo
San Pietro d'Olba
Martina
Acquabianca
Vara Inf.
Squaneto
Sorba
Dogli
Fidelini
Mioglia
Casone
Badani
Sassello
Veirera
Piampaludo
Vara Sup.
Passo del Faiallo
Galletti
La Costa
Botta
Giusvalla
Pontinvrea
Colle del Giovo
Stella
Rocchetta Cairo
Carnovale
Ferriera
Pratipoia
Palazzo
La Pineta
Carmine
M. Beigua
Ponterotto
Carpeneto
Vesima
Collina del Dego
Montenotte Inf.
Corona
Reverdita
Rocca
Alpicella
Sciarborasca
San Lazzaro
Cairo Montenotte
Sant'Anna
Bragno
Montenotte Sup.
Ritani
San Giovanni
Mezzano
Santa Giustina
San Martino
Ronco
Faie
Deserto
Pratozanino
Cogoleto
Le Mule
Casazza
Case Lidora
Prasottano
Ellera
Santa Maddalena
Prato
Casino
Olmo
Teglia
Pero
Gameragna
San Bernardo
Piani d'Invrea Nord
VARAZZE
San Giacomo
Carcare Est
San Giuseppe
Palazzo Doria
Palazzo Doria
Brasi
Sanda
La Rocca
Piani d'Invrea Sud
CARCARE
Ferrania
Santuario
Grana
CELLE LIGURE
Varazze
Altare
ALTARE-CARCARE
Colle Cadibona
Cadibona
Botta
Ciatti
MarmorassiGrana
ALBISOLA
Albisola Sup.
Celle Ligure
Acquafredda
Pallare
Castellaro
Colle di Molare
Montemoro
Conca Verde
Pecorile
Albissola Marina

E 717

GENOVA

0 200 m

G O L F O

L'AQUILA

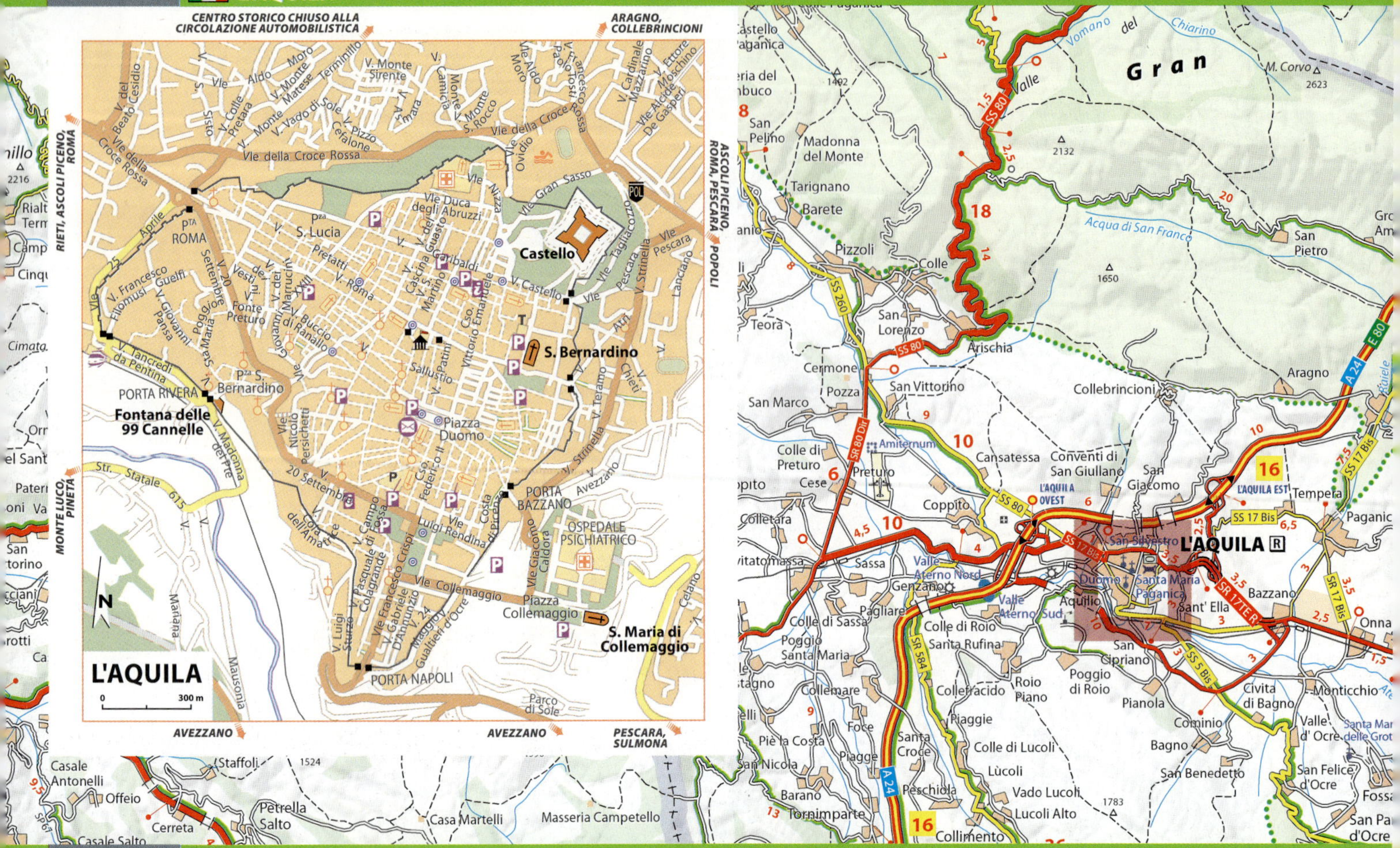

CENTRO STORICO CHIUSO ALLA CIRCOLAZIONE AUTOMOBILISTICA
ARAGNO, COLLEBRINCIONI
RIETI, ASCOLI PICENO, ROMA
ASCOLI PICENO, ROMA, PESCARA
POPOLI
MONTE LUCO, PINETA
AVEZZANO
AVEZZANO
PESCARA, SULMONA
Castello
S. Bernardino
Fontana delle 99 Cannelle
PORTA RIVERA
Piazza Duomo
PORTA BAZZANO
OSPEDALE PSICHIATRICO
Piazza Collemaggio
S. Maria di Collemaggio
PORTA NAPOLI
Parco di Sole
S. Lucia
ROMA
Vle della Croce Rossa
Vle Duca degli Abruzzi
Vle della Croce Rossa
L'AQUILA
0
300 m
N
Gran
Valle
San Pietro
Acqua di San Franco
Madonna del Monte
Tarignano
Barete
Pizzoli
Colle
San Lorenzo
Arischia
Cermone
Pozza
San Vittorino
San Marco
Amiternum
Colle di Preturo
Preturo
Cese
Cansatessa
Conventi di San Giuliano
San Giacomo
Collebrincioni
Aragno
Tempera
Paganica
L'AQUILA OVEST
L'AQUILA EST
L'AQUILA
Coppito
Sassa
Genzano
Valle Aterno Nord
Valle Aterno Sud
Pagliare
Colle di Sassa
Poggio Santa Maria
Colle di Roio
Santa Rufina
Roio Piano
Poggio di Roio
Pianola
San Sipriano
Aquilio
Duomo
Santa Maria Paganica
Sant' Elia
Bazzano
Onna
Civita di Bagno
Monticchio
Valle d' Ocre
Collemare
Foce
Piagge
Collefracido
Santa Croce
Colle di Lucoli
Lùcoli
Vado Lucoli
Lucoli Alto
Pescomaggiore
Barano
Tornimparte
Collimento
Cominio
Bagno
San Benedetto
San Felice d'Ocre
Fossa
San Panfilo d'Ocre
Casale Antonelli
Offeio
Petrella Salto
Casa Martelli
Masseria Campetello
Cerreta
Casale Salto
Staffoli
A 24
E 80
SS 80
SS 17 Bis
SS 584
SS 260
18
16
10

LECCE

Abbazia Santa Maria di Cerrate
Case Simini
Borgo Grappa
Frigole
Borgo Piave
Masseria Olmo
Villaggio Dario
Villaggio del Sole
Villaggio Wojtila
San Ligorio
Case Bianche
Surbo
Giorgilorio
LECCE
Zona di Lallo
Mezzagrande Marangi
Villa Convento
Masseria Marsello
Riesci
Zona Erchie Piccolo
Zona Marangi
Arnesano
Magliano
Rosa Marina
Merine
Monteroni di Lecce
Donadeo
Aria Sana
Castromediano
Cavallino
Lizzanello
San Pietro in Lama
Lequile
San Cesario di Lecce
Dragoni
Castri
Copertino
San Donato di Lecce
Galugnano
Caprarica di Lecce
Borgagne
Conca Specchiulla
Frassanito
Villaggio Altair
Serra Alimini II
Serra Alimini I
Alimini Grande
Martignano
Sternatia
Martano
Carpignano Salentino
Zollino
Porta Napoli
Santa Croce
Duomo
Basilica
SS 613
SS 7 Ter
SS 16
SS 101
BARI, BRINDISI
TARENTO
GALLIPOLI
MAGLIE, OTRANTE
MAGLIE, OTRANTE
Porta Napoli
S. Angelo
Pal. del Governo
Santa Croce
Gesù
Pza S. Oronzo
Sant Irene
S. Marco
Pal. del Seggio
Castello
VILLA REALE
Pza del Duomo
Seminario
Duomo
MUST
Anfiteatro Romano
Pal. Vescovile
Teatro Romano
S. Matteo
PORTA RUDIAE
Rosario
S. Francesco d'Assisi
Museo Archeologico Faggiano
PORTA S. BIAGIO
CARMINE
Museo Provinciale Sigismondo Castromediano
Piazza N. Argento
LECCE
0
200 m
N

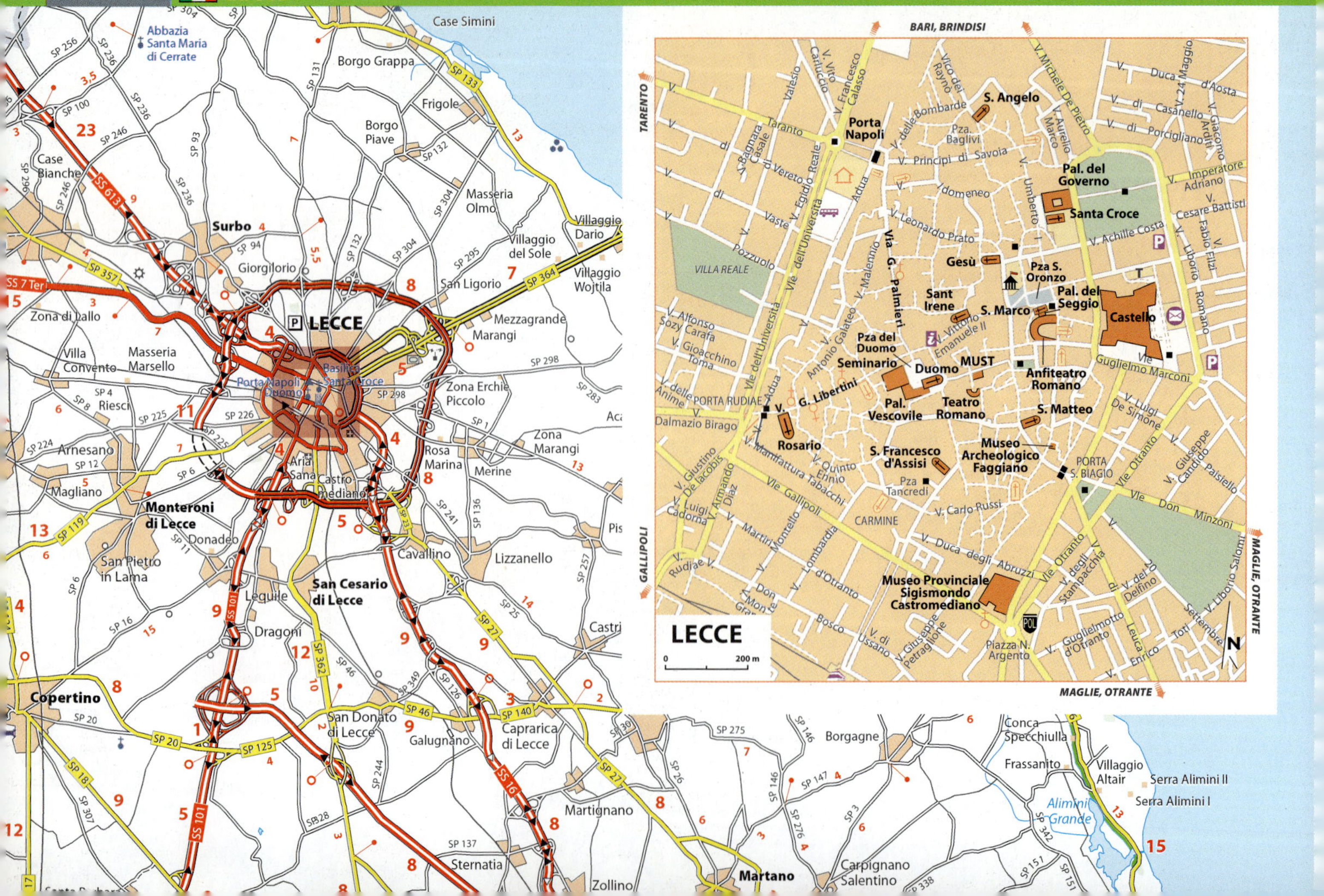

LUCCA

0   200 m

Battistero e chiesa dei
S.S. Giovanni
e Reparata..............B
Palazzo Pretorio........R

MANTOVA

0   200 m

N

BRESCIA, VERONA

LAGO SUPERIORE

LAGO DI MEZZO

CASTELLO

PADOVA, FERRARA

LAGO INFERIORE

PORTO

Porta Mulina

Museo Diocesano

Palazzo d'Arco

Duomo

PALAZZO DUCALE

Piazza Sordello

Palazzo Bonacolsi

Piazza Broletto

Sant'Andrea

Pza delle Erbe

Pza A. Mantegna

Pal. della Ragione

Rotonda di S. Lorenzo

Teatro Scientifico

Pescherie

Palazzo di Giustizia

CREMONA, PARMA

PALAZZO TE   CASA DEL MANTEGNA

REGGIO EMILIA, MODENA

Bussolengo

Valeggio sul Mincio

Villafranca di Verona

Castelnuovo del Garda

SOMMACAMPAGNA

VERONA NORD

VERONA SUD

Povegliano Veronese

Marmirolo

Porto Mantovano

MANTOVA

Curtatone

Bozzolo

Marcaria

Goito

Guidizzolo

Volta Mantovana

Medole

Castel Goffredo

MESSINA

0   300 m

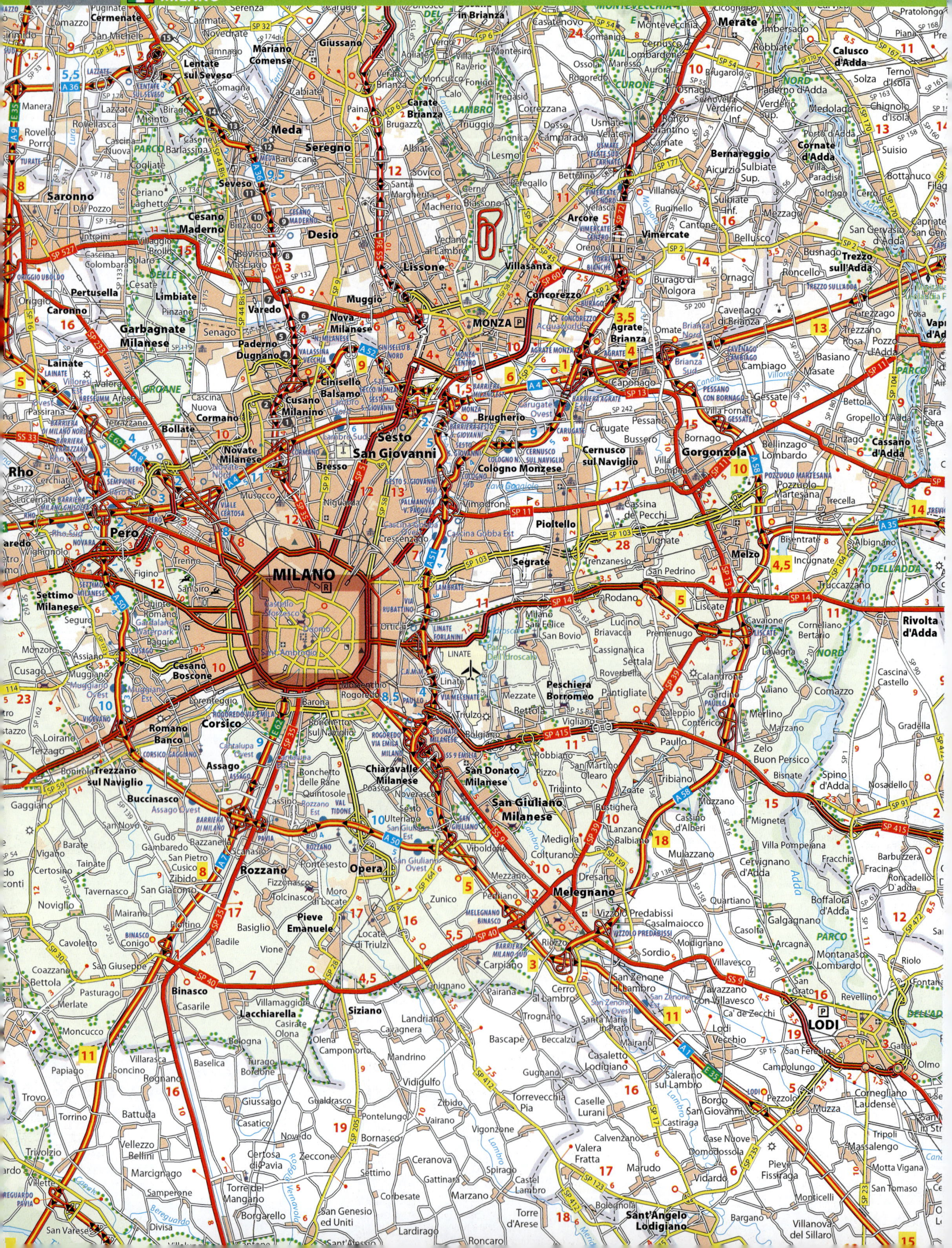
MILANO
Saronno
Rho
Pero
Monza
Sesto San Giovanni
Cinisello Balsamo
Cologno Monzese
Segrate
Pioltello
Gorgonzola
Melzo
Vimercate
Arcore
Lissone
Desio
Seregno
Meda
Giussano
Mariano Comense
Lentate sul Seveso
Cermenate
Cesano Maderno
Seveso
Limbiate
Varedo
Muggiò
Nova Milanese
Paderno Dugnano
Cusano Milanino
Cormano
Bollate
Novate Milanese
Bresso
Garbagnate Milanese
Caronno Pertusella
Lainate
Settimo Milanese
Cesano Boscone
Corsico
Trezzano sul Naviglio
Buccinasco
Assago
Rozzano
Opera
Pieve Emanuele
Binasco
Lacchiarella
Siziano
San Donato Milanese
San Giuliano Milanese
Peschiera Borromeo
Melegnano
Paullo
Cassano d'Adda
Trezzo sull'Adda
Merate
Bernareggio
Agrate Brianza
Concorezzo
Brugherio
Cernusco sul Naviglio
Carate Brianza
Sant'Angelo Lodigiano
LODI
Rivolta d'Adda
Vizzolo Predabissi
Villasanta
Cornate d'Adda
Calusco d'Adda
Zelo Buon Persico
Chiaravalle Milanese
Linate

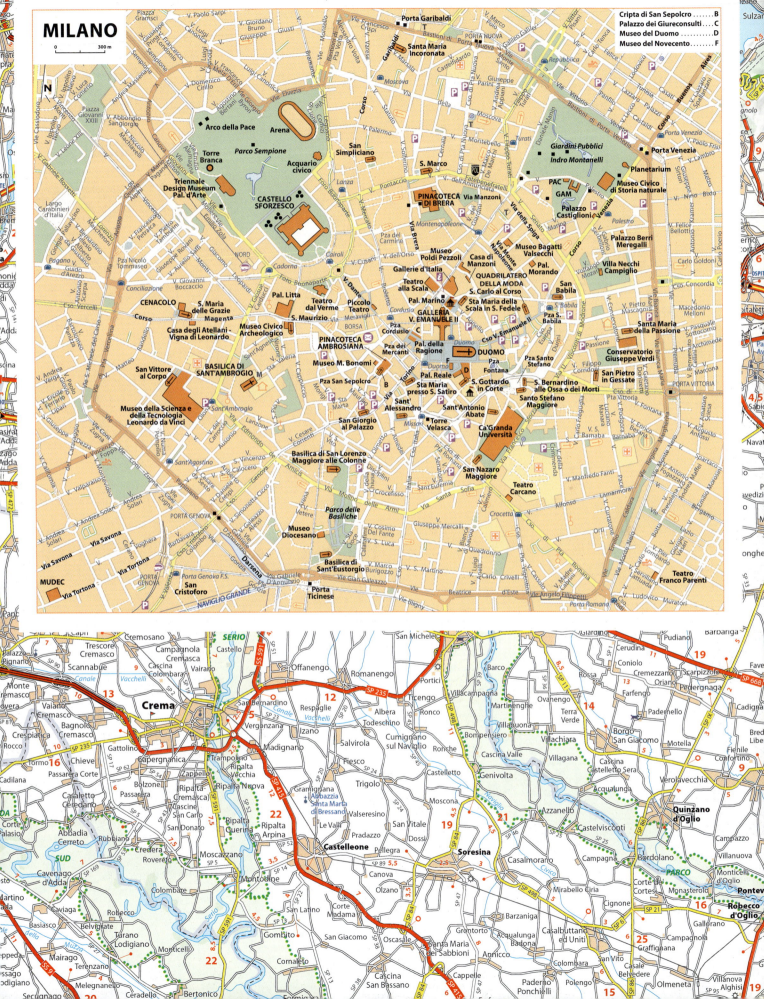

MILANO

0   300 m

N

Cripta di San Sepolcro ....B
Palazzo dei Giureconsulti ...C
Museo del Duomo ....D
Museo del Novecento........F

Porta Garibaldi

V. Paolo Sarpi
V. Giordano Bruno
V. Giusti
Piazza Gramsci
Luigi Canonica
V. Francesco Crispi

Santa Maria Incoronata

V. Luca Beltrami
V. Domenico Cirillo

Bastioni di Porta Nuova
Porta Nuova
Moscova
Repubblica

Arco della Pace
Arena

Parco Sempione
Torre Branca

San Simpliciano
San Marco

Giardini Pubblici Indro Montanelli
Planetarium
Porta Venezia

Triennale Design Museum Pal. d'Arte
Acquario civico
CASTELLO SFORZESCO
NORD

PAC
GAM
Museo Civico di Storia naturale

PINACOTECA DI BRERA
Via Manzoni

Palazzo Castiglioni

Palazzo Berri Meregalli

Villa Necchi Campiglio

Cairoli
Cadorna
V. dell'Orso
Museo Poldi Pezzoli
Casa di Manzoni
Pal. Morando
QUADRILATERO DELLA MODA
S. Carlo al Corso
Museo Bagatti Valsecchi
San Babila

CENACOLO
S. Maria delle Grazie
Magenta
Pal. Litta
Teatro dal Verme
Piccolo Teatro
Gallerie d'Italia
Teatro alla Scala
Pal. Marino
GALLERIA V. EMANUELE II
Sta Maria della Scala in S. Fedele
Pza S. Babila
Santa Maria della Passione
Conservatorio Giuseppe Verdi

Casa degli Atellani - Vigna di Leonardo
S. Maurizio
Museo Civico Archeologico
PINACOTECA AMBROSIANA
Pza dei Mercanti
Pal. della Ragione
DUOMO
Pza Santo Stefano
San Pietro in Gessate

BASILICA DI SANT'AMBROGIO
Museo M. Bonomi
Pza San Sepolcro
Sant'Alessandro
Pal. Reale
Sta Maria presso S. Satiro
S. Gottardo in Corte
S. Bernardino alle Ossa o dei Morti
Santo Stefano Maggiore

San Vittore al Corpo
San Giorgio al Palazzo
Torre Velasca
Sant'Antonio Abate

Museo della Scienza e della Tecnologia Leonardo da Vinci
Ca' Granda Università

Basilica di San Lorenzo Maggiore alle Colonne
San Nazaro Maggiore
Teatro Carcano

Parco delle Basiliche
Museo Diocesano

MUDEC
Via Tortona
San Cristoforo
Basilica di Sant'Eustorgio
Porta Ticinese
Teatro Franco Parenti

Naviglio Grande
Porta Romana

Crema
12
13
Campagnola Cremasca
Offanengo
Romanengo
19

Castelleone
Soresina
19
21
Quinzano d'Oglio

Pontevi
Robecco d'Oglio
16
22
25
15

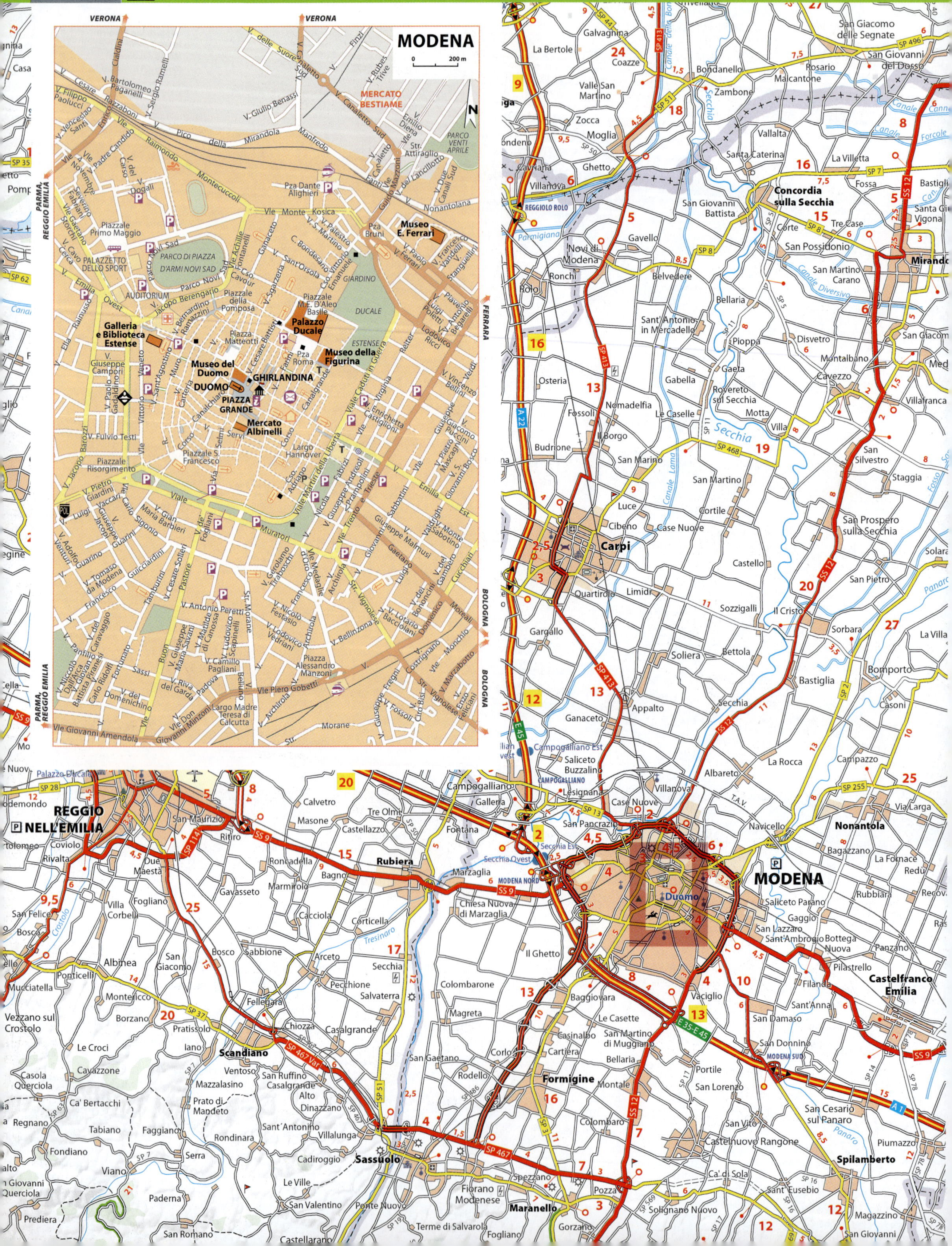

MODENA

200 m

MERCATO BESTIAME

Museo E. Ferrari

Palazzo Ducale

Museo della Figurina

Galleria e Biblioteca Estense

Museo del Duomo

DUOMO
GHIRLANDINA
PIAZZA GRANDE

Mercato Albinelli

PARCO DI PIAZZA D'ARMI NOVI SAD

PALAZZETTO DELLO SPORT

AUDITORIUM

DUCALE

ESTENSE

VERONA

PARMA REGGIO EMILIA

FERRARA

BOLOGNA

MODENA

REGGIO NELL'EMILIA

Carpi

Concordia sulla Secchia

Mirandola

Nonantola

Castelfranco Emilia

Formigine

Sassuolo

Maranello

Scandiano

Rubiera

Spilamberto

NAPOLI

Santa Maria delle Anime
del Purgatorio ad Arco . . . . . . A
Napoli Sotterranea . . . . B
Museo del Tesoro
di San Gennaro C

0   200 m

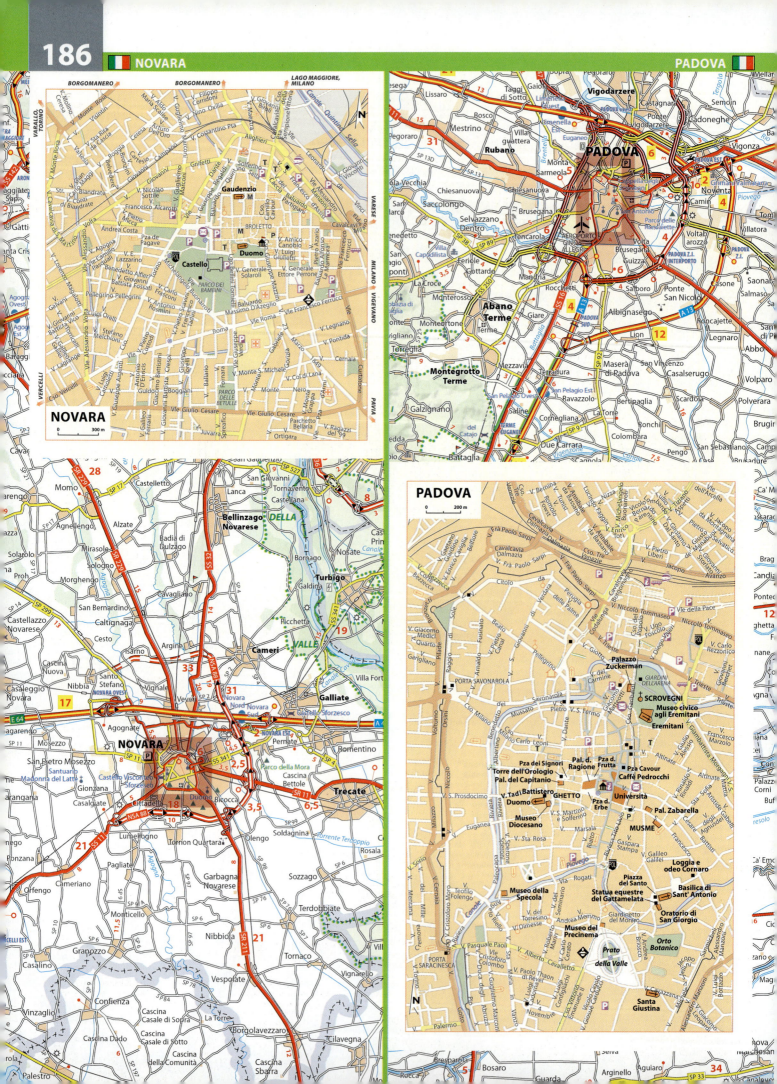

NOVARA

0   300 m

NOVARA

PADOVA

0   200 m

PALERMO

PARMA

Museo Glauco-Lombardi......M

0   200 m

Pal. del Giardino
Parco Ducale
Casa Toscanini
Palazzo della Pilotta
Castello dei Burattini
Camera di San Paolo
Pinacoteca Stuard
Casa della Musica (Museo dell'Opera)
Teatro Regio
Duomo
Antica spezieria di San Giovanni Evangelista
S. Giovanni Evangelista
S. Maria della Steccata
BATTISTERO

MANTOVA

PIACENZA, FIDENZA

FORNOVO, LA SPEZIA

MODENA BOLOGNA

Mantovana
Redondesco
Pioppino
Pagadelli
Bozzolo
San Martino dall'Argine
Belvedere
Spineda
San Fiore
Cividale Mantovano
Breda Azzolini
Brugnolo
Rivarolo del Re
Capella
Villa Pasquali
Sabbioneta
Casalmaggiore
Vicomoscano
Quattrocase
Casalbellotto
Fossacaprara
Roncadello
Cicognara
Gozzora
Brescello

Villa Verdi
Vidalenzo
Polesine Parmense
Ragazzola
Fossa
Bosco Piazza
Busseto
Frescarolo
Spigarola
Roncole Verdi
Samboseto
Chiavica
Soragna
Borghese
Carzeto
Pongennaro
San Secondo Parmense
Castellina
Castellaicardi
Chiusa Viarola
Colombara
Chiusa Ferranda
Parolotta
Cannetolo
Fontanellato
Ronchetti
Albareto
Ghiara
Grugno
Viarolo
Fidenza
Toccalmatto
Campazzo
Salso
Prioroto
Caseificio
Cervara
Parola
Fontevivo
Pizzale
Bianconese
Rivalazzo
Molinetto
Sanguinaro
Cascina
Fraore
Eia
Fognano
Noceto
Vigolante
Crocetta
Valera
Case Rosse
Medesano
Collecchio
Gaione
Porporano
Vighetto
Mariano
Marore
Coloreto
Martorano
Castellana
Monticelli Terme
Sant'Ilario d'Enza

Torricella
Borgonovo
Coltaro
Sissa
Fontanelle
Diolo
Santa Caterina
Portone del Pizzo
Pilottina
Colombarone
Copezzato
Trecasali
San Quirico
Torrile
Casalfoschino
Campedello
Sala
San Nazzaro
Sanguigna
Sacca
Stazione Chiesa
Mezzano Rondani
Copernio
Casello
Vedole
Rivarolo
Sant'Andrea a Sera
San Siro
Vicomero
Castelnovo a Sera
Pizzlese
Certosino
Ravadese
Baganzola
Roncopascolo
Malalto
Pedrignano
San Martino
San Leonardo
PARMA
Beneceto
San Donato
Casello
Pantano
Gaiano

Bosco Piazza
Colorno
Mezzano Sup.
Mezzano Inf.
Casale
Mazzabue
Viadana
San Polo
Malcantone
Gainago
Castelletto
Frassinara
Lentigione
Sorbolo
San Giorgio
Alba
Coenzo
Scutellara
San Sisto
Casalpo
Olmo
Casaltone
Casalbaroncolo
Praticello
Gattatico
Rainuzzi
La Catena
Castagnola
Nocetole
Case Cocconi
Caprara
Taneto
Lago
Calerno
Gazzaro
Gaida
Cade
Partitore
Tripoli
Cornocchio
Querciola

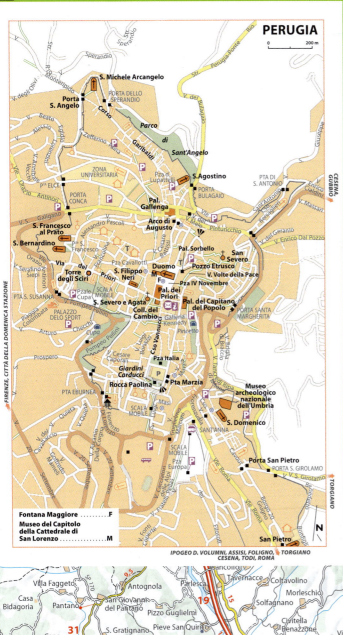

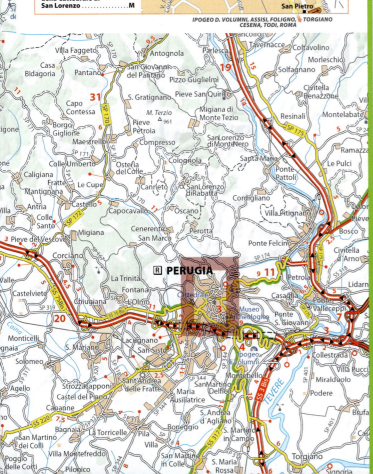

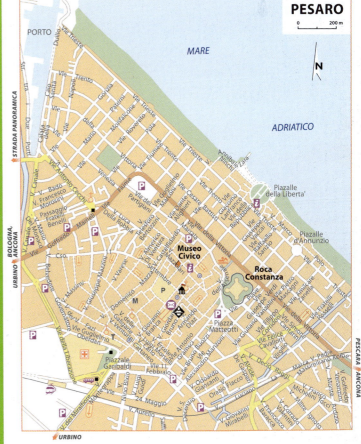

PESCARA

MARE
ADRIATICO

MONTESILVANO M.

0   300 m

N

ANCONA

PENNE

CHIETI

PORTO CANALE

Pescara

SS 16dir c

STADIO ADRIATICO, FOGGIA

CHIETI

PISA

PARCO

MIGLIARINO

SAN ROSSORE

PISA

Vecchiano

San Giuliano Terme

Migliarino

Metato

Poggio Vecchio

Poggio Nuovo

Monsello

Panchie

Puntata

Pratavecchie

Sterpaia

Madonna dell'Acqua

La Bugnotta

Barbaricina

Cascine Vecchie

La Punta

Cascine Nuove

La Palazzina

PISA CENTRO

Vettola

San Pietro a Grado

La Bigattiera

Castagnolo Est

AEROPORTO GALILEO GALILEI

Coltano Radio

Ospedaletto

Castagnolo Ovest

Palazzi

TENUTA DI TOMBOLO

TIRRENIA

Macerata

Navacchio

Ripoli

Caprona

Riglione

Putignano

Ghezzano

Le Maggiola

Le Caselline

Agnano

Campo

Crespina

Zambra

Perignano

Oliveto

Navacchio

San Prospero

Case di Gosto

Arnaccio

Chiesanuova

Grecciano

Vitarello

Valtriano

Collesalvetti

LIVORNO

COLLESALVETTI

Mortaiolo

Guasticce

Villa Cheloni

Stagno

Nugola

Casabianca

Torretta

Acciaiolo

Campo al Melo

Pian di Rota

Castell'Anselmo

Fauglia

Fortezza Nuova Quartiere

ROSSORE

GENOVA, LUCCA, VIAREGGIO

PISA

PIAZZA DEI MIRACOLI
Camposanto

ARENA GARIBALDI

TORRE PENDENTE

BATTISTERO

Duomo

S. Maria

Museo dell'Opera del Duomo

Terme romane

S. Zeno

S. Caterina

Museo delle Sinopie

Pal. dell'Orologio

Pal. dei Cavalieri

ORTO BOTANICO

S. Sisto

Pza dei Cavalieri

S. Stefano

S. Francesco

V. S. Maria

S. Frediano

Borgo Stretto

S. Michele in Borgo

S. Pierino

Museo degli Strumenti di Calcolo

Pal. della Sapienza

Pal. Dante

S. Nicola

Pal. Agostini

Pal. Pacinotti

Via delle Belle Torri

Museo di Pal. Reale

Pal. Upezzinghi

Ponte Di Mezzo

Pal. dei Medici

Pza Solferino

Pal. Blu

Loggia di Banchi

Toscanelli

Museo di San Matteo

Arsenali Medicei

Lungarno Simonelli

S. Maria della Spina

Pal. Gambacorti

San Sepolcro

Corso Italia

S. Maria del Carmine

San Martino

CITTADELLA

Fiume Arno

S. Paolo a Ripa d'Arno

Murale de Keith Haring

Cittadella Nuova

Giardino Scotto

PAL. DEI CONGRESSI

AIR TERMINAL

Pza Vittorio Emanuele

PISA CENTRALE

PONTEDERA, CECINA

N

0   200 m

LIVORNO

LUCCA

PORTA LUCCA

PESCARA (surrounding area)

Silvi Marina

Montesilvano Marina

Montesilvano

Santa Filomena

Colle Marino

Montesilvano Colle

San Giovanni

Madonna

Spoltore

Santa Teresa

Florido

Villanova

Castellana

Sambuceto

Di Nisio

San Giovanni Teatino

Troiano

Madonna Delle Piane

Castelferrato

CHIETI

Buccieri

Ripa Teatina

Migliarico

Tollo

PESCARA

Pretaro

Fontanelle

San Silvestro

Francavilla al Mare

Torrevecchia Teatina

Torremontanara

Postilli

Foro

Lazzaretto

Savini

Feudo

Aquilano

PESCARA OVEST CHIETI

PESCARA SUD FRANCAVILLA

Alento Est

Alento Ovest

San Martino

GENOVA, LUCCA

REGGIO DI CALABRIA

RIMINI

ROMA

0   2 km

Percorsi di attraversamento
e di circonvallazione

N

VITERBO   VITERBO   RIETI, FIRENZE, TERNI   RIETI   TERNI, FIRENZE

LA GIUSTINIANA

TOMBA DI NERONE

OTTAVIA

RISERVA NATURALE DELL'INSUGHERATA

TOR DI QUINTO

MONTE SACRO

SETTECAMINI

TORREVECCHIA

MONTE MARIO

STADIO OLIMPICO

VILLA ADA

Sant'Agnese fuori le Mura

MICHELIN

CASALOTTI

VATICANO

Il Pincio

TOR SAPIENZA

MUSEI VATICANI

CASTEL SANT'ANGELO

San Lorenzo fuori le Mura

CENTOCELLE

SANTA MARIA MAGGIORE

COLOSSEO

SAN GIOVANNI IN LATERANO

TOR SAPIENZA

TORRENOVA

AURELIA

VILLA DORIA PAMPHILI

TUSCOLANO

PORTA S. SEBASTIANO

TORRE MAURA

CORVIALE

CATACOMBE

CINECITTÀ

Basilica di San Paolo Fuori le Mura

OSTIENSE

E.U.R.

MORENA

CECCHIGNOLA

ROMA CIAMPINO

CASTELLI ROMANI

OSTIA ANTICA, LIDO DI ROMA   NAPOLI   CASTELLI ROMANI, NAPOLI

L'AQUILA, AVEZZANO

NAPOLI

FIUMICINO   CIVITAVECCHIA

FIUME TEVERE

RISERVA NATURALE LITORALE ROMANO

Capo Linaro   Santa Marinella

Santa Severa

Pyrgi

Necropoli Etrusca

Necropoli Etrusca

Cerveteri

CERVETERI-LADISPOLI

Ceri

Ceri

Marina di Cerveteri

Colle di Vaccina

Osteria Nuova

Valcannete

Ladispoli

Palo

Statua

Ruderi di San Nicola

Torrimpietra

Aranova

Centro Tre Denari

Centro Tre Cannelle

TORRIMPIETRA

Barbabianca

Passo Oscuro

Scuole

MACCARESE-FREGENE

Breccia

Maccarese

Torre Maccarese

Arrone Est

Arrone Ovest

Case Bianche

Fregene

BARRIERA ROMA OVEST

I Grottini

Due Casette

Tragliatella

Casaletto di Sotto

Tragliata

Il Castellaccio

Monte del Fico

Cascina di Castel Campanile

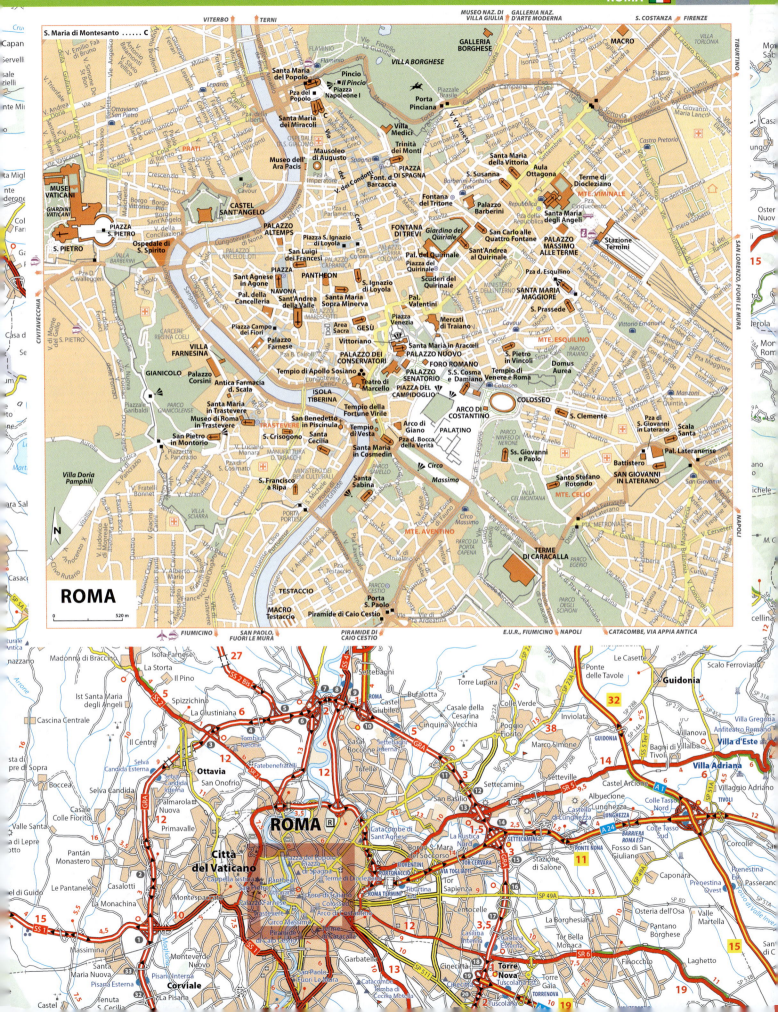

ROMA

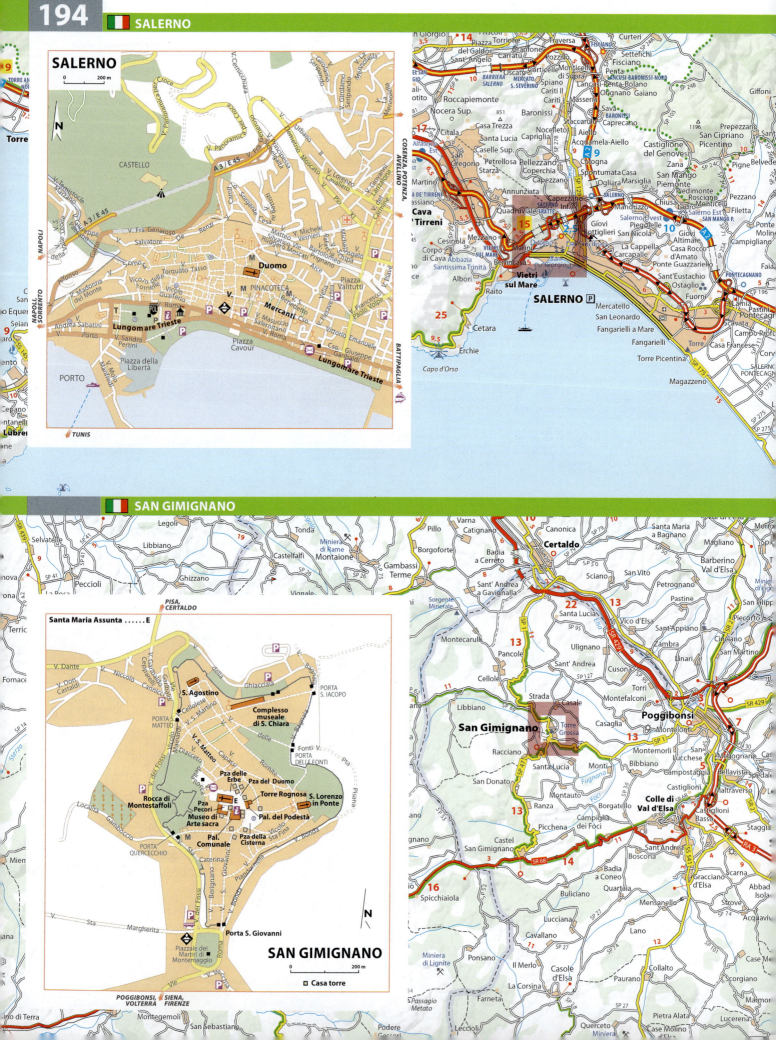

SALERNO

0 200 m

N

CASTELLO

V. A3 / E 45

NAPOLI

NAPOLI, SORRENTO

Duomo

M PINACOTECA

V.

Mercanti

Lungomare Trieste

T

POLI

P

Piazza Valitutti

Piazza Cavour

Lungomare Trieste

BATTIPAGLIA

Piazza della Libertà

PORTO

TUNIS

COSENZA, POTENZA, AVELLINO

Torre

14 Piazza Torrione

17 Citala

Nocera Sup.

Roccapiemonte

Cava de' Tirreni

Vietri sul Mare

SALERNO P

Cetara

Erchie

Capo d'Orso

25

9,5

Albori

Raito

Benincasa

Giovi

Mercatello

San Leonardo

Fangarielli a Mare

Fangarielli

Torre

Torre Picentina

Magazzeno

PONTECAGNANO

SAN GIMIGNANO

Santa Maria Assunta ...... E

PISA, CERTALDO

V. Dante

PORTA MATTEO

S. Agostino

Complesso museale di S. Chiara

PORTA S. IACOPO

Ghiacciaia

Rocca di Montestaffoli

Pza delle Erbe

Pza del Duomo

Torre Rognosa

S. Lorenzo in Ponte

FONTI V. PORTA DELLE FONTI

Pza Pecori

Museo di Arte sacra

Pal. del Podestà

Pza della Cisterna

Pal. Comunale

PORTA QUERCECCHIO

Porta S. Giovanni

Piazzale dei Martiri di Montemaggio

SAN GIMIGNANO

0 200 m

Casa torre

N

POGGIBONSI, SIENA, VOLTERRA, FIRENZE

Certaldo

Badia a Cerreto

Sant' Andrea a Gavignalla

22 13

13

San Gimignano

Torre Grossa

Racciano

Santa Lucia

13

Picchena

16 Spicchiaiola

Poggibonsi

Colle di Val d'Elsa

Castiglioni

RA 3

Staggia

SAN REMO

SASSARI

VOLTERRA, FIRENZE, LIVORNO

AREZZO, PERUGIA, VITERBO, ROMA

FORTEZZA MEDICEA

LA LIZZA

BARRIERA S. LORENZO

PORTA OVILE

Pza del Sale

Pza Gramsci

Pza G. Matteotti

Museo Diocesano di Arte Sacra

S. Francesco

Oratorio di S. Bernardino

San Domenico

Fonte Branda

Pza Tolomei

DUOMO

PZA DEL CAMPO

PAL. PUBBLICO

Pza Postierla

PINACOTECA

Sant'Agostino

PORTA FONTEBRANDA

PORTA LATERINA

PORTA S. MARCO

PORTA TUFI

SIENA

N

0   200 m

SPICCH

16

Siena, Val di Pugna, Presciano, Arbia, Cortine, Taverne d'Arbia, Monteselvoli, Fiorentine

17, 47, 33, 6, Radda in Chianti, Gaiole in Chianti, Castellina in Chianti, Barbischi, Meleto, Castagno

47, 13, Cacchiano, Colle, San Regolo, Brolio

Rosia, Sovicille, Ampugnano, San Rocco a Pilli, Fabbriccaccia, Brucciano

Fattoria Cornocchia, San Lorenzo a Montalbano, Montingegnoli, Belforte, Anqua, Montalcinello, Castelletto, Frassini, La Selva, Chiusdino, Ciciano, Palazzetto, Colordesoli, San Galgano, Monticiano

Le Cornate, Travale, Lagoni, Montieri, Belvedere, Gerfalco, Fontalcinaldo, Prata, Gabellino, Boccheggiano, Campiano, Luriano, Scalvaia

Catorniano, Podere Vesperino, Le Cetine, Torri, Stigliano, Montestigliano, Frosini, Pentolina, Podere Cerbaiola, Il Molinaccio, Frontignano, Formignano, Fontazzi, Recenza, Cerreto, Poggio Brucoli, Casanova

Osteria delle Macchie, Torniella, Piloni, Il Belagaio, Cerbaia, Lama, Solaia, Molino Ornato, L'Imposto, Santo, Bagni di Petriolo, Pari, Molino di Paci

San Lorenzo a Merse, Tocchi, Castello di Tocchi, Campopalazzi, Vallerano, Casale del Bosco, Castiglione del Bosco

Poggiolo, Basciano, La Ripa, Pontignano, Corpo Santo, Castagno, Monaciano, Colombaiolo, Le Tolfe, Le Scotte, Bolgione, Vignano, Montechiaro, Ferraiolo, Rondinella, Monteaperti, Vico d'Arbia, Tuoro, Presciano, Bucciano, Abbadia, La Cerchiaia, Taverne d'Arbia, Monteselvoli, Casa Santa Lucia, Isola d'Arbia, Ponte a Tressa, Cuna, San Fabiano, Monteroni d'Arbia, Lucignano d'Arbia, Quinciano, Radi, Arniano, Palazzina, Cievole, Lupompesi, Vescovado, Murlo, Miniera di Murlo, Pieve di Piana, Bibbiano, San Giusto, La Befa, Montepescini, Casale Cerralti

SIRACUSA

0 ____ 300 m

N

CASTELLO EURIALO ◄ CATANIA

▲ Tomba di Archimede
Latomia di S. Venera
Latomia Intagliatella
Grotta dei Cordari ▲
Latomia del Paradiso

Catacombe di S. Giovanni

Latomia del Casale ▲

Villa Landolina

Latomia dei Cappuccini ▲

Piazza Cappuccini

PARC ARCHÉOLOGIQUE DE NÉAPOLIS
Grotta del Ninfeo

S. Giovanni Evangelista

Museo Archeologico Regionale

Via dei Sepolcri
TEATRO GRECO
ORECCHIO DI DIONISIO
San Nicolò dei Cordari

Santuario d. Madonna d. Lacrime

S. Lucia al Sepolcro e Catacombe di Santa Lucia

Ara di Ierone II
Anfiteatro Romano

Demostene

Piazza della Vittoria

Piazza Sta Lucia

ACRADINA

Piazza Euripide

MARE IONIO

PORTO PICCOLO

Foro Siracusano

Piazzale Marconi

ORTIGIA

Lungom. di Levante Elio Vittorini

Piazza Pancali
Tempio di Apollo
S. Pietro

Mastrarua

PORTO GRANDE

Porta Marina
Chiesa dei Gesuiti
Pal. Beneventano del Bosco

Piazza Archimede
S. Tommaso
V. Maestranza

S. Francesco all'Immacolata
Belvedere San Giacomo
San Filippo Apostolo
Museo del Papiro
San Giovanni Battista

E A
V. della Giudecca
Duomo
Piazza Duomo
S. Lucia
S. Benedetto

Miqwè
Forte Vigliena

MARE IONIO

Fonte Aretusa

S. Martino

Galleria Regionale di Pal. Bellomo

Spirito Santo

Piazza F. S. Svevia

Castello Maniace

Artemision . . . . A
Palazzo
  Mergulese-Montalto . . . . R
Palazzo del Senato . . . . E

NOTO, RAGUSA

VALLETTA (MALTA) ◄ CATANA

FONTE CLAME

Augusta

Rilevo
Priolo Nord
Thapsos
Penisola Magnisi

Priolo Gargallo

Necropoli di Pantalica

Priolo Floridia
21   24

Marina di Melilli

Santa Panagia
Capo Santa Panagia

Città Giardino

Solarino
Caranzino
17
SIRACUSA NORD

416

Scala Greca
Belvedere
Euriolo
Cebbiazza

SIRACUSA P

Floridia
7
SS 124
6
Parco Archeologico di Neapolis
Santa Lucia

Monasteri di Sopra
Canicattini Bagni

Duomo
Castello Maniace

Porto Grande

Monasteri di Sotto

Fonte Ciane
Carrozziere
Isola

14

Canicattini Bagni

29
12   14

Penisola della Maddalena

Maeggio

Punta Milocca
Plemmirio
Capo Murro di Porco

STRESA

ISOLA BELLA

LIDO

Lago Maggiore

0 200 m

N

PALAZZO DEI CONGRESSI

Villa Pallavicino

Lago Maggiore

VERBANIA

Pallanza

Intra

Baveno

Isole Borromée

Stresa

Cannobio

Cannero Riviera

Luino

Porto Valtravaglia

Riserva Naturale Trinità di Ghiffa

Ghiffa

Laveno-Mombello

Ispra

Angera

Arona

Sesto Calende

Vergiate

Gattico

Borgomanero

Gravellona Toce

Baveno Stresa

Omegna

Il Mottarone

Orta San Giulio

Pella

Pettenasco

Armeno

Miasino

Gignese

Meina

Lesa

Belgirate

Varallo

Borgosesia

Vogogna

Anzola d'Ossola

Ornavasso

Mergozzo

Montorfano

Casale Corte Cerro

Gravellona Toce

M. Massone

Cima Capezzone

PARCO NAZIONALE VAL GRANDE

LAGO MAGGIORE

Parco Naturale Lago di Mergurago

Somma Lombardo

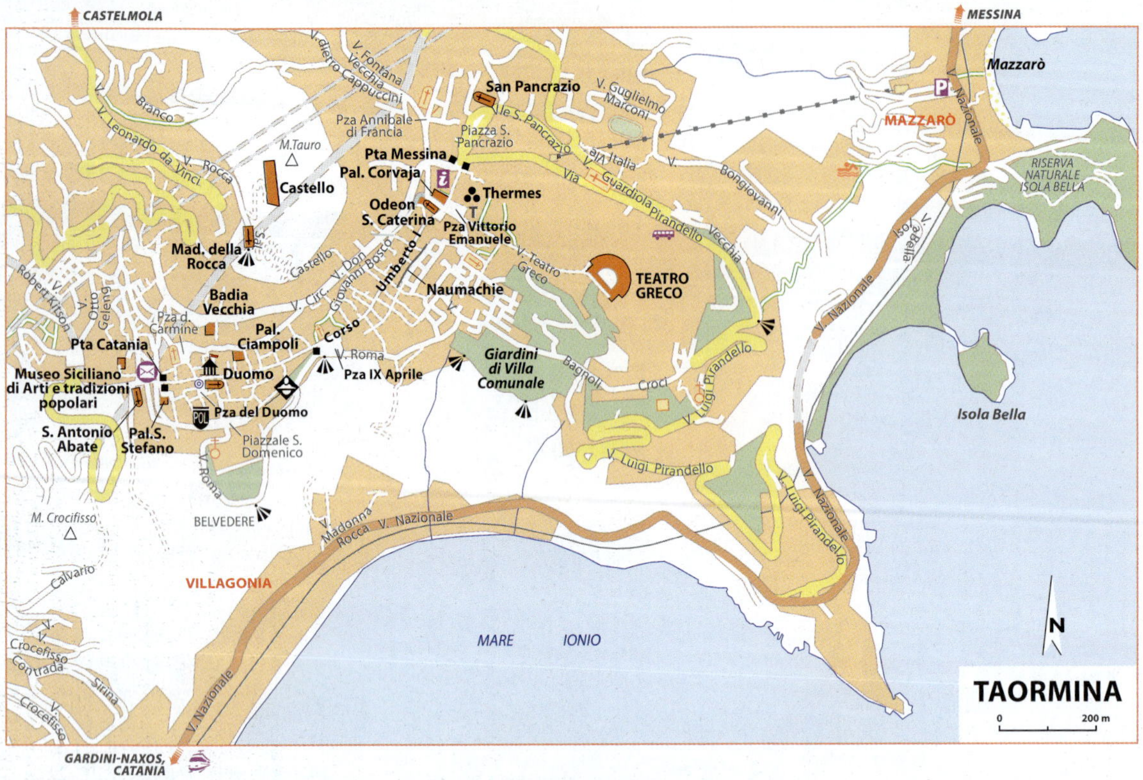

TAORMINA

0   200 m

MARE   IONIO

N

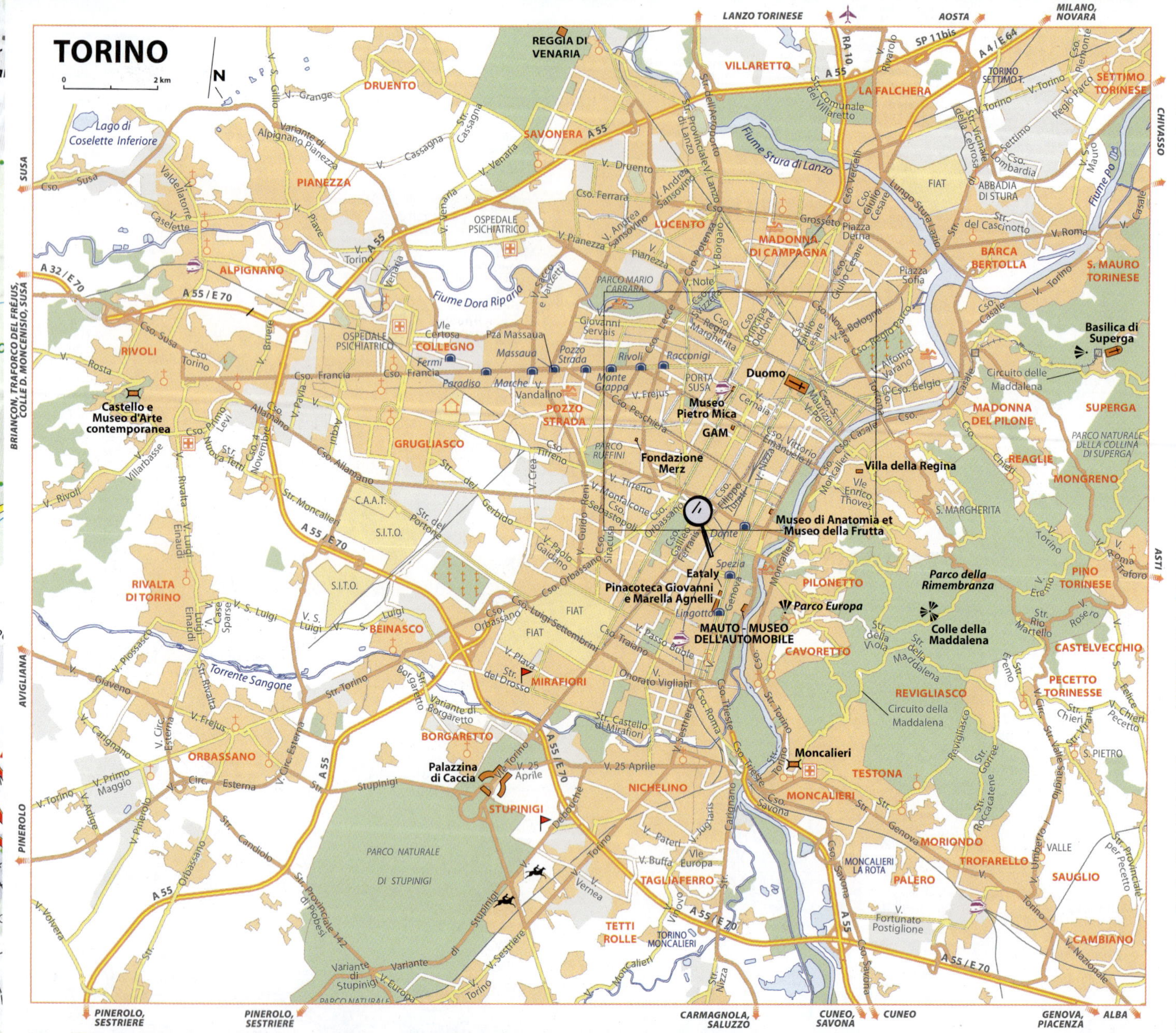
TORINO
0 2 km
N
LANZO TORINESE
AOSTA
MILANO, NOVARA
CHIVASSO
ASTI
SUSA
BRIANÇON, TRAFORO DEL FRÉJUS, COLLE D. MONCENISIO, SUSA
AVIGLIANA
PINEROLO
PINEROLO, SESTRIERE
CARMAGNOLA, SALUZZO
CUNEO, SAVONA
CUNEO
GENOVA, PIACENZA
ALBA
REGGIA DI VENARIA
DRUENTO
VILLARETTO
LA FALCHERA
SETTIMO TORINESE
Lago di Coselette Inferiore
SAVONERA
PIANEZZA
ALPIGNANO
COLLEGNO
RIVOLI
Castello e Museo d'Arte contemporanea
GRUGLIASCO
POZZO STRADA
LUCENTO
MADONNA DI CAMPAGNA
BARCA BERTOLLA
S. MAURO TORINESE
Basilica di Superga
SUPERGA
Duomo
Museo Pietro Mica
GAM
Fondazione Merz
Villa della Regina
MADONNA DEL PILONE
REAGLIE
MONGRENO
Museo di Anatomia e Museo della Frutta
Eataly
Pinacoteca Giovanni e Marella Agnelli
MAUTO - MUSEO DELL'AUTOMOBILE
PILONETTO
Parco Europa
Parco della Rimembranza
Colle della Maddalena
PINO TORINESE
CAVORETTO
CASTELVECCHIO
REVIGLIASCO
PECETTO TORINESE
RIVALTA DI TORINO
BEINASCO
MIRAFIORI
BORGARETTO
ORBASSANO
Palazzina di Caccia
STUPINIGI
NICHELINO
Moncalieri
TESTONA
MONCALIERI
MORIONDO
TROFARELLO
SAUGLIO
PALERO
TAGLIAFERRO
TETTI ROLLE
CAMBIANO
PARCO NATURALE DI STUPINIGI
PARCO NATURALE DELLA COLLINA DI SUPERGA
A 55 / E 70
A 32 / E 70
A 4 / E 64
Fiume Dora Riparia
Fiume Stura di Lanzo
Fiume Po
Torrente Sangone

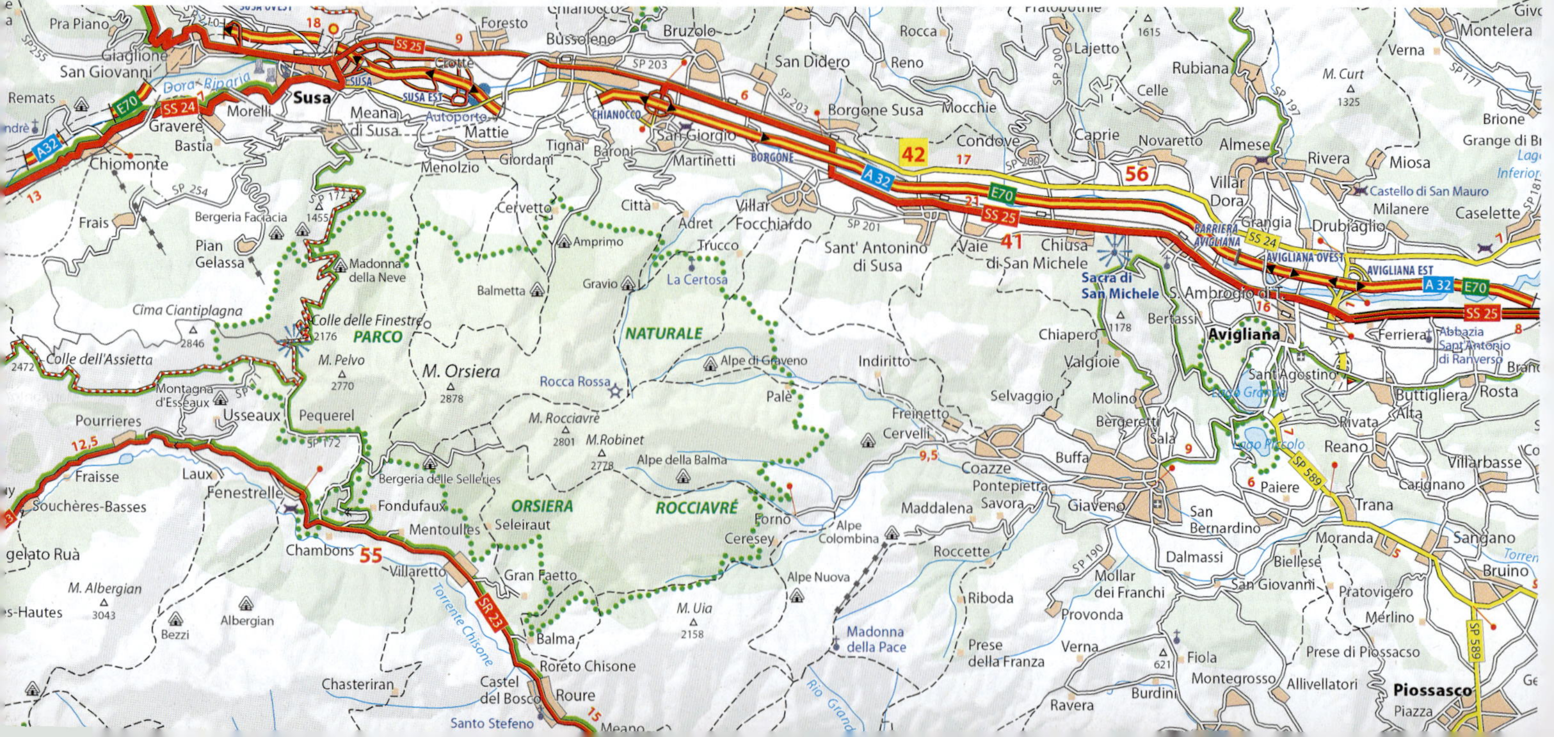
Susa
Bussoleno
Bruzolo
San Didero
Borgone Susa
Condove
Caprie
Almese
Avigliana
Sacra di San Michele
Chiusa di San Michele
Sant'Antonino di Susa
Vaie
Villar Focchiardo
San Giorio
Chiomonte
Gravere
Meana di Susa
Mattie
Giaveno
Coazze
Trana
Sangano
Bruino
Piossasco
Rivera
Buttigliera Alta
Rosta
Reano
Villarbasse
Fenestrelle
Usseaux
Pragelato
Roure
M. Orsiera
PARCO NATURALE ORSIERA ROCCIAVRÈ
Colle delle Finestre
Colle dell'Assietta
A 32
E 70
SS 25
SS 24
SR 23

TORINO

0   300 m

Palazzo Carignano .... D

TRENTO

PADOVA, VENEZIA, BOLZANO

0   200 m

BOLZANO

BRESCIA, MONTE BONDONE

VERONA

A 22 / E 45

VENEZIA PADOVA

VICENZA

MAUSOLEO C. BATTISTI

DOS TRENTO

S. APOLLINARE

PALAZZO DELLA REGIONE

Castello

Piazza Dante

Pal. Tabarelli

Piazza del Duomo

Museo Diocesano

Duomo

Piazza Venezia

N

Malosco

Passo della Mendola

Pianizza / Planitzing

Monticolo / Montigl

Vadena / Pfatten

Laives / Leifers

Lupic

Caldaro / Kaltern

Castel Varco Est

Bronzolo / Branzoll

Monte San Pietro / Pietralba

Madonna di Pietralba We

Ruffrè

Cavareno

Sant'antonio / S. Anton

San Giuseppe / St. Joseph

Maso

Stadio Stadelhof

Castel Varco Ovest

Ora / Auer

Olmi / Hohlen

Aldino / Aldein

Redagno Radein

Amblar

Castelvecchio / Altenburg

Monte

Sella Soll

Termeno / Tramin

Egna Ora

Montagna / Montan

Gleno / Glen

PARCO

Trodena / Truden

San Lugano

Malga di Verdes

Ronchi / Rungg

Corona Graun

NATURALE

Anterivo / Altrei

Roven

Caldaro

Penone / Penon

Egna / Neumarkt

M. Corno / Hom Spitze

Molini

Casignano / Gschnon

MONTE

Debal

Capriana

Magrè / Magreid

San Floriano

Cauria i Là

Cauria / Gfrill

Casatta

Dorà

Villaggio

Cortaccia / Kurtatsch

Laghetti / Laag

Cortina / Kurtinig

CORNO

San Giovanni

San Giuseppe

Salorno / Salurn

Avisio

Piscine

Sicina

Casanova

Sover

Sporminore

Masi di Vigo Castelletto

SP 90

Pineta

Grauno

Grumes

Valda

Valcavà

Gaggio

Spormaggiore

Mezzocorona

SS 48

Segonzano

Piazzo

Bedollo

Brusago

M. C.

NATURALE

Cavedago

Mezzolombardo

Barco

Molini

Pineta

Faver

Cembra

Sevignano

Piazze

Centrale

Cima Groste

Fai della Paganella

San Michele all'Adige

Faedo

Ville di Giovo

Piazzo

Lago Delle Piazze

Cima Brenta

Pozza

Santel

Nave San Rocco

Nave S. Felice

Mosana

Lisignago

Lago di Serraia

Palù del Fersina

Andalo

Zambana Vecchia

Zambana

Pressano

Verla

Lases

Santo Stefano

Baselga di Pinè

Lenzi

Molveno

M. Paganella

Lavis

San Lazzaro

Vigo Meano

Albiano

S. Mauro

Miola

Castello

Fierozzo

Seghe

Paganella Ovest

Paganella Est

Gazzadina

Cortesano

Val

Faida

Sant'Orsola

Cima Ghez

Spini

Meano

Bosco

Fornace

Sant'Agnese

Nogarè

Montagnaga

Mala

Frassilongo

Prato di Sotto

Covelo

Monte di Terlago

Terlago

Palazzine

TRENTO NORD

Gardolo

Montevaccino

Magnago

Garzano

Civezzano

Madrano

Viarago

Portolo

Roveda

S. Lorenzo in Banale

Ciago

Vigolo Baselga

Cadine

Vela

Piedicastello

Martignano

Villamontagna

Cognola

Casalino

Vigalzano

Vezzano

Baselga

TRENTO CENTRO

Oltre

Pergine Valsugana

Vetriolo

Panarotta

Fraveggio

Sopramonte

Cimirlo

Susà

Dorsino

Margone

Santa Massenza

Paganone

Bardagna

TRENTO

R

Gabbiolo

Canale

Pozza

San Cristoforo

Vignola

Vignola

Ranzo

Sta Massenza

Belvedere

Villazzano

Castello

San Vito

Ischia

Campolongo

Levico Terme

Novalec

Comano

Calavino

Castel Madruzzo

Ravina

TRENTO SUD

Marzola

Santa Caterina

Tenna

Lago di Caldonazzo

Barco

Ponte Arche

Lasino

Il Palone

M. Bondone

Romagnano

Ronchi

Palazzi

Bosentino

Calceranica al Lago

Caldonazzo

Quercu

Santa Giuliana

Lago di Cavedine

Pietramurata

Garniga Vecchia

Vigolo Vattaro

Lochere

S. Giovanni

Stravino Cavedine

Garniga Terme

Acquaviva

Mattarello

Valsorda

Cima

Brusino

Vigo di Cavedine

Covelo

Cornetto

Costa

Aldeno

Sant'anna

Mocchi

Drena

Pietra

Frisanchi

Centa San Nicolò

Passo

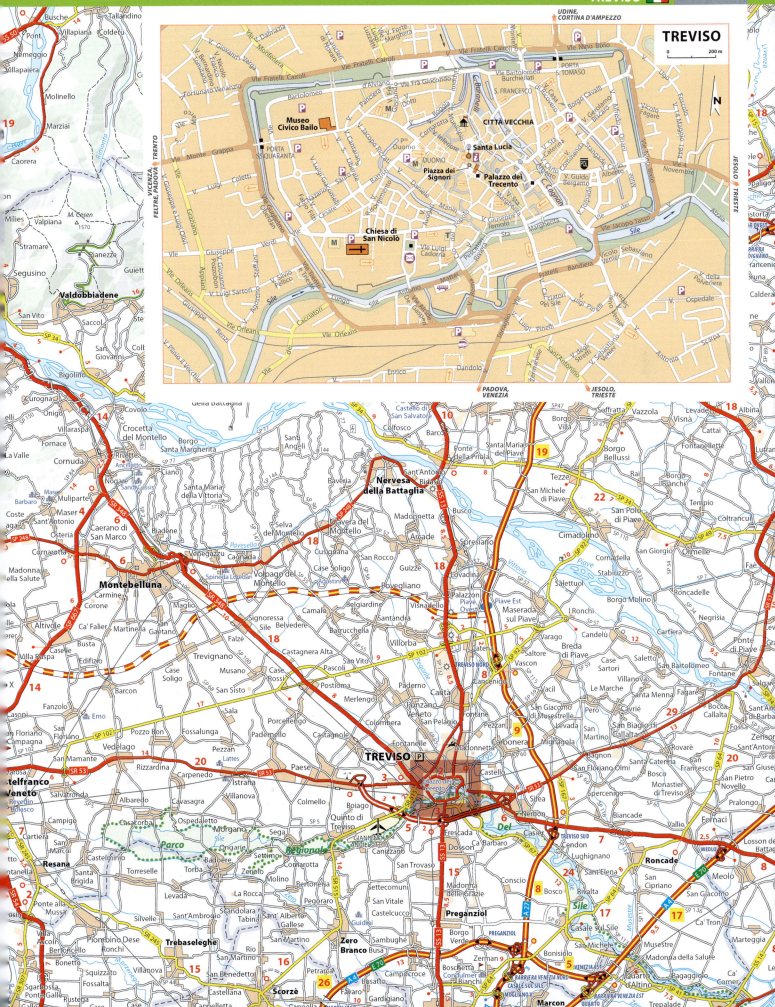

TRIESTE

0   200 m

N

GORIZIA, MIRAMARE   VENEZIA, UDINE

GOLFO DI TRIESTE

PORTO

CENTRALE

Piazza di Scorcola

GIARDINO PUBBLICO M. TOMMASINI

Piazza Guglielmo Oberdan

PALAZZO DELLA REGIONE

MOLO AUDACE

PALAZZO DEI CONGRESSI

ACQUARIO

TEATRO ROMANO

Castello

San Giusto

Museo di Storia e d'Arte

Museo del Mare

CAMPO MARZIO

MERCATO CENTRALE

Piazza Garibaldi

GIARDINO BASEVI

FIERA

MUGGIA, PULA

OPICINA   FIUME (RIJEKA), POSTUMIA

FIUME, UDINE

Golfo di Panzano

Canale di Averto

Casa Valle Dossi

Fossalon di Grado

Valle Cavanata

Golometto

Punta Sdobba

Bocca di Primero

Santa Maria di Barbana

Grado Lido

Grado Pineta

Golfo

di

Sgonico

Gabrovizza San Primo

Santa Croce

Rupinpiccolo

Rupingrande

Rocca di Monrupino

GABROVIZZA

Monrupino

Zolla

Grotta Gigante

Borgo Grotta Gigante

Fernetti

Sežana

Prosecco

Grignano

Castello di Miramare

PROSECCO

Trebiciano

Opicina

Trebiciano

Lipica

Lovek

Faro della Vittoria

Barcola

Gropada

Padriciano

Basovizza

TRIESTE

Longera

Sant'Antonio in Bosco

Pesek di Grozzana

Grozzana

San Rocco

San Giuseppe della Chiusa

Dolina

Draga Sant'Elia

Parco della Val Rosandra

Kozina

Baia di Muggia

Aquilinia Stramare

Bagnoli della Rosandra

San Dorligo della Valle

San Rocco

Lazzaretto

Monte d'Oro Caresana

Debeli Rtič

Muggia

Rio Osp

Ankaran

Spodnje Škofije

Crociata di Prebenico

Petrinje

UDINE

0 200 m

TOLMEZZO, TARVISIO

Castello
Palazzo Vescovile
Piazza della Libertà
Duomo

SPILIMBERGO
TRIESTE, TARVISIO, VENEZIA, PORDENONE
CIVIDALE
LIGNANO SABBIADORO
GORIZIA, TRIESTE, GRADO

Tarcento · Nimis · Tavagnacco · Tricesimo · Faedis · Pasian di Prato · Pradamano · Buttrio · Pozzuolo del Friuli

UDINE

URBINO

Urbino · Fermignano · Urbania · Calmazzo · Peglio · Acqualagna · Furlo

RIMINI, PESARO
AREZZO
FANO, PERUGIA
S. BERNARDINO

Piazzale Roma · Casa di Raffaello · Fortezza Albornoz · Oratorio di S. Giuseppe · Oratorio di S. Giovanni Battista · Pza S. Francesco · S. Francesco · Collegio Raffaello · Pza della Repubblica · Cattedrale · Museo Diocesano · Teatro Romano · S. Domenico · **PALAZZO DUCALE** · Piazza Rinascimento · Palazzo dell'Università

PORTA S. LUCIA · PORTA LAVAGINE · PORTA VALBONA

URBINO

0 100 m

VERONA

Museo Lapidario Maffeiano ...... A
Pza dei Signori .... B
Loggia dei Consiglio .... E

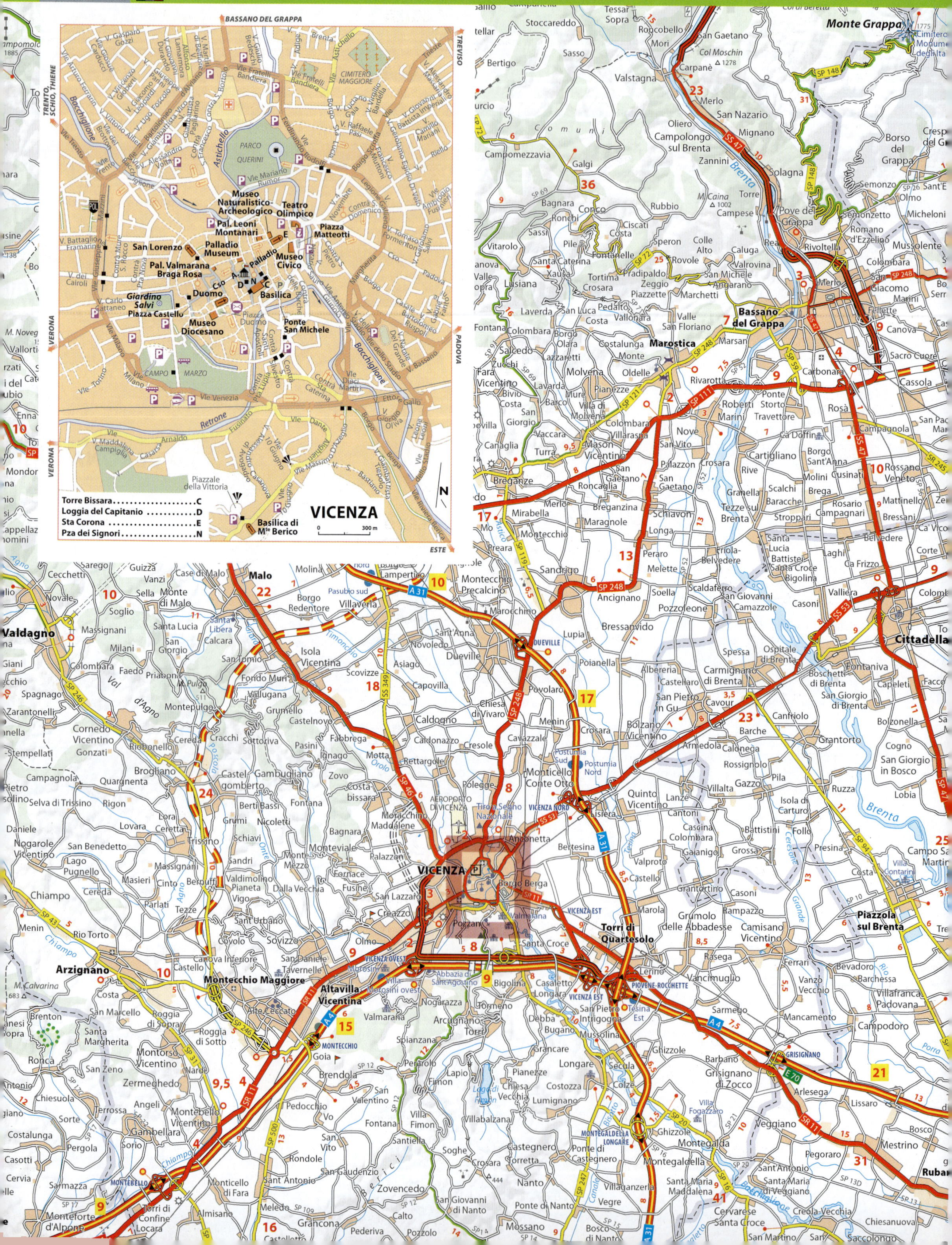

VICENZA

Museo Naturalistico Archeologico
Pal. Leoni Montanari
Palladio Museum
Pal. Valmarana Braga Rosa
San Lorenzo
Teatro Olimpico
Piazza Matteotti
Museo Civico
Palladio
Basilica
Duomo
Giardino Salvi
Piazza Castello
Museo Diocesano
Ponte San Michele
Basilica di M.te Berico

Torre Bissara C
Loggia del Capitanio .... D
Sta Corona .... E
Pza dei Signori .... N

0   300 m

PARCO QUERINI

BASSANO DEL GRAPPA

To TRENTO, SCHIO, THIENE

VERONA

TREVISO

PADOVA

ESTE

Distanze / Tempi di percorrenza - Distances / Temps de parcours - Distances / Driving times
Entfernungen / Fahrzeiten - Afstanden / Reistijden - Distancias / Tiempos de recorrido

Il tempo di percorrenza o la distanza chilometrica tra due località è riportata all'incrocio della fascia chilometrica orizzontale con quella verticale.
Le temps de parcours ou la distance entre deux localités est indiqué à l'intersection des bandes horizontales et verticales.
The driving time or distance (in km) between two towns is given at the intersection of horizontal and vertical bands / Die Fahrzeit oder die Entfernung in km zwischen zwei Städten ist an dem Schnittpunkt der waagerechten und der senkrechten Spalten in der Tabelle abzulesen / De reistijd of afstand tussen twee steden vindt u op het snijpunt van de horizontale en verticale stroken. El tiempo de recorrido o la distancia kilométrica entre dos poblaciones está indicada en el cruce de la franja horizontal con la vertical.

| Como ←→ Parma= | 02:11 | h |
| Parma ←→ Como = | 180 | km |

Distance / Driving time matrix for Italian cities (Alessandria, Ancona, Aosta, Bari, Bergamo, Bologna, Brennero (Passo del), Brescia, Brindisi, Campobasso, Catanzaro, Civitavecchia, Como, CortinadAmpezzo, Cosenza, Domodossola, Ferrara, Firenze, Foggia, Genova, L'Aquila, La Spezia, Livorno, Milano, Modena, Napoli, Otranto, Padova, Parma, Perugia, Pescara, Piacenza, Potenza, Ravenna, Reggio di Calabria, Roma, Salerno, San Marino, San Remo, Siena, Sondrio, Susa, Taranto, Tarvisio, Torino, Trento, Trieste, Udine, Venezia, Verona).